原著監修■マリオン・スブリエール　　著者■ジョン・アマゴアリクほか

日本語版監修■岸上伸啓　　日本語版編■礒貝日月

ドリーム・チェイサーズ・サルーン・ジュニア同人訳■
加藤真沙美　桜井典子　齋藤厚美　秋山知之　二川ゆみ　吉原希和子■深澤雅子

日本語版デジタル写真■ファミリー・エコツアー・ヌナブト・プロジェクト・チーム（礒貝日月　礒貝浩　礒貝白日）

北の国へ!!
eco－ing.info 別冊　エコツアー・シリーズ NO.1

Table of Contents
NUNAVUT HANDBOOK

日本人は極北を知らなさすぎる

C・W・ニコル

■日本語版序■
9

イヌイットの現状

■日本語版監修者解説■
11

岸上伸啓

はしがき　　マリオン・スブリエール Marion Soublière　　**19**

序章　　　ジョン・アマゴアリク John Amagoalik　　**22**

PART 1. カナダの北の果て ヌナブト準州のすべて

人びと

考古学　スー・ロウリーSue Rowley **27**
歴史　ケン・ハーパー Kenn Harper **32**
イヌイット文化 **44**
　バフィン地方の文化　アン・ミーキトュク・ハンソン Ann Meekitjuk Hanson
　キバリク地方の文化　ピーター・アーナーク Peter Ernerk
　キティクミウト地方の文化　ジョー・オトキアク Joe Otokiak
イヌイットと精霊信仰　ピーター・アーナーク Peter Ernerk **63**
言語　アン・ミーキトュク・ハンソン Ann Meekitjuk Hanson **68**
　　（協力　ジョー・オトキアク Joe Otokiak)
今日のヌナブトの生活 **73**
　アン・ミーキトュク・ハンソン Ann Meekitjuk Hanson
経済　コリーン・デュプイ Colleen Dupuis **79**
ヌナブトでビジネス　トレシー・ウォーラス Tracy Wallace **83**

ヌナブトの独立

ヌナブト協定　ジョン・アマゴアリク John Amagoalik **90**
新準州ヌナブト　ジョン・アマゴアリク John Amagoalik **94**
ヌナブト準州政府　ランディー・エイムズ Randy Ames **97**
ヌナブトの団体　テリー・ラデン Terry Rudden **103**

ケンブリッジ・ベイ
保存資料の複写

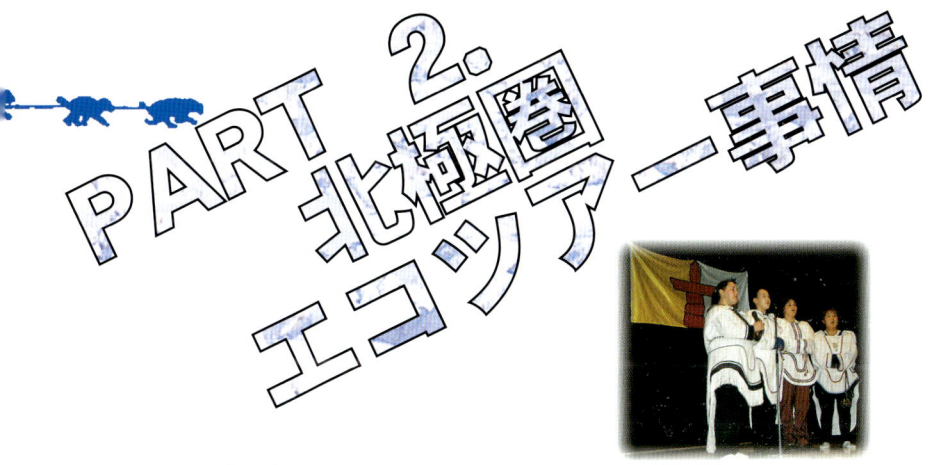

PART 2. 北極圏エコツアー事情

美術、音楽、レクリエーション
113 イヌイットの美術と工芸品　　デーブ・スーザーランド Dave Sutherland
115 イヌイットの美術に描かれる大地と精神性と神話と
アロートーク・イペリー Alootook Ipellie

120 イヌイットの音楽　　デビット・セルコアク David Serkoak
（協力　アン・ミーキトュク・ハンソン Ann Meekitjuk Hanson
ピーター・アーナーク Peter Ernerk）

123 伝統的なイヌイットのあそび　　シメオニー・クヌク Simeonie Kunnuk

風土と野生生物
128 自然地理　　オラブ・ローケン Olav Loken
133 植物　　ジュディ・ファロー Judy Farrow
137 陸上哺乳動物
マリアンとマイク・ファーガソン Marian and Mike Ferguson

144 海洋哺乳動物　　マイク・ブフサイズ Mike Vlessides
149 鳥と野鳥観察　　ロビン・ジョンストーン Robin Johnstone

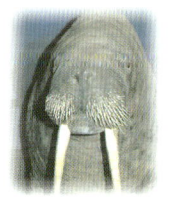

活動

狩猟と釣り　ジェロム・ナップ Jerome Kanp **157**
写真　マイク・ビーデル Mike Beedell **166**
キャンプ　キャロルとブルース・リグビー Carol and Bruce Rigby **172**
ハイキング　キャロルとブルース・リグビー Carol and Bruce Rigby **179**
ボートやカヌー　キャロルとブルース・リグビー Carol and Bruce Rigby **180**

カヤック　レネ・ウィッシンク Renee Wissink **183**
（協力　キャロル・リグビー Carol Rigby）
クルージング　マイク・ブラサイズ Mike Vlessides **186**
ホエール・ウォッチング　マイク・ブラサイズ Mike Vlessides **189**
イヌゾリ　ピーター・アーナーク Peter Ernerk **194**
海氷上の旅　アンドリュー・タクトゥとジェニファー・バーニアス **197**
Andrew Taqtu and Jennifer Bernius

登山　ビバリー・イラウク Beverly Illauq **200**
スキー　テリー・ピアース Terry Pearce **202**
（協力　キャロル・リグビー Carol Rigby）

天文学　ジョン・マクドナルド John MacDonald **205**
行事、祭り　ジェニファー・バーニアス Jennifer Bernius **207**
ダイビング　ブラッド・ヒース Brad Heath **211**
岩石収集　キャロル・リグビー Carol Rigby **214**
ダンス　マイク・ブラサイズ Mike Vlessides **216**

PART 3. イヌイットの国 放浪ガイド

旅のまえ準備
- **221** 旅の情報とツアー
- **228** カナダ入国
- **230** アルコール、タバコ、薬物規制
- **234** 健康管理と医療保険
- **237** 時間と費用
- **238** 宿泊
- **241** 通貨事情
- **242** 食べもの
- **245** コミュニケーション
- **249** 自然、文化に触れるツアー
- **253** 冒険旅行
- **265** 気候
- **268** 衣服と身のまわり品
- **270** 昆虫
- **272** 雑誌、書籍、インターネット

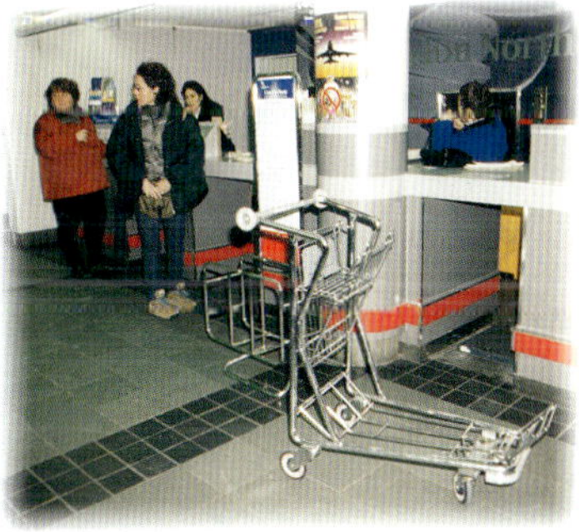

さあ、出発！
- **275** ヌナブトとそのコミュニティーに飛ぶ
- **280** 特別な場合、子ども連れの旅行
- **281** 輸送機関

北極への「入り口」案内
ヌーク　Nuuk　289
イエローナイフ　Yellowknife　295
チャーチル　Churchill　301

ヌーク（グリーンランド）

西海岸／ハドソン湾 West Coast / Hudson Bay
ランキン・インレット　Rankin Inlet　310
イジラリク（メリアディン）川準州歴史公園　324
Ijiraliq (Meliadine) River Territorial Historic Park
アルビアト　Arviat　327
ホエール・コーブ　Whale Cove　335
チェスターフィールド・インレット　Chesterfield Inlet　341
ベーカー・レイク　Baker Lake　347
テーロン野生生物保護区域　Thelon Wildlife Sanctuary　357

サザンプトン島 Southampton Island
コーラル・ハーバー　Coral Harbour　361

メルビル半島地方 Melville Peninsula Area
イグルーリク　Igloolik　366
ホール・ビーチ　Hall Beach　373
リパルス・ベイ　Repulse Bay　377
ペリー・ベイ　Pelly Bay　384

ヌーク（グリーンランド）

ブーシア半島とキング・ウィリアム島
Boothia Peninsula and King William Island
タロヨアク　Taloyoak　389
ジョア・ヘブン　Gjoa Haven　393

398 北西航路準州歴史公園 Northwest Passage Territorial Historic Park

北極海沿岸 Arctic Coast
402 ウミングマクトゥーク Umingmaktok
405 バサースト・インレット Bathurst Inlet
409 クグルクトゥク（クルグトゥク） Kugluktuk
415 ケンブリッジ・ベイ Cambridge Bay
424 ブラディー・フォールズ準州歴史公園
Bloody Falls Territorial Historic Park

ハイ・アークティック High Arctic
429 ウルティマ・チューレ、北極 Ultima Thule, and the North Pole
433 エレスミア島国立公園 Ellesmere Island National Park
438 レゾリュート Resolute
445 ビーチー島 Beechey Island
447 グリス・フィヨルド Grise Fiord

北バフィン島 North Baffin Island
451 アークティック・ベイ Arctic Bay
456 ナニシビク Nanisivik
458 ポンド・インレット Pond Inlet
466 シルミリク国立公園 Sirmilik National Park
470 クライド・リバー Clyde River

中央バフィン島 Central Baffin Island
480 アウユイトゥク国立公園 Auyuittuq National Park
485 ケケーテン準州歴史公園 Kekerten Territorial Historic Park

パングニルトゥング Pangnirtung 489
キキクタリュアク（ブロートン島）Qikiqtarjuaq (Broughton Island) 499

南バフィン島 South Baffin Island

イカルイト Iqaluit 504
カウマールビート準州歴史公園 Qaummaarviit Territorial Historic Park 525
シルビア・グリンネル準州公園 Sylvia Grinnell Territorial Park 528
キンミルト Kimmirut 530
カタニリク準州公園保護区 Katannilik Territorial Park Reserve 535
ケープ・ドーセット Cape Dorset 541
マリクユアク準州歴史公園 Mallikjuaq Territorial Historic Park 549

ハドソン湾のベルチャー諸島 Belcher Islands in Hudson Bay

サニキルアク Sanikiluaq 553

用語集 559　執筆・協力者 564　日本語版スタッフ 572

地図

ヌーク　イエローナイフ　チャーチル 287
西海岸／ハドソン湾　サザンプトン島　メルビル半島地方
ブーシア半島とキング・ウィリアム島　北極海沿岸 308
ハイ・アークティック　北バフィン島 427
中央バフィン島　南バフィン島　ハドソン湾のベルチャー諸島 478
ヌナブト全図 表3

※これ以外に大きな町の地図が、ところどころに挿入されているが目次では省略。

■ EDITORIAL STAF ■
CHIEF PRODUCER　礒貝 浩　PRODUCER　あん・まくどなるど
ART DIRECTOR & COVER DESIGNER　二葉幾久（表1・表4原形デザイン　新田優子）
EDITOR　教蓮孝匡
PROOF READERS　上村祐子　小塩 茜
■制作協力　ドリーム・チェイサーズ・サルーン（旧創作集団ぐるーぷ・ぱあめ）■

※この本は、オンライン・システム編集とDTP（コンピューター編集）でつくりました。
英語版©Nortext Multimedia Inc., Iqaluit, 1998.　日本語版©清水弘文堂書房　2003

日本語版序
日本人は極北を知らなさすぎる
C・W・ニコル

　私がはじめて日本に来たのは1962年の10月だった。北アメリカ北極圏学会the Arctic Institute of North Americaの後援でおこなっていたカナダ北極圏のデボン島への、私にとって3度目の探検旅行から帰ってきたばかりだった。

　はじめての北極探検は、私がまだ17歳のときだった。12歳のころから私は北極圏とそこに住む人びとに魅せられていて、絶対に行くのだとかたく心に決めていたのだ。

　それから今まで、カナダの北極圏へは、じつに15回も大きな探検旅行をしている。そのほかにもヌナブトが正式に成立した日を含め、ちょこちょこと、短い滞在は幾度となくしている。

　ときどき私は極北に関する日本人の認識の低さにあっけにとられる。私の友だちだと思っている人たちでさえ、私が本やテレビで話すカナダ北極圏の探検旅行のことを、「きみがアラスカにいたとき」という。まったく、なんてことだ！　世界地図を見てみたら？　といいたくなる。

　カナダの北極圏にしろ、ヌナブトに特定するにしろ、どちらも「アラスカ」よりははるかに大きい。土地の様子も文化もアラスカよりはるかに変化に富んでいるし。私はもうすでに40年間もそういう誤解をしている日本人たちに説明をしてまわっている。それに加えて過去28年間は、「エスキモー」という、差別用語としてカナダのメディアにも禁止されている言葉をカナダ北極圏の人びとに対して使わないようにと、忠告している。アラスカ人もまた、「エスキモー」という言葉を使う。彼らも日本人と同じくらい無知なうえ、アメリカ合衆国自体が大国で

あることを鼻にかけて、差別語や人種、文化の問題に真剣に向かいあっていないからである——もし向かいあっているとすれば、インドの近くにも住んだことすらない先住民たちを指してどうして「インディアン」などと呼べようか。

　ヌナブトは、アメリカ北部でもっとも大きな「州」——「州」でも「地方」でも呼び名はなんでもいいが——である。そのヌナブトの先住民は「イヌイット」と呼ばれている。彼らの話す「イヌクティトゥット」は、アメリカ北部では先住民の話す言語としては、はじめての公用語に指定されたものである。カナダの国民はそのことを誇らしく思うべきなのだ。

　世界地図を見てあなたは驚くだろう。ヌナブトの莫大な数の川や湖、そのとてつもない広さ、長さ、海岸線の入り組んださま、巨大な湾、長くつづくフィヨルド、無数の大小さまざまな島、そのすべてが驚嘆に値する。

　カナダ北極圏の土地と人びととの出会いは私の人生をかえた。心はいつもあそこへ帰りたがっている。なぜだろう？　澄んだ空気のせい？　あの明るさが恋しい？　それとも笑みに満ちあふれるあの人びとと会いたいから？

　……これ以上説明はすまい。私よりはるかにうまく、このすばらしい1冊のハンドブックが私の気持ちを代弁してくれている。とくにジョン・アマゴアリク John Amagoalik による序章はぜひ読んでほしい。

　アメリカ北部は私たちにとってとても大事なおとなりだということ、そしてカナダが誇る新ヌナブト準州は日本にとっても重大な関心事であるべきだということ——どれだけそれが真実なのかをあなたはこの本を読んで知り、驚くだろう。そして、いつの日かヌナブトを訪れてみたら？　この本を読めばきっと行きたくなるにちがいないと思うけれどね。

（長野県黒姫にて）

日本語版監修者解説
イヌイットの現状
岸上伸啓

　本書は『ヌナブト・ハンドブック』の翻訳である。ヌナブト準州の旅行ガイドとして出版されたものであるが、準州の現状の全体像を知るうえで非常に便利な本である。これから北極地域に行こうとしている人や、行くことを夢見ている人にとっては一読の価値がある。
　ここでは、本書のなかでは簡単にしか触れられていない点をいくつか紹介しておきたい。

イヌイットとはだれか
　「エスキモー」という言葉なら多くの人が聞いたことがあるにちがいない。そしてエスキモーといえば極寒の地に住む人びと、雪の家、イヌゾリ隊、生肉食、毛皮服、妻貸しなどを思い浮かべる人が多いと思う。エスキモーとは、西はシベリア北東端チュコトカ半島の沿岸部からアラスカ、カナダの極北地域を経て、東はグリーンランドまでの寒冷ツンドラ（凍土帯）地域に4000年あまりまえから住んできた人びとをさす。
　ヨーロッパ系カナダ人は極北の民を呼ぶときに「エスキモー」という言葉を使用してきた。カナダ先住民の言葉であるオジブワ語やクリー語では「エスキモー」とは「生肉を食べるやから」を意味する。カナダにおいて先住民運動が盛んになってきた1070年代ごろから、「民族蔑視につながるような意味を持つ他称を民族名として使用することは適切ではない」として、政府関係、マスコミ界、教育界では「イヌイット」

日本語版監修者解説　イヌイットの現状

が使用されることになった。日本でも最近、教科書やマスコミ界では「エスキモー」のかわりに「イヌイット」を使用するようになってきた。

　イヌイットとは、「イヌック」(人) の複数形で「人びと」や「人間」を意味する。日本の「アイヌ」民族と同じく、母語で「人間」を意味する名称が民族名となったのである。しかし、ここで注意しておくべき点がある。カナダにおいては「イヌイット」が公称であるが、ほかの国の場合にはそうではないという事実である。

　かつてエスキモーと呼ばれた人びとは、現在、ロシア、アメリカ領アラスカ、カナダ、デンマーク領グリーンランドの4か国に住んでいる。100年以上におよぶ植民地化や国家への併合によって、異なる国に属しているエスキモーは異なる歴史を歩んできた。ロシアには現在、2,000人あまりのユピギートが住んでいるが、彼らの公称は「エスキモー」である。アラスカには大別すれば、アラスカ北西地域にイヌピアート (単数ではイヌピアック) が1万5,000人あまり、アラスカ中部および南西地域にはユピート (単数形はユッピック) が3万人あまり住んでいる。彼らはイヌイットと呼ばれるのを好まず、むしろアラスカ・エスキモーと自称することがある。カナダには4万人あまりのイヌイットと同族のイヌビアルイトが住んでいる。グリーンランドには、自称イヌイットヤイトが4万人あまり住んでいる。彼らは母語で「グリーンランド人」を意味する「カラーリット」を公称として使用し始めている。このように見ると、「エスキモー語」を母語とする人びとは13万人あまりが存在しているが、彼らをさす総称がないことがわかる。

　ロシアやアラスカでは「エスキモー」という名称が使用されており、カナダのように「イヌイット」が正しく、「エスキモー」がまちがっているとは簡単には断言できない。1977年に設立された国際的な政治団体では「イヌイット環極北会議Inuit Circumpolar Conference」という名称を採用しているが、学術的には、13万人あまりの極北民の総称を「エスキモー」としてもとくに問題はないといえる。

日本語版監修者解説　イヌイットの現状

カナダ・イヌイットとヌナブト準州の成立

　カナダの極北ツンドラ地域には、イヌビアルイトとイヌイットの人びとが住んでいる。イヌビアルイトは現在の北西準州（西部北極圏）に住むイヌイットの同族であるが、方言が大きく異なっている。カナダ政府の統計などでは、両者はイヌイットとして一括して呼ばれることが多い。

　4万人あまりのカナダ・イヌイットは現在、北西準州とヌナブト準州、ケベック州極北地域、ラブラドール、都市部に住んでいる。そのうちの約半数にのぼる約2万人あまりのイヌイットがヌナブト準州に住んでいる。

　カナダのイヌイットは、ファースト・ネーションズ（かつてはインディアンと呼ばれていた先住民）やメーティス（ヨーロッパ人と先住民とのあいだに生まれた人びとで独自のアイデンティティーと文化を形成してきた集団）とは異なり、ヨーロッパからきた植民者と土地の所有権や譲渡に関して一切、条約を結んでいなかった。にもかかわらず、イヌイットはカナダ国民として国家のなかに統合され、ヨーロッパ人が到来するはるか以前から彼らが住んでいた大地は、あたかも無主の土地として国有地とされていた。さらにカナダ政府は、1960年ごろから行政効率を高めるために季節的な移動生活を送ってきたイヌイットを、いくつかの村に定住させる政策を実施し、1970年までにはすべてのイヌイットが定住生活を送るようになった。1963年に本多勝一氏が生活をともにしたイヌイットは、移動生活を送っていた最後のグループのひとつであった。

　1973年にカナダ最高裁は『先住民の土地に対する権原 Native Title は消滅していない』とする判決を下した。それを受けて、カナダ政府はそれまでの先住民政策を180度転換し、条約が結ばれていなかったり、結ばれていても条約の約束が履行されていない先住民族グループとのあいだで、彼らの土地権をはじめとする諸権利について政治的な

話しあいをおこなうことを決定した。その結果、カナダのイヌイットはカナダ政府を相手につぎつぎと政治協定を結んでいった。ケベック州極北部に住むイヌイットは1975年に「ジェームズ湾および北ケベック協定」を、西部極北地域に住む人びとは1984年に「イヌビアルイト協定」を、1993年には「ヌナブト協定」を、そして1999年には「ラブラドール協定」を締結した。その結果、カナダのイヌイットは政治的な自律性を高め、以前とくらべ、いろいろな分野で自分たちの将来を自分たちで決めることができるようになった。

　このような経緯のもと、旧北西準州の中部および東部に住むイヌイットは旧北西準州から分離独立し、自分たちの準州を創り出したのがヌナブト準州である。1999年4月1日に創出され、イカルイトが準州都に定められた。同準州の総面積はカナダの5分の1に相当する。同準州は、行政上、東部・北部のバフィン地方、南部のキバリク地方、中部・西部のキティクミウト地方の3地域に分けられている。ヌナブト準州は、カナダ国を形成する準州のひとつであり、けっしてイヌイットの自治領ではない。しかし、人口の約82％がイヌイットであるため、同準州は実質的にイヌイットの国である、といっても過言ではない。

イヌイットの現在の生活

　現代のイヌイットの生活について簡単に触れておきたい。50年まえのイヌイットは、ホッキョクキツネ（ティリガニアク）の毛皮をハドソン湾会社や毛皮交易商に売り、小麦粉やライフル、銃弾、やかんなどを入手していたが、季節的に移動を繰り返す狩猟・採集民であった。では、現代のイヌイットはどうであろうか。

　現代のイヌイットの生活は、現代の技術・物質文化やカナダ政府、国民経済のうえに成り立っているといってよい。彼らは村のなかにある家屋で1年の大半をすごし、スノーモービル、ライフル、テレビ、コン

ピューター、電話、現金などを利用しながら生活を営んでいる。彼らは遠い極北の僻地に住む孤立した社会の成員ではなく、われわれと同様に世界経済システム（全世界に浸透した資本主義の市場経済システム）の一部となっているのである。

　2003年の時点のイヌイット社会は、50年まえとくらべ、仕事や価値観に関してかなりの多様性が見られる。中高年の男性は猟師であることを志向し、狩猟・漁労活動に重きをおいている。食べ物も地元でとれるアザラシやカリブーの肉、チャー（ホッキョクイワナArctic char。カナダやアラスカ産のイワナ）などを好む傾向がある。一方、中年や青年の男女の多くは、村のなかで定職を持つことを望んでいる。しかし、極北の村では職の数はかぎられており、半数以上の成人は福祉金や生活補助金、石製彫刻品の制作、パートタイムの仕事をしながら生活をつづけている。定職を持つ者は、週末や夏期休暇、クリスマス休みのときに、狩猟・漁労に出かけるが、もはや生業というよりもレジャー的な色彩が強くなっている。学齢期の者や若者の多くは、狩猟・漁労活動に関心を示さず、キャンプ生活をまったく送ったことのない者までいる。彼らは、食べ物の嗜好も南から空輸されてくるパンやパスタ、ハンバーガー、ピザ、マシュ・ポテトなど工場で生産された食品を多く食べるようになってきている。とくに若い女性は村のなかですごす時間が多くなり、村の外でキャンプ生活をする人が減少してきている。

　このような変化が見られる一方、イヌイット社会における家族や親族関係の重要性は高いままである。また、人口規模の小さな村では、食物分配など相互扶助の制度が依然として機能しており、村にいるかぎり、食べ物にありつけないことはない。欧米的な経済観念から見ると彼らの生活水準は高いとはいえないが、村で仲間と見なされているかぎりは、生きていくことができる。

　若者の自殺の頻発、アルコールや麻薬への依存症、レイプや家庭内暴力などの社会問題も発生し、イヌイットの悩みの種になっている。そ

してそのような現実に直面したイヌイットの多くはキリスト教という信仰に逃げこみ、狂信する人が多くなりつつある。社会的に安定していない現在のイヌイット社会において、イギリス国教会派、ローマ・カトリック派、モラビア派、福音派、ペンテコスタル派など多数の宗派が乱立し、信者集めに奔走している。このような状況のなか、現代の社会・経済問題を解決するために、ヌナブト準州政府や各村議会は地元住民と協力して新たなイヌイット社会を築きあげようと努力している。

1980年代以降、モントリオールやオタワ、エドモントンなどの都市に移動し、生活を営むイヌイットの数が増加している。ヨーロッパ系カナダ人との結婚による移動、都市での就職や就学、入院加療のための移動がある一方、社会経済的に問題をかかえている極北の村から逃げ出したり、犯罪をおかしたために村に帰れなくなったイヌイットが都市に移住する傾向がある。都市に住むイヌイットも社会・経済問題に直面している。しかし、イヌイットはけっして受動的な存在ではない。たとえば、オタワやモントリオールではイヌイット協会を結成し、都市生活を円滑に送ることができるように、相互に助けあい、努力をつづけている。

私たちは現代のイヌイットを《極北の狩猟民》と見る、あやまったイメージを打ち捨てるべきである。彼らは、われわれと同様、現代を生きる隣人のひとりなのだ。

極北の大自然と資源・環境問題

北極地域や南極地域は、大自然が手つかずのままでのこる地球最後のフロンティアであると考えられてきた。多くの自然愛好家や探検家を引きつけてやまない地域である。ところがこの環境が危機に瀕している。

ことの発端は1980年代におこなわれたイヌイットの母乳調査であった。ケベック州極北部のイヌイットの母乳から、カナダ南部に住む

日本語版監修者解説　イヌイットの現状

ヨーロッパ系カナダ人の母乳の10倍以上の濃度のPCBが検出された。調べてみると、シロイルカ（ベルーガ）やアザラシなど海洋哺乳動物から多量のPCB、DDT、DDE、鉛や水銀などが検出された。このなかには「環境ホルモン」と呼ばれる、種の再生産を危うくする物質も含まれていた。なぜ、北極地域の動物や人のあいだに有害物質による汚染が見られるのか。

調査が進められるにしたがって、東南アジアや南アジアで現在でも利用されている農薬であるDDTやDDEが、散布後、気流によって北極圏まで運ばれてきたことや、ロシアやカナダ、アメリカの工業地帯や精錬所の排出煙や排出物が河川や海流によって北極海に運ばれ、沈殿したことが判明した。さらに、これらの有害物質は食物連鎖を通して、魚類、アザラシ類やクジラ類へと伝達され、最終的には人間に達したのであった。

地球の温暖化も極北地域の生態系に影響を及ぼしつつある。永久凍土や氷塊がとけ、動物の生息域に変化を生みだしている。そして極北環境のなかで動植物に依存して生活を送っているイヌイットの猟師の狩猟活動にも影響が出始めている。

これらの問題の解決は、原因がカナダ国の外にあるため、カナダ政府やイヌイットの力だけでは解決することができない。現在、イヌイットはこの問題を真剣にうけとめ、カナダ政府やほかの北方先住諸民族、環境NGOらと協力して、国連の環境会議などで積極的に問題解決のための運動を繰り広げているのである。

ヌナブト準州をはじめとするカナダ・イヌイットにとって、極北地域における資源と環境の管理は21世紀の最重要課題のひとつになるであろう。

（岸上先生は、論文および著作のなかで、ヌナブトをヌナヴトと表記されている。この解説の元原稿も、ヌナヴトとなっていたものを、本書ではほかの表記にあわせてヌナブトに統一させていただきました＝日本語版編者）

イヌイットについて詳しく知りたい方のための参考文献

現代のカナダ・イヌイットおよびアラスカ・エスキモーについては下記の本をおすすめする（五十音順）。

- アーネスト・S・バーチ Jr 1991 『エスキモーの民族誌』スチュアート・ヘンリ訳　原書房
- 礒貝日月 2001 『ヌナブト──イヌイットの国その日その日　テーマ探しの旅』清水弘文堂書房
- 岡田宏明 1994 『北の文化誌』アカデミア出版会
- 岸上伸啓 1998 『極北の民　カナダ・イヌイット』弘文堂
- スチュアート・ヘンリ編 1996 『採集狩猟民の現在』言叢社
- ジェームズ・ヒューストン 1999 『北極で暮らした日々』小林正佳訳　どうぶつ社
- 谷本一之・森田稔 1992 『北極圏　エスキモーの歌と踊り』（『地球の音楽──フィールドワーカーによる音の民族史』第66巻）日本ビクター
- 本多勝一 1972 『カナダ・エスキモー』すずさわ書店（講談社文庫・朝日文庫から出版されている）
- 宮岡伯人 1987 『エスキモー──極北の文化誌』岩波新書

極北の考古学についてはつぎの2冊をおすすめする。

- ドン・E・デュモン 1982 『ツンドラの古代人』小谷凱宣訳　学生社
- ロバート・マッギー 1982 『ツンドラの考古学』スチュアート・ヘンリ訳　雄山閣

また、ヌナブト準州政府をはじめカナダ極北関係のホームページが多数開設されており、最新の情報を得ることができる。また、都市イヌイットや資源管理、社会変化などに関する文献については岸上のホームページを見られたい。

http://www.minpaku.ac.jp/staff/kishigami_nobuhiro/

はしがき

　アークティック・フィーバー Arctic fever——落ち着かなさ、注意散漫、ものほしさがつづく状態で、地球の極北以外の地域に住む特定の個人に見られる。都会の生活や蒸し暑い気温、ポップ・カルチャーの主張、そしてけばけばしい人工芝生。これらに行動を制限されることに対するいら立ちが症状としてあげられる。話題が北緯60度以北の生活のことになると、動悸、息切れが起きることもある。治療後の経過予想？　いいとはいえない。アークティック・フィーバーは心と魂の痛みであり、まだ治療法は存在しない。

　そこへ行くこと以外には。

　幸運なことに、インターネットが鎮痛剤の役目を果たすようになった。ウェブサイトやEメールがそこへの距離を縮めてくれるからである。『ヌナブト・ハンドブック』の同好ウェブサイト www.arctic-travel.com に、トロントからの訪問者ジュリアン・モスは、「私はよく極北地方の地図を眺めては、あれこれといつまでも思いをめぐらす」と書きこんだ。これに、「私の目をツンドラの広さ並みに大きく開いてくれた」とつけ加えたのは、オンタリオ州ボウマンビルで物思いに沈んでいたアン・ブロジェットで、彼女はこういっている。「氷山をぜひ見てみたいわ。それに真夜中の日光も」。

　アルバータ州ベグレビルに住むピーター・ロビンソンは、われわれにこう報告してくれた。「97年の8月と9月をエレスミア島の景色や野生生物の撮影をして過ごしたよ。本当に奇跡の大地だよ。ぼくは絶対に戻るよ！」

　もちろん、旅人たち（原書の原文はツーリスト。《観光客》あるいは《旅行者》と訳すのが妥当だろうが、日本語版では、あえてこの言葉を使った。極限の極北の地に行こうとしている人は、《観光客》や《旅行者》とは、ひと味ちがう思いを心に抱いた、つまり、エコ

ツアー思考の《たびびと》であって欲しい、という編者の思い入れをこの言葉にこめた。以下、同様＝日本語版編者注）を呼び戻すのは土地の魅力だけではなく、そこの人びとの持つ誠実なあたたかさや不変の伝統でもある。そしてヌナビミウト（ヌナブトに住むイヌイット）は数こそ少なかれ、彼らの精神は、自分たちのものにするために必死で闘ったイヌイット（この語に関しては、ほかの書籍、論文において「イヌイト」と表記されている場合もあるが、この本に関しては「イヌイット」に統一＝日本語版編者注）の土地と同じくらい大きいのだ。

　1999年4月1日、世界はカナダ極北地方中央部および東部のイヌイットに敬意をあらわすことになる。歴史が示しているように、ヌナブトが、公式かつ法的にカナダの3番目の準州になり、カナダ地図を永久に改めることに対して。

　これは、ヌナブト初心者にとっては探検すべきところがさらに多くなるということを意味する。この改訂版の『ヌナブト・ハンドブック』に含まれる写真や地図や新しい章には、準州の生まれたばかりの政府や経済、ヌナブトの主要な団体、準州へのおもしろい入り口、イヌイット社会について——ここが昨年、とても読者の共感を得た部分である——、そのほか滞在中にできることなど新たな情報がつけ加えられている。

　私はヌナブトにいる人たちにも、ほかの場所にいる人たちにも、こうやって版を改めることを可能にしてくれたことに関して多大なる恩義を感じている。ヌナブトを拠点とする書き手たちが50人以上も集まった才能あふれる大チーム——評価などできないほどすばらしかった編集委員会のメンバーと編集スタッフたち。そしてノアテクスト社（英語版の発行元）の疲れを知らないプロダクション、マーケティング、セールス担当のみんな。

　ほかにも、私たちが事実関係の確認作業をしたおりには多くの人たちが惜しみなく手伝ってくれた。北西準州政府の資源、野生生物、教育省のエリック・ドイグ、マリオン・グラウソン、リック・ハンバーグ、

はしがき

そしてデーブ・モンテイス。ヌナブト・ツーリズムのダイアン・グレイとチェリ・ケンプ・キニアー。カナダ公園局Parks Canadaのリチャード・チェアパク、マーク・レッドウィッジ。ファースト・エアーのソンジャ・マビグリア。カムティーク・トラベルのイカルイトとランキン・インレット事務所、そしてトップ・オブ・ザ・ワールドトラベル。

初版の『ヌナブト・ハンドブック』を1998年に出したが、読者の方からのフィードバックをもらうことで、あのたいへんな作業はすべて報われた。この改訂版でも、ふたたび読者の方たちから、ファックスやEメールでコメントや批判、提案などをいただくことで、この本が、よりよいものになっていけばいいなと願っている。

みなさんへのお礼として、「アークティック・フィーバーの治療法」が見つかったらかならずお知らせします。

監修者 **マリオン・スブリエール Marion Soublière**

Fax：1-613-727-6910
E-mail：marions@nortext.com

原著『ヌナブト・ハンドブック』(ノアテクスト社刊)の表紙

序章

　カナダ北極圏は何千年ものあいだ、イヌイットや、かれらの祖先かもしれない先住者の人たちのすみかであった。ずっと昔から、イヌイットと彼らの先祖は季節とともに移動しながら暮らしてきた。不毛なツンドラを横切り内陸へ、そしてまた海岸線へと。家族を養うために彼らはカリブー、アザラシ、魚、セイウチ、クジラなどの野生生物を狩った。

　魚網を点検するのと同じくらいの時間をインターネットに使っている今現在でも、私たちの伝統的な生活は、まだこの地に残っている。近代的な「ヌナブト協定」のおかげで、私たちのライフ・スタイルは守られた。この先住民の諸権益に関する協定のおかげで、イヌイットの伝統的な価値観や文化が尊重され、守ることができるのだ。新政府が1999年のヌナブト準州誕生に向けて基礎をかためていったり、新政府による管理上の要求によりイヌイットが教育上の難問に向かって立ちあがったり……そのような忙しいなかにあっても、「自分たちがどこから来たのか」というルーツを私たちは忘れない。

　私は何年かまえにテレビで、「アラスカ先住民諸権益解決法」についてと、ホッキョクセミクジラを獲りつづけたい、というイヌイットの要求に関するドキュメンタリー番組を見た。そのなかで、上院議員や下院議員らがアラスカのイヌイットのひとりに彼らの先住民諸権益請求問題についてどう思うか聞いていた。会話の内容はつぎのような感じだった。

「あなたは木造の家に住んでいますか？」と彼らは聞いた。

「ええ」とイヌイットは答えた。

「車やトラックは運転しますか？」

「ええ」

「あなた方はもう本当のエスキモーとはいえませんよね？」

　ここカナダでも、私たちが今やイグルー《雪の家》に住まず、カムティ

ック qamutik（イヌゾリ）を使わないで移動するから私たちがもはや「本当のイヌイット」ではないという考え方をする人たちとのあいだに同じような問題があった。私たちは木造の家に住み、ジープを運転し、ジャンボ飛行機に乗って世界中を飛ぶ。しかしそれでも私たちはイヌイットである。私たちの精神、うちなる自分、それが私たちをイヌイットたらしめているのである。

　私は予想している。つぎの100年のうちのいつか、もしかしたら50年後かもしれない。イヌイットのひとりがカナダの首相に選ばれると。その首相はサセックス24丁目に住み、飛行機で飛び、そして世界のリーダーたちと酒を酌み交わすだろう。それでも、彼はひとりのイヌイットなのだ。

　私はこうも予想している。つぎの1000年のあいだに、イヌイットは世界のリーダーに仲間入りし、宇宙船の船長になり、この銀河系のはるかなたまで旅するだろう。それでも、彼らはイヌイットなのだ。

　未来を信じるのはときどき、むずかしい。過去35年くらいの文化的激変があまりにも大きかったからである。政府は、あるときは移動生活をする猟師とその家族をむりやり彼らの土地から連れ去って定住村に住まわせ、またあるときは子供を両親から引き離して学校の寮に入れ、母語を話すと叱った。これらの植民地時代の傷がまだ多くのイヌイットの心に痛みを与えつづけている。そして子供時代の思い出を麻薬や酒で忘れようとする親たちの、その子供たちの心にも。心に受けた傷は、ゆっくりと時間をかけて癒すしかない。だが、北極圏で数え切れない年月を生き抜いてきたイヌイットたちは辛抱強く待つことを学んだ。

　これからの未来は、北極圏中央部および東部に住むだれにとってもわくわくするものである。しかし、イヌイットにとっては特別にそうなのである。未来への旅は、伝統的な過去のいちばんよかった時期への回帰だから。

ジョン・アマゴアリク John Amagoalik

ヌナブトのデータ

■人口■24,730人（うちイヌイット人口　20,480人）

■北西準州（NWT）西部地域の人口■39,672人

■1996年の出生率（カナダ集計）■ヌナブト2.9％（カナダ全体では1.2％）

■25歳以下の人口（1996年カナダ国勢調査による）■
ヌナブト56％（カナダ全体では34％）

■言語■
イヌクティトゥット語 Inuktitut（イヌイットの言語には多数の方言が存在し、イヌクティトゥット語はそのひとつにすぎない。ヌナブト準州にも多数の方言がある。以下数多くあるイヌイットの言語の総称としてイヌイット語とする＝日本語版編者注）、英語

■ヌナブト政府による公式言語■イヌイット語、英語、フランス語

■準州の面積■199万4,000平方キロメートル

■イヌイット所有面積■
35万5,842平方キロメートル（カナダ全体の面積は998万平方キロメートル＝ちなみに、スウェーデンの面積は、44万964平方キロメートル）

■ヌナブト最北の町グリス・フィヨルド Grise Fiord からトロントまでの距離■
3,647キロメートル

■準州の成立■1999年4月1日成立

■首都■イカルイト Iqaluit

■イカルイトの人口（1996カナダ国勢調査による）■4,220人

■イカルイトの1月平均気温■－29.7度

■イカルイトの7月平均気温■11.4度

（人口は1996年のカナダ国勢調査のデータによる）

PART 1. カナダの北の果て ヌナブト準州のすべて

旅びと

考古学

スー・ロウリー　　　　　　　　　　　　　　　　　Sue Rowley

寒く、かわいたヌナブトの気候は、しばしば暮らしにくさにつながる。

　北極圏は、地球上の人が住める土地のなかでも、最後に人類が踏破したところである。しかし、このような気候条件が、ヌナブトを考古学者にとっての《夢の地》たらしめてもいる。人が住んだ跡（遺跡）がすぐに植物や土壌でおおわれてしまうほかの土地とちがって、ヌナブトではこうした遺跡はしばしば地表にむき出しのままになっている。また、気温も湿度も低いため、カリブーの枝角やセイウチの牙、骨などが、とても良好な状態で保存されるのである。

　エコツアーに出かける際には、これらの遺跡や遺物がヌナブトの文化遺産の一部だということを覚えておいてもらいたい。これらはとても壊れやすく、かけがえのないものである。どれももとの場所から動かしてはいけない。「ヌナブト協定 Nunavut Land Claims Agreement」（NLCA）により、すべての遺物はヌナブトの人びとのためのイヌイット文化遺産トラスト Inuit Heritage Trust としてカナダ政府の連名のもとに保存される。これらを売買したり持ち去ったりするのは違法である（新発見の遺跡を報告する方法については、『冒険旅行』の項［253 ページ］参照）。

　これまでの調査研究により、ヌナブトには人類が 4000 年以上ものあいだずっと住みつづけてきたことがわかっている（キバリク地方 Kivalliq Region には、8000 年もまえからインディアン［原文ママ。1990 年代のはじめころから、カナダではファースト・ネーション、アメリカではネイティブ・アメリカンと呼ぶのが普通になった＝日本語版編者注］のグループが散在して暮らしていた小地域がいくつかある）。考古学者はヌナブトの居住者をふたつのグループに分ける。身体的な特徴では類縁関係にあるそのふたつのグループとは、4000 年前〜700 年前のパレオエスキモー Paleoeskimo と、1000 年くらいまえにヌナブトに入ってきたネオエスキモー Neoeskimo とである。

パレオエスキモー　　　　　　　　　　　　　　　Paleoeskimo

　パレオエスキモーたちは西方（アラスカ）から、ほんの数家族ずつの小さなグループに分かれて移住してきた。考古学者はこれらの最初の移住者たちをふたつのグループに分けている。ヌナブト南部に住みついたプレ・ドーセット Pre-Dorset た

ちと、北部に住みついたインディペンデンスⅠ Independence Ⅰたちである。

　プレ・ドーセットとインディペンデンスⅠたちは、おそらく1年中テント生活をしていたと思われる。一重の夏のテントを、冬には二重にして使っていたようである。おそらくいろんな種類のヒースやヤナギを、二重テントの皮と皮とのあいだにはさんでいたのだろう。そして、さらなる絶縁材の役割として、外側にも雪をかぶせていたのだろう。たき火で暖をとり、滑石（ソープストーン）のオイル・ランプであかりを灯していたらしい。

　彼らは皮製の服を着て、動物の骨や枝角、牙、皮、岩で道具をつくっていた。だいたいは徒歩で旅をしながら、数匹のイヌを飼い、カヤック qajaq (kayak) に似たひとり乗りの小さな舟を持っていた。狩りでは、巨大なホッキョククジラ以外のすべての動物をとった。

　やがて、パレオエスキモーたちは気候、氷の状態などのまわりの環境に耐えられるようになっていった。そして2700年ほどまえに、ヌナブトの気候は全体的にきわめて寒くなり、パレオエスキモーたちの生活様式は急速な変更の連続をよぎなくされた。彼らのその変貌ぶりはとても劇的だったので、今日の考古学者たちは、その変遷を経験した彼らを呼ぶときにこういう ── ドーセット文化 Dorset Cultureを持っていた人たちと。

　ドーセット時代の初期には、いくつかの利器がこつ然と消えた。たとえば弓矢や弓形キリなどがそうだ。イヌもまた、彼らの生活から消えた。

　そして新しい道具が現れ、狩猟の技術は洗練され、住居の形態もかわった。考古学者は、この時代の遺跡から発見された雪ナイフが最古のものであることから、「《雪の家》を最初に考えたのはドーセットの人たちではないか」と推測している。ドーセットの人たちはまた、豊かな美術の伝統を持ち、牙やカリブーの枝角で、儀式や装飾用のミニチュア彫刻の傑作をつくった。

　イヌがいなくなり、また大きな舟を使った形跡もないにもかかわらず、ドーセットの人たちは物々交換を目的として長い距離を旅した。クグルクトゥク地方 Kugluktuk Regionの銅や、グリーンランド北部の隕石からとったと思われる鉄が、ヌナブト東部にあるドーセット後期の遺跡から発掘されている。

ネオエスキモー　　　　　　　　　　　　　　　　　　　　Neoeskimos

　今から1000年ほどまえ、ヌナブトではふたたび人間の歴史に大きな変化が起こっていた。今度は気温があたたかくなり、北アラスカから新たな一団が移住してき

たのである。この民族はホッキョククジラの猟師であった。彼らは大きなウミアト umiat（数家族を乗せることができる皮でおおわれたボート。単数形はウミアク umiaq）と、イヌに引かせるカムティック qamutik（カムティーク qamutiik とも言う。板のわたしてある長い木製のソリ。今日ではスノーモービルでも引く。複数形はカムティート qamutiit＝巻末の『用語集』参照）を持っていた。彼らはそれで、ドーセットの人たちには信じられないような早さで移動することができた。今日、考古学者たちは彼らを指してチューレ Thule という。チューレは、ネオエスキモーをふたつに分けたうちのひとつである。ふたつ目のグループは、歴史期のイヌイット Historic Inuit と呼ばれている。

　ドーセットの人たちとチューレ人が交流したという考古学的証拠はほとんどない。しかし、イヌイットの口承伝承によれば、イヌイットの祖先であるチューレ人がヌナブトに到着したときには、すでにトゥニート Tuniit あるいはトゥニリュアト Tunirjuat と呼ばれる人びとがそこに住んでいたといわれている。トゥニートは、平和的な人たちで、はずかしがり屋であったが、新しい入植者に心を許さなかったらしい。その２集団間では結婚も戦いもあり、ついにトゥニートたちはチューレの入ってきた地域から出ていったらしい。だんだんとトゥニートを見る機会が減っていき、最後にはいなくなってしまったとされている。

　移民としてのチューレ人は、捕鯨船の船長を首長とした構造化の進んだ社会をヌナブトに持ちこんだ。ときとともに、彼らのホッキョククジラへの依存度は低くなった。地方ごとに手に入る資源を有効に利用し始め、それにあわせて社会を組織していった。キバリク地方の内地に住みついた者は、カリブーへの依存度が高くなった。他方海岸に住んだ者は、たいていの場合海洋哺乳動物を狩った。

　ネオエスキモーの生活様式は、ヨーロッパ人の探検家や商人、捕鯨者の到来によって変化させられた。1570年代に、マーチン・フロビッシャー Martin Frobisher がバフィン島 Baffin Island に航海をした時期をもって、歴史期のイヌイットの時代が始まった。この時代のあとに見られた散発的な外部との接触は、イヌイットの文化にこれといった影響を与えなかった。1820年代に、ヨーロッパやアメリカから来た人たちが、ヌナブト東部で捕鯨を始めた。それによりホッキョククジラは激減し、イヌイットたちは外から来た捕鯨者のまわりに集まって暮らすようになる。その結果、それまで彼らの土地にはなかった重い病気と新しい道具の両方が、ヨーロッパやアメリカからイヌイット社会に持ちこまれた。これが近代の始まりである。いくつもの急速な変化が物質文化にも、宗教にも、社会制度にももたらされた、そんな時代の始まりである。

考古学

古代遺跡

　　ヌナブトには人間の住居跡がたくさんある。これらの多くは年代が特定しにくいものだが、もっとも一般的なもののひとつが、イヌクシュイト inuksuit（しばしば人間をかたどった石でできた道標。イヌイットが旅した道程に立てられている。単数形は「イヌクシュリク inukusulik」で、もとは「人間のようなもの」という意味。巻末の『用語集』参照＝日本語版編者注）である。これらには多くの機能があった。地平線上の石塚は、キャンプ地（以下、イヌイットがキャンプした場所は、「キャンプ地」、一般の旅人がキャンプする場所は、「キャンプ・サイト」あるいは、「キャンプ場」と使い分ける＝日本語版編者）の境界の役割を果たしていたかもしれないし、湖のそばのものは、魚をつかまえるのにいい場所を指し示しているのだ。1個だけ置いてある細長いものは、近くの食糧貯蔵庫の場所を示している。イヌクシュイトの列は、川べり、あるいは狩人が隠れている場所へ、カリブーを導くためなどに使われた。

　　あなたの足元のその石の山をよく見て！　石に黒いしみがついていないだろうか？　コケは生えている？　動物の骨が見えない？　もしこれら全部にあてはまるようだったら、その石の山は、昔狩人たちが食物をしまっておいた貯蔵庫かもしれない。

　　高地では、石の墓を見つけるかもしれない。この墓の上やその近くには、死者の持ち物が置かれることがしばしばあった。墓に触りたいという気持ちをこらえて、これらの墓には特別の敬意を払ってほしい。

　　また、キツネを捕獲するのに使われていたプラティト pullatit という箱を目にするかもしれない。エサをとろうとして罠にキツネが入ると、岩か氷のかたまりが落ちてきて、罠の入り口を塞ぐ仕組みになっている。イグルー igloo《雪の家》に見えるような奇妙な石づくりは、ウリサウティト ullisautit という、塔の形をしたこれまたキツネ用の罠である。エサは罠のてっぺんにのせられ、キツネはこれをとろうとしてなかへ落ちる。なかには、ホッキョクグマ用の巨大な罠もある。

キャンプ地跡

　　キャンプ地跡とは、人びとの住居の跡である。気をつけて観察すると、その住居のつくられた年代と季節の両方がわかる。家の残骸だけでなく、そのまわりに貯蔵庫やたき火跡、箱型の罠やイヌクシュイトもあるだろう。男の子たちは、カヤックの形にならべた石の上に座って漕いだり狩りをしたりする真似をしてあそんだ。女の子たちは《雪の家》やテントの形を石でつくり、ままごとをした。こうしたもののほかにも、おもしろい跡はたくさん発見できる。

考古学

　パレオエスキモーの夏と冬のキャンプ跡のどちらにもテントのまわりにリング状に置かれた石が残っている。最古のパレオエスキモーの住居は楕円形だった。その後のドーセットの人びとの住居は形にバリエーションが出たが、たいていは楕円形か長方形であった。往々にして、そうした住居の跡には、ほんの数個の石、それから小さな植物の生えているエリア、または海岸沿いにうっすらとしたくぼ地などしか残されていない。

　一方で、ネオエスキモーのキャンプ跡はより多様である。夏のキャンプ地は円形と楕円形の輪状のテント跡から形成されている。これらはしばしば、1列に置かれた石によって、生活するエリアと寝るエリアとに、わけてある。

　晩秋や冬のキャンプは大きいものが多い。今日、これらの遺跡は青々と茂った植物群と、大きな盛り土の山に見えるものによって目立ってみえる。この盛り土のようなものは、実際は半分地下にうまった構造の家（竪穴式住居）で、クジラの骨、岩、芝土でできている。なかには、暖をとるために高めにつくられている寝台がある。この寝台の上には、まず砂利の層、その上に種々のヒースやヤナギやコケの層、そしていちばん上には重い動物の毛皮がかぶせられていて、寒さと湿気からの絶縁材の役割を果たしていた。人びとは、カリブーの毛皮でできた寝袋に入り、この寝台の上で寝た。滑石（ソープストーン）製のランプで明かりと暖をとった。人が住んでいた当時、これらの家には、クジラの骨のたるきで支えられた皮の屋根がかぶせら

はんの4半世紀まえまでは　こんな昔ながらの姿で暮らすイヌイットが　今のヌナブトのどこかに　まだ存在していた（イエローナイフの博物館展示写真の複写）

れていた。場合によっては、絶縁材のために、2枚の皮のあいだに種々のヒースやヤナギがはさまれたこともあった。屋根は岩、芝土、そして雪によって固定された。

　チューレと歴史期のイヌイットの多くは、冬から春のはじめにかけて、《雪の家》に住んだ。ほとんどは海氷上につくられたが、ときとして陸地にもつくられることがあり、その跡が現在も残っている。《雪の家》の住民はしばしば、残飯やランプのなかの燃えつきたクジラの脂などを、そのまま家の外に捨てた。その結果、クジラの脂で黒ずんだ骨が半円形に散乱して残ったのだ。ずっと昔にもうとけてしまった《雪の家》の残骸として、たったそれだけが残っているのだ。

歴史

ケン・ハーパー　　　　　　　　　　　　　　　　　　　　Kenn Harper

1999年、カナダに新しい準州が正式に成立。とはいえ、この準州には、そのまえから生き生きとした豊かな歴史がある。

　それは、この地に最初に住みついて、豊かさと貧困とをかわるがわるくぐりぬけていったイヌイットたちの歴史である。それから、太平洋への航路やクジラ、毛皮、資源と、うつりゆく需要を追ってこの地へやってきたカルナート qallunaat（イヌイット語で白人の意＝日本語版編者注）たちの、ついに定住するまでの歴史でもある。文化と文化の出会い、そして衝突の歴史である。ヌナブトの3地方で起きてきた、そうしたすべての歴史である。

バフィン地方　　　　　　　　　　　　　　　　　　　　Baffin Region

　歴史家はノルウェーの伝承にあるヘルランド Helluland というのが、バフィン海岸のことであると考えている。そうだとすると、ノルウェー人とイヌイットのあいだに、ときおり接触があった可能性もある。しかし記録されているバフィン島 Baffin Island の始まりは、1576年にマーチン・フロビッシャーが、「金ではないか」と思われた金属を発見したときからである。結局、その金属はなんの価値もないものだった。そして、フロビッシャーはイヌイットと出会うが、友好的には交流しなかった。彼は1576年と1577年にあわせて4人のイヌイットをとらえ、イギリスへ連れ帰った。イヌイットたちは、まもなくそこで死んだ。1585年には、おなじく北

歴史

西航路を求めて来ていたジョン・デービス John Davisがカンバーランド海峡 Cumberland Soundを探検したが、彼はフロビッシャーとちがって、イヌイットたちと誠意のあるつきあいをした。

1610年にはヘンリー・ハドソン Henry Hudson（北西航路探索に失敗したあと南にくだって北アメリカ沿岸を探検してハドソン川やハドソン海峡 Hudson Straitを発見したが、1611年、部下に現地に置き去りにされて死亡した＝日本語版編者注）がバフィン島の南の海岸をたどってハドソン湾 Hudson Bayへ入り、その5年後には、ウィリアム・バフィン William Baffinとロバート・バイロット Robert Bylotがその海岸の地図をつくった。しかし、当時バフィン島そのものは、よくいって目印といった扱いで、わるくいうなら、北西航路を探検するにあたっては、むしろ障害でさえあった。そして、その海岸線は、ほとんど探検されることもなかったのだ。

1616年、バフィンとバイロットはついにスミス海峡 Smith Soundまで北上し、ランカスター海峡 Lancaster Soundとジョンズ海峡 Jones Soundへの入り口を発見した。そして南へ戻りながら、彼らはバフィン海岸の大部分を地図にした。しかし、この航海のあと2世紀ものあいだ、北バフィン島は無視されたままになるのである。

19世紀初頭に、北西航路を探す探検がふたたび流行しだした。ジョン・ロス John Rossは1818年にランカスター海峡に入ったが、海峡ではなく湾であると勘ちがいをした。その翌年、彼の補佐役であったウィリアム・エドワード・パリー少尉 Lieutenant William Edward Parryがランカスター海峡を通り抜けるという旅をした。そしてさらにその翌年の夏には、彼はアドミラルティー入り江 Admiralty Inlet、ネービー・ボード入り江 Navy Board Inletを発見している。1821年には、海軍本部の命令で、パリーはイグルーリク地方 Igloolik areaを探検し地図をつくるために、そこでふた冬を越した。そして、そのあいだにイヌイットたちと友好的な関係をつくりあげた。

1845年には、ジョン・フランクリン卿 Sir John Franklinが、航路探検の大規模な探検隊を連れてランカスター海峡に入っていき、そのまま消息を絶ってしまった（英国海軍省のエレバス・テラーとともに2隻の船と134人の隊員を引き連れてテムズ川を出発。北西航路の発見が目的だった。この航海は近代的船舶 —— 補助蒸気機関とプロペラ推進の機能を持っていた —— の氷海実験もかねていた。ビクトリア海峡で氷に閉じこめられ、全員が遭難したのは有名な事件。皮肉ないい方をすれば、この遭難は、北極圏のことを「その地に住む人たち以外の人たち（おもにヨーロッパ人と北米人）」に知らしめるためには、大きな役割を果たすこととなった。なぜなら、この探検隊の捜索のために、1847

歴史

年から10年間だけでも40の遠征（探検）隊が現地を探査し、現地の情報を伝える役割を果たしたからである。この本でも、このあと各章で繰り返し、これらの遠征隊がイヌイットの人たちに与えた影響の話が出てくるが、現地の人たちにとって、このことがよかったのか、わるかったのか……この本の著者たちの判断にゆだねよう＝日本語版編者注）。フランクリン卿のこの失敗は北極圏探検にとって新しい時期の始まりだった。この時期には、おもにフランクリン卿を探し出す航海がおこなわれたのである。この捜索は1880年までつづけられたが、やがて探検家たちは、バフィン島が障害物である、とふたたび考えだした。特筆すべき例外として、チャールズ・フランシス・ホールCharles Francis Hallがいた。彼はフロビッシャー湾Frobisher Bayを1860年から1862年まで探検した。彼はだれよりも早く、イヌイットの衣服や旅の仕方をとり入れた人で、彼のイヌイットの友人トークーリトTookoolitoとその夫エビアービングEbierbingは、通訳兼アシスタントとして10年以上も彼と一緒に旅をした。

　フランクリン卿捜索がまだつづけられていたころ、イヌイットによる、カナダからグリーンランドへの最後の移民も同時に始まっていた。1850年代から1860年代に、シャーマンのキラクQillaq（のちにグリーンランドではキトドラルスアクQitdlarssuaqと呼ばれる）は、新天地を求めたのと、おそらく自分の犯した殺人の罪から逃げるために、イヌイットの一団を先導してポンド・インレットPond Inletのあたりからグリーンランド北西部までを移動したのである。このときの彼らの子孫は、今日もそこで暮らしている。

　イギリスからの捕鯨者たちは、ホッキョククジラを求めて、1817年にバフィン島までやってきた。ホッキョククジラは、油や、コルセットや馬車のムチなどの伸縮性と柔軟性が必要な製品に加工できるヒゲが珍重されていた。1840年、スコットランドのピーターヘッドPeterheadからきた捕鯨船船長のウィリアム・ペニーWilliam Pennyは、エーヌルーアピクEenoolooapikというひとりのイヌイットの若者の協力を得て、2世紀も昔にデービスがいちど発見したあとまた場所がわからなくなっていたカンバーランド海峡への入り口を発見した。そこにはホッキョククジラがたくさんいることもわかり、それによりバフィン島での捕鯨に転機がもたらされたといってもいい。1850年代には、捕鯨者たちは春にすぐ捕鯨にとりかかれるように、カンバーランド海峡で越冬するようになった。アメリカやスコットランドの会社は、カンバーランド海峡北海岸のケケーテン島Kekerten Islandと、南海岸のブラックリード島Blacklead Islandに基地をつくった。1894年、アメリカの会社は自分たちの持っていた基地をスコットランドに売っている。同年、エドム

歴史

ンド・ペック牧師 Reverend Edmund Peck はイギリス国教会の宣教所をブラックリードにつくった。その宣教所は1926年まで、捕鯨の流行がすぎたころも存続していた。スコットランド人により、ポンド・インレットの近くのアルバート・ハーバー Albert Harbour にも1903年、捕鯨用の基地がつくられた。捕鯨の流行はいたるところで、イヌイットの生活に深い影響を及ぼしていた。イヌイットたちは住居の形式をかえたり、鉄や道具、銃、そして捕鯨船を手に入れたりした。

　世紀がかわるころには、ホッキョククジラの数は激減し、クジラは自由交易という形で取引されるようになった。イギリスの小さな商社の社員たちが、夏に定期的に訪れてイヌイットたちと取引をした。1900年から1913年まで、ダンディー会社 Dundee Co. が、レイク・ハーバー Lake Harbour（現在のキンミルト Kimmirut）近くに雲母鉱山もつくった。1912年には、カナダから2隊、ニューファンドランド Newfoundland から1隊、あわせて3つの探検隊が金を求めてポンド・インレットへやってきた。どの探検隊も、その後交易所をつくるためにいちど国に戻っている。1911年から1926年にかけて、サベラム会社 Sabellum Co. は、地元商人と、スコットランドから夏にやってくる小さな商船を使って、バフィン地方南部各地で点々と営業活動を展開した。この会社唯一の白人従業員ヘクター・ピッチフォース Hector Pitchforth は、1924年にクライド・リバー Clyde River 近くの交易所で孤独に生涯を終えている。

　バフィン地方の歴史には、科学的な研究が大きな影響を与えている。1882年から1883年には、ドイツの気象学の探検隊がカンバーランド海峡のサーミリク湾 Sermilik Bay で、国際北極年 International Polar Year の一環として越冬した。その翌年、草分け的存在の地理学者であり民族学者であったフランツ・ボアズ Franz Boas も、カンバーランド海峡でひと冬を越している。その後、彼が出版した広範な内容のレポート『中部エスキモー The Central Eskimo』は、カナダのイヌイットに関する最初の民族学研究であった。1909年には、鳥類学者のバーンハード・ハンツ Bernhard Hantzsch がイヌイットを連れてフォックス海域（海盆）Foxe Basin へ旅行し、1911年にそこで、おそらく旋毛虫病が原因で死亡している。地質学者であり、探鉱者でも映画制作者でもあったロバート・フラハーティー Robert Flaherty は、1913年から1914年をアマドジュアク湾 Amadjuak Bay で越冬している（ケベック州北部で彼の製作した映画『極北の怪異［極北のナヌーク］Nanook of the North』は民族学映画の古典である）。1921年から1924年にかけて、クヌド・ラスムセン Knud Rasmussen と彼の5回目のチューレ探検隊 Thule Expedition はイグ

歴史

ルーリクで民族学の調査をおこなった。そして、グリーンランド人であるナサイトドロスアスク Nasaitdlorssuarssuk とバフィン地方の住民のマラ Mala を供にしたピーター・フレウチェン Peter Freuchen と、それからサーケル・マチアッセン Therkel Mathiassen は、北バフィン島の大部分を探検した。南バフィン島の内陸部は 1920 年代に、バーウォッシュ Burwash、ソパー Soper、ウィークス Weeks、そしてヘイコック Haycock らによって探検され地図がつくられた。1936 年と 1940 年のあいだには、イギリスとカナダ合同の探検隊がフォックス海域（海盆）のほとんどの地理学上の調査を終えている。

　北極圏の島々は 1880 年にイギリスからカナダの手へとわたっているが、1897 年にウィリアム・ワケハム William Wakeham がケケーテンでケルンを建てるまで、カナダはその統治権を得るための積極的な動きは、なにもしなかった。1903 年には、A・P・ロウ A. P. Low のもと、公式の探検隊が北極圏北部とカンバーランド海峡を訪れた。1906 年と 1911 年のあいだには、カナダ政府が北極圏北部への 3 回の公式航海にジョセフ・ベルニエ Joseph Bernier を派遣し、現地でカナダの国旗を顕示し、捕鯨者から関税を集めた。

　カナダは、北極圏北部での外国人の活動にますます関心を強めていった。1898 年から 1902 年のノルウェーのスバードラップ Sverdrup、北極でのロバート・ピアリー Robert Peary のいくつもの試み、ドナルド・マクミラン Donald MacMillan のクロッカー・ランド探検 Crocker Land Expedition、ラスムセンの北極圏の島々への関心——これら各国の探検隊が与える脅威に対するカナダの対策は、北極圏北部に、ロイヤル・カナディアン・マウンテッド・ポリス派出所 Royal Canadian Mounted Police posts（RCMP＝カナダ王立騎馬警察。本書では、以下、連邦警察 [RCMP] とする＝日本語版編者注）を設立することだった。ポンド・インレットでは 1921 年に、その翌年にはエレスミア島 Ellesmere Island のクレイグ・ハーバー Craig Harbour で、1924 年にはドゥンダス・ハーバー Dundas Harbour で、1926 年にはバチェ半島 Bache Peninsula で、そして 1927 年にはレイク・ハーバーで、連邦警察（RCMP）の派出所がつぎつぎに開設された。

　1911 年、ハドソン湾会社 Hudson's Bay Co. はレイク・ハーバーにバフィン島第 1 号の交易所を開設した。つづいて 1913 年にはケープ・ドーセット Cape Dorset で開業。1921 年にはパングニルトゥング Pangnirtung とポンド・インレットで、その 2 年後にはクライド・リバーで、そして 1926 年にはアークティック・ベイ Arctic Bay で開業した。ハドソン湾会社は、それまで活躍していた自由交易の商人たちを

歴史

淘汰し、物資をより安定して供給するようになった。ハドソン湾会社が当初取引していたのはキツネの毛皮で、それから徐々にアザラシの毛皮へと移行していった。近年では、アザラシの毛皮の需要が低下してしまったので、交易所は近代的なスーパーへと変身をとげている。

　第2次世界大戦とそののちの冷戦で、カナダの北極圏は強制的に開かれざるをえなかった。アメリカ合衆国空軍は、戦時中にヨーロッパへ武器を空輸するためにフロビッシャー・ベイ Frobisher Bay（現在のイカルイト Iqaluit）に飛行場をつくった。1955年には、ソビエトからのあらゆる侵入に対して早期に警告を発するレーダー網をつくろう、というカナダとアメリカ合衆国の共同プロジェクトである遠距離早期警戒網 Distant Early Warning(DEW)Line の工事が始まった。これにともなって、イカルイトはバフィン地方の補給上、そして行政上の中枢となっていった。1947年、レゾリュート Resolute に気象観測所が建てられ、1950年代前半にイヌイットたちはケベック州北部からレゾリュートとグリス・フィヨルド Grise Fiord へとうつされた。1950年代後半と1960年代には、連邦政府によってほとんどのコミュニティーに小学校がつくられた。1960年代なかばには壮大な住居計画が立てられた。そして、イヌイットたちはそれまでずっとおこなってきたキャンプ生活を永遠にやめた。

キーワティン地方　　　　　　　　　　　　　　Keewatin Region

　1610年に、ヘンリー・ハドソンが北西航路を探して、それまでだれもが「バフィン島とラブラドール Labrador のあいだの割れ目にすぎない」と思っていた場所を探検した。その海岸をたどり、ハドソンはついに彼の名前がつけられることになる巨大な内海を発見した。それを追ってほかの探検家たちも湾に分け入り、1717年ハドソン湾会社はチャーチル Churchill に毛皮の交易所を建て、さらに西にいる先住民（ファースト・ネーションズ。昔はインディアンと呼ばれていた人たち＝日本語版編者注）との交易を開始した。必然的に、これがキーワティンにいるイヌイットたちとの接触につながった。

　1719年には、チャーチルの北方へ北西航路を探しに出たジェームズ・ナイト James Knight の探検隊が行方不明になった。その探検隊の消息については、その後50年ほどはなにもわからなかったが、やっと住居跡と2隻の船がランキン・インレット Rankin Inlet 近くのマーブル島 Marble Island で発見された。乗組員は、地元のイヌイットたちの献身的な介護があったにもかかわらず、壊血病や飢餓で非業の

37

歴史

死をとげていた。

　バフィン地方においてと同様に、キーワティンでも19世紀なかばにクジラ産業がイヌイットたちの生活に大きな影響を与えていた。イヌイットたちの多くは捕鯨用の基地の近くに住むようになり、生活に便利な道具をたくさん手に入れた。しかし、同時にイヌイット社会には免疫のなかった病気も入ってきてしまった。ハドソン湾を最初に訪れた捕鯨者たちは1860年にデポット島 Depot Islandで越冬し、壊血病で何人も死んだが、クジラのヒゲで大もうけした。その10年ほどの栄光に憧れ、40を超える捕鯨船団がアメリカからキーワティンの海岸へ出航した。捕鯨者たちが越冬した主要な3か所は、デポット島のリパルス・ベイ Repulse Bay、ケープ・フラートン Cape Fullerton、そしてマーブル島であった。ちなみに、イヌイットたちにとってマーブル島は伝説上重要な場所で、訪問者は島にはじめて入るとき、そこに住むと信じられている老女の魂を敬って、最初の数歩を這って入る。

　1870年以降、捕鯨産業は急速に衰退した。捕鯨者たちは「スクラップ」を買いとることに精を出し、あげくの果ては鉱山業などにまで活動分野を広げていった。「スクラップ」とは捕鯨者たちのあいだの専門用語で毛皮、皮、牙などのことをいう。学者たちによれば、1860年から1915年のあいだにハドソン湾へ出た捕鯨航海の数は、推定146回であるという。これらのうち105回の航海が、イヌイットと取引し、イヌイットを雇いもし、ともに越冬までしたという。1899年と1903年のあいだには、ダンディー商会 Dundee firmがサザンプトン島 Southampton Islandに基地をつくり、スコットランド人のほか、バフィン地方から連れてこられた3人のイヌイットが、そこで運営にあたっていた。ダンディー商会は1903年に、大型船アーネスト・ウィリアム Ernest Williamをリパルス・ベイに送り、1910年までそこを海上基地にしていた。世紀のかわり目とともに捕鯨産業の衰退も進んだ。ハドソン湾の最後の捕鯨船A・T・ギフォード A. T. Giffordは1915年に火災で焼失し、乗組員も全員死亡した。

　ハドソン湾でもっとも有名なアメリカ人捕鯨船船長といえば、ジョージ・コマー George Comerである。コマーはハドソン湾に捕鯨と交易のための航海を6回もしている。また、コマーはやり手の船長というだけではなかった。訓練を受けてはいなかったが、彼は科学者でもあり、文化人類学者ボアズの指導を受けて、人類学、博物学、地図作成法、そして探検において重要な貢献をした。

　捕鯨産業がキーワティン海岸で台頭していたころ、内陸で着々と活動をつづけている人たちもいた。1893年に、キーワティンの内陸部を調査するためにカナダ地

歴史

質学調査Geological Survey of Canadaが雇ったジョセフJoseph とジェームズ・ティレルJames Tyrrellの兄弟は、アサバスカ湖Athabasca Lakeを起点に、まずはドゥバント川Dubawnt Riverへ、そこからチェスターフィールド・インレットChesterfield Inletへ、そしてその沿岸をチャーチルへと旅した。その翌年、ジョセフ・ティレルはキーワティン内陸部をさらに深く探検し、地図を作成した。

1899年には、博物学者のデビット・ハンブリーDavid Hanburyがチャーチルを北上してチェスターフィールド・インレットまで行き、さらにベーカー・レイクBaker Lakeを経由しグレート・スレーブ湖Great Slave Lakeへと旅をつづけ、地質学、人類学、および博物学において重要な貢献をした。その翌年に、ジェームズ・W・ティレルJames W. Tyrrellもおなじエリアの何か所かを探検した。ハンブリーは1901年に、グレート・スレーブ湖からチェスターフィールド・インレットを通ってマーブル島へ到達し、ベーカー・レイクに戻りそこでイヌイットたちと越冬をするという英雄的な冒険を実現している。そしてその翌春には、コパーマイン川Coppermine Riverの入り口まで旅をし、そこでイヌイットたちから銅が埋まっている場所を聞き出した。彼は地理学、博物学、気象学、人類学の分野に貢献した。

1903年、ハドソン湾で無許可捕鯨をする者たちの動向や、ひいてはヌナブトでのカナダの統治権を心配していたカナダ政府は、ついにチェスターフィールド・インレットの北、フラートン・ハーバーFullerton Harbourに、北極圏では初となる連邦警察（RCMP）の派出所を置いた。これは、徐々にカナダの法律を浸透させ、カナダによる《監督統制》を広めるのが目的であった。

南方の森林地帯では、ハドソン湾会社のライバルとなる商社が増えていた。そのためハドソン湾会社は話しあいの結果、今度はイヌイットたちのあいだにホッキョクキツネを罠にかける方法を普及させるべく、1912年をもって北へうつった。その年チェスターフィールド・インレットに、まもなく内陸のエンナダイEnnadaiに、それぞれ支店を開設した。1916年には、ベーカー・レイクの南側にひとつ、リパルス・ベイにもひとつ、それから1921年にはアルビアトArviat（当時のエスキモー・ポイントEskimo Point）に、1924年にサザンプトン島に、つぎつぎ交易所がつくられた。

非聖職者でありながら聖職に身を捧げたアルセーヌ・トゥルクエティル神父Father Arsène Turquetilは、1912年にチェスターフィールド・インレットにローマ・カトリック教会を設立した。そこからカトリック教はエスキモー・ポイント、リザンプトン島、ベーカー・レイク、そしてはるかバフィン島にまで広がっていった。
連邦警察（RCMP）は1922年にフラートン派出所をチェスターフィールド・インレ

歴史

ットにうつした。1929年まではその派出所には医者が住んでいて、アルセーヌのような非公式の聖職者たちが病院を建てグレー・ナンズ修道院 Grey Nuns convent を1931年につくり、1938年には老人ホームもつくった。1951年には、彼らの手によって北極圏東部ではじめての学校が設立され、1954年から1969年までは、彼らは大きな寄宿学校を運営した。1970年に、北西準州（NWT＝カナダ北西部の連邦直轄領）の政府が教育への責任を負うと宣言したが、そのころにはもうほとんどのコミュニティーには学校ができていた。それに加えてランキン・インレットの重要性があがったこともあって、チェスターフィールド・インレットの衰退が進んだのである。

　イギリス国教会もこのあたりで布教を始めていた。ブラックリード島出身の教理問答師であったルーク・キドラピク Luke Kidlapik は、コーラル・ハーバー Coral Harbour から、ドナルド・マーシュ Donald Marsh はエスキモー・ポイントで1926年から、布教を始めた。ローマ・カトリック教会がそこに入ってから2年後のことである。そして両教会とも、ベーカー・レイクには1927年に進出した。

　クヌド・ラスムスセンのこの地方への5回目の冒険は1920年代なかばにおこなわれた。その冒険でわかったことは、私たちが伝統的なイヌイット文化を理解するのにとても重要なきっかけとなった。民族学、考古学、言語学、植物学、そして動物学などに関する草分け的な研究が、キーワティンやそのほかの地方で進められていった。ラスムスセンとカイ・ビルケット－スミス Kaj Birket-Smith のカリブー・エスキモー Caribou Eskimos に関する論文はそれぞれ、近代文化人類学の古典となっている。

　1955年には、ランキン・インレットでニッケル鉱山が見つかっている。それまでそのあたりは重要視されることはなく、イヌイットたちの主要な居住地でもなかった。北ランキン・ニッケル鉱山 North Rankin Nickel Mines は1962年までイヌイットたちの主要な就職先として運営され、その当時は捕鯨全盛期のころ以来の人びとの大移動がおこなわれた。1958年、発掘作業のまさに絶頂期にあって、連邦政府は鉱山からわずかに半マイルのイティビア Itivia に居住区をつくった。カリブーの移動経路がかわったことで生活環境が悪化してしまった内陸のイヌイットたちのリハビリの場に設定した。1970年には、北西準州の政府が本部のオフィスをチャーチルからランキン・インレットにうつし、ランキン・インレットを実質的なキーワティン地方の中枢にした。今日までランキン・インレットはその地位を保ちつづけている。

キティクミウト地方　　　　　　　　　　　　　　Kitikmeot Region

　1770年から1771年まで、サムエル・ハーン Samuel Hearne は、チペワイアン

歴史

ChipewyanのガイドであるマトナブビーMatonabbeeとともに、チャーチルからコパーマイン川までを陸路で旅し、北極海に到達した白人第1号となった。ところが悲惨なことに、彼の連れの先住民たちが、歴史的に敵同士であったイヌイットたちを大量虐殺してしまった。コパーマイン川の入り口——その事件ののちにブラディー・フォールズBloody Fallsと呼ばれるようになった場所でのことだった。この事件のことはさておき、ハーンのこの驚異の旅によって、ハドソン湾の南部あたりでは北西航路は見つけられないということが証明された。

　1819年から1846年のあいだに、北極海沿岸は地図に記された。コパーマイン川の西からコロネーション湾Coronation Gulfまでの900キロメートルを地図にしたのはフランクリン卿で、それから1826年にジョン・リチャードソン博士Dr. John Richardsonがマッケンジー川からコパーマインの入り口までを担当した。英国政府の目的は地理的探検、科学的研究の促進、それから準州における自国の統治権の主張であった。地図化の作業は1834年にジョージ・バックGeorge Backに引き継がれ、1836年から1839年はトーマス・シンプソンThomas Simpsonとピーター・ワーレン・ディースPeter Warren Deaseの手にわたり、1845年から1846年にジョン・ラエ博士Dr. John Raeによってついに完成された。

　このころ重要な航海もいくつかおこなわれた。1819年には、パリーParryがランカスター海峡を通りメルビル島Melville Islandへとわたり、そこで越冬した。それから10年後、ジョン・ロス船長率いるビクトリー号が、航海中にプリンス・レジェント・インレットPrince Regent Inletで氷に囲まれて3年も身動きがとれなくなるということがあった。そのとき船長と船員たちは、みな地元のイヌイットと仲よくなって、彼らと一緒に狩猟をしたり食べものをもらったりして、イヌイットの旅の心得を教えてもらった。

　1846年には、フランクリン卿探検隊の船もまた、キング・ウィリアム島King William Islandの北西で、氷につかまってしまった。船員たちは18か月後、ついに船を捨て、南部へ行こうとがんばったが、この努力は無駄に終わってしまった。105人全員が飢餓と壊血病で死んだ。1847年から、何回も捜索隊が出され、そのあたりについてのいろいろな情報を持って帰ってきたが、探検隊は見つけられなかった。1854年、ジョン・ラエはイヌイットがフランクリン卿探検隊の末路について語るのを聞き、それを報告しに英国に帰った。このフランクリン卿探検隊の失踪と捜索については、数え切れないほどの本が書かれている。フランクリン卿探検隊のたどった運命は、今やこの北の地の神話になっている。

歴史

　1903年に、ノルウェー人のロアルド・アムンゼンRoald Amundsenが、北極点の正確な位置を発見するためにキング・ウィリアム島で2回の冬を越している。彼が越冬した港は、今は彼の船の名をとってジョア・ヘブンGjoa Havenと呼ばれている。ジョア号はアラスカのノームNomeに1906年に到達した。ついに北西航路を完走した船の第1号の誕生であった（ジョア［ヨーア］号は47トンの帆船。ヨーロッパ人の300年になんなんとする悲願であった北西航路が樹立したのは、1905年8月13日＝日本語版編者注）。

　イヌイット以外の人間が最後まで《聖域》として残しておいたのがヌナブトの最西部である。ハーシェル島Herschel Islandを拠点にする捕鯨者たちが徐々に活動地を広げて西へ進出し、そしてついにひとりのデンマーク人クリスチャン・クレンゲンバーグChristian Klengenbergが1905年から翌年にかけての冬をビクトリア島Victoria Islandの外で越した。クレンゲンバーグがすごしたビクトリア島には色白の肌が美しいイヌイットがいる、という話（のちに新聞で「金髪のエスキモーBlond Eskimos」としてとりあげられて話題になる）に魅惑されて、ビルハジャムル・ステファンソンVilhjalmur Stefanssonは1908年から1912年のあいだ、そのあたりを探検した。1913年から1918年にかけて、ステファンソンはさまざまな専門分野の科学者たちから成る大グループを引き連れて、カナダ北極探検隊Canadian Arctic Expeditionとしてコロネーション湾とビクトリア島へふたたび戻っている。この探検隊に参加していたニュージーランド出身の文化人類学者ダイアモンド・ジェネスDiamond Jennessは、1922年に、《北の国》の民族誌の古典となる、『コパー・エスキモーの生活The Life of the Copper Eskimos』を書いている。この本は多くの学者から、単独のイヌイットのグループをもっともうまく描写している作品として認められている。

　一匹狼的な毛皮商人は、北極圏中部に拠点をつくるという面倒なことはしなかった。クリスチャン・クレンゲンバーグは1916年にコパーマイン川の河口近くに基地をつくり、1919年にはビクトリア島にまたひとつつくっている。1920年には、彼はバサースト・インレットBathurst Inletでスクーナー船を使って越冬した。彼の末裔は、今日もクグルクトゥクKugluktuk（コパーマイン）とホルマン島Holman Islandに住んでいる。彼以外の商人たちは徐々に陸路でグレート・ベアー・レイクからやって来た。まもなく、そのあとを追って地質学者や罠猟師も入ってきた。

　1913年11月、カトリックの神父たち、ジーン-バプティステ・レビエルJean-Baptiste RouvièreとギリョーＭ・ラローGuillaume LeRouxのふたりが、コパーマ

歴史

インの近くでイヌイットによって殺された。この犯罪はイヌイット側の誤解と、神父側の無神経さによって起こったものである。取り調べののち、1917年にふたりのイヌイットが裁判にかけられるためにエドモントンへ送検された。フォート・レゾリューションFort Resolutionで終身刑を宣告された彼らであったが、1919年には釈放された。当然の処置として、この事件のあとには、新しく連邦警察（RCMP）派出所を増やすことと、その地方で定期的なパトロールをおこなうことがとり決められた。

ハドソン湾会社は1916年に、バーナード・ハーバーBernard Harbourに新しい交易所を開設している。おなじく1921年にはケンブリッジ・ベイCambridge Bayで、そして1923年にキング・ウィリアム島でも開設している。それからコパーマインの交易所は1927年に、バサースト・インレット交易所は1934年に開設されている。バサースト・インレット交易所は1964年に閉鎖しており、今は博物学者のための宿泊施設になっている。ペリー・ベイPelly Bayは、この地方でハドソン湾会社がひとつも交易所をつくったことがない唯一の場所である。1935年には、ピエール・ヘンリ神父Father Pierre Henryが有名な石づくりの教会をそこに建てている。ペリー・ベイは、ほかの場所から隔絶されていて、1961年に学校が建てられてようやく外界と近くなった。

ほかの例にちがわず、キティクミウト地方でも、商人たちとほぼ同時に宣教師たちは現れた。1928年、イギリス国教会の教会がコパーマインにつくられた。そしてイギリス国教会とローマ・カトリック教会の双方が1920年にケンブリッジ・ベイに教会を建てている。

第5回目のチューレ探検隊のクヌド・ラスムセンは、1923年から1924年までグリーンランド人のアシスタントであるミテクMiteqとアルナルルングアクArnarulunnguaqとともに、このあたりを旅している。ラスムセンは、ネツリクNetsilikとコパーCopperの両エスキモーに関して詳細な民族学論文を書いた。

スペンス・ベイSpence Bay（現在のタロヨアクTaloyoak）は興味深い歴史をたどってきた。1934年には、ハドソン湾会社がケープ・ドーセット、パングニルトゥングやポンド・インレットからイヌイットを連れてきて、デボン島Devon Islandのドゥンダス・ハーバーでホッキョクギツネを罠でつかまえさせていた。2年後には、その交易所も打ち捨てられ、イヌイットたちはアークティック・ベイ、それからフォート・ロスFort Rossへと移動させられた。その交易所は氷の状態がよくないために、物品の供給を受けるのがむずかしく、1947年には閉鎖された。そしてほとん

どのイヌイットたちはスペンス・ベイへ移住したのである。

　北極圏のどの場所でもそうであるように、イヌイットたちは、ほとんどがキャンプ生活をやめ1960年代にコミュニティーに定住するようになった。政府の住宅供給プログラムや学校の設立などが促進剤になったのである。1981年には、準州政府がケンブリッジ・ベイをこの地方の行政の中枢に定め、以来このコミュニティーは安定した成長をつづけている。

ヌナブトへ向かって

　この10年のあいだに、ヌナブトをめぐる先住民の「諸権益請求問題 Land Claim」が解決し、ヌナブトという新準州の到来を宣言する「ヌナブト法案 Nunavut Act」が通った。イヌイットたちにとっては、この新準州は彼らの故郷であり、人口の大半がこの地に住んでいる。今日、イヌイットとカルナート qallunaat（白人）は新しい準州を明るく活気に満ちた準州にしようと心に誓っている。過去の歴史と未来への希望のどちらも忘れない、そんな準州に。

イヌイット文化

古くからの狩猟生活に根づくイヌイット文化は、北極圏の中央部・東部で広く共有されている。地域的なちがいがまったくないかといえば、そんなこともないが —— ここでは、ヌナブトのまったくちがう3地方出身の3人の筆者が彼らの文化を語る。

バフィン地方	Baffin Region
アン・ミーキトュク・ハンソン	Ann Meekitjuk Hanson

　イヌイットの《文化 culture》と《風習 ways》を見分けるのはむずかしい。私たちイヌイットの言語には、このふたつを区別する言葉はない。私たちは、それらを全部ひっくるめてイリクシク iliqqusiq という。《風習と習慣》というような意味である。イリクシクは、イヌイットの生活のあらゆるものを指して使える。たとえばサバイバル技術、あそび、服装、芸術、医学、言語、気候、海、陸、しつけ、などなど。つまり、《生活》そのものの意味あいで使えるのだ。英語で《文化》というと、

イヌイット文化

ピアノやバレエ、オペラ、ダンス、詩作、演劇など、娯楽関係のものしか思い浮かばない。イヌイット語ではそういう種類の《文化》のことはイスマイナキユティート isumainaqijjutiit とでもいえばいいだろうか。「毎日のいやな仕事が終わったあとにリラックスさせてくれるもの」を意味する言葉だから。あと、私は《ふざける making fun》感覚のカルチャーのことを、スイーラキユティート suiilaqijutiit と表現する。

文化の変容

文化はときとともに変容する。イヌイット文化も例外ではない。祖母のクービアナトゥクルーク Koovianatukulook と祖父のマキビク Makivik は、南バフィン島の出身である。若いころは、体力ゲームやレスリング、のど自慢、ドラム・ダンス、物語をしたり、スコットランドの踊りを習ったりしたらしい。ゲームも祝いごとも、冬はカグク qaggiq と呼ばれる巨大な《雪の家》で、夏は屋外でおこなわれていたらしい。歌はすべて行事ごとに新しくつくられ、《著作権》がしっかり存在した。作者に正式に紹介をされて許可をもらわなければ、その歌を使うことはだれにも許されなかったのだ。歌の内容は実にさまざまであった。狩猟の経験談のようなものから、こっけいな話、飢餓についてのものもあれば、子どもについてのもの、詩的なもの、神話を語ったもの、それに未来を予言する歌もあった。

ケープ・ドーセット Cape Dorset 出身のパウタ・サイラ Pauta Saila という有名な芸術家にして政治家である老人は、あるとき、アチルアク Atsiluaq というシャーマンがつくったつぎの予言の歌を使わせてもらった。パウタによれば、アチルアクは「世界がまだ新しかったとき」に生きていた人らしい。アチルアクのほかにもうひとりエヌシアラユク Enusiarajuk という、これまた有名なイヌイットも、カルナート（白人たち）が北に来る数世代まえに生きていた。そのふたりがまだ若者だったころ、カグクの大きな集まりでアチルアクが太鼓のところへ来て、前後に体を揺らしながら、太くて丸いバトンで太鼓をたたき始めた。彼は目を閉じて太鼓を前後に打ち鳴らした。足は踏みかためられた雪の床にしっかりふんばり、リズムに乗っていった。そしていつしか、太鼓とバトンの動きがまるで彼が動かしているのではないかのように、その動きになじんでいた。そして、彼は新曲を口ずさみ始めた。

  Atsiluaq
  Angakunirataugajappuq
   Hoooo..... Hoooo..... Hoooo..... Hoooo..... Hoooo.....

イヌイット文化

    Kananiilak, kingaaluni
    Saangani kanani
    Takujauppat
    Qallunaattaapik
    Aupaluttaapik
    Atsiluarli
    Angakunirataugajappuq
        Hoooo….. Hoooo….. Hoooo….. Hoooo….. Hoooo…..

　彼が歌い終わると、満杯の《雪の家》がしんと静かになったという。だれもが不信感でいっぱいだったのである。このころにはアチルアクは汗びっしょりで上半身は裸になっていた。彼の歌には人びとが聞いたことのない新しい言葉が入っていた。カルナート（白人）である。人びとに不信感があるのを察した彼は、何度も、何度もその歌をくり返し歌った。

    アチルアク、この男
    やがて偉大なシャーマンと呼ばれるだろう
      ほーー、ほーー、ほーー、ほーー、ほーー
    ほら、ほらそこの
    高い山
    その山のまんまえに、
    あなたは見ることになるだろう
    美しい布
    美しい赤い影
    アチルアク、この男
    やがて偉大なシャーマンと呼ばれるだろう
      ほーー、ほーー、ほーー、ほーー、ほーー

　アチルアクは、「未来を見通せる」と評判の高いシャーマンのひとりであった。彼は美しい赤い布が風にはためくのを見たのだ。「カルナートという人たちが、赤い影のある旗をはためかせてこの土地へやってくる」ということを人びとに教えようとしたのだ。たしかに、ハドソン湾会社 Hudson's Bay Co. にも、カナダ国旗に

イヌイット文化

も、赤色が使われている。アチルアクの予言したとおりになったのだ。今日、人びとはアチルアクに今度は本当の敬意を表して、信心こめて「美しい赤い布」の到来を予言したあの歌を歌うのだ。

　母ジョシーJosieと父ミーキユクMeekitjukのころには、祝いごとやそのほかの儀式はほとんどなくなっていた。イヌイットの生活様式は新時代を迎えていたのだ。母と父はスコットランドから入ってきた新しいダンスや音楽を覚えていた。スコットランドやアメリカの捕鯨船が、私たちイヌイットの暮らしのなかへもすぐに導入できるような新しい文化を運んできた。母もその仲間も、「スクイーズ・ボックス squeeze-box（アコーディオン）」でいきいきした音を出すのがうまくなった。それにイヌイットのドラム・ダンスのようなひとりの人が中心で踊るのではなくて、たくさんの人が踊れるような新しいダンスも踊れるようになった。

　首長たちは新しい音楽にあわせて新しいステップも考案した。今日でも踊られているもののなかには、タテゴトアザラシの動きをまねしたステップというのもある。これは一見の価値ありで、ものすごく忠実にタテゴトアザラシの動きを再現しているのが本当におもしろい。つくった人の名前を冠しているダンスなどもある。そしてどのコミュニティーにも、それぞれいちばん人気のダンスがある。ひとつのダンスは最低1時間。夜のダンス・パーティーなどは、翌日の午前中まで終わらないことがある。アコーディオン奏者たちはその才能だけでなくて、その持久力、それからいちどもおなじメロディーを弾かずにひと晩中弾きつづけられるその能力、それら全部を持ちあわせているためにとても尊敬されている。コミュニティーによっては、観客に見せるようなダンスの訓練を若者にさせているところもある。いざ観客に見せるときには、彼らは芸の一環として、そしてなによりもプライドの象徴として、伝統的な衣装に着がえる。

　物語を話すことは、私たちの文化のなかでいちばん大事なことである。私たちの言語を後世に伝え、そして豊かにもしていくから。物語には歌がつくことが多い。こうした歌は事件を象徴したり、話の流れや目的をわかりやすくしたりするためのものである。カウヤユクKaujajukという、ひどい待遇を受けている孤児の男の子の物語などがいい例である。カウヤユクは寒さをしのぐために玄関先でイヌたちと一緒になって寝ていた。

　イヌたちのあいだに身をうずめて、月を見ながら彼は歌った。

　　　空高い、お月さま

イヌイット文化

空高い、ぼくのお兄さん
きみのおかげでぼくは少しあたたかい
窓が明るくなったよ
空高くにいるお月さま、きみだけがぼくの明かりだよ
服を乾かしたいんだ
乾かないだろうな、乾くわけがないや、乾かないよ……

　月はカウヤユクにとってお兄さんのような存在だった。カウヤユクは月から力をもらっていた。すると月から男がおりてきてカウヤユクをとても強くした。男はカウヤユクを殴った。ぶって、ぶって、ぐんぐん育てた。この歌は寒々として希望がないような調子だが、カウヤユクはとても強く丈夫な男性に成長する。そして、村には彼に少しだけやさしくしてくれる女性がひとりだけいたのだが、彼は彼女を危機から救って、求婚するのである……とまあ、これはこの伝説のほんの概要にすぎない。カウヤユクの物語の全容は、山ほどの冒険あり、神話上の生き物あり、そしてたくさんの歌もありで、とても長い。私たちは、老人たちに語りつづけてもらうことで、これらの物語を守ってきた。ラジオでも、テレビでも、学校でも語られている。そして最近では、イヌイットの作家たちが、本に残すようになってきた。
　バフィン島Baffin Islandは才能ある人たちであふれていて、彼らが私たちの文化を生かしていてくれる。歌ったり、彫刻をしたり、絵を描いたり、本を書いたり、ラジオやテレビ番組をつくったりして。そしてただそこにいることで、私たちの文化を生かしつづけることができる。
　文化的な催しが、最近また盛り返してきている。こういった催しは私たちに重要な行事を覚えておかせたり、故郷とのつながりを思い出させたりする。

食べもの

　食べものは、私たちの文化にまつわるすべてのことと関係する。祝いごとには、かならずごちそうが出てくる。食事は、家族や親戚など大人数で一緒にとったほうがおいしいと私たちは信じている。祖父の若いころには、祝いごとにそなえていろいろな食材がちゃんと陸地に貯蔵してあったらしい。そのころは、いろいろな種類のソースやディップなど、いまよりもたくさんの調理方法があったらしい。そのなかでは私も3つなら、おいしいソースを知っている。アールaalu、ミシラクmisiraq、それにニルクカクnirukkaqである。

イヌイット文化

　アールはカリブーやアザラシの上肉だけからできている。レシピはこうである。まず、脂身の少ない肉をきれいに洗う。細かく切ってボウルに入れる。そこへ数滴、とかした脂を入れる。それから血を数滴。隠し味にウルニク uruniq（ライチョウの腸）を入れて、それが2倍の量になってふわふわになるまで指でよく混ぜあわせる。これが、どんな肉にあわせても最高な人気のディップである。

　ミシラクは今日、北のいたるところでつくられている一般的なディップである。クジラなどの脂肪が材料である。まず、ワモンアザラシ、クジラ、アゴヒゲアザラシ（ウジュク ujjuk）などの脂身を切りとる。肉を一緒に切らないように、脂だけ。穴をあけた容器（コーヒーの空き缶など）にその脂身を入れる。ビニール袋や穴のあいていない容器は使わないように。それを、熱のない涼しいところで寝かせておく。うまく熟成すると、高級な白ワインのように透明な液体になる。においはすばらしくおいしそうで、まったく苦そうではない（もし「臭い」と思ったら、捨てること！　いやなにおいがするということはちゃんと熟成していないということだから）。これにもまた、あらゆる肉をディップして食べることができる。

　3つ目のディップはイヌイット語ではニルクカクというが、つくるのに特別な注意が必要だ。ニルクカクはカリブーの内臓でできている。以下に記したのは、私の叔父アンノウォーク Annowalk のレシピである。まず、カリブーを狩るときに、ていねいに内臓をとり出し、容器に入れ、冷凍保存する。ときが満ちると、自然に解凍されてくる。そうしたらシーンギヤイユク siingijaijuq というプロセスを始める。これは、こねながら不純物をとりのぞくプロセスである。草、葉、コケなどはすべてとり除く。なめらかになったら、準備はオーケーである。ディップするのは、カリブーの肉である。

　私たちの食べものは冷凍や生の肉とソースだけではない。いろいろな種類の肉や魚の乾物も食べる。たとえばカリブーも。カリブーとブラックベリーを使った伝統的なシチューは、心がリフレッシュする木の香りがして、とてもおいしい。それから、「新しく」入ってきたスパイスや調理法を用いてつくるカリブーや魚の料理もたくさんある。

　アザラシを食べるときには、先祖たちの伝統にしたがう。一例をあげるならアルパヤク alupajaq がそうである。2、3人の男たちがアザラシを囲んで、特別な切り方で切り分ける。女たちは数メートル離れたところで、こちらもひとところにまとまっている。男たちの会話は女たちに聞こえる。狩りの話、そのほかのうれしかった話。女たちはアザラシの話をしている。「こんなにたくさん手に入って幸せね」とか。

イヌイット文化

冷凍したカリブーの肉を解凍して食べる（左）こともあればホッキョクグマの肉（右）も食べる

　そうしているうちに、男たちから女たちに肉がわたされる。アザラシの上肉は女だけが食べてよいことになっているのだ。最初は極上のひれ足である。ふたりの女が、みんなの分を切り分ける担当である。そこにいる全員に分けないと失礼になる。それからつぎに心臓を細切りにしてまわす。レバーもおなじようにする。背骨は上半分を女が分けてから、残った下半分を男が食べる。あばら肉も、まず等分したあとに女が前身の部分を、男が後身の部分を食べる。

　食事に招待された場合は、アザラシ肉を残らず食べないようにしよう。招いてくれた家の人たちの分がなくならないように。ただ、「いいから持って帰りなさい」と強くすすめられた場合はそのかぎりではない。招待され、出されたものを食べたら洗い物も手伝わずにすぐ帰ろうとする客もいる。実はこれは、長居をしすぎて邪魔になってはいけないというちゃんとした考えに基づいているのである。だから帰るまえには何度もお礼をいってから帰る。そして洗い物は残った招待客たちで手伝えばいい、そういうふうになっているのだ。

　話し声や冗談をいいあう声で、食事の席はいつも笑いに満ちている。こうした食事会はコミュニティーのなかでの順番制で、各家庭が受け持ってつづけられていく。コミュニティーの住民全員が公共の施設に集合する《全員集合》のパーティーでは、食べものはコミュニティー内のそれぞれの家族から持ち寄られる。大きなコミュニティーでは、宴会料理用の野生動物を猟師を雇って狩ってもらうのがほとん

どである。

　パーティーはここの人たちにとって大きな意味を持っている。食べものを分かちあうことは私たちの文化の一部であり、また私たちの持つ伝統を引き継いでいくという重要な行為であると考えているからである。食べものは見知らぬ人同士を友だちにすることができる。一緒に食事をすると、もっと仲よくなった気持ちになる。それに一緒に食べものを分けあえば、食べものの量も倍になるのだ。

イヌイットの家庭で暮らす

　家に客を招くことはたいへんな名誉である。なぜなら、それはありのままの姿を認められた、ということを意味するから。ほかの人が自分の家を必要としてくれており、自分の家が彼らをもてなすのに十分であることを私たちは謙虚な気持ちで喜ぶ。ほかの人、というのには、両親、親戚、友だち、旅人、ひと晩の宿がほしい人まで、だれでも含む。そしてイヌイットたちは宿泊者がある程度、あらかじめイヌイットの家庭の常識を知っていてほしいと思っている。そう、泊まるまえに知っておくべきことがほんのいくつかある。

　まず、口に出していってくれる者がいなくても、自分はとても歓迎されているのだということを覚えておくように。だからいつでも自分の家のようにくつろいで。ドアをあけるのにノックはいらない。いつもより静かに暮らそうと心がけてはいけない。私たちイヌイットは、人が静かにしすぎるのを好まない。むしろそのようにされると、なにか私たちをだまして、こそこそしているような印象を受けてしまう。

　昔は、なにもかも共有されていたのでドアに鍵をかける必要も、私物をしまいこんでおく必要もなかった。私たちは年長者たちから、「盗みはとてもわるいことだ」と教えられてきた。子どものころは、「家のなかで自分がとってはいけないものをとろうとしたら大きな手が現れてつかまってしまう」といわれていた。コミュニティーによって、盗みを戒めるための異なった迷信がいろいろあるのだ。今日でも、そうした教えをつづけているコミュニティーもまだある。家にだれもいないときに帰ってきたら、まずはお茶を入れてだれか帰ってくるのを待つ。これは来客が家族の一員としてとるべきふるまいのひとつとされている。来客がこうした行動をとることで迎え入れている家族は、自分たちの心づかいが理解され感謝されていると感じ、誇らしく思う。大きなコミュニティーでは、ドアに鍵をかけることがもう定着したが、だからといって、ホストが自分のいないときに客が帰ってくるのを拒んでいるのだと思ってはいけない。

イヌイット文化

家のなかの《諸事》に積極的に参加する —— ホームステイ先で子守をする日本語版編者

　家のなかの《諸事》に加わるのもとても重要である。これは家事の一端を受け持って毎日やるということではない。たとえば、客が私たちの国の伝統料理を食べてみたいといってくれれば、私たちは誇らしく思うのである。はじめは、いやな反応をされることを恐れて、料理を出すのをためらうかもしれない。私たちの伝統料理には血が入っていたり、あまりきれいに見えなかったりするので、客にいやがられると考えるのである。たとえばアザラシ、カリブー、ライチョウなどの料理を食べているときには、じっと観察されたり写真を撮られたりすることを嫌う。それより一緒にテーブルについて、小さな切れ端でいいから一口でも食べてみて急いで飲みこんでくれるほうがいい。「気持ちわるい！」などの冷やかしの言葉は吐かないでほしい。客が食卓に一緒につくときには、私たちは文化を共有しているような気持ちになるものなのだ。肉が生なのがいやであれば、ホストに火を通してくれるように頼んだって、ちっともかまわないから。

　ホストが、コミュニティーの外へ旅行に連れていってくれることもあるかもしれない。彼らがいうように、彼らがするようにしてみよう。彼らがいちばんよく知っているのだから。コミュニティーの外へ出発するときには、暑いので今の服装のままで出かけたいと思うだろうが、海や大地にいったん出ればだんぜん寒くなるのだ。食べものやキャンプ道具の準備、子どもたちの世話などを、できるだけ手伝うようにしよう。大人も子どもも、できる範囲内で手伝うのがここでの決まりごとで

イヌイット文化

ある。あなたが歓迎されて大切にされていると感じられるように、ホストたちもできるだけのことをしている。

あなたがあたるホストの世代としては、3つのグループの人たちが考えられる。まず、最年長のグループのイヌイットたちは、イヌイット語しか話さない。彼らはまだコミュニティーができるまえの大地で生まれ、今日のようなコミュニティーを拠点として働いて給料をもらう生活が浸透するまえに存在していた《本物》の移動生活を営んできた人たちである。私たちは彼らのことを、イヌイット世界の狩猟、気候、方向、天文、植物、信仰、倫理などすべてのことに精通している専門家として尊敬している。私たちとおなじように彼らを尊敬してほしい。

それからつぎに、35歳〜45歳のグループがいる。彼らは最初のバイリンガル世代である。新しい給料制の経済への転換期の最中に生まれた人たちである。この世代の人たちは、イヌイット世界のことも白人世界のことも経験したことがあり、どちらでも満足に暮らせる。大地で育った人びとの記憶が大切に語り継がれているのは、この世代の人たちが、ちょうど村外での生活と定住地での生活の両方を味わった人たちだからである。だから彼らは「中間」グループと呼ばれている。

3つめのグループは、20代と30代前半の若い人たちの世代である。彼らのほとんどは病院でその産声をあげている。彼らは、まったくもって近代的な人たちである。しかし、年長者たちが大地、海、動物、気候に対する畏敬（いけい）の気持ちなどの古くから伝わる心を彼らにしっかり教えている。彼らはほかの人に親切にするように、できるかぎりを与えるように、そして報酬など期待しないように、そう教えられている。

この国の若者たちは、日常生活のほとんどの時間をを学校ですごすので、大陸や海の上ですごす時間が両親や祖父母の代よりうんと少なくなった。言語を忘れ去られないようにと、学校ではイヌイット語を子どもたちに教えている。彼らは私たちの未来を担う者であり、イヌイットらしさを守っていく使命を帯びているために、たくさんの人たちに注視されている。これはラジオやテレビ、新聞、そして「諸権益請求問題Land Claim」に関する協議の場においても長いあいだ議論されてきたことである。ときどきこの世代の若者たちはつぎのような不愉快なコメントを頂戴する。「私たちの国の若者はもう一人前のイヌイットだとはいえない」「彼らは私たちの言葉を話せなくなってきている」「彼らはこの土地のことをよくわかっていない」「若い人たちのあいだには犯罪が絶えない」などなど。しかし実際には、私たちの国の若者は私たち同様に立派なイヌイットだといえる。彼らは短いあいだに変遷の激しい歴史を駆け抜けて、なおイヌイットらしさを保っている人たちなので、き

イヌイット文化

っととてもおもしろいホストになってくれるだろう。

　何歳の人であっても、イヌイットのホストは家族をとても大事にする。私たちは客人に自分たちの家族や親戚を紹介するのが好きである。一家族のところへ泊まれば、祖父母、叔父叔母、いとこ、養子、などたくさんの人たちがそこにはいるだろう。あなたが寝泊まりする場所を空けるために、大きな子どもたちや若者たちは親戚のところに泊まりにやらされているかもしれない。客をもてなしてくつろいでもらうことが最優先事項であるから、このようなことはしごく普通である。家から離されているからといって被害者意識を持つ者はまずいない。だから旅人は、「家族を引き離してしまっている」という意識は持たなくていい。

　私たちが、あなたのような旅人を自分の家に迎えるのにはいくつかの理由がある。まずはあなたが私たちに興味を持って訪れてくれているから。そして私たちと生活を共有してくれて、ここで得た知識をあなたが広めてもくれるから。あなたが思い出に残る時間をつくれることも私たちの願いと喜びである。そしてなによりも私たちがあなたのいる時間を楽しんでいるから。

　なによりも、自分らしくしていてほしい。いつもの自分の生活を無理にさげたりあげたりはしないで。あなたをホストするイヌイットたちも、あなたが来てもかわらず、自分らしい生活をつづける。いつもとおなじ声で話をして。大きな声で、「ピジン英語」を使って話してくる旅人もいるが、これは私たちにはとても恥ずかしい。なぜなら私たちはヒアリングができないのではないから。あなたがたと平等な人間として扱ってほしいから。旅人のなかには、私たちに《歴史的》であることを期待する人がいたことも多々ある。私たちがつねに笑い、《雪の家》に住み、まるで時間を止められたような様子で暮らしていることを期待する《ロマンチックな観念》を持ってやってくる人も、ときにいたりする。私たちが近代的な暮らしを送っているのを見て失望した人もいる。だが私たちがイヌイットであることにかわりはない。私たちは身も心もイヌイットなのである。

　それでは楽しい旅をされますように！

キバリク地方
ピーター・アーナーク

Kivalliq Region
Peter Ernerk

　初心者のために、まずはひとつはっきりさせよう！　イヌイット語では「雪」をあらわす名詞として100種類が存在するという神話があるが、厳密には、「雪」にはアプトaputというこの一語しかないのだ。しかし、英語にもいろいろな雪の状態をあ

イヌイット文化

らわすさまざまな名詞(たとえば、powdery snow、packing snow、slush、sleet)があるように、イヌイット語にもいろいろな雪に対応する表現がたくさんある。

男と女がキスをするときには、イヌイットたちはそれを「鼻をこすりあわせるrubbing noses」ものとは考えない。キスは、思いやり、愛、そしてロマンスにあふれたものである。キスはイヌイット語ではクニクkunikと呼ばれる。そして自分たちのことは、「人びと」を意味するイヌイット、という言葉で呼んでいる。「エスキモー」というのはクリー族Cree Indianの言葉で「生肉を食べるもの」を意味する。ヌナブトではもう使われていない軽蔑的な表現なのである。

マリンガMalinnga(私についてきてほしい)——あなたと分かちあいたい神聖な思想があるから。私たちイヌイットの言葉と文化のありようをあらわす思想である。私流にアレンジしていわせてもらおう! あなたはこの思想を知っていただろうか。つまり、大地や雪はよく私たちに語りかけてくるのだ。とくに冬の雪や夏の砂浜ややわらかいコケの上に、カリブーの足跡がたくさんついているときなどに、大地は私たちに語りかけてくるのである。

イヌイットには、昔から口頭でのみ伝わっている日常生活にとって、とても重要な社会規範がある。今日でも使われているものも多々ある。イヌイットらしさとは、つぎのようなものであるという暗黙の了解がある。親切であること、思いやりを持つこと、人に与えること、助けること、自分よりも人を心配すること。そして笑うこと、冗談をいうこと、よくしつけられていること、我慢強いこと、常識があること、それからなによりも責任感があること。

イヌイットの文化と言語は切っても切り離せない。イヌイットの文化は太古の昔から口述だけで伝えられてきた。私たちイヌイットはひとつの言語を持ち、地域ごとに方言がある。環境と完全に調和して暮らし、海や大地は生活の一部である。自然はいつもそこにあり、私たちはその自然を子どもたちのためにちゃんとのこしていく。自然にあるものから私たちは必要なものをとって使ってもいいのだが、けっして動物を虐待しないで尊敬の念を持って扱っている! 自然界には自然界だけの言語が存在する。目立った地形、湖、川には私たちが名前をつけた。たとえば、イビアンギルナリクIviangirnalik(胸のような)、クーグュアクKuugjuaq(大きな川)、そしてイヌクシュリクInuksulik(人型をした石塚。イヌイットがツンドラに多くつくった伝統的な陸標・道しるべ)など。

私たちは生きるための最小限の分量だけ狩りをし、採取をする。何千年もそれで生きてきた。食べものと衣服を得るために狩りをし、春夏のあいだは栄養をおぎな

イヌイット文化

うための草木の実や海藻を集める。あるものは、ほかのイヌイットと共有する。分かちあうからこそ私たちは生き延びていける。

ナウヤート-リパルス・ベイ Naujaat-Repulse Bay のキバリク地方に住みながら、ほとんどの時間を私たちはナティリガアーリュク Nattiligaarjuk（アザラシのいる湖）ですごす。昔はクリスマスとイースターの行事に参加したり、彫刻品やキツネの毛皮を売るためにナウヤートへ帰ったりするときには、イヌゾリで旅をした。春になって日が長くなると、何マイルも進み、休憩をしてはお茶を飲みカリブーや魚の乾物を食べた。石器時代的生活を送っていた私の父は、地平線のはるか彼方にあり、遠すぎて青みがかって見えるつぎの峠を見ては、イヌイット語でよくいったものだった。「遠い！ けれど峠は動いていない。だからわれわれは確実に到達できるのだ！」と。たしかに到達できたけれど、とても時間がかかったものだった。その経験から私は、イヌイットの文化は忍耐力の文化だ、と思うようになったのだ！

イヌイットの生活は四季に沿ったサイクルがある。これからどうするかを考えるときは、過去のおなじ季節を思い起こす。まず、秋のおもな行事について考えてみよう。秋は、なるべくカリブーのいる土地に近づくために内陸へ内陸へと進む季節であった。何日か眠れない日がつづいても、かまいはしなかった。カリブーを十分につかまえられて、家族全員分の冬の食糧と衣類の材料さえ得られればよかった。

カリブーの狩猟はけっして簡単ではなかったが、不可能でもなかった。すぐにカリブーを見つけられるような日はよい。けれど、ほとんどがどうしようもないほど長いあいだ歩いて、やっと１匹見つけるか、かすかな足跡を発見するか、といった日々であった。こんな習慣もあった。父が実践していたのだが、カリブーの足跡を見つけたら、そのまわりをポケット・ナイフでていねいに切り抜いて、もとの場所に反対向きにはめこむのである。父はそれをしてから、「カリブーよ、戻れ！」と叫んだ。こういった迷信は本当に最後の手段としてしか使われなかったが。

やっとカリブーをつかまえたら、肉を貯蔵し、冬のためにとっておいた。氷が張っている季節の釣りはよかった。とくに10月。私たちはチャー（ホッキョクイワナ）を求めて氷に穴をあけ、釣り糸を垂らした。夏中カリブーの肉を食べるので、ここらで魚の肉に切りかえるのもちょうどいい感じであった。

12月から翌年の２月。本格的な冬の到来である。狩りも釣りもなしで、たまにカリブーをつかまえに出る程度である。小さなイグルーのなかに長期間住まなければならないのはさびしく、ストレスもたまった。それでもみんな、ゲームをしたりイヌイットの伝統歌謡を歌ったりした。イヌイットの歌は、狩人が自らのつらかった

イヌイット文化

経験などからつくった。伝統的なイヌイットの歌というのは力強く、おもしろい。ドラム・ダンサーがドラムを打ち鳴らして歌を盛りあげる。一方で、シャーマンなどがつくる神聖な歌は儀式でのみ歌われた。キリスト教の聖歌がそうであるように、特別な目的のためだけにとっておくのである。

　3月、そして4月になって日が長くなってくると、春である。アザラシが氷にあけた穴からアザラシを狩る季節である。アザラシが海面まで浮いてきて顔を出すのを待たなければならず、とてもむずかしい。その点、イヌを飼っている猟師は、分厚い雪の上からでも、イヌに嗅がせてその穴を見つけることができた。あたりにはいつも西風が吹いているので、アザラシの穴は普通、氷の東側の縁にあいていることが多い。

　狩人がアザラシをつかまえると、その新鮮な肉は私たち人間とイヌに分けられて、歓迎の会が開かれた。肉だけでなく、アザラシの脂でクリクqulliq ── 半月型をした滑石（ソープストーン）製のオイル・ランプ。中身がくりぬかれて、そこに脂とランプの芯を入れるのだ ── をつくり、明かりをとることもできた。父や義理の兄がアザラシを持って帰ってくると、それをさばくのは母の役目だったことを覚えている。しかしアザラシの毛皮をはぐまえに、母は新鮮な水を凍らせた氷をひとかけら、アザラシにのせた。それは氷の下を泳ぐアザラシの仲間たちに、あなたたちがのどをかわかすことはないから安心して、というメッセージであった。イヌイットはすべての動物を敬い、けっして残酷なことはしなかった。

　1か月ほどの休息のあと、私たちはふたたびアザラシ狩りを始める。氷の上の雪がとけて、ナッティアビニートnattiaviniitと呼ばれる若くて脂ののったアザラシを求めて狩りをする。ハドソン湾会社の職員たちはナッティアビニートのことを「銀のつぼ」と呼んでいた。私たちはこのアザラシの毛皮を売り、貨幣を得ることができた。覚えておいてもらいたいのは、私たちが狩った動物たちは、かならず、人間の食糧、衣類、イヌのエサ、のいずれかとして使われていたということである。

　6月と7月がくると、私たちはたいへん興奮した！　これは今も昔も、ひとえに雪がとけるからである。6月はマニートmanniit（卵）の月で、人びとは卵を集めた。それから湖や川がとけ出すのもこのころであった。チャー（ホッキョクイワナ）は下流へと泳いでいき、釣りも再開される。ガンやカモといった渡り鳥も到着する。すべての生き物にとって、夏は食事の内容に変化をもたらしてくれる季節なのだ。イメイットは乾物をつくるためにていねいにカリブーの肉を刻む。ナャー（ホッキョクイワナ）は入念に切り身におろされ、これまた乾かすためにぶらさげられて、食事に花を添える一役を担った。

イヌイット文化

　知っているだろうか、イヌイットがものすごく虫を怖がることを。春夏には虫はかならずやってくる。それもものすごい大群をなして。子どもたちのほとんどが虫を怖がり、とくに嫌われているのがイグタト iguttat ―― マルハナバチである。マルハナバチはこちらが走って逃げ切らないかぎり、人間にくっついてまわりたがるのだ。

　イヌイットは自分たちの子どもの名を、人体の一部や動物の名からとることが多い。たとえばイグタト（マルハナバチ）が人名として使われることもある。というのは私の姉がそうなのだが。この話には、霊的な挿話がついてくる。というのも1982年の6月のある日に、私の叔父（父の弟）とその奥さんが氷の上で釣りをしていたとき、1匹のイグタトがしつこく1日中彼らのまわりを飛びまわったことがあった。私はそのころケベックにいたのだが、その日は私のまわりにもイグタトが1匹飛びまわりつづけた。そのときはたいして気にも留めていなかったが、それから1、2日経って、私は姉がその日に死んでいたことを知らされた。私たちは、娘にイグタトという名前をつけた。亡き姉の名を受け継いで。

　8月中旬から末にかけて、チャー（ホッキョクイワナ）をたくさんつかまえると、もう冬のたくわえに十分な魚はとれている。そろそろ、また内陸へ移動をしてカリブー狩りを始める季節になってくる。この時期にはもうカリブーにも十分に脂がのっている。イヌイットたちは、カリブーの脂を手に入れることに関しては熱狂的である。これは、なんの不思議もないことだ。その脂は本当にたくさんの用途がある

チャー（ホッキョクイワナ）＝ホエール・コーブの加工所にて

イヌイット文化

から。まず、肉と一緒に食べるとたいへんおいしい。まだ私が両親に連れられて原始的な移動生活を送っていたころには、内陸へ入ってカリブーをつかまえると、その脂をろうそくとして使った。まず脂をよく噛んで、血と水分をとり除く。それから、小麦粉の袋から布のはしきれをとり出し、ろうそくの芯にした。それでテントのなかを明るくすることができた。それから、拾ってきた草木の実を脂と混ぜる。この混ぜ物を、私たちはまさに「混ぜ物 mixed」と呼んだ。味は、最高だった！

この時期は、カリブーの毛皮がやわらかくなり、厚すぎず薄すぎず、衣服をつくるのにちょうどいい状態になるころでもあった。昔は、イヌイットもつかまえられるだけカリブーを狩った。見つけた群れが5匹だろうと30匹だろうと、とりあえず全部撃ち殺そうとした。そのころはそれだけ食べものが少なく、そうでもしなければ家族とイヌたちを全員十分に食べさせていくことができなかったのだ。肉を保存するために、夏の終わりに貯蔵庫に入れ、冬にとり出していた。

サンド・バギーやスノーモービルが普及して、私たちの主要な移動手段になっても、私たちはやはりおなじように季節ごとの生活をつづける。

新しい季節がすぐそこまでやってきている。私と一緒にきて、イヌイットの文化と言語を体験する気がおありだろうか？　もしかしたら、大地が、自然の言葉であなたに話しかけるかもしれないよ。トゥキシビート Tukisiviitt？（いっている意味がわかるかな？）

キティクミウト地方　　　　　　　　　　Kitikmeot Region
ジョー・オトキアク　　　　　　　　　　　　Joe Otokiak

北極周辺のほかの場所と同様に、キティクミウト地方でのイヌイット文化も短い期間で大きな変化をとげることになった。このあたりの文化は、北極圏西部からはホルマン Holman（ちなみにホルマンはヌナブト準州には含まれないことになった）やクグルクトゥク Kugluktuk の影響を受け、中部からはケンブリッジ・ベイ Cambridge Bay とウミングマクトゥーク Umingmaktok、バサースト・インレット Bathurst Inlet の影響を受け、東部のジョア・ヘブン Gjoa Haven、タロヨアク Taloyoak そしてペリー・ベイ Pelly Bay の流れも汲んでいる。キティクミウト地方では、イヌイットの生活のあらゆる面――物理的、観念的、そして精神的な――において、その様式や時間の観念に多少のバリエーションがあるかもしれない。

4、50年のあいだに、イヌイットたちは移動生活から定住生活への変化を完了した。

イヌイット文化

その間、北極圏の外界から入ってくる新しい文化の影響を受けて、小さなコミュニティーはどんどん発展していった。イヌイットの生活のほとんどは四季のうつりかわり、狩猟の時期など、「生きるために必要なこと」にあわせて動いていく。ひとつの家族が単体ではなく、ほかの家族と一緒に旅をする。そうすることで、獲物を追っていく旅が安全につづけられるようになり、狩りが成功する確率もあがっていった。世代がかわっても、1年のうちどの時期にどの獲物を狩ることができるかという知識は、イヌイットたちのあいだに脈々と受け継がれていった。昔ほどではないが、今日でも季節ごとの狩りに関する知識は、ある程度イヌイットの生活に息づいている。

昔は、冬のあいだイヌイットたちは、カリブーがたくさんいる地域や、アザラシのいる沿岸地域へと移動していたものだった。

春になると、イヌイットは海岸沿いに進んでいき、川を見つけてはそこでチャー（ホッキョクイワナ）を釣ったり、渡り鳥をつかまえたりした。釣りは、湖や海の岸辺近くの氷に穴をあけておこなわれた。氷がとける時期になると、自然にあいた穴が使われた。川をくだってくる魚目当てに群がってくるアザラシもつかまえられるようになる。鳥も、ウサギを罠にかけるのとおなじ要領で、巣にこもっているところを罠にかけてつかまえられる。巣にいるところを驚かされて飛び立とうとしたときに、こちらが用意しておいた罠に首から引っかかってくるという仕組みである。

春の狩りが終わると、イヌイットはカリブーの通り道を目指して内陸へ進み、カヤックや弓矢を用いてカリブーを狩る。カヤックでつかまえようと集団で人間が待ち伏せしているところへ、カリブーを呼びこむことも可能である。そういう場所は慎重に選ばれ、ていねいに調べられる。ほかにもイヌクフイト inukhuit（ヌナブトのほかの地域ではイヌクシュイト inuksuit という綴りで表記されることもある。人型をした石塚群。イヌイットがツンドラに多くつくった伝統的な陸標・道しるべ）を使う方法もある。隠れ場で弓矢を抱えて狩人たちが待ちかまえている場所へと、イヌクフイトをつくって動物たちを導くのである。

秋の到来とともに、イヌイットはまた沿岸地域へ戻り、そこで釣りとカリブー狩りを再開するのである。

冬の初頭はだいたい、アザラシ狩りをしてすごす。アザラシの脂肪は滑石（ソープストーン）製ランプの燃料となり、暖をとるのにもクリク qulliq を料理するのにも役立った。そして、皮でできた袋にこの脂肪を入れて貯蔵しておいて、あまり収穫のない時期を乗り切るときに使った。

イヌイットの家族は、赤ん坊を除く全員、毎日の生活のなかでやるべき仕事の分

イヌイット文化

担が決まっていた。

　年長者は長年のあいだに得た知恵ゆえに尊敬され、イヌイットの国では彼らの言葉こそが法律だった。

　年少者は小さいころから、「年長者のいうことをよく聞くように」といわれている。年長者がいちばんよくものごとを知っているのだから、と。それからイヌイットの子どもたちは、「自分がしてほしいことを、敬意をこめてほかの人にしてあげなさい」と教えられている。年長者が、自分の安全を思って注意してくれているかもしれないので「口答えなどは絶対にしないように」と教えられている。もちろんこれが守られないこともあるが、そのときは、子どもは自分のまちがいから正解を学んでいくのだ。子どものしつけで、大人が手をあげることはほとんどない。それよりも、愛をこめたいい方で、自分たちにとってその子が本当にいちばん大事だからこそいうのだ、と伝えるいい方で、いって聞かせることが多い。

　身体的条件がどのような人でも、ここでは人はみな平等に扱われる。生き延びていくのが困難な人に対しては、ほかの人が生活に必要なものを分けてあげる。イヌイットは、たがいを思いやる気持ちが豊かで、家族の絆も強い。困難な状況に直面すると、核家族だけでなく親戚縁者も、解決に向けてたがいに助けあう。小さなコミュニティーのイヌイットのほうが、大きなコミュニティーの人たちより、そういった家族の絆やコミュニティーとしての一体感が強いことが多い。

　イヌイットの心はいつも安らぎのなかにある。たとえ困難の最中でも。このことは「アユルナルマト Ajurnarmat」（どうしようもない）ということわざのなかでもいわれている。イヌイットは、自然が自分たちの生活に及ぼす影響に対して、順応するのが早い。彼らは、仲間、環境、そして自分たちが生きていくのに役立ってくれるすべての動植物に対して、崇敬の念をつねに忘れない。「私はあの獲物をつかまえる」と大胆にもいい切る人は絶対にいない。たとえその獲物をつかまえる確率が本当にとても高いとしてもだ。そのかわりに、実際こういうときにいわれるのは「アグナフアニアカラ Angunahuarniaqara」（意味は「つかまえられるか、がんばってみるよ」）という言葉だけである。上手な狩人は謙虚なのである。そのかわりに、うまく獲物をとらえることができたときは感謝をして、そのことがとても幸運だった、と思っている。イヌイットは、手負いの動物を無駄に苦しませない。そういう動物を見つけたら追いかけてつかまえ、なるべく早く殺してあげるのだ。

　イヌイットは、死後も人の魂は生きつづけるのだと信じていた。イヌイットが死ぬと、その親戚のところに生まれた赤ん坊にその死者の名前がつけられ、まるで死

イヌイット文化

者の魂が宿っているかのようにその子に接する。たとえば生前にとても尊敬されていた年長者の名前をもらい受けた赤ん坊は、深い愛と優しさでもって、手厚く世話をされるのである。

環境に対しても敬意のもと、なるべくもとある形のままほかの人が使えるように保つよう心がけられた。捨てられたものは、動物が食べたもの以外はすべて、自然の力を借りてちゃんと土にかえっていった。それから、イヌイットは天候にとくに敏感で、つぎの日の天気を予測することができた。

たいていの食べものは、余計な調理を必要としなかった。食べるときには、生のままか、冷凍状態か、乾かされるか、またはスープをつくるためにゆでられた状態だった。あるいは貯蔵庫のなかや、その動物の脂肪にくるまれて保存されて熟成された状態だった。ゆでたカリブーの肉には、よくカユク qajuq が添えられた（カユクとは肉をゆでて濃いダシが出たスープのなかから肉をとり出したあとにその動物の血を混ぜこんだもののことをいう）。カリブーのカユク添えは、食べた人の体をあたためた。

貯蔵庫に寝かされていた食べものは、食べたことのない人にとっては、なじめない味かもしれない。とくにイヌイットの年長者などは、これらの珍味をじっくり味わって食べる。そのような珍味のひとつに、アザラシの脂に包まれたアザラシのひれ足がある。皮が簡単にむけるようになったら、食べごろである。食べものは特別なコケに包まれて保存され、夏になるとたき火のなかで、平たい石にのせて調理された。カリブーの腹のなかに血をたくさん入れ、そこに熱い石を入れることで、インスタントのプディングをつくった。乾物は通常、いろいろな動物の脂の固形あるいは液状のものと一緒に食された。動物のいろいろな部分が、あとで残りの部分を使うために、生のまま食された。今日でも、こうした《地元料理》がイヌイットの食事の大半を占めている。店から買ってきた食べものよりずっと栄養があり、お金もかからないのである。

イヌイットの風習の多くが、昔のものに現在の技術をとり入れた形で、今日も生きている。しかし、ヌナブト準州政府のなかでイヌイットが新しい役割を担っていくためには、もっとこうした伝統をとり入れる必要がある。イヌイットは知力でもって、数千年を生き延びてきて、これからも年長者の知恵などを生かしながら生きつづけるだろう。そうして未来の子どもたちへわたすための強い礎（いしずえ）を築くのである。

キティクミウト地方のイヌイットの文化を垣間見たが、ここで述べたことはいわゆる氷山の一角といえるだろう。ようこそ、われらの国に！

イヌイットと精霊信仰

ピーター・アーナーク　　　　　　　　　　　　　　　　Peter Ernerk

仲のよい友だちがいちど私にいったことがある。キリスト教と、私が受けたクリスチャンとしてのしつけのおかげで、彼 —— アンガクク (通常は、アンガコク angatkuq [シャーマン] という) —— は、彼のやり方で私をかえるのは不可能だと。

　ローマ・カトリック教会とイギリス国教会は、私たちが信じるものを壊すためにはどんな手段をとることも惜しまなかった！
　それ以来ずっと、私は失望しつづけてきたのだ。
　多くの人びとは、とくにイヌイット以外の人は、気軽に「シャーマニズム shamanism」と発音する。だが私は、英語でその言葉を軽々しく発言されると過敏に反応してしまう。なぜなら、イヌイットのシャーマニズムは霊的なものだからだ。それも「どのような精霊だろうと、霊的なものがついていればいい」というわけではない。シャーマンたちはそれぞれに、自分たちの「選ばれし精霊」を持っているのだ。私のそばにいて私を助けてくれる精霊は、私の父アングティタク Angutitaq だと思う。
　シャーマニズムはイヌイットたちの本来の宗教である。ローマ・カトリック教会とイギリス国教会の宣教師がヨーロッパからの交易者たちとともに上陸して、自分たちの宗教を私たちに押しつけようとするまでは、シャーマニズムは数え切れないほどの長い年月のあいだ、私たちの生き方そのものであった。ヘンリ神父がシャーマニズムを「悪魔の仕業」といっていたのを覚えている。彼は私たちの宗教をおとしめ、そしてローマ・カトリック教のほうがシャーマニズムよりも強い力を持っているというのだった。
　西洋の社会では、イヌイットは全員霊を持っていると思っているようだが、本当のところはそうでもない。精霊の世界とシャーマニズムを理解しその恩恵を受けるためには、イヌイットたち自身、自分たちの宗教が説いていることをよく理解しなくてはならない。それも理解しないままでは、なんの意味もない！　私などは人生の大半を、よいローマ・カトリック教徒になって周囲を感心させたい一心で、キリスト教をわかったふりをしてすごしてきてしまった。

イヌイットと精霊信仰

リパルス・ベイ Repulse Bay 出身で、今から数年まえに死んだ私の友だちは、深くキリスト教を信じ、祈りを捧げていた。そんな彼は、天使を見たり、天使が夢に出たりしたことはいちどもないが、「イヌイットの姿をした精霊なら見たことがある」というのだった。私は思う。宗教というのは、やはり人から押しつけられるものではなく、生まれた場所に根づく宗教こそが自分の根底にあるのではないかと。

伝統的なイヌイット社会の構造

シャーマニズムはおそらく世界のどの狩猟社会でも存在すると思う。それは人びとの、大地と環境との結びつきを体現したものだからである。

伝統的なイヌイット社会では、シャーマンは医師兼助言者兼治療家の役目を与えられていた。とはいっても、シャーマンはキャンプの指導者ではなかった。その地位は、集団のなかの最年長者に与えられた。彼がもっとも経験のある狩人であり罠猟師だからだ。イヌイットのキャンプには、ほかのカナダ先住民（ファースト・ネーションズ。昔はインディアンと呼ばれていた人たち＝日本語版編者注）たちのキャンプにいたような首長はいなかった。

教師としての役目は、母と父が負っていた。子どもたちの両親にとって、規律の重要性や我慢強さを教えることは、きびしい北極圏の気候を生き抜くうえでとても大切なことだった。たとえば、もし子どもが本土から切りはなされた海氷に乗って、キャンプから遠く流されていってしまったら？ そうしたら子どもは、その大困難に立ち向かい生き抜くための機知を自分自身で持っている必要がある。

シャーマンの技量

イヌイットのキャンプには、ときとしてふたり以上のシャーマンがいることがある。男のことも女のこともある。しかし、だからといってだれもがアンガコクになれるわけではない。断じてちがう。アンガコクになるためには、見えないものが見えなくてはならない。そう、精霊が見えなくてはいけないのだ。シャーマンはつくれるものではない。生まれつきシャーマンなのである。

キリスト教やそのほかの宗教と同様、シャーマニズムも、すべての問題について、即効の解決策などはない。イヌイットたちは問題が起こるたびにシャーマニズムを使うわけではない。シャーマニズムは崇敬されており、最後の手段としてしか用いられなかったのである。

イヌイットのシャーマンたちは、トゥーンガイト tuunngait と呼ばれる精霊をそ

イヌイットと精霊信仰

れぞれ持っていた。たとえば私の友だちには、彼のもっとも強い精霊として、彼の母親の霊がついていた。彼は母親の助けを得て、家族のなかの病人を看病し、ときにはその病気を治した。そして私は、アンガコクの力とリパルス・ベイにいるローマ・カトリック教の神父の力があわさって、死の淵からいちど救われたことがあると、いまだに信じているのである。3歳か4歳の時分、私はひどく重い病気にかかった。地元のローマ・カトリック派の神父が、病気を治すための強い薬を処方してくれた。一方で、私の友だちも彼の母親の精霊と一緒になって、私の病の原因を特定してくれた。その後も数回、私の家族は私の友だちとその母親の精霊によって病気を癒(い)してもらっている。

　精霊の世界では、善と悪、そして醜い者という表現がよく使われる。つまり、いい精霊とわるい精霊がいるということである。私の友だちの精霊などではない、だれかほかのシャーマンのわるい精霊が、ときおり私の家族に災いを与えるために送られてきた。私の友だちは、もうひとつのトゥーンガク tuunngaq（精霊ひとりをあらわす単位）であるイジラク ijiraq といういい精霊も持っていた。イジラクはカリブーの形をした精霊で、逐語訳をすると「隠れる者」という意味になる。近くにカリブーがいなくなってしまうと、友だちは彼のイジラク精霊を使ってカリブーたちがいる場所を探し当ててくれたものである。

　儀式をおこなうにはふたつの方法があった。ひとつ目は、つぎの3種類のどれかをおこなえばいい。岩を持ちあげる、だれかの頭を持ちあげる、あるいは問題を抱えている当事者にその本人の足を持ちあげてもらう。どのやり方でも、持ちあげたときの重さで、そこにいる精霊がいいものかわるいものかを特定することができる。

　たとえば、岩を持ちあげる儀式を考えてみよう。カリブーの毛皮の上に（毛皮のほうを上向きにして）小さな岩をのせよう。それからシャーマンがその岩のまわりにアザラシの毛皮でできたロープを結びつけ、ゆっくりと持ちあげ始める。徐々に重くなり始めたら、アピクサク apiqsaq（ネツリク Nattilik の方言ではアピクハク apiqhaq）が下方から引っ張っている印である。そうしたら、家族のなかのひとりかふたりが質問をするのだ。質問をされるアピクサクは、シャーマンと直接会話をする精霊である。怖かったせいか、父とシャーマンのどちらが質問したかは覚えていないが、うろ覚えの記憶では、たしかつぎのような質問がされた。「ウニルニアクティト Unnimiaqqutit（どちらなのか答えてください）、キグルリトゥック Kigluritluq（これはわるいほうか？）、イルラムティトゥク Ilurramutittuq（これはいいほうなのか？）」。軽くなって岩が持ちあげられるようなら「はい」を意味し、重すぎてシャーマンが持

65

ちあげられなくなったら答えは「いいえ」である。

　シャーマンには彼らだけの言語がある。ここにそのときに質問されたいくつかの重要な言葉を記しておく。「タウ tau？（生きている人間？）、タウビニク tauviniq？（死んでいる人間？）、クマルアク kumaruaq？（カリブー？）、クアティーアク quattiaq？（子ども？）、プングク punnguq？（イヌ？）」。この質問への答えを出した精霊は、すぐにここを出て遠くへ行くようにと強くいわれた。そうすると、患者はよくなり始めた。あるいは、イジラクに相談したことで、それまで見つけられなかったカリブーが1～2日のうちに近隣で発見されたという例もある。

　儀式をおこなうもうひとつの方法は、サカウヒート sakauhiit という精霊のための歌を通しておこなうというものである。シャーマンはアリアナイト alianait（喜び）の歌を歌う。ピシート pisiit あるいはピヒート pihiit は、アヤイヤー ajaijaa、アイヤイヤー aijaijaa…という言葉で始まる伝統的な歌である。

　これらふたつの儀式のどちらをおこなう場合にも、イグルーやテントのなかは明かりを消して暗くする。白夜の日には、当然、これに関しては、私たちにはどうしようもないが。しかしイグルーやテントのなかでおこなわれたときには、クリク qulliq（オイル・ランプ）の明かりはほんのかすかなものだったので、部屋を暗くするには十分であった。

　アリアナイトの歌をとおして、アンガククはわるい精霊を見つけ出し、どこにそれがいるのか、だれが病や悪天候、動物の不足をもたらしているのか、を特定した。今から何年も昔、私の父がいった。「わるい精霊のなかでも最高にわるいトゥピライト tupilait というのは、もっとも日の短いころに、イグルーの外で、シャーマンによってつかまえられるのだよ」と。私の友だちがよくいっていたのだが、ひとたびトゥピラク tupilak をつかまえると、手と腕の一部にたくさんの血が染みついて、尿をかけなければそのトゥピラクの血は落ちないというのだ。グリーンランドへ行ったことのある人は、このうわさのトゥピラクの牙彫像を見たことがあるかもしれない。

おなじ精霊に祈る

　今日、ヌナブトのシャーマン信仰はいまだ秘密にされており、ロシアなどほかの周極地域の国でやっているように、おおやけに儀式がおこなわれたりはしていない。しかし、「シャーマニズムは治療に有効な方法だ」と聞いた好奇心旺盛な若いイヌイットによって、このことは議論されているところである。彼らはシャーマニズムをいいことだと思っている。表面には見えていなくとも、シャーマニズムを実践

イヌイットと精霊信仰

している人たちはたしかにいる。彼らは自分たちの心のなかで、シャーマニズムを実践しているのである。

　私は、私の人生のなかで危険が迫ったときや動物を狩っているときなどに、私を守り導いてくれている精霊がいるということを信じている。私がその存在を信じている精霊のひとりに、私の父がいる。父は1971年に死んだが、ときどき彼は私をとおして狩りをしていると感じることがある。それに、私の口を使って善良な考えを語りかけてくると感じることもある。イヌイットの集団、とくに私の父の出身集団であるナティリクミウト Nattilikmiut などでは、ナーリュク Naarjuk の存在が信じられている。この究極の存在は、キリスト教でいうところの神にあたり、大地と海をつくった存在である。それから私たちの信心によれば、だれなのかよくわからないが、《別の存在》がチャー（ホッキョクイワナ）をつくったのだ。私はナーリュクを怖れてはいない。彼はこの宇宙のどこかにいて、シラ sila（空）の支配者であり、死んでいった私たちの親戚全部の面倒を見てくれているのだと教えられてきたから。

　一方で、ヌリアユク Nuliajuk というのは海の精霊で、海の動物、とくにアザラシの支配者である。彼女は半分人間の女で、半分魚（人魚）である。足はなく、かわりに尾ひれがある。ヨーロッパの人は彼女のことを「海の女神」と呼ぶ。私が若かったころ、アザラシの狩人たちがアザラシをつかまえられなくなった時期があって、父はその原因として私たちがヌリアユクを怒らせてしまったからだといっていた。それでヌリアユクが怒っている原因をシャーマンが調べなければならなかった。そのあとでしか、アザラシをふたたびつかまえられるようにはならなかった。ヌリアユクなどの精霊の名前から、多くのイヌイットの子は名前をもらっている。だから私たちの伝統的な名前の多くは、霊的なものなのである。

　宣教師たち、教会、さらに政府も、50余年まえにここへ入って以来、私たちイヌイットの精霊信仰を抑圧してきた。シャーマニズムを悪魔の仕業と見るよりは、わたしたちの社会問題を解決するための有意義な解決法として見る必要がある。どの宗派も、教会で説教をする際には、イヌイットの精霊信仰について、おりにふれ言及するべきである。私たちはみんなおなじ全能の存在に答えを乞うているのだと、心の底から思う。ヌナリウクティ Nunaliuqti ── 地球の創世主に。あなたはそう思いませんか？

言語

アン・ミーキトュク・ハンソン　　　　　　　　　Ann Meekitjuk Hanson

　イヌイットの言語であるイヌイット語は今もなお使われている。この言語は極北全体で使われており、北極圏内のイヌイット同士はおたがいのことばを理解することができる。

　地域によって方言やなまりのちがいはあるものの、イヌイット語はひとつの言語である。

　イヌイット語にはじめて接する人がまず気づくのは、おなじ単語にいくつかの異なったつづりがあるということだろう。たとえば「白人」は「カルナーク qallunaaq」あるいは、「カブルーナ kabloona」と書かれたりする（「カルナート qallunaat」と書かれる場合もある。本書では原則として日本語に訳す場合にカルナートに統一した。巻末『用語集』参照＝日本語版編者注）。しかし、これらは声に出して読むと発音がほぼ似通っている。こうしたつづりのちがいができてしまったのには、われわれの言語の歴史に原因がある。100年以上まえ、はじめて文字が伝えられた当時、ひとつひとつの言葉は発音どおり忠実に書かれた。そのつづりは当然地域によって異なった。現在、バフィン地方 Baffin Region、キバリク地方 Kivalliq Region および東部キティクミウト地方 Kitikmeot Region では、イヌイット語は独特の音節文字と呼ばれる文字で表記されている。そして西部キティクミウト地方ではアルファベットを用いて表記されている。1970年代なかごろから、イヌイットたちは北極圏全域で言葉が通じるようにするため、イヌイット語の標準化につとめてきた。標準化の結果つくられたイヌイット語の「新正書法」は少しずつ普及してはいるが、標準化は現在も進行中である。

　キティクミウト地方では、イヌイットの言語は「イヌイナクトゥン Inuinnaqtun」と呼ばれる。バフィン地方とキバリク地方では多くの言葉の発音が似ていて、ヌナブト西部の人びとには両方の地域の言葉がわかる。ジョア・ヘブン Gjoa Haven、タロヨアク Taloyoak、ペリー・ベイ Pelly Bay などで話されている言葉と、バフィン地方やキバリク地方で話されている言葉には共通点はあるが、言語そのものの構造はかなり異なる。

　ヌナブトの西端に住む人びとの多くは英語ができるが、学校からビジネスの場に

言語

いたるまで、あらゆる場でイヌイナクトゥンを普及させようとしている。東へ行くにしたがって、イヌイットの言葉が使われている度あいは強くなる。ヌナブトの西部と東部の言語をくらべてまず気づくのは、東の人が「s」あるいは「sh」と発音する音が西では「h」と発音されることである。「シクシク siksik（リス）」は、西部キティクミウト地方では「ヒクヒク hikhik」と発音される。

　私の曾祖母のカラユク Kalajuk がまだ小さかったころ、彼女のイヌイット語はまだほかの言語の影響を受けていない、純粋なものだった。彼女の話していた言語は自然と日常生活のなかだけで形成されたものだった。1800年代なかごろまではそうであった。

　やがて外から捕鯨者が来るようになると、彼らの言語も含め、多くのものがイヌイットの生活に入ってきた。「tea（お茶）」「sugar（砂糖）」「flour（小麦粉）」「waistcoat（チョッキ）」「paper（紙）」などの単語はイヌイット語の日常語彙にとり入れられた。ただし発音はイヌイット式にかえられて、「tea」は「ティー tii」、「sugar」は「スカク sukaq」、そして「flour」は「パラウガーク palaugaaq」となり、「waistcoat」は「ウアシクアク uasikuaq」、「paper」も「パイパーク paipaaq」となった。

　のちに宣教師が来るようになると、さらに多くの語彙やいいまわしがわれわれの言語に新しく加わった。このころに、人びとは音節文字という新しい伝達方法をはじめて学び、それがはじめての「書かれたイヌイット語」となった。音節文字は当初ジェームズ・エバンス牧師 Rev. James Evans がクリー Cree 族のために考案したもので、のちにイギリス国教会の宣教師だったエドムンド・ペック Edmund Peck を通してイヌイットに伝えられた。私の曾祖母は音節文字を学んだが、ほとんどの場合、頭のなかでしか使わなかったという。それもそのはず、当時は紙もなかったのだ。

　ハドソン湾会社 Hudson's Bay Co. が進出して来てから、イヌイット語にはさらに多くの語彙やいいまわしがつくられた。また当時、イヌイットは聖職者たちやハドソン湾会社の人びとにイヌイット語を教えていた。このことが、われわれの言語をある程度強固なものにした。連邦警察（RCMP）が来るようになると、さらに多くの語彙や表現が加わって、われわれの言語も拡張した。彼らもまたイヌイット語を学ぶ必要があった。

　私が生まれたのは1946年だが、当時は私の両親も海と大地だけに頼って生きていた。当時までは、イヌイット語は世代から世代への口承伝承で保たれていた。私は完全にイヌイット語だけで育てられたが、両親はイヌイット語に該当する言葉が本来ないもの、たとえば「プリマス・ストーブ」「コップ」「やかん」「スプーン」

言語

「ビーズ」「プラスチックのくし」「ライフル」「たばこ」「アコーディオン」などにもイヌイット語の言葉をつくって呼んでいた。

　私は11歳のときから学校へ行き始めた。私はまず、すべてをイヌイット語に訳すことから始めた。習ったことをイヌイット語に訳せなければ、理解するのも非常にむずかしかった。たとえば、私がはじめてウシやウマやブタのことを習ったとき、まず私は、どうしてウシもウマもブタも動物なのに、人間を怖がって逃げないのか不思議だった。私がそれまで見てきた動物は、みな人間を見ると逃げるものばかりだったからだ。先生はこれらの動物がいわゆる「家畜」だとは説明してくれなかった。しかしあるとき、ひとつの言葉が私の頭をよぎった。「ヌユアタイトゥト nujuattaittut」──「逃げない動物」という意味のイヌイット語である。それから、新しいことも少しずつ簡単に覚えられるようになった。しかし、しばらくは自分の言葉、つまりイヌイット語の助けを借りずにはいられなかった。

　1964年、私はトロントの秘書学校を卒業した。当時は、私も数少ない完全なバイリンガルのイヌイットのひとりだったので、通訳として政府機関などから多くの仕事の依頼を受けた。このころまでには、子どもたちが学校で受ける正式の教育はすべて英語でおこなわれるようになっていた。

　1965年ごろ、私は自分自身の文化、つまりイヌイットの伝説や歌、ダンス、神話、信仰、歴史に関してあまりに無知だと自覚し始めた。その当時、私はカナダ放送協会（CBC）で働いていて、いとこのジョナ・ケリー Jonah Kelly とともに、イヌイットの老人たちの話を録音してラジオで放送し始めた。これがイヌイット語やイヌイットの伝説などを保護し、後世に残していくことの始まりとなった。このとき、イヌイットの人びとの生の言葉を録音したことは、われわれの言語を守ることにおおいにつながったと私は思っている。

　われわれが守っていかねばならないこの言語は、とても奥が深い。イヌイット語は、とどまるところを知らずに拡張していくことのできる、きわめて豊かな表現に富んだ言語だ。

　イヌイット語で会話するとき、英語やそのほかの言語からの外来語をなるべく使わないほうが簡単でスムーズに話ができる。ほとんどの外来の事物や概念に関して、イヌイット語独自の表現を用いた語彙があるのには、こういう理由がある。この独自の表現をあてはめるという手法こそ、われわれの言語がより豊かなものとなり、発展していった原因であろう。

　「アスユティリ asujutilli」という言葉が、挨拶の文句として使われるようになった

のは、ごく最近のことである。イヌイットには、人に会ったときに挨拶の言葉をかける習慣がもともとなく、ほほえんだり握手したりするだけだった。会話はそのあとで始まるわけだが、イヌイット語は「こんにちは」「ごきげんいかが」といった表現をとくに持たない。

「アスユティリ」はうまく訳することはできないが、しいていいかえるならば、「まさにあなたですね」「あなたこそあなただ」という感じだろうか。

「私は〜から来ました」というには、まず出身の国や町の名をいってそのあとに「〜ミウングユンガ miungujunga」とつけ加える。「ジャパン・ミウングユンガ」「トーキョー・ミウングユンガ」といった具合である。

「ウバンガ uvanga」は「わたし」という意味である。「私の名前は〜です」といいたければ「ウバンガ〜」につづけて自分の名前をいえばよい。例をあげれば「ウバンガ・マサコ」「ウバンガ・タケシ」となる。ヌナブト西部では、名前が先に来てそのあとに「〜ングユンガ ngujunga」とつづける。「私はマサコです」ならば「マサコ・ングユンガ」となる。

北極圏を旅する際に便利なイヌイット語のフレーズを覚えるには、まず次項目にまとめたイヌイット語の発音を知ることから始めるとよい。

標準イヌイット語の発音

	i（イ）	u（ウ）	a（ア）
	pi（ピ）	pu（プ）	pa（パ）
	ti（ティ）	tu（トゥ）	ta（タ）
	ki（キ）	ku（ク）	ka（カ）
	gi（ギ）	gu（グ）	ga（ガ）
	mi（ミ）	mu（ム）	ma（マ）
	ni（ニ）	nu（ヌ）	na（ナ）
	si（シ）	su（ス）	sa（サ）
	li（リ）	lu（ル）	la（ラ）
	ji（イ）	ju（ユ）	ja（ヤ）
	vi（ビ）	vu（ブ）	va（バ）
	ri（リ）	ru（ル）	ra（ラ）
喉音のk	qi（キ）	qu（ク）	qa（カ）
鼻音のg	ngi（ンギ）	ngu（ング）	nga（ンガ）

言語

　イヌイット語の「r」はフランス語の咽頭音の「r」と似ていて、うがいをするときのようにノドをふるわせて発音する。舌先を使ってはいけない。「q」の発音は非イヌイット語話者にとって、もっとも発音がむずかしい子音だ。この音は、いってみればノドの奥で発音される「k」である。ノドのいちばん奥のやわらかい部分で「カ」と発音すればよい。この「r」と「q」のふたつの発音はとくに練習が必要である。

　もし「q」の発音がどうしてもうまくできないようであれば、声門を閉じて勢いよく「ッウ」というときの発音を使えばよい。とにかくこの音はノドの奥で発音しなければならない。「ng」の発音は東京方言の鼻にかかった「〜が」の子音とおなじで、鼻から息をもらしながら「ンガ」と発音する。「ng」はイヌイット語の単語の随所にでてくるので、「g」や「n」と混合しないよう注意が必要だ。

　いくつかの子音は英語の発音と若干異なる。イヌイット語の「p」は英語よりもやわらかく、「b」のように聞こえることもある。おなじように、「t」も「d」に近く、英語の「t」よりもやわらかく発音される。また、「g」も英語の「g」よりやわらかく、緊張度が少ない。

　ちなみに、イヌイット語には母音が「i」「u」「a」の3つしかない。エ段、オ段はそれぞれイ段、ウ段に置きかえるしかなく、したがって「コゲ」も「クギ」と同音として扱われる。母音を少々長めに発音するのもポイントだ。また「h」「f」の音がないので、ハ行の音はほかの子音に置きかえられる。

基礎的なフレーズ （太字部分がアクセント）

日本語	イヌイット語	発音
ごきげんいかが？	Qanuippit？	カヌイッピッ？
私は元気です。	Qanuinngittunga.	カヌインギットゥンガ
あなたのお名前は？	Kinauvit？	キナウビィッ？
ありがとう。	Qujannamiik.	クヤンナミーク
どういたしまして。	Ilaali.	イラーリ
これで全部です。	Taima.	タイマ
お腹がすきました。	Kaaktunga.	カークトゥンガ
体が冷えました。	Qiuliqtunga.	キウリクトゥンガ
（天気が）寒いです。	Ikkiirnaqtuq.	イッキーナクトゥッ
助けて！	Ikajunnga！	イカユンガ！
あなたがつくったの？	Una sanajait？	ウナ・サナヤイッ？

いくらですか？	Qatsituqqa?	カッツィトゥカ？
いくつありますか？	Qatsiit?	カツィーッ？
はい。	Ii.	イー
いいえ。	Aakka/ Aagaa.	アーカ/アーガー
たぶん。	Immaqqaa.	インマカー
トイレに行きたい。	Quisuktunga.	クイスクトゥンガ
これはなんですか？	Una suna?	ウナ・スナ？
（ひとりに）さようなら。	Tavvauvutit.	タバウブティッ
（みなさん）さようなら。	Tavvauvusi.	タバウブシ

（協力　ジョー・オトキアク Joe Otokiak）

今日のヌナブトの生活

アン・ミーキトュク・ハンソン　　Ann Meekitjuk Hanson

イカルイト Iqaluit を出発して2日、大人たちは子どもらに、空高く登っていくきらきら光るものを見せようと、地平線が見えるところへ私たちを連れていった。そこで私たちは、黒い糸のように海のうえにのびている大地を見た。

　11歳の私には、これがどのような名前のものかわからなかった。それでも、それらは私の人生のなかからとりのぞくことのできない重要な記憶となっていった。
　1957年の夏、私たちは3家族とイヌ数匹を乗せた捕鯨船に乗って、キンミルト Kimmirut からイカルイトへ航海をした。叔父のアンノウォーク Annowalk が、彼の妻と私の母の近くに住みたがったのだ。なぜかというと、彼女たちが肺結核でオンタリオ州のハミルトン市にある療養所に入っていたからだった。1957年ころには、飛行機がイカルイトまで年に数回、飛んでくるようになった。キンミルトでは飛行機はクリスマスに立ち寄ってくれていた。だから叔父は離れて住む妻に手紙を書き、それが妻のもとに届くことを願った。そして、妻からの返事も期待していた。その時代に使える科学技術のかぎりをつくしても、妻と交信するよりよい方法を探し出したい、と叔父は思っていた。
　叔母と母の帰りを待つあいだ、私は生まれてはじめて学校へ行った。新しい言語

今日のヌナブトの生活

を習うというのは、魅惑的かつ不思議で、わくわくするような体験だった！ 今まで使っていた表現と照らしあわせなければなかなか身につかなかったので、いちど翻訳をして覚えていたのだが、新しい言葉を自分のいつもどおりの行動にあてはめて使ってみるのというのは、またさらにおもしろかった。

パングニルトゥングPangnirtungやケープ・ドーセットCape Dorsetから、家族連れでうつり住んでくる人たちがいたのを覚えている。彼らは冬にはイヌゾリでやってきて、夏には船で来た。私たちはこうした出会いのなかで、それまで顔を見たこともない親戚縁者と会うことになったりした。そして、たとえ血縁関係がなかった者同士でも、結婚や《家族拡大の概念》をもってすれば、みんな親戚になれるのだということを学んだ。

キンミルトでは小さなグループごとに、ひとりずつ指導者を立てて暮らしていた。イカルイトでは、大人数のグループで暮らし、私たちを先導するような人もたくさんいたのだ！ たとえば政府の役人、ハドソン湾会社Hudson's Bay Co.のマネジャー、教師たち、社会福祉指導員（ソーシャル・ワーカー）、教会の牧師、イヌイットの首長、医師たちなど。私たちは、いったいだれについていけばよかったのか。

さまざまな新しい活動、雇用形態、教育制度、会議、パーティー、旅などの渦のなかで、たくさんの人たちがあちらこちらへと動きまわっていると、もともとの慣習からそれていってしまうことが多々ある。私たちは学校で１日中英語を習い、夜は喫茶店やダンスホール、お店、玉突き場、劇場などにたむろしたり、みんなで先生を訪ねていったりした。エルビス・プレスリー、ボブ・ホープ、ジョニー・キャッシュ、ポール・アンカ、サル・マネオ、オーディー・マーフィーなどの話題がもっぱら私たちの関心事であった。私たちのなかでも比較的年長の者にとっては、こういう話題全部が苦痛だったようだ。なぜなら会話すべてが、もう私たちの母語ではなく英語だったから。

狩りや裁縫、食べもの、家族、気候、陸や海、動物、家や工芸品のつくり方、などに関する伝統的な言葉は徐々に使われなくなっていった。語り部やドラム・ダンサーも、伝統歌人も詩人もみんないなくなった。そういう伝統が忘れ去られたわけではなかったが、みんな新しいことを覚えるのに忙しすぎて、しばらくのあいだ忘れてしまっていたのである。

1970年代初頭に、私はようやく、自分がイヌイットの言語、文化、生き抜くための知恵、衣服、家族などの知識をまったく持っていないことに気づいた。そして同時に、私だけがそうした状況に置かれている若者なのではないことも知った。

今日のヌナブトの生活

　寄宿学校に行った若者の多くが、帰郷したのちふたたび家族にとけこむのに苦労した。5歳という幼さで家族から引き離されていたのである。はじめはチェスターフィールド・インレット Chesterfield Inlet へ集められ、それからしばらくのちにチャーチル Churchill とイエローナイフ Yellowknife へ分けられた。そして学校へ入れられ、イヌイット語を話すことをいっさい禁止された。少しでも口がすべれば罰せられた。私など、それで財布を投げつけられたこともある。あと少しで顔面に直撃するところだった！　そして、そのつぎの年の夏まで子どもたちは家へ帰らせてもらえなかった。私は、3年ものあいだ、ずっと帰ることができなかった。祖父母、両親、兄や姉、叔父叔母、みんなみんな、もうそのころには他人に感じられた。彼らから見たら私のほうもすっかり他人のようであったと思う。服装はまったくちがったし、髪は短く刈っていたから。ワイシャツも髪型も、こぎれいだけど窮屈、そんな感じだった。ちがう言語を話し、態度もまえとはちがっていた。そんなことから、私たちはだんだん無意識に、失ってしまった自然とのつながり —— 言葉、文化、技能、精神性など —— を嘆くようになっていった。そうして酒、薬物、暴力などの破滅行為に手を染めた。

　もういちど自分たちの言語、文化、技能、芸術の才能をとり戻すために、私たちはやがて教育委員会、アルコール・麻薬対策グループ、猟師・罠猟師組合 Hunters and Trappers Organizations (HTOs)、福祉団体などを立ちあげた。そして自分たちが更生し、失いかけたものをとり戻せるように、活動をした。狩り、航海、工芸など、あらゆることにおいて、私たちの父の代に使われていた用語（語彙）は、今日もう使われていないものが多い。しかしそのかわり、私たちには私たちの生きている現代に息づく新しい用語がたくさんある。私たちがコンピューター、ファックス、衛星、電話、テレビ、HIV、携帯用石油ストーブ、ジェット機、ホッケー、インターネット、宗教、などにつけた名前は、それらの普及とともに着実に定着している。そして今、この国（**ヌナブト準州の意、以下同様＝日本語版編者注**）の学校では、子どもたちにイヌイット語で授業をやっている。

　ウキアリビク Ukkialivik（**晩秋に数家族でまとまって暮らす場所。おもに親類と住む**）にいたころには、私たちの日常は予想ができたし、自分たちだけでやっていくことが可能だった。社会の規律は守られており、住人それぞれが、自分の才能にあわせた役割も与えられていた。私の母は近所の出産を手伝い、家族に衣服を縫い、病気の人を看病し、死にゆく人に優しくした。それが社会のなかでの母の役割で、母はこれをよく守った。父の役割は家族と村全体のために、狩りに励むことだった。女

今日のヌナブトの生活

も、ちゃんと狩りに参加した。ライチョウやウサギなどの小さい獲物を狩ったのだ。それに魚を釣ったり野イチゴを摘んだり、家やベッドの保温材のために低木の枝葉を集めたりもした。

子どもや若者、とくに孤児の子どもは、機会があるごとに道徳、家族、未来、信仰、など幸せな人生を送るために必要なもろもろについて、大人に説教をされたものだった。そういうときは、こちらから話をしたり口答えしたりしては絶対にいけないのだった。大人たちは私たちを怒鳴り、そしてののしった。しかし、これもすべて私たちの精神を鍛えるためにわざとしてくれていたことなのだった。私たちが自分たちの人生を送れるようになるための、準備なのだった。

守らなければならない道徳はじつにシンプルなものだった。嘘をつかない。盗まない。正直でいること。寛容であること。人を助けること。親切であること。自分よりもまず他人を考えること。こういうすべての教えに対し、わかったら「はい、わかりました」というか、うなずくのが決まりだった。

母方と父方の親戚を、どちらがどちらかを判別できるような用語が私たちの言語にはある。たとえば、「父方の祖母」というのはアンナ anna という。母方の祖母はアナーナチャアク anaanatsiaq。これでどちらの祖母かはっきり区別できる。曾祖父母のことはイルピルク illupiruq という。伯母（母方の叔母）のことはアヤ aja、伯父（母方の叔父）のことはアンガ anga。いとこたちについてもそれぞれの立場ごとに名称があり、こういう名称が細かく存在することで、私たちは一瞬にして相手と自分がどういう血のつながりなのかを思い出すことができた。ほかにも、「義理の〜」や「彼らの家族全員」、「彼らの子どもたち全員」といったような名詞もある。また、偉人にちなんだ名をつけられた子どもは、特別の愛情と敬意をこめて大切にされた。

イヌイットの世界では、家族とはただ子孫を残すというためではなく、自分たちが生き抜くために必要な結びつきであった。たとえば、もし子どもを授からない夫婦がいたとしたら、よそから養子が贈られて、彼らの生活が行き詰まらないようにとり計らわれる。その子どもは、生みの両親も家族親戚もみんなはじめから承知のうえで、2家族の子として育っていくのである。

私が少女だったころには、若者の自殺などという話は聞いたことがなかった。「生は尊くて、天からのすばらしい贈り物なんだよ」と教えられていたから、生を楽しみ、しっかりこの教えを守っていた。私たちが知っている自殺とは、「村に食べるものがなくなったときに、みんなの祝福を受けながら自殺する」という、老人だけがするものだった。今日、私たちの国（**ヌナブト準州**）では、若者の自殺率がいちば

今日のヌナブトの生活

ん高いという。本当にそうなのだと私も思う。私の親戚も何人か亡くなっている。私の友人は10代と20代の若い子どもたちを亡くしている。なぜそうなってしまったのかはわからず、私たちはただ泣き、嘆く。もしかしたら、とか、もしも……とか、推測は山のようにあるが、真実はわからない。これ以上の自殺をくいとめるために、個人やコミュニティーは講習会や電話相談所、グループ療法やレクリエーションを開いている。若者たちは少しずつ、自分たちの責任について語りあうようになってきた。彼らは自分たちで委員会を運営し、政府やそのほかのイヌイットの団体との会議に参加をしている。

私の若いころは、結婚は女性にとって怖くて苦痛をともなうものだった。女の子が生まれるとその途端、家族がどこかの男の子の許婚(いいなずけ)にしてしまう。そして成長すると(初潮が来るともう成長したことになる)、子どもが生めるということで約束の婚約者が迎えに来てしまうのだ。女の子は苦しみ、そして泣いた。とても怖がっていたのだ。新しい夫のもとへ行くために村から連れ出されるときには、ひもで縛られて無理やり連れていかれたりした。そうして夫との生活に慣れるまで泣き暮らすのだった。これから一生をともにしようという夫をまえに、助けを呼んで泣き叫んだり、抵抗して暴れたりする叔母やその友人たちを何度も目にした。私の女友だちがいうには、優しくて思いやりのある男性ならば、妻にセックスを強要しようとはしないらしい。妻が従順になるまで待つのだって！　でも、そんなふうに幸運でない女性もいた。夫に強姦されてしまうのだ！　今、そういう古い風習で結婚した夫婦は、そのなれそめを笑い話にできるような間柄になっている。おたがいのいない人生なんてもう考えられない、という人たちもいる。なんとも乱暴な始まりながら、ここまでずっと一緒にやってきて、新世紀(21世紀＝日本語版編者注)を迎えた。

私の大叔母のひとりが、彼女の若いころの年長者について話してくれたことがある。そのころ、家族は全員年長者のいうことにしたがわなければいけなかったそうだ。あるとき、家族でカリブーを狩りに内陸を旅したのち、帰路についているときのことであった。当時はおのおのが（イヌも）荷物を持って歩いていた。いちばん年長のおばあさんが家族会議を開いた。そして、今までしてくれたことにどれだけ感謝しているか語ったあと、「ここで死なせてほしい、置いて帰ってくれ」といったというのだ。もちろん家族たちは、おばあさんを思いとどまらせるためにあらゆることをしてみたが、おばあさんは頑として、「家族と村に生き延びてほしいから私は死ぬ」といった。彼女は少しでもみんなの食物や衣服の分けまえを増やし、旅も楽にしてやりたかったのだ。家族は泣く泣くおばあさんの言葉にしたがわなければな

らなかった。家族はうしろをふり返らないように、そこを去った。

　私たちは単に歳をとって弱っているからという理由だけで老人を敬っているのではない。歳をとることは人生の一部と思っているから彼らを敬うのである。1990年2月14日に亡くなった私の友だちのリア・ヌタラLeah Nutaraは、年長者を敬えと彼女に教えてくれたお母さんの話をいつもしていた。リアは毎日、ひとりの老女に会いにある村を訪れていた。リアは彼女のために川から水を汲み、コップに注いでは側まで持っていき、尿の入ったつぼを洗い、テントのなかを掃除した。リアがそれらの一連の作業を終えると、老女はいつもいったものだった。「あんたは長生きできるよ」と。リアは、自分があんなにも長生きできたのは母親のいうことを聞いたからだと信じていた。

　南から来た人たちは、私たちの住まいが《雪の家》から近代住宅へと、劇的な変化をとげたことによく驚く。だが実際はそんなにむずかしいことではなかった。オンタリオ州のパースに住んでいるにもかかわらず、赤い屋根の小屋の学校に通い、ウマや馬車に乗って移動し、川から水を汲んで使い、バターを自分でつくっていた友人たちが私にはいる。気分よく暮らせるための基準なんてないのだ。もっと教育を受けたいとか、科学で生活を便利にしたいとか、みんながそう思っているわけではないのだ。

　私の両親、叔父叔母たちにとって、学校教育というのは目新しかった。なぜならそれまで学校自体がなかったのだから。彼らは、空の下で教育を受けた。植物や海、気候、動物、人類の歴史、伝記、歌の起源、自然の法則、信仰、それから無限大にある生き延びるための知識など、そういうことが彼らにとっての教育だった。

　1950年代と60年代前半には、正式な学校教育が導入され、なんの了承もないまま私たちの生活のなかに忍びこんできた。「しなければならないこと」のひとつとして居座った。私たちの両親も、学校教育が重要だと信じた。

　正式な学校教育が始まったのはまだ比較的最近だが、私たちは今ごろやっと、なぜ教育が大事なのか本当にわかってきた。「教育」はもうただの用語ではない。私たちの親類は教育委員会や議会に入っている。私の甥や姪や祖母たちがイヌイット語で本を書いている。私たちの祖父母たちは学校へやってきては若い人たちに物語りをし、歌を歌って聞かせる。私たちの息子や娘は教師や校長になっている。

　政府をつくる政治家も、病人の世話をする医者も看護師も、善悪を裁く裁判官も、生活を向上させる科学者も、教育がなければ輩出しない。健康でいることも、人類が存続できるように環境を守ることも、後世の人たちのために歴史を残すことも、

教育なくしてはできない。

　むかし、年長者たちは私たちにいった。「あんたもいつかカルナート qallunaat（白人）みたいに生きるようになるよ」と。信じられなかった。それまでどおりの生き方しか知らなかったから。なにせ口答えすることも質問をしすぎることも控えないといけなかったので、どういうことだろうと不思議に思うだけで、ただ黙っていた。年長者たちは、はるか昔のシャーマンが南から来る船について、そしてその船が新しい知識を持ってくるのだ、と予言していたことを話した。今、私たちはその予言の生き証人である。

　私たちは放浪の民である。生きていくために、チャンスを追って旅をする。「鉄」が入ってくる以前には、狩りを楽にする道具を私たちは自分でつくった。快適な家も、楽しみのための芸術も、自分たちでつくった。そして、言語の使用を奨励し存続させるために、たくさんの言葉もつくった。これらはみんな、頼んでもいないのに押しつけられたほかの言語の圧力があったからこそ、大切に保存されてきた。たしかに、私たちは親切さと歓迎を惜しまないという天性を持っている。この《民族性》のせいで、すべてをとられてしまいそうになった。しかし、すべてが思い出になってしまうまえに、私たちは目覚め、言語を存続させる活動を始めた。

　私たちはいつまでも放浪の民である。チャンスを追って道を進みつづける放浪の民である。変化とともに生きる。状況を逆手にとって、あらゆる決定に参加する。もうこれからは流されてばかりはいられない。北のこの地での生活を、伝統とテクノロジーの混在を容認しながら生き返らせるために！

　1957年のその日、フロビッシャー湾 Frobisher Bay の水平線の彼方に光るその《物体》を見たのは私だけではなかった。「なんだろう？」という疑問は、イカルイトの岸辺に着くまえに解決した。光っていたのは、遠距離早期警戒網 Distant Early Warning（DEW）Line レーダーの一部で、ナーラグティート naalagutiit というものだった。海のむこうから持ってこられた、電波を受ける装置である。私の語彙にまたひとつ新しい単語が増えた。

経済

コリーン・デュプイ　　　　　　　　　　　　　　　　　Colleen Dupuis

　ある夕食の席でのことだった。「おれはいちども仕事についたことがな

経済

いよ」と誇らしげにいう、40代のホール・ビーチHall Beach の猟師と会った。

　彼は海洋哺乳動物やカリブーを狩り、釣りの案内人の仕事をして、9人の子どもを養っていた。仕事はいつもあるとはかぎらなかったが、あまり元手のかからない仕事だ。こうして彼は今もその子たちを養いつづけていて、大学にまで行っている子もいる。

　カナダは世界でも有数の産業国になったけれども、ヌナブトのところどころには、今も人びとが釣りや狩りをしてコミュニティーの外で暮らしているところがある。こういう場所に暮らす人びとは、生活に必要な現金を、たいてい彫刻を売ったり案内人を務めたりして、観光業から得ている。35年ほどまえには、ヌナブトのいくつかの場所は、カナダから独立しても自分でやっていける経済状態にあった。

　どういうことかというと、地元のイヌイットたちはハドソン湾会社 Hudson's Bay Co. と物々交換をしていたのだ。ホッキョクギツネやアザラシの毛皮に対して、砂糖、銃弾、小麦粉などをもらう、といったふうに。なかなかきびしい状況ではあったが、そこから得られる満足感と誇りは、それなりのものがあった。イヌイットにとって、伝統的な生活を守ることはとても重要である。北西準州政府（GNWT）の資源開発省によれば、ヌナブト内における食糧生産額は、地元の食べものと店で売っている食べものの価格に換算した場合には、3,000万カナダ・ドル（以下のドル表記はすべてカナダ・ドル。以下、ドルと表記。2003年7月現在、1カナダ・ドルは90円弱＝日本語版編者注）から5,000万ドルになる（1984年におこなわれたバフィン地方 Baffin Region の経済基本調査から推定されるところによると、「収穫のすべてが消費されている」ということになる）。

　今日のヌナブトでは部分的に給料制が実施されているが、住民たちがこれに参加する態度は、《欧米社会》とはちがう。1994年に北西準州政府がおこなった労働人口調査によると、ヌナブトの成人イヌイットの60％が労働に従事できる者である。そのうち実際に職についていない、いわゆる失業者が28％を占めているが、カナダ就労局に登録せず「自らのコミュニティーのなかで仕事があるときに仕事をする」という方法で働いているイヌイットがほとんどだと思われる。ヌナブトには、先住民ではない人口は数少ないが、彼らの91％が働いている。この人たちの失業率は4％だ。ヌナブトの収入を調査したもので、正確なものはあまりない。なぜなら狩猟や彫刻などから得られた収入が含まれていないことが多いからである。こうしたこ

経済

とから、ヌナブト新政府では伝統的なイヌイットの生活様式を守るため、職業の斡旋や、狩猟や漁労の邪魔にならないような仕事の時間帯の設定に力を入れている。

給料制の仕事についている人が比較的少ないという難点に加えて、教育を受けた人も少なく、その割に若者の人口が多い（1996年のカナダの国勢調査によれば、人口のうち25歳以下がカナダ全国で34％、ヌナブトだけだと56％を占めている）。今ヌナブトの経済はそんな苦境に直面している。準州の成立後、しばらくのあいだは、ヌナブト準州政府は最低90％の歳入をカナダ本国からの援助に頼らなければならないと予想されている。

給料制をとる経済にとって、政府は頼みの綱となる要の存在である。豊富な資源と毛皮などとともに政府もまた、ずっとまえからヌナブトの経済を推進してきた立役者である。今、全就職率のうち39％近くが公営企業への就職である。政府に雇われた労働者たちの提供するサービス、それから彼らの副次的な収入、これらがこれからしばらくのあいだは経済を動かしていく中心となるだろう。また、ヌナブト内の中小企業や小売業者の多くが政府御用達であったり、公営企業の下請けをやったりもしている。

1800年代後半に捕鯨産業が衰退してからは、ホッキョクキツネやアザラシの毛皮を扱う交易会社が進出してきている。有名なのは、もちろんハドソン湾会社である。白いホッキョクキツネの豪華な毛皮は驚異的に売れすぎたので、1930年代には、その価値も供給量も激減したという。

アザラシ狩りは、ずっとヌナブトの主要な産業であったが、1970年代に（動物愛護団体を中心とした）抗議活動が盛んになって事態はかわった。動物の権利を主張する団体の働きかけに加えて、ヨーロッパやアメリカで海洋哺乳動物の輸入が禁止されることによって、ヌナブトでは何百人もの失業者が出て、歳入のうち年間200万ドルが減少した。現在のヌナブト準州において、貧困の理由はこのことに直結しているといってもいい。伝統的なイヌイットの生活様式にとっては、このことは、さらに大きなダメージとなって振りかかってきた。無数の社会問題が生まれ、そのなかのひとつに自殺の増加があった。

ここ数年、動物愛護団体の反対が激しくなっているのとは裏腹に、ふたたびヌナブトのアザラシの毛皮の需要が増加してきている。ヌナブトでは、ものを無駄にしない精神が息づいているため、アザラシは毛皮以外の部分もすべてなにかに利用される。むしろ毛皮は、食べていくために狩った肉のついでの副産物として売られているのである。ヌナブトのアザラシの毛皮を使ったオートクチュールのコレクションが

経済

カナダ南部のデザイナーによって3つも発表され、国内外で高い評価を受けている。

鉱山業はヌナブトの経済に「500人分の仕事」を提供しているが、目下のところ、その85％以上の「仕事」を住民以外の就労者が独占している。それでも、ヌナブトでは鉱山業に対する将来的期待が高い。この地域には鉛、亜鉛、金のほか、少量のダイヤモンドの鉱脈があるのだ。ランキン・インレットRankin Inletを出たところにある北ランキン・ニッケル鉱山North Rankin Nickel Minesは、1950年代にはこのコミュニティーの発展の中心を担った。しかし、今現在は価格の低下により、ヌナブトの各所で鉱山業の発展に歯止めがかかっている状態である。

16年まえに開業した、北部バフィン地方のリトル・コーンウォーリス島Little Cornwallis Islandにあるポラリス鉱山Polaris Mineは、1996年には102万トンもの鉛、亜鉛、銀を産出した。ポラリス鉱山の219人の従業員は85％がカナダ南部からの労働者であり、そんなことから、ポラリスは実質的にはヌナブトから独立したコミュニティーだといえる。ナニシビク鉱山Nanisivik Mineは、1996年に15万トンの鉱石を産出している。ちなみにキティクミウト地方Kitikmeot Regionのルピン鉱山Lupin Mineは、本書を執筆している現時点（ヌナブト準州が独立するまえの1998年＝日本語版編者注）では、金の価格の低下により営業を中断している。

観光業と建設業があることによって、ヌナブトの経済は幅を持てている。ヌナブトの観光業はヌナブト経済に毎年3,000万ドルの貢献をしているが、輸送機関にかかるお金があまりに高いため、この部門は思うように成長することはできていない（ホテル代の高さも、観光産業の発展を阻害している。専門家はヌナブト準州の成立で、ビジネスマンと旅人が年間1万8,000人、ヌナブトにやってくるという予想を立てたが、たしかに、独立まえにくらべて、訪問客は増えたが、「激増」したとはいいがたい＝日本語版編者注）。しかし、旅人のカナダへの関心はあがってきており、世界の最後の大自然が残る大地としてのヌナブトのユニークな立場が注目を浴びているのは事実である。現地の大きなコミュニティーでは、お土産の品ぞろえもいいし、ヌナブトの観光業が成長するに足る強みは十分にある。

建設業もここ数年のうちに大きく成長をとげた。「ヌナブト協定Nunavut Land Claims Agreement」（NLCA）の第24条のおかげで、準州の建設業者が台頭することに成功している。第24条では、イヌイット経営の業者がカナダからもヌナブト準州からも、法的に優遇されることを定めている。これにより、カナダ南部から北へ働きにくる労働者が減り、給料制の仕事で支払う給料のほとんどが、準州の外に流出しなくなるのである。それからこれも「ヌナブト協定」で決めたことなのだが、

こうした仕事を提供する企業のほとんどが、自社の研修システムをしっかりさせてきており、ヌナブトの住民たちがさらにしっかりした実業家になれる下地はできてきた。新しい準州で働くヌナブトの人たちのための研修プログラムは、つぎつぎに打ち立てられていっているのだ。

ヌナブトに知られざる経済があるとすれば、それは芸術・工芸産業であろう。公式な調べによれば、ここの芸術・工芸産業では毎年2,000万ドルの収益があり、これで生計を立てているか、または生計の一部をまかなっている人たちは合計で2,500人もいる。調査には含まれていない、個人で商売をしている者も含めると、この数字はもっと高くなる。

ヌナブトはこの35年でずいぶん「長い」旅をしてきた。しかし給料制の経済に関しては、まだまだこの先も成長しなければならない。私たちのまわりの世界がかわり、そしてヌナブミウトNunavummiut（ヌナブトに住むイヌイット）の教育のレベルがあがれば、ヌナブトの発展の可能性もどんどんのびる。そのうえで、伝統的な価値観が残っていくことを、私たちはただ祈るだけだ。

ヌナブトでビジネス

トレシー・ウォーラス　　　　　　　　　　　　　　　　Tracy Wallace

カナダの南部をはじめ、世界各国から来るビジネスマンにとって、ヌナブトでビジネスを始めることはユニークであるうえに発見が多く、お金も儲かるいい機会かもしれない。

しかしここで商売をして報酬を手にするためには、自分の今の環境とはちがいがあるということをよく知らなければならない。ここではホッキョクグマの数のほうが準州全土の会議室の数より多く、アザラシの毛皮のベストのほうがヒューゴ・ボスHugo Bossよりおしゃれだったりするのだから。

最低限、ヌナブトに来るまえに、現地出身のビジネス・パートナーと連絡をとり始めておくべきである。そこで交わされる会話が、これから投資をしようというヌナブトのユニークなビジネス環境についてのヒントを与えてくれるだろう。「まえもってこうした準備をして、ちゃんとちがいを知っていたならば、到着してからの

時間と労力が大幅に削れたのに」という人は山ほどいる。

ビジネス環境

　日用品がとてつもなく高い。技量のある労働力が少ない。そのほかにも、ここでのビジネスには障害がたくさんある。しかし、ふたつの保護貿易政策が、北部の、そしてイヌイット経営のビジネスを助けている。北西準州政府（GNWT）のビジネス促進政策 Business Incentive Policy と、まえにあげた「ヌナブト協定 Nunavut Land Claims Agreement」（NLCA）第24条がそれである。外部からヌナブトのビジネスに参入しようと思っている人は、これらの政策がどれだけ経済の競争に影響を与えているかを、よく知っておいたほうがいい。ここは自由市場の経済ではないのだ。

　伝統的に、北西準州政府はカナダの準州の経済のなかで重要な役割を担ってきた。多くの企業が民営化されてきてはいるが、多くのコミュニティーでやはり政府（ヌナブト新政府も）が、引きつづきもっとも多くの労働者を雇う立場であるだろう。

　北西準州政府は民営企業にも影響を及ぼしている。北西準州政府のビジネス促進政策は、「政府との契約を勝ちとる競争には、優良な北部の企業が多く参加してくれればいい」という考えを持っている。そのため、準州が仕事を委託している企業は、「機会があればなるべく多くの北部の土建業者、供給業者、製造業者を使うように」と教えられている。このやりかたは、北部の経済にとっては有効であるが、欠点もある。仲買業者を通しすぎて、製品が店頭に並ぶまで時間がかかりすぎることがあるのである。そして、これらの要因が北部特有の高騰した物価のひとつの原因になっているのだ。

　「生きるための狩りをする」という生活が長いあいだ守られてきた狩猟社会ゆえに、給料制の経済の導入は、ヌナブトのイヌイットたちにとってはまだ慣れない代物である。「ヌナブト協定」第24条は、イヌイット経営の企業が連邦政府と準州の法律のどちらからも擁護されるように定められている。企業をこの地で起こす場合、最低51％はイヌイットの所有でなければならない。この条項の意図は、「ビジネスチャンスが急増していて、ヌナブト準州政府の基盤をつくるための仕事が雪だるま式に増えている今、発展途上のイヌイット所有企業に手を貸そう」というものである。ヌナブト全土の人口の85％をも占める人たちの生活を楽にしよう、という意味あいも含まれているのである。

ヌナブトでビジネス

するべきこと・してはいけないこと

　多くのビジネスマンは文化的に孤立しがちである。「地球上のどこへ行こうとビジネスはビジネスだ」と思っているビジネスマンが多いせいで、そうなる。しかし、このような態度をとっていてはヌナブトで友だちをつくることなどできない。友だちをつくることができなければ、商売相手にする人びとの生活や土地のことも知ることができない。

　極北でものごとをおこなうのは、思ったより時間がかかるものである。なによりそれをしっかり自覚しておいたほうがいい。それから、まえに述べたように政治的に多くの不利な点があるほかにも、北部のビジネスマンは、多くのカナダ南部や世界の先進国のビジネスマンが持つような「ビジネスに対して熱狂的な態度」を持たないことも知っておいたほうがいい。「川が商売の行方を決めてくれるよ」と彼らはよくいう。つまり、暴風雨などの悪天候は仕事のことなどかまってはくれない、ということを彼らはよく知っているのである。それから、ここでは時間どおりにきっちりものごとがおこなわれるということはまずない、ということも覚えておいてほしい（ただでさえ3つのタイム・ゾーンにまたがって仕事をしているのだ、ということも忘れないで！）。こういう状況を受け入れれば、よけいなストレスをためないですむ。それから、極北の地では夏になると建設業と観光業以外は、だいたいが休業してしまうということも覚えておいたほうがいいだろう。商売相手はあなたと商売をするよりも、外へ出て釣りや狩り、キャンプなどをするほうに興味がある、と思っておいたほうがいい。

　ヌナブトではまだ公的な文書でいい交わすのではなく、握手で商談が締結されることもあるのだ、ということもここへ来て発見するだろう。

　ヌナブトでは英語が第1言語ではないので、会議や通信の際にはかならず通訳を頼んでおこう。イヌイットでもビジネスマンの多くは英語を話すとはいえ、ひとつの言語しか話せない年長者が話にかかわってくることも多々ある。ヌナブト新政府の公式言語はイヌイット語と英語、フランス語である。文面においても会話のなかでもイヌイット語でいわれている部分を軽視することは、ビジネスの大失敗を招きかねない。大きなコミュニティーでは、わりと簡単に季節労働の通訳を雇うことができるだろう。小さなコミュニティーでは、自分で探しまわらなければならないかもしれない。

　ビジネスでヌナブトの小さなコミュニティーに行くことになったら、コミュニティーにとけこむよう努力しなければならない。なるべくたくさんお金を稼いで帰る

ヌナブトでビジネス

ことだけを目的にヌナブトへやってきたビジネスマンは、過去に数えきれないくらいいた。このような態度にヌナブトの人はもう飽き飽きしている。ここでは宿泊先に閉じこもらないように。まず到着まえにハムレット・オフィス Hamlet Office（日本でいうところの町村役場。日本語編者の独断で、はじめ人口1,000以上のコミュニティーの役場を町役場、それ以下の人口のコミュニティーを村役場と訳していたが、日本の基準でヌナブトの社会システムを断じてはいけないと思い、だれが見ても明らかに「町」であるイカルイト Iqaluit やランキン・インレット Rankin Inlet などをのぞき、この本では以下、原則として「役場」と訳す＝日本語版編者注）に連絡をとっておこう。それから、いったん到着したら、「コミュニティーの仲間」という自覚を持とう。そうすれば取引をする相手もあなたを認め、敬意を持ってくれるだろう。それだけじゃない。コミュニティーの仲間になれば、ノーザン・ストア Northern Store や生協 Co-op でセールがおこなわれているとコミュニティーの活動全部が停止してしまったりするのにも、納得がいくようになる。もちろんコミュニティーの内規や条例はしっかり守ろう。とくにアルコール消費を制限する法律は絶対に犯してはいけない。

ビジネス用施設

　ヌナブトのビジネス用施設は、ビデオ会議やインターネット接続が可能な最先端の技術を導入したものから、旧式の電話が1台だけしかないホテルまで、ピンからキリまである。だから利用するまえに、なにが設備されているのかいないのか電話をして確認しておこう。

　会議用の施設はたいていイカルイトやランキン・インレット、ケンブリッジ・ベイ Cambridge Bay など、大コミュニティーにしかない。小さなコミュニティーでも、ジョア・ヘブン Gjoa Haven の比較的新しいアムンゼン・ホテル Amundsen Hotel やベーカー・レイク Baker Lake のイグル・ホテル Iglu Hotel などにはそういった設備がなくはない。ただ、期待を裏切る狭さだったりするが。

　イカルイトのアストロ・ヒル総合ビル Astro Hill Complex にはたとえば、30人を収容する格調高い会議室や、130席もある劇場がある。ランキン・インレットのシニクタービク・ホテル Siniktarvik Hotel には会議室のひとつに通訳用のブースがついており、プレゼンテーション用のホームページやスクリーン、テレビ、ビデオ・デッキなどの設備も整っている。アークティック・アイランズ・ロッジ Arctic Islands Lodge でも視聴覚機器の利用とインターネットへの接続ができる。

　ただこうした施設はあくまで例外で、普通はこうはいかない。ときにはコミュニ

ティーの体育館で会議をすることにもなるだろう。それもスクエア・ダンスをやっていないあいだの時間だけに。

　電話通信はゆっくりではあるが準州中に普及してきている。途方もない高額な航空運賃を節約し、電話会議やビデオ会議で商談することもできる。この方法は地方ごとの中心都市で可能である。さらに、たくさんの人がインターネット接続を利用し始めているが、必要な器具と専門知識を全員がちゃんと手に入れるのはいつになることやら、といった感じである。

　各コミュニティーで、朝食つきの宿泊施設——「旅人の家」(現地ではB＆Bと呼ばれていることが多い。いわゆる民宿である＝日本語版編者注) が一般的になってきている。これらの施設は一般家庭が営業していることが多いので、あまり先端のビジネス用の設備はない。しかし、そんなものはなくても、宿主がコミュニティーやそこに住む人びとについての洞察を与えてくれるかもしれない。このような知識は間接的に、商売の役に立つかもしれない。どんな《機械》よりも、もっと。

　ヌナブトの宿泊施設とビジネス用施設の完全なリストについては、ヌナブト・ツーリズム Nunavut Tourism に問いあわされたい。

ビジネス・ネットワーク

　今日ヌナブトでは、コミュニティー単位でビジネスの決定がおこなわれるところが増加している。だから、民営企業や自営業の起業がもっとも重きを置かれているのである。ヌナブトには3つの商業に関する公的な機関がある。そして、この機関はヌナブト商業議会 Nunavut Chamber of Commerce をつくり、1年ごとに各地方に事務所を転々とうつしている。ヌナブト全土に関係するビジネスをする場合は、地方単位で独自にがんばるほか、その地方の商業議会とも連絡をとろう。

　ヌナブトの3つの地方生得権協会には、それぞれ経済開発部門があり、この部門の目的は、彼らが守っているイヌイットの住む地域の財産を安全に運用することなので、堅実な投資や顧客の獲得に興味を持っている。彼らが参加するビジネスは鉱山業、測量業、エビ漁、建設業、機械販売、電子技術など広範囲に及ぶ。詳細については、イカルイトではキキクタールク・コーポレーション Qikiqtaaluk Corporation、ランキン・インレットではサク・インベストメント・コーポレーション Sakku Investments Corporation、ケンブリッジ・ベイのキティクミウト・コーポレーション Kitikmeot Corporation に問いあわされたい。それからヌナブト全域をカバーするイヌイット発展団体のヌナシ・コーポレーション Nunasi Corporation というのもある。

ヌナブトでビジネス

キバリク・パートナー・イン・ディベロップメント Kivalliq Partners in Development はランキン・インレットに拠点を置き、キーワティン・ビジネス・ディベロップメント・センター Keewatin Business Development Centre のサク・インベストメント・コーポレーションと、ヌナブト準州政府資源開発省 Department of Sustainable Development, Government of Nunavut との共同経営である。ビジネスと開発について知りたいことがあれば、キバリク・パートナー・イン・ディベロップメントに問いあわせを。

ヌナブトのビジネス、研修、土地の売買、それからそのほかの団体のリストがほしければ、イカルイト、ランキン・インレット、ケンブリッジ・ベイにあるヌナブト・トゥンガビク・インコーポレーティッド Nunavut Tunngavik Incorporated の事務所で無料配布している。

最後に、毎年最大のネットワークをつくるためのイベントはヌナブト・トレード・ショーといって、例年3月初旬にイカルイトで催される。1998年度には3,000人もの来場者を動員した（この見本市を、これまでに2000年、2001年と2回見学する機会があったが、いろんな意味で、これはおもしろい。あなたが、《商売人》でなく、ただ単なる《観光客》としてイカルイトを訪問しているだけだとしても、一見をおすすめする。ヌナブトの現状を、肌で感じることができる。ただし、同時期はホテルが満室になるので、要注意。事前の予約が必要＝日本語版編者注）。

ヌナブト・トレード・ショーには　この本の原著版元ノアテクスト社も積極的に参加している

ヌナブトの独立

ヌナブト協定

ジョン・アマゴアリク　　　　　　　　　　　　John Amagoalik

1993年7月9日、11億ドルを費やし、じつに20年ものあいだ構想が練られ、協議が進められていた「ヌナブト協定 Nunavut Land Claims Agreement」(NLCA)がついに発布され、クグルクトゥクKugluktukで盛大な式典が催された。世界史上、これほどまでに国政と先住民との双方が納得をしたうえでの決議としては、はじめての例である。

　イヌイットが政治的な組織力を持っていなければ、これはまったく起こりえなかっただろう。イヌイットの政治的な組織化は、1960年代後半から70年代前半にかけて、自然資源をコントロールする権利をめぐっての闘争あたりから始まった。
　俗にいう「60年代の北極圏での石油探査」のブーム、そしてすぐにそれが衰退するのを、イヌイットたちは一気に経験した（1980年には、北極圏の諸島で石油とガスの探査に投じられた費用は、掘り始めてから21年目ですでに8億ドルを超えていた。現在では、石油やガスを産出するのは、ほんの一部の陸上にある地層だけになってしまった。今日、これからのカナダの有力な資源と見られているのは、北極海の沖あいや東海岸沖に埋まっている炭化水素である）。
　カナダでは、北緯60度以北の石油・ガス開発を担当するのは連邦政府の役目となっている。1960年代に発掘活動が大流行したときに、イヌイットたちは、先祖代々の自分たちの土地に対して、今まで自分たちがどれほど小さな権利しか持っていなかったかを思い知らされた。イヌイットの土地で、どれほど政府や大商人が好き勝手にやっているかを、まざまざと見た。これがモーニング・コールの役割を果たして、イヌイットの指導者たちを立ちあがらせたのである。

北極圏アラスカでの石油の発見

　1976年、アラスカのノース・スロープNorth Slopeとビューフォート海Beaufort Seaで大量の石油が発見されたのがきっかけとなって、カナダの北極圏で大々的な採掘活動が流行り始めた。大鉱脈を掘り当てたときの輸送のためにと、タンカーやパイプライン、給油飛行機や巨大潜水艦の注文が殺到した。アラスカ、北西準州

ヌナブト協定

Northwest Territories、ラブラドール、ケベックに住むイヌイットたちは、そのようなあいつぐ巨大プロジェクトに不安を感じ始めていた。

そして石油は発見された。ところが、そのころには1970年代に始まった石油危機は終わっていて、石油の値段は急落していた。掘り出した石油を北極圏から輸送することすら経済的に無理になった。土地の所有者、すなわちそこにある資源の所有者がだれであるかがはっきりしないことも、石油産業がいまひとつ発展しなかった大きな要因としてあげられる。

石油の発見とそれにともなうノース・スロープから南アラスカにかけてのパイプラインの建設にあわせて、急遽アメリカ合衆国政府とアラスカ州政府は、その地の先住民たちとのあいだで、はじめて近代的な条約を交わした。そのことがきっかけになって、カナダ北部でも先住民とのあいだに近代的な条約を結ぶことが、現実問題としてにわかに考慮され始めた。

コルダー訴訟　　　　　　　　　　　　　　　　　　　Calder Case

ブリティッシュ・コロンビア州における画期的な事件となった1973年のコルダー訴訟は、カナダ人の日常生活のなかに、「諸権益請求問題land claims」と「先住民の権利aboriginal rights」（先住民が土地や資源の所有権を持つ権利＝日本語版編者）という言葉を浸透させた。この訴訟はブリティッシュ・コロンビア州北西部に住むニスガ先住民Nishga Indians（原文ママ。1990年代のはじめから、《インディアン》という呼び名はよくないとされ、カナダではファースト・ネーションズ。アメリカではネーティブ・アメリカンと呼ぶようになった＝日本語版編者注）の首長であったコルダーによって提訴された。訴訟では、ニスガ族の人びとが古くから治めてきた土地で彼らの「先住民の権利」が存在することが、あらためて主張された。ブリティッシュ・コロンビア州最高裁では意見が割れたが、最終的にカナダにおける先住民が持つ諸権利の存在を認定した。それまで先住民の土地所有権やそのほかの諸権利について、一切の権利を無視してきていたカナダ政府は、突然現状を真剣に考え直さなければならないという課題を突きつけられた。こうして腰の重かった政府も、ようやく話しあいの席へ参加せざるをえなくなったのだ。

新世代のイヌイット指導者

これらのできごとが起こっているあいだにも、より高度な教育を受けて、決断力もある若い政治活動家たちがイヌイットのなかで育っていた。彼らは次第に同志た

ちのネットワークをつくるようになっていった。カナダ中に点在するイヌイットたちのずっと住んできた土地を、彼らはくまなく巡った。北西準州、ケベック、そしてラブラドールなど。彼らの目的はイヌイットの権利を説いてまわったり、日々の討論のためにフォーラムを開いたりすることであった。

　彼らは組織化し、基金を集め、「諸権益請求問題」に関する研究を始めた。そうしてイヌイットの政治組織が生まれた。ビューフォート地方の先住民の諸受益資格委員会 Committee for the Original Peoples Entitlement (COPE)、カナダ・イヌイット協会 Inuit Tapirisat of Canada、そして北ケベック・イヌイット協会 Northern Quebec Inuit Association などが最初に設立された。ヌナブト成立へ向かうことになる最初の一歩が踏み出されたのだ。

　カナダ・イヌイット協会は、その1971年の設立以来ずっと、カナダに住むイヌイットたちのための諸権益請求をつづけ、話しあいなどに参加する責任を負ってきた。そのころ提案されていたひとつの方法は、「ラブラドール、ケベック、北西準州に住むすべてのイヌイットに関して、全部ひっくるめてひとつの要求を協議しよう」というものだった。しかし、すぐにこれは不可能だとわかった。すべての政党、それから地方政府、準州政府、連邦政府、3か所の管轄区からのイヌイットたちが、一同に会してひとつの要求を協議することはあまりにむずかしすぎた。そこで地方ごとに協議する方針が採用された。

ジェームズ湾および北部ケベック協定
James Bay and Northern Quebec Settlement

　ケベック州政府が、1971年にジェームズ湾における水力発電プロジェクトに参加することを決めたとき、ジェームズ湾のクリー Cree 族とヌナビク Nunavik（ケベック北部）のイヌイットが立ちあがり、「その地域で先住民の『諸権益請求問題』がはっきり片づくまでは、プロジェクトを進めるな」と裁判所に訴え出た。そうして彼らはプロジェクトの一時的な中断に成功し、ケベック州政府はやむなく協議に応じた。この2年後、ケベック州、連邦政府、ジェームズ湾のクリー族、ヌナビクのイヌイットが、カナダではじめての近代的な土地条約にサインをした。これにつづくほかの協議は、すべてこの協定のなかに使われた条項を手本としている。

イヌビアルイト協定
Inuvialuit Settlement

　ビューフォート海での石油探査とマッケンジー川 Mackenzie River 流域に予定

ヌナブト協定

されていたパイプライン設置工事からのプレッシャーを受け、北極圏西部のイヌビアルイト（イヌイット）は、進行中の「ヌナブト協定」からさっさと抜けて、自分たち独自の協約を制定しなければならないと感じていた。そこでヌナブトのイヌイットたちはやむなく、イヌビアルイトが自分たちの協定を制定するのを祝福した。

イヌビアルイト協定締結には、マッケンジーのデルタ地帯にいる先住民のデネ族 Dene のコミュニティーもいくつか参加した。ちなみにこの協定は、ジェームズ湾の決議をかなり忠実に模倣している。調印されたのは1984年6月である。

ヌナブト諸権益請求

もはや石油開発からも水力発電開発からも急がされることはなく、ヌナブトのイヌイットたちは十分に納得のいく協定を結ぶための時間をたっぷりとることができた。1974年以来、協議は中断と再開を繰り返していた。1982年には、カナダ・イヌイット協会の意志を受け、ヌナブトのイヌイットのために諸権益請求をおこなうべくヌナブト・トゥンガビク連合 Tungavik Federation of Nunavut（TFN）が法人組織として結成された。ヌナブト・トゥンガビク連合は1993年4月にヌナブト・トゥンガビク・インコーポレーティッド Nunavut Tunngavik Incorporated に生まれかわった。

13年におよぶ激しく緻密な議論がつづけられた。協議するのにこんなにも時間がかかった理由のひとつは、連邦政府に「諸権益請求問題」に対する政策が、まったくなかったことによる。これは連邦政府にとってまったく新しい分野だった。連邦政府は、ひとつひとつ話を進めながら新しい政策をつくっていかざるをえない事態に直面していた。海域の権利や採掘権の分配や、法的な力を持つ自治体などについて論じたことなど、これまでなかったのである。非常に限定されていた1970年代の先住民の所有権とくらべて、このとき定められた「ヌナブト協定」は、現在カナダが定めている、より広範で進歩的な諸権益請求にかぎりなく近いものになっていた。1980年代初頭に「先住民の権利」についての第1回大臣会議 First Ministers Conferences はテレビで全国放送された。この会議では「先住民の権利」の定義とその広さについて合意には達しなかったが、この放送はカナダ人に先住民の問題をしっかり報道できた。そのあと、先住民の諸権利に対して大衆が支持をするようになり、その結果、連邦政府はより広範にわたって議論をするようになったのだ。

そして1990年、ついに基本方針についての合意がなされた。それからさらに2年協議がつづけられ、1992年の9月にようやく最終的な決議に調印がされた。その2か月後におこなわれた住民投票では84.7％のイヌイットの有権者がこれを承認した。

ヌナブトのこの条約は世界中から、先住民の問題に関して画期的な《できごと》であると見られている。この近代的で包括的な協定はイヌイットたちに彼らの未来を自分たちで決めていける自由を約束している。たとえばつぎのようなものが与えられた。

- 35万5,842平方キロメートルの土地の所有権。うち3万5,257平方キロメートルは地下資源を含有し、それを所有する権利も含まれる。
- 1993年から最低14年間かけて11億ドルの連邦政府の賠償金の支払い。
- カナダ政府所有地における石油、ガス、他鉱物の採掘に際し連邦政府は、鉱山使用料の一部をヌナブト準州に支払わなければならない。
- ヌナブト準州の居住区内で陸と海両方の野生生物を狩る権利。
- ヌナブト準州における娯楽用および商用の再生可能資源開発に対して、諾否を決める優先権。
- イヌイットの狩人たちにとっての経済的、社会的、文化的な安定を長期的に支えるための野生生物管理システムを計画する野生生物管理委員会の設置。
- 優先契約権政策は、ヌナブト準州で売買する製品をつくる企業に対して連邦政府・準州政府との独占契約権を与える際に、イヌイットが経営する企業に契約の優先権が与えられることを促進させる（必要があれば訓練制度・教育制度も設けなければならない）。また、労働者の人数内訳は、ヌナブト準州のイヌイット人口の割合を反映していなければならない。
- イヌイットに対して損害あるいは利益をもたらす可能性のある大規模な開発プロジェクト（たとえば発掘事業）を事前に協議することができる、イヌイット影響・利益協定 Inuit Impact and Benefits Agreements (IIBAs)。

　「ヌナブト協定」は、文字どおりカナダの地図を書きかえることから始め、今確実にヌナブト準州のイヌイットたちの生活様式を根底から改善することに成功している。

新準州ヌナブト

ジョン・アマゴアリク　　　　　　　　　　　　　　　　John Amagoalik

　イヌイットと連邦政府とのあいだで諸権益請求の協議が始まったとき、計画のなかに、新しい準州をつくるという考えも入っていた。

新準州ヌナブト

　ヌナブトのイヌイットたちは、ただ「諸権益請求問題Land Claim」を解決させるだけではなく、自分たちで新しい政治統一体をつくってやろうと心に決めていた。

　一方で連邦政府は、「政治的な問題を『諸権益請求問題』の席で話しあうことはない」とイヌイットたちに宣言していた。新しい準州の創設は、ほかの場でおこなわれなければならない、と政府側は主張したのだ。イヌイットたちは、不満を残しながらもこれを了承したが、「諸権益請求協定に『新準州をつくる』という約束が含まれていなければ最終的に調印はしない」と政府に告げた。この対立するふたつの勢力はこの点に関しては見解の相違を認めたが、それでも「諸権益請求問題」に対して真剣にとり組み始めた。

　北西準州（NWT）をふたつの新しい準州に分けようという考えは、はじめ1963年にカナダ連邦政府の下院議院に提出された法案から始まった。すると、北極圏東部の住民がその法案に反対意見をいいにやってきた。その法案では、自分たちの扱いが不当であるというのである。そのため、この法案は、あらためて考慮されることはなくなった。

　連邦政府はこの問題をより深く調査したいと考え、北部全体の政治的発展を調べて議会に報告するようにとキャロッサーズ委員会Carrothers Commissionを創設した。1966年に、北部のコミュニティーでインタビューを実施したのち、3人のメンバーからなるこの委員会は、「北西準州をふたつに分割するという案を、この先10年以内に真剣に調査したほうがいい」と議会に提言した。

　それから10年近くたって、北西準州議会の協議事項にイヌイットたちがこの分割問題を加えるように強く主張し始めた。この議会は分割案に対して強い反発を示し、分割どころか準州政府に対し連邦政府が、もっと多くの権限を委譲してくれるべきだと考えていた。イヌイットたちは権限の委譲に反対し、「分割問題を先に決着してほしい」と主張した。

　北西準州政府（GNWT）はついに、1982年の4月におこなわれる北西準州住民たちによる一般投票に分割問題を盛りこむことに同意した。イヌイットの指導者たちは分割のために大々的に運動を展開した。これが功を奏してヌナブトのコミュニティーでの投票率はたいへん高かった。一方、分割反対派は目立った運動をしなかったため北西準州全体の投票率は低かった。ヌナブトの全コミューティーをあわせたなかでの分割賛成票は90％前後だった。そして一般投票全体の結果は、分割賛成票が56.5％であった。ヌナブトは、こうして最初の大きなハードルをクリアした。

新準州との境界線をめぐり、ときにはとげとげしい空気になることもあった。協議が何年もつづき、ついに1992年、関係していたすべての政党が合意した境界線が地図に引かれた。この結果がまたつぎの北西準州の一般投票に盛りこまれた。ヌナブトと残りの北西準州部分のあいだに引かれた線が妥当かどうか調査するためのものであった。ふたたび「東では投票率が高く、西では低い」という結果になった。そして境界線は承認され、ヌナブトはふたつめのハードルを越えた。

このころには、諸権益請求協定は最終段階に入って、あと指1本分でゴールに手が届きそうなところまで進んでいた。おもだった問題はほとんど解決した —— ヌナブト準州の問題をのぞいて。1992年にイヌイットの指導者たちとインディアン・北方省 Indian and Northern Affairs の大臣トム・シドン Tom Siddon が会議を開いた。この会議のなかで、連邦政府はなおもヌナブトの問題を最終協定のなかからのぞこうと試みた。しかしイヌイットたちは、総選挙の目処が立ち新政府の成立が確定するまでは、最終決議案に調印する気がないことをはっきりと申しわたした。さらに、「ヌナブトの成立が約束されていない最終協定に対して、イヌイットたちが賛成する見こみはないだろう」とつけ加えた。大臣は何本か電話をかけ終わったあとイヌイットの指導者たちに、最終協定にはつぎの条項が含まれることを告げた。「カナダ政府がヌナブトを創設することを約束する」と。

その最終協定はイヌイットたちの承認を受け、ヌナブト法案 Nunavut Act は1993年6月に無事国会を通過した。

ヌナブトの針路

1999年4月1日、ヌナブト準州がカナダ連邦の傘下に入った。じつに、1949年にニューファンドランドが入って以来のことである。カナダ国憲法、カナダの権利と自由の憲章 Canadian Charter of Rights and Freedoms にしたがうことになるヌナブトは、市民が全員平等の権利を持つ公民政府である。しかし人口は85％がイヌイットという状態なので、現実的な問題はこれからまだ起こるだろう。

1997年以来、ヌナブト新政府を稼動させる準備をまかせるため、連邦政府は当座の理事としてジャック・アナワク Jack Anawak を雇っている。ヌナブト準備委員会（NIC）という団体が研究した結果に基づいて政府のモデルが設計され、アナワクはこれをもとに新政府を立ちあげるよう依頼された。ヌナブト準備委員会とは、新政府がどのように設計されるべきかを考えるために設置された公共の団体である。ヌナブト準備委員会は1995年の報告書『新雪に刻まれる足跡 Footprints in New

Snow』とそれにつづく『足跡2 Footprints 2』で、包括的な提案をしている。

　ヌナブト準備委員会の提案のひとつとして、ヌナブトの準州議会が男女を等しく代表して構成されるべきだというものがある。1997年、ヌナブトの有権者たちは、この提案を考慮するよう頼まれた。しかし、世界ではじめて両性の平等な参加を保証することになるはずだったこの提案を、ヌナブトの有権者たちは却下した。このときは反対されたが、この「両性の平等構想」はイヌイット文化でとても大切とされていた男性と女性のバランスをふたたびとり戻すための方法として、すくなくともいちどは真剣に検討されたのである。

　なんにせよ、ヌナブトの有権者たちは1999年2月15日に19人の議員を選出するために投票をする（この本の英語版初版用の基本原稿が書かれた段階での話。その後、紆余曲折はあったが、ヌナブト準州は、ほぼ構想どおりの形で成立した＝日本語版編者注）。

ヌナブト準州政府

ランディー・エイムズ　　　　　　　　　　　　　　　　　　　Randy Ames

「ヌナブト」は「ふたつのもの」の名前である。準州の、そして、政府の。

　過去にユーコン準州やマニトバ州、サスカチュワン州、アルバータ州、それにケベック州北部やオンタリオ州北部の一部が分割されたように、ヌナブト準州もすでにある北西準州（NWT）を分割してできたものである。その領域は、イヌイットが昔使っていた地域、現在使っている地域の両方をほぼカバーし、北極諸島の北方部分や、ウンガバ湾Ungava Bay、ハドソン湾Hudson Bay、ジェームズ湾James Bayなど、海沿いの近隣の州に属さない領域の島をすべて含む。この領域の運用と管理がヌナブト新政府の仕事になる。

　ヌナブト準州政府はカナダ連邦国家の一部である。カナダ政府の伝統や機関を尊重し手本にして、ヌナブトの住人たちの権利はすべて、カナダの権利と自由の憲章 Canadian Charter of Rights and Freedomsに基づく。ヌナブト準州政府の行政部は、『足跡 2』で提案されている項目に沿ってつくりあげられていった。この『足跡 2』という報告書はヌナブト準備委員会という、連邦政府がヌナブト新政府の設置準備のためにつくった団体によって準備された。『足跡 2』はヌナブト法案を通す際に

参加した3つの政府機関・法人組織——カナダ政府、北西準州政府（GNWT）、そしてヌナブト・トゥンガビク・インコーポレーティッド Nunavut Tunngavik Incorporated —— の承認を受けている。

準州 Territory と州 Province

ヌナブト準州政府は、現在の北西準州政府やそのほかの各州とおなじような力や責務を負っている。

州 Province と準州 Territory は別物である。州は独立した存在であって、1867年～1982年に施行されていた憲法法令 Constitution Acts が直接設置をしたものである。

一方で準州とは、連邦の立法措置によって設置したもので、それによる影響は現在のところ3点ある。

第1には、カナダの州は国有地内に自分たちの権限下における土地を所有できるが、おなじ国有地でも、準州が持っている土地は「連邦政府が国有地に持っている土地」という名目が維持されつづける点。第2には、準州では学校のカリキュラムや地方自治体のやり方などの地域的な問題にまで、連邦議会が口をはさむことができてしまう点。そして第3には、準州の政府は憲法改正に参加することができない点である。とはいってもひどいことばかりではなく、ヌナブトは連邦議会に議席と議員を置くことができる。

カナダにおける最新の準州創設のそもそもの発端は、一世を風靡した『ヌナブト計画 The Nunavut Proposal』という文書がきっかけであったといえる。1976年に、北西準州のイヌイットたちを代表するカナダ・イヌイット協会（ITC）が諸権益請求とヌナブトの創設を求めて、カナダ政府に申し入れをしたときの文書である。そのときは準州として認めてもらうことしか望まなかったイヌイットの指導者たちだが、そのうちに「州としての地位がほしい」と主張し始めるかもしれないという含みがあった。そして、このことはカナダ・イヌイット協会が、1979年の年次総会で是認した『ヌナブトの政治的発展』というレポートではっきりと述べている。ちなみにこの文書はその時点で、10年後にヌナブト準州が創設されることを主張し、その後、5年以内に州としての地位を獲得することを想定している。

準州のシンボルと公用語

体制が整うまでは、ヌナブト準州政府は現在の北西準州政府をかなり手本にしていくだろう。北西準州政府のもろもろの体制をヌナブト準州政府のなかに組みこん

ヌナブト準州政府

でいるので、ヌナブトの準州議会が独力で修正をしていくまでそれは息づきつづけるだろう。ヌナブトはそのうち独自の旗、紋章（2003年現在、旗や紋章はすでにある＝日本語版編者注）を持ち、独立した準州であり政府であることを示すそのほかのシンボルも決めていくだろう。

　イヌイット語が、ヌナブト準州政府の公用語として英語、フランス語と並んで制定された。イヌイット語にはイヌイナクトゥン Inuinnaqtun（キティクミウト地方 Kitikmeot Region のケンブリッジ・ベイ Cambridge Bay、クグルクトゥク Kugluktuk、ウミングマクトゥーク Umingmaktok、バサースト・インレット Bathurst Inlet などのコミュニティーで話されている方言）も含まれている。ヌナブトの指導者たちは、イヌイット語がヌナブトの政府や社会で日常的に話される言語の地位を占めることを確信している。連邦政府が雇ったコミッショナーが、現在の北西準州の理事や州の副知事とおなじぐらいの力をヌナブトでも持つ。ヌナブトでは、準州レベル、それから地方自治体レベルの2段階の権力が統治をおこなっている。

　準州都はイカルイト Iqaluit に設置された。どこに準州都を置くかに関しては、1995年にヌナブトの2大コミュニティー（イカルイトとランキン・インレット Rankin Inlet）を候補地としておこなわれたヌナブト一斉住民投票で決められた。準州レベルの政治的権力は準州議会に集中する。他方で地方自治体の業務に関しては、それぞれのコミュニティーごとの議会で決めることになった。ヌナブトの指導者たちは、いずれ地方自治体が持つ権限を増大させていくことに重点を置いている。また、今日ヌナブトは3つの地方に分けられているが（バフィン地方 Baffin Region、キバリク地方 Kivalliq Region、そしてキティクミウト地方）、この分け方は行政上の便宜のためにこれからも維持される。

選挙と準州議会

　ヌナブトの準州議会 legislative assembly は、4年に1回の住民投票によって選ばれる19名の議員から成る。ヌナブトの住民で選挙権がありさえすれば、イヌイットであろうとなかろうと、ヌナブト準州議会の議員に立候補することができる。準州レベルの政治では、政党は存在しない。ヌナブトにもない。現行の北西準州の準州議会がそうであるように、ヌナブトの準州議会も話しあいで議決をしていく方針をとっている。つまり、政党ベースの決め方ではなく、議会全体をひとつと見て多数決をとり議決するという方法である。北西準州政府は、この伝統的な方法を保ち

ヌナブト準州政府

つづけたことを誇りにしてきた。また、ヌナブト内に政党がないわけではない。立候補者を支援する団体としての政党は存在している。

　準州議会の運営は、準州議会の議員全員（MLAs）が無記名投票で選んだ議長によってすべて監督される。また、政府の代表は、おなじく無記名投票で議員たちが選んだ首相（知事）が担当する。執政部（内閣）も同様にして選出され、内閣の一致団結の信念に基づいて政治を執りおこなう。あらゆるポストを決める投票が無記名でおこなわれるが、その過程は一般に公開される。議会も一般公開されている（何度か議会を傍聴した。イヌイット語と英語が入り乱れる議員のやりとりは、なかなかおもしろい。一見の価値あり＝日本語版編者注）。ヌナブト準州政府は10の部門から成り立ち、それぞれに大臣が任命される。議員は大臣になることはできない。議員の役目は大臣と対立する勢力として存在することだ。

　第1回の選挙は1999年2月15日におこなわれた。それを追って1999年4月はじめに初の準州議会が開かれる。ヌナブト準州議会が北西準州議会のやり方をそのまま引き継ぐとすれば、議会は年に最低2回か、それより多く開かれることになるだろう。

地方分権型の政府

　ヌナブト新政府を稼動させるには、およそ700人の新しい職員が必要になってくる。しかし、ヌナブト準州政府は地方分権型であり、これらの中心となる部署もイカルイトとあと10のコミュニティー（イグルーリクIgloolik、ランキン・インレット、ケンブリッジ・ベイ、ケープ・ドーセットCape Dorset、アルビアトArviat、ジョア・ヘブンGjoa Haven、クグルクトゥク、パングニルトゥングPangnirtung、ベーカー・レイクBaker Lake、そしてポンド・インレットPond Inlet）に分散され、それぞれのコミュニティーに管理責任が与えられている。政府の中枢機構となる部分（行政部、財務管理部、人事部、司法部、準州議会）のほか、そのほかの部門における行政、政策立案、財務管理、それから人事に関する統括は、すべてイカルイトでやる。残りの機能は、自治権のある、または部分的に自治権のある委員会、法人、行政機関などとともに、そのほかの10のコミュニティーに設置される。

　政府の中枢部をこのように制度化することによって、ヌナブトの指導者たちは中枢部の持つ決定権を3つの地方にむらなく分け与え、政府の質を落とすことなく多くのコミュニティーに政府の仕事を分配することを目標にしているのだ。また、1か所にあまりに多くの人員が集中することによって起きる摩擦などをなるべく減ら

そうというのも、分権にしている理由のひとつである。

　仕事先を分配するという目的のためには、首都に準州政府の機能をすべて集めないほうがいい、と指導者たちは考えた。現在、準州政府の上級行政官がもっとも多くいる地域といえばイカルイトのほかに、ランキン・インレット、ケンブリッジ・ベイの3つのコミュニティーがあげられる。

　イカルイトがヌナブトの準州都に定められたので、準州政府に置かれたポストのいくつかはイグルーリクにうつされた。準州都にはならなかったランキン・インレットとケンブリッジ・ベイは、それぞれキバリク地方とキティクミウト地方の政治中枢として機能している。

　これほど広大な面積に人口が散らばり、また物価も高いヌナブトでは、効率的な地方分権型の政府を維持するのはむずかしいことである。それを実現するためには、政府の情報技術ネットワークを支えることのできる近代的な電信網が必要だ。近年、情報技術の分野は持続的に成長しており、人員を移動させるよりは情報を移動させる手段のほうが政府にとって安価で効率的だ。ヌナブトで人を輸送するとなると、ものすごくお金がかかる。発達した電信網があれば、ヌナブトのコミュニティーに住む人たちはインターネットに接続することも、ヌナブト準州政府からの番組やサービスを遠距離から受けとることもできる。電信網が確立したら、政府はコミュニティーごとのアクセス・センターをネットワーク化できる。そうなれば、コンピューターを持っていなかったりインターネット接続ができなかったりする人たちも、とても便利になる（そして、実際にヌナブト準州政府は、この方向で準州を着実に統治し始めている＝日本語版編者注）。

「諸権益請求問題Land Claims」のヌナブト準州政府への影響

　ヌナブト準州政府は公民政府であるのだが、「ヌナブト協定Nunavut Land Claims Agreement」（NLCA）が決めたいくつかの原則にしたがって運営されている。ひとつは、『ヌナブト社会のイヌイット人口の割合を、公共のサービスの雇用率に反映させる」ということ。ヌナブト創設の準備を進めた人たちは、すべての政府雇用の50％をイヌイットで満たすことを1999年4月1日からの最初の目標に定めた。この目標値も徐々にあげていき、ヌナブト人口の85％を占めるイヌイットたちが、いずれは職場でもちゃんと85％を占めなければならないのだ。

　また、ヌナブト準州政府は「諸権益請求問題」によって、本来カナダの準州では連邦政府が執りおこなう司法権の一部を得ることができた。「ヌナブト協定」のな

かで、「ヌナブト協定」のもとに設立された行政機関で働く役人は、連邦政府からだけではなくヌナブト準州政府からもイヌイットたちからも任命するように決めている。任命されたイヌイットとヌナブト準州政府からの代表（彼らもイヌイットである可能性は高い）は、ヌナブト野生生物管理委員会、ヌナブト計画委員会、ヌナブト・インパクト調査委員会、ヌナブト水資源委員会などの組織で、連邦政府から来た役人たちと同列の席につける。

　ヌナブト準州政府の代表およびイヌイットの代表は、連邦政府の司法権に対して発言権を持っている。たとえば野生生物の管理、土地の売買、国有地の海洋・鉱山資源の利用、国有地の利用法、国有地で事業を展開するための許可の発行などに関してだ。「ヌナブト協定」の土地や資源の管理に関する規定は海洋資源にも及んでいるため、ヌナブト準州政府は沖あいの資源の利用法にも口を出せるようになっている。こうした海洋資源は、ともすれば枯渇しかねない状態にあるので、この点はとても重要である。

財政

　ヌナブト準州政府は、運営の費用および公共サービスの提供にかかる費用の大部分を、カナダ政府からの援助でまかなわなければならない。20世紀の終わりに協議して決められた1999年4月1日から5年間に関しての法令では、ヌナブト準州政府は無償でカナダ政府から6億ドルを毎年援助される。この補助金はヌナブト準州政府の歳入のおよそ95％を占める。ちなみにヌナブト準州政府はその歳入をのばすため、あてにしているのは税（個人、法人、燃料、不動産などの資産からの）と、製品やサービスを売った収益である。

　1999年4月1日から、ヌナブト準州政府は200名あまりの役人からなる小さな政府として始まり、3、4年かけて実行力のある政府へとかわっていくであろう。当面は自力でおこなうことのできないプログラムやサービスの提供を北西準州政府に肩がわりしてもらわざるをえない。徐々に700名のスタッフが集まってきて、提供できるプログラムやサービスの規模も広げることができるようになってきたら、北西準州政府の役目も徐々に減っていく。発足当時、ヌナブトには地域ベース —— コミュニティー・ベースの施設に約2,000名の職員が働いていた。そのほかに北西準州政府から間接的に給料が支払われている自治体の職員が約1,000名いた。これらに新政府の700の新しいポストが加わることになるのである。

ヌナブトの団体

テリー・ラデン　　　　　　　　　　　　　　　　　　　Terry Rudden

「ヌナブトは３つのものを誇りにしている」という。３つのもの、それは、美しい大地、友好的な人びと、それから……《頭文字諸団体》。

　新準州の創設に、史上最大の「諸権益請求問題Land Claim」。これでいろいろな団体が激増し、混乱を招いている。生まれてこのかた、ずっとこのあたりから出たことがない地元の人ですら、なにがなんだかわからなくなることがある。でも、心配は無用……。このあとを読めば、土地によく馴染んでいる地元の人と夜なべで語りあうことになっても大丈夫だから。

　まずいくつか簡単な《頭字語》から始めてみよう。これらを会話に滑りこませて、相手を驚かせてみよう。

　DIO（Designated Inuit Organization　イヌイット組織）——イヌイットが運営する団体。「ヌナブト協定Nunavut Land Claims Agreement」（NLCA）の役割のいくつかを担う。

　IPG（Institution of Public Government　政府関係団体）——イヌイット、連邦政府の役人、ヌナブト準州政府との連盟によって運営されている機関。

　覚えられたかな？　よし。ではさっそく、主要なイヌイットの団体を紹介するツアーに出発しようか。

ヌナブト・トゥンガビク・インコーポレーティッド
Nunavut Tunngavik Incorporated (NTI)

　「ヌナブト協定」は政府とイヌイットとのあいだに結ばれた契約である。「諸権益請求問題」はイヌイットたちに陸や海、野生生物を管理する権利を承認している。ヌナブト・トゥンガビク・インコーポレーティッドは、イヌイットたちが負わなければならなくなる義務の部分を「お手伝い」して、政府がちゃんとイヌイットたちの権利を尊重するかを監視する存在である！

　実に重要な仕事である。ヌナブト・トゥンガビク・インコーポレーティッドが見届けるのはイヌイットの所有地である３万5,000平方キロメートル以上にもなる領域で、そこで数え切れないほどのイヌイット組織を創設、監督し、ヌナブト準州政

府の創設にあたってはイヌイットの代表として参加をしている。ヌナブト・トゥンガビク・インコーポレーティッドはまた、年長者のためのペンションを建てたり、イヌイットの狩人を支援するプログラムを制定したり、奨学金を出したり、イヌイットがビジネスを立ちあげるのを援助するための基金集めをしたりもするのだ。

「諸権益請求問題」について聞きたいことがあるって？ それならヌナブト・トゥンガビク・インコーポレーティッドに聞かなきゃね。

地域イヌイット協会
Regional Inuit Associations (RIAs)

ヌナブト・トゥンガビク・インコーポレーティッドがヌナブト全土のイヌイットを代表する存在だとすれば、ヌナブト内の3つの地方それぞれにおけるイヌイットの代表は、キキクタニ・イヌイット協会Qikiqtani Inuit Association、キバリク・イヌイット協会Kivalliq Inuit Association、キティクミウト・イヌイット協会Kitikmeot Inuit Associationであるということができる。この3つの組織はヌナブト・トゥンガビク・インコーポレーティッドと仲間である。ともに「『諸権益請求問題』の仕事を手伝いイヌイット所有地を管理する」のである。陸上における権利を35万平方キロメートル分管理している。この面積は、ニューファンドランド全土よりほんの少し小さいだけで、かなり大きなものである。

しかも地域イヌイット協会の職務は、国土の管理と「諸権益請求問題」の手伝いにとどまらない。この組織はまた、おのおのの地方における社会発展、ビジネスの発展に協力している。それから、とくに健康、教育、経済に関して、彼らは地域の政治活動の中心と見なされている存在なのだ。

それぞれの地域イヌイット協会は民営部門（生得権）法人を創設し、イヌイットのビジネスを支援している（83ページの『ヌナブトでビジネス』の項参照）。

ヌナブト・トラスト
Nunavut Trust

さて、ここまで書いてきたような活動の資金源は？ それは、ずばり、「ヌナブト協定」――「諸権益請求問題」は、関連の団体を運営するために、11億ドルの補助金をヌナブトに出すことを約束している。そしてこのお金を管理して、イヌイットに有利になるように投資をするのが、ヌナブト・トラストの役目である。財務と投資のプロから成る顧問委員会が、適切な提言をする。とはいっても最終的な判断を

おこなうのは正式に任命されたイヌイットの信託理事会である。

ヌナブト訓練準備委員会
Nunavut Implementation Training Committee (NITC)

　ヌナブトの成立は、およそ1,000ものイヌイット組織と政府の役職の発生を意味する。これらの仕事は、カナダでも有数の低い就業率にあえぐ地方にとっては、とてもありがたい就職先となっている。しかし、アラスカやそのほかの地域の前例を見ると、適切な訓練がなされなければこういった仕事（とくに上級のもの）のほとんどは、結局最終的には外部の人の手にわたってしまっている。

　ヌナブト訓練準備委員会は、イヌイットがちゃんとこれらの職を手に入れられるよう適切な訓練を施すためにつくられた。ヌナブト訓練準備委員会が提供するのはイヌイット組織への訓練費用、イヌイットへの奨学金、それからイヌイットのマネジャーや幹部を養成するための短期間集中の特別な訓練などだ。

地域野生生物組合、猟師・罠猟師組合
Regional Wildlife Organizations (RWOs), Hunters and Trappers Organizations (HTOs)

　狩猟はイヌイット文化の基盤である。「諸権益請求問題」の発生した最たる理由は、野生生物を保護し管理することが必要だからだ。ヌナブトでの狩りは地方別に3つの団体が管理をしている。キーワティン野生生物連合 Keewatin Wildlife Federation、キキクタールク野生生物委員会 Qikiqtaaluk Wildlife Board、キティクミウト猟師・罠猟師組合 Kitikmeot Hunters and Trappers Organization がそうである。地域野生生物組合らは、伝統的な知識と科学的な知見とをあわせて地域の狩猟の決まりをつくり、野生生物がちゃんと生き残っていくようにしようとしている。

　地域野生生物組合は27のコミュニティーから集まった猟師・罠猟師組合のメンバーたちを代表している。これら27の猟師・罠猟師組合がそれぞれ代表者を選出して地域野生生物組合のメンバーとして出す。彼らはまた、猟師を保護するプログラムをつくったり、地域野生生物組合が打ち出す政策の草案を提供したりしている。

ヌナブト社会発展協議会
Nunavut Social Development Council (NSDC)

　イヌイットに影響を及ぼしている社会制度は、もともとはオタワやイエローナイ

フYellowknifeから持ちこまれたものだった。今日、政府がなにかイヌイットに関係しそうな法律やプログラムを検討しているときには、ヌナブト社会発展協議会がイヌイットの立場を主張する役割を担っている。ヌナブト社会発展協議会は地域イヌイット協会、ヌナブト・トゥンガビク・インコーポレーティッド、それから暫定的なコミッショナー事務局とも協力し、大地に息づく伝統的な知識がヌナブトの政策決定に反映されるように、長期的な政策を考えているのだ。

イヌイット文化遺産トラスト
Inuit Heritage Trust (IHT)

　イヌイット文化遺産トラストは、ヌナブトの文化遺産を管理・保護するにあたって重要な役割を担っている。このトラストはまず、考古学的な研究に関する申請を細かくチェックし、それから発掘された考古学的資料、民族学的資料および古文書などの資料の貸し出しや利用が可能かどうかを、政府またはイヌイットの団体に問いあわせる。また、文化遺産に関する政策の立案や立法をおこなう際に、政府の手伝いもする。

　イヌイット文化遺産トラストの仕事のなかでも、もっともおもしろいもののひとつが、ヌナブトの地名を徐々に伝統的なイヌイット語の地名にかえていこう、という政策である。この政策が実施されれば、地図を見るのも、資料を読むのも、もっとおもしろくなるにちがいない。もちろんこの本も！

イヌイット放送
Inuit Broadcasting Corporation (IBC)

　イヌイット放送では準州内に5つのスタジオを持ち、毎週5時間、イヌイット語のニュースやら最近のできごとの番組から、子ども番組やカルチャー、娯楽番組までを流している。

　おめでとう！　イヌイット団体の迷路を抜けたよ。さあ、また心の準備をして。今度見ていくのは……IPGという諸団体。

　これらの団体は、おたがいに関連や協力態勢があるわけではないが、「土地と野生生物に関するイヌイットの権利を守る」という共通の目的がある。だから実はIPGを全部あわせると、実に完全な、土地と資源の管理システムができているのだ。

ヌナブトの団体

ヌナブト野生生物管理委員会
Nunavut Wildlife Management Board (NWMB)

　地域野生生物組合と猟師・罠猟師組合が地域的なレベルで狩りを管理する一方、ヌナブト野生生物管理委員会ではヌナブト全域（領域の定義については「ヌナブト協定」のセクション3.1.1参照）の野生生物の管理を担当し、野生生物への接触を規制してもいる。ヌナブト野生生物委員会は、野生生物の繁栄をきちんと考えながら、イヌイットが狩りをする権利を支援し補足する管理システムを先導しておこなっている。地域野生生物組合や猟師・罠猟師組合と協力しあった活動もおこなっている。

　ヌナブト野生生物管理委員会は、野生生物に関する政策立案や意思決定をする際には、情報網の発達が欠かせないと考えた。その実現のために、調査トラスト基金 Research Trust Fund（政府行政機関用）と野生生物調査基金 Wildlife Research Fund（民間行政機関用）を通して、科学的な知識と伝統的な知識の研究に投資をしている。

　現在進められているプロジェクトとしては、イヌイットが狩っている野生生物の頭数に関する5年に及ぶ研究と、ホッキョククジラに関するイヌイットたちの知識を集める研究がある。

ヌナブト水資源委員会
Nunavut Water Board (NWB)

　そう、読んで字のごとく。このヌナブト水資源委員会というのは、内陸の真水を管理し使用を調整する団体である。湖や川、せせらぎ、湿地などの水の質と量を守る。ほとんどの旅人はこの団体からの規制に触れることなくすごすことができるだろう。規制に該当するのは、水を多く使う人たちだ。たとえば小村の管理者、鉱山業者、釣りや狩りの誘導をするツアー・オペレーターなどは、水を使うための許可をとらなければならない。

ヌナブト計画委員会
Nunavut Planning Commission (NPC)

　イヌイットたちはふたつの別々のことのバランスをとろうとしている。ひとつ目は、土地と野生生物を未来の子どもたちのために保護し、残していくこと。ふたつ目は、ヌナブトの豊かな資源を守りつつ歳入をあげること。ヌナブト計画委員会はこのふたつのあいだの微妙なバランスをとる方策を考えている。

　ヌナブト計画委員会はヌナブト住民、政府、イヌイットの団体、商業者、その他

ヌナブトの団体

と協力しあって、土地や資源の利用計画を立てなければならない。この委員会の研究は、いつの日か、協定で「イヌイットの土地」と認められた大地を扱う最善の方法をイヌイットたちに提案し、彼らが国有地で発言権を持つまでにしてやれるだろう。

ヌナブト・インパクト調査委員会
Nunavut Impact Review Board (NIRB)

ヌナブトで事業を起こすためには、土地、水、それから海洋全体を利用するのに、決まった許可をとらなくてはならない。しかしヌナブト準州内でこうした許可を行政機関が出すまえには、まずヌナブト・インパクト調査委員会が生態系と社会経済的な面にどのような影響があるか、どんな条件下でどの程度なら事業を展開していいのか、そういったことを査定しなければならない。ヌナブト・インパクト調査委員会はこれらの査定をする際に、伝統的な知識と科学的な知識の両方を利用している。

ヌナブト地上権利法廷
Nunavut Surface Rights Tribunal (NSRT)

地域イヌイット協会と開発者が、「どの程度、土地への侵入が許されるか」ということに関して合意できなかった場合、問題はヌナブト地上権利法廷に持ちこまれることもある。ヌナブト地上権利法廷は、開発者が払う額面に応じて、イヌイットの土地に入って利用をするための許可を出すか出さないかを決めることができる機関である。金額は土地の時価、狩りの邪魔にならないか、その土地の文化的な重要度、などを見て決められる。

つぎのふたつの公営機関は、ヌナブト法案（連邦政府の立法議会で議題にあがった、**ヌナブト準州創設の原案**）のなかで発案され、それが改善されたものである。

ヌナブト準備委員会
Nunavut Implementation Commission (NIC)

1993年以来、生涯をかけた大プロジェクトにとり組んでいる数人のグループがある。その仕事とは……まさに青写真を描くところから始めた、新政府の設計である。

ヌナブト準備委員会は、連邦政府、北西準州政府（GNWT）、そしてヌナブト・トゥンガビク・インコーポレーティッドに、ヌナブトの特徴と必要性に適合する政府構造の設立について提言する目的でつくられた。ヌナブト準備委員会は、最高顧問

ヌナブトの団体

のジョン・アマゴアリク John Amagoalik の指導のもと、準州の首都決定からヌナブトの立法議会の議員数を決める問題まで、幅広くとり組んできた。そんな彼らの政府への提言は、『新雪に刻まれる足跡 Footprints in New Snow』と『足跡 2 Footprints 2』として出版されている。ヌナブトの政治に興味を持っている人には、ぜひ一読されることをおすすめする。

　ヌナブトの政府は現行のほかの準州政府とおなじような権力を持つ。ほかとおなじく、国民投票で選ばれた立法議会と、内閣、裁判所を持つ。しかし、ほかと決定的にちがうのは、政府の多くの部門が小さな居住区に分散される分権政治がおこなわれることだろう。このことで、政府はコミュニティーとより近い存在になることができる。

暫定的なコミッショナー事務局
Office of the Interim Commissioner (OIC)

　1997年4月、連邦議会のなかでヌナブトの入っている行政区画の代表だったことのあるジャック・アナワク Jack Anawak は突然、暫定的なコミッショナーに任命された。彼に与えられた役目は……1999年4月1日に始動できるヌナブト準州政府をつくることだった。今彼のもとでは10人の大臣たちとその部下が新しい省庁をつくったり、基金に関する法律を制定したり、人事や訓練制度を考えたりしている。その様子は、まるでソリをつくりながら同時にイヌゾリ・レースに参加しているかのように忙しそうだ（この本の英語版原著の執筆時の状況。この人はヌナブトの有名人のひとりで、現在も多方面で活躍中＝日本語版編者注）。

そのほかのイヌイット団体

　ほとんどのカナダ・イヌイットはヌナブトに住んでいるが、北ケベックやラブラドール、それから北極圏西部に住んでいる多数のイヌイットも無視するわけにはいかない。イヌイットたちは「準州だ、州だ」といった分け方にこだわらず、各地で活動しているのだ。だから全国的なイヌイット団体も、国際的なイヌイット団体も、おなじくらいヌナブトの政治・社会にとって重要な役割を担っている。

カナダ・イヌイット協会
Inuit Tapirisat of Canada (ITC)

　カナダ・イメイット協会は北西準州（NWT）、北ケベック、ラブラドールの4万1,

000人のイヌイットから成り、国内の諸問題を外部に発信している。

1971年の創設以来、カナダ・イヌイット協会は今日の政治を支える数々の政治家や団体を輩出してきた。「ヌナブト協定」、ヌナブト準州の創立、そしてイヌイット放送（IBC）の創設も、全部このカナダ・イヌイット協会が始めたことである。

イヌイット環極北会議
Inuit Circumpolar Conference (ICC)

イヌイット環極北会議は1977年に創設された。非政府組織であり、カナダ、アラスカ、グリーンランド、チュコトカ Chukotka（ロシア）など各地から13万5,000名あまりのイヌイットが参加している。イヌイット環極北会議の仕事はイヌイットたちの団結力を高め、イヌイットの発展を支え、イヌイットの権利を国際的に主張することである。

おもに環境問題と政治問題を扱っているが、最近では経済の発展にも力を入れるようになり、イヌイットたちに対して、経済に興味を持つよう呼びかけたり、北極圏内のビジネスの合併を推進したりといったこともしている。世界各国の先住民たちとの協力体制もつくっている。

パウクトゥーティト
Pauktuutit

パウクトゥーティト（**イヌイット女性協会**）は社会的、文化的、経済的にイヌイットの女性の立場を引きあげ、彼女たちにコミュニティー単位、地域単位、そして国家単位の問題にどんどん参加することを推奨している。パウクトゥーティトは、イヌイット文化のなかの、家庭内暴力や若者の自殺、薬物中毒といった繊細な問題に対して、はじめて公にアプローチをおこなった団体として有名である。現在の最重要課題は、イヌイットのなかに急速に広まりつつあるHIV/AIDSについて、注意をうながすたしかな方法を見つけることだ。

PART 2. 北極圏エコツアー事情

美術・音楽・レクリエーション

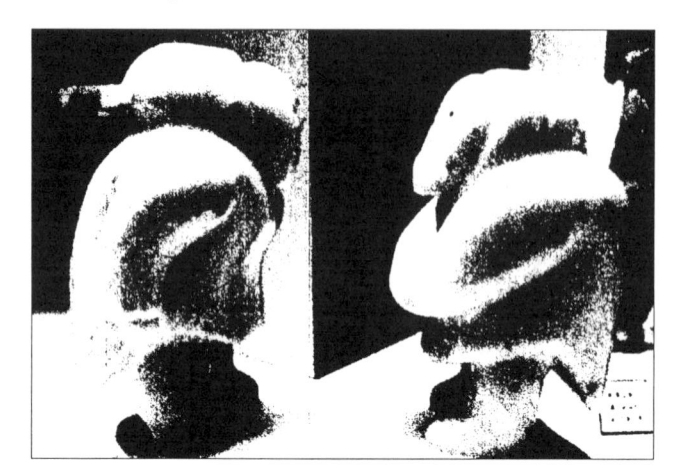

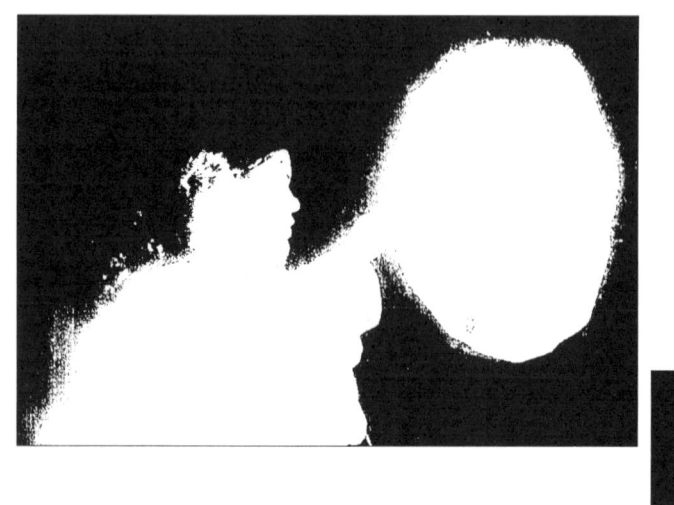

イヌイットの美術と工芸品

デーブ・スーザーランド　　　　　　　　　　Dave Sutherland

　ヌナブトが芸術活動を誇っているというのは非常におもしろい。気候条件はきびしく、資源もかぎられており、人口も多くない。それなのに上質の芸術品がたくさんここで生み出されているのだ。

　しかし、実はこの環境のきびしさと資源の不足こそが、ヌナブトの芸術活動に貢献してきたのである。
　イヌイットたちはとてもやりくり上手だ。この才能のおかげで彼らはこれまで生き延びてきた。男たちは生活を助ける道具を発明するため、技量を向上させ、創意工夫をこらしてきた。女たちもまた、生きるのに欠かせない衣服をつくるために、さまざまな技術を磨いてきた。そうして技術を向上させながら、同時に、手に入るわずかな資源の本質を理解し、使い道を考えつづけてきた。そして、ここの狩猟文化は人びとに鋭い観察眼と強い視覚的な記憶力を授けた。これらは芸術家にとっても貴重な才能である。発掘調査の結果、魔よけと思われる象徴的な彫刻がいくつも見つかっている。歴史時代に入ってからは、芸術家の作品はその芸術家の住む世界

イヌイットの芸術家の作品（イエローナイフの博物館展示作品）

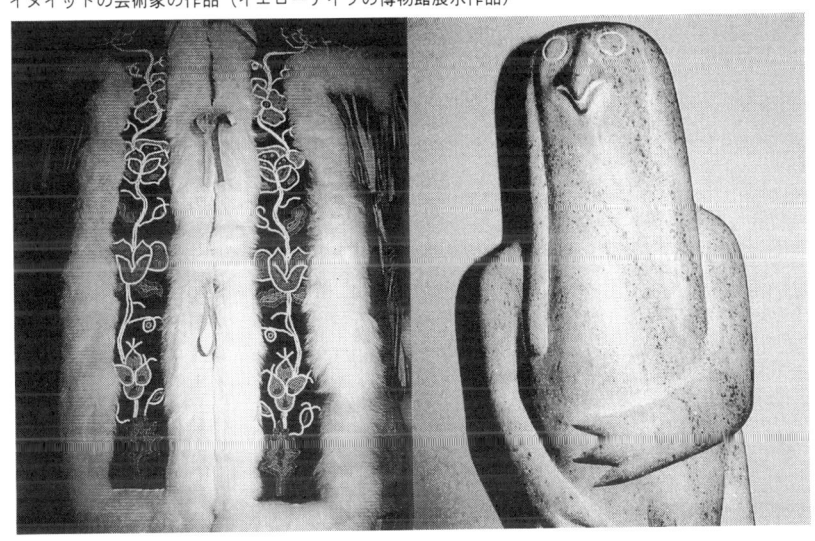

イヌイットの美術と工芸品

を象徴することが多かった。その世界に住む人びとや動物が描かれる。一方で、神話のなかに登場するものや、芸術家の想像のなかにあるものが描かれることもある。近年では、社会問題を作品のテーマにする芸術家もいる。カナダ南部やアメリカの芸術家たちの多くは芸術を《自己表現》の方法としているが、高齢のイヌイット芸術家たちはこれを本当の芸術の道とは認めていない。しかし、若年層は《自己表現》のための作品も多く生み出している。

イヌイットの彫刻品がずいぶん昔にヨーロッパ人との交易に使われていたこと、さらに、イヌイットの女たちがヨーロッパからきた交易者の家族のために衣服をつくっていたことを裏づける証拠は十二分にある。ヨーロッパ人との初期の交易では、イヌイットの男たちは新来者たちの持ってくる食べものと工芸品を交換し、イヌイットの女たちは衣服をつくって売っていた。この形は20世紀になるまでつづいた。しかし、1948年に若い美術学校の卒業生ジェームズ・A・ヒューストン James A. Houston がカナダ北極圏を訪問して、現在の状況につながる変化がもたらされた。ヒューストンは、ここの小さな彫刻を自分がカナダ南部に持ち帰って売れば大儲けできるだろう、といってカナダ政府の賛同を得た。そこでハドソン湾会社 Hudson's Bay Co. と政府が協力して、カナダ工芸ギルド Canadian Guild of Crafts と銘打った初のイヌイット工芸品の展覧会がモントリオールで開かれたのである。

イヌイット美術をはじめて見る者や、見たことがあるとしてもせいぜい空港などにある土産物屋で売っている小さな彫刻品しか見たことのない者は、ここへ来たらものすごく驚くだろう。なにしろミニチュア・サイズから記念碑サイズのものまで、さまざまな美しい彫刻があるだけでなく、すばらしい版画や織物、宝石、陶芸、最高級の毛皮製品など、本当にいろいろと美しいものがあるのだから。

イヌイット美術のとり扱いについては、ほかの美術品の扱いにおける決まりごととほぼおなじである。ただ、なめされていない毛皮を持って帰りたい旅人の場合は、これらの毛皮のとり扱いには特別な注意が必要である。伝統的な方法で加工されたりなめされたりした皮製品は、紙袋（ビニール袋ではダメ）に入れて口を閉じ、低温の乾いた場所に保存しよう。虫が巣食ってしまったかもしれないと思ったら、冷凍庫に24時間入れよう（**毛皮の種類によっては、日本に持ち帰ることができないものもある＝日本語版編者注**）。

イヌイットの美術に描かれる
大地と精神性と神話と

アロートーク・イペリー　　　　　　　　　　　　Alootook Ipellie

　ほかのあらゆる原始的な文化がそうであるように、イヌイットたちの文化もまた、長いあいだ、大地とともに生き、自然からの恵みである北極地方にいる特有の動植物をとって暮らしてきた。

　古代から今日にいたるまで、芸術家たちの創作意欲をかきたてているのは、こうした大地との密接な関係である。いくつかの有名な遺跡から見つかった発掘品が、ドーセット文化Dorset cultureとチューレ文化Thule culture (現在のイヌイットたちの祖先の文化) のもとで生きた人びとは、きびしい気候のなかで生活するための武器や道具を自分たちで発明していたことを示している。そして彼らが、彫刻と工芸のプロであったことも物語っている。

　彼らのつくった武器や道具の多くは動物の絵柄で装飾されていた。これらの動物は、呪術をおこなうシャーマンを助ける精霊として、集落を飢饉が襲ったときに獲物が見つかるよう力を貸してくれる、と信じられていたものたちだ。手のこんだこれらの彫刻はたいてい、ひとつまたはいくつかの石や流木、カリブーの枝角や動物の骨、牙などにほどこされた。こういった精霊の象徴としての彫刻はシャーマンの衣服にとりつけられることもあった。アザラシの皮でできたひもに通して、魔よけのお守りとしてシャーマンの肩や腰にかけられることもあった。シャーマンたちは動物の精霊を呼び出すために、水鳥の羽根や、動物の毛皮を魔よけの飾りとして使ったりもした。

　古代のイヌイットたちは彼らの歴史を書きつけるという習慣は持たず、かわりに物語や言い伝え、神話などを語りついで何千年も先の世代へ伝えてきた。これらの物語をヌナブトのそれぞれのコミュニティーの芸術家たちは、それぞれの解釈で、いろいろな芸術品のなかに描きこんでいる。

　イヌイットたちの多くがすばらしい画家や彫刻家になるのは、彼らがとても視覚的な文化を生きてきたからである。狩猟や採集が中心にあっては、生活てのものが景色のなかに獲物などを見つける力にのみ依存することになる。彼らは陸上や水中、空の上に獲物を探すとき、いつも頭のなかに動物の姿を描いていた。だから、

イヌイットの美術に描かれる大地と精神性と神話と

彼らに視覚に関する能力と想像力がこんなにもあって、しかもそれを簡単に芸術品のなかにあらわせるのもまったく不思議なことではないのだ。

　大地で生まれ育つイヌイットの子どもは毎日自然と接し、そのなかで大人たちから自然の恵みを使って「生きる方法」を学んだ。大人たちは、すべての季節についてのプロ。あらゆる動物たちをそれぞれどうやって狩るべきかを知り、そのときどんな狩猟具を使えばいいかを知る狩猟のプロ。子どもたちはそんなプロから生活のやり方を学ぶことができた。子どもら自身が成長して、一人前の猟師として、また採集者としてはじめて出かけるころには、彼らはもうこれらの狩猟道具を大人と同様に使いこなせるようになっているのである。

　イヌイットの語り伝えの伝統も同様に、大人たちから子どもたちへ受け継がれていった。大地に生きる人びとが、語り継ぐ古代からの物語や伝説。そんな経験と知識の集積が、今日のイヌイット芸術をすばらしく豊かなものにしているのである。

　イヌイットたちはつねに大地を敬ってきた。その深い畏敬の念は、今も彼らが描くあらゆるテーマのなかに見られる。日常生活を写実的に描いた作品のなかにも、動物の精霊を描いた絵のなかにも、遠い昔の伝説を描き出したもののなかにも。

彫刻

　もっとも一般的な彫刻の材料は石材である。普通これらは「ソープストーン soapstone」と呼ばれている。滑石である。凍石とも呼ばれる。この石は、やわらかく、扱いやすかったので初期の彫刻によく使われている。しかし、滑石（ソープストーン）はこわれやすいために、今では彫刻に適する材料ではないといわれている。今日の彫刻家たちはもっぱら蛇紋石という、滑石（ソープストーン）と分子構造は似ているが、それよりもっと硬い石材を使っている。珪質粘土岩、珪石、大理石などが使われることもある。

　たいていの石材はコミュニティーごとに近くの石切り場からとってくるので、石を見ればだいたいどこでつくられたものか当てられる。たとえばキンミルト Kimmirutでは、むらのない灰緑色の石と、マーブル模様のもうすこし鮮やかな緑色の石とを使っている。ケープ・ドーセット Cape Dorsetの人たちも、それとおなじ地域からとってこられたもので似たような石を使う。パングニルトゥング Pangnirtungやそのほか多くのコミュニティーでは、代表的なのは黒い石である。サニキルアク Sanikiluaqの彫刻家たちは、なめらかな灰色の珪質粘土岩を使う。リパルス・ベイ Repulse Bayの石は暗い緑色である。アルビアト Arviatの石はきめの

イヌイットの美術に描かれる大地と精神性と神話と

粗い灰色で、このコミュニティーでつくられる作品にはまちがいなく素材の性質が影響を与えている。この石は細かい作品づくりに向かないのである。ベーカー・レイクBaker Lakeのものもこれに似ているが、もう少し色が暗い。もちろん、例外もある。石切り場の石がたまたまとれない場合は、別の地域から運んできたりもする。カナダの南部やそれ以外の地域から石が輸入されることもまれではない。石がほとんどないコミュニティーなどでは、カリブーの枝角、クジラの骨、セイウチやイッカククジラの牙などに彫刻がほどこされた。

彫刻に使う材料によって、それぞれのコミュニティーのなかでのどの作品にもそれなりの共通性を生み出した。また、芸術家たちは高名な芸術家の影響を受けることも事実だ。しかし、コミュニティーひとつひとつのなかでも、ひとりひとりの芸術家の個性的なスタイルは存在し、共通点はあっても作品を彫刻家ごとに見分けることは可能だ。ヌナブト全域を見わたしてみると、芸術家の作風にはその人が作品を制作しているそれぞれの土地によって大きな差があることがわかる。

版画

工場で何百部も印刷（リトグラフ）されたものと、工房で版画家が1枚1枚手作業で刷ってだいたい50部くらいしか出ていない高級なものとを、はじめに見分けることがいちばん大事である。ヌナブトの版画家たちが有名なのは、前者ではなく、後者の作品が高い評価を受けているからである。

版画づくりはケープ・ドーセットで始められた。ジェームズ・A・ヒューストンJames A. Houstonはイヌイットの芸術家オスイトクOsuitokと話したおりに、「われわれにもそれができそうだ」とオスイトクが発言したのを聞いて、ここで版画を始めてみよう、と思ったのである。結果、ケープ・ドーセットからは毎年版画集が出されるようになり、35年以上のあいだずっと高い評価を受けている。美しい版画はケープ・ドーセットだけでなくパングニルトゥングでもつくられている。

だいたいの場合、もとの絵は年配の画家たちが描き、その他の者が版画を刷る。下絵の画家と版画家をひとりが兼任することもまた、多々ある。いくつかのコミュニティーでは（たとえばケープ・ドーセットなど）版画家が最終的なできあがりに手を入れることがある。また、なるべく原画に近い状態で版画を刷ろうとするところもある。刷り方にはいくつもの方法がある。ストーン・カット（石の版に絵が彫られ、インクが塗られたところに紙がのせられる）、ステンシル、リトグラフなど。どの場合にしても、原画を忠実に再現するように、最高級の紙とインクが用いられる。

イヌイットの美術に描かれる大地と精神性と神話と

織物

　女性の多くは版画業に従事するが、連邦政府の政策で、女性たちの伝統的な技能を保存するためのほかの芸術分野を探す試みがなされた。1969年パングニルトゥングで織物プロジェクトが開始されて、ヨーロッパの織物技法を使って美しいタペストリーがつくり出されていった。デザインは、年配者の描く絵からとられ、高い技術を持つ織工の手によって編まれた。

　ベーカー・レイクでは、60年代初頭に女性たちが、売るための衣類をつくるようになった。もともとハドソン湾会社 Hudson's Bay Co. によってイギリスから輸入された「ダッフル」という、分厚い毛糸の素材を使って、冬用のパーカやベストがつくられた。これらの衣類にはアップリケや刺繍もほどこされた。ただ、ベーカー・レイクは流行の変化やファッションの中心から遠く離れたところにあったため、衣類の産業を安定させるのはなかなかむずかしかった。ところがそんななか、パーカを飾るのに使っていた刺繍の技術が、実は美しい織物装飾に使えることがわかった。こうして、ベーカー・レイクのアップリケと美しい刺繍がほどこされた壁かけは人気が出て、カナダやアメリカの展覧会でも評判を集めた。

　イヌイットの女性たちは昔から人形づくりをしていたという証拠がある。今日の女性たちは、人形づくりをほとんど芸術と呼ばれるまでに昇格させた。どのコミュニティーでも、女性たちはふだんの生活のなかで人形づくりをしている。今から何年かまえ、タロヨアク Taloyoak の女性たちは、「パッキング・ドール packing dolls」という名前の商品をつくり出した。この商品は、動物の人形に女性用外衣アマウティ amauti (**女性用のパーカ**) や腹袋のついたパーカを着せ、そのポケットのなかにはおなじ動物の子どもの人形を入れる、といったものである。このすばらしい作品の発明で高い評価を得た女性たちは、今度はこの商品の応用を「タルク Taluq」と名づけていろいろと企画している。今度は洗える新素材を使ったものができそうだ。

　おなじような仕事をしている職人が、アルビアトのマルトナ・アノイー Martina Anoee である。彼女はアザラシの毛皮からとても美しい人形をつくる。

宝石類

　古くは動物の牙や骨が装飾具をつくるのに使われていた。これらはひとつひとつが小さいものであった。移動生活をしていた彼らにとっては、装飾具は当然小さくなければいけなかったのだ。こうした細かい作業に慣れていたため、彼らが今日になってすぐに宝石類の加工に移行していけたのも、ごく自然なことだろう。60年代

後半にイカルイト Iqaluit に加工工場が設立されるよりもまえに、地元の材料を使った商品がもうだいぶ出まわっていた。

　工場では、美術家たちが金属粉（おもに銀）の使い方についての訓練を受けている。彼らはまた、動物の牙やカリブーの枝角、色石のような地元でとれる材料も使う。美術家たちの一部は、銀細工を発展させて金属彫刻の域に達している。グリス・フィヨルド Grise Fiord の芸術家ルーティー・ピヤミニ Looty Pijamini は、宝石加工工場で習得した加工技術を生かして、現在銀の彫刻をおこなっている。

陶芸

　1960年代から70年代初頭にかけて、ランキン・インレット Rankin Inlet の芸術家たちは、粘土を使った工芸をすることを奨励された。できた作品の評判は上々であったのだが、経済的には成功とはいえなかった。近年、ランキン・インレットにある個人経営の美術館が、芸術家たちにまたその試みを再開するように推奨し、若い人びとのあいだにも宣伝をおこなっている。そうして新しくできた作品は、かつてのものと、たしかに共通点が見られるものの、芸術家たちは新しいテーマや技術をどんどんとりこんでいる。できたもののなかには、銅に鋳造されたものもいくつかある。

値段

　もしこれらの工芸品を買って帰りたいのなら、大きさも質も価格も、幅広くあるなかから選べる。つぎにおおまかなガイドをのせる。

彫刻　小さいものなら100ドルから買える。大きくなれば値段もあがり、記念碑サイズになると数千ドルから数万ドルする。

版画　100ドル〜800ドルくらい。値段は市場に出されるときに決定され、カナダ国内のどこで買ってもおなじ値段である。

織物　パングニルトゥング産のタペストリーは450ドルから5,000ドルくらい。刺繍のほどこされた壁かけは、工芸品と認定されたものでも100ドルから400ドルくらいで買うことができる。芸術品とされるものについては600ドル以上、高いと数千ドルする。人形はだいたい150ドル〜400ドルである。

宝石類　小さなものならば50ドル以内で買えるものもあることはあるが、だいたいが50ドルから200ドルである。

陶芸品　250ドル〜400ドル。銅製ものは、1,500ドル〜2,500ドル（これらの工芸品のカナダ国外持ち出し制限事項は、228ページの『カナダ入国』の項参照）。

イヌイットの音楽

デビット・セルコアク　　　　　　　　　　　　　　　　David Serkoak

　ヌナブトでは何世紀ものあいだ、音楽は日常生活のなかで重要な役割を果たしてきた。ドラム・ダンスや喉歌のような伝統的なものから、スーザン・アグルカーク Susan Aglukark やふたり組の歌手トゥジャート Tudjaat といった現代のスターまで、音楽は急速にうつりかわってきた時代とともに、イヌイットの文化のなんたるかを映し出す鏡となってきた。

　伝統的なイヌイット音楽は多種あるが、ドラム・ダンスほど有名なものはない。ドラム・ダンスはほとんどすべての集会に登場した。たとえば子どもの誕生祝い、結婚の儀式、季節のかわり目、狩りの成功、その年最初の獲物を捕獲した祝い、訪問者の歓迎、死者の弔いなど。こういった行事にあたっては、その進行方法は口伝えで人から人へ伝えられていった。遠い道のりをやってきて参加する者がたくさんいた。数人だけの集まりでおこなわれるダンスもあれば、カギク qaggiq と呼ばれる巨大な《雪の家》に人が集まっておこなわれるダンスもあった。

　ドラム・ダンスはあらゆる年齢層の人たちに愛されていた。伝統的には、歌い手（たいていは女性）が円になって座った。ときどき男性が最初の踊り手に立候補し、そうでないときは歌い手のうしろに座っている数人の男性が、ひとりの男性を推薦して踊らせる。だれも出てこないときは、女性たちが歌い始める。こういうときの歌は、たいていそこにいるひとりの男性を指して「個人の歌」（ピシート pisiit と呼ばれる）を歌う。そうするとその男性が出てきて踊るのである。お茶休憩が少しあるほかは、ドラム・ダンスは夜通しつづけられる。女性と子どもたちはダンスが終わりにさしかかるまでずっとドラムたたきに参加する。

　ドラム・ダンスは今では昔ほど重要ではなくなってきたが、いくつかのコミュニティーではまだおこなわれている。アルビアト Arviat、ベーカー・レイク Baker Lake、ランキン・インレット Rankin Inlet、リパルス・ベイ Repulse Bay、ジョア・ヘブン Gjoa Haven、クグルクトゥック Kugluktuk、ケンブリッジ・ベイ Cambridge Bay、ペリー・ベイ Pelly Bay、タロヨアク Taloyoak、そしてイグルーリク Igloolik などで。残念なことに、伝統的な理由でドラム・ダンスがおこなわれることはあま

イヌイット音楽

りなくなってきた。今はほとんどの場合、《観光客》に見せるためである。大きな祝祭で踊られることもある。たとえば協議会の開会式や祭、卒業式、そしてときには、ドキュメンタリー映画制作の現場などで。私はこのドラムの音を聞いて育った。家にドラム・ダンスをするために大人や子どもがみんな集まってくることに、とてもわくわくしたものだ。子どもたちも参加するように誘われると、みんな「ドラムが重すぎる」といった。うちの母はそのいい訳を聞いてくれなかった。でも母が片方を持ってくれて私はダンスをして、そのあいだずっと、友だちはみんな私を見て笑うのだった。

今日、私はいちばん下の娘のカーラと一緒にドラム・ダンスを楽しんでいる。私の両親はドラム・ダンスが私たちの人生の価値を高めると信じていて、私もそばで娘がドラム・ダンスをするのを見るとうれしくなってくる。アルビアトの尊敬されていた長老ドナルド・スルク Donald Suluk は晩年にこんなことをいっている。「子どものころは歌の意味がわからなかったものだよ。あれは私たちにとってはあそびのためにあるもので、本当の意味はシャーマンにしかわからないのだ、と思っていたよ。でも今になってわかる。あれはシャーマンのためだけにあるのじゃない。世界中の人たちが楽しむためにあるのだ」と。

昔は、歌うこともまたイヌイット文化の重要な一部であった。ほとんどすべての

2001年の春　イヌイットの若者たちが　日本にやってきてイヌイットの伝説的な音楽・踊り・あそびを披露した（124ページと125ページの写真も）

イヌイット音楽

成人が自分だけの「個人の歌」を持っていた。個人の歌にはいろいろなタイプがあった。コンテストの歌、風刺の歌。たまにユーモラスな歌もあって、卑猥な言葉が含まれていたりもした。それから、困難を歌いあげた歌、幸福の歌、孤独の歌。愛、そして憎しみの歌もあった。伝説を語った歌も何世紀ものあいだイヌイット音楽の一部であった。競争関係を歌う歌もあって、双方が歌詞のなかでたがいをののしりあうのだ。つぎのような具合に。

「アイヤー、ウナ、イヤ、イヤ、なんてあいつはめめしくて馬鹿なんだろう！ ああ、なんてあのめめしいやつは馬鹿なんだろう、イヤ、イヤ、ヤ、イ、ヤ！」

「アイヤー、なんてあいつは馬鹿なんだろう世界の裏側へ行くとは！ なんて馬鹿なんだろう！」

　すべての歌のなかには物語がある。作曲者の人生経験からくる物語が。なかには作曲者がはっきりしない歌というのもある。これらの持ち主のいない歌は、移動の途中で集落に立ち寄った短期滞在のイヌイットのためにダンスの席で歌われ、ときとしてはイヌイットではない人のために歌われることもある。個人の歌はまた人に譲渡することもできる。歌の持ち主は、自分が困ったときに助けてくれた人や、自分とおなじ名前の人に自分の個人の歌をあげることがある。

　喉歌もまたイヌイット音楽の有名なひとつである。これは通常ふたりの女性によって演じられる。歌い手たちは向かいあって立つ。ひとりがもう片方より背が高くてもいい。それぞれの歌い手は別々の音を早いリズムで繰り返す。低音部がこの喉歌の特徴であるが、これはいろいろな鳥や動物の鳴き声をまねたものである。ときどき、喉歌は、だれがいちばん長く歌っていられるかというコンテストとしておこなわれる。喉歌をひとりで歌うことができる女性もいる。彼女たちの場合は、大きなボウルややかんを口の近くに当てて反響音をつくりだしているのだ。この方法はアルビアト地域ではごく一般的である。

　もし喉歌をやってみたければ、ここで基本を教えてあげるので試してみては。まず、口から音を出さずにのどの奥で低い音を出すようにしよう。息を吐きながらそれをしたら、今度は音を止めて急いで息を吸おう。これを繰り返すのだが、音を出すのは息を吐くときだけということを忘れないで。音の長さは短くても長くてもいい。

　ヨーロッパの音楽は、はじめ捕鯨者やハドソン湾会社 Hudson's Bay Co. の交易者からイヌイットへ伝わった。歌や、ピアニカ、アコーディオン、バイオリン、ハープなどの楽器の形で。ラジオの到来とともに、カントリー・アンド・ウェスタンとカナダ南部の伝統的なカントリー・ミュージックもまたヌナブトへ入ってきた。

それからカナダ南部の病院へ連れていかれたイヌイットたちの多くが、そこで聞いた新しい音楽をヌナブトへ持ち帰ったりもした。

　今日のイヌイットの有名な音楽家の多くは、独学で音楽を勉強し、今もカントリー・アンド・ウェスタンの影響を多大に受けている。ゴスペルもまた、歌い手たちにとても人気のある音楽だ。イヌイットの一般大衆には、イヌイットの歌手はとても人気がある。とくに草分け的存在のチャーリー・パニゴニアク Charlie Panigoniak、サイモン・シジャリアク Simon Sigjariaq、メアリー・アトゥアト・トンプソン Mary Atuat Thompson、ピーターとスーザン・アニンミウク Peter and Susan Aningmiuq、ウィリアム・タゴーナ William Tagoona、コリン・アジュン Coling Adjun、イトゥル・イティドルイ Itulu Itidlui など。彼らの多くは伝統的なイヌイット音楽と近代的な楽器の演奏を組みあわせている。

　イヌイットの音楽家の多くは、まず北極圏で人気を博してから、カナダ放送の《北の国》向けラジオ番組で流されるようになるのが通例だ。今日では、毎年のトゥルー・ノース・コンサート True North Concert があるのと、地域の音楽祭をマスコミが報道するのとで、音楽家たちはさらに数多くのファンを獲得できるようになった。

　今日の集会やコミュニティーの祝祭では、しばしば目玉はスクエア・ダンス (216ページの『ダンス』の項参照) になっている。バンドは、大昔にホームシックの捕鯨者や交易者たちからもたらされた、時代遅れの古い曲を演奏する。スクエア・ダンスにも、それぞれの地域ごとに独自のスタイルがある。(協力　アン・ミーキトゥク・ハンソン Ann Meekitjuk Hanson　ピーター・アーナーク Peter Ernerk)

伝統的なイヌイットのあそび

シメオニー・クヌク　　　　　　　　　　　　Simeonie Kunnuk

タバウノグト Iavvauvugut を日本語でいうと、「ここにわれあり！」というような感じになる。生きて、ここにいられるのは、なんとすばらしいことだろう、と。人生とはなんとすばらしい。けれどもイヌイットたちの生活には、つねにいろいろな危険がつきまとう。そんな辛い人生を彼らが耐え抜いていけるのはなぜ？

　まず冬がやってきて、3か月ものあいだ、暗い時間がつづく。外は－30度の凍て

伝統的なイヌイットのあそび

つく寒さである。つぎの９か月間、秋から春にかけては、雪の季節である。
　この時期、北極圏での生活に慣れ親しんでいる者たちは、きびしい環境のなかでいろいろなゲームをするのだ。男も女も力くらべのゲームをするが、これは気晴らしにもなるし、スタイルを保つためのいい運動にもなる。こういったゲームでは、人間が奥に秘めている力を引き出すようなさまざまな技や腕前を競いあう。ヌナブトに旅したときは、このような和気あいあいとした競技の光景を見て、その驚きと興奮を共有するといい。
　ただぎりぎりで生き抜くのではなく、栄え、成功しようとすること。それこそが、人生をただ耐えて生きるのではなく、満足できる楽しいものにするためのコツなのである。

腕力くらべ

　もっとも人気があるイヌイットのゲームのひとつとして、アクサーラク aqsaaraq（「手で引っ張る」ゲーム）をあげることができる。これは体力を競うゲームのなかでもっとも簡単な部類に入る。５センチくらいの短い革ひもを２本のハンドル棒にわたして結ぶ。ふたりの人間が、両手でそれぞれ１本のハンドル棒をつかむ。ひとりはそのままの位置に体を固定する。このとき、座って試合がおこなわれる場合は肘をひざにのせ、立ったままおこなわれる場合には肘を胴体にかたく押しつける。しっかり体の固定がすんだら、もうひとりに準備ができたことを伝え、もうひとりのほうは自分が持っているハンドルを引っ張り始める。何度か探りあいの強い引きあいがつづいたあと、ときによっては片方がフェイントをかけて力を抜き、相手が自分の固定の位置からさがってしまうように仕向けることもある。そうなったら、今度は攻勢が守勢にまわる。これを、片方が紳士的に負けを認めるまでつづける。そして勝ったほうも、勝たせてもらえたことに対する感謝の意を表明するのだ。技術だけではなくて、戦略も重要になってくるゲームだ。ここの人は、人間の発揮できる力がさまざまな要因で左右されることを知っているのだ。たとえば、人によっては自分の持っている技術を一気に見せない人がいる。これは、自分が弱いと見せかけて相手に自信を与え、相手の油断を誘うためなのだ。
　「腕引き Arm pulling」というゲームには２種類ある。基本の「上腕引き basic upper-arm competition」では、ふたりが向かいあって座り、ひざを曲げ、相手の曲げたひざの上に自分の足の裏を固定する。そうして左右どちらかの腕の上腕部をからめ、合図と同時にどちらかが腕をのばしきって降参するまで引っ張りあうの

だ。それから応用編である「上半身と上腕引き combined upper-body-and-arm competition」では、参加者ふたりは左右どちらかの腕をおたがいひじの位置で固定し、さらに足をからめあうことでおたがいの体が離れないように固定する。右腕を固定した場合は、それぞれおたがいの右足を自分の左手でつかむ、という具合になる。これによって引っ張りあう際に、テコの働きが生まれるのだ。引っ張るときには上半身全体、とくに背筋を使う。この方法の場合も、よりしろに反ることができたほうが勝者となり、敗者はこれに引っ張られる形になるのである。

ハイ・キック

　いちばん盛りあがるゲームはハイ・キックである。ハイ・キック・ゲームには3種類あって、ひとつめは「足2本のハイ・キック two-foot high kick」、ふたつめは「足1本のハイ・キック one-foot high kick」、それから「アラスカン・ハイ・キック Alaskan high kick」である。足2本と足1本のハイ・キックがとくに見ものである。この2種類をおこなうには非常にむずかしい動きをしなければならない。どちらとも、ジャンプし、空中に吊るされた標的（たいていアザラシの毛皮を丸めたもの）を蹴る、そうしてこのゲームの独特のスタイルで着地する、といった一連の動きから成っている。標的はひもにくくりつけられ、参加者が跳びあがってこれを蹴ることができているうちはどんどん高くあげられていく。そして蹴ることができる参加者が最後のひとりになると、その人が勝者である。参加者は順番がまわってくるたびに3回チャレンジすることができる。

　足2本のハイ・キック　跳ぶときも蹴るときも着地するときにも足2本を閉じて両足でおこなわなければならない。このゲームでの最高記録は8フィート以上。

　足1本のハイ・キック　参加者は両足で跳び、片足で標的を蹴り、その蹴ったほうの足で着地する。このとき、もう片方の足は地面につけてはならない。このゲームでの最高記録は9フィート以上。

　アラスカン・ハイ・キック　足1本と腕1本で体を支え、そのあいだ、空いたほうの手で反対側の足をつかんでいる（つまり、右手だったら左足をつかむ）。参加者はつねに、反対同士の足1本と腕1本でしか体を支えてはならない。標的を蹴るときは片手で全身を支える。この動きができるようになるには、かなりの練習が必要だ。足を標的のほうへのばすことができる以外に、手首の力も必要になるからだ。着地もむずかしい。標的を蹴ったあともやはり反対同士の手足で着地する。

　片手タッチ　これもマスターするのはむずかしい。最初は両手で全身を支えて

伝統的なイヌイットのあそび

片手タッチ　これもマスターするのはむずかしい。最初は両手で全身を支えておきながら、標的を触りに行くときには残った1本の腕で全身を支え、体のほかの部分は一切地面に触れさせてはいけないのだ。すぐれたバランス感覚、腕の筋肉の強さ、手首の力が必要になってくる。

　これらがもっとも興味深いイヌイットのあそびである。北極圏のどのイヌイット・コミュニティーでもよく知られているものばかりだ。このほかにもいろいろなゲームがあるが、なかには複雑すぎて説明書きが1章分とってしまいそうなものもたくさんある。それらをあげるならば、たとえば「飛行機のように、鳥のように飛ぶゲーム　airplane/ bird　flight」、「アザラシ跳び seal‐hop」、「アータウヤク aattaujaq（チームを組んでボールを死守するゲーム）」、「アマルーヤク amaruujaq（オオカミを追いかけるゲーム）」、「アクサク aqsaq（鳥の名前のチーム名をつけておこなうサッカー）」、「ティグルーティ tigluuti（相手の肩やこめかみを触るゲーム）」、「唇を引っ張るゲーム lip‐pulling」、「頭を引っ張るゲーム head‐pull」、「ジャコウウシのけんか muskox　fight」、「足相撲 leg　wrestle」などがある。地面に水平に張られたロープの上でおこなわれるイヌイットの器械体操も何種類もある。こうしたゲームのうちいくつかは、毎年おこなわれる「北部競技会 Northern　Games」や2年にいちどおこなわれる「北極圏冬季競技会 Arctic　Winter　Games」の正式競技となっている。

　ほとんどのゲームが、実はサバイバルのための技術からヒントを得たものである。逆にサバイバルする力があるかを試すのに、ゲームが使われたりもした。古い時代、生き残るためには、セイウチやクジラ、ホッキョクグマなどを銛で仕留め、逃げようとする動物をしっかりつかまえるための強い腕、強い握力が必要だった。それから不用意にホッキョクグマやオオカミと遭遇してしまったときに逃げることができ、カリブーを追いかけられるような強くて俊敏な足も必要だった。この地にはつぎにあげるような伝説が数多く残っている。「昔、人間業と思えないようなある運動能力を持っている男がいたが、これを、本当に必要になるときまでけっして見せなかったという……」

　こうした特別な能力を持っている人は、現実にいるのかもしれない。だれにも知られていないけれど、ひょっとしたら。けれど永遠に謎がとかれることはない……。タイマ Taima（おしまい）。

風土と野生生物

自然地理

オラブ・ローケン　　　　　　　　　　　　　　　　　　　　　**Olav Loken**

ヌナブトはおよそ 200 万平方キロメートルにわたる広大な準州だ。これはカナダの 5 分の 1、つまりロシアをのぞいたヨーロッパの半分ほどに相当する。

　ヌナブトの西の境界からバフィン島 Baffin Island（カナダ最大の島）東海岸にあるケープ・ダイアー Cape Dyer までの距離はおよそ 2,400 キロメートルある。南のマニトバ州 Manitoba との州境からエレスミア島 Ellesmere Island 北端までは約 2,700 キロメートル（参考までに、トロントからカルガリーまでの距離は 2,700 キロメートル。ヨーロッパでいえば、ロンドン～イスタンブール間が 2,400 キロメートルちょっとだ）。さらに、ヌナブトの中心部から南へ数百キロメートル行ったところにあるサニキルアク Sanikiluaq やハドソン湾 Hudson Bay、ジェームズ湾 James Bay に点在するほかの島々も準州の一部である。この項では、この広大な地域の自然地理について概観しよう。この本のなかで地図を全体（表 3）と地域ごと（287 ページ、308 ページ、427 ページ、478 ページ）に分けて紹介したので参考にしてほしい。地図同様、特定地域に関する詳細は 219 ページからの『PART 3　イヌイットの国放浪ガイド』の各項で確認してほしい。

　ヌナブトのおよそ 45％の土地がカナダ本土の北方に位置している。残りはバフィン島、エレスミア島、アクセル・ハイバーグ島 Axel Heiberg Island、デボン島 Devon Island など数百もの島々から成る大規模な群島だ。カナダには 20 もの大きな島があるが、そのうちの 12 の島がヌナブト準州内にある。パリー海峡 Parry Channel は東方にあるバフィン湾近くのランカスター海峡 Lancaster Sound から西の北極海へ向かって位置し、北方にあるクイーン・エリザベス諸島 Queen Elizabeth Islands とそのほかの領域とを分けている。

気候

　ヌナブトはカナダにおける最北、つまりもっとも寒い地域に位置している。1 月の日中最高気温の平均はバフィン島南端の－20 度前後。これは南東のラブラドール海 Labrador Sea の影響を受けているためだ。日中最低気温の平均は北のエレス

ミア島にあるヘイゼン湖Hazen Lakeあたりの－37度以下である。

　当然のように、冬の最低気温は準州のなかでも最北地域で観測されるが、ほぼおなじくらい低い気温（－35度以下）は2,000キロメートルも南へくだったウェージャー湾Wager Bayの西側でも記録される。主要な海洋から離れた大陸の奥深いところに湾が位置しているから起きる現象だ。

　7月の平均気温の範囲は、ヌナブト本土南部の10度ぐらいから北の2度くらいである。冬のあいだ、沿岸地域は海の影響で比較的あたたかさを保つが、通常、陸地が海よりもあたたかくなる夏には沿岸地域は涼しい。夏のあいだ、エレスミア島のタンクアリー・フィヨルドTanquary Fiordのヘイゼン湖地域のような内陸部は、その地方の平均よりもずっとあたたかくなることがよくある。平均気温の低い地域は、全体が途切れることのない永久凍土でおおわれている。かなり浅い表土（15～150センチメートル）だけが夏になると解凍し、冬になるとまた凍る。

　年間降水量は、南バフィン島では600ミリメートル以上だし、北の地方では100ミリメートル以下である。エレスミア島のユレイカEurekaあたりはヌナブトでもっとも乾燥した地域だ。降水量は全般的に低く、一部の地域だけが年間300ミリメートル以上に達するにすぎない。地形と、ラブラドール海やバフィン湾のふたつの海という要素の組みあわせにより、南バフィン島からエレスミア島までの東海岸沿いにある高地では、もっとも多い降水量にみまわれる。群島北西部は北極海に近いが、地表をおおう氷が水の蒸発を減らし、これが海からの影響を制限する。ヌナブトのこの地域は、サハラ砂漠のいくつかの場所よりも降水量が少なく、《北極砂漠》と称されることもある。

地質と地形

　ヌナブト南部（本土とバフィン島）はカナダ楯状地 Canadian Shield の一部で、とくに10億年以上まえの岩石から成る。この岩石層はエレスミア島の一部にまで及んでいる。大規模な水平層horizontal layersに見られる、それよりも若い堆積岩は、ヌナブトの西側の島々とパリー海峡に沿って見られる楯状地北部とフォックス海域（海盆）Foxe Basinにある島々やサザンプトン島Southampton Islandの一部のような、はるか南方に離れた小さな地域をおおっている。南部と東部をのぞいたクイーン・エリザベス諸島はさらに地層が若く、一部褶曲された地層からなる（褶曲＝横から押されてしわをつくり、山や谷ができること＝訳者注）。

　ヌナブトでもっとも高い山脈は、地質学的には比較的最近隆起した準州東部地域

自然地理

に見られる。海抜1,500～2,000メートルに達する多くの峰を持った山地はバフィン島のダイアー岬Cape Dyerからエレスミア島に広がっている。北エレスミアはもっと高く、ヌナブトの最高峰であるバーボウ山Mount Barbeau（2,616メートル）を含む。アクセル・ハイバーグ島の山脈は海抜約2,200メートルに達する。楯状地は、東のバフィン山地からフォックス海域（海盆）のある南西方向へ徐々に傾いてさがっていき、ハドソン湾の西側でふたたび西へ向かって高くなる。本土の大部分は海抜300メートル以下だが、本土の北端にあるブーシア半島Boothia Peninsulaは標高約600メートルに達し、この高地は南のほうへと広がっている。バロー海峡Barrow Straitに沿ってさらに北へ行くと、典型的な標高は400～500メートルのあいだになるが、ブーシア半島の西にある島々（プリンス・オブ・ウェールズ島Prince of Wales Islandやビクトリア島Victoria Island西側の一部など）はたいてい海抜150メートルである。アクセル・ハイバーグ島の西側にある島々はとても低く、海抜150メートルに達することはほとんどない。

　ヌナブトの地形は、ほとんどが氷床や氷河によって形づくられている。ローレンタイド氷床Laurentide Ice Sheetは、ハドソン湾近くに中心部があり、そこからパリー海峡の北側まで北に向かってのびている。バサースト島Bathurst Islandとコーンウォリス島Cornwallis Islandをのぞいた低緯度に位置する北西の島々は、1万8000年ほどまえのウィスコンシン氷河期Wisconsin glaciationのあいだ、氷におおわれていなかった。しかし、それ以前の氷床は北極海に達していた。群島の一部にある壮観な谷とフィヨルドの眺望は、氷河期のあいだに形づくられた。バフィン島では、900メートル以上もの深さに達する深い谷や、フィヨルドを切り出したローレンタイド氷床が土地の標高を越えてあふれ、バフィン湾へ向かって流出した。フィヨルドは、登山家たちが好むアルペン風景とはしばしば区別される。

　氷床は多量のティル（堆積粘土、砂利、巨礫の不均等混合物）を残していった。とくにバフィン島の西側やビクトリア島のようなパリー海峡の南側にある島々に見られる、明白な氷堆積物を含有する古い氷の周縁に沿って分布している。ローレンタイド氷床の最後の残りは、たいていドラムリン（ドラムリンとは、氷河の流動方向に形成される地形のひとつで、ティル［氷河性堆積物］や基盤岩からなる滑らかな円頂を持った長円形の小丘を指す＝訳者注）の形をした多量のティル堆積物を残して、ハドソン湾西側のカナダ楯状地上にとけ落ちたと考えられている。この地域には、エスカー（氷河の内部で形成された古代の川床で、狭く、でこぼこした急斜面を持つ白い砂丘地帯＝訳者注）や、曲がりくねった砂と礫の山脈などが数多くある。

自然地理

地球の地殻は氷床の重みを受けて押しさげられ、氷がとけたときに広大な低層地域は海で水浸しになった。地面はその後隆起したため、海抜200メートル以上のところでは海の堆積物と古い海岸線の特徴が見られる。この現象はつづいており、イグルーリク Igloolik あたりの場所のように、ヌナブトのいくつかの場所では1世紀（100年）ごとに60センチの割合で地面が隆起している。

現在の氷冠と氷河

現在、ヌナブトは約15万平方キロメートルを氷冠と氷河でおおわれている。この半分以上は、ニュー・ブランズウィック州 New Brunswick よりも広い地域が氷でおおわれているエレスミア島にある。エレスミア島、デボン島、バイロット島 Bylot Island にある氷河は海に張り出しており、氷山を生む。北の海岸に沿って、氷の流れが棚氷を形成している。バフィン島の氷河はほとんどが山中氷河だが、そのうちのいくつかは海に達している。ペニー Penny とバーンズ Barnes というふたつの氷冠もある。ペニーはあちこちに流れる《氷の舌》を持つ氷冠で、カンバーランド半島 Cumberland Peninsula にあるアウユイトゥク国立公園 Auyuittuq National Park の高山地域の頂上に横たわっている。バーンズは長く引きのばしたパンのかたまりのように、西寄りの楯状地の傾斜面をおおっている。これは、ローレンタイド氷床の残りだと考えられている。

川と湖

ヌナブトの主要な川は本土にある。バック川 Back River とコパーマイン川 Coppermine River は北極圏の海岸へ向けて流れている。東では、テーロン川 Thelon River、カザン川 Kazan River、ドゥバント川 Dubawnt River はハドソン湾へ向けて流れている。これらの川は、たいていゆるやかな流れだ。でこぼこした地表や低地には多数の湖があり、とくにキバリク地方 Kivalliq Region の南部に多い。本土で最大の湖はドゥバント湖である。

島では、海までの距離が短いので川も短い。最長の川と主要な流域はバフィン島の西側に見られる。ヌナブトで最大の湖であるネティリング湖 Nettilling Lake とアマジュアク湖 Amadjuak Lake はバフィン島南部に位置する。バフィン島の楯状地域には多数の湖がある。ビクトリア島の東部と、隣接する島々でも、小さい湖が数多く見られる。クイーン・エリザベス諸島では、湖はずっと少なく、その多くは氷河でふさがれている。この地域で最大の湖は、エレスミア島にある長さ72キロ

131

自然地理

メートル、幅10キロメートルのヘイゼン湖 Hazen Lake だ。

　すべての湖と川は冬のあいだ凍りつく。夏のあいだは、氷におおわれたままかもしれない極北の湖をのぞけば、たいてい凍ることはない。氷河のとけた水が多量に放出される場所をのぞけば、流水量がピークに達するのは春の雪どけのあいだである。永久凍土では水が地面に吸収されないため、急流になる。

沖あい地域

　ヌナブトの群島は、水深3,500メートル以上の北極海を北西に、2,100キロメートル以上のバフィン湾を南東に分けている。これにくらべて、群島内の海峡は浅く、500メートルの深さに達することはほとんどない。唯一深いのは、氷河によって侵食された場所である。北極海に沿ってある海峡はすべてとても浅い。

海氷

　北極海は、絶え間なく氷におおわれている。かわることのない潮流の特徴であるビューフォート・ジャイア Beaufort Gyre が、ヌナブトの北西海岸に沿って、南西方向へ海氷を押し流している。北極からの古い（多数年にわたる）氷は、パリー海峡と北西に向かって開いているほかの海峡へ入りこむ。冬のあいだ、海氷はすべての海峡でつくられる。沿岸や浅瀬では、氷は陸地付近に溜まっているが、ほかの場所では風や潮によって行ったり来たりする。冬のあいだと早春には、海氷のおかげで、群島がひとつづきの広大な陸地にかわり、イヌゾリやスノーモービルで旅をするのが楽になる。

　冬のあいだでさえつねに氷がない、また、あっても薄い区域もある。これはポリーニヤ polynyas（ポリーニヤとは、ロシア語で、北極海などの氷に閉ざされた海氷域に、冬のあいだもつねに凍らず顔を出している海面・開氷域。巻末の『用語集』参照＝訳者注）といわれ、自然界では重要な役割を持つ。もっとも大きく、もっとも有名なポリーニヤは、バフィン湾の北端にあるノース・ウォーター North Water だ。風と湧昇流の相乗効果で、比較的凍りにくい海域として保たれている。

　春には気温の上昇にともないノース・ウォーターが広がっていき、南方地域で氷がとけるまえにバフィン湾北部には氷がなくなる。海水面が南と西へ広がり、ランカスター海峡へ入っていくと、クジラや海洋哺乳動物たちの移動ルートが開かれるため、海の生物相（植物と動物）は栄え、入り江は近くの崖に営巣する何万という海鳥たちの恰好の餌場となる。

植物

　夏の海氷分布は気候やそのほか諸々の状況によって毎年かわる。だいたい、9月がもっとも氷が少ない時期だ。それまでは、バフィン湾、ジョンズ海峡 Jones Sound、パリー海峡西部、本土に沿った海峡には普通氷はないが、クイーン・エリザベス諸島付近ではつねに広大な海域が氷でおおわれている。

　バフィン湾沿岸の海には多くの氷山がある。そのうちのいくつかは、エレスミア島とデボン島の氷河から分離したものだが、大多数 —— もっとも大きいものすべてを含む —— はグリーンランドの低地地帯の氷河から生じたものだ。氷河から分かれたあと、氷山は西グリーンランド潮流に乗り北へ漂流し、湾の頭にあたって曲がり、カナダ側の南へ流れていく。そのうちのいくつかは最終的に、3,500キロメートル以上も南にあるニューファンドランド沖のグランド・バンク Grand Banks へたどりつく。

植物

ジュディ・ファロー　　　　　　　　　　　　　　　　　　Judy Farrow

ヌナブトの植物にとって、生きていることは不安定な現象だ。冬は大地を氷に何か月も包みこまれつづけ、やっと春がきても、気温が－30度であることなどめずらしくもないのだ。

　夏は7月から8月まで、と短い。夏だというのに、気温はゆうに氷点下を下回ることもあり、乾いた風はしょっちゅう植物にひどいダメージを与える。北極の土はたいてい酸性で、窒素に乏しいため植物はあまり育たない。地表からさほど深くもない場所に無骨な岩床や永久凍土が横たわり、根はその行く手をはばまれるため、植物は地表すれすれのところで辛うじて生存しなければならない。こういった、いつなれは自然の要因があわさって、小さく、弱々しい、いつも生きているのか死んでいるのかはっきりしないような植物が生み出されるのだ。

　北極の植物は、きびしい条件に耐えながら何世代にもわたって徐々に適応してきた。ほとんどのツンドラ植物は、長期生存が可能な多年生である。だから、もっと温暖な地域にある強健な種が、霜や嵐で死んでしまったとしても、ヌナブトの植物であれば完全に1分間凍りついたあと、まるでなにごともなかったかのようにもとに戻ることができる。この生理的ミステリーは、いまだに科学者たちを悩ませてい

る。北極の植物はなんの問題もなく凍るのだから！

　ここの植物はまた、たがいに密生し、《小気候》をつくりあげることにより、さまざまな環境から自分たちを守っている。このような小気候のなかでは周囲の空気よりも気温がはるかに高く、そのためほかの状況では不可能であろう光合成や新陳代謝を促進する。だから、ヌナブトでは、遮蔽された岩の割れ目や、地面の起伏に沿って生えている植物を見ることができる。実際、ツンドラは延々とつづくコケや地衣類の層でおおわれていて、ほかの植物や低木はその層のあいだから生えるため、土が見えることはほとんどない。

　植物学者は、北極の環境がつくられてから、せいぜい数百万年（進化の時間枠のなかでは、ほんのまばたき程度にすぎない）しかたっていないため、真に北極種と呼べる植物はないという。だから、だれでも知っているような植物をヌナブトで見つけて驚くかもしれない。2、3例をあげてみると、タンポポ、カミツレデージー（ポンド・インレット Pond Inletの海岸で見つかる）、イトシャジン、キンポウゲなどである。北極の環境は、このめずらしい北極種を進化させるに足る十分な時間を経ていない。きびしい北極の環境では比較的少数の種しか生き延びることができないので、主要カテゴリーに入る植物はすべて、ヌナブトの代表的な植物だ。約200種の花と、それよりも多い地衣類やコケ類が、森林限界線よりも北方の地域で見られる。

ツンドラの草地

　ふわふわしたネコヤナギは雪が消え去るまえに姿を見せ、ヌナブトの短い生育シーズンを最大限に利用している。ネコヤナギの穂は透き通っているので、太陽の光を穂の芯から幹まで誘導し、気温よりも数度高くあたためる。このぬくもりは微細な毛の断熱効果によってとじこめられる。こうしてネコヤナギは夏へ向けて、ほかの植物たちより幸先のよいスタートをきることができる。似たような工夫はほかの北極植物にも見られる。雪がとけるにつれ、色鮮やかなムラサキユキノシタの花が咲き始める。黄色のキジムシロは地表を這う葉に保護されながら、そっと顔をのぞかせる。ラップランドシャクナゲを求めてツンドラをくまなく歩けば、ひんやりしたそよ風に乗って、繊細な香りが運ばれてくる。

　優美なホワイト・ベル white bellは、ほかのみすぼらしいホッキョクヒースとは異なり、飾り立てたかのように見える。ホワイト・ベルは、伝統的に夏のテント用の敷布団に使うためにイヌイットが大量に集める。また、茎に多くの樹脂を含み、葉は潅木材を容易に燃やして高温の炎をつくるため、大切な燃料となる。ホッキョ

植物

クヒースは今でも夏にキャンプ地で生活する家族が燃料として広く使っている。ふたつの岩石とひと山のホッキョクヒースがあれば、やかんの湯がすぐに沸く。ラブラドールを探してきてやかんに入れれば、爽やかで気分を和らげる飲み物が楽しめる。ラブラドールは、イヌイットの伝統的な薬として非常に重要な役割を担ってきており、手術の際の鎮痛剤としてよく用いられた。

　植物を観察していると、注意深い人なら、山のいたるところにある薄いクリーム色の花がつねに太陽の方向を向いていることに気づくだろう。空をわたる太陽を追いかけていることから、イヌイットは、この花をマリカット malikkat（追従者）と呼ぶ。カップの形をした花弁のアンテナが日光を集め、太陽光線が花の中心に集められる。その熱が生殖器系へ向けられるため、種子の育成が促進される。昆虫は、冷たい北極の大気へ飛び立つまえに、この花を使って体をあたためている。結実するころになると、ヤマダイコンソウが長くてふわふわした冠毛を発育させる。大昔には、らせん状の冠毛が発育するのを見て、イヌイットはカリブー狩りをおこなう時期を知った。冠毛ができるころ、動物たちがもうすぐ夏毛とくらべて服を縫うのがむずかしい冬毛に生えかわり始めることを、イヌイットは知っていたのだ。

　ヒメコウジの丸い葉は堅く赤茶けていて、まわりの空気が冷たいと、より多くの熱と太陽光を吸収して光合成を可能にする。植物の名（英語ではウインターグリーン wintergreen＝訳者注）が示すように、すべての活動が休止し凍りつく冬でも、その葉の色を維持する。

　冬のきびしさがやわらげば、コケマンテマは完全に丸々とした木立に育ち、すぐにピンクの花でいっぱいになる。これらの木立の下には立派な主根があり、イヌイットはかつて飢餓に苦しんだときに食べていた。

　ツンドラと湖岸の湿地では、スゲの一種で白くてすべすべした美しい冠毛を持つホッキョクメン（綿）が見られる。イヌイットはかつてこの綿繭を集め、乾燥ゴケとともにクリク qulliq として知られる伝統的なアザラシ油ランプの灯心をつくった。11キログラムの綿繭で1年分の灯心をまかなう。ネコヤナギの尾状花からの絹のような綿もおなじようにして使われた。

　頭を保護するヘルメットのようなものと、下のほうに突き出した口を持つシオガマギクはめずらしい植物だ。その小さな花は、なんとなく庭のキンギョソウを連想させる。花の基部では豊富な蜜がつくられ、マッキンタバチがしょっちゅうやってくる。やわらかい葉は小さなシダ類とまちがわれやすいため、通称ファーンウィード fernweed（シダ草）とも呼ばれる。

植物

　北極にはファイアウィードの自生種さえあり、このめずらしい種は丘や谷全体を鮮やかなピンク色にかえることがあるし、新芽はおいしいサラダにかわる。とげの多いユキノシタは、鋭いとげを持つみつ葉が広がっている植物だ。きれいな白い花は、地表から数センチ上に生える花梗の上で房をなしている。ユキノシタはおいしくて風味の強いお茶になり、胃薬やあらゆる種類の痛み止めとしてイヌイットに用いられていた。花は食用にもされた。もし、ツンドラの草地を歩きまわっている最中に、偶然、ひときわ青々とユキノシタが繁茂している場所に通りかかったとしたら、それは動物の穴ぐらか、昔の人間のキャンプ地か、ゴミ捨て場か、鳥のねぐらにちがいない。北極の陸地は通常窒素にとぼしいため、植物は前述したような窒素の豊富な場所を最大限利用するのだ。こういった場所では、マルバギシギシ、ミミナグサ、ハコベがよく見られる。

　黒く、丸々としたクロウベリーはイヌイットの好物だが、種が多いためにじゃりじゃりした舌ざわりを与える。ブルーベリーは、小粒だが甘い。明るい赤色をしたクランベリーは、生で食べると酸っぱいりんごのような味がするが、料理には非常に適している。晩夏にはアルペンツルコケモモの葉が鮮やかな緋色にかわり、丘全体を赤く染めあげる。これらのベリー類は熟すると黒くなり、一見おいしそうに見えるのだが、実際はとても食べられるものではない。

　地衣類は、見かけは地味であるにもかかわらず、北極の環境には不可欠な要素である。地衣類は単体ではなく、むしろ、藻類と真菌類細胞と共生関係にある。いた

ヌナブトの短い夏　イヌイットたちはベリー摘みを楽しむ

るところにあるコケは、岩の表面に地図のような模様を描くように生える。ツンドラの岩にまだらを描くように生えるコケは、多くの探検者を飢餓から救った。カリブーコケは、実はその名とは異なり地衣類だが、カリブーにとっては冬季の貴重な食物である。

　北極の植物との《交流》をできるだけ楽しんでもらいたいが、敬意と慈悲を持った心で接してほしい。有名な北極の植物学者はかつて、ラップランドシャクナゲの幹は、人の親指ほどの太さしかなくても400年以上の年輪がある、と報告しているのだから！

陸上哺乳動物

マリアンとマイク・ファーガソン　Marian and Mike Ferguson

ヌナブトの陸上哺乳動物 ── 完全な環境適応モデルだが ── は、道具、食物、服、そして住居の資源として4000年以上ものあいだ北極での生活を支えてきた。

　それぞれの種は独自に、ヌナブトのきびしくて不安定な地上生態系と極端な低温に適応して生き残ってきた。海洋哺乳動物とくらべて陸上哺乳動物は、1年を通じての気温の変化によってダメージを受ける。そこから十分に回復するまもなく夏が終わってしまうので、あたたかい土地にくらべると、ヌナブトにおける種の多様性はとても乏しい。それにもかかわらず、この数少ない種が適応に成功した場合には非常に多くの数が確認されている。しかも、個体数が少なくなっても数十年後には、もとに戻りうることが明らかになっている。

　そして、北極に生きてきた人間もその適応能力を示しており、激しく変化する環境や、とぼしい資源に屈することなく人口を増やしてきた。

　きちんと計画を立てたうえに、さらに運がよければ、という条件をクリアーすれば、このきびしい自然環境に適応してきためずらしい種を多く見る機会があるだろう。準州はとても広くて1回の訪問ではなかなかすべての種を見ることはできない、だが、だれもが見たがるようなすばらしい野生動物をいつ、どこで、どのように見ればよいのかを地元の人間がアドバイスしてくれる。とはいえ、大部分は季節によって行動がかわるため、ときどき観察できないこともある。

陸上哺乳動物

　もし、陸上野生動物を見ることがエコツアーの重要な目的ならば、最大限の観察の機会を得られるよう、熟練したガイドを雇ったほうがよい。日帰りのものから1週間以上のものまで、さまざまな種類のツアーが、ほとんどのコミュニティーの旅行準備業者や予約代理店などで用意されている。インフォメーションは、更新資源官Renewable Resources Officer（連絡先は、ヌナブト準州政府資源開発省Department of Sustainable Development, Government of Nunavut）と各コミュニティーの猟師・罠猟師組合Hunters and Trappers Organization（HTO）でも入手することができる。国立公園のインフォメーションは公園スタッフから手にいれることができる。

カリブー

　ヨーロッパ人が北米大陸にたどりついたとき、彼らはトナカイという名前で知っていた動物と遭遇した。アメリカの先住民（ネイティブ・アメリカン。昔はインディアンと呼ばれていた人たち）は、この動物をカリブーと呼んでいた。ヌナブトでは、カリブーはトゥクトゥtuktuとして知られる。

　ヌナブトには75万頭以上のカリブーが生息し、ふたつの異なった生態的環境にいる。カナダ本土では、カリブーは春から晩夏にかけてツンドラで生活し、その後冬に備えて南にある広大な北方森林地域へ移動する。1年を通してツンドラに留まるカリブーは、そのほとんどが小さな島々に生息している。ツンドラ組は、南の森で越冬するカリブーとちがって小グループで行動するが、ヌナブトのエリア内で季節ごとに生活場所をかえる。本土のカリブーとくらべると、ほとんどのツンドラ越冬組は短い距離しか移動しないが、バフィン島Baffin Islandのカリブーは、毎春数百キロメートルを旅する。

　冬と春には、多くのコミュニティーの近くでカリブーを見ることができる。夏と秋には、海岸沿いでオスを見かけるが、メスは、普通、6月の出産に備えてかなり奥地に引きこもっている。

　カリブーは、イヌイットにとってつねにもっとも大切な陸上哺乳動物である。最近まで、イヌイットの生活はこの偉大な放浪動物と離れがたく結びついていた。カリブーの数が不足すると、イヌイットは飢えの危機にさらされるだけでなく、かわりのきかないカリブー毛皮の防寒着なしで、きびしい冬の寒さと戦わなければならなかった。カリブーの毛はなかが空洞になっており、この独特の構造によって毛皮はとてもあたたかいのだが、すぐにすり切れてしまう。すり切れてくると防寒の役目を果たさなくなるので、猟師のカリブーの服は、数年ごとにとりかえる必要がある。

陸上哺乳動物

　生物学者によれば、ヌナブトには古くから3種類のカリブーがいるという。バーレングランドカリブー Barren-ground caribou はもっとも一般的で、本土と北極南部の島々に生息する。バフィン島のカリブーは公式的にはこのバーレングランドカリブーだとされているが、イヌイットは、バフィン島と本土のカリブーとのあいだには、いくつかのちがいがあることに気づいている。ある科学的なデータによれば、これらのちがいは遺伝子のレベルで起こっていることを示している。

　近年のDNAテストによって、バーレングランドカリブーとバフィン島のカリブー、少数派のピアリーカリブー Peary caribou は、すべておなじ亜種かもしれないと考えられている。しかし、パリー海峡 Parry Channel 北部にあるクイーン・エリザベス諸島 Queen Elizabeth Islands のピアリーカリブーは、カナダの野生生物絶滅委員会によって、絶滅の危機にあると認識されている。通常、北極でも極に近い場所では植物もまばらで、毎年長ければ10か月ものあいだ、雪と氷の下に大地が埋もれているため、自然と数が少なくなる。

　バフィン島の西側、すなわち北極中部にある島々にいるカリブーは、一部はバーレングランドカリブーのように見えるが、多くはピアリーカリブーに似ている。

　元来シベリアに由来する第3の亜種であるトナカイは、土着のカリブーが絶滅した100年後の1978年に、ハドソン湾 Hudson Bay 西方にあるベルチャー諸島 Belcher Islands へ輸入された。制限されずに放置された外来種は、どんどん数を増やして草を食べつくし、最終的には絶滅してしまうのではないかと危惧されたが、サニキルアク Sanikiluaq のイヌイットは600～800頭程度を維持することに成功した。ケベックから来る森林地域のカリブーは、100キロメートルの海氷をわたって移動してくるが、トナカイの一部が彼らに合流して、一緒にケベックへ戻るという問題がある。

　オスウシの体重は75～100kgであるのに対し、オスカリブーの平均体重は100～150kgだ。カリブーの種類によって、大きさも色も行動も異なる。ピアリーカリブーはいちばん小さい。夏のあいだ、ピアリーカリブーとバフィンカリブーは、本土のバーレングランドカリブーがするように、リーダーがいるような大きなグループはつくらない。おそらく、彼らは蚊やほかの虫の大群に襲われることがないからであろう。トナカイはたいてい、冬でも大きなグループを形成し密集しているところが見られる。

ジャコウウシ

　もし、幸運にもトレードマークである毛むくじゃらの毛皮を持つジャコウウシ

陸上哺乳動物

(ウミングマク umingmak)と出会えたら、ひととき時間をさかのぼったような気分を味わえるだろう。実際、「ひげのあるジャコウウシ」と一緒だと、北米大陸の大部分をおおっていた大氷原——およそ1万8000年まえに存在したであろう——が容易に想像できる。

　成長の遅い地衣類を好むカリブーとちがい、ジャコウウシは、食べつくされても比較的すぐに回復する草やスゲを主食とする。夏になると、この草食動物は川谷や湖岸、湿地の近くで見られる。もし、草やスゲが冬のあいだに見つからなければ、ジャコウウシは山の背や丘の頂上に移動し、ヤナギやほかの植物を食べる。季節や場所にもよるが、ジャコウウシはたいてい10〜20頭のグループで行動する。危険な状況に遭遇すると、成牛がいちばん外側で防衛の円陣を組み、子ウシがまんなかにくるようにする。この行動は、4足の捕食者に対しては効果的だが、人間の猟師にとっては簡単な獲物になってしまう。

　ヨーロッパとカナダの交易者たちがやってくるまでは、多数のジャコウウシがヌナブトのツンドラを歩きまわっていた。その後、肉と皮革の取引が始まったことにより、1917年にカナダが保護政策をおこなうまで、ジャコウウシの数は一気に減り、絶滅の危機に瀕した。それ以来、ジャコウウシの数は回復し、生態の大部分がわかってきたため、猟はきっちりと制限されつづけている。現在、ヌナブトには、カナダにいるジャコウウシの大部分が生息しており、その数はおよそ6万頭である。本土の東側とバフィン島をのぞき、ヌナブトのほとんどの場所に分布している。

　イヌイットは普通ジャコウウシよりもカリブーを好むが、ジャコウウシの肉はおいしくて、皮革はあたたかい寝間着になる。5月のはじめには、ジャコウウシの大量のキビウト qiviut（冬毛）が抜け落ち、それを紡いで高価な毛糸ができる。ジャコウウシは夏に繁殖期を迎えるのだが、この時期のオスの行動は、予測不可能である。けっして、ジャコウウシに近づきすぎてはいけない。熟練したガイドが一緒にいなければなおさらだ。あまり近づくと、攻撃されかねないからだ（ケンブリッジ・ベイ Cambridge Bay には、コミュニティーから車で10分ほど走らせたところに多数のジャコウウシがいる。ジャコウウシが見たいならば、ケンブリッジ・ベイへ＝日本語版編者注）。

バーレングランドハイイログマ （グリズリーベアー）

　バーレングランドハイイログマ（グリズリーベアー＝イヌイット語ではアチャク atsaq）は、一般にヌナブト本土とキバリク地方 Kivalliq Region よりもキティクミウト地方 Kitikmeot Region で見られる。

陸上哺乳動物

バーレングランドハイイログマ（グリズリーベアー）は北アメリカにいるものよりも小さい。オスは215キログラム、メスは108キログラムほどが普通である。黒から金におよぶ彼らの毛はしばしば白色もしくは黒でまだらになっていたり、灰色になっていたりする。バーレングランドハイイログマ（グリズリーベアー）は動物を殺したり、ごみをあさったりして生活をする（ホッキョクグマについては144ページの『海洋哺乳動物』の項参照）。

オオカミとクズリ

ヌナブトには2種類のオオカミ（アマクイト amaqqut、単数形はアマルク amaruq）がいる。本土のツンドラオオカミは、たいてい茶色か灰色の毛を持ち、体重は30～40キログラムで、島々に生息するホッキョクオオカミは普通もう少し小さくて、白い。本土とバフィン島にいるオオカミの獲物はカリブーで、北極の小島に生息するホッキョクオオカミはおもにジャコウウシとホッキョクウサギを狩る。

エレスミア島 Ellesmere Island では、一部のオオカミは、もっぱら多数いるジャコウウシを捕食するが、残りの大多数はホッキョクウサギの大群をエサにしているようだ。ピアリーカリブーもオオカミの餌食になることはあるが、すばしこくて小

原野に出かけて実際にオオカミを観察するのは簡単ではないが《北の国》の大きな町の博物館にははく製のオオカミが展示されていることが多い　現地に出かけたら　せめてそれくらいは見て帰ろう（イエローナイフの博物館展示のホッキョクオオカミ）

陸上哺乳動物

さく、グループ自体も散らばって存在するので、オオカミにとっては安定した主食にならない。オオカミはまた、レミング、鳥、魚、キツネ、人間の残飯まで食べる。その群れは小さく、広く散らばっている。オオカミは普通、適当なエサが生息する場所で見ることができるが、敏捷でつねに隠れている動物なので、簡単には見つからない。冬と春には、ガイドがオオカミが通ったばかりの痕を見せてくれるだろう。運がよければ、その痕跡を残したオオカミ自体を見ることができるかもしれない。いったん雪がとけてしまうと、オオカミのサインを見つけるにはかなりの忍耐と運が必要になる。夏になると、オオカミはたいてい内陸部に巣をつくり、子育てや狩りをする。

　北方森林地域の哺乳動物としては、ヌナブトの本土ではもっとも一般的なクズリ（カビク qavvik）——イタチのなかで最大——があげられるが、北極の島ではほとんど見ることができない。ずんぐりした体に短くて力強い脚、そして大きな足を持つクズリは、小さなクマのようにも見える。焦げ茶色の毛皮には体に沿って2本の黄褐色の縞がある。クズリの毛皮は霜が毛から簡単に落ちるので、パーカのフードの周縁部に使われる。体重は14～28キログラムくらいで、メスはオスよりも小さい。

キツネ、イタチ、レミング、ウサギ

　これらの小動物は、ヌナブト全土にわたって比較的多く生息し、ほとんどのコミュニティーで見ることができる。1919年、レッドフォックス（ティリガニアリュアク tirianniarjuaq）がケベックからハドソン海峡 Hudson Strait をわたってバフィン島へ入り、1962年までにクイーン・エリザベス諸島へ到達した。レッドフォックスは、段階をおって、毛皮が銀、黒、茶、赤とさまざまな色に変化していく。平均して、4～8匹の子どもを産む。ホッキョクキツネ（ティリガニアク tiriganiaq）は、冬のあいだは白く、夏になると大部分がこげ茶色にかわる。ホッキョクキツネはレッドフォックスとおなじく、レミングの数がとても多いときに、出産率がぐんとあがる。

　キツネはほとんどの時間を食糧探しに費やす。どこへ行ってもたいてい見かけることができる。キツネは好奇心が強く、キャンプへ近寄ってくるかもしれない。しかし、近くまでやってくる過度に人なつこいキツネは、狂犬病にかかっている恐れがあるので、噛まれないように脅かして立ち去らせるほうがよい。子ギツネは9月にひとり立ちするので、そのころになるとエサを求めて歩きまわっているのを見ることができるだろう。キツネは、レミング、ウサギ、ライチョウ、鳥の卵、死骸の肉、残飯などを食べる。

陸上哺乳動物

　最小のイタチ科シロテン（ティリアクtiriaq）は、おそらく北極ツンドラでもっともよく見られる哺乳捕食動物であろう。イタチは、子どもを育て、エサが豊富なときにそれを保存しておく巣をつくれる場所であれば、どこにでもいる。巣は、岩山のなかや地面に開いた穴、古代のチューレThuleの人びとの住居跡や現代の家などにつくられる。レミングの数が豊富であれば、イタチの数も増える。イタチはすばしこく、建物のうしろや道路、果ては人の脚のあいだですらさっと通りすぎてしまう。夏には、この細長くつややかな動物の毛は茶色だが、冬になると長いしっぽの先端が黒い以外は真っ白な毛になる。イタチはレミングをおもにとらえるが、小さい割には獰猛な捕食者なので、ホッキョクウサギほどの大きさの動物にも襲いかかっていく。通常、イタチは大きい動物を襲ったりはしないが、危険を感じると防衛的になる。

　あたたかい春の日に、雪の上を走りまわっては魔法のように消えてしまう黒い毛玉のようなものを見たことがあるだろうか？　それはきっと、レミングが、長い冬のあとにはじめて雪の上の冒険に出てきたものだろう。小さめの捕食者であるイタチやキツネやシロフクロウにとって、レミングは、北極ツンドラでの生命の糧として欠かせないものだ。シロフクロウはレミングが数多くいるときにだけ、子どもを産む。レミングは、おもに夏に見られるが、冬のあいだも活動的で、草でつくった巣で生活し、地面に積もった雪のなかにトンネルを掘って移動している。レミングの数は、通常、4年周期で変動するが、ピーク時の数はそのときどきでかわり、場所によってはピークの時期も異なる。ヌナブトには2種類のレミングがいて、シベリアレミング（カユクタクkajuqtaq）とクビワレミング（アミルタamirta もしくは、キラングミウタクqilangmiutaq）である。シベリアレミングは湿地を好むが、クビワレミングはたいてい岩場で見られる。クビワレミングは極近くの島々に生息し、冬のあいだは白色にかわる。

　ホッキョクウサギ（ウカリクukaliq）はヌナブト中に広く分布している。キツネやハヤブサやほかの捕食者から身を隠しやすい、荒々しい丘や山に生息している。ウサギは、草やスゲ、ヤナギやほかの植物を食べる。ほとんどの生息地域では、ウサギは小規模な家族構成で見つかるが、クイーン・エリザベス諸島では、100匹以上の群れに遭遇するかもしれない。遠くから見ると、ウサギの群れは、夏のツンドラの上を漂う白い雲のようにも見える。南のほうに生息するウサギは、夏になると毛がグ

ホッキョクウサギはどこにでもいる

レーや茶色に生えかわる。

海洋哺乳動物
マイク・ブラサイズ   Mike Vlessides

伝統的に、イヌイットほど海の生き物に頼る文化は世界でもあまりない。

　本当に資源が頻繁に不足しがちな土地では、生活の糧を提供してくれるヌナブトの肥沃な海と多数の海洋哺乳動物が、イヌイットが世界でももっともきびしい気候のなかで生きていくのを助けてくれる。大規模な物質的変化が、イヌイット社会をつくりかえつづけているが、現在でもヌナブトの人びとは、食べもの、衣服、そして最近では現金収入の重要な資源として、海洋哺乳動物の恩恵を受けている。

アザラシ

　カナダの海には9種類のアザラシが生息しているが、北極でよく見かけるのはワモンアザラシ、タテゴトアザラシ、アゴヒゲアザラシの3種類だ。地味なワモンアザラシとくらべて、ほかの海洋哺乳動物たちのほうが注目されやすいが、そのほとんどが、実はイヌイット社会では必要とされていない。およそ4000年ものあいだ、イヌイットは生活のほとんどすべてを、準州内でもっとも小さく、もっとも一般的な海洋哺乳動物であるナチィク natsiq、すなわちワモンアザラシに頼ってきた。ワモンアザラシ（この名前がつけられたのは、成長すると、不ぞろいで中心が黒色をした薄い色の輪模様ができるから）は、昔から、イヌイットの食卓に欠かせない食糧だ。皮革は服に使われ、脂肪は、明かりと暖をとるための滑石（ソープストーン）製ランプの燃料となり、イヌイットは腸ですら容器やイグルーの窓に用いていた。皮はまた、ハスキー犬の革帯やカミック kamiit（**アザラシの毛皮でつくったブーツ**）の底にもなった。今はそれほどまでは使われていないが、ワモンアザラシはいまだにヌナブトの人たちの大事な食糧源で、皮もブーツや手袋、数は少ないが、パーカやパンツ、それに手工芸品にも使われる。

　イヌイット文化でワモンアザラシが重要なのは、食糧資源として1年を通して利用できるからだ。1年を通して北極にいるというだけでなく、その個体数が優に数

海洋哺乳動物

百万を超えていることが付加価値となっている。春になるとアザラシは、氷の割れ目や呼吸穴から身を乗り出して、日光浴をしてあたたまる。そういうときに、何匹かが一緒に寝ているのを見るかもしれないが、近づくことは非常にむずかしい。アザラシは、つねに油断しないで寝ているので、きたるべき危険に備えて数分ごとに周囲をチェックするのだ。

ワモンアザラシは、水のなかではとても大胆不敵になるが、ボートが通りすぎるのを観察しようと、水のなかから、好奇心いっぱいにひょいと頭を出したりもする。しかし、氷のない海でワモンアザラシを見つけるのはむずかしい。ワモンアザラシはヌナブトのいたるところにいて、北極と亜北極の海に生息している。何匹かはセントローレンス湾 Gulf of St.Lawrence まで冒険する。

ワモンアザラシより少し大きいタテゴトアザラシは、背中にある黒くて竪琴の形をした《鞍》で見分けられる。タテゴトアザラシが、ワモンアザラシのように、イヌイットにとって不可欠な存在でなかったのは、おそらく陸地から離れた場所に生息しているからだろう。春になって海氷がすっかり減ると、タテゴトアザラシは北へ移住してくるので、夏にはおよそ50万頭がヌナブトに生息することになる。秋が訪れると、もっとあたたかい南へと戻っていく。

イヌイットはタテゴトアザラシをカイルリク qairulik と呼ぶ。この種のアザラシは、北極の海で群れ、戯れることを好む。フォックス海域（海盆）Foxe Basin、ハドソン湾 Hudson Bay 北部と東部、フォックス半島 Foxe Peninsula、デービス海峡 Davis Sound、バフィン湾 Baffin Bay 北部にわたる準州の東部地域でたいてい見つかる。

アゴヒゲアザラシは、ウジュユク ugjuk、または「スクエア・フリッパー square flipper」と呼ばれることもある。ヌナブトのアザラシのなかではかわった種で、甲殻類、軟体動物、環形動物、ヤドカリ、貝などを食べる。エサを得るのにエネルギーを費やすにもかかわらず、アゴヒゲアザラシはとても大きくなり、最大で350kgにもなる。

より群居性の高いタテゴトアザラシやワモンアザラシとは異なり、アゴヒゲアザラシは、通常、大きな群れではなく、つがいや小さなグループで見つかる。このダークグレーの生き物は、ほとんどの時間を浮氷上ですごし、海底にいる食べもののために50〜200メートル潜ったりする。名前が示すように、アゴヒゲアザラシは口のまわりに長く垂れさがったひげが特徴である。その立派な体つきとはうってかわり、アゴヒゲアザラシはヌナブトにいるすべてのアザラシのなかで、もっとも用

心深い。氷の上では、人間が接近してくるかなりまえに、もっと安全な場所へ移動する。水のなかではもう少し大胆で、ボートが数十メートル以内に近づくのを許してくれたりもする。特別大胆なアザラシは、水をはねかけて消え去るまえに、近づいて見ようとボートの周囲をまわったりすることさえある。

アゴヒゲアザラシは、ヌナブト中のとくに浅瀬で見ることができる。

セイウチ

くつろいでいるかと思えばイライラし、優雅かと思えば不恰好で、穏やかかと思えば狂暴になる。セイウチ（アイビク aiviq）はちょっとかわった生き物だ。

セイウチは、浮氷の上で身動きがとれないほど密集している。地上では、この攻撃的な哺乳動物（成体になると3.5メートル、1,400キログラムにも達する）も3本脚の象のような愛嬌のある動きをするが、海のなかでは見事な泳ぎを見せる。

セイウチのエサはほとんどが貝で、その敏感なほおひげを使って海底にいる軟体動物を見つけ出す。成体となったセイウチは毎日3,000個以上もの貝を食べる。とはいえ、魚やカニや、環形動物、寒水魚など、海底に生息するほかの生物も食べる。75メートル以上もぐることはめったにないので、セイウチは浅瀬近くで生息する。

セイウチのもっとも際立った特徴は、その恐ろしいほどの牙である。オス・メスともに牙に恵まれている。そのラテン名、オドベニダエ odobenidae（牙で歩くもの）にもかかわらず、実際に歩くときには牙は使わない。エサを掘るときですら、牙は使わない。牙は、支配力や社会的地位のシンボルであり、また水中で方向をかえるのを助けるのに使われる。

セイウチは、ハドソン湾とバフィン島 Baffin Island と極地周囲の海だけに生息する。

クジラ

夏になると、3種類の北極純血種のシロイルカ（ベルーガ beluga＝イヌイットの人たちはキナルガク qinalugaq、またはクイラルガク qilalugaq と呼ぶ＝日本語版編者注）、イッカククジラ（ナールホエール narwhale＝トゥーガーリク tuugaalik またはアラングアク allanguaq ともいう＝日本語版編者注）、ホッキョククジラを見ることができ、それはとても荘厳な景色だ。ときどき、ほかのクジラも見ることができる。3種類いる北極種のクジラのなかでもっとも数が多く、広範囲に分布しているのはシロイルカ（ベ

海洋哺乳動物

今は昔ほどではないにしても　シロイルカは　イヌイットにとって大切な食糧資源のひとつ　彼らはシロイルカ漁にいそしむ　でもその解体風景は　なれない人には　ちょっと正視できないかもしれない

ルーガ）である。6万頭以上、おそらく10万頭くらいは北極海とその周辺の海に生息している。

　シロイルカ（ベルーガ）は、暗い海のなかではひときわ目立つ。毎年夏になると、多数がおなじ場所に集まってくるが、この小さな歯を持つクジラは、北極のクジラのなかでもっとも群居性が高く、もっともおしゃべりなようで、浅瀬で何時間もはしゃいだり、明らかに楽しそうにおたがいに鳴いたり、さえずったり、舌打ちのようなことをしている。実際、昔の捕鯨者からは「海のカナリア」と呼ばれていた。

　体長が約4〜5メートルに達するシロイルカ（ベルーガ）は、ヌナブト中で見られる。ひろびろとした水域や流氷のある場所で冬を越し、春とともに北へ向かって移動する。

　神秘的な海のユニコーンであるイッカククジラもまた、ヌナブトには多く生息するが、シロイルカ（ベルーガ）とくらべるとその生息範囲は制限される。その大半は北のデービス海峡と南のバフィン湾で越冬する。そして、6月の終わり間近になると、ランカスター海峡Lancaster Soundや、バフィン島北部にある深海やフィヨルドなどの地域へと向かう。ほかにもハドソン湾で冬を越す群がいて、春になるとハドソン湾北西に向かって移動する。

　イッカククジラの平均的な体長は4メートルで、体重はほぼ2トンである。その

海洋哺乳動物

存在を有名にしたのは、クジラの腰まわりにあるまだら模様ではなく、本来はのびすぎた歯のように見える上あごからねじれた、印象的な乳白色の牙である。何百年もまえ、想像力に富むヨーロッパの捕鯨者が、思いがけずイッカククジラの牙を発見したことにより、ユニコーンの存在が噂された。

　牙を持つイッカククジラの大多数はオスであるが、ときどき、メスもおなじように牙を生やしていることがある。この付属器官の役割はいまだに解明されていないが、何世紀ものあいだには、さまざまな学説が支持されてきた。もっともよくいわれるのは、攻撃的な行動を示すために牙が存在する、ということだが、科学者たちは、セイウチの牙のように、社会的地位を決定するために利用されるのではないかと考えている。

　ホッキョククジラ（アルビクarviq）は巨大な北極種のクジラであり、体長18メートル、体重100トンにも達する。この穏やかな巨獣は、1800年代と1900年代初頭には絶滅寸前になるまで捕獲された。今日でも、北極東部に生息する数はたいへん少なく、絶滅危機状態にある。かつては、おなじ場所に1万1,000頭以上のホッキョククジラがいたが、現在では1,000頭以上はいない、というのがほとんどの生物学者の一致した意見だ。しかし、近年、「ヌナブト協定 Nunavut Land Claims Agreement」(NLCA)が締結され、はじめてホッキョククジラの法的に認められた捕獲の道が開かれた。1996年8月に、ヌナブト全土を代表した猟師のグループがこの歴史的な捕鯨に参加した。2回目にホッキョククジラが捕獲されたのは1998年だ。

　シャチは、北極で冬を越さないために、純粋な北極のクジラとは考えられていないが、夏に移動してくるため、ヌナブトにもゆかりがある。この肉食獣は、威嚇しているかのような名前（シャチは英語でキラー・ホエール Killer Whale と呼ばれる＝訳者注）にふさわしく、魚やアザラシ、それに小さなクジラまで捕食する。ヌナブトのホッキョククジラの数が、絶滅の危機から立ち直れないのは、シャチがホッキョククジラの子どもを捕食していることも一因だと考えられている。

　シャチは、氷がとけ始めると、アザラシやクジラの群を追跡しようとする。そして、フォックス海域（海盆）、ハドソン湾、ハドソン海峡 Hudson Strait、デービス海峡、ランカスター海峡、エクリプス海峡 Eclipse Sound、アドミラルティー入り江 Admiralty Inlet で見ることができる。

　夏にヌナブトの海にやってくるほかのクジラとしては、シロナガスクジラとマッコウクジラがいる。世界一大きい哺乳動物であるシロナガスクジラは、体長が30メートル以上、体重が100トンに達する。この絶滅危惧種は、ときどき危険をおか

して、カナダ海域の分布の最北端にあたるデービス海峡へやってくる。ハクジラのなかで最大のマッコウクジラもまた、ときどき、デービス海峡を訪れる。しかし、北極の海へやってくるのは、オスのマッコウクジラだけである。

ホッキョクグマ（シロクマ）

　自然にあふれ、きびしいヌナブトを象徴するのは、どんな生き物よりも、世界最大の陸上肉食動物こそがふさわしいだろう。しかし、いったいなぜホッキョクグマ（イヌイット語ではナヌクnanuq＝日本語版編者注）が海洋哺乳(ほにゅう)動物に分類されるのか、理解に苦しむかもしれない。理由は簡単だ。極寒の北極海に並はずれて適応し、すばらしい泳ぎ手であるため、ほとんど海氷上か水のなかで生活をしているからだ。この能力と適応力のおかげで、ホッキョクグマは首尾よく主要なエサであるワモンアザラシをとらえることができる。というのも、ワモンアザラシは、海氷上の呼吸穴、浮氷のヘリ、氷の割れ目、ポリーニヤ（**開氷域**）などで見つかるからだ。

　ヌナブトのホッキョクグマは、孤独な生き物で、たいてい冬は1頭で旅をする。もし1頭以上のクマが一緒にいるのを見たら、それは多分、母グマと子グマであろう。子グマは生まれてから2、3年は母親と一緒にいるのだ。

　ヌナブトに生息するホッキョクグマは、フィヨルドや湾岸などの氷が最後まで残っている場所に集まってこざるをえなくなる。すっかり氷がとけてしまうと、ホッキョクグマは、植物や、小動物、浜辺に打ち寄せる死体以外のエサの選択ができなくなり、ときどき、腹を空かせたホッキョクグマが、町のゴミ捨て場から漂う匂いに引き寄せられ、人間のコミュニティーに迷いこんだりする。

　ホッキョクグマは、ヌナブト全土に生息するが、とくにバロー海峡 Barrow Strait やランカスター海峡、バフィン島東部および東南部、ジョンズ海峡 Jones Sound の北部全体などでよく見られる。

鳥と野鳥観察

ロビン・ジョンストーン　　　　　　　　　　　　　　Robin Johnstone

こんなに距離があるとどんなできごともはっきりと見えないが、私の双眼鏡はドラマチックな物語をとらえてくれる。

鳥と野鳥観察

　先頭にいるヒバリが上空を狂ったように飛びまわりながら、距離を広げたり隠れる場所を探したりしている。うしろにぴったりとくっつき、逃げる獲物の一挙手一投足を見逃すまいとしているのは、ブラジル沿岸からの長い移動ですっかり腹を空かせたメスのハヤブサだ。両者の距離は近づいているようには見えず、ヒバリが逃走するチャンスに思えた。突然、私の目がぶれた。あまりにも早くて、いったいなにが起こったのかわからなかった。それは、オスのハヤブサだった。メスのハヤブサには連れあいがいたのだ。不幸なヒバリは伏兵にあってしまった。メスのハヤブサの追撃により恐慌状態に陥ったヒバリは、オスのハヤブサがさらに上空で待ち伏せているのに気がつかなかったのだ。小さなオスのハヤブサは、1回目の急降下による襲撃ではヒバリを逃したが、上へ上へと円を描くように昇り、完全に昼食用のエサに一直線におりていける、巨大な円の天辺へと戻った。

　2回目の襲撃は、完全に正確無比だった。そして、ヒバリの羽のかたまりが、そよ風に吹かれて空に漂っていた。死んだヒバリは、空中でオスからメスへと器用にわたされ、夫婦は意気揚々と崖にある巣へと戻っていく。夏の狩りでは、育ち盛りの子どもたちのエサもとるのだ。

—— 著者の野外日記より抜粋
1995年5月27日、カナダ・ヌナブトのランキン・インレット Rankin Inlet にて

　ヌナブトでは野鳥観察の機会に恵まれることがとても多く、そして感動的だ。新たにめずらしい北極種を観察リストに加えようとする熟練の観察者か、単に、鳥の自然な姿を見たいだけの者であるかは関係ない。

　温帯や熱帯のエコシステム（生態系）とくらべて、北極は鳥の種類が非常に少ないことが特徴的だ。たとえばエレスミア島 Ellesmere Island では、たった24種かそこらの種が繁殖し、それに加えて10〜20種の外来の鳥が観察される程度である。しかし、種の少なさは問題ではない。というのも、かわった種類の鳥や大規模な繁殖群に見られる、壮大ですばらしく、畏敬の念を起こさせる光景が存在しているからである。すべての場所ですばらしい鳥の密集が見られるわけではないが、ツンドラの上の散歩はそれだけでも価値があるだろう。

　ヌナブトでは、野鳥観察者のための特別なエコツアーは、ほとんど提供されていない。しかし、ヌナブトの多くの土地では、野鳥に加えてほかの野生動物を見ることができる。たとえば、カヌーでのテーロン川 Thelon River くだりでテーロン野生生物保護区域 Thelon Wildlife Sanctuary を通り抜けることは、すばらしい野鳥

鳥と野鳥観察

観察の機会をも提供する大自然のなかの冒険旅行である。樹上に巣をつくるシロハヤブサ、ミミズク、シロフクロウ、ケアシノスリ、イヌワシ、そしてほかにも多くの種類が見られるかもしれない。

　旅行準備業者たちの解説や観察技術は多岐にわたっている。初心者から熟練者まで、野鳥観察者たちは、長年の経験にもとづくバサースト・インレット・ロッジ Bathurst Inlet Lodge での世界クラスの解説プログラム —— 業者としてはトップクラス —— から多くのことを学べるだろう。

　ヌナブトでもっとも野鳥観察に適した時期は5月中旬か下旬から8月にかけてだ。厚く積もった雪の下から大地がのぞき始め、多くの生き物が南から戻ってくる春ごろになると、ヌナブト中でこのうえない機会に恵まれる。8月中旬までに、多くの鳥たちが繁殖を終え、それぞれが本拠地にしていた集落や営巣地から去っていく。8月になると、嵐のためにツアーが中止になることがある。ボートでの移動が含まれていればなおさらだ。また、ヌナブトの冬は、終日つづく暗闇と厳寒のために、ワタリガラス、オオハヤブサ、ライチョウといった強健な種をのぞいた鳥たちを寄せつけない。

　5月下旬から6月にかけてのスノーモービルと木製のソリでの観察旅行は、実り多く価値あるものになるだろうから、少しでも冒険好きな人たちにはおすすめだ。この時期の鳥たちは、点在する雪のとけた場所や凍っていない水辺へ集まる。地上では、多少不器用ながらも優美なカナダヅル sandhill crane の求愛行為が目を楽しませてくれる。また、ガンとツンドラハクチョウの壮大な群れの飛来が見られるかもしれないし、ハヤブサが縄張りとメスをめぐって、ぞっとするような空中戦を繰り広げるのを安全な距離から観察できるかもしれない。コオリガモ oldsquaw をはじめ、普通のカモやケワタガモ、クロウミガラスやそのほかの海鳥は、ヌナブト中の水路 —— 点在する凍っていない川 —— や海氷、または浮氷のヘリで簡単に見つかるだろう。地元の旅行準備業者たちは、春の雪どけと水路の出現が同時に起こる地域をいつ訪れるのがもっともよいのかアドバイスしてくれる。行くときは、色の濃いサングラスと最低でも日焼け止めが必要だ。

　私の独断で、北極を特徴づける注目すべき種のセレクションと、それを観察するための恰好（かっこう）の場所を紹介しよう。胸躍るようなすばらしい野鳥観察の機会は、独立独歩の観察者によって、とくに野鳥観察の機会や解説プログラムのない土地でこそ得られるものかもしれないけれども。

　ハヤブサのなかでも最大のシロハヤブサは、熱心な観察者たちの観察希望リストの

高いランクに位置づけられている。羽が真っ白になった姿を見ることは、アマチュア、プロにかかわらず、すべてのナチュラリスト（エコツーリスト）が経験したい最大のスリルのひとつだ。

シロハヤブサはおもにライチョウを捕食する。もし食糧事情がよければ冬のあいだ中《北の国》に残っているかもしれない。一般的な鳥ではないが、ウェージャー湾 Wager Bay のシラ・ロッジ Sila Lodge でなら、非常に近くで密集しているのを見る機会があるかもしれない。また、リパルス・ベイ Repulse Bay でもチャンスはある。

ライチョウは真の北極種のひとつであり、年間を通してきびしい環境での生活に適応してきた種だ。ライチョウは、羽におおわれた足と長い爪を持ち、これらは効果的な冬のブーツとかぎ鉄の役割をして、きびしい冬と滑りやすい氷から守ってくれる。

ライチョウはヌナブト全土で見られる。また、カラフトライチョウはバフィン島 Baffin Island 東部以外のほとんどの場所で見られる。ライチョウはイヌイット料理の素材として使われるので、コミュニティーの近くで見つけるのはむずかしいかもしれない。

ひろびろとしたツンドラで見るシロフクロウには、荘厳さがただよう。シロフクロウがツンドラにとまっている姿は、際立っており、あまりにも真っ白で、まるで冷光を発しているかのようだ。シロフクロウは、日中に行動する。レミングの数がピークの時期にはヌナブト中で見られるだろう。場所によってレミングの数はさまざまなので、最近シロフクロウが見られるかどうか、訪問予定地の地元の旅行準備業者か、その地域の資源開発省事務所の野生生物管理官に問いあわせるとよい。

ツンドラハヤブサは、ヌナブトの多くの場所で見られる。ハヤブサが多く集まる場所としては、ウェージャー湾、バサースト・インレット Bathurst Inlet、ランキン・インレット、リパルス・ベイがあげられる。コーラル・ハーバー Coral Harbour に近い場所も繁殖地である。ランキン・インレットの周囲は、世界中で、ハヤブサがもっとも密集し、エコツーリストがもっとも容易に近づくことができる場所のひとつである。空港でもよく見られるし、タクシーでイジラリク（メリアディン）川準州歴史公園 Ijiraliq (Meliadine) River Territorial Historic Park へ行けば、巣を間近で観察できる。ハヤブサが、クロウミガラスの巣の上で狩りをしたり、彼らがエサにすることはあまりないスズメの雛（ひな）やレミングでさえも探して、ツンドラ上の地表付近を飛んでいるのが観察できるだろう。ランキン・インレットのハヤブサの

鳥と野鳥観察

　個体群は、15年間研究されてきており、観察にきている生物学者は、どんな質問にも喜んで答えてくれるだろう。残念ながら、このプログラムに関しては将来どうなるのかわからないので、その地域の資源開発省の事務所にその活動について問いあわせるとよい。

　熱心な野鳥観察者は、ゾウゲカモメを観察するためにヌナブト訪問を選ぶかもしれない。この鳥は北極地域以外へ冒険することはほとんどなく、東部のハイ・アークティック（**高緯度極北地域**）で一般的に見られる。グリーンランドとカナダ間の浮氷の縁で冬をすごし、とくに5月下旬から6月上旬と9月下旬の移動時期には、ポンド・インレット Pond Inlet の浮氷の縁で見ることができるだろう。また、夏のあいだは内陸部にある集団営巣地に近い、ひろびろとした沿岸の海で見ることができる。カナダ北極ではめったに**繁殖**しないが、バフィン地方 Baffin Region では幸運な観察者たちによって、ときどき、バライロカモメが目撃される。ブーシア半島 Boothia Peninsula、イグルーリク Igloolik、コーンウォリス島 Cornwallis Island、マックコーネル川 McConnell River にも散在していることがあるので、どこにいてもつねに頭をあげ、双眼鏡を手元に置いておくとよい。

　クロトウゾクカモメとシロハラトウゾクカモメはヌナブト中の北極ツンドラに巣をつくる。第3の種であるトウゾクカモメの生息地は、キティクミウト地方 Kitikmeot Region の一部と、バフィン島南部、サザンプトン島 Southampton Island 南部に限定される。《さっそうとした海賊》と表現されるように、ほかの鳥のエサを横どりする習性があるが、トウゾクカモメはレミング、ナキドリ、そのほかの海岸の鳥の卵や**雛**を捕食することもある。3種すべては、クグルクトック Kugluktuk、ケンブリッジ・ベイ Cambridge Bay、バサースト・インレット、ウミングマクトゥーク Umingmaktok の周辺で見つかるだろう。

　北極にある大規模な海鳥の集団営巣地に匹敵する場所は、世界中にもそうないだろう。この海鳥を観察するためのすばらしい場所は、レゾリュート Resolute からアクセスしやすい、プリンス・レオポルド渡り鳥保護区 Prince Leopold Migratory Bird Sanctuary である。この小島の急な崖は、ハシブトウミガラス、フルマカモメ、ミツユビカモメ、ヨーロッパウミバトを含む、約37万5,000羽の海鳥の巣となっている。おなじように海鳥の密集した光景が楽しめるほかの場所としては、ポンド・インレットから近いバイロット島渡り鳥保護区 Bylot Island Migratory Bird Sanctuary とグリス・フィヨルド Grise Fiord から近いコバーグ島 Coburg Island のニリュティカビク国立野生動物地区 Nirjutiqavvik National Wildlife Area がある。

153

鳥と野鳥観察

　水鳥のように、ヌナブトにあたたかい月がやってくることを予告するような鳥類はあまりいない。まだ水に氷の残る6月のはじめが、水鳥を観察するのにもっとも適した時期だ。ケワタガモの群れは、海氷やとけた水でできた池や溝で、水の表面をすべるようにして泳いでいるのがよく見られる。イグールリクやケープ・ドーセット Cape Dorset の近くには比較的数多くいるが、移動の時期には氷の縁沿いに点在する多くの沿岸コミュニティーで見られる。南へ向けて出発するまえの7月はじめごろから、オスは海へ集まってくる。メスと子どもの多くは、9月中、北の地区に残り、バフィン島南西では11月まで残っている。コオリガモとオナガガモは、多分、地区全体を通してもっとも一般的なカモだが、アラナミキンクロやクロガモも見られる。のどの赤いアビは、ヌナブト中で繁殖し、タイヘイヨウアビは、ハイ・アークティック（高緯度極北地域）とバフィン島北部をのぞいた、ヌナブトの大部分の場所にあるツンドラ池で見られる。のどの黄色いアビは、キティクミウト地方中のツンドラ湖や川、キバリク地方 Kivalliq Region の北部、ベーカー・レイク Baker Lake で繁殖する。

　北米にいる多くの野鳥観察者は、ヌナブトで見つかるガンの種には精通しているだろう。しかし、ヌナブトを訪れれば、よく知っているその種の繁殖地を見る機会が得られるのだ。45万羽のハクガン（とくに青色の段階で）や5万羽のカナダガン、1,600羽のコクガンを、広大なスゲの低地や、デューイ・ソーパー渡り鳥保護区 Dewey Soper Migratory Bird Sanctuary の干満のある低地で見ることができる。このすばらしい野鳥観察地区は、国際連合教育科学文化機関（UNESCO）によって、「国際的に重要な湿地」として承認されている。サビヌカモメとアカヒレアシシギもまた、ここに巣をつくる。現在、保護区へ行く唯一の方法は、イカルイト Iqaluit から飛行機をチャーターすることだ。もっと容易に行くことができ、金もかからないのは、アルビアト Arviat のすぐ南にあるマッコーネル川渡り鳥保護区 McConnell River Migratory Bird Sanctuary であり、30万羽のハクガンとバライロカモメが巣をつくる。オナガガモ、黒いアヒル、アメリカガモ、ホオジロガモ、コスズガモ、緑の翼のコガモ、そしてもしかするとミミズクまでもが、ここで見られる。コーラル・ハーバーから行きやすい、サザンプトン島 Southampton Island のハリー・ギボンズ渡り鳥保護区 Harry Gibbons Migratory Bird Sanctuary は、水鳥が豊富で、黒い腹のチドリとコクガンが巣をつくっている。コクガンはまた、キンミルト Kimmirut に近いカタニリク準州公園保護区 Katannilik Territorial Park Reserve でも見ることができる。

海岸に生息する鳥は、北極の鳥類の中心グループを形成している。ヌナブトに巣をつくる種はさまざまで、黒い腹のチドリ、ミズカキチドリ、キョウジョシギ、アメリカウズラシギ、コシジロウズラシギ、ハイイロヒレアシシギ、アカエリヒレアシシギなどがいる。アルビアトとコーラル・ハーバーは、海岸の鳥たちによるすばらしい眺めを得られる最良の場所である。

責任ある野鳥観察と野鳥の写真撮影

「足跡だけを残し、写真だけを撮る」——これが、すべてのエコツーリストへの格言である。どんな環境でも、巣をつくっている鳥を観察し、撮影することを望んでいる人びとには、倫理観と責任ある行動が必要とされる。北極で巣をつくっている鳥たちは、ほかのあらゆる場所と同様に、生活の侵害に対して非常に敏感である。長いあいだ親が巣を留守にすると、捕食動物の注意を引き寄せるかもしれないし、巣が消えてしまったり、卵が致命的に冷えてしまったり、外気や敵にさらされて雛が死んでしまったりすることになる。ほとんどの鳥に関していえば、巣の近くにいるという唯一の標識は、騒々しいか、親鳥が普通とはちがう行動をしているかだ。もし通りかかったら、直ちに歩き去り、親鳥を「きびしい環境のなかで家族を育てる」という日常の骨のおれる仕事へ戻してやろう。一部の猛禽類の場合、崖にある巣から数キロメートルも離れたところまで離れないと、攻撃してくるかもしれない。忍耐強く観察をつづければ、邪魔をされなかった親鳥がありのままの家族生活の写真を撮らせてくれるかもしれない。

道具

ヌナブトで野鳥観察を楽しむために必要な装備一式は最小限でよい。自分用の双眼鏡をヌナブトへ持ってくるとよい。ほとんどの観察者にとって、ナショナル・ジオグラフィック・ソサエティー National Geographic Society から出版されている『北米鳥類のフィールド・ガイド第2版 Field Guide to the Birds of North America — Second Edition』(邦訳はない。現在は第3版 [1999年出版] が出ている＝訳者注) は、現地で役に立つ参考書となるだろう。インターネットか、地元の野鳥観察用品専門店で、この本か、ほかの専門ガイドをチェックしよう。湿ったツンドラを歩いてわたることもあるので、頑丈で防水加工をした靴も必要だ。

蚊よけスプレーなど、虫よけグッズを忘れないように (北極での虫との戦いに関するもっとくわしい情報については、270ページの『昆虫』の項参照)。

活　　　　　　　　動

狩猟と釣り

ジェロム・ナップ   Jerome Knap

大型動物を狙う狩猟がヌナブトの観光業のなかで大きな位置を占めるのには、それなりの理由がある。

　ヌナブトには、狩猟の獲物となる大型動物がたくさんいる。世界的に見ても有数の地域といえる。猟師は威厳のあるホッキョクグマ、神出鬼没のバーレングランドハイイログマ（グリズリーベアー）、見かけは太古の姿をとどめるジャコウウシに加えて、カリブー、オオカミ、クズリや、1950年代以来はじめて狩猟が許可されたセイウチを狙える。
　ヌナブト・ツーリズム Nunavut Tourism は、狩猟のための『ヌナブト・スポーツ・ハンティング・ガイド Nunavut Sport Hunting Guide』を発行しており、ヌナブトの全狩猟管理者の一覧表もこのガイドブックにのっている。狩猟や釣りのツアーを予約するときには、その旅行準備業者がライセンスを取得しているか、保証があるか、責任のとれる保険に入っているかを確認してほしい。

ホッキョクグマの敷物は貴重品

ホッキョクグマ

　ホッキョクグマは、狩猟の獲物となる大型動物のなかでもおそらく地球上で最高の《戦利品》だ。ヌナブトにはホッキョクグマ全体の50％が生息しており、ホッキョクグマを狩るのには最高の土地である。しかし、臆病者はナヌクnanuq（ホッキョクグマ）を探す危険な旅に出ることはできない。この狩りは狩猟犬を使った伝統的な方法でおこなわなければならないことが、国際条約によって定められている。ヌナブトの各コミュニティーでは、通常HTOsと呼ばれる猟師・罠猟師組合Hunters and Trappers Organizationsを通して、ホッキョクグマ狩猟の地域ごとの年次割り当てを管理している。ときには猟師・罠猟師組合がガイドを雇い、狩りを計画・準備する旅行準備業者としての役割を担うこともある。

ジャコウウシ

　バフィン島Baffin Island以外ならば、ヌナブトのどこでもジャコウウシを見つけることができる。もっとも数が多いのはビクトリア島Victoria Islandで、およそ4万5,000頭が生息している。ホッキョクグマとおなじようにジャコウウシも捕獲の年次割り当て数が決まっており、コミュニティーごとの猟師・罠猟師組合がその割り当てと管理をおこなっている。

　バフィン地方Baffin Regionでは、ジャコウウシ狩りは北極地域——エレスミア島Ellesmere Island南部、デボン島Devon Island、バサースト島Bathurst Island、プリンス・オブ・ウェールズ島Prince of Wales Island北部——に限定されている。この地域で狩りをするには、グリス・フィヨルドGrise Fiordとレゾリュート Resoluteから出発する。北極地域に生息するジャコウウシは、南部で見られるものよりも一般的に小さい。

　キティクミウト地方 Kitikmeot Regionなら、ほとんどの地域でジャコウウシ狩りを手配できる。狩りは、コロネーション湾Coronation Gulfとクイーン・モウド湾Queen Maud Gulfに沿って、つまりビクトリア島、キング・ウィリアム島King William Island、ブーシア半島Boothia Peninsula、プリンス・オブ・ウェールズ島南部でおこなわれる。世界でも最大級のジャコウウシは、コロネーション湾とクイーン・モウド湾地域で捕獲されている。多くのコミュニティーでは、カリブーとジャコウウシ、チャンスがあればオオカミとクズリといった複数の獲物を狙う狩りもできる。

狩猟と釣り

カリブー

　ヌナブトには3種類のカリブーが生息しているが、さらにバーレングランドカリブー barren-ground caribou とピアリーカリブー Peary caribou の交配種もいる。カリブーのなかでもいちばん小さいピアリーカリブーはほとんど白に近い色で、北極地域の島々ではもっとも普通に見ることができる。そのほか、ビクトリア島北西部とプリンス・オブ・ウェールズ島北部、サマーセット島 Somerset Island やブーシア半島にも生息している。北極地域の島々に生息するカリブーのなかには、最近の冬のひどい食糧不足のために最悪で80％も個体数の激減した群れがある。ピアリーカリブーは現在集中的な管理調査下にあり、生活のための狩りも自粛され、スポーツ・ハンティングも禁止されている。ベルチャー諸島 Belcher Islands のトナカイは、サニキルアク Sanikiluaq の人びとの所有物となっており、ベルチャー諸島に住む人びとしか狩ってはいけないことになっている。

　体も大きく、数も多いバーレングランドカリブーは、ヌナブト本土とバフィン島で見られる。このカリブーは、よく知られているように巨大な群れをつくり、季節移動をおこなう。バサースト Bathurst、ブルーノーズ Bluenose、ビバリー Beverly、クアマニリュアク Qamanirjuaq などが、有名である。カリブーはサザンプトン島 Southampton Island でも見られる。これらの群れは、今では120万頭にも達しており、増加もしている。狩りは、カリブーが秋の大移動で通る道でおこなわれる。カリブー狩りは多くのコミュニティーで手配できる。

　ビクトリア島南部とキング・ウィリアム島で見られる改良・交配種のカリブーは、国際サファリ・クラブによって北極諸島カリブーとして分類されている。ケンブリッジ・ベイ Cambridge Bay やクグルクトゥク Kugluktuk にその捕獲割り当てがある。この種の状態は現在調査中であり、居住者以外による狩猟は限定つきであるが、ビクトリア島でおこなわれている。

バーレングランドハイイログマ（グリズリーベアー）

　毛皮の取引価格が高騰していたときにその生息数の大部分は捕殺されたが、この比較的小さいが攻撃的なバーレングランドハイイログマ（グリズリーベアー）は、近年驚異的な回復力を見せている。

　スポーツ・ハンティングのための商業的な捕獲割り当ては、キバリク地方 Kivalliq Region とキティクミウト地方にかぎられる。クグルクトゥク、ウミングマクトゥーク Umingmaktok、バサースト・インレット Bathurst Inlet のコミュニティー周

辺で狩りがおこなわれており、そこでは毎年10頭近くのバーレングランドハイイログマ（グリズリーベアー）が捕獲されている。狩りは、冬眠から目覚めたバーレングランドハイイログマ（グリズリーベアー）の足跡を追いかけるのに、まだ十分な雪が残っている5月のはじめにのみおこなわれる。

オオカミとクズリ

オオカミはヌナブトではよく見られ、ふたつのタイプに分けられる。本土に生息するオオカミは、彼らの主要な獲物であるカリブーの群れとともに季節によって移動する。北極地域では定着型といってもよく、その地域で入手可能な獲物に依存している。オオカミは、毛皮が伝統的なパーカの周縁部に広く使われるために珍重されている。オオカミ猟は旅行準備業者に依頼すればおこなえるが、条件がよければ、春にはハイイログマやジャコウウシの狩猟と一緒にすることもできる。

クズリはパーカやフードの飾りに使う上等な毛皮として、ヌナブト全土で珍重されている。この《陸の掃除屋》は、大きなカリブーの群れのいるところに密集して生息している。毎年、クズリのほとんどは、西部キティクミウト地方で捕獲されている。

海洋哺乳動物

1994年まで、ヌナブトでは先住民か先住民の扶養家族を持つ猟師でなければセイウチを狩ることはできなかった。今では、ヌナブトに住んでいないハンターに対しても、ごくかぎられた期間だけ狩猟が解禁となる。セイウチの生息するコミュニティーの利益となるように、特別に割り当てられたのだ。非居住者のハンターは、とらえたセイウチの牙は持ち帰ってもいいが、肉は集落に置いていかなければならない。現在のところ、イグルーリク Igloolik とコーラル・ハーバー Coral Harbour でセイウチ猟がおこなわれている。

そのほか狩猟ライセンスが取得できる海洋哺乳動物は、ワモンアザラシとタテゴトアザラシだけである。

狩猟ライセンスと輸出許可

ヌナブトで狩りをしたい場合は、認可を得た旅行準備業者を使う必要があり、狩猟ライセンスとタグは狩りを始めるまえに購入しておかなければならない。狩猟ライセンスは、ヌナブト準州政府資源開発省 Department of Sustainable Development, Government of Nunavut の事務所で発行される。

狩猟と釣り

　セイウチをのぞくすべての大型動物は、捕獲した場合に準州政府に払われる狩猟料の対象となる。この狩猟料は輸出許可が発行されるまえに支払わなければならない。

　執筆時点では、ヌナブトから野生生物（狩りで捕獲されたものも含む）を持ち出す場合には、すべて北西準州（NWT）の輸出許可が必要であるとされている（ヌナブト準州発足後は、ヌナブト準州輸出許可が必要＝日本語版編者注）。この許可は、すべてのコミュニティーにある地方野生生物局の役人か、そのほかの政府職員から取得できる。魚類や野生生物の一部からつくられたものを持ち出す場合には、準州の許可は必要ない。海洋哺乳動物の一部分を持ち出す場合には、別に海洋哺乳動物輸送許可証 Marine Mammal Transportation Licence が必要となる。輸出許可、ライセンス費用、狩猟料や狩猟シーズンについての詳細は、資源開発省に問いあわせること。

　特定の野生生物製品（ホッキョクグマ、バーレングランドハイイログマ［グリズリー・ベアー］、オオカミ、セイウチ）をカナダから持ち出す場合には、「絶滅の恐れのある野生動植物の種の国際取引に関する条約＝サイテス CITES : Convention on International Trade in Endangered Species」（ワシントンで署名されたことから別名ワシントン条約と呼ばれることもある＝日本語版編者注）という国際輸出文書が必要となる。ヌナブトでは、イカルイト Iqaluit、アルビアト Arviat、クグルクトゥクにある資源開発省の地方事務所でサイテス CITES 文書が発行される。

　ハンターは、ヌナブトに来るまえに自国の輸入規則を調べておかなければならない。これについては、輸入規則などにくわしい税関の指示にしたがうといい。

釣り

　キバリク地方の冷たく深い湖や北極海沿岸地方に潜む巨大なレイクトラウト（湖に生息する淡水性のイワナ）から、北極の川のよどみや河口をゆうゆうと泳ぐ獰猛なチャー（ホッキョクイワナ）まで、ヌナブトには世界でも有数の釣り場がある。

　ヌナブトには釣り旅行を専門とする旅行準備業者や旅行業者が多い。北の地域での旅行に慣れていないのならば、地元のガイドがつくパック・ツアーから始めるのが賢いやり方だろう。イヌイットのキャンプ地を訪れるツアーもある。北西準州の西部地方ほどではないが、ヌナブトにもいくつか釣り用のロッジがある。

　北極地域でおこなわれるのは、ほとんどルアー・フィッシングである。しかし、フライ・フィッシングに夢中な人であっても、チャー（ホッキョクイワナ）とグレイリング（カワヒメマス）とのスリリングな釣りを楽しむことはできる。もちろん、制

狩猟と釣り

限内であれば釣った魚を持ち帰り、食べてもかまわないのだが、北極圏の魚は成長が遅いため、キャッチ・アンド・リリースが奨励されている。釣った魚は凍らせてしまえば、家に持ち帰れる。

ヌナブトに生息する魚のなかでも、伝説のチャー（ホッキョクイワナ）ほどもてはやされる魚はない。多くの釣り人が世界でも最高の釣りの獲物だと考えている。けれどもヌナブトにはイワナを釣るためのキャンプは数少なく、イワナ釣りを提供するロッジも3つしかない。コミュニティーの旅行準備業者やガイドは、地元でチャー（ホッキョクイワナ）がいちばんよく釣れる場所に精通している。

バフィン地方

バフィン島では、スティーンズバイ入り江 Steensby Inlet にあるすべての川 —— エリクソン Erickson、ニナ・バング Nina Bang、ロウリー Rowley、イソトク Isortoq —— にはすばらしいイワナの群れがいるが、ロウリー川にしか水上飛行機に適した滑走路がない。バフィン島西部の隔離された地域にある川もおなじで、その地域では大きなネッティリング湖 Nettilling Lake から流れるコウクジュアク Koukdjuak にしか着水できない。

バフィン地方北部では、ポンド・インレット Pond Inlet のそばのミルン入り江 Milne Inlet に流れこむロバートソン川 Robertson River ですばらしいイワナ釣りが楽しめるのだが、飛行機の高額なチャーターが必要となる。バフィン地方北部には、ほかにも8月下旬から9月上旬までのあいだにイワナ釣りの楽しめるジャンガーセン川 Jungersen River とモファット川 Moffat River という極上の川がふたつある。

カンバーランド海峡 Cumberland Sound に流れこむ川の河口でも、初夏から盛夏にかけてすばらしいイワナ釣りを楽しむことができるが、近年は商業目的の釣りによってこの地域の個体数もいくらか減少してきている。トンガイト川 Tongait River でもイワナを釣れるが、釣り師たちはその美しい景観に魅せられることだろう。クリアウォーター・フィヨルド Clearwater Fiord もまた、海峡内で人気のあるチャー（ホッキョクイワナ）釣りのポイントである。

けれども、バフィン地方で楽しめる最高のチャー（ホッキョクイワナ）釣りのすべてがバフィン島そのものだけに限定されるという訳ではない。ホール・ビーチ Hall Beach のコミュニティーの近くには、ホール湖 Hall Lake に大きなチャー（ホッキョクイワナ）が —— すばらしいレイクトラウトも —— 生息しているし、メルビル半島 Melville Peninsula には、湖の南西の端に砂地の滑走路がある。ホール湖に注ぐ

狩猟と釣り

川でもエキサイティングなイワナ釣りができる。

　ヌナブトでもっともユニークな釣り場は、エレスミア島国立公園Ellesmere Island National Parkにある北米最北に位置するヘイゼン湖Hazen Lakeだろう。ここには、イワナが驚くほど豊富にいるのだが、南のものとくらべると少し小さい。問題は、湖上に張る氷が完全にはとけない年があることだ。近くのラグルス川Ruggles Riverにも、同様にすばらしいイワナの群れがいる。

キティクミウト地方

　キティクミウト地方には、現在のところイワナ釣り専用のふたつのロッジがある。コロネーション湾のツリー川Tree Riverにあるプラマーズ・アークティック・ロッジPlummer's Arctic Lodgeとヒクトリア島のサリー湖Surrey Lakeにあるハイ・アークティック・ロッジHigh Arctic Lodgeである。かつてツリー川では、世界記録である14.7キログラム、フライ・フィッシングでは9.8キログラムのイワナが釣れたことがある。ツリー川では大規模な管理がおこなわれており、釣った魚を持ち帰ってもよいのは年に700尾のみだ。ハイ・アークティック・ロッジでは、イワナ釣りに加えて、すばらしい野生生物たちも見られる。

　離れた土地まで移動できる飛行機やボートをチャーターすれば、ほかにもイワナのいる川はたくさんある。バサースト・インレット地域には、イワナのいる川が5つ以上あり、そのすべての地域は息を呑むような景観を誇る。それらの川とは、ナウヤク川Nauyak River、エカルリア川Ekalulia River、ヒウキタク川Hiukitak River、バーンサイド川Burnside River、ウェスタン川Western Riverとフード川Hood Riverである。

　ケンブリッジ・ベイからは、ビクトリア島にあるファーガソン湖Ferguson Lake、チャー湖Char Lakeからイワナのいる川へアクセスできる。クイーン・モウド湾地域のペリー川Perry Riverとエリス川Ellice Riverもここからアクセスできる。ケンブリッジ・ベイのアドレア航空Adlair Aviationでは、これらの地域への日帰りツアーを手配できる。

　世界でも最大級といってもいいイワナの群れは、毎年コパーマイン川Coppermine Riverにやってくるので、河口から300キロメートルも内陸部の産卵地帯では、そのイワナも釣ることができる。ここは樹木が見えてイワナの釣れる、ヌナブトでも数少ない場所のひとつなのだ。ところが、この川では生活のための釣りが盛んにおこなわれているため、スポーツ・フィッシングの機会はかぎられてい

狩猟と釣り

る。クグルクトゥクのコミュニティーは、旅人のあいだで人気を集めている釣り競争を毎年おこなっている。

イワナの群れは、ジョア・ヘブンGjoa Havenの南方にあるチャントリー入り江Chantry Inletのあたりにもいる。キング・ウィリアム島にも、もう少し小さな群れがいる。タロヨアクTaloyoakでは、ネツリク川Netsilik River、ロード・リンゼイ川Lord Lindsay Riverやガリー川Garry Riverなどにも、すばらしい群れがいる。

ペリー・ベイPelly Bayの近くでとれるチャー（ホッキョクイワナ）は、甲殻類を常食としていることを示すその味と、独特な深紅の身で有名で、キティクミウト地方に住む人びとが好む魚である。

キティクミウト地方でのスポーツ・フィッシングの主要なターゲットは、この地方のおもな湖ならばどこにでもいるレイクトラウトである。レイクトラウトは、氷に穴をあけて糸を垂らしたり、大きな湖で流し釣り（トローリング）をしたり、岸から釣り糸を投げたりしてもよく、ほとんど1年中どの季節でも釣ることができる。

釣り人には、タロヨアクの北西部のロード・リンゼイ湖Lord Lindsay. Lakeで、北米大陸で最北にいるレイクトラウトを釣ることができるという特典がある。このような極北の湖にいるレイクトラウトは成長がとても遅いのだが、あっという間に4.5キログラムものレイクトラウトを釣りあげられる。

タロヨアクとケンブリッジ・ベイは、この地域の大きな湖にもっともアクセスしやすい入り口となる。タロヨアクの近く、ハンスティーン湖Hansteen Lake、ジェキル湖Jekyll Lake、アンマルクトゥク湖Angmaluktuk Lake、イシュルクトゥク湖Ishluktuk Lake、レディ・メルビル湖Lady Melville Lake、ネツリク湖Netsilik Lakeのような湖ではすばらしいトラウト釣りが楽しめる。この湖のなかには、トラウトがカヤックを水浸しにして沈め、不運なこぎ手を湖の底に引きこんだという伝説のある湖もある。もちろんこれはちょっとしたほら話だが、湖の底に潜んでいた巨大な27キログラムもあるトラウトがロッドとリールで釣られたこともある。ケンブリッジ・ベイから行けるところとしては、キティガ湖Kitiga Lakeやファーガソン湖で、すばらしいトラウト釣りが楽しめる。

クグルクトゥクでは、どちらも町から60キロメートルぐらいのところにあるエマグヨク湖Emagyok Lakeやイミク湖Imik Lakeのレイクトラウト釣りをしてみてほしい。

レイクホワイトフィッシュもまたよく見られ、ゆっくりと深いところを狙えば簡単に釣れる。グレイリングは一般的にはこの地域の西部に生息しており、淡水で流

狩猟と釣り

れのあるほとんどの小川や川で釣れる。

キバリク地方

　ほかのヌナブトのコミュニティーと同様に、キバリク地方のコミュニティーからもイワナのいる川にアクセスできる。もちろん、川によってイワナの多さはちがうし、季節によってもそれぞれ異なる。しかし、それでも釣りに適した場所というのはいくつかある。サザンプトン入り江Southampton Inletにあるデューク・オブ・ヨーク湾Duke of York Bayにはイワナのいる川がたくさんある。イワナは、北極の短い夏のほとんどをこの湾ですごすので、岩場から糸を投げるだけで釣りあげられる。ここの問題はアクセスのわるさで、リパルス・ベイ Repulse Bayからしばしば夏のあいだ中、氷でふさがれている海峡を越えて1日かかる距離だ。コーラル・ハーバーに近いシックスティーン-マイル川Sixteen-Mile Brookやロッキー川Rocky Brookにも、すばらしいイワナの群れがいる。

　ハドソン海峡Hudson Straitの西岸に流れこむ川のほとんどで、イワナ釣りを楽しめる。アルビアトに近いマグース川Maguse Riverとマグース湖は、とくにいい場所である。また、ホエール・コーブWhale Coveからアクセスできるサンディ岬Sandy Pointもいい。ランキン・インレットRankin Inletでは、ディアンヌ川Dianne Riverやコルベット入り江Corbet Inletに行ってみてほしい。

　チェスターフィールド・インレットChesterfield Inletもまた、イワナ釣りには最高の場所だ。イワナは、チェスターフィールド・インレットからベーカー・レイクBaker Lakeまで移動し、さらにテーロン川Thelon Riverの上流、遠くシュルツ湖Shultz Lakeにまで移動する。

　キバリク地方では、レイクトラウト釣りがよくおこなわれる。この地方の南部にある湖には、巨大なノーザンパイク（**カワカマスに似た魚＝日本語版編者注**）がいるし、小川にはホッキョクグレイリングarctic graylingがあふれている。

　この地方でいちばん大きい湖は、ドゥバント湖Dubawnt Lakeである。18キログラムにもなるトラウトがここには潜んでいるし、グレイリング釣りも楽しめる。湖の東と南には、釣りの楽しめるロッジがいくつかある。レイクトラウトが生息する水域としては、ここはヌナブトでも最高の場所といってもいい。興味があるならレイクトラウト、グレイリング、ノーザン・パイクを釣るために、カザン川Kazan Riverまで飛行機で行くこともできる。テーロン川沿いのシュルツ湖にもレイクトラウトとホッキョクグレイリングがいる。

写真

　ヌナブトへの釣り旅行を計画している釣り人は、湖や川の多くは村からたいへん遠いところにあり、アクセスがむずかしいということを心に留めておかなければならない。なかには、地元のイヌイットでさえ釣りをしないほど遠くにある湖や川もある。湖や川の多くには宿泊施設やボートといった設備はまったくないので、装備は自分で持っていかなければならない。旅行準備業者のサービスを利用する場合は、その旅行準備業者が必要なキャンプ道具や、釣りに適したボートといった装備をすべてそろえているかを確認する必要がある。

釣りに関する規則

　ヌナブトで釣りを計画している16歳から65歳までの人は、ほとんどのコミュニティーにある資源開発省の地方事務所で簡単に手に入るスポーツ・フィッシングのライセンスを最初に購入しなければならない。ライセンスを取得したとき、あるいはヌナブト・ツーリズムから事前に、『北西準州スポーツ・フィッシング・ガイドNorthwest Territories Sport Fishing Guide』のコピーを受けとることになる。

　このガイドに書いてあるように、『ヌナブト地域におけるスポーツ・フィッシングは、「ヌナブト協定Nunavut Land Claims Agreement」(NLCA)にしたがった条項・条件に沿っておこなわれる』。観光業者は、これらの制約を知っておくべきである。もし自力で釣りをおこなう場合には、訪れる予定の地域の管轄権を持つイヌイット土地管理事務所Inuit Land Administration Officeにまえもって問いあわせをしておくこと。詳細は『冒険旅行』の項（253ページ）の、アクセス制限についての関連情報欄にのせてある。

　スポーツ・フィッシングは国立公園釣り許可書National Park Fishing Permitを持っていれば、国立公園内でのみ許可される。

写真

マイク・ビーデル　　　　　　　　　　　　　　　　　　　　　　　Mike Beedell

《北の国》で写真を撮ることは、このうえないほど楽しく有益な経験となるだろう。

　光と温度が季節ごとでさまざまにかわるため、写真撮影も複雑になる。寒く長くき

写真

びしい冬の夜の闇は、これ以上ないであろう光であふれる春や夏の光へと、徐々にかわっていく。《北の国》のこうした状況変化にあわせた写真撮影には独特のむずかしさがある。写真撮影の旅を実りあるものにするには、事前の準備が不可欠である。

寒さ

　今日では、ほとんどの写真撮影用機材はバッテリー（電池）で動いている。寒い時期には、とくに予備のバッテリーをたくさん持っていくこと。充電池のフルセットを3セットに、軽い充電器をいくつか持っていくことをすすめる。そうすれば、環境に優しいしお金も節約できる。AAバッテリー用で太陽光利用の小さくて性能のいい充電器も売っている。気温の低いところでは、バッテリーの減りが早いため、予備のバッテリーはポケットのなかであたためておく必要がある。冷えてしまったバッテリーも、あたためればまた使えるようになるから捨ててはいけない。《北の国》の写真家たちは、寒いところで撮影をする場合にはカメラをコートやパーカの内側に入れておき、構図を決めてシャッターを切るときだけ外に出すことをすすめている。そうすれば、バッテリーの充電をしなくてもたいてい1日中、よく動くぐらいのあたたかさを保てる。しかし、この方法は汗をかいている場合などにはレンズやフィルムへの結露が起こる可能性もある。

　-20度以下のような極度に気温が低いときには、手動のカメラが最適である。撮影用の機材をコートの内側に入れて持ち歩く場合には、体から出る湿気から守るために密閉できるビニール袋に入れておくこと。そして、寒いところからあたたかいところへ移動したときには、装備品を冷たい空気と一緒にビニール袋のなかへ入れて密閉し、機材がゆっくりとあたたまるようにする必要がある。そうすればカメラ本体やレンズへの結露を最小限に防ぐことができる（堂々としたホッキョクグマがエサを求めて氷の上を歩いているところを撮ろうとレンズに手をのばしたときに、レンズの内側に霜がついていることほど不愉快なことはない！）。気温が-25度を下まわるとフィルムはとても脆くなるので、いつもコートのなかに何本か入れてあたためておくといい。フィルムはゆっくりと巻きあげること、そうすればフィルムが粉々になったり、カメラを組み立て直したりする手間がかかることもない。ミットの下に軽いポリプロピレンやシルクの手袋をすると、寒さのなかでのフィルムやレンズの交換、ビデオ・カメラの複雑なダイヤル操作が楽にできる。

　ビデオやスチール・カメラにつける延長ワイヤーも、持ち運びには便利だ。カメラのバッテリーを体のそばに置いておけるので、寒さでバッテリーの電力を減らさ

なくてすむ。いい写真店であれば、適当なものが置いてあるだろう。固形燃料やライターのガスで動くハンド・ウォーマーも便利だ。モーター・ドライブをビデオにつけておけば、冷たくなるのを防ぐこともできる！

光

《北の国》では、春や夏のあいだの日光はとても強烈だ。いちばんいい写真が撮れる時間帯は早春の午前中や夕方遅く、または太陽の沈まない時期には白夜のあいだであることがわかるだろう。冬や春の強烈な明るさは、ほとんどが雪や氷の反射によるもので、これは露出計で正しく測るのがむずかしい。標準的な露出計の組みこまれたカメラでは露光時間が正しく測れず、全体的に露出不足で灰色がかった色調の写真になってしまうことが多いだろう。景色の美しさと雪の白さや輝きをとらえるには、露出（絞り）を1.5から2にする必要がある。露出計の数値に確信が持てないときは、さまざまな露出の状態をカバーするために、露出計の数値よりも露出オーバーにしたものと露出不足にした写真の両方を撮ってみるといい。

一般的に、日中の光はいい写真を撮るにはきつく、強烈すぎる。朝と夕方の光はよりやわらかく穏やかで、魅力的である。北極地方の夜に低い角度から射す光は神秘的だ。左右どちらかの低い位置にある太陽の横からの光は、順光よりも景色に形と陰影を与え、雪の輪郭や質感を際立たせる。逆光で撮る写真もまた劇的な効果を生み出す。しかし、ちょうど地平線から昇ってきた太陽に向かって撮影をするような場合にも、露出をいくとおりかにかえたものを撮るべきである。表現力を向上させるためには、光の角度を注意深く観察し、以下の光による認識のちがいを覚えておくことだ。

・正面からの光は、明るさと色を強調する。
・側面からの光は、質感と形を強調する。
・逆光は、雰囲気とシルエットを強調する。

自然と写真撮影ツアー

ヌナブトには、写真撮影には最高の北極地方のすばらしく美しい景色があふれている。北部地方を長年歩きまわったとしても、その驚くべき自然と文化のすべてをとらえることはできない。真夜中の太陽に照らされて白く輝く客船ほどの大きさのある巨大な氷山の写真をはじめて撮ったときには、きっと畏敬の念を抱くことだろう。あるいは、すばやいイッカククジラが、鏡のように静かな海面をその象牙色の

写真

牙で貫いたところに焦点をあわせたときに。あるいは、アザラシを探して、海に浮かぶ氷の塊の上を幻のように移動しているホッキョクグマをズームでとらえたときに。野生動物の撮影に情熱を傾けていないとしても、壮大なツンドラやヌナブトの勇敢なイヌイットやそのほか、北に住む人びとなどの被写体に、あなたは夢中になることだろう。フィルムが何本あっても足りない！

　最近まで、北部地域への旅はたくさんの時間とお金、北部との縁故がなければ困難で、ときには不可能でさえあった。今日では写真撮影ツアーに参加すれば、個人の予算と時間の余裕にあわせて、すばらしい体験をすることができる。熱心な初心者でも、上級者でも、ベテランのプロであっても、今や写真撮影はお金と時間さえあればだれにでも手の届くものなのだ。写真撮影ツアーでの宿泊施設は、イヌイットのキャンプ地か、たいていのコミュニティーにある地元のホテルになる。

　春と夏の撮影にもっとも適した時間帯は、太陽の照らす夜の午後8時から午前3時までだ。この時間は影が長くのび、地球上ではほかにくらべる場所もないほど、その色彩と質感がはっきりと際立つ。いい写真撮影ツアーでは、いずれ撮影スケジュールが乱れることがわかっているため、《夜》遅くに探検して写真を撮り、午前中遅く、あるいは午後の早い時間に眠れるようにしてある。写真撮影ツアーを予約するときには、スケジュールにどれぐらい融通がきくのか確認するといい。イヌイットの家族やガイドの多くも、明るい夏の夜に旅をすることを好む。

　ベース・キャンプに滞在すれば、ゆったりとしたペースでいい写真を撮ることができるだろう。ひとたび大自然の地に快適なテントを設営してしまえば、ひとりで探検してまわったり、グループで撮影したりできる。写真撮影の講習会を開いてくれるツアーもある。自分のペースで始めればよいのだ。イヌイットの貨物運搬用カヌー（ゾディアックZodiacのような空気でふくらませる小さなボート）か、水上を旅するためのもう少し大きなボートを利用できるかもしれない。あるいはツンドラを歩きまわるのもいいかもしれない。そこでは昔のイヌイットの居住地、ハヤブサやそのほかの野生動物、目もくらむほどに咲き誇る小さな野の花や色とりどりの地衣類の写真を撮れる。

　ベース・キャンプに戻れば、写真への関心と冒険旅行をともにする新しい友人とのあたたかい食事があり、1日の緊張から解放されリラックスできる。しかし、団体ツアーでは妥協しなければいけない部分もあることを知っておいてほしい。自分ひとりだけや、数人の仲間と旅をするときにくらべるとプライバシーは少ない。それが嫌ならば、個人やグループ向けのツアーをそれぞれの希望どおりに手配してく

写真

れる会社を選ぶべきである。

　ポイントからポイントへ移動する写真撮影ツアー（ひとつのコミュニティーやベース・キャンプに滞在するツアーとは異なる）は、もっとも種類が豊富である。宿泊は北部のホテルかイヌイットの家族との野外キャンプになる。ツアーのあいだ、野生動物や文化的なホット・スポット（《みどころ》が集中しているところ）を広く訪ねてまわる。シロイルカ（ベルーガ）の集団から、岸壁につくられたウミドリの集団営巣地、コミュニティーのお祭りから好奇心をそそられる歴史的な遺跡まで、すべてのものを見ることができる。真面目なアマチュア写真家たちは、とくにコミュニティーのゆったりした生活の流れと極地地方の予測不可能な天候を考えてみると、このようなツアーは目まぐるしいと感じるかもしれない。

　イヌイットの家庭へのホームステイは、文化的にも写真撮影の面から見ても有益なものになる。ツアー会社で予約をするまえに、その家族が日常生活を記録されることを不愉快と感じないかどうかを確認してほしい（**相手に気持ちが通じるまでは、カメラを出さないほうがいい＝日本語版編者**）。もしかまわないようであれば、たとえばアザラシの毛皮をはいでいるところや、地元の教会での礼拝の写真を撮る許可を得るといい。撮影したものがすぐに見られるポラロイドやビデオ・カメラを持っていると、そのときどきの体験をホストと分かちあうことができるので、彼らの不快感を減らす手助けになる（**撮った写真をその場でわたすと、ほんとうによろこばれる＝日本語版編者**）。家族のプライバシーは尊重しなければならない。さらに、帰ったら写真のコピーをホームステイ先のファミリーに送るという約束を忘れてはいけない（**このことは、きわめて大切！　もし、相手に写真を送らないならば、はじめからあいまいな約束をしないほうがいい＝日本語版編者**）。そうすれば、ホームステイでの体験はだれにとっても幸せなものとして記憶にのこる。

　地元の観光業者が営業を始めてからどれくらいになるのかも調べておいたほうがいい。しかし、経験が長いということが、かならずしもすばらしいツアーを運営できることと同義ではない。ヌナブト・ツーリズム Nunavut Tourism では、ライセンスを持っている写真撮影旅行の同行になれている地元の観光業者を紹介してくれる（どこかひとつをとくにすすめることはしないが）。ツアー・リーダーの名前がわかったら、その人物が北極圏における専門知識をどの程度持っているのかを尋ねるといい。「専門家」や「有名な写真家」がかならずしもいいリーダーになりうるとはかぎらない。そのような人びとは社会性に欠けていたり、シングルモルト・ウイスキーを飲みすぎる傾向があったりする！　最高のリーダーには、彼/彼女らのおこな

写真

うツアーに何度も参加するような忠実な常連がいるものである。写真ツアーで客をつかまえるためによく使われている、「有名な写真家をガイドに迎えて」という方法には気をつけたほうがいい。その人物が1週間をともにすごす相手として、尊大なエゴイストなどではなく、いい教え手であるか、一緒に旅をして楽しい仲間かどうかを確かめること！

さらに、ツアーの参加人数と年齢構成、それぞれの写真撮影の経験もツアー会社に尋ねておくべきだ。観光旅行業者からは参加者が用意しなければならない装備のリストをもらえるはずだ。装備品の運搬を手伝ってもらえるかどうかも尋ねたほうがいい。手伝ってくれる会社もあれば、手伝ってくれない会社もある。また、旅をする地域がどんなところか、体力はどれくらい必要か説明をしてくれるだろう。ほとんどの写真ツアーは体力的な負担が少なくなるように設定されている。なかには、身体的に障害のある人でも参加できるものもある。悪天候がつづいてしまった場合でもツアー会社は払い戻しをしない。そのような状況も北極圏における生活の現実だからである。忍耐強くなければいけない。なによりも、参加者の安全が最優先されるのだ。

ツアー会社の提供する写真ツアーを予約するのではなく、自分の好きなように撮影旅行をしたい場合は、ヌナブト・ツーリズムにライセンスを持つ旅行準備業者を紹介してくれるよう問いあわせるといい。これらの旅行準備業者は土地と野生動物を熟知しており、安全で充実した旅を提供してくれるだろう。

辛抱強く待っていれば、一生涯心に残るようなイメージに出会うことができるだろう。しかし、北部地域の天候は一瞬のうちにかわることもあることを覚えておくこと。そのイメージがすばらしいものになるか単純なものになるかは、あなたの心がまえと事前の準備にかかっている。

写真撮影用機材と装備品

《北の国》に向けて出発するまえに、撮影旅行中に必要な十分な数のフィルムを持っているかどうかを確認すること。比較的大きな町を離れると特定のフィルムを見つけるのはむずかしい。操作に慣れているカメラを1台以上は持っていくこと（この極限の地では、ときに冬は予備のカメラは絶対に必要！＝日本語版編者）。ほかに並ぶものないほどすばらしい景色にあふれている《北の国》での旅では、カメラの性能を勉強している時間はない！

夏にヌナブト準州を見てまわるには、ボートに乗って旅をするのがとてもすばら

しいうえに安全な方法である。しかし、ボートに乗るにはリスクもともなう。自分自身も自分の装備品もびしょぬれになってしまうことがあるのだ。塩分を含む水のしぶきがかかると、カメラはダメになってしまう。流れの激しい川をいく場合（実際には水の近くならどこにいても）、防水のカメラ・ケースが、レンズを持ち運ぶのには最適だ。しかし、これは長い行程のあいだ持ち歩くには、重くやっかいな荷物となる。費用をかけず、より応用の利く方法で装備品をぬらさないようにするには、バックパックのなかにしまいこめる防水バッグを使うことである。予算に余裕があるなら両方使うことをすすめる。

フィルム

熱心な写真家ならば、最低でも1日で5本、プロの写真家であれば、1日10本は使うだろう。白黒のフィルムを使ってもとてもいい作品ができる。予備のバッテリーを持っていくことも忘れないように。

高緯度で標高も高い場所では、とくにどんよりした曇りの日に青みがかった光が出やすい。紫外線吸収フィルターやスカイライト・フィルターを使えば、露出をかえることなく青みをとることができる。フィルターにはレンズを保護する効果もある。ウォーミング・エンハンサー・フィルターは、青みがかった色あいの持つ寒色の色調とのバランスをとる。

以上の助言は、北部の光と景色のすばらしい美しさと澄み切った様子を正しく理解し、とらえるための助けとなるだろう。辛抱強さと熱心な眼を持っていれば、この並はずれた土地の雄大さをあらわす写真とともに旅から戻ってくることができるだろう。（デジタル・カメラの使用もおすすめする。極寒のヌナブトやグリーンランドで、ことのほかこれは役に立った＝日本語版編者注）

キャンプ

キャロルとブルース・リグビー　　　　　　　　　　Carol and Bruce Rigby

ヌナブトでキャンプをするには、完璧な自立心を持っていなければならない。キャンプ場と呼べるような場所はないし、たいていの場合、自分自身の力でキャンプをすることになる。

キャンプ

　屋外トイレと、ことによると水道が設置されたキャンプ場を持つコミュニティーもいくつかあるが、これは数少ない例外である。287ページ以降の『PART 3. イヌイットの国放浪ガイド/北極への「入り口」案内』の各項では、各コミュニティーのキャンプ場の有無に関する記述がある。しかし、キャンプ・サイトはあっても、トレーラー・ハウスの駐車場はなく、電気も通っていない。キャンプに行く場合は、「不便な生活をする」覚悟をしておかなければならない。天候、捜索・救助対策、適切な服装、コミュニティーの外での水の確保、自然界の危険から自分の身を守ること、ダメージを受けやすい北極地方の環境に与える影響を最小限にすることやそのほかの旅に関する情報については、『冒険旅行』の項（253ページ）も読んでほしい。

　ほとんどのコミュニティーには、キャンプをする場合にテントを張るのに適した場所がある。そうしたところは、たいていコミュニティーの水源を守るための場所が多いので、どのコミュニティー内でもテントを張るまえに村の事務所に問いあわせること。

　「ヌナブト協定Nunavut Land Claims Agreement」（NLCA）によって、ヌナブトの200万平方キロメートル近い土地がイヌイットに所有権があると定められた。境界線が引かれているわけではないが、これらの土地は私有地であり、そうした場所でキャンプするには、ある程度の制約がともなう。

　これらの土地をのぞけば、キャンパーは開けたツンドラのどこにテントを張るのも自由だが、その場所がイヌイットの家族の伝統的な生活領域である可能性を頭に入れておくことが重要だ。土地は自由に使ってもいいが、敬意を払って利用してほしい。公園の外では、ツンドラにすでに設置されたイヌイットのキャンプ地が、キャンプをするのにはおそらくいちばんいい場所だろう。ほとんどのキャンプ地は、避難のしやすさ、飲料水が入手できること、ボートを利用できる水深があること、ボートで移動する場合の岸の状態、野生の獲物や海洋哺乳動物の見張り地点という理由で、あるいは神聖な土地であるという理由で設置されている。

　既存のキャンプ地を見つけられなかったら、その土地を利用した痕跡が残らないような耐久力のある場所を選ぶこと。長期間使うベース・キャンプとしてそのサイトを利用しようと計画している場合や、大人数のグループでキャンプをする場合には、こまやかな配慮が必要である。植物が繁茂しているところや活動によってわるい影響を受けやすい土壌は避けること。キャンプのまわりで「やわらかい」靴を履くことは、1日重いハイキング・ブーツを履きつづけたあとの解放感を得るためだけでなく、キャンプ地周辺の土地への影響を最小限にする働きもあるのだ。スゲ草の

キャンプ

野原のような、影響を受けやすい野生生物の繁殖する地域の近くでのキャンプは避けること。テントの周囲に雨水用の溝を掘ったり、石で風よけをつくったりしてはいけない。キャンプ地を引きあげるときにはいつでもその場所を見つけたときとおなじように、あるいはそれ以上にきれいにしておかなければならない。

ほとんどの公園では、望ましいキャンプ・エリアが示されている。アウユイトゥク国立公園 Auyuittuq National Park 内には、管理人事務所と緊急避難場所の近くとその周辺地域にいいキャンプ場がある。エレスミア島国立公園 Ellesmere Island National Park 内のタンクアリー・フィヨルド Tanquary Fiord とヘイゼン湖 Hazen Lake の管理人事務所周辺では、すでに旅人がキャンプしたことで重大な影響を受けているサイトからその悪影響を広げないために、キャンプが許可されているのは、指定された場所のみだ。

キャンプ用コンロ、テントと寝袋

ヌナブトでキャンプをする場合は、旅行準備業者を通じて予約をしたとしても（旅行準備業者が「必要ない」といわないかぎりは）、自分たちで装備品を持っていかなければならない。一般的なキャンプ用品や食糧は、ヌナブトの大きな町やその他いくつかのコミュニティーでも売っているが、特別なバックパックや装備品を幅広くとりそろえてはいない。キャンプ道具は、ほかの品と同様、北極地方において

ニコルさん（本書日本語版序筆者）が北極探検のときに愛用していたテント（ヌナブトの無人島にて）

は他の地域よりもずっと高価なのだ。

　ヌナブトは森林限界線よりも北に位置するため、キャンプ用のコンロが必要になる。キャンプ用コンロの燃料は、キャンプ・サイトにいちばん近いコミュニティーで購入しなければならない。なぜなら、燃料の入った荷物を航空機に乗せるのは違法だからだ。キャンプ用コンロは、小さなコミュニティーでも入手可能なナフサ（ホワイト［無鉛］ガソリン）とケロシンのどちらでも使用できるものがいい。キャンプ用の便利な形態のプロパン・ガスを購入できる場所はほとんどなく（ランキン・インレット Rankin Inlet、イカルイト Iqaluit は例外）、プロパンガスの安全な保管を規定する地元の条例があることが多い。ナフサを使用するコンロは強く推奨されている。なぜなら、1年分のケロシンが船によって運ばれてくるまえの晩夏には、小さなコミュニティーではケロシンの流通量が少なくなることが多いからだ。

　キャンプ用コンロは強風のなかでも使えるようでなければならない。ヌナブトに到着するまえに、コンロのテストと使い方の練習をしておいたほうがいい。強風がうなり、手が凍えているなかで、空腹時に新しい装備の使い方を理解しようとすることほど最悪なことはない！

　バックパッキング用にデザインされた軽量のテントを使うにしても、強風にも持ちこたえられるものを！　たとえばアウユイトゥク国立公園では、風速は簡単に毎時100キロメートルに達するが、風よけになるような木は1本もないのだ。高さの低い形のテントが望ましい。

　テントに関してはお金を節約してはいけない。激しい嵐に見舞われた場合、生き残れるかどうかはテントにかかっている。

　旅行準備業者が丈夫な白いキャンバス地のテントを用意してくれるかもしれないが、それはたいてい調理用か食堂用のテントとして使われる。やはり寝泊まり用の小さなドーム型テントを持っていったほうがいい。テント内で調理をしているときに事故が起きやすいので、防火テントを使うことも重要だ。

　寒冷地でのキャンプに慣れていて、自分が寒さに対してどれぐらいの耐性があるかを正確に知っているのでなければ、あたたかい寝袋を持っていくこと。真夏でも夜にはきびしく冷えこむこともあり、長期間キャンプをする場合には、急激な天候の変化による低体温症の危険がつきまとう。寝袋は最低でも−15度に対応できるものがいい。ヌナブトで春スキーを計画している場合は、南方における真冬のキャンプとおなじような準備をするべきだ。−35度に対応する寝袋をおすすめする。

　地面からの冷たさを防ぐスリーピング・マットがあれば、ずっとあたたかく快適

だ。クローズド・セルフォーム（**単独気泡形態**）やサーマレストのマットが効果的だが、エアー・マットレスはよくない（とくに気温が低い場合などは空気が抜けやすい）。ビビー・サック bivy sack も断熱材として使える。水の近くに行く場合は、寝袋用の防水カバー（しっかり口を閉めたごみ袋でもいい！）を持っていくこと。ぬれた寝袋は役に立たない。

食べもの

　食糧の必要量は多めに見積もるように。ヌナブトのつねに気温の低い環境ときびしい地形ではとくに、バックパックを背負って歩いたり、そのほかの活動を外でおこなったりするときの体力の蓄えがとても重要になる。

　自分たちで食事をつくる予定のキャンパーは、キャンプ用の乾燥食のようなものを必要とするならば、どこでも入手可能という訳ではないため、十分な食糧を用意していかなければならない。大きいコミュニティーにある店では食糧もそれなりにそろっているし、夏には船で運びこまれるために価格もほかにくらべて法外に高い訳ではない。一方で小さなコミュニティーでは、とくに観光シーズンのピークである7月と8月は、たいてい船による年次の再供給のまえでもあり、品ぞろえもたいへんかぎられる。

水

　どこでキャンプをするにしろ、水は流れのないよどんだ沼やため池からではなく、流れのある水源から確保すること。《北の国》でとくに気をつけなければならないのは、氷河の流れにできた裂け目からの水を使いすぎないことだ。腹をこわす可能性があるのだ。氷河の流れからとった水は、使用するまえにしばらく放置しておくこと。とくに気温の低い場所では深刻な問題となる脱水症状を防ぐためにも、水はたくさん用意しておいたほうがいい。イヌイットの伝統的な習慣にのっとり、あたたかい飲み物を補給する休憩を頻繁にとることをすすめる。

キャンプ

ごみ

　自分のごみはすべて拾い、持ち帰ること。喫煙者は、もちろんタバコの吸殻も持って帰る。ほかの人が捨てていったごみも拾ってほしい。大量のごみや空のドラム缶といった大きなごみがあった場合は、地元の管轄当局に報告しなければならない。慎重に計画し、準備をすれば、食糧のくずなどのごみを最小限に抑えられる。食糧は缶、びん、ぶりきのフォイルのかわりにビニール袋に詰められる。食事に必要な量を入念に測れば、残り物を最低限にし、ごみの量と荷物の重さの両方を減らすことができる。

　ごみの体積を減らすために燃やす場合には、既存の焚き火跡を使うか、岩や砂の上で火を起こすこと。火は簡単にコケのなかに隠れてしまい、森林火災の危険はないとしてもツンドラの火災が起こることは知られている。ツンドラ火災は知らぬあいだに広がってしまい、その火を消すことはむずかしい。キャンプ地を離れるまえに、自分のつけた火が完全に消えていることを慎重に確認すること。

人間の排泄（廃棄）物

　トイレ施設から離れた土地では、排泄物はトレイル、キャンプ・サイト、および湖など淡水のあるすべての場所から十分離れた場所に、埋めずに放置しておかなければならない。通り道からは離れた、乾いて開けている場所を選ぶこと。排泄物を埋

ヌナブトのごみ処理問題は　かなり深刻（ホエール・コーブのごみ）

177

めないでおくことは、日光と空気にさらす時間を最大にし、その分解を早めるためだ。大人数のグループで旅行をしている場合、とくにベース・キャンプを利用している場合などは、道やキャンプ・サイト、淡水源から少なくとも50メートル離れたところに共用の野外トイレとして浅い穴（15センチ）を掘るとよい。野外トイレは、使用後にはあとから来る人の目につかないようにし、動物が掘り返すのを防ぐためにきちんと土でおおっておくこと。海岸線沿いを旅する場合には、排泄物を満潮時の水位線よりも低い穴に捨てることができる。

トイレット・ペーパーの使用は最小限にすること。そしてペーパーはできるだけ完全に焼却する。生理用ナプキンやタンポンは、ほかのごみとは別にしておかなければならない。クマに出くわす可能性のある土地を旅している場合は、揮発油をしみこませて燃やしてしまうこと。生理用品はけっして土に埋めてはいけない。

国立公園や準州指定公園内の許可されたサイト、すなわちイカルイト郊外のシルビア・グリンネル・キャンプ場Sylvia Grinnell Campgroundや管理地、国立公園内の緊急用シェルターなどでキャンプをする場合は、設置されているトイレ施設を使用し、その使用方法をきちんと守ること。

汚水

たとえ環境に配慮した分解しやすいタイプのものであっても、石鹸はあまり使わないこと。残った石鹸を湖や小川に捨ててはいけない。鍋1杯の水とスポンジなどを使い、水源から十分に離れた場所で使用すること。そうすれば、石鹸が土壌のなかでろ過され、水源に到達するまえにある程度の分解が進む。布などは徹底的にすすげばきれいになる。石鹸はかならずしも必要ではなく、逆に十分にすすぎ落とされていないと肌に炎症を起こすこともある。

食器を洗った汚水や料理の余剰水は、キャンプ・サイトと水源から離れた浅い穴に流すようにする。食材の残りかすなどはとり出し、ほかのごみと一緒にしておくこと。しかし、クマの生息地を旅している場合は、においのするごみは焼却し、残った無臭のものはパッキングしておく。（余計なお世話だといわれそうだが、よっぽどベテランのエコツーリスト以外は、《北の国》での単独キャンプは避けたほうがいい。イヌイットのガイド同伴のキャンプをおすすめする＝日本語版編者）

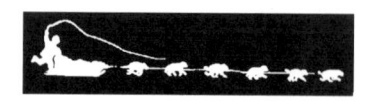

ハイキング

キャロルとブルース・リグビー　　　　　　　　Carol and Bruce Rigby

この格言をご存じ？──「写真だけをとり、足跡だけを残せ」

　土地自体がとても影響を受けやすい北極地方では、「写真だけをとり、できるだけ足跡以外のものを残さないこと」を守ってほしい。ヌナブトの野生の美しさのなかをハイキングすれば、いつまでも残る思い出を持ち帰ることができるだろう。
　ヌナブトに着くまえに、予定しているハイキング・トレイルがイヌイット所有の土地を通るかどうかを確認しておくこと。「ヌナブト協定 Nunavut Land Claims Agreement」(NLCA) によって、ヌナブトの200万平方キロメートル近い土地はイヌイットに所有権がある、と定められた。具体的に境界線が引かれているわけではないが、その土地は私有地であり、立ち入りにはある程度の制約がともなう。
　これに関する重要な情報や、小川・川のわたり方、落石、考古学的遺跡や遺物の保護の仕方、捜索・救助方法、適切な服装やそのほか旅に関する情報については、『冒険旅行』の項（253ページ）も読んでほしい。
　コミュニティー周辺にハイキング・トレイルが定められている場合もある。ハイキング・トレイルがどこにあるかが書かれたパンフレットは、地元に置いてあるか、ヌナブト・ツーリズム Nunavut Tourism で入手できる。アウユイトック国立公園 Auyuittuq National Park 内では、ほとんどのハイキング・トレイルに目印としてイヌクシュイト inuksuit（人型をした石塚群。イヌイットがツンドラに多くつくった伝統的な陸標・道しるべ）が置いてある。しかし、エレスミア島国立公園 Ellesmere Island National Park、カタニリク準州公園保護区 Katannilik Territorial Park Reserve、シルビア・グリンネル準州公園 Sylvia Grinnell Territorial Park のような場所では、決められたハイキング・トレイルは設定されていない（要所ごとの写真がのっている公園のトレイル地図に推奨コースが示されているほかには）。
　ハイキングをする場合は、指定されたトレイルをたどること。トレイルがない場所では、おおぜいの人の往来に耐えうる耐久力のある土地、つまり砂利や岩床の小川などを通るルートを計画すること。ほかにも、植物の生えていない安定したかたい土地や、雪の積もった土地を通過するようにすれば環境へのダメージを最小限にできる。
　やわらかい土壌や植物の生えた土地、とくにスゲの生えた湿原は避けること。湿原

を通ると、スゲの植生が壊される可能性がある。スゲの湿原は、野生生物にとって重要な食糧であり生息地なのだ。植物を引き抜いたり乱したりすれば、土壌が風雨にさらされ、凍土と凍っていない土の微妙なバランスが乱され土地が侵食されてしまう。

カナダ公園局 Parks Canada の研究では、『低地にある湿地や、風に吹かれて盛りあがってできた砂丘はとくに破壊されやすい』という調査結果もある。

勾配の急な地形では、岩が露出しているところや雪の上を登り下りするのが、もっとも環境へのダメージが少ない。土が表面に出ている坂などでは、下りるより登るほうがダメージは少ない。体を固定するためにつま先やかかとを土に蹴りこむ必要があるほど急な勾配の場合は、できればほかのルートをとるべきだ。

公園内で、定められたトレイルもなく、けわしい勾配を越えざるをえなくなったら、ジャコウウシやカリブーの通り道を探すとよい。たいていはそれがいちばん安全な道だ。しかし、北極圏に住む野生生物は平均的なハイカーよりもずっと身軽で有能なクライマーである。足場のわるいがれ場をくだるときには、ゆっくりと注意深く進むようにする。急いでくだると、がれ場が大量に崩されてはっきりとした傷跡が残り、土地の侵食パターンをかえてしまう。また、足首を捻挫するか、骨折する可能性もある。

ボートやカヌー
キャロルとブルース・リグビー　　　　　　　　Carol and Bruce Rigby

7月なかばにいったん氷がとけてしまえば、夏のヌナブトを見てまわるのに人気があるのは、ボートでの旅である。

さまざまな種類の船が《北の国》の海岸線や川を行き来している。しかし、この地域をボートで移動するのには、北極圏の環境では特別な技量と準備が必要となる（服装、安全対策、捜索・救助方法に関する重要な情報に関しては、かならず『冒険旅行』の項［253ページ］を読むこと。また、イヌイット所有の土地へは立ち入りに制約がともなうことを考慮するように）。ボートでの旅をパック・ツアーとして提供する経験豊富な旅行準備業者や観光業者は数多くある。北極圏でのはじめてのボートの旅ならば、団体ツアーに参加するのが賢いやり方だ。

ボートやカヌー

　旅行準備業者は、ボートの乗客に全身を包む救命着を着用させる義務がある。自分たちでボートの旅をする場合は、その救命着を借りること。単なる救命着では、凍るように冷たい北極圏の水に対してはあまり効果がない。

　ヌナブトでは、エンジンつきの貨物用カヌーやレイク・ウィニペグ・ボートが一般的で、多くの旅行準備業者が使っている。これらのボートは全長6～7メートルで、大きな船外モーターがついていて、おもに訪問者を公園などへ運ぶときに使われる。この土地でモーターボートを借りる場合は、ガイドも一緒に雇ったほうがいい。なぜなら、《北の国》では日常的に危険な状況に遭遇するからである。「ガイドを雇う経費は余計だ」と思ったとしても、激しい潮の流れや風、岩の多い海岸線を行く困難をいちど経験すれば考えを改めるだろう。北部のベテランの旅人でさえも、地元の有能な案内人なしには水の上に出たりしない。

カヌー

　キバリク地方 Kivalliq Region やキティクミウト地方 Kitikmeot Region のバック川 Back River、コパーマイン川 Coppermine River、テーロン川 Thelon River、ドゥバント川 Dubawnt River、カザン川 Kazan River といった川では、すばらしいカヌーの旅ができる。カザン川とテーロン川は、カナダの自然遺産河川システム Canada's Heritage Rivers System の一部である。バック川、ドゥバント川、テーロン川は、テーロン野生生物保護区域 Thelon Wildlife Sanctuary のなかを流れている。カヌーの旅は、この保護区の雄大な景観と野生生物観察を楽しむには理想的な方法なのである。

　ただし、これらの川でのカヌー旅行は気楽におこなうべきではない。どの川もキバリク地方のほとんどのコミュニティーから遠く離れているため、カヌーでの旅を計画する場合、安全確保がなによりも優先事項となる。「無理をしない」という原則のほかに、以下のガイド・ラインにしたがうこと ―― 少なくとも6人のグループで行動する。最低でも5メートル

ファルト・ボートを用意して　北の海へ！

ボートやカヌー

の長さのカヌー3艇を使う。どれか1台のカヌーがダメージを受けても安全が保障される限界のラインである。水は冷たく、水しぶきのあがる浅瀬もあるので、しぶきよけカバーを用意したほうがよい。天候によって遅れが出る可能性もあるため、時間の余裕と食糧などの物資は十分に見積もっておくこと（一説には、1日に20キロメートルが平均的速度）。

　地図もかならず2組持っていくこと。地図は安全を確保するのに不可欠だ。また、全地球測位システム（GPS）があれば役に立つ。全地球測位システムでは、衛星の情報を使って自分の位置と目的地を知ることができる。出発まえに、いちばん近いコミュニティーの連邦警察（RCMP）や地元の捜索・救助団体といった信頼できるところに旅行計画を提出しておくこと。そうすれば、もし旅程が遅れていても、救助隊はいつ、どこへあなたを探しに行けばいいかがわかる。

　バフィン地方Baffin Regionでカヌーができるのは、ソーパー川Soper River（この川もカナダの自然遺産河川システムに属している）ひとつのみである。山の多い地形のため、北米でももっとも流れの激しいそのほかのバフィン地方の川は、ときにはカヤックをするのに使われる。

ラフティング

　ラフティングは以下の3つの川で試みられてきた。イカルイトIqaluit郊外のシルビア・グリンネル川Sylvia Grinnell River、キンミルトKimmirut近くのソーパー川、ホール半島Hall Peninsulaからカンバーランド湾Cumberland Bayに流れるマッキーンド川McKeand Riverである。イカルイトの、ある経験豊富なラフティング・オペレーターは、おもにソーパー川でツアーをおこなっている。シルビア・グリンネル川では、晩春から初夏にかけての水量が多いあいだは瀬を楽しめるが、夏のあいだ、ほとんどは流れに沿って漂う穏やかな旅になる。ソーパー川でも激しい瀬を楽しむ旅にはならないが、水は冷たいので、それなりの用心はすること。（カナダ人が冷たいという場合、日本人には耐えられないほど冷たいと思っていい。冷たさに対する感覚は、温帯育ちの日本人と《北の国》のカナダ人とでは、相当ちがうので、ご用心。ここだけでなく、本書のなかで、筆者たちが「寒い」「冷たい」と書く場合、われら日本人はかなり心して受けとめる必要があると思う＝日本語版編者注）

ヨット

　捕鯨をおこなっていた時代には、イヌイットは小さなボートで長距離を航海した

ものだ。しかし、いったんモーターボートが普及すると、小型船での航海は急速に好まれなくなった。今日でも数人の小型船航海士はいるが、低体温症の危険があることから、ヌナブトでは小さなボートでの航海は一般的ではない。ヨットやウィンド・サーフィンのボードはここでは借りられない。

カヤック
レネ・ウィッシンク　　　　　　　　　　　　　　　　　　Renee Wissink

イヌゾリをのぞいて、ヌナブトを旅するのにカヤック以上に自然な方法があるだろうか？

そもそもカヤックはイヌイットの発明品であり、この輸送手段こそが北極圏に住む人びとを有名にしたのである。家族とその家財道具を運んだカヤックよりもずっと大きく屋根のないウミアック umiaq とはちがい、カヤックは内陸部の湖でのカリブー狩りや、海でのクジラ、セイウチ、アザラシ狩りのための水上移動手段であった。ヌナブトのなかでもカヤックの形は地域によって異なる。一般的には、幅広く大きな操舵席のあるがっしりとしたつくりの小舟だ。たいていの人は、表面がなめ

カヤックでシロイルカ（ベルーガ）漁に出かけるイヌイットの漁師（猟師）

カヤック

らかでスピードの早いウェスト・グリーンランディック West Greenlandic デザインのカヤックをイヌイットが使用していると思いこんでいるが、実際はまったくちがう形である。

伝統的なカヤックはたいてい流木で枠がつくられ、アザラシの皮でおおわれている。普通、狩人たちはアザラシの毛皮でつくられたアヌラーク annuraaq を着用し、それを二重におりこんで操舵席のカバーとしていた（この男性用ジャケットは、フードと帽子の部分に引き締め用のひもがついている。さらに、腰の部分にもしっかりと締められるひもがついており、それをカヤックの操舵席に結びつける)。また、狩人たちは各種の狩猟道具やそのほかの道具（銛、浮き、釣り糸、とめ木、栓）を使いこなす必要がある。

この壊れやすい小舟で、銛だけを狩猟道具に 750 キログラムもある雄のセイウチや、ときにはホッキョククジラを探しに漕ぎ出していく勇敢さを想像してみてほしい。多くの狩人たちが、狩りの途中で行方不明になったり、海に投げ出されたりしたのだ。

ヌナブトで、カヤックによる観光産業が始まったことで、現代的なカヤックがその故郷へ帰ってくることになった。カヤックに乗れる場所はどこにでもある。しかし、《北の国》では経験豊富なカヤッカー（**カヤック漕ぎ**）だけがカヤックをするべきだ。また、ヌナブトではイヌイット所有の土地への立ち入りに制約がともなう。このような情報や安全な旅のためのアドバイスに関しては、『冒険旅行』の項（253 ページ）を読んでほしい。

激しい瀬を乗り切る興奮を求める人には、バフィン島 Baffin Island のイカルイト Iqaluit 郊外にあるシルビア・グリンネル川 Sylvia Grinnell River やキンミルト Kimmirut 近くのソーパー川 Soper River のような短く、流れの早い川が理想的だ。どちらの川でも旅行準備業者の手配とパッケージ・ツアーの申しこみが可能だ。ヌナブト・ツーリズム Nunavut Tourism では該当する旅行準備業者の名前を教えてくれ、経験豊富な北のカヤッカーとの仲介もしてくれる。

バフィン島には、真の冒険家が求めるようなだれもくだっていない川が数多くある。たとえば、1984 年にイカルイト・カヤッキング・クラブ Iqaluit Kayaking Club の少人数のグループは、バフィン島南部のマッキーンド川 McKeand River をはじめてくだった。

川でカヤックをする人は、キバリク地方 Kivalliq Region とキティクミウト地方 Kitikmeot Region を見すごすべきではない。というのも、テーロン川 Thelon

Riverとコパーマイン川Coppermine Riverを含むこの土地の川では、カヌーイストたちが何年ものあいだ繰り返してきた川の旅を経験できるからだ。シーカヤックをする人にとっては、何千キロメートルもの海岸線を持つヌナブトは夢のような土地である。無数に存在する湾、フィヨルド、入り江を探検するには、一生涯かけてもとても足りないだろう。ほとんどすべてのコミュニティーが沿岸部に位置しているヌナブトは、海洋環境へのアクセスがたいへんよい。

　ヌナブトでカヤックに乗るには、さまざまな困難がともなう。冷たい水、予測のできない天候、氷山、セイウチ、ホッキョクグマ、強い潮流などがあげられるが、これでもまだほんの一部にすぎない。たとえば、フロビッシャー湾Frobisher Bayでは潮の干満の差が12〜15メートルあり、これはカナダでも3番目の干満差である。漕ぎ手は、自分の選んだ旅の難易度にあわせて完璧な準備が必要だ。標準的な装備に加えて、性能のいいウエット・スーツ、またはドライ・スーツが不可欠である。救命着だけでは不十分だ。パドルは、1本を失ったときに備えて2本持っていくこと。自己救助の能力——エスキモー・ロールができることも含めて——も重要である。現地でよく吹く風、潮の満ち引きや潮流について調べておくこと。現地の猟師・罠猟師組合Hunters and Trappers Organization（HTO）とも連絡をとるようにするとよい。また、干満の時間や潮流に関しては、カナディアン・ハイドログラフィック・サービスCanadian Hydrographic Serviceに問いあわせることもできる。

　安全ですべてが用意されたレクリエーションの旅をしたいならば、ライセンスを持つ観光業者が提供する、近年増加しているカヤック・ツアーがいいだろう。ポンド・インレットPond Inletのようなコミュニティーでは、まえもってすべてが準備されたツアーを提供してくれるので、ボートや装備品を北まで運ぶコストを考えなくてよい。あなたとカヤックをポンド・インレット近くの準州歴史公園やバイロット島渡り鳥保護区Bylot Island Bird Sanctuaryのすばらしいカヤック・ポイントまで運んでくれる旅行準備業者を雇うといい。

　自分たちだけで旅をする場合には、装備品とカヤックの訓練がかならず必要水準に達しているように。南部での旅よりもすべてに時間がかかることを認識し、不慮のできごとや緊急時に対応できる計画を立てておくこと。北極圏の川を旅する人びとは、川の水が冷たいため、瀬の分類を1レベル上にしている。南の土地でレベル3の瀬は、ヌナブトではレベル4と見なされる。通信用ラジオや全地球測位システムを持参し、使い方も把握しておくこと。けれども、なによりも土地と水を敬い、まず楽しむことが大事である。　　　（協力　キャロル・リグビーCarol Rigby）

クルージング

マイク・ブラサイズ　　　　　　　　　　　　　　　　　Mike Vlessides

ヌナブトへの旅におけるきびしい現実は、旅行のあいだ、不便さを味わわなければならないことが多いということだ。

　ヌナブトはあまりに大きく、また外の世界からも遠く離れているので、考え抜いたプランでも思うように運ばない。真夏のブリザードに加えて、共同利用の宿泊施設、週にいちどの新鮮な食べものなど、ここでの休暇が贅沢さに満ちているとはいいがたい。それももちろん水の上に出なければの話だが。

　1987年以来、毎年夏には、砕氷船や耐氷船がシベリアとグリーンランド間を往復し、乗客に快適で穏やかな《北の国》での体験を提供してきた。これらの船は、基本的な宿泊施設と食事や、北極圏というよりはワールド・クラスのホテルを連想させるような快適さなどの幅広いサービスを提供する（極めつけは、2001年の夏にはじめておこなわれた北極点への船旅である。主催はワールド航空サービス社。このツアーは、2002年度の最優秀旅行賞のグランプリに輝いた。空路モスクワ経由ムルマンスクまで行き、そこから世界でもっとも強力な砕氷船といわれているヤマル号に乗って極点を目指す16日間のクルーズ。2002年度も、8月5日出発と19日出発の2回のツアーがおこなわれた。2003年度は未定＝日本語版編者注）。しかし、この種の贅沢さは安価では手にできない。

費用

　クルーズにかかる費用は、ヌナブトだけでも多岐にわたる。最低でもおよそ2,500ドルから始まり、これにはオタワからの航空運賃と12日間の航海が含まれる。清潔で快適な宿泊設備と、シンプルだが量はたっぷりとあるビュッフェ・スタイルの食事が用意される。

　最高級に贅沢なクルーズは、たいへん高価だ。2万ドル以上出せば、ヨーロッパのシェフがつくる世界中の料理に、シャンパンの泡立つクリスタルのフルート・グラス、サウナに屋内プールつきで、北極圏を数週間かけてまわるクルーズを楽しめる。現在この地域を訪れる最新で最高に贅沢な船は、ラディソン・セブン・シーズ・クルーズ社Radisson Seven Seas Cruisesが所有するハンザ嬢号MS Hanseaticである。贅沢さに満ちあふれたハンザ嬢号でさえも、北極圏の土地の気まぐれには依

然として影響を受ける。1996年の夏、この船はジョア・ヘブンGjoa Haven近くの浅瀬で座礁し、乗客が急激に減少した。

平均的なナチュラリスト（エコツーリスト）向けクルーズ（環境に配慮しながら野生動物観察を目的としているクルーズ）は、10日から14日の日程でおよそ1万1,000ドルほど。

旅程

旅程は年ごとにかわる傾向があるため、ルートを決めるまえに旅行会社に問いあわせること。しかし、ヌナブトでは年々多くの船が運行されるようになってきているので、希望にかなう船を見つけるチャンスはつねに増えている。この10年間を通してとくに人気のあるルートは、ロシアを出発し、アラスカとカナダの先端を越え、たいていは北磁極North Magnetic Pole近くのコミュニティーであるレゾリュートResoluteで終わる北西航路のクルーズである。しかし、レゾリュートで旅を終えることの問題点は、ヌナブトでももっともすばらしい景観を誇るバフィン島Baffin Islandを訪れることができないことだ。そのほか、カナダとグリーンランド間のルートも人気がある。

船での1日

いったん船旅の優雅さを経験してしまえば、ほとんどの北極圏クルーズは似たような活動を提供してくれる。これらはすべて料金に含まれているので、それぞれのコミュニティーでガイドを手配する必要はない。船上では、北極圏の自然史に関する専門家による解説つきのスライド・ショーを見て、ベテランの旅人の興味深い話を聞き、つねに鳥と海洋哺乳動物を見張っている同乗のナチュラリスト（エコツーリスト）の眼で識別された鳥と野生動物の観察を楽しむことができるだろう。

野生動物や鳥を見つけられるのは、船上にかぎられているわけではない。たいていの船には、小さくてずっと身軽で丈夫なエアー・ボートが装備されている。このボートは、大きな船では行きにくい、哺乳動物がうろつき鳥たちが巣をつくっているような場所に行くのに使われる。また、コミュニティーを訪れるかどうかチェックするために海岸へ行ったり、考古学的価値のある遺跡や歴史的に重要な場所を訪れたり、あるいは単にツンドラの上をハイキングしに行くのにも使われる。より大きく高級な砕氷船であれば、ヘリコプターを使った海岸への小旅行も用意している。

コミュニティーへの訪問は、現地のイヌイットの手による芸術作品を購入できる

機会であるだけでなく、ヌナブトに住む人びとや彼らの独特な生活様式に対して親近感を持つことができる機会でもあるのだ。これは船に乗っているだけでは味わえない体験である。海岸地帯を訪れるときには、まず有益なセミナー、つまりツアーのスタッフか現地のガイドがその土地に関する情報を提供してくれ、質問にも答えてくれることから始まる。ときには、会社がそれぞれのコミュニティーでゲスト・スピーカーを用意していることもある。

また、多くのツアーでは、ツンドラでのハイキングなどで乗客が足をのばせるようにしてくれる。このハイキングは、短時間の自然観察ハイクから、低めの山を登るような、より迫力のあるものまでさまざまだ。特定の鳥や哺乳動物が多くいる、人里離れた土地でのロッジやキャンプ泊といった手配をしてくれるツアー会社もある。

礼儀

何年かまえのことになるが、キキクタリュアク（ブロートン島）Qikiqtarjuaq (Broughton Island) の住人は、クルーズ船のおおぜいの乗客がバフィン島にある彼らのコミュニティーにおり立ち、家に図々しく入りこみ、スナップ写真を何枚も撮ってから、「ありがとう」とだけいって立ち去ったのを見て衝撃を受けた。なにも知らない乗客たちは、ガイドにそのコミュニティーは一種の「生きた博物館」であり、つぎの寄港地に向けて海岸を離れるまえに自由に立ち寄っていい、といわれたようである。

当然のように住人たちから沸き起こった不満は、今はなきバフィン地方観光協会 Baffin Region Tourism Association が介入せざるをえないほど大きくなり、ヌナブトに来るすべてのクルーズ船に対するガイドラインが作成された。ヌナブトを訪れるクルーズ船は、政府の観光ライセンス発行担当者への旅程表の送付を求められており、その担当官はコミュニティーに船の到着が迫っていることを知らせるのである。それから個々のコミュニティーは、クルーズ船の管理者に、コミュニティー内で乗客がどのようにふるまわなければならないか、を伝えるのである。自分のクルーズの管理者に、コミュニティー内でのふるまいの禁止事項と許可事項に関するコピーをもらえるよう頼むといい。

このコピーがないとしても、自分の常識に頼ればいいのである。招かれてもいないのにだれかの家に押しかけない、許可を得るまえにズーム・レンズをだれかの顔に突きつけない……。

ボートでコミュニティーに入る以上、狩猟の旅に出かける人びとに出くわすかも

しれない。この遭遇は、イヌイットの狩人の活動を目にすることができるすばらしい機会である一方、《血を見る》ことにもなり、心がまえのない訪問者はとり乱すことになる。イヌイットは気の遠くなるほど長いあいだ、自然資源として海洋哺乳動物に依存してきたのである。この文化のちがいを尊重しなければならない。

いい船を見つけること

　この地域に浮かぶ砕氷船や耐氷船は数は多いが、乗船できる船の数はかぎられている。また、ヌナブトでは毎年多くの会社が運行を始めているようだが、その空席はすぐになくなってしまう。少なくとも6か月まえには計画を立てること。たとえば、1997年の夏におこなわれた最初のバフィン島周遊ツアーは、1年以上もまえに予約が埋まった。

　どんな旅行であっても、旅行代理店に相談するのはけっしてわるくはない。あなたが「北西航路の旅をしたい」といったときに、机の向こう側に座っている人が眼を丸くしてあなたを見返しても驚いてはいけない。このような旅は主流ではなく、たいていの旅行代理店では、あなたがなんのことをいっているのかすらわからないだろう。けれども、まともに仕事のできる代理店であれば、必要なデータをあなたに提供できて当然だ。

　旅行代理店の担当者の無表情な視線に出くわしても、諦めてはいけない。いつでもインターネットに接続できる今日、世界中の情報がマウスの1クリックで手に入る時代なのだ。ほとんどの北極圏クルーズ会社が、旅程、娯楽設備、費用と日程の情報が豊富に用意されたウェブ・サイトを持っている。また、たいていの北極圏クルーズはナチュラリスト（エコツーリスト）向けであることが多いので、自然関連の雑誌や定期刊行誌でクルーズ会社の広告を探すといい。ヌナブト・ツーリズムでも北極圏クルーズに関する質問に答えてくれるだろう。

ホエール・ウォッチング

マイク・ブラサイズ　　　　　　　　　　　　　　　　　　　Mike Vlessides

凍るような北極圏の海の氷がとけたあとのクリスタルのような水面を、ボートが静かにすべっていく。何時間ものあいだ、1匹のクジラを目にすることもなく、ただこの果てしない広がりを見つめて……。

おそらく自分がどこか具合がおかしいのだと考え始める。イヌイットの同行者は私の不安を感じとり、「クジラの潮吹き（息継ぎ）に耳を澄ませ」といいつづける。「クジラの潮吹きに耳を澄ますんだ！」

クジラの潮吹きに耳を澄ませ —— ヌナブトではいちどもクジラを見たことがないが、私には彼のいっていることがよくわかる。「クジラの潮吹き」は、クジラが潮吹き孔から息を吐き出すために、水面に浮上してきたときに起こり、霧の柱が空中に何メートルも吹きあげられるのだ。少しリラックスする。クジラがクジラの潮吹きをしても、もう驚かないだろう。

私は愚かなことをするべきではなかった。過去に見たクジラは息を飲むような威厳ある生き物だったが、私たちが今探している巨大なクジラにくらべれば《歩行者》のようなものだ。この巨大なクジラとはホッキョククジラのことで、全長は18メートル、重さは100トンにもなる。ホッキョククジラの潮吹き、それは私が聞いたこともないようなものだろう。怒ったホッキョクグマのうなり声、遠くの霧笛の響き、そして、クジラが水中へと消えたあとも、長いあいだ空中に消えずに残るV字型の霧の塔……一瞬、私は王たちの仲間入りをする。

比較的最近の傾向だが、旅人と旅行準備業者双方のあいだで、ヌナブトでのホエール・ウォッチング・ツアーの人気が高くなっている。ホエール・ウォッチングをしたい人はヌナブトの多くのコミュニティー、とくに、主要なクジラの生息地の近くのコミュニティーでツアーを予約できる。しかし、それぞれのツアーを提供する旅行準備業者によって、サービスが大きく異なる。事前にしっかりと調べておけば、満足のいく経験ができるだろう。

ホット・スポット

毎年春と夏には、3種類の北極圏に生息するクジラ —— 幽霊のごとく雪のように白いシロイルカ（ベルーガ）、ユニコーンのようなイッカククジラに、巨大なホッキョククジラがおなじ通り道に沿って北へ移動してくる。しかし、彼らの目的地は大きく異なる。イッカククジラは深いフィヨルドを目指し、ホッキョククジラはプランクトンの豊富な海域を目指し、シロイルカ（ベルーガ）は水深の浅い河口を目指す。

ヌナブトでクジラを見るのに最適なのは、バフィン地方 Baffin Region である。バフィン島 Baffin Island の沿岸には数え切れないほどの入り江、フィヨルド、湾があり、多くのクジラの生息地となっている。キバリク地方 Kivalliq Region のほと

んどのコミュニティーは、クジラの生息地である巨大なハドソン湾Hudson Bayの海岸線に位置しているが、密集地でクジラを見つけるには、かなり長い距離を旅する必要があるかもしれない。キティクミウト地方Kitikmeot Regionはクジラの生息地として知られているわけではないので、現地の住民はクジラを発見すると、たいへんおどろき興奮するという。

バフィン地方

　この地方のほとんどのコミュニティーはクジラの国のなかにある。特定の時期にはクジラ密集地がとても近くなるので、とくに関心を引くスポットが2、3ある。バフィン島とデボン島Devon Islandを分ける指のように細長いランカスター海峡Lancaster Soundは、ヌナブトでも最高のホエール・ウォッチング地点のひとつであるだけでなく、北極圏全域でももっとも野生生物の豊富な場所なのである。毎年春と夏には、この水域は何千ものクジラ、アザラシ、セイウチであふれる。同時に、数え切れないほどの鳥もやってくる。ランカスター海峡をとり巻く水路、とくにアドミラルティー入り江Admiralty Inletとエクリプス海峡Eclipse Soundもまた、主要なクジラの生息地だ。もっとも近い4つのコミュニティーは、ポンド・インレットPond Inlet、アークティック・ベイArctic Bay、ナニシビクNanisivikにレゾリュートResoluteである。ナニシビクは旅行準備業者のいない鉱山の町である。ランカスター海峡の西端にあるレゾリュートでは、それほどすばらしいクジラの眺めを楽しめるわけではない。ポンド・インレットとアークティック・ベイでは、旅行準備業者がホエール・ウォッチングに積極的にとり組んでいるので、そこに行くのがいちばんいい選択だ。

　春にもっとも驚かされるクジラの行動のひとつは、ポンド・インレットとアークティック・ベイのコミュニティーの近くで起こる。そこでは、クジラがリード（氷の幅広い割れ目）やポリーニヤ（1年を通して氷の張らない場所）のなかで、海浮氷のかたまりが端から崩壊するのを待ちかまえている。野生動物を見られる保証はないが、ここではクジラを見ることができる確率は高い。というのもクジラは毎年おなじ地点に戻ってくる傾向があるからだ。

　イザベラ湾Isabella Bayは、長いあいだクライド・リバーClyde River近くの住人たちに《ホッキョククジラの国》として知られてきた。8月と9月には、多くのホッキョククジラが水深の浅いこの水域で水を飛び散らし、求愛し、つがいとなる。イガリクトゥーク（イザベラ湾）生物圏保護・国立野生生物区 Igaliqtuuq(Isabella

Bay) Biosphere Reserve and National Wildlife Areaと国立野生生物地域となる保護地域は、現在整備中である。しかし、観光に関しては、いまだに計画が定まっていない。湾へのアクセスもむずかしいのだ。けれども現地の猟師・罠猟師組合 Hunters and Trappers Organization (HTO) は、「湾へ注意深く進入するのであれば、ライセンスのある旅行準備業者が同行するエコツアー・グループが、晩夏にこのイザベラ湾地域に立ち入ること」に同意した。

　サマーセット島 Somerset Island のカニンガム入り江 Cunningham Inlet は、全ヌナブト地域のなかでも最高のシロイルカ（ベルーガ）生息地のひとつである。毎年夏、とくに7月と8月には、何百頭ものシロイルカ（ベルーガ）が、入り江とあたたかく水深の浅いその土地の河口を埋めつくす。ここでシロイルカ（ベルーガ）を見たことのある訪問者は、「自然のなかでも、もっともすばらしい光景のひとつだった」と口にする。

　ほかに記しておくべき場所は、カンバーランド海峡 Cumberland Sound（ホッキョククジラ、シロイルカ［ベルーガ］、イッカククジラ）、フォックス入り江 Foxe Inlet、とくにイグルーリク Igloolik 周辺（ホッキョククジラ）、サニキルアク Sanikiluaq（シロイルカ［ベルーガ］）だ。カンバーランド海峡とイグルーリク/フォックス入り江は春と夏、サニキルアクでは夏がいい。

キバリク地方

　ベーカー・レイク Baker Lake をのぞいて、すべてのキバリク地方のコミュニティーは、夏に何千頭ものクジラであふれるハドソン湾に面したところ、またはその近くにある。最大の問題点は、バフィン地方とはちがってキバリク地方には、クジラが密集する様子を見られると保証できる場所がほとんどないことだ。その一方で、北ケベック（ヌナビク［Nunavik］と呼ばれる）に面するハドソン湾東岸に沿って、またマニトバ州のチャーチル Churchill から南方のハドソン湾沿岸にある河口に、シロイルカ（ベルーガ）は何百頭も集まる。コーラル・ハーバー Coral Harbour も、アルビアト Arviat と同様、シロイルカ（ベルーガ）の生息数が多いことで知られている。夏には、リパルス・ベイ Repulse Bay が北極圏の全3種類のクジラを見るのにはいい。

キティクミウト地方

　まえにも書いたように、キティクミウト地方は、ほかの地域ほどはクジラを見る

のに適した場所ではない。北極圏の沿岸部には少数だが、たしかにクジラが生息しており、ボートに乗ればいつでもクジラを見るチャンスが少しはある。しかし、あなたがホエール・ウォッチングにかける時間を無限に持っているのでなければ、ほかの場所に行ったほうがいい。

期待できること

　どんな種類の野生動物観察旅行（エコツアー）でも、旅行準備業者のサービスと価格には大きなちがいがある。しかし、最低でも自分が選んだ旅行準備業者が安全を保障してくれること、とくに海に出て行く場合にはその点を確認すること。また、ライセンスを保有しているかどうかも確認すること。ほんの少しでも疑いを抱いた場合は、礼儀正しく断ることだ。

　ライセンスを保有しているガイドや旅行準備業者は、ボート旅行にはサバイバル（フローティング）・スーツを用意してくれる。この全身用のスーツは、事故の際、浮きとしてだけでなく、貴重な体温を保ってくれる。

　ホエール・ウォッチング・ツアーは、旅程の長さもさまざまだ。午後のあいだだけ海上に連れ出してくれる旅行準備業者もいれば、ひと晩かけるツアーもある。値段も、旅行する距離や旅行準備業者によって、また、提供される追加サービスによってまったく異なる。どこであろうと、半日でひとり当たり75ドルから、1日だとひとり当たり300ドルくらい（価格は団体料金に基づく）支払うことになるだろう。実際になにかを見られるという保証はない。なにも見られなくて失望して家に帰ってきても、お金を払い戻してもらおうなどと考えてはいけない。

　あたたかい防水の服 ── あなたが考える以上に不可欠なものだ ── を着ていれば、旅を非常に楽しめるだろう。また、双眼鏡、カメラやビデオ（どちらも倍率の高い望遠レンズをつけて）、（船で旅をする場合には）船酔い防止薬、ゴム靴やガイドと味覚がちがったときのための余分な食糧を持っていくこと。

　コミュニティーに基盤を置く旅行準備業者に加えて、ヌナブトに基盤を置かない大きなカナダのツアー会社も、春と夏のホエール・ウォッチング・ツアーを手配している。たいていは、ホエール・ウォッチングはエコツアーの一部であるが、ときにはホエール・ウォッチング・ツアーだけを提供しているツアー会社もある。カヤックやテントから、豪華な観光船に改造された砕氷船まで、その快適さはさまざまだ。このような旅行を提供するのは以下の会社 ── マリン・エクスペディション Marine Expeditions、アドベンチャー・カナダ Adventure Canada、アークティッ

ク・マリン・ワイルドライフ・ツアーズ Arctic Marine Wildlife Tours とカナディアン・リバー・エクスペディション Canadian River Expeditions（ヌナブトなどを周遊する期間の長い旅行に関する情報については、186 ページの『クルージング』を参照）。

旅の時期

　ほとんどのヌナブトへの訪問者は夏、つまり 7 月と 8 月にやってくる。1 年のこの時期には、ボートの甲板や比較的快適な陸上の観察地点からクジラを見ることができる。それでも、ほかの季節、とくに春にも見られる。冬には、スノーモービルに引っ張られるソリ quamutik に乗って旅をすることになるだろう。

　ひとつだけ最後に記しておくこと —— イヌイットは大昔から、クジラをとって食べてきた。《血まみれのクジラ猟》を目撃したくないのであれば、ガイドにはっきりと伝えること。とくに目的地が海氷上や、リード、ポリーニヤに行く場合には、それを目にすることは多いから。

イヌゾリ

ピーター・アーナーク　　　　　　　　　　　　　　　　　　Peter Ernerk

30 年まえ、ナウヤート Naujaat（リパルス・ベイ Repulse Bay）でローマのカトリック宣教師が、「3 人のイヌイットが春のチャー（ホッキョクイワナ）釣りをしていた湖で溺れ死んだ」と私たちに告げた。

　その犠牲者が飼っていたキミック qimmiit（ハスキー犬）が近くにあるキャンプまで歩いてやってきたので、そのキャンプのメンバーは、イヌの持ち主たちに、なにかよくないことが起きたとすぐにわかった、ということをのちに聞いた。

　キミック、ハスキー、エスキモー犬、カニス・ファミリアリス・ボレアリス canis familiaris borealis は、どれもイヌイットのためによく働いてきたイヌの名前だ。2000 年以上ものあいだ、ハスキーは木製のソリを引き、イヌイットのよき仲間としてふるまい、メッセージを伝える手助けをし、北極圏を横断する探検家たちを案内してきた。昔を思い出してみると、私の父アサナシー・アングティタク Athanasie Angutitaq は、キミックたちに高い敬意を払っていた。今日ヌナブトではスノーモービルがイヌゾリにとってかわっているが、イヌの重要性はいまだに残ってい

る。昔の生活様式を懐かしく思い出させるものとして、ハスキーは輸送や観光に使われたり、「ヌナブト200」のような毎年おこなわれるレースに出たりする。

ハスキーは、北で生活するのに適した体をしている。極寒の冬でさえ、自分のあたたかい毛皮だけで十分なのである。意地のわるいブリザードをも苦にしない。魚を食べることで美しい毛皮のコートがつくられ、セイウチとアザラシの肉は重い荷物を引っ張る強さを与えてくれる。以前、ナティリガアーリュク Nattiligaarjuk (『アザラシのほとんどいない湖』)では、通常私たちはイヌにチャー(ホッキョクイワナ)やカリブーの肉を与え、ときどきアザラシの肉を与えていた。ハスキーは適応力が高い。彼らは何日か食べなくても働きつづけられる。昔、食糧が少なくなり、1週間のあいだいちども食べものを与えなかったこともあったが、それでも彼らは重いソリを引っ張っていたのだ。

ナティリガアーリュクで、私たち家族は石の堰であるサプチト saputit、つまり魚をわなにかけるために川にかけられたダムで漁をしていた。冷たい水のなか、ヤス(イヌイットの使うふたまたの槍)で魚をつかまえたのち、夜になると、父と私はよくあたたかいカリブーの毛皮の毛布にくるまり、イヌのナカタク Nakataq と寄り添って寝た。ナカタクは私たちが飼っていたイヌたちのボスだ。タシクアク tasikuaq、つまり冬にアザラシのいる穴をかぎ分けるイヌであり、イスラクトゥユク isuraqtujuq ——リード犬でもあった。ナウヤートですごしたあいだ、いいリーダー犬であるナカタクを頼りにしていたものだ。

何年もまえ、カリブーを追いかけて沿岸部から内陸に旅をしたとき、私たちは何マイルも歩かなければならなかった。大人は、男も女も、寝具、皮のブランケット、それに予備の服といった大量の荷物を運ぶ。イヌたちはテントを設営するための木の棒など、その他の荷を運ぶ。カリブー狩りのあいだも、とくに風下を移動しているときなど、私たちはイヌたちにカリブーの通り道を嗅ぎ分けさせた。コンディションがよければ、イヌたちは匂いを嗅ぎつけ、カリブーの群れに向かって駆け出してゆく。そうするとすぐに私たちはカリブーを見つけられるのだ。

沿岸部に戻るときは、人間もイヌも陸でとったカリブーの肉を運ぶため、ずっとたいへんな旅になる。トゥヌク tunnuq (カリブーの脂肪)はとくに重い。

日が徐々に長くなってくる3月には、アザラシを呼吸穴で狩るために海氷上に出ていったものだ。穴は雪でおおわれているのだが、私たちはハスキー犬にアザラシの穴を嗅ぎわけさせる。風向きを確かめ、波立っている雪の側を歩いていく。呼吸用の穴は通常、氷の隆起部の東側にあいている。西風がこの場所に深い雪の吹きだ

まりをつくるため、アザラシ、とくに小さな子どもたちには安全なのである。イヌたちはアザラシの穴を嗅ぎつけると、その穴を見つけに走る。私たちは、穴が見えるまで深い雪を突き崩していく。父がその穴のところで待ちかまえているあいだ、姉、義理の兄と私は別の穴を探しつづけるのだ。冬にアザラシ狩りをしていて、ホッキョクグマのいる地域にやって来たときには、イヌたちにホッキョクグマを追わせる。ハスキー犬をクマと戦わせているあいだに、銃で仕留めるほうが簡単なのである。沿岸地域での生活は、ときには危険なこともある。ホッキョクグマが私たちのキャンプにやってきたことが2回ある。ホッキョクグマは危険な動物なのだ！ハスキー犬たちはクマに吠えかけ、私たちのテントからクマを遠ざけようとする。この隙に父はライフルに弾をこめ、ホッキョクグマを撃ち殺す。キミックが危険な動物に向かって吠えれば、ほかのキャンプのメンバーに対しても危険が迫ってきたことを警告することになる。

　リード犬のなかには、ブリザードのなかでも家に戻る道がわかるよう訓練されているイヌもいる。義理の兄と一緒にカリブー狩りからナティリガアーリュクに戻ってきたときのことだ。風が激しくなり、私たちの周囲では雪が吹きあがり始めた。すぐにまえがほとんど見えなくなったので、少し移動したあとに夜のためにキャンプすることを決め、遠くに行ってしまわないようにイヌたちをつないだ。翌朝、ブリザードがすぎ去ったあと、たいへん驚いたことには、その場所は家から約3キロメートルしか離れていなかったのだ！

　1960年代には、ハスキー犬の数が急激に減少したため、完全にいなくなってしまうのではないか、と心配する人もいた。スノーモービルが高価なこと（たとえばリパルス・ベイでは、1台700ドルであった）と、狩人と罠猟師の数少ない現金収入源のひとつであった毛皮の需要の減少が一部の理由であった。

　しかし、1973年と1974年のあいだに、イヌイットにキミリリイ Qimmiliriji ──「イヌの人」── と呼ばれていたイエローナイフ Yellowknife のビル・カーペンター Bill Carpenter は、心やさしいエスキモーのハスキー犬を愛していたため、エスキモー犬調査財団 Eskimo Dog Research Foundation と繁殖用の犬舎を設立した。連邦警察（RCMP）が多くの北極圏のコミュニティーに別種のソリイヌを導入したこと、スノーモービルとペット犬が一般的になってきたことなどから、ハスキー犬は、もはや純血ではなくなっていた。カーペンターは、純血であると思うイヌをやっとのことで何匹か見つけ出し、繁殖を始めた。カナダ・カウンシル、企業、政府の各レベルの協力を得て、彼は何千頭ものイヌを育て、カナダ・エスキモー犬という

血統をつくりあげ登録した。獲物を自分たちのコミュニティーやキャンプに運ぶのには費用がかかるため、カーペンターはよくイヌイットのチーム・オーナーに、あまっているイヌを譲ったものだ。彼はこの仕事をたゆみなく何年もつづけてきている。

　この美しいキミックを存続させてきたことで、イグルーリク Igloolik のコミュニティーもその功績を認められている。過去何年ものあいだ、イグルーリクはヌナブトのほかのコミュニティーにこのイヌを提供してきた。イグルーリク・イスマ・プロダクション Iglulik Isuma Production が作成した、1940年代のイヌイットの生活を描いたドキュメンタリー映像『ヌナブト』では、俳優を移動させるのに本物のキミックが使われた。多くのコミュニティーで、イヌの数はふたたび増加してきたが、血筋が微妙にちがうため体が少し小さい。また、このイヌたちは、きちんと隔離されたイヌ小屋を必要とし、南部のドッグ・フードを食べる。さらに、彼らの毛皮は毛足が短い。けれども、ランキン・インレット Rankin Inlet に住むある古老は、いまだに自分のイヌを昔とおなじように扱い、もともとやっていたエサ——もちろん生肉——を与えている。71歳のムッシャー musher（イヌゾリづかい）であるロバート・タティ Robert Tatty は、1996年におこなわれたアルビアト Arviat からランキン・インレットまでの「ヌナブト200ドッグ・レース」で優勝して1万ドルを勝ちとり、さらに1997年にもまた優勝している。

　旅人もイヌゾリで走ることができる。価格はさまざまだが、1日でおよそ300ドルほどが上限である。ここでは天候がまえ触れもなしに寒くなったり荒れたりするので、あたたかい恰好(かっこう)をしていくこと。また、キミックたちの写真を離れた場所から撮るのはかまわないが、ペットにするように彼らの頭をなでたりしてはいけない。彼らは仕事をするイヌたちなので、攻撃的なこともある。けれども、このアドバイスにしたがいさえすれば、イヌゾリはとても楽しいものだ。それは保証する！

海氷上の旅

アンドリュー・タクトゥとジェニファー・バーニアス
Andrew Taqtu and Jennifer Bernius

毎年春、ヌナブトでは海浮氷の縁部に魅惑的な世界が広がる。そこでは、氷結しない水が定着氷に向けて流れ、動きがなく静かな水と、流れに駆り立てられてきた水がぶつかりあう。

海氷上の旅

　3月、「巨大な氷山と氷河の谷」という景観に囲まれている水辺は、移動してきた海洋哺乳動物や北への旅を始めた鳥たちで、生命にあふれかえる。運がよければ、ホッキョククジラやセイウチ、タテゴトアザラシ、アゴヒゲアザラシ、イッカククジラ、シロイルカ（ベルーガ）、カモメ、マガン、ハシブトウミガラス、クロウミガラス、ゾウゲカモメ、オナガガモ、ホッキョクグマを見られるかもしれない。

　動物たちの縄張りのなかにキャンプを張れば、シロイルカ（ベルーガ）やイッカククジラを20メートルしか離れていない位置で見られるかもしれない。ヌナブトの観光産業のなかでは、ダイビングはまだ始まったばかりで態勢が整っていない面もあるものの（詳細は211ページの『ダイビング』の項参照）、水中ではさらにずっと近くで眺めることができる。水中で撮影するクルーは、この神秘的な生き物に5メートルほどまで近づくことに成功した。陸地ではホッキョクグマが、逃げさえしなければ15メートルほどのところにいることもある。こんなことが起こるのを、きっとあなたは期待しているにちがいない。でも、ホッキョクグマは危険な動物だ。あなたの安全は、あなたがパノラマの景観を堪能しているあいだもクマを見張っていてくれる、ライフルを持ったガイドにかかっている。

　考古学的なイヌイットのキャンプ地を調査したり、アザラシの呼吸穴の側に横になってアザラシを待ちかまえることもできる（20分待ってもアザラシが現れなかったら、それは別の呼吸穴で新鮮な空気を吸っているということだ！）。

　たいていのツアーはポンド・インレットPond Inletやレゾリュートresoluteを出発し、目的地はランカスター海峡Lancaster Soundとその周辺である。ここには北部のなかで、どこよりも野生動物の豊富な密集地がある。これは風と潮流によって早い時期に氷がとけるために、クジラや海洋哺乳動物の移動ルートが開くからである。南のバフィン島Baffin Island周辺では、ケープ・ドーセットCape Dorsetから近くの海氷上へ行くツアーがある。

　1年のうちで海氷上に出るのにもっともいい時期は、4月から7月中旬までの、「北極圏の気候に慣れていない人でも旅を楽しめるくらいの寒さ」の時期 —— 夜はまだ冷えこむが —— だ。あたたかい服のほかに、春の強烈な日差しを防ぐサングラスと日焼け止めも持ってくること。防水ブーツもあたたかい素材で裏打ちされているといい。5月から7月にかけての、不快な雨の多い天候に備えてレイン・コートも持っていったほうがいい。いずれにせよ、多くの旅行準備業者は、サバイバル・スーツと冬用の靴を用意してくれる。

　経験豊富なガイドは、たとえあなたがはじめて極北の地を訪れたとしても「注意

海氷上の旅

さえしていれば、海氷に関してはなにも心配する必要はない」というだろう。でも、流れの速い水の近くでは油断しないこと。新しい氷の上は歩かない。海氷の水ぎわには近づかないこと。水の上に引っかかっているだけの不安定な海氷のヘリに近づきすぎると、水中に落ちることもある。水が氷を削っていることを理解しなければいけない。また、北西の風が吹いているときは用心すること。いつでも満月のときには、なにかが起こる可能性がある。風が水を飛び散らせ、その結果、波が海氷の氷を削りとるのである。

ツアー

　一般的に海氷上ツアーは7〜9日間で、パッケージに含まれる「豪華さ」の度あいと日数により、価格はおよそ2,000ドルから4,000ドルまでの幅がある。たいていのツアーでは、旅人はスノーモービル、ときにはイヌに引かれたソリで海氷上まで行く。凍った海とツンドラを越え、息を飲むほど美しい景色のなかを行く4〜6時間の旅は、それ自体がツアーのハイライトとなる。氷の状態によって、悪路だったり平たんな道だったりする。昼食とお茶のための休憩や、1頭か2頭の陽気なアザラシの写真を撮る機会があるが、さらに、恐ろしいほどの静けさも味わってほしい。

　6月に9日間のツアーを2回おこなうある旅行準備業者は、20人までのグループをレゾリュートからランカスター海峡のクローフォード岬Cape Crawfordにあるベース・キャンプまで、チャーターしたツイン・オッターTwin Otter（双発軽飛行機）で運ぶ。旅人は、このベース・キャンプからスノーモービルやイヌゾリを使って、プリンス・レオポルド島Prince Leopold Islandのすばらしい鳥類保護区域などのおもしろそうな場所へ遠出をするのである。国連の世界遺産に推薦されているこの島は、何千羽ものウミガラス、ミツユビカモメ、ゾウゲカモメ、シロハヤブサにトウゾクカモメの営巣地となっている。

　旅人は、ひろびろとしたあたたかい2重のキャンバス地のテントに、ほかの2〜3人と一緒に眠り、食堂テントで標準的な南部の食事に少し《地元の食べもの》のついた食事をとる。費用には、レゾリュートとベース・キャンプ間の飛行機の往復、海氷上のツアー、そして家に帰るまえの最後の晩に宿泊するアークティック・ベイArctic Bayでのホテル代が含まれる。そのほかにも、テント装備、食事とサバイバル・スーツが含まれる。ガイドはイヌイット語しか話さないイヌイットのベテランの狩人で、通訳として若いイヌイットが一緒に旅をする。

　普通は5月の中旬から6月にかけてのスノーモービルかソリによる旅となるが、

登山

　ポンド・インレットから海氷上に出れば、ランカスター海峡と新しいサーミリク国立公園 Sermilik National Park 近くにあるエクリプス海峡 Eclipse Sound 内のバイロット島 Bylot Island にあるすばらしい野生動物保護区域へ行けるだろう。写真家の夢であるこの島は、毎夏ここに移動してくる海洋哺乳動物と陸上哺乳動物の数が多いことで有名だ。またこの島の岸壁は、およそ52種類もの鳥の夏場の家となる。砂浜からそびえ立つ山まで、その地形はさまざまで、島自体が魅惑的だ。島の端近くには、砂岩が風雨に削られて奇妙な輪郭を描いている23メートルもの高さの岩柱がある。また、サーミリク氷河の上に立ち、氷河の水を飲むこともできるだろう。世界でもっともきれいな水である！　バフィン島にあるイクピアリュク氷河 Ikpiarjuk Glacier では、すばらしい氷の洞窟を訪れることができる。

　ある経験豊富なガイドからの忠告を最後の言葉とする——「自分の立っている氷が割れてしまったら、風が定着氷のところに戻してくれるまでその氷の上にいること」。これが、海氷上での経験のある狩人がかならず自分のボートを海氷の水ぎわにつけておく理由なのである。

　いちばんいいのは、割れそうな氷からは離れていることだ！　天候が穏やかだったとしても、下から氷を侵食していく水の流れによって氷に割れ目が入ることを覚えておくこと。

登山

ビバリー・イラウク　　　　　　　　　　　　　　　　　　Beverly Illauq

山登りは、ヌナブトを《新たな高さ》まで高めている。

　何年も、登山家たちは地球上でもっとも目立ち、《連続した崖の垂直面》のうちのふたつを目指してやってきた。トール山 Mount Thor の東面にそびえたつ1,000メートルの崖と、アスガード山 Mount Asgard の東面の800メートルの崖はパングニルトゥング Pangnirtung のアウユイトゥク国立公園 Auyuittuq National Park に位置する。登山家たちによって《発見》されて以来ずっと注目を集めてきた。トール山の上部垂直面は平均して105度の角度で、東からのアスガードの峰の眺めは畏敬の念を起こさせる。大絶壁のグレードVIの補助ルートは、これらの峰の両方とアウユイトゥク国立公園のほかの崖にもつくられた。ウィーゼル渓谷 Weasel

登山

　Valleyから行ける峰にも新しいフリー・クライミングのグレードⅣからⅤのルートがあり、そこにも登山的見地に立てば、まだほとんど無限の可能性がある。みかげ石の質はさまざまで、完璧なものから朽ちてぼろぼろになったものまである。アウユイトゥク国立公園の峰の多くは過去数十年にわたって登られており、毎年、事実上新しいルートが開かれている。すでに登られてはいるが、新しく価値あるルートとして、ブレイダブリク Breidablik、フリガ Friga、オディン Odin、ビルボ Bilbo、チロクワ Tirokwa、アドルク Adluk、チル Tyrがあり、さらにまだ名前のつけられていない多くのルートがある。

　アウユイトゥクでもっとも乾燥した月は4月下旬から6月下旬であるが、5月中旬以前に気温が0度を越えることは滅多にない。しかし、1日24時間、日に照らされ太陽にあたためられる、という要素が北極の気候をおぎなってくれる。夏の気温は温暖になるが、湿った状態が普通である。

　近年、ヌナブトのほかの場所でもまた、登山が喝采をもって認められ始めている。1995年と1996年にはヨーロッパ、日本、アメリカのチームがバフィン島 Baffin Islandの北にあるクライド・リバー Clyde Riverに近いサム・フォード・フィヨルド Sam Ford Fiord の大絶壁を登った。1996年には、アメリカとカナダのホリンガー、シノット、チャップマン Hollinger/Synott/Chapmanのチームがポーラー・サン・スパイア Polar Sun Spireの北面のむずかしいコースを登った。彼らは、1,338メートルもある世界でもっともけわしい3つの絶壁のひとつとして、このルートを初登攀した。

　クライド・リバー近くのほかのフィヨルドは、これまで登山とロッククライミングの可能性がない、と思われていた。これらの場所は、事実上だれも登っていない。でも、クライド・リバーの半径160キロメートル以内には良質の岩と傾斜を持つ崖と山の数が無限にあるといわれている。クライド入り江とスコット入り江 Scott Inletとサム・フォード・フィヨルドはクライド・リバーにもっとも近い大絶壁地域である。この地域にあるすべての山はスノーモービル・シーズンにはスノーモービルかソリで、また、夏にはボートで行くことができる。海氷が絶壁に近づくためのプラットフォームになってくれる（登山者たちはまず253ページの『冒険旅行』の項を読んでヌナブト独特の環境のきびしさについて熟知するべきだ。ヌナブトの土地や水路でなにか活動をするときには、訪れようと計画している地域へのアクセス制限があるかとうかを最初に確認しなくてはならない）。

　ヘリコプターを使うことはできるが、かなりまえからでも予約はむずかしい。そ

201

のうえ、道具一式や登山者をアウユイトゥク国立公園へ移動させる目的で、ヘリコプターや飛行機を使用することは認められていない。

「道具一式を崖まで」運ぶ方法としてもっとも安心できるのは、6か月か8か月まえに道具を北へ送り、冬と春のあいだに運んでもらうように業者を手配することだ。これには、早くから事前計画が必要だが、クライミング・シーズンがやってきたとき、あまり失望しなくてすむ方法だ。サム・フォード・フィヨルド/クライド・リバー地区で登山するのにもっともよい時期は、氷の状態が不安定な時期ではあるが、5月か6月である。5月までなら気候が十分にあたたかく、条件のわるい登山ですら可能となる。そして、もし登山者が6週間の休暇期間に立ち往生することを避けたいのであれば、6月30日までに旅行業者が迎えにきてくれるはずだ。登山目的地までは、コミュニティーからの距離や氷の状態にもよるが、スノーモービルとソリで10～36時間かかる。

7月と8月には、登山者は激しい風や水環境の悪化と闘わなければならない。登山場所へのアクセスは予測不可能となるため、海から直接そそり立つ崖を登るという手配は、非常にむずかしくなる。このため、夏の登山は普通魅力的ではない。

きびしい気候と僻地なので、地元の状況を相談したり、必要であれば遠征中に支援してもらったり、コミュニティーと登山地域のあいだの輸送サービスを頼んだりするために、公認ガイドを雇う必要がある。忠告しておくが、クライド・リバー周辺には登山ガイドはおらず、救助手段もない。しかし、イヌイットのガイドは貴重な陸上および海上のサポートを提供してくれる。

スキー

テリー・ピアース　　　　　　　　　　　　　　　　　　Terry Pearce

ヌナブトでの春スキーは、カナダでもっとも秘密にしておきたいもののひとつだ。どこへ行ってもひろびろとしてすばらしい眺めを目にすることができ、森林限界線まで達するのに300メートルかそこいらも登る必要がないのだ。

ヌナブトのどこにいるかにもよるが、18時間かそれ以上の日照時間とあわさって、完璧に近いクロスカントリー・スキーが楽しめる。それは貴重な体験である。

スキー

　ヌナブトの準州都であるイカルイトIqaluitの外において、2時間以内の周囲ではカリブーを眺めながらスキーができる。カリブーはときには何百頭もいて、町を囲む丘や谷で群れになって草を食んでいる。

　ほかの場所では、もし運がよければジャコウウシ、シロオオカミ、ホッキョクウサギや渡り鳥の群を見ることができる。コミュニティーによっては、近くに公園や保護地区がある。地元のガイドを雇うのはむずかしくはなく、道具一式と一緒にスノーモービルで旅の出発地点まで連れていってもらえる。ただし、自分の道具を持ってくること。たとえガイドつきのパック旅行でも、スキー・レンタルは一般的ではないのだ。

　ヌナブトでのほかのめずらしい経験は、凍った海でのスケート・スキーである。晩春にはすべての海岸線や湾、フィヨルドに沿って、平均して160センチの厚さの氷が張っている。通常5月ごろに雪がとけ出すと、氷の上で何マイルもスケート・スキーをすることが可能になり、四方八方の島や、海岸に沿ったほかの場所を訪れることができる。それは本当にすばらしい経験だ！

　現在、ヌナブトにはダウンヒルのスキー場はない（ワシントン州シアトルのツアー会社、アークティック・オデッセイ Arctic Odysseysは1996年にツイン・オッター［双発軽飛行機］を使ってアウユイトゥク国立公園 Auyuittuq National Parkとカンバーランド半島 Cumberland Peninsulaにある山でのスキー旅行を始めたが）。ヌナブトの山では、硬く、畝が多く、風によって削れた雪のせいで、スキーヤーがやわらかい雪面に出くわしたときにコントロールを失う可能性がある。こういった弱点と、短いスキー・シーズンと交通の不便さがさらにヌナブトのダウンヒル・スキー場を魅力のないものにしている。

個人スキー

　ヌナブトではどのコミュニティーでも、日帰りでも数日間でもスキー旅行のための適当なベースとして宿や食事を提供してくれる。いったんコミュニティーの外に出たら、イヌイットの所有地へはアクセス制限があることに気をつけなければならない。大胆さと十分な体力がある者にとっては、97キロメートルのアカシャユク山道 Akshayuk Passへのスキー・ツアーは生涯の思い出の旅となりうるだろう。このすばらしい山道はバフィン島 Baffin Islandのアウユイトゥク国立公園に位置し、山谷がペニー氷冠 Penny Ice Capの東端に南北に走っている。氷冠からの氷河が山道に注ぎこみ、壮観な光景をつくりあげている。山道の中間地点にあるサミット

湖Summit Lake近くの氷河へ行くのは、それほど困難ではないだろう。これらの氷河でのすばらしいツアーは無数にある。しかし、氷河旅行の体験には安全と救助のための適切な準備をしなければならない。旅行が数時間にしろ数日間にしろ、すべての自然活動は《自己危機管理》でおこなわれるのだ。

ガイドつきスキー

　現在、クロスカントリー・スキーヤーへのパック旅行を提供してくれる公認旅行業者はほんのわずかである。イカルイトのノースウィンズ・アークティック・アドベンチャーNorthWinds Arctic Adventuresは、あらゆる場所へのガイドつきスキー旅行（イヌゾリが一緒に来るので重い荷物を運ぶ必要がない！）を提供している。例としては、カタニリク準州公園保護区Katannilik Territorial Park Reserveのスキー・コースで、メタ・インコグニタ半島Meta Incognita Peninsulaの川谷や低い山やまが、キンミルトKimmirutのコミュニティーまで横たわっている。

必要なもの

- あたたかく、軽い服装で通気性のよいもの。
- フードつきの防風ジャケットと防風ズボン。
- 毛糸の帽子とあたたかいかぶりもの（体を動かすとき、断熱性のヘッド・バンドは、耳をあたためて風から守ってくれつつ、頭から熱を逃してくれる）。
- 防風ミットを数組。手袋型ライナーは素手を外気にさらすことなく縛ったり結んだりするのに便利だが、手袋だけを着けるのは、ミットよりも保温力が少ないのでおすすめできない。
- 鉄製のエッジ（ヘリ）のついているスキー板。
- 氷河で使うための皮製品。

　実際、カナディアン・ロッキーで森林限界線以北の僻地へ旅行する際にはすべての道具と衣服を持っていかなくてはならない。

　もし数日間の旅行をするつもりなら、覚えておかなくてはならないことがある。戸外の雪の上で、昼間の気温は長い日照時間と反射する太陽の光のおかげでとても気持ちがよいが、夜になると気温は簡単に－20度以下に落ちこみ、風の冷気を実際よりも寒く感じる、ということだ。

　あたたかいパーカを持ってくること。体を動かすときに着るのではなく、春のブリザードのときや、キャンプのまわりに夜間座っているときの保護のためである。

理想的なのは、風よけ用のひだ襟のようなものが顔のまわりを保護してくれるパーカである(《北の国》の人たちが顔のまわりにも毛皮をまとっているのはきちんとした理由があってのことなのだ)。

春には、あたたかくよく断熱された履物で、余分に靴下を重ね履きできる多くの余地があるものが必要になる。　　　(協力　キャロル・リグビー Carol Rigby)

天文学
ジョン・マクドナルド　　　　　　　　　　　　　　　　John MacDonald

注意深く空を見あげる者に対して北極圏の空は、またとない喜びを与えてくれるだろう。

　夏の白夜は別として、驚きに満ちた北極の空を見るのにもっともよいのは、主役である月が雪におおわれた景色をきらきらと照らしているとき……星や惑星がゆらゆらと揺れる薄紫色のオーロラのカーテンを通して、さらにぞっとするほどきらきら光る、冬の暗い時期だ。ヌナブトを冬に訪れる旅人にとって、北極の空は十分に旅の目玉となりうるだろう。

　北極地域は地球軸に近接しているため、より高緯度へ行くにしたがい、さまざまな《発光体（天体）》── 太陽、月、惑星、そのほかの星 ── が、南から来た人にとっては、びっくりするくらい見慣れない動きをする。そして、天空に見える星の数が減っていく。バフィン島 Baffin Island 北部のハイ・アークティック（高緯度極北地域）では、春、夏を通して太陽はけっして沈まず、星は隠れてしまい、月は、もし見えたとしても、光であふれた空に青白く所在なさそうにかかっている。冬にはすべてが逆転し、太陽は月や星や惑星に天空の地位をあけわたし、南のほうへ退却する。もし南方の空に親しんでいる人なら、すぐに、ヌナブト上空では星と星座が見たことのない位置に現れることに気づくであろう。オリオンは低い位置にあり、北斗七星は予期せぬほど高く、シリウスはもし現れたとしても、本当に少しのあいだだけで、南方ではめったに見ることのない鮮やかな色の光をはなちながら南の地平線に沿ってゆっくりと進む。

　春と秋の早い時期には薄明りがいつまでも残っており、今日の日没と翌日の夜明

天文学

けが継ぎ目なくひとつになっている。そして、ある年には、真冬の月（太陽のまわりの軌道面がどこに位置するかによる）が何日も沈むことなくずっと空をまわる――これは夏の白夜とおなじくらい荘厳な冬の光景である。

冬の北極を旅する多くの者が天空で探すのは、北極光、すなわちオーロラである。あの忘れられない光景。オーロラは、大気中にある微量のガスが、太陽からの荷電した粒子によって活性化され発光することによって現れる。オーロラは通常、北磁極 North Magnetic Pole を中心とした「オーロラ楕円」として知られる500〜1,000キロメートル幅の広い地帯で起こる。オーロラはヌナブト中で見られるが、かすかな光で、緑がかった色彩が変化するさまは畏敬の念を起こさせる。イヌイットの伝統によれば、オーロラに向かって口笛を吹くと近くにやってくるそうである。気をつけて！

これまでずっと幾世代もかけて、イヌイットは多くの実用的目的に沿って独自の天文学を発展させてきた。12月の朝の空にアルタイルとタレーズが見られるようになれば、暗い冬の終わりだとか。

星はまた航海、とくに動く流氷の上で狩りをするときなどにも使われる。月の満ち欠けがカレンダーになる。陰暦では、13回の月の満ち欠けが1年である。それぞれの月は、通常自然界での大事なできごとと一致する名前がつけられている。イグルーリク地域 Igloolik area では、たとえば、「太陽が戻ってきた月」は、だいたい1月中旬に始まる期間に相当する。6月は渡り鳥、とくにケワタガモが巣づくりを始めるころで、「卵の月」と呼ばれる。10月中旬から11月中旬までのあいだは、海氷が一面に凍りつく時期で、「トゥサクトゥート Tusaqtuut（聞こえる）」月である。というのは、このころになるとイヌゾリによる旅ができるようになり、近隣のキャンプからのニュースが「聞こえる」からこう呼ばれる。

北極の空は、イヌイットの精神的な信仰と神話にとっての大切な《源》である。ある場所では、星は死者、とくにタブーを破った人生を送った人間の霊魂だといわれる。血を失って死んだ人びとは天空へあがっていき、セイウチの頭をボールにして、永遠に終わることのないサッカー・ゲームをする。ときどきオーロラが赤みを帯びるのは、彼らの死にざまを象徴しているのだという。

広く知られている神話は太陽と月の由来である。簡潔に述べると、話はこうである。妹が兄の近親相姦を見つけてしまい、ふたりはその羞恥により、燃えるコケのたいまつを掲げて空へあがっていくことになった。明るい炎を掲げた妹は太陽になったが、兄のたいまつはすぐに、くすぶったまま燃えさしになってしまったため、

彼は月になった。ふたりは、天上でも追いかけつづけた。しかし、妹の太陽は兄である月の背信に対して、いまだに憤慨しており、彼女の心は哀れみの心と復讐心というふたつの感情のあいだで揺れ動き、ときには彼に食事を与え、そしてときには与えなかったりした。だから月は、永遠に彼の妹の意向により、毎月満ち欠けを繰り返し、豪勢な食事と飢饉を繰り返すように運命づけられているのだ。

　ほかの神話もまた、特定の星団や、蝕、流星群、幻日、虹といった多くの天空や大気の現象を想像力豊かに説明している。あなたがイヌイットの国を訪れるとき、天空にまつわる伝承についてお年寄りの話を聞くといい。イヌイットが観察力、想像力、話づくりに関してすばらしく非凡な才を持っていることを発見するだろう。彼らの話は、北極の空をすばらしく豊かな心で見あげるための心の糧になるだろう。

行事、祭り

ジェニファー・バーニアス　　　　　　　　　　　　Jennifer Bernius

ヌナブトにはお祝いをする多くの理由があるのだが、1999年はとくに多い年だった！　1999年4月1日は、ヌナブトが準州として公的に認められた日として記録されたのだから。

　ヌナブトには、風習として太陽が戻ってきたこととあたたかくなった日々を人びとが祝うお決まりの祭りがある。もっとも定着し、楽しみに満ちたイベントは、7月1日のカナダの日 Canada Day（**独立記念日**）と7月9日のヌナブトの日 Nunavut Day に催される。内容はさまざまだが、たいてい、レース、コンテスト、パレード、伝統的なゲームと近代的なゲーム、ダンスとコミュニティーの祝宴、などが含まれる。クリスマスには1週間にわたる祝宴がほとんどすべてのコミュニティーで開かれる。

　イースターのお祝いでは、イヌゾリやスノーモービル・レースと室内外のゲームがおこなわれるかもしれない。気軽にこれらのイベントに参加し、教会に出かけて、そのサービスを受けるといい。5月のビクトリア・デイ Victoria Day の週末には、ほとんどのコミュニティーが魚釣り大会をおこなう。

　上記のイベントやそのほかの行事や祭りについての情報を得るには、訪れる予定のコミュニティーにある役場 Hamlet Office に電話すること（レクリエーション係

に聞くといい)。悪天候によって日程が変更されることもあるので、お祭りの日程については、かならず確認をすること。ここに、ヌナブミウトNunavummiut (**ヌナブトに住むイヌイット**) が楽しみにしていて、毎年開かれるほかのお祭りを記載しておく。

アルビアトArviat

イヌマリト音楽祭Inummarit Music Festival (9月)──カナダの歌手であるスーザン・アグルカークSusan Aglukarkの故郷で毎年開かれる3日間のイベントを見落としてはいけない。

　伝統的なイヌイット音楽と現代イヌイット音楽の式典で、ヌナブト在住の才能ある歌手が出演し、イヌイット語と英語で歌う (くどいようだが、詳細については、役場のレクリエーション担当係に電話をするか、ファックスで問いあわせること。Tel 867-857-2880 Fax 867-857-2519=以下、このただし書きは、省略して問いあわせ先の村[町]役場の電話番号とファックス番号だけを記載する)。

ベーカー・レイクBaker Lake

町の日Hamlet Days (5月中旬)──ベーカー・レイクの創村記念日と春の訪れを祝い、イヌゾリ・レース、子どもたちのカーニバル、老人たちによるお茶とバノック(あげパン)の会、もっともすばらしい伝統的な衣装を選ぶコンテストなどがおこなわれる (役場のレクリエーション担当係 Tel 867-793-2874 Fax 867-793-2509)。

ケンブリッジ・ベイCambridge Bay

オミングマク・パーティー Omingmak Frolics (5月の連休週末)──この春の10日間にわたるお祭りは、すべての人にとっての楽しみであり、スノーモービル・レース、氷の彫刻、北極ゲーム、子どもたちのゲーム、バイク・レース、パレード、王・女王と王子・王女コンテストなどが開かれる。

音楽祭Music Festival (7月中旬)──このフォーク・コンサートは、ヌナブト中の音楽家がやってきて伝統的音楽と現代音楽を演奏する (役場のレクリエーション担当係 Tel 867-983-2337 Fax 867-983-2193)。

ジョア・ヘブンGjoa Haven

カバルビク・カーニバル Qavvarrvik Carnival (5月)──この伝統的行事では、イグルーづくりコンテスト、イヌゾリ・レース、タラ釣り競争、家族ゲームなどがおこ

行事、祭り

なわれる。
サマー・サン・ゴルフ・クラシック Summer Sun Golf Classic（8月中旬）——この18ホール・トーナメントは、ツンドラ上に自然にできたゴルフ・コースでおこなうことを呼び物としている（役場のレクリエーション担当係 Tel 867-360-7151 Fax 867-360-7009）。

イグルーリク Igloolik

リターン・オブ・ザ・サン Return of the Sun（1月中旬）——イグルーリク・イヌラリート老人会 Igloolik Inullariit Elders Society によって催されるこの伝統的なお祭りは、イヌイットの象徴的行事であり、儀礼に満ちており、伝統的なゲームや伝統的な衣装のファッション・ショーとともにおこなわれる（詳細については、イグルーリク・イヌラリート老人会のリア・オタク Leah Otak とコンタクトをとるといい。Tel 867-934-8836　Fax 867-934-8792）。

イカルイト Iqaluit

ヌナブト・トレード・ショー Nunavut Trade Show（2月中旬）——これはヌナブトの大事なビジネス・イベントで、ビジネスでのネットワークが必要な人にとっては重要行事。1998年には、100人近い出品者に対し、客は数千人も訪れた（詳細については、バフィン地方商工会議所 Baffin Regional Chamber of Commerce まで。Tel 867-979-4653　Fax 867-979-2929　E mail: brcc@nunanet.com または、1998年に開かれたトレード・ショーについて概略を知りたければ、ウェブサイト www.nunanet.com/~brcc をチェックしてほしい）。

ヌナブト鉱山シンポジウム Nunavut Mining Symposium（2月中旬）——カナダの鉱山企業と北西準州政府（GNWT）の資源開発省によって後援されており、この主要なイベントでは、鉱山産業の動向についてのディスカッションやワーク・ショップ、ネットワーク・セッションなどが開かれる（問い合わせ先　バフィン地方商工会議所）。

アニュアル・アークティック・フード・セレブレーション Annual Arctic Foods Celebration（2月中旬）——ヌナブト・トレード・ショーと同時期に催されるこのイベントでは、伝統的な方法で調理された《選び抜かれた北極の食事》を提供する（詳細については、コリーン・デュプイ Colleen Dupuis まで。Tel 867-979-4653　Fax 867-979-0048　E-mail: cdupuis@nunanet.com）。

行事、祭り

トーニク・タイム Toonik Tyme（4月中旬）──ヌナブトにおいて最大の春の祭り（詳細については、イカルイト・レクリエーション省のデーブ・セントルイス Dave St. Louis まで［人事異動でほかの人が担当になっている可能性もある。ほかの項目に出てくる人の場合も同様＝日本語版編者注］Tel 867-979-5617　Fax 867-979-3712）。

クグルクトゥク Kugluktuk

ナティク・パーティー Nattik Frolics（4月）──伝統的なゲーム、スノーモービル・レース、アザラシ狩り、王・女王コンテスト、スクエア・ダンス、コミュニティーの祝宴。

キティクミウト・サマー・ゲーム Kitikmeot Summer Games（7月）──アヒルの羽むしり、アザラシの皮剥ぎ、お茶沸かし、あげパンづくり、魚おろしなどの競争に参加しよう。ハイ・キック、力くらべやほかの伝統的なゲームで競う競技者たちを応援しよう。

コロネーション湾・アニュアル・ゴルフ・トーナメント Coronation Gulf Annual Golf Tournament（7月）──カナダ最北にある18ホールのゴルフ・コースのひとつで週末のゴルフを楽しもう。

イカルクピク釣り大会 Iqalukpik Fishing Derby（8月）──たくさんの賞とひとつのメイン・ゲーム──チャー（ホッキョクイワナ）をつかまえるために、エネルギーのすべてを！（役場のレクリエーション担当係 Tel 867-982-4471　Fax 867-982-3060）

ナニシビク Nanisivik

白夜マラソン Midnight Sun Marathon（7月最初の日の長い週末）──この1年でもっとも長い日をお祝いするこのマラソンは、ナニシビク鉱山会社 Nanisivik Mines Ltd. によって催され、ヨーロッパやオーストラリアなどの遠い国からのランナーをも魅了している。競技は、10、32、42、84キロメートルのレースがあり、アークティック・ベイ Arctic Bay とナニシビクのあいだを結んでいるヌナブトにひとつだけある道路に沿って走る。ホテルの部屋数がかぎられているため、マラソンはたった125人しか参加できない（詳細については、ナニシビク鉱山会社まで。Tel 867-436-7502　Fax 867-436-7435）。

パングニルトゥング Pangnirtung

夏の音楽祭 Summer Music Festival（8月初旬）──伝統音楽と現代音楽を演奏

210

する音楽家たちが、ヌナブト中から集まる（役場のレクリエーション担当係 Tel 867-473-8953　Fax 867-473-8832）。

ランキン・インレット Rankin Inlet

ヌナブト200イヌゾリ・レース Nunavut 200 Dogteam Race（4月）——この白熱する恒例のイベントでは、競技者がランキン・インレットからアルビアトまで、沿岸の海氷に沿ってレースをおこなう。

パカラク・タイム Pakallak Time（4月）——この毎年おこなわれるイベントでは、イヌゾリとスノーモービルのレース、屋内外のゲーム、ファッション・ショーとスクエア・ダンスがおこなわれる（町役場のレクリエーション担当係［執筆当時の担当は、リック・デニソン Rick Denison］　Tel 867-645-2895　Fax 867-645-2146）。

ウミングマクトゥーク Umingmaktok

カルビク・パーティー Kalvik Frolics（イースターの週末）——毎年おこなわれるこの古い伝統的なお祭りのハイライトは、美しいクズリの毛皮を探すことである（北極沿岸観光案内所 the Arctic Coast Visitors Centre Tel 867-983-2224　Fax 867-983-2302／ウミングマクトゥーク猟師・罠猟師組合 Umingmaktok Hunters and Trappers Organization のピーター・カポラク Peter Kapolak に E-mail で問いあわせること。E-mail: peterk@polarnet.ca）。

ダイビング

ブラッド・ヒース　　　　　　　　　　　　　　　　　　　　Brad Heath

ヌナブトでの北極ダイビングは、地上最後の冒険のひとつ。これに大胆に挑戦するのは、危険をはらんだ世界ではあるけれど。現在、北極のダイビング探検を提供するヌナブトの会社はほんの数社しかない。

　ここでのダイビングの魅力はたくさんある。たとえば、およそ3メートルもの厚さの氷の下や氷原の端から原始の海を探検したり、豊富な海洋生物を発見したり、発見されていない難破船を探したり、歴史家をとらえてはなさない未知の難破貨物を探したりすることだ。ダイビングには、アイス・ダイビング、オープン・ウォー

ター・ダイビング、クジラとのダイビング（これには地元の専門家が必要となる）の3種類がある。

　北極のダイビングは非常に危険だけれども、ダイバーたちは危険をおかしても、それに気づかないふりをする。氷山の漂流、極寒の水温、激しい潮の流れ、海水と淡水の出会う場所での視界の不明瞭さ、これらはスポーツの障害物でしかないのだ。

　北極の海に潜るつもりがあるのなら、潜水指導員協会 Professional Association of Diving Instructors (PADI) に所属しており、50回以上の経験を持つ経験豊富なダイバーとともに行くべきである。ヌナブトでのダイビングは、冷水のダイビングにおける専門的技術と経験が必要なのだ。それに、ダイバーは、ヌナブトでの冷水ダイビングに精通し、経験もある潜水指導員協会のベテランダイバーと行動をともにすることが義務づけられている。「バディー buddy」システムを使うことも条件である。ダイバーはドライ・スーツ（しかし、キバリク地方 Kivalliq Region では夏にウエット・スーツを着用して首尾よくダイビングをおこなっていることが報告されている）と3つ指のミット（5つ指のグローブではない）を着用しなくてはならない。

　また、極寒用の調整装置も必要で、オープン・ウォーター・ダイビングとクジラ・ダイビングに関しては、良質の救命具としっかりしたボートも使わなくてはならない。

　ダイバーが水中にアクセスできるように氷に穴をあけるアイス・ダイビングでは、命綱が必要。浮氷（流氷）の上からのダイブは非常に危険なので、避けること。

　すべてのダイビングに共通することは、かならずまえもってタンクを満タンにしておかなければならないことである。もし認可された旅行準備業者を通さずにダイビングへ行くのであれば、地元の連邦警察（RCMP）で自然旅行登録用紙に記入し、登録をしないといけない。

　普通、アイス・ダイビングといえば淡水湖でのダイビングを指すのに対し、ヌナブトでは海洋でのそれを意味する。海水でのアイス・ダイビングは、かぎられた場所でしか経験できない非常にめずらしいタイプのダイビングである。海氷を通りぬけてのダイビングは、通常の環境においては極度に冷たい水中でダイビングすることを意味する。もし視界がよければ、だいたい100メートルくらいまではっきりと見ることができ、豊富な海洋生物がダイビングを特別なものにしてくれるだろう。

　オープン・ウォーター・ダイビングであっても、それは冷水でのダイビングである。こちらはより融通がきき、海岸からでもボートからでも可能である。

　北極圏を経験したダイバーたちは、「おそらく前人未到である場所を開拓する機会が得られる、という未知の魅力に引き寄せられる」という。もしかしたら、いま

ダイビング

だに知られていない、それ故に名前のない魚を発見することができるかもしれない。それとも、ひょっとすると、行方不明のフランクリン卿 Sir John Franklin の難破船を発見するかもしれない。

驚くべき水中写真もまたダイバーたちを魅了する。とはいえ、海洋哺乳動物の近くにいるときは気をつけなくてはならない。セイウチのような一部の種は避けなくてはならない。ここでは熱帯魚のような派手な色彩の海洋生物を見つけることはできないけれど、予期せぬほど鮮やかな色をした珊瑚、イソギンチャク、そして巨大なケルプ（沃度を含む巨大な海草＝訳者注）の群生に出会うだろう。ダイバーは、「とても透明なジンかウォッカへダイビングしているようだ！」とたとえられる海水中の《はっきりした視界》を楽しむことができるだろう。例外は大河が海に注ぐ地域で、そこでは水が白濁している。

ヌナブトで春に海氷の下でダイビングをすることほどすばらしいことはない。氷の下での視界は、白夜による長い日照時間によって広がる。氷はダイバーたちを嵐から守ってくれるが、命綱や氷の穴をおおうあたたかいテントを用いるといったような、しっかり管理された状態の下でダイブをおこなわなければならない。氷がとけ始めたら、ダイビングをしてはいけない。

経験のある北極圏のダイバーたちは、ポンド・インレット Pond Inlet の近くにあるような遮蔽された湾や入り江でダイビングをすることを強くすすめている。この美しい場所は、おそらく海洋生物にとって、世界でもっとも《古い生息地》のひとつである。バフィン島 Baffin Island、とくにポンド・インレットとパングニルトゥング Pangnirtung の近くは一般的に最高の場所である。ケープ・ドーセット Cape Dorset で近年発見されたナスコピー号 Nascopie がダイバーたちを魅了している。この船は、1947年に沈没したにもかかわらず、驚くほどよく保存されているのである（数冊の本すら残存している）。もっと北には、グリス・フィヨルド Grise Fiord とレゾリュート Resolute を含むほかのダイビング地域がある。

ランキン・インレット Rankin Inlet に近いハドソン湾 Hudson Bay に沿った遮蔽された地域──たとえばホエール・コーブ Whale Cove やコーツ島 Coats Island などもまたかなりおすすめだ。キティクミウト地方 Kitikmeot Region のケンブリッジ・ベイ Cambridge Bay は難破したモウド号 Maud が近くに沈んでおり、すばらしいダイビングが楽しめる。もっと孤立した地域は、サマーセット島 Somerset Island のクレスウェル湾 Creswell Bay で、春になるとシロイルカ（ベルーガ）のようなクジラが集まってくる。

岩石収集

キャロル・リグビー　　　　　　　　　　　　　　　　　　　Carol Rigby

岩石を収集するために生まれてきたような人びとがいる —— ヌナブトはその活動に豊富な機会を提供してくれる。

　ヌナブト準州の多くは、10億年まえの岩石を含むカナダ盾状地に属する。鉱物探査により、亜鉛、銀、鉛、銅、ニッケル、金、貴石類が発見されてきた。だから、ここでは、人が鉱物愛好者になることは自然なことなのである。幼児期に、将来の《有望な鉱物収集家》は、岩石の散在する海岸からハート型の花崗岩の塊を家へ持ち帰る。学校に入ると、彼らは貴重なコレクションを訪問中の地学の教授に提供し、それぞれの岩石をくわしく調べてもらい、それぞれの出所と特徴について議論する。土地の《骨格》がだれにでもはっきりとわかる場所では、岩石収集はすばらしい趣味となる。

　鉱物収集家は、とっても重要な《難題》を抱えている。それは科学的な調査員や探鉱者とまちがわれないことである。両方のプロはしばしばヌナブトを訪れている。アマチュア・コレクターを魅了する岩石層は、科学者たちにとって貴重な地質または気候の情報を与えてくれる。そして、探鉱者によって《探検》される可能性もある。このきびしい気候のせいで、ヌナブトはほかの非再生自然資源をあまり持たない。鉱物資源は雇用と商業発展の可能性を与えてくれるのと同時に、自然がほとんど侵害されていない土地は、科学的な調査に理想的な状態を提供する。科学的調査と探鉱は注意深く規制、認可、監視されている。

　世界中の鉱物収集家にとって、鉱物サンプルを得るために土地へアクセスするのは厄介な問題である。ヌナブトではその感はさらに強まる。というのも、ヌナブトでは、ヌナブト協定地域Nunavut Settlement Area (「**ヌナブト協定**」によって決められている地域) 内にある国有地Crown landsや国立公園などのイヌイット所有地に対してアクセス制限があるからだ。また、実際に考古学的遺跡が荒らされる可能性もある。これらの場所で人間が生活していたという証拠の多くは《石の処理》にあらわれる。たとえば、初期の道具は削りとられた岩石である。そしてイヌイットは移動をつねとしていたので、こういった場所はかなり広範囲に広がっている。多くの場所はまた、自然的もしくは科学的に特徴がある。氷河作用の起こった地域で

岩石収集

は、たとえば、漂石は普通である。つまり、氷河に沿って運ばれ、最初にあった場所から遠く離れた場所へ堆積した岩石は、たいていの場合、もっともありそうにない魅惑的な場所にころがっているのだ。しかし、漂石が乱されると、その地質学的特徴は失われる。同様に、重要でしばしばめずらしい化石堆積物は、標本を採集する訪問者たちによって激しく乱されることがある。

もしヌナブトで岩石を収集するつもりなら、細心の注意と自覚を持っておこなうことが絶対に必要だ。出発まえに十分な下調べをしなくてはならない。漂石に遭遇したとき、それに気づくことができるようにするために、北極の地質学を学ばなくてはならない！　また、イヌイット地区の考古学についてよく勉強すべきである（27ページの『考古学』の項参照）。そうすれば、《土地荒らし》は減るだろう。干潟や採石場のように、はじめから、その《乱れかた》が自然もしくは明らかであるような場所だけにかぎって収集するのがもっともよい。最近落石のあった地域は気をつけて避けること。落ちている石は魅力的かもしれないが、同時に非常に危険である。岩石を拾ってもよい場所を地元の観光案内所やコミュニティーで確認するべきである。国立公園で岩石を集めるのは法律違反である。

カメラを持っていくのを忘れないように。そうすれば、興味深い地層や動かすべきでない標本を記録することができる。

北西準州（NWT）とヌナブトでは、岩石収集クラブやアマチュアの岩石・鉱物愛好会などはない。しかし、バフィン地方 Baffin Region ではキキクタールク協会 Qikiqtaaluk Corporation（イヌイットの生得権を守るための協会）が、経済発展を支援するためのとり組みとして、毎年「グレート・バフィン岩石、鉱物採集コンテスト Great Baffin Rock and Mineral Collecting Contest」の後援をしている。コンテストはバフィン地区民だけを対象にして開かれているのだけれども、この協会は収集できる岩石や鉱物に関して精通しており、どこで採集するのが適当か、また不適当かアドバイスをしてくれるだろう。ヌナブト準州政府資源開発省 Department of Sustainable Development, Government of Nunavut も有益な情報源となる。ヌナブトにおける地質学の科学的側面からの情報に関しては、ヌナブト調査機構 Nunavut Research Institute に聞くとよい。

責任ある岩石収集家がとるべき通常の安全予防策 —— たとえば、救急箱を持ってくるなど —— をつけ加えるとすれば、「『冒険旅行』の項（253ページ）であげられているアドバイスにしたがうことが大事である」ということだ。地方自治の境界外にある「ヌナブト協定 Nunavut Land Claims Agreement」（NLCA）地域で岩

石収集をおこなおうと計画している旅人は、ヌナブト・インパクト調査委員会 Nunavut Impact Review Boardに連絡して、計画している収集活動に対して審査が必要かどうか調べなくてはならない。

ダンス
マイク・ブラサイズ　　　　　　　　　　　　　　　　　Mike Vlessides

ヌナブトのコミュニティーをはじめて訪れると、「実際のところ、ここで人びとは、なにを楽しみに生きているんだろう？」と不思議に思うのでは。

　……コミュニティー・ホールから、なにかが聞こえてくる。そちらのほうへぶらぶら歩いていくと、こんな北極に近い場所でお目にかかろうとは想像だにしない光景に遭遇する――なんと、スクエア・ダンスだ。
　コミュニティーごとにスケジュールは異なっているが、イヌイットのダンスは通常、ヌナブト・デイ、カナダ・デイ、そしてクリスマスと元旦のあいだの時期、といった特別なイベントとともにおこなわれている。特別なゲストが訪れる際にはコミュニティーによっては、わざわざダンス会を開いたりもする。もし、ある夜にダンスがおこなわれる予定だ、という言葉を耳にしたら、その日の早い時間に祝宴があるという好機である。聞いてまわるとよい。もしかしたら、ヌナブトを2倍楽しめるかもしれない。
　ダンスについて驚くことは、音楽がまったく「カントリー」に聞こえないことである。というのも、演奏されるほとんどの曲はスコットランドが起源であり、19世紀の捕鯨者によってイヌイットへ伝えられたものである。そして、それぞれの地域は独自の異なったスタイルを持つため、ダンスのほとんどはスコットランドのカントリー・ダンスのバリエーションとなっている。
　音楽は伝統的に地元住民によって、「スクイーズ・ボックスsqueeze-box」という楽器またはアコーディオンで演奏され、ときにはギタリストやドラマー、しばしばバス・プレイヤーによる伴奏もある。キティクミウト地方Kitikmeot Regionでは、バイオリン弾きも見ることができるだろう。
　ダンスが熱気を帯び始めるのは午後11時くらいで、とくにクリスマスごろには

ダンス

夜中の3時ごろまでつづくことがある。ほかの場所では、ダンスは午後8時ごろに始まり、夜中近くに終わる。大人が徐々に到着し、たがいに挨拶を交わして時間を費やしているときには、子どもたちが場を占拠している。彼らは猛スピードでの衝突を辛うじて避けながら、あちらこちらホール中を駆けまわるのだ。

そしてダンスが始まると、子どもたちは徐々に散っていく。とはいっても、寝入ってしまうという訳ではない。ただ単に、ほかのあそび場を見つけただけなのである。

イヌイットのダンスは持久力が必要である。数分間体を揺すったりくるくるまわったりしたあとには、汗だくになることはまちがいない。実際、コミュニティー・ホールはとても蒸し暑くなり、だれかがうしろのドアを開けっぱなしにする。このため幽霊のような現象が真冬には起こる。つまり、-40度の空気が建物になだれこみ、室内に入るや否や液化して、ドア付近に不気味な霧が発生するのだ。

キティクミウト地方では、ダンスは西洋のスクエア・ダンスのようにリーダーによって指揮される。しかし、ヌナブトのほかの地域では、イヌイットのスクエア・ダンスはリーダーという贅沢な存在はなくて、どうすればよいのかだれも教えてくれない。もっとも安全な方法は、集中して1~2周まわりながら踊っている人びとのダンスを観察し、そしてその後、つぎに始まったときに参加することだ。あまり長い時間観察しつづけてはいけない。なぜなら、こういった集まりでは、1回のダンスが2時間つづくこともあるのだから！

残念なことに、似たようなダンスはひとつもない。だから、ひとつのダンスのフットワークをマスターしたと思っても、つぎの曲ではおそらく役に立たないだろう。そこで、いらいらしないように！　近くのダンサーたちがダンスの進行にあわせてどうすればよいか教えてくれるだろうし、もし英語が話せない人であれば、単純に正しい方向へ押してくれる。

では、どうやって参加すればいいのか？　ヌナブトの土地が広大であるがために、それぞれの町のダンス・スタイルはかなり異なっている。しかし、おそらく、だいたいにおいて男か女のグループが部屋の中央に集まり始める。もし、そのグループとおなじ性別であれば、ただ歩み寄って参加すればよい。もし、たまたま、より完成されたスクエア・ダンスのひとつに入ってしまって、参加する余地がなければ、丁寧につぎの曲まで待つようにいわれるだろう。ほかの場所では、やる気のある参加者ならだれでもダンスに参加できるので、「参加したい」といえば非常に歓迎されるだろう。もし中央に集まっているグループとはちがう性別であれば、待たなけれ

ダンス

ばならず、だれかのパートナーとして選ばれるのを期待するか、パートナーのいない異性のメンバーに近づくだけである。

　まちがった方向へまわったり、だれかの右腕をつかむべきときに左腕をつかんだりしたら、笑い者になってしまうことはまちがいないだろう。しかし、ダンスが終わったときに、パートナーが急いで去ってしまっても下手だったからだ、と落ちこむ必要はない。ヌナブトのスクエア・ダンスには、南のやり方では終わったあとに、当然するはずの握手やちょっとした会話は、ないのが普通である。ダンスが終われば、すべて終わりなのだ。

　洒脱(しゃだつ)なユーモアのセンスさえ持っていれば、これらのダンスは小さな北のコミュニティーで得られるすばらしい楽しみであることがわかるだろう。

この踊りの輪のなかにどうやって参加する？

PART 3. イヌイットの国 イヌイット放浪ガイド

旅の前準備

旅の情報とツアー

キャロル・リグビー　　　　　　　　　　　　　　　　　　　　Carol Rigby

はじめてのヌナブト旅行はだれにとっても思い出深いものとなる。本書の著者たちふたりの体験を例にとって見てみよう。

　1986年1月、彼らがフロビッシャー・ベイ Frobisher Bay（今のイカルイト Iqaluit）へと北上したのは、まだイカルイトとオタワを結ぶ1日1往復の定期便がなかったころだった。だから彼らはホーカー・シドレー748というターボプロップ機で、今のクーユアク Kuujjuaq で給油をした以外は8時間ずっとガタつきながら凍てつく空を飛びつづけた。

　男性のほうは地元のイヌイットのある団体と調査をおこなうことを楽しみにしていた。女性のほうは3歳児と生後5か月の赤ん坊を抱えた専業主婦の生活がどのようになるものかと考えていた。

　予想どおり、そのフライトは事件だらけだった。離陸後すぐに乗務員から、「最近導入したばかりのオーブンが故障したから、あたたかい食事は出せません」といいわたされた。みんなあたたまってない食事と残り物のピザでちょびちょびと食事をとった。5か月の子は、お母さんのお乳があったから全然気にしていないようだった。3歳の子のほうも、なにかのばい菌にやられて熱を出していたために食事どころではなかった。ただお母さんだけは、

　──こんなのは北での生活の幸先のいいスタートとはいえない！

と思っていた。

　しかし、熱っぽい子供がやっとターボプロップ機の轟音を子守唄に眠りについたころ、オーロラが空中をおおう壮観な眺めが見えてきた。その緑や紫は歓迎の光に見えた。

　それからもう10年がたって、そのときの子供たちはヌナブトで育ち、ここが故郷と思うようになった。彼らがあれからずっと住んでいる家には、たくさんの人が訪れた。全然ちがう話をする者もいたが、ほとんどの旅人はヌナブトの話をした。ヌナブト旅行のユニークな話、この土地での冒険の話やここで出会う人びとのあたたかいもてなしの話、そしてここの景色の混ざり気のない純粋な美しさの話。

　ヌナブトへ、いらっしゃい！

ヌナブトの成長を見る

　カナダの北極圏の今後数年についてひとつだけ確実にいえることがある。それは、変化が絶え間なくつづくだろうということである。今日までのしばらくのあいだ、住民たちは北極圏中央部・東部のことを「ヌナブト」と呼んでいた。これは、ヌナブト準州住民の85％を占める先住民イヌイットの言葉で「私たちの土地」を意味する。これは、1999年4月1日に公式に成立したカナダのもっとも新しい準州の名前に、今はなっている。カナダが、北西準州（NWT）の半分以上の土地をさいて、ヌナブトを生み出したことは政治的に類のない偉業である。

　しかし、旧北西準州を分割することは、政府の一部において、北西準州政府（GNWT）の法律を引き継いだり、あるいは北西準州政府のサービスを買い戻すことになるかもしれない《作業》を設立時にしなければならないことを意味する。この本の改訂版に北西準州政府の法規についての記述が多く見られるのはそのためである。

　これを書いている現在ヌナブトでは、準州の多くの法律について正確なところはまだ未決である。カナダの最新の準州がこれから急速に進化をしていくさまを、『北の国へ！』（原題は『The Nunavut Handbook』）が改訂されるごとに追ってみてほしい。

旅行準備業者やツアー・オペレーターを雇う方法

　増えつづけるツアー・オペレーターや準備業者をヌナブト旅行のために賢く選ぶためには、どのようなサービスが提供されているかを知る必要がある。

　ここで、すこしこのふたつの《職業》を説明しておいたほうがいいだろう。

　ツアー・オペレーターとは北か南を本拠地とし、一般的につぎのようなものを含んだパック旅行を提供してくれる —— ヌナブトに入るための諸手配とヌナブト内の輸送、宿泊施設、食事、観光旅行など。旅行準備業者があなたに必要な備品やガイドを供給できるようにとりつぎをしてくれるかもしれない。

　旅行準備業者は個人の場合も会社の場合もあり、こちらも北か南を拠点にしてあらゆるレベルのサービスを提供している。サービスにはだいたいつぎのようなものが含まれる —— ツアー、ガイド、輸送、宿泊、衣類、備品の提供など。地元の準備業者は基本的なサービスしか提供していないこともある。たとえば公園から公園への輸送など。他方、完全なパックを提供する準備業者もある。こちらはたとえば食事なども含まれたイヌゾリ・ツアー、地元のキャンプ地への魚釣りツアーなどまで提供する。

　ガイドは普通ツアー・オペレーターや旅行準備業者の下で働く。彼らはガイドの

旅の情報とツアー

免許を持っていなければならない。そんな彼らがあなたが北を旅するお供をし、その地の自然や文化、歴史を説明してくれるだろう。

1999年の時点では、ヌナブトで働くツアー・オペレーター、旅行準備業者、そしてガイドのすべては北西準州の「旅行と観光に関する条例」に基づいて免許を持ち、責務保険証書の携帯が義務づけられていた。ツアー・オペレーターや旅行準備業者にお金を払うまえに、彼らが本当に免許を持っているかどうかを確認したほうがいい。

1999年4月1日に北西準州が分割されヌナブトが生まれたあとは、免許を持っているツアー・オペレーターや旅行準備業者やガイドたちの管理は全部、ヌナブトの新政府の資源開発省が担当することになった。というよりも実際、資源開発省は北西準州政府の資源・野生生物・経済開発省（RWED）が扱っているすべての責任を負っているのである。1999年4月以降、この本に記載した資源・野生生物・経済開発省に関する質問があるときは、資源・野生生物・経済開発省ではなく資源開発省のほうに問いあわされたい。

政府の観光免許を発給する係官は特定のオペレーターを優先的に推薦することはできないが、どのオペレーターも安全ですぐれたサービスを提供するということを彼らは確信している。免許のある旅行準備業者やツアー・オペレーターのリストを手に入れるには、ヌナブト・ツーリズム Nunavut Tourism の役人に連絡をとればよい。それぞれの役人は、北極圏中央部・東部の管理上の地域 —— バフィン地方 Baffin Region、キバリク地方 Kivalliq Region（以前のキーワティン地方 Keewatin Region）、キティクミウト地方 Kitikmeot Region —— のいずれかを管轄している。

ヌナブトの新政府はこれらの管轄をそのまま引き継いでいる。旅人は、ヌナブト中の人びとが広くこの分け方にしたがっていることに気づくだろう。ただし、ヌナブト・ツーリズム Nunavut Tourism という団体はできるかぎりコミュニティーを地理上の特徴によって分けようとしているが。1969年、発展途上であった北西準州政府は連邦政府から指示を受け、北の広大な大地を管理するためにそれまでの管理上の分け方を継続することにした。キーワティンとバフィン地方が最初に設置され、数年後、キティクミウト地方も同様に設置された。本書ではガイドブックの性質上、ヌナブトの3地方の名前をそのまま使うが、巻頭の地図や目的地の見出しではコミュニティーを共通の地理的特徴によって分けるというふたつの方式をとった。両方式はつぎのように組みあわせられている。

キバリク地方はランキン・インレット Rankin Inlet、アルビアト Arviat、ホエール・コーブ Whale Cove、チェスターフィールド・インレット Chesterfield Inlet、

旅の情報とツアー

ベーカー・レイク Baker Lake など、内陸にあるベーカー・レイクをのぞく、ハドソン湾 Hudson Bay の西岸沿いのおおまかなところが含まれる。キバリク地方にはまた、サザンプトン島 Southampton Island のコーラル・ハーバー Coral Harbour とメルビル半島 Melville Peninsula 地域のリパルス・ベイ Repulse Bay も含まれている。カナダの1996年の国勢調査によれば、キバリク地方の人口は6,868人であった。ここのタイム・ゾーンは中部標準時である。

キティクミウト地方はメルビル半島の西にあるシンプソン半島 Simpson Peninsula にあるペリー・ベイ Pelly Bay、ブーシア半島 Boothia Peninsula にあるタロヨアク Taloyoak、キング・ウィリアム島 King William Island にあるジョア・ヘブン Gjoa Haven、ウミングマクトゥーク Umingmaktok、バサースト・インレット Bathurst Inlet、クグルクトゥク Kugluktuk、ケンブリッジ・ベイ Cambridge Bay など、ほとんどのコミュニティーが北極海沿岸にある。カナダの1996年の国勢調査によれば、キティクミウト地方の人口は4,644人である。ここのタイム・ゾーンは山地標準時である。

バフィン地方は北バフィン島のアークティック・ベイ Arctic Bay、ナニシビク Nanisivik、ポンド・インレット Pond Inlet、クライド・リバー Clyde River、中部バフィン島のパングニルトゥング Pangnirtung とキキクタリュアク（ブロートン島）Qikiqtarjuaq (Broughton Island)、南バフィン島のイカルイト、キンミルト Kimmirut、ケープ・ドーセット Cape Dorset を含む。ハイ・アークティック（高緯度極北地域）にはグリス・フィヨルド Grise Fiord とレゾリュート Resolute のふたつのコミュニティーがある。同様にメルビル半島にはイグルーリク Igloolik とホール・ビーチ Hall Beach がある。そしてはるか南、ハドソン湾のベルチャー諸島 Belcher Islands にはサニキルアク Sanikiluaq がある。バフィン地方全体の人口は1996年の国勢調査が1万3,218人と記録している。ここのタイム・ゾーンは東部標準時である（中部標準時を用いるレゾリュートをのぞく）。

ヌナブトのそれぞれのコミュニティーに共通していえることは、観光業に対する関心が高まり、ガイド、旅行準備業者、ツアー・オペレーターの数が増加しているということである。ほとんどはヌナブト・ツーリズムという1995年にヌナブトに観光オペレーターの代表としてつくられた団体に属している。ヌナブト・ツーリズムはメンバーのツアー・オペレーターや旅行準備業者のリストだけでなく、最新のヌナブト全体の情報も提供してくれる。

それでも、やはり自分の要求にもっともこたえてくれる旅行準備業者やガイドを

旅の情報とツアー

探すなら、自分で探すべきである。ホッキョククジラを見たいのならば、クジラのいない地域に案内してくれる旅行準備業者を選んではダメ！　いかなるときも、ツアー・ガイドや旅行準備業者が地元の状況にくわしい人であるか確認しよう。あなたの安全も満足もそれ次第なのだから。オペレーターには、何年間その仕事をしているのか聞こう。何人くらいの客を毎年相手にしているかも。過去の客の感想や、彼らの電話番号も聞こう。ヌナブトを旅したことのある人の話も聞こう。口コミ情報が、もしかしたらいちばんあてになるかもしれないから。

　たくさん質問をしよう。自分がお金を払っているのが、本当に自分がほしいサービスのためかちゃんと確認しよう。旅行準備業者のサービスの質はさまざまである。たとえば、公園の入り口までの輸送しかしてくれない者もなかにはいる。一方で公園のなかまでついてきてくれて説明をしてくれる者もいる。さらには、輸送、通訳、案内だけでなく、必要な衣服や昼食を準備してくれるところもある。

　道具はどうか。頼んだオペレーターはテントや釣り具を供給してくれるか？　きびしい気候に対応するための北の特別な衣服や緊急用の道具は？

　自分の要求をちゃんと伝えよう。イヌイットの旅行準備業者は、質問をしなければ、かならずしも必要なすべての情報をあちらから教えてはくれない。なぜならもうすでにこちらがそれをわかっているだろうと思っているからである。だからたとえばつぎのように聞くべきである。

　「いつ、どこへ連れていってもらえるのか？　そこで私は、なにをするのか？　どこに宿泊することになるのか？　旅費の内訳の詳細はどうなっているのか？」

　自分の安全のために用意されていることについて尋ねるのは必須である。北での冒険旅行は刺激的だが、正しい安全装置と危険な状況から脱するための正しいトレーニング、それか正しいトレーニングを受けたガイドか旅行準備業者がそばにいてくれること、それらがなければときに命の危機にもなりうる。水上を旅行するなら、免許のあるガイドか旅行準備業者から、頭からつま先までをおおって、体を浮かせられる救命胴衣をもらうのは必須だ。彼らの持っている通信機器がどんなものか、また救急箱を持っているか、トレーニングをきちんと受けているか、といったことも確認しよう。

　旅行準備業者は通常3月から9月のあいだのみ営業をしている。ヌナブトの観光シーズンのピークが夏季だからである。でも、まえもってプランを立てるために休業中に連絡をとることは可能である。

　最後にもうひとつ。もうすでに《北の国》のコミュニティーを訪ねていて、たと

ばツンドラ・ツアーか釣り旅行などをしようと思った場合には、コミュニティーの役場 Hamlet Office か猟師・罠猟師組合 Hunters and Trappers Organization（HTO）を利用するのがいいだろう。こころよく地元の免許のあるガイドか旅行準備業者を紹介してくれるはずである。猟師・罠猟師組合のスタッフは陸上・水上ともに高い技術を誇り、彼ら自身であなたたちの予定を企画してくれるかもしれない。しかし、ヌナブトにいるすべての猟師・罠猟師組合のスタッフが免許のある観光オペレーターなのではない。くどいようだが、個々の猟師・罠猟師組合のスタッフについて彼らの免許の有無を確認しよう。

旅行準備業者への支払い

　多くの旅人は旅行準備業者への支払いの高さに驚く。良心的な旅行準備業者を利用すれば、ぼられることはないが、それでも値段の比較をすることが大事である。パングニルトゥングをはじめ、いくつかのコミュニティーにおいては、旅行準備業者たちが、特定のツアーにかかる平均費用を割り出して標準価格をとり決めるための組合を結成している。そのような《決まった値段》がとくに存在しない地域では、自分で値段の比較をおこなうのが賢明である。

　しかし、北部での標準は南部よりも高く、それが旅行準備業者の労働と投資に対する正当な報酬なのだということを、覚えておかなければならない。気楽に割引価格を提示する人を見つけたら、それ相応のサービスしか受けられないことを考えに入れたほうがいい。悪天候や危険な状況に置かれたら、自分の命は旅行準備業者の技術に頼るしかないのだから、旅行準備業者への支払いを出し惜しんではいけない。

　ヌナブトで営業する旅行準備業者、ガイド、ツアー・オペレーターは頻繁に入れかわるが、長年営業をしていて経験豊富なオペレーターはたくさんいる。

パック旅行

　一般的に、カナダ南部のツアー・オペレーターのほうがより完全なパック・ツアーを提供する。オプションへの柔軟性という点では劣るが。最大限の柔軟性や特別の要求——たとえば科学者の学会への参加——に応えてほしいのなら、地元の旅行準備業者に予約するのがもっともいいだろう。それよりも、定番のパック・ツアーがご所望ならば、カナダ南部のツアー・オペレーターに頼めば見つかるだろう。多くの旅人は自分でツアーを計画したがるが、ヌナブトを旅行する場合、とくにはじめての場合は、しばしばパック・ツアーがいちばん賢い選択だったりする。多くの

旅の情報とツアー

小さな村は旅人に慣れていなくて、単独で訪れる旅人のための施設を持っていない。証明ずみの実績を持つ、頼れるツアー・オペレーターならば、自分だけでは計画できなかったような多様なオプションを提案してくれる。

　ヌナブトをパック・ツアーで訪れるならば、旅程のほとんどはまえもって決められているはずである。ツアー・オペレーターに連絡をとって、ツアーになにが含まれているか、わからないことについて質問をしよう。自分で旅行を計画しているならば、できるだけ多くの資料を集めることが必須である。ヌナブト・ツーリズムに連絡して、パック・ツアーや旅行準備業者、そのほかのオプションについて最新の情報をもらおう（ヌナブトの季刊誌、書籍、インターネットサイトについては本書の272ページの『雑誌、書籍、インターネット』の項参照）。

　ヌナブトで広範囲にわたってハイキングやキャンプをしたい場合、ヌナブトのほとんどが南部の基準でいうと《荒地》であるということを忘れてはいけない。北のへき地は深刻なリスクをはらむ。踏みかためられた行路からはずれるときには十分準備をして健康な状態で行くように。『冒険旅行』の項（253ページ）を読んでそのような旅に備えてほしい。ヌナブト・ツーリズムは、それぞれの地元について旅行のアドバイスをしてくれる地域ごとの知識豊富な人の連絡先を教えてくれる。また、コミュニティーごとの老人協会を訪れたり、地域のイヌイット協会から推薦してもらったりして、お年寄りに、長年の経験から得た知識を話してもらうこともできる。

　北の旅行会社はヌナブトへどうやって行くか、そして、そのなかでどんな旅をするか決めかねている人の役に立つ。基本的に、これらの旅行会社はカナダ南部の旅行会社よりも、フライトのスケジュールや宿泊施設、そのほかの準備に関して、くわしい。とくに、パック・ツアー・オペレーターと一緒に旅行しない場合には北の旅行会社が役立つ。

観光案内所

　いくつかのコミュニティーや公園には、地元のくわしい情報を提供してくれる観光案内所がある。これらは『旅の前準備』の項目だけではなく、各コミュニティーを紹介している『PART 3. イヌイットの国放浪ガイド』の章（219ページから）でも一覧を見ることができる。小さなコミュニティーでは、観光案内所はたいてい図書館や博物館、そういった施設のなかか、となりにつくられている。観光案内所も図書館もない場所では、情報を得るのにいちばんいいところはロッジやホテルである。政府の連絡担当の役人からも、情報を得ることができる。

地図

　カヌーによる旅や長いハイキングをやらなければならない海洋哺乳動物観察を計画しているなら、旅行のだいぶまえに地図を注文することが必要である。そうすれば地図の入手は確実に保証されるし、計画を立てるのにも役立つ。ヌナブトについてから地図を入手しようとしても、混雑する夏季には供給が追いつかずすぐに売り切れるから、これは避けたほうがいい。自分の旅行に適切な地図については、ヌナブト・ツーリズムに問いあわせてみよう。スタッフがカナダ内の地図販売代理店の住所をくれる。縮尺が5万分の1の地図が通常、必要な情報を得るのに最適なものである。もし、頻繁に使われている行路をはずれて旅行をするつもりならば、ヌナブトの多くのエリアがまだ地図化されていないことをあらかじめ知らなければならない。手に入れられる地図の一覧については、ジオマティックス・カナダ Geomatics Canada というウェブサイトを見るか、オタワのフェデラル・マップ Federal Maps に問いあわされたい。ボートに乗る人には、水位のグラフがカナディアン・ハイドログラフィック・サービス Canadian Hydrographic Services から提供されている。また、河川の流水率、降水状況などの情報がウォーター・サーベイ・オブ・カナダ Water Survey of Canada から得られる。

　ハイキング、カヌー、カヤック乗りなどの広範囲にわたる旅行を計画する場合、全地球測位システム global positioning system（GPS）を購入することを考えたほうがいいかもしれない。この手のひらサイズの受信機は150ドルから300ドルくらいの値段である。衛星を使い、現在の位置を把握し、そこからどう行けば自分の計画した行路を行けるかを教えてくれる。ヌナブトに到着するまえに使い方を覚えていこう。全地球測位システムは地図の役目は果たさないが、地図上のどこに自分がいるか、そしてどのくらいの距離をすでに自分が動いたかを教えてくれる。緊急事態には、無線を使って自分の位置を知らせることができる。

（協力　ジェニファー・バーニアス Jennifer Bernius）

カナダ入国

キャロル・リグビー　　　　　　　　　　　　　　　　　　　　Carol Rigby

　アメリカ合衆国、グリーンランド、サンピエール、ミクロンからの旅人以外すべての旅人はカナダに入国するにあたって、有効なパスポート

カナダ入国

を提示しなければならない。

およそ130か国からの旅人が、パスポートだけでなくカナダの観光ビザの所持を求められる。

場合によっては、旅人は最近医療検査や予防接種を受けたという証明書を所持していなければならないこともある。自分の国のカナダ大使館、高等弁務官事務所、領事館でカナダ入国に必要な書類がなんであるか質問するのを忘れないように（日本人の場合は6か月以内の観光旅行ならばビザはいらない＝日本語版編者注）。

カナダへの観光客は通常、6か月までの滞在を許されている。観光客は全員、入国管理官に、自分たちが純粋な観光客であること、カナダに滞在するのに十分な資金を持ちあわせていること、滞在期間が終わったら自発的にカナダを出るつもりがあることとその能力があること、犯罪者ではなくカナダに健康上または安全上の危険を持ちこまないこと、を証明しなければならない。外国からの旅人はカナダで就職したり教育を受けたりすることはできず、また、カナダ政府の社会福祉プログラムを受けることもできない。

スポーツ・ハンティングをする人は、まえもって連邦警察（RCMP）に火器の持ちこみで禁止されているものがあるかどうかを問いあわせておく必要がある。

ヌナブトは子供づれで旅行するのには、すばらしくいい場所である。なぜならここでは子供は、ほとんどすべての場所で歓迎されるからである。

ただし、つぎのような注意が必要だ。

- 自分と自分の子についての正しい身分証明をいつも携帯せよ。
- 子供の法的な保護監督権があるならば、保護監督権証明など、適切な法的書類のコピーを携帯せよ。
- 子供の法的に正式な保護者でないのならば、保護監督権の許可証などの文書をカナダ入国の際に携帯せよ。こういった文書は片方の親が自分の子を連れて入国する際にも手つづきを容易にする。可能ならば、この許可証には法的な保護者や両親の連絡先、電話番号などが含まれているとなおいい。
- キャラバン隊やトレーラー・ハウスで旅をしている場合、国境に到着する際には自分の子とおなじ車に乗っているべきである。
- 子供に自分の自宅と仕事先の電話番号を暗記させ、緊急時に自分と連絡がとれる方法を教えよ。

くわしい情報については、消息不明児捜査機関 Our Missing Children の全国事

務所に連絡を。この機関は、子供と旅をするならば、出入国税関審査で通常より多くの質問をされることに対して辛抱してほしいと主張している。それらのプロセスは、子供の誘拐や家出を防ぐためにあるものなのだから。

　カナダの住民以外は、滞在が1か月以内であるかぎりは、物品や宿泊において、消費税Goods and Services Tax（GST）の払い戻しを受けることができる。パック・ツアーにかかった税の50％も払い戻し可能である。ヌナブトでは、消費税は7％である。カナダ入国の際に、出入国税関審査の役人に、出国時に払い戻しを要求するのに必要なレシートがどれであるかわかるような説明書などをもらっておこう。

　カナダ、ヌナブト、そして北西準州（NWT）には、持ちこむもの、持ち出すものに規制が存在する。たとえばアルコールなどがそうである。また、出入国の際には出入国税関審査事務所Customs Border Services Officeと、自分が持ちこみ・持ち出そうとしているものが規制の対象になるかどうか協議したほうがいい。セイウチの牙でできたアクセサリーなど、カナダ国内では土産品とされているものが、絶滅危機動物の国際通商協議会によって規制されている可能性もある。くわしいことについては出入国税関審査に連絡をとるように。カナダからなにを持ち出せるか、なにを持ち出せないかは、到着するまえに知っておくのがいちばんいい。

アルコール、タバコ、薬物規制

キャロル・リグビー　　　　　　　　　　　　　　Carol Rigby

《北の国》（北西準州［NWT］とヌナブト）では、アルコールの持ちこみや消費についての規定がカナダ南部のそれとは大きく異なる。

　《北の国》の規則は複雑で、地域ごとに異なる。コミュニティーごとに投票で方針をかえることができるからである。

　アルコールはヌナブトを訪れる個人によって売られたり、流通されたりしてはならない。彫刻やそのほかのなにかとアルコールを交換したりするのも違法である。これらはすべて密売とされ、ヌナブトでは重大な罪となる。

　つぎの量の酒を持ちこむのには特別の許可が必要となる。
・1,140ミリリットル以上の蒸留酒かワイン

アルコール、タバコ、薬物規制

・缶ビール（355ミリリットル）12本以上のビール

許可はイカルイト Iqaluit にある北西準州酒類局でもらうことができる。持ちこまれるアルコールの量に応じて、料金が発生する。旅人は自家製のワインやビールを持ちこむことはできない。

ヌナブトではそれぞれのコミュニティーがアルコールに対して、「禁止する」「制限する」「制限しない」という3つの規則のどれかを住民投票によって採択している。準州酒類条例にもとづいて、これらを破った個人は告発されうる。そして有罪になれば、罰金刑か禁固刑に処せられる。

「禁止する」または「ドライ Dry ＝かわいた（**禁酒を意味する**）」の状態のコミュニティーは、一定範囲内において酒類を持ちこむこともつくることも完全に禁止している。通過するとき以外でこれらのコミュニティーにアルコールを持って入ることは禁止されており、通過中にすぎなくても見つかれば飛行機からおりてはいけない。禁止区を通過する際にはいかなるアルコールも封をされていなければならない。つぎのコミュニティーが「禁止する」を施行しているところである。

・キンミルト Kimmirut
・コーラル・ハーバー Coral Harbour
・パングニルトゥング Pangnirtung
・ホエール・コーブ Whale Cove
・サニキルアク Sanikiluaq
・ジョア・ヘブン Gjoa Haven
・アルビアト Arviat
・ペリー・ベイ Pelly Bay

アルコールに対して制限を設けているコミュニティーでは、その用途をとり決めている。これらのコミュニティーのほとんどで、コミュニティー内にアルコールを持ちこむためには、それぞれのアルコール教育委員会の許可をもらうことが必要である。

申請はたいがい通るのだが、申請者が自分の飲酒に責任を持つことができないと判断された場合には却下される。きびしい制限区にアルコールを持ちこむ場合は、アルコール教育委員会やほかの認可をくれる団体にまえもって連絡しなければならない。

制限を設けているのはつぎのコミュニティーである。

・アークティック・ベイ Arctic Bay
・キキクタリュアク（ブロートン島）Qikiqtarjuaq (Broughton Island)

アルコール、タバコ、薬物規制

- ケープ・ドーセット Cape Dorset
- クライド・リバー Clyde River
- ホール・ビーチ Hall Beach
- イグルーリク Igloolik
- ポンド・インレット Pond Inlet
- リパルス・ベイ Repulse Bay
- レゾリュート Resolute

「制限する」を施行しているいくつかのコミュニティーでは、「制限」の意味あいが、以上のコミュニティーとはやや異なっている。上記とはやや異なった「制限する」を施行するコミュニティーはつぎのとおりである。

- ランキン・インレット Rankin Inlet
- イカルイト Iqaluit
- ケンブリッジ・ベイ Cambridge Bay

ランキン・インレットでは免許を与えられた売店がホテル内などに存在するが、そこでの酒類の販売はホテルの宿泊客に限定されている。ホテルに宿泊していない人が入っていってアルコールを購入することはできない。ケンブリッジ・ベイでは、制限は個々に適用される。酒類の使い道をまちがえれば、その後の酒類を注文する権利が剝奪される可能性がある。しかし、それ以外の制限はない。イカルイトではカナダ南部と同様にレストランでアルコールが飲めるし、ホテルにはバーやラウンジがあり、私営のクラブも数多く存在する。一方で、酒屋やビール店はひとつもない。ランキン・インレットとケンブリッジ・ベイについてもおなじことがいえ、アルコールの個人的な購入はイエローナイフ Yellowknife から注文するか、カナダ南部から許可をとって持ちこむことが可能となる。イカルイトには酒問屋があるが、これは免許を持つ施設や特別の行事のために許可を持つものの需要、そしてほかのコミュニティーからの注文に対応するためだけにある。酒類を輸入するための制限はここでも適用されている。

「制限しない」を施行しているコミュニティーは準州酒類条例からの規定のみしか受けていない。そのほかのアルコールの消費についてのルールを、これらのコミュニティーでは設けていない。そのコミュニティーとはつぎのとおりである。

- ベーカー・レイク Baker Lake
- バサースト・インレット Bathurst Inlet
- ウミングマクトゥーク Umingmaktok

アルコール、タバコ、薬物規制

- チェスターフィールド・インレット Chesterfield Inlet
- クグルクトゥク Kugluktuk
- グリス・フィヨルド Grise Fiord
- ナニシビク Nanisivik
- タロヨアク Taloyoak

制限のない、または制限があるコミュニティーへ旅行するのがわかっていて、そこへ酒を持ちこみたいならば、イカルイトの酒専門店に注文をすることが可能である。こうすればヌナブトに酒を搬入するためにかかる費用と手間が省かれる。注文した酒類は航空貨物便に乗せられ、着払いでコミュニティーへ届けられる（受けとるときに貨物輸送代も払わなければならない）。もしアルコールに関する統制（規制）のある地域を旅行しているならば、その地域のアルコール教育委員会にまえもって注文を届け出ておかなければならない。

それぞれのコミュニティーにおけるルールは複雑である。よってヌナブトにアルコールを持ちこみたいのならば、ヌナブト準州政府やイカルイト酒問屋に最新の状況を問いあわせることが重要である。

（2003年現在、大きなコミュニティーでは、徐々にではあるが、この酒に対する規制を緩和する方針を打ち出しているところも出てきているので、どうしても現地で酒を飲まなければ旅をした気にならないという人は、事前にそれぞれのコミュニティーの行政機関［役場 Hamlet Office］に問いあわせることをおすすめする＝日本語版編者注）

タバコ

ヌナブトに持ちこむことができるタバコの量にもまた、規制が存在する。1999年4月1日以降の規定の詳細については準州政府財務省への問いあわせをお願いしたい。北のこの地ではタバコは広く普及しているので、ほとんどの店で入手可能だが、ほかの《北の国》の日用品同様、非常に高い価格で売られている。タバコの消費のしすぎで地元の人びとの健康には深刻な悪影響が出ている。そのため、公共の建物内で喫煙を制限するかどうかにつき検討中である。したがって、喫煙者は公共の場所では、喫煙してよいかどうかをその都度確認するべきである。イカルイトでは、タクシー乗車中の喫煙を禁じる条例も設定されている。

違法な薬物

ほとんどの国でそうであるように、アヘン、麻薬、幻覚剤などの所持、販売はカ

ナダでも違法である。違法な薬物の所持は重大な罪で、最長7年間の禁固刑に処せられる。自分が使うためのほんの微量の所持であっても、所持は所持と見なされる。カナダ外部からくる人は、医薬部外品のステロイドも違法の対象になるので注意しなければならない。

　薬物取引は、すべてのアヘン、麻薬、幻覚剤に関してこれを譲渡、販売、管理、輸送、送付、配達、受けとることなどをすべて含む。

　薬物取引は告発されるべき罪状 —— ときとして終身刑もありえる —— であっても、ヌナブトではいまだにあとを断たない。イカルイト、ランキン・インレット、ケンブリッジ・ベイの中心部は南部に直結する輸送手段の中枢であるために、違法薬物取引の温床となっている。薬物取引人の一般的な手口は、違法な薬物の包みを小さなコミュニティーを旅行する人に、そこに住む友だちにわたしてほしい、といって運んでもらうことである。包みが連邦警察（RCMP）に検査され、違法な物質を含んでいることがわかっても、運んだ人が薬物取引のかどで逮捕されるだけなのである。

　知らない人から、中身もよく調べずに包みを受けとったり運んだりしないこと。そしてどこの空港でも自分の荷物から目を離さないこと。違法な物質を運んでいるかもしれないというなんらかの根拠があって、あなたとあなたの荷物を連邦警察（RCMP）が調べるかもしれない（禁止区ではアルコールもこの検査に該当する）。旅人が全員検査されるというわけではない。まえもってあやしいと思わせる要素がなければ連邦警察（RCMP）はあなたを調べることはない。コミュニティーの常識を尊重すれば、なんにせよ面倒には巻きこまれないだろう。

健康管理と医療保険

キャロル・リグビー　　　　　　　　　　　　　　　　　　　Carol Rigby

ヌナブトではほとんどすべてのコミュニティーになんらかの形の健康施設がある。イカルイトIqaluitには病院が、そしてそのほかのコミュニティーには生命にかかわらない程度の緊急事態や病気に対応できる設備と看護師が勤務する健康管理センターがある。

　イカルイトでは新しい病院をつくる計画があり、ランキン・インレットRankin Inletや、ケンブリッジ・ベイCambridge Bayでも、より改善し拡大した施設を建て

健康管理と医療保険

る計画がある。これらが実現するまでには、けっこうな時間を要するであろうが、健康管理センターでは平日の通常の時間に看護師たちが勤務し、緊急の電話には24時間応対している。より高度な医療手当てを必要とする患者は、地方別の中心地かヌナブト外のより大きなコミュニティーへ送られる。

　ハイキングやキャンピングで起こる緊急事態への対応についてよりくわしく知りたい場合は、『冒険旅行』の章（253ページ）の『捜索と救助』の項（258ページ）を読んでいただきたい。

地方（バフィン地方Baffin Region、キバリク地方Kivalliq Region、キティクミウト地方Kitikmeot Region）の中心地

　イカルイトのバフィン地方病院は、24時間開業しており、地元のほとんどの医療と、バフィン地方内のより小さなコミュニティーから運ばれてきた患者たちの手当てをおこなっている。より特別な治療が必要な患者はオタワへ空輸される。イカルイトには歯医者とめがね屋もある。歯医者はほとんどの歯科の緊急事態に対応できる設備を備えている。めがね屋は、出来あがりを2週間かそれ以上待つことができれば、メガネの簡単な修理や新品の販売をおこなってくれる。めがね屋がほかのバフィン地域内のコミュニティーに出張している場合は店舗が閉まっていることもある。

　ランキン・インレットには健康管理センターHealth Centreと出産のための施設があるが、まだ完全な病院といえる施設はない。深刻な医学的緊急事態には、患者はマニトバ州のチャーチルChurchillにある病院施設か、直接マニトバ州の州都ウィニペグにある病院へと運ばれる。ランキン・インレットにもまた、歯医者があるが、めがね屋はない。

　ケンブリッジ・ベイ健康管理センターで対応できないような深刻な事態については、イエローナイフYellowknifeにあるスタントン地域病院に空輸されることになっている。ケンブリッジ・ベイにもまた、歯医者がある。

中心地外のコミュニティー

　バフィン地方の小さなコミュニティーの健康管理センターで対応しきれない医療行為は、患者をイカルイトへ空輸し、そこでおこなわれる。キバリク地方では、患者はチャーチルかウィニペグへ運ばれる。キティクミウト地方の患者は直接イエローナイフへと運ばれる。医者や歯科医は定期的に小さなコミュニティーをまわるが、

かならずしも緊急時にそこにいるとはかぎらない。クグルクトゥク Kugluktuk、ベーカー・レイク Baker Lake、ジョア・ヘブン Gjoa Haven などのように、地元に歯科医がいるコミュニティーは数少ない。

健康保険

　（できたてのヌナブト準州で、しばらくのあいだ機能することを期待してつくられた北西準州健康管理プランという健康保険システムがあるが、このプランの対象はヌナブトに住んでいる人たちで、外からの訪問客には対応していない。ヌナブト準州にでかける計画をお持ちの方は、事前にしっかり、すべてをまかなえる旅行保険に加入しておくことをおすすめする。僻地で病気にかかり、病院のある町まで移動しなければならない場合、その飛行機代は自己負担となるので、ご注意を。もちろん、救急車代金なども自己負担である。救急航空サービス代金は、非常に高くつく。何千ドルもかかる。緊急事態には、その費用を貸してくれる制度もあるが、あまり当てにしないほうがいい＝日本語版編者注）

薬治療と予防接種

　特別な薬を服用している旅人は滞在期間分だけでなく、滞在がのびてしまう可能性を考えた分量の薬を持ってでかけるべきである。コミュニティーの看護師たちは、２週間の滞在につき１か月分の薬を持っていくのが妥当としている。薬は荷物のなかではなく、自分で携帯すべきである。ヌナブトにはふたつの薬局があり、ひとつはイカルイト、もうひとつはランキン・インレットにある。キティクミウト地方にもっとも近い薬局はイエローナイフにある。コミュニティー内の健康管理センターには基本的な薬はたいがいあるが、特別な薬はあまり置いていない。

　一般的に、国外からカナダに入国するのにくらべて、《北の国》への旅人はあまり免疫を持っていることを求められない。しかし、カナダ公園局 Parks Canada はエレスミア島国立公園 Ellesmere Island National Park への旅人に対して、狂犬病（恐水病）と破傷風の予防接種を受けておくことを推奨している。この公園がほかの地域から隔絶しているからである。もしこの国立公園以外でも、孤立した地域への冒険旅行を考えているなら、これは賢明な予防策だろう。また、通常の自分自身の免疫が期限切れでないことを確かめることも、《北の国》への旅行まえには必須である。

時間と費用

キャロル・リグビー　　　　　　　　　　　　　　　　　　Carol Rigby

北での旅行日程を計画するとき、なによりも先にふたつのことを考えるべきである。時間と費用である。

　ヌナブトでの旅行のほとんどが飛行機を利用するので、費用は高く、そして生活費もまた高い。ここでは、旅のすべての部分に、多くの時間と費用を見積もっておこう。
　飛行機は悪天候で遅れやすく、とくに小さなコミュニティーでは飛行機の操縦は肉眼に頼るのでさらに遅れやすい。コミュニティー間の移動には、乗り継ぎのために十分な時間のゆとりを持っておこう。どこかのフライトで欠航することがあったら、空港のスケジュール次第では2、3日遅れることもある。3日間のホテルでの滞在費・食費は500ドルかそれ以上する。予想外の出費というわけである。
　コミュニティーの外へ出てゆくような活動、たとえばハイキングやカヌー漕ぎなどには悪天候の可能性を考えて、数日の予備日をスケジュールに組みこんでおいたほうがいい。北での生活はゆったりとしたものなのだということを忘れてはいけない。すべてがさっさと進んだり、定刻どおりにおこなわれるなどと期待してはいけない。リラックスした柔軟な態度でのぞむことが、ヌナブトで楽しくすごす秘訣である（ヌナブト各地を少年期も含めると合計5回、夏と冬に移動したことがあるが、まったくそのとおりである。想像以上にスケジュールは大幅に遅れる。はじめに立てた計画どおりにことが運んだことは、まずなかった。かの地にお出かけの際には、くれぐれもご注意のほどを！＝日本語版編者注）。

移動手段と一般的な価格

　ヌナブトは中心的な商業地域から遠くはなれているので、ここでの生活費は高くつく。遠隔地であることは、《北の国》の魅力であるとともに、カナダ南部よりなにもかもが高価になってしまう要因でもある。食糧、燃料、そして日用品はカナダ南部から輸送船とはしけで輸送される。輸送船のほうが安あがりだが、これを利用する場合には、海が凍っていない夏の短いあいだを狙って慎重にスケジュールを決めなければならない。年に1回利用できる輸送船を待つためには、費用だけでなく、

まえもって物品を購入できるように注意しておく必要がある。北へ行くのに比例して、物価は総じて高くなる。とくに食糧はその傾向が顕著である（**カナダの南にくらべて、約1.5〜2倍。日本の東京の《紀伊國屋レベル》の高級スーパーで買う食糧品より、さらに高いと思って現地に行けば、まずまちがいがない＝日本語版編者注**）。ここの天候も値段があがる原因のひとつである。建物関連の諸料金から公共施設利用代金まで、こういったものはすべて、気温の低さゆえに高くなっている。

　費用を節約するひとつの方法が、ホテルやロッジに泊まらないで自分でキャンプをし、料理もすることである。寒くて湿度も高いなかで、本当に「不便な生活をする」気があるならの話だが。ヌナブトにはシャワーや電気のあるキャンプ場などないのだ！(**夏のある時期、ブヨや蚊が多いこともお忘れなく！＝日本語版編者注**)

宿泊
キャロル・リグビー　　　　　　　　　　　　　　　　　　　　Carol Rigby

ヌナブトのコミュニティーはナニシビクNanisivikとウミングマクトゥークUningmaktok以外のほとんどの地に、少なくともひとつはホテルかロッジがある（1999年当時。2003年現在、宿泊施設は徐々にではあるが、増えてきている＝日本語版編者注）。

　宿泊施設は、大きなコミュニティーでは会議室やレストランもある比較的洗練されたホテル、小さなコミュニティーでは生協が運営する、割に質素なロッジ、とピンからキリまである。ヌナブトでは「旅人の家B＆B」（民宿）という寝床と朝食だけの施設が、近ごろ広く普及してきている。今はイカルイトIqaluitやそのほかの数少ないコミュニティーで利用することができる。キャンプするのがもっとも経済的な宿泊方法だが、外ですごしても危なくないようにまえもっていろいろ勉強していく必要がある。

　滞在中、ホテルやロッジに泊まるつもりならば、高額な費用を支払うことを覚悟しておいたほうがいい。質素な宿に泊まる場合でも、ひとり1泊150ドル〜200ドルはとられる。多くのコミュニティーで、ホテルやロッジの料金には食事の代金も含まれている（各ホテルや「旅人の家B＆B」[民宿]の情報は『PART 3.　イヌイットの国放浪ガイド』[219ページから]の『連絡先』にリストがのっている）。ほとんどのコミ

宿泊

ュニティーでは、料金は部屋単位ではなくベッド単位で請求される。悪天候で飛行機のスケジュールがかわって乗客が押し寄せるときなど、ホテルが突然混み出すこともある。そうした場合に自分がひとり旅などをしていると、ときとして、他人と部屋を共用することになるかもしれない。つくりつけのベッドを何人かの人で共用するということもある。ただし、異性と同室にさせられるということはないようだ。

　他人と部屋を共用するということは、貴重品が危険にさらされるという問題も持ちあがる。ただし、こうした部屋の共用が頻繁に起こりうるような小さなコミュニティーでは、不正行為をして面倒に巻きこまれることのほうがいやだと感じる人のほうが多いようだが。ホテルによっては、貴重品用のロッカーを用意しているところもある。もちろんほとんどのホテルにはそのようなものはない。もし自分の持ち物の安全が気がかりなら、いちばんよいのは財布をつねに手元に置いておき、旅にはそれ以外にはあまり高価（貴重）なものは持っていかないでおくことである。

　ほとんどの宿泊施設は贅沢とは縁遠いが、清潔で快適である。そして壁にかけられた地元の美しい絵画はカナダ南部の高価なホテルの経営者さえうならせるのだ！

　一般的に、北部のホテルのほうが部屋の装飾もすり切れているか、ぼろになっていることが多い。ホテルの部屋にはテレビはほぼ置いてあるが、電話はかならずあるとはかぎらない。ファックスはフロントで使わせてもらえるかもしれない。どの部屋にも古い形の洗面台はだいたいついているが、年のうち一定時期、あるいはホテルまでトラックで水を運んでいる場合はつねに水の利用は制限されている。シャワーは短く浴びるか、1日おきにせざるをえないということである。トイレが共用のところもたくさんあるということを覚えておいてほしい。それから、禁煙の宿泊施設を探すのは至難の業だといっておこう。

　ルーム・キーでたいてい正門玄関のドアも開くようになっている宿泊施設が多いが、門限のあるホテルもある。ホテルのフロントで聞くといい。

　旅人はかなりまえもって予約をすることをホテル側はすすめている。とくに夏季、短期間の建築工事にきた労働者で宿泊施設はいっぱいになる。政府の事務所や宿泊施設や住宅のための新たなインフラ整備ゆえに起きた建築工事ブームを、いくつかのヌナブトのコミュニティーは経験している。つまり、宿泊場所を確保することがより困難になっているということである。

「旅人の家B＆B」(民宿)とホームステイ

　いくつかのコミュニティーでは免許制の「旅人の家B＆B」(民宿)を提供してい

宿泊

る。そこではベッドが用意されており朝食が出される。誠意のある「旅人の家Ｂ＆Ｂ」(民宿)であるためには、利用者に標準のサービスを提供できるよう、規定で決められた一定の基準を満たしていなければならない。イヌイットの家庭に泊まることに興味がある人のためにいっておくと、こうした宿泊施設のほとんどがイヌイットではない人によって経営されているのである。

小さなコミュニティーで「旅人の家Ｂ＆Ｂ」(民宿)に泊まると、北で暮らすのがどんな感じか少しわかるかもしれない。一方、イカルイトでの寝床や朝食は、小さな旅館のそれに近い。イカルイトで泊まれば、ベッド、バスルーム、トイレ、そして朝食などがちゃんと提供される。ホテル内のレストランやダイニングで昼食や夕食が食べられるが、「旅人の家Ｂ＆Ｂ」(民宿)の場合、所有者に食事の準備を頼めるし、自分で料理をしたいなら台所を貸してくれと頼むこともできる。

「旅人の家Ｂ＆Ｂ」(民宿)は、ホテルやロッジより若干安い。食事の値段には、たいしたちがいはない。「旅人の家Ｂ＆Ｂ」(民宿)に泊まるいちばんのメリットは、個人へのきめ細やかなサービスと騒音や人の動きの少なさである。工事現場の労働者ばかりのホテルではいつも静かにすごしてなんていられない！

免許制の「旅人の家Ｂ＆Ｂ」(民宿)よりも、コミュニティーで本格的に地元の家族と生活することを望むのなら、「ホームステイ」を調べてみるといい。地元の役場 Hamlet Office で、こういった望みにこたえてくれる住民の情報を得るといい。役場でホームステイを商売にするのにふさわしい人を選定するが、準州政府による免許制ではない。このオプションを選択するのなら、もうすべてあなた次第、だれにも頼れない。あなた自身が責任を負うことになる。

ホームステイをするまえに、かならずつぎのことをはっきりさせよう。どんなサービスが支払い分に含まれているのか。ベッド代か、それともベッドと部屋代か。家には何人の人が住んでいるのか（北の家族は子どもが多く、人が多いので有名）。十分な水があるか（小さな共同体の多くの家がまだ「ハチミツ・バケツ」を使っている）。食事は出されるのか。もし食事が出されないのなら台所を使わせてもらえるのか。ホームステイをまえにもさせたことがあるのか。

結論を書こう。

イヌイットの家族は非常に手厚くもてなしてくれ、手助けしてくれるが、北での生活条件はあまりにも普段とちがいすぎて、都会で育った人にとっては、しばしばショックなことだらけになる。

通貨事情

キャロル・リグビー　　　　　　　　　　　　　　　　　　　　　Carol Rigby

　ヌナブトでは銀行の支店が非常に少ない。このことを、しっかり頭に置いて、ヌナブトに出かけよう。

　小さなコミュニティーでの現金不足という現象は、しばしば旅人の不意をつく。コミュニティーが気候の急変で隔絶されているときなどは、現金の流れが深刻なほどはばまれてしまう。こうしたことから、いかなる緊急の用にも対応できるだけの十分な現金をいつも手元に持つようにしたほうがいい。
　また、大きな銀行取引をするとき（多額の現金引出しなど）には、小さなコミュニティーに入るまえに、イカルイトIqaluit、ランキン・インレットRankin Inlet、ケンブリッジ・ベイCambridge Bayなどヌナブトの主要なコミュニティーでおこなっておいたほうがいい。カナダ以外の国からくるのならば、ヌナブトに入るまえに通貨を両替しておくのがいちばんいい。
　イカルイトでは、ロイヤル銀行Royal Bank of Canadaとモントリオール銀行Bank of Montrealの支店が便利にも道をはさんで向かいあっている。このふたつの銀行はバフィン島Baffin Islandにある唯一の銀行である（1999年当時＝日本語版編者注）。ランキン・インレットには、カナダ・インペリアル商業銀行Canadian Imperial Bank of Commerce（CIBC）とロイヤル銀行の支店がある。ケンブリッジ・ベイにはロイヤル銀行の支店がある。イカルイト、ランキン・インレット、ケンブリッジ・ベイ、にはATMもある。
　ホエール・コーブWhale Coveには、スーパーの店内にATMがある。
　そのほかのコミュニティーでは、ノーザン・ストアNorthern Storeや生協のレジでカナダ通貨のトラベラーズ・チェックを使うことができる。が、コミュニティーではしばしば現金不足が起こるので、カナダの通貨を持ち歩くのがいちばんいいだろう。すなわち、カナダ・ドルである。お札は5、10、20、50、100ドル、そしてコインは1、5、10、25セントと1、2ドルのものがある。

クレジット・カード

　イカルイト、ケンブリッジ・ベイ、ランキン・インレットの多くの店やホテルでは

クレジット・カードを利用することができる。小さなコミュニティーでもホテルのほとんどが受けつけているが、すべての店でというわけにはいかない。一般的に、旅行準備業者は、たまにトラベラーズ・チェックは受けつけるものの、たいていは現金を要求する。まず聞いてみることを忘れずに。

（とにもかくにも、ヌナブト準州に行くときは自分の旅行日程にあわせて十分な現金を所持して行くことを強くすすめる。トラベラーズ・チェックは、まったく使えないわけではないが、使えないところのほうが多い。イカルイト、ランキン・インレット、ケンブリッジ・ベイなどの大きなコミュニティー以外でも、銀行、ATM機などが設置されつつあるが、万全の対策を忘れずに＝日本語版編者注）

食べもの

キャロル・リグビー　　　　　　　　　　　　　　　　　　　　　　　Carol Rigby

ヌナブトにある多くのレストランの料理はおいしい。手のかかった《地元料理》を出す。ここでいう《地元料理》とは、イヌイットが伝統的に食べていたものをさす。

　チャー（ホッキョクイワナ）は、サケとマスのちょうど中間くらいの味がする、《地元料理》でもっとも一般的な魚である。カンバーランド海峡 Cumberland Sound 産ホタテは、イカルイト Iqaluit やそのほかの北部のコミュニティーのレストランや小売販売店などでたまに買うことができる。グリーンランド・エビもまた、地元の人たちの好きな一品である。パングニルトゥング Pangnirtung でとれるヒラメもバフィン地方 Baffin Region で季節によっては食べられる。カリブーという名の野生トナカイは《北国の人》にとっての必需食糧品である。栄養豊富で脂肪分が少ないためダイエットによく、広く入手が可能である。ジャコウウシ muskox もキティクミウト地方 Kitikmeot Region でたくさんとれ、その肉は霜降り牛肉に近く、食べてみる価値のある代物だ（カリブーやジャコウウシの肉は比較的簡単に入手できるので、試食をおすすめする。どちらも美味＝日本語版編者注）。

　レストランの多くが何種類かの《北の前菜》やアントレ（前菜と肉料理のあいだに出る料理）をメニューに入れている。このなかに、シロイルカ（ベルーガ）とイッカククジラの外側の皮を生で提供するマクターク maktaaq（現地でこの発音を聞くと日

食べもの

本人の編者には何度聞いてもマスタックあるいはマスタクと聞こえるが、この本ではマクタークに統一した＝日本語版編者）という料理が含まれていたらシメたものだ。これは、まさに、イヌイットの珍味である（賛成！ ほんとうにおいしい＝日本語版編者注）。このマクタークはカロリーが高いので、とてもよく体をあたためてくれる。しかし、初心者へのアドバイスとしてひとことつけ加えれば、《クジラ味のガム》が好きでなければあまりかまないほうがいい。マクタークは、普通、小さく切って、ちょっとかんでから全部を飲みこむ。

より冒険的なグルメの方のために、コミュニティーはカリブー、アザラシの生肉やそれらをゆでたもの、チャー（ホッキョクイワナ）の生身の冷凍といった伝統的なごちそうを用意している。「コミュニティーのごちそう」はこの地を訪れる人、みんなのものだが、都会の生活に慣れた人にとっては、カルチャー・ショックを受ける覚悟が必要である。アザラシが1体まるごと床にねそべっているかと思えば、それがみるみるうちに食肉に切り刻まれ、生で供せられる。イヌイットは何世紀もそうやってきた。ランキン・インレット Rankin Inlet でとれるカラスガイやフロビッシャー湾 Frobisher Bay のハマグリのような地元でとれる貝類もいくつかのコミュニティーにおいては一般的な食べものである。しかしこれらは、商品としては売られていない。幸運にも地元のだれかの食事に招待されないと味わえない品々である。

食べものをつくるには、その気候のきびしさゆえに、本格的な農業がなり立たないので、伝統的なイヌイットの食事は海・陸両方における狩猟採集にかなり依存していた。夏に大地から収穫される数少ない野菜やベリーには、レモンのようなすっぱい味がするミヤマカタバミ、ブルーベリーやクランベリー、そしてクロウ（ハラス）ベリー（そのつやのある黒い色からイヌイットは、しばしば「ブラックベリー」と呼ぶが、カナダ南部でいうところのブラックベリーとは別物である）などがある。これらの北国の野菜や果実は、まったくなにひとつとして、販売されていない。ヌナブトの多くの地方では、植物はとても貴重で、旅人が勝手にベリーを摘むと注意される。伝統的なベリー摘みの場所をよく知っているイヌイットの旅行準備業者か、あるいは地元の家族と一緒にいるときに摘むのならいいだろう。

小さなコミュニティーにおけるホテルやロッジの食事

不思議なことに、小さなコミュニティーではホテルやロッジの食事のメニューには、伝統的な食べものがあまりたくさんのっていなくて、はるばる《地の果て》まで来たからには、なにかおいしいものを食べたいという旅人の思いにはほど遠い北アメ

リカの標準的な料理がたくさんのっている。多くのロッジではおもに工事現場の労働者のまかないをするので、量がたっぷりあり、心もあたたまる料理が出てくるのだが、特別おいしいというわけでもない。そして、現地までの輸送に費用がかかるためにとても高い。小さなコミュニティーの多くではロッジの外にレストランがない。

　キャンプをする人やそのほかにも自分で料理をしようと思っている旅人は、たっぷり食糧（素材）を持参したほうがいい。とくに、キャンプ用の乾物が必要な場合など。菜食主義者もまた、自分で肉以外の食べものを持ってこないと、そういったものはここでは手に入れにくく、果物や野菜も高価で買いにくい。

　乳製品、果物、野菜などの生鮮食品が手に入れられるかどうかは飛行機の日程や天候による遅延の状況次第である。日に1回の航空輸送サービスによりコミュニティーに食糧の供給がなされるが、牛乳、卵、そしてパンなどが小さなコミュニティーのなかで完全になくなることなどちっともめずらしくない。隔絶された村では、リンゴやオレンジ1個に2ドルくらいまで、牛乳1リットルに5ドル以上は払う気持ちになっておいたほうがいい。友だちや家族に会いにヌナブトに来るのなら、いちばんのお土産は新鮮な果物、野菜、そして乳製品である。冬は凍らないように手荷物に入れて持っていったほうがいい。

食べものを持ち帰る

　多くの《地元料理》は簡単に運べるものである。だからあなたは北の味覚を家に持ち帰って、家族や友人にも食べさせてあげたいと思うかもしれない。冷凍食品は小売販売店でいつでも売っているし、地元の猟師や組合などからも普通入手が可能である。コミュニティーのなかには、地元料理を売ることをなりわいとする地元産業もあるくらいである。たとえば、イカルイト・エンタープライズ Iqaluit Enterprises では地元で燻製にしたチャー（ホッキョクイワナ）の冷凍を真空パックで買える（この店は衛生管理がいきとどいており、品ぞろえも豊富で、おすすめ＝日本語版編者注）。パングニルトゥング・フィッシャーズ Pangnirtung Fisheries からはイワナを丸ごと買える。ケンブリッジ・ベイ Cambridge Bay のキティクミウト・フーズ Kitikmeot Foods では、ジャコウウシの切り身やジャーキーの真空パック、そしてランキン・インレットからはキーワティン・ミート・アンド・フィッシュ Keewatin Meat and Fish が出しているカリブーのジャーキーを買って帰ることができる（カリブーのジャーキーは日本人の口にあう＝日本語版編者注）。いくつかの植物は、直接には買えないが、小売販売店を通して入手することができる。

「ヌナブト協定Nunavut Land Claims Agreement」(NLCA) の受益者から魚の贈り物や海洋哺乳動物のいかなる部分（たとえばマクタークmaktaaq）を受けとった場合は、その贈り主はあなたに宛てて、自分がその贈り物をした旨をしたためた文書を書かなければならない。そうしなければ、その贈与行為は違法になってしまう。狩りで得たものについては、ほかのものに加工されていない野生生物のどこかしらの部分——肉、毛皮、骨などを外部に持ち出すためには、旅人は資源開発省（1999年4月までは、北西準州政府（GNWT）の資源、野生生物、経済開発省だった）の地域の事務所で持ち出しの許可をもらわなければならない。加工された肉は、これにはあてはまらない。持ち出しの許可は無料でもらうことができる。食べものを持って帰るかもしれないなと思う人は、持ち出してもよい量や規制について、ヌナブトに入るまえに適切な政府機関に問いあわせておくように。

飛行機の荷物のなかに食べものを入れて北から運び出す場合、飛行機のせいでダメになっても、航空会社が補償しなくてよいという権利放棄書にサインをさせられるかもしれない。冷蔵・冷凍して航空便で持って帰るという手もある。航空会社にまずは問いあわせをしてほしい。しかし、あたたかい地域に立ち寄らなければ、冷凍の食べものがとけ出すことはほとんどない。飛行中、荷物入れが熱くなることはないし、新聞で何重かにくるんでおきさえすれば大丈夫である。

コミュニケーション

キャロル・リグビー　　　　　　　　　　　　　　　　　　　　Carol Rigby

ヌナブトは外の世界と衛星、電話、テレビ、ラジオによってつながっている。

　個人でもビジネスでも、カナダのほかの地域や海外と連絡をとるために、《北国の人》はよくファックス、コンピューター・モデムとインターネットを使う。《北国の人》は、長い距離に隔てられたコミュニティー同士をつなぐために高度な近代的技術を活用している。

電話

　電話サービスはどのコミュニティーにも存在する。ただし、バサースト・インレ

コミュニケーション

ットBathurst Inletとウミングマクトゥーク Umingmaktokでは衛星電話サービスにかぎられている。公衆電話はいくつかのホテルや空港、それから大きなコミュニティーにあるいくつかの商店にしかない。電話サービスのないホテルやロッジに泊まっている旅人は通常、公共サービスを提供している建物内（たとえば、コミュニティーの役場Hamlet Officeや観光案内所や博物館など）の電話なら使わせてもらえる。長距離電話の支払いをつけておくことができる電話用カードを持っておくのはいい考えだ。電話サービスは衛星によるものなので、通話中《衛星のはずみ》といわれるエコーが聞こえたり、音が遅れて伝わってきたりするだろう。起点のコミュニティーから外へ向かってかける電話には、かならず番号の最初にエリア・コードをつけなければならない。かける先が自分のいるところとおなじエリア・コード内でもである。ちなみに、ヌナブトのエリア・コードは867である（日本から電話をかける場合のカナダの国のコードはアメリカとおなじ1である＝日本語版編者）。

テレビ

「カナダ放送The Canadian Broadcasting Corporation＝CBC」（この局は日本のNHKのようなもの＝日本語版編者）の北部支部はイカルイトIqaluitやそのほかのコミュニティーにテレビ電波を送信している。「イヌイット放送The Inuit Broadcasting Corporation＝IBC」はイヌイット語でニュースや娯楽番組などを放送している。「テレビ北部カナダTelevision Northern Canada＝TVNC」は北国の人と先住民による彼らのための番組づくりに専念している。北アメリカ中からテレビ番組をさまざまな種類持ってきて提供しているケーブル衛星放送は、広く各地で利用できる。

ラジオ

ラジオは小さなコミュニティーに住む人にとって、生命線ともいうべきものである。ここでのラジオは個人的なメッセージを放送したり、コミュニティーのニュースを流したりする。人命を救うことだってある。高周波（HF）ラジオは緊急時その他の主要連絡手段である。1種類しかない無線電話は、地域内の旅人や住民をモニターするために、すべての猟師・罠猟師組合Hunters and Trappers Organizations（HTOs）によって使われている（HFラジオの使い方についてのくわしい記述は253ページの『冒険旅行』の項参照）。しかし、携帯衛星（MSAT）電話の使用が増えてきている。その値段は、まだ2,000ドルから3,000ドルと今は高いけれども、徐々にさが

コミュニケーション

ってきてはいる。衛星電話はHFラジオよりも持ち運びに便利で、気候の影響をおそらく受けにくいだろう。それは衛星の状態により、また山などの障害物が衛星からの電波を邪魔しないかどうかも関係あるのだが。

ヌナブトのすべてのコミュニティーで簡単に受信可能な唯一の地元の局である「カナダ放送」は、AM周波帯を用いているイカルイト以外のすべての地域で、FM周波帯で放送をしている。ほかにも、コミュニティーによっては、商業目的ではない地元局を持っているところがある。イカルイトのCFRT——ヌナブトで唯一のフランス語の局である——などが、その1例といえよう。低周波数ラジオ好きの人は、世界中のいろいろな局から受信することができる。ここで注意事項。電池はかならずしも地元の商店で買えるとはかぎらないから、十分に持っていくこと。そうでなければ、小さな太陽発電充電器とそれ用の電池（予備も必要）を持っていくというやりかたもある。このやりかたは、夏の長い日照時間のうちはうまくいく。

郵便

郵便はすべて郵便局で受けとる。郵便は航空便でコミュニティーへ運ばれるので、悪天候などによる飛行機の遅れで遅配することもある。こうした事情を承知のうえで、郵便を受けとれるぐらい長くヌナブトに滞在するのならば、本拠地にするコミュニティーの「一般配達General Delivery」宛てに郵便を送ってもらおう。また、郵便には「回収待ちHold for Pickup」と書かれ、規定の日数のあともとりにこない場合に、転送されるべき住所を記したメモをつけておかなければならない。郵便局の営業時間は、コミュニティーによってちがうので、かならず局員に確かめるようにしよう。局長がコーヒー・ブレーク中で郵便局が閉まっているからといって驚かないように！

新聞、雑誌

最近まで、《北国の人たち》にとって、日刊の新聞を読むことができるというのはたいへんな贅沢だった。現在、1日1回の空輸サービスができてからは、『ザ・グローブ・アンド・メール The Globe and Mail』（日本の朝日新聞のような新聞＝日本語版編者）などカナダの日刊紙を数種と、たくさんの雑誌が手に入るようになった。地元の小売販売店をのぞいてみよう。小さなコミュニティーでは、日刊紙が手に入れられることはあまりないが、そのかわり『ヌナチャク・ニューズ Nunatsiaq News』、『ニューズ／ノース News/North』、『キバリク・ニューズ Kivalliq News』と

247

コミュニケーション

いった北部の週刊新聞が置いてあるだろう（こうした地元紙はどれも、ローカル色豊かでおもしろい。英語とイヌイット語が、紙面のなかに仲よく同居している。入手をおすすめする＝日本語版編者注）。

Eメールとインターネット

ヌナブトにも通信網はちゃんと張りめぐらされている！　通信速度の遅さや《衛星のはずみ》といった問題はあるけれども、ケンブリッジ・ベイ Cambridge Bay、ランキン・インレット Rankin Inlet、イカルイトで接続中の地元のインターネットはヌナブトの人に愛用されていて、そのインターネット利用率はたいへんに高い。ヌナブトの電信ネットワークのインフラを整備しようとする動きが現在なされている。すべてのコミュニティーに通信速度の早いインターネットを供給をしようとしている。よって、目下電話ベースの通信をしているコミュニティーにとっては、ここ1、2年のあいだに、大幅な生活の向上が実現されることだろう。インターネットの利用はまた、ヌナブトの学校のカリキュラムにおいても重視されている。多くの学校ではすでにインターネットに接続をしていて、学校のウェブサイトがあるところも少なくない。

大きなコミュニティーでは、公衆にインターネットが開放されている場所もかなりある。連邦政府出資のコミュニティー接続プログラム（CAP）のおかげである。しかし、こうしたプログラムはボランティアによって毎週かぎられた時間しか運営されていない。ランキン・インレットでは、一般用のインターネットができる場所はレオ・ウサック学校 Leo Ussak School である（ランキン・インレットやレゾリュート Resolute などで学校のインターネットの接続設備を使わせてもらったことがあるが、礼儀正しく頼めばこころよく使用許可をくれる＝日本語版編者注）。この一般用のインターネット場についての詳細は、レオ・ウサック学校のスタッフに連絡がつかなければ、公立図書館で調べてみるといい。イカルイトでは、ヌナブト・アークティック・カレッジ Nunavut Arctic College のヌナタ・キャンパス Nunatta Campus にコミュニティー接続プログラムの場がある。また、1998年の秋には公立図書館のなかにもおなじようなコミュニティー接続プログラム場がつくられた。ヌナブトにはまだこれからもたくさんのコミュニティー接続プログラム場が立ちあげられるだろうから、そのつど図書館、インフォメーション・センターなど、最寄りのコミュニティーの施設で情報を得るといいだろう。もしコンピューター端末を持って旅行をしていて（たとえばビジネスなどで）、インターネット・サーバーとの契約と自分のアカウ

ントがあるのならば、主要なセンターにある電話線を使ってインターネットに接続することができる。小さなコミュニティーでは、電話線に古いものを使っているため、接続は少し難しいかもしれない（日本語版編者は実際に自分のパソコンを現地に持参してヌナブト準州の各地を何回かめぐっている。たしかに、ときによっては、非常につながりにくいこともあるが、現地からメールが発信・受信できることは、どれだけ《極北の旅》の助けになることか！＝日本語版編者注）。

自然、文化に触れるツアー

ジェニファー・バーニアス　　　　　　　　　　　　　　　　Jennifer Bernius

時間がゆったりと流れているヌナブトでは、自分で旅行日程を組んで、この自然を自分の視点から探検したりエコツアーをしてみたりしたいと思うかもしれない。

　でも一方で、ヌナブト内のコミュニティーで提供されている各種の自然・文化的なツアー（エコツアー）のサービスに甘えて旅するのもまたいいものである。もしこちらがお好みであれば、現地に出かけるまえにツアーを予約しておこう。
　自然や文化に触れるツアー（エコツアー）はよく訓練されて説明も上手なガイドと一緒に行けば、ヌナブトに対する理解や認識を深めることができる。現地にくわしいガイドなら、自分で行けばたどり着けなかったり危なかったりするおもしろい場所へ案内してくれる。カザン川Kazan Riverとテーロン川Thelon River沿いのジャコウウシやバフィン島Baffin Islandの海氷原にいるアザラシや、イッカククジラやイヌイットのキャンプ地などを見せてくれる。教えてもらわなければ自分では見落としてしまうもの、たとえば考古学的な遺跡なども、ガイドといれば説明してもらえる。
　ヌナブトのツアーは、コミュニティーの数だけ種類がたくさんある。たとえば観光案内所では、地元の名所を見てまわる午後の散歩などを企画してくれたりする。
　猟師・罠猟師組合Hunters and Trappers Organizations (HTOs)や旅行準備業者は移動中のカリブーの群れが見られるかもしれないツンドラへの1日旅行を企画してくれたりする。長期間のツアーも企画してくれる。10日ほどかかるツアーでは、たとえばガイドだけではなく、イヌゾリの一団やスノーモービルなどとともに、

自然、文化に触れるツアー

イヌイットのキャンプ地に行き、クジラやホッキョクグマの写真を撮ったり、イグルーやあたたかい小屋に泊まらせてもらったりできる。

ヌナブト・ツーリズム Nunavut Tourism では『北極圏の旅人 The Arctic Traveller』という休暇のすごし方を提案する本を出版した。これには旅行準備業者の一覧と、それぞれがどういったサービスを提供しているかが書かれている。冒険家の興味をかき立てるツアー、歴史オタク（好き）向けツアー、登山家、写真家にうけそうなツアー、野生の動植物やイヌイットの民芸品、歴史などの文化に惹かれる人のためのツアーなど、あらゆる興味に対応するツアーの種類があることがわかる。

コミュニティーを出発点とするもののなかには、自由時間が許されて北を好きなように探検できるツアーもある。一方でパック・ツアーはほとんど起点をカナダ南部の都市に置いていて、輸送、宿泊、小旅行、通訳、設備、衣服などすべてがパックに含まれている。

ツアーを選ぶにあたっては、つぎのいくつかの要素が鍵となる。まず、あなたがなにに興味があるのか。それから、野生生物を見たいのか。見たいのならば、海洋哺乳動物？ それとも内陸の草食動物たち？ それとも渡り鳥？ もし歴史が好きならば、どんな文化や時代にとくに興味を引かれるか。古代のチューレ Thule？ 近代化したイヌイット？ ヨーロッパからきた捕鯨者や探検家たちの時代？ ハドソン湾会社 Hudson's Bay Co. の交易者たち？ どの地域に興味があるか。バフィン地方 Baffin Region の壮大なアウユイトゥク国立公園 Auyuittuq National Park の山やまやフィヨルド？ ハドソン湾 Hudson Bay 低地に一面に広がる沼地？ それともアークティック諸島 Arctic Islands のバリエーション豊富な地勢か？ あるいはキティクミウト地方 Kitikmeot Region を流れるコパーマイン川 Coppermine River がつくる壮麗なブラディー・フォールズ Bloody Falls か？ 各種の興味に対応した、いろんな場所へのツアーがここにはある。ものによっては北部の生活の側面をいくつも組みあわせたツアーもある。たとえばエコツアーにイヌイット文化と生活の説明を加え、有史以前あるいは近代の歴史遺跡をめぐったりする。

かかる時間と費用は、何人で行くかによるが、ガイドつきでキャンプの周辺やそれより外側のハイキングを1日して、だいたいひとり当たり70～150ドルかかる。イヌゾリ・チームやスノーモービル、サンド・バギー（ATVs）を利用したり、川や海岸をモーターボートでクルーズしたりすると、とたんに値段がはねあがる。コミュニティーのホテルに2泊して、テントに1泊するという典型的なツンドラへのガイドつき3日間のツアーでは、だいたい1,000ドルくらいする（寝袋以外の、テン

自然、文化に触れるツアー

トなどすべての設備費も含む)。

　期間を長くすればするほど、値段は高くなる。先ほどあげた、南バフィン地方のフィヨルドに行ってイヌイットのキャンプに宿泊する10日間の《北に完全に浸る》ツアーでは、スノーモービルやイヌゾリによる輸送、食事(《地元料理》とカナダ南部の食事の組みあわせと、1000年ものの氷山の雪どけ水)、伝統的なイヌイットの衣装(カリブー毛皮のパーカ)、宿泊施設(テント、小屋、イグルー、そしてホテルでの1泊)を含み、2,300ドルもかかる。しかもそれにはヌナブトへの航空運賃はもちろん含まれていない。

　しかし快適さを求めるならば、エコツアーを提供する観光業者のロッジからツンドラへの歴史的、眺望的なツアーへでかけるのもよい。たとえば、キティクミウト地方の場合、バサースト・インレット Bathurst Inlet にあるそのような設備のひとつに1週間宿泊し、部屋代、食事、ツアー代、イエローナイフ Yellowknife からの航空運賃などすべてを含む代金は3,400ドルである。もとはハドソン湾会社の交易所 Hudson's Bay Co. trading post とカトリック派 Oblate mission の布教施設だったものが、自然愛護家のための宿泊所へとさまがわりしたのがこういった設備である。こういうロッジの企画するガイドつきツアーのなかには、バーレン・ランド barren lands (ハドソン湾西方のツンドラ地方)中央部にジャコウウシ、カリブー、野鳥や野生の花を見にいくものもある。また、古代イヌイットの石づくりの家や貯蔵庫を見たり、北西航路 Northwest Passage をジョン・フランクリン卿探検隊 Sir John Franklin's Expedition が通るあいだ使ったキャンプ地への小旅行に行ったりすることができる。

　いつツアーに参加するかは、天候を見て決めるのがいい。たとえば、ハドソン湾のコーラル・ハーバー Coral Harbour にいる旅行準備業者は、ベンカス諸島 Bencas Islands やウォーラス諸島 Walrus Islands のセイウチのすみかや、コーツ島 Coats Island の崖沿いに何千もの分厚くつくられたウミガラスの巣を見にボートで連れていってくれるだろう。しかし、それも7月の終わりから始まり、8月までしか営業をしていない。9月はじめには嵐の季節が始まる。それよりもまえから気候は不安定になっていく。

　一方で、バフィン地方の内陸に住む旅行準備業者は3月から8月の終わりまでさまざまなツアー企画をそろえて営業している。7月から8月にかけては、イカルイト Iqaluit から船に乗って、渡り鳥の大群を見るツアーというのがある。南バフィン地方の海岸沿いに住むアビやガン、カモ、アジサシ、フクロウなど、さまざまな種類の

自然、文化に触れるツアー

野鳥を見ることができる。あるいは、陸地を、氷の上を、スノーモービルで走りまわる旅行をしたいならば、カリブーやキツネ、アザラシ、そして運がよければホッキョクグマにさえも遭遇するような場所へ行くことが、3月から5月にかけて可能だ。夏には、そのおなじあたりの上空を水上飛行機で飛んで、野生生物を観察できる。

ツアー・オペレーターや旅行準備業者はほとんど全員、柔軟な考え方を持っていて、ビジネスに対する考え方も堅苦しくない。個人や団体らにパック・ツアーを用意しながら、あなただけのツアーも企画してくれる。友だちとバックパック旅行中に観光したい？ 問題なし。ヌナブト・ツーリズム、地元の役場Hamlet Office、猟師・罠猟師組合に頼めば、あなたの望むツアーを企画してくれる免許持ちの地元の旅行準備業者を紹介してくれるだろう。イヌイットの文化や美術を愛する自然愛護家ですって？ それならばぜひ、世界のイヌイット美術を代表するケープ・ドーセットCape Dorsetを訪れるといい。着いたら現地のガイドが、西バフィン・エスキモー生活協同組合West Baffin Eskimo Co-operative（以下、本書ではCo-operativeはCo-op、生活協同組合は生協と表記する＝日本語版編者注）の世界的に有名な工房に連れていってくれるだろう。そこでは、有名な版画家、彫刻家、刺繡家などに会うことができる。あなたのスケジュールにあわせてツアーの時間は長くも短くもアレンジすることができる。1時間の散策でもいいし、考古学的、自然に親しむ内容の濃い1週間の小旅行としてフォックス半島Foxe Peninsulaに行くのもよい（これらのツアーでは、たとえば、古代のチューレの住居地や世界最大のイヌクシュイトinuksuit［人型をした石塚群。イヌイットがツンドラに多くつくった伝統的な陸標・道しるべ］のコレクションなどを見ることができる。ツアーの企画はケープ・ドーセットの生協またはコミュニティー開発事務所でやってくれる）。

一般に、自然や文化に触れるツアーは、冒険旅行よりも体を動かさなくてよい。旅人が《北の国》のうららかさ、静けさ、そして清らかさを存分に楽しめるように、知識豊富なツアー・オペレーターたちがくつろげる、焦らせない雰囲気づくりをしてくれる。それでも、ハイキングなどのツアー内容について、どれくらいの運動量であるかをツアー・オペレーターに確認するのは大事なことである。また教育的な冒険旅行は往々にして、わりと年配の大人を対象にしているものである。夏季には、イカルイトのヌナブト・アークティック・カレッジNunavut Arctic Collegeで、エルダーホステル・カナダElderhostel Canadaがいくつかの議題について討論をおこなったり活動をしたりする1週間のプログラムを提供している。議題は、イヌイットの言語と文化、ヌナブトの政治的発展、そしてバフィン地方の動植物についてである。

宿泊施設は、幅広い選択肢のなかから選べる。あなたがわりと頑丈なたちならば、旅行準備業者に紹介してもらって、イグルーで寝るのも、ツンドラで探鉱者のテントに泊めてもらうのもよい。先に述べたように旅行準備業者によっては、ひとつのツアーのなかにいく種類かの宿泊施設を組みあわせて入れるところもある。たとえば5日間の小旅行では、3日間キャンプをして、残り2日間をコミュニティーのホテルに泊まったりする。北の生活を実感するために地元のイヌイットの家庭にホームステイすることをすすめる旅行準備業者もいる。最後に、エコツアーを提供する観光業者のロッジに泊まるという選択肢も、いいかもしれない。

ツアーに参加する際の服装と準備について旅行準備業者に質問するのを忘れないようにしよう。多くのオペレーターはテントとその他のキャンプ用品や、自然のなかで活動しやすい衣服を貸してくれる。どんなものを貸してもらえるかのリストと、なにを持参すればいいかのリスト —— このふたつをきちんともらうようにしよう。

冒険旅行

キャロルとブルース・リグビー　　　　　Carol and Bruce Rigby

ヌナブトを旅行する際には、自然の猛威から身を守り、かつ壊れやすい北極圏の景観にダメージを与えないように細心の注意を払わなければならない。

陸、海ともに、ヌナブトの旅のきびしさを甘く見てはいけない。十分な備えをしていくことがなにより大切である。悪天候やホッキョクグマなどの自然の猛威はあなたの身体持久力、野外ですごした経験、そして装備などをことごとく試そうとする（昼間の旅行であっても、危険を予測して行動したほうがよい。くわしくは172ページの『キャンプ』と179ページの『ハイキング』の項参照）。

全域における極端な日照時間の短さと寒さのおかげで、ヌナブトに冬に来る旅人は少ない。特別、高い技術と道具を持っている専門家以外は、こういった時期の旅行に挑戦すべきではない。

衣服と装備

ひとたび《コミュニティーの外の世界》に出れば、私たちの命は天候の意思にす

っかり委ねられることになるので、旅行に持っていく衣類は注意深く選ばなければならない（すべての旅人のための、より一般的な衣類と携帯品のアドバイスは268ページの『衣服と身のまわり品』の項参照）。北極圏の夏の気候はとても快適だが、急に悪天候にかわったりして危険をもたらすこともある。真夏に、酷寒になり雪が降り出すことさえある。生命維持のための中枢器官の体温が低下してしまう低体温症Hypothermiaは、別段症状もなく、痛みもないので気づかないうちに死にいたることがある。十分注意して予防するべきである。

キバリク地方Kivalliq Regionとキティクミウト地方Kitikmeot Regionでは、7月中旬から3週間くらい、気温がかなりあたたかくなる。しかし基本的に衣服は春物か秋物、長袖長ズボンを身につけるべきである。コミュニティーの外の土地に出ていくのならば、ジーンズをはいていってはいけない。まちがえて川に足が浸ってしまったときに水がたちまちしみて、凍ってしまうからである。これは経験から語っている話！　町からごく近いところへハイキングに出ていくだけでも、かならずあたたかい服装をするようにおすすめする。天気のいい日にはTシャツや半ズボンをはいて出るのもいいが、寒くなったときのための衣類の持ち運びをお忘れなく。

重ね着がここでは必須である。着脱が簡単な重ね着をしよう。そうすれば運動しているときも休んでいるときも快適にすごせるだろう。汗はかかないように心がけよう。ここでは、衣類がいちどしめってしまうと乾かしづらいし、ぬれた服というのは肝心のときにまったく防寒の役目を果たさなくなってしまうから。運動をやめると体は冷えやすい。本物のパイル地やウールの衣類は、しめっても体をあたためつづける。スウェット・シャツやスウェット・パンツなどの綿素材の服はすぐぬれて冷たくなるので、運動をたくさんする日には着ないほうがいい。

1日以上かかる小旅行には、天気があやしくなっても低体温症から身を守れるように、セーターと長いズボン下のようなあたたかい下着を身に着けよう。ポリプロピレンやパイル地の下着は、水分をはじきながら体をあたためてくれるのでお買い得な品である。それから、万一ぬれてしまったときのために最低でも着がえが1組は必要である。

機能的な雨具も必要である。激しく降る冷たい雨のなかであたたかくしていられるような全身用の雨具が必要である。雨具の機能があるズボンももちろん忘れてはいけない。ゴア素材かそれに類する《通気性のよい》布でできた防風ジャケットや防風ズボンは、防寒のためだけではなく、体から出る湿気を外へ逃がすためにも必要である。ここでは風はいたるところで休みなく吹きつづけ、しっかりした準備を

冒険旅行

おこたればたちまちのうちに体を冷やすだろう。

　夏季の旅行にも、防風機能のあるミットや手袋、ニット帽や毛皮の帽子などを忘れずにしよう。マフラー、耳までおおうあたたかい毛の帽子、首用ゲートルなど顔を守るものも必要である。ひさしのあるキャップや帽子などで目、首、耳の紫外線をよけるのも忘れずに。丈夫で、はきこまれたハイキング・ブーツがあれば、たいていの場合快適にすごせる。キャンプのまわりをうろうろするだけならランニング靴でも大丈夫である。杖を1本、または交互に2本使うと、荒い地形の場所を歩くのに便利である。また、旅行中、川をわたる予定などあれば、ネオプレン・ブーツを持っているのがいちばん望ましいが、持っていない場合は、ハイキング・ブーツを脱いで、ぬれても乾きやすいスニーカーにはきかえよう。水のなかを通る場合は、たいてい水は凍りかけているから、足のけいれんを起こしがちである。多少ぬれてもあたたかさを保ってくれるパイル地やウールの靴下はハイキングに適切である。パイル地などは、簡単に絞れるうえにすぐ乾く。

　また、紫外線をカットするフィルターなどがついた機能性の高いサングラスが必須である。視力矯正をしている人にとっては、クリップでつける簡単なタイプより、出発まえに度つきのサングラスを用意したほうが、値段は張るが確実に役に立つ。コンタクト・レンズを入れている人は、ここでもそれを使いつづけるかどうか、慎重に判断したほうがよい。夏季の気候は風塵がたくさん舞い立ち、冬季は空気が乾燥し、とても冷えこむ。こんななかでコンタクトを衛生的に保つのはとてもむずかしい。どうしてもコンタクトをつけたいならば、予備用やそのほかの関連道具一式を十分に持ってくるようにしないと、ヌナブトでは入手できないことが多い。そして冬の大地を旅するときには、凍らないようにコートのなかにしまっておこう。さらに、いざというときのためにメガネを予備として持っていこう。

（ヌナブト滞在中にスキーをしたいと思っているならば、202ページの『スキー』の項を読んでほしい。服装や道具に関する重要な情報をのせている。この情報はスキーだけでなく、イヌゾリなど、北極圏でできるほかのいろいろなタイプの小旅行に広く適用できるものである）

ボート旅行の服装

　旅行準備業者をともなってボート旅行をする場合も、あたたかくして行こう。夏は気温が比較的暖かいように感じるが、水はたいへん冷たい（海水は最高4度で、氷河の表面はもっと冷たい）。地表にもっとも近い足にはとくに注意しよう。地面

はほとんど氷に近い冷たさだから。水の近くですごす時間の長い人たちは普通、重い断熱加工のゴム・ブーツか、いつもより数サイズ大きめのブーツを用意してダッフル布、ウール、パイル素材の靴下を重ねて履く。こうすることで、足を暖かく乾いたままにしておける。あたたかい帽子、手袋、ミットや防風服もお忘れなく。

　北西準州政府（GNWT）は、ボート・ツアーを運営する旅行準備業者に、ボートに乗る人全員にスーツ全体が浮きになったものを貸し与えるように要求している（ヌナブト準州もこれに準じた規則をつくるだろう）。借りたらかならず着用しよう。今までいくつの命がこのスーツによって救われてきたことか。一般的な救命胴衣は北極圏の海では無用の長物である。救命胴衣を着ても北極圏の水のなかで生き延びられる時間はわずか20分間である。それから、ボートに乗っているあいだは、余計なことをして危険性を増やさないように。そういうことをしたときこそ事故が起こるものだから。

進入制限

　「ヌナブト協定Nunavut Land Claims Agreement」（NLCA）のとり決めによって、ヌナブトの約200万平方キロメートルの土地のうち、35万平方キロメートル強がイヌイットの所有地になった。境界線は目に見えるように引かれているわけではないが、これらの土地は私有地で、特定の利用制限が適用される。

　免許を持ったガイドや旅行準備業者と旅をしている場合、イヌイット所有地を通るための手つづきをする責任は彼らにある。もし単独で旅をしている（あるいはリサーチや商業行為をしている）のならば、まずは地図で、自分の通りたいルートがイヌイットの所有地を通っていないか確かめよう。地図はヌナブト・トゥンガビク・インコーポレーティッドNunavut Tunngavik Incorporatedという、「ヌナブト協定」の決議が実行されているかどうかを監視する組織で入手することができる。

　もしルートがイヌイットの所有地をまたぐのならば、イヌイット土地管理事務所に、その土地に適用されている制限について聞くといい。レクリエーションの目的で来ているのならば、イヌイット所有地内であっても、航行可能な海域の沿岸を船で通ることは許可されている。深さ30.5メートル、海抜30.5メートルまでが進入可能エリアである。しかし、イヌイットは入れるが、一般の利用を全面的に拒否している土地もある。キバリク地方のマーブル島Marble Islandなどがそうである。

　旅人は、3か所にある土地管理事務所のいずれかで、進入制限に関する説明書を手にいれることができる。イヌイットの所有地を通る旅行をまちがいのないものに

冒険旅行

するために、旅行日程、地図、そして同行する人数を、旅行する場所にもっとも近い土地管理事務所にファックスしておこう。許可が出るまで2週間はかかると思って余裕を見ておこう。

イヌイット土地管理事務所
バフィン地方Baffin Region　Tel 867-979-5391　Fax 867-979-3238
E-mail: taudla@nunanet.com

キバリク地方Kivalliq Region　Tel 867-645-2810　Fax 867-645-3855
E-mail: tsandy@arctic.ca

キティクミウト地方　Tel 867-982-3310　Fax 867-982-3311
E-mail: jkaniak@polarnet.ca あるいは wynetsm@polarnet.ca

地図
　地図はヌナブト・トゥンガビク・インコーポレーティッドだけではなく、地域別の土地管理事務所でも入手が可能。
　地図の入手にはわずかだが料金が必要である。

ヌナブト・トゥンガビク・インコーポレーティッド
Nunavut Tunngavik Incorporated (NTI)
住所　P.O. Box 1041, Cambridge Bay NT, X0E 0C0 Canada　Tel 867-983-2517　Fax 867-983-2723
E-mail: ntilands@polarnet.ca

飲料水

　キャンプをする際には、流れのない池や水溜りからではなく、かならず流れている川などから水をとるようにしよう。しかし、この地で注意しなければならないのは、沈泥をどっさり含んだ氷河の雪どけ水は、飲みすぎると消化不良を起こしてしまうということである。氷河から出てきた水は、飲むまえに泥を沈殿させてしまおう。すごく消化器官の弱い人や神経質な人でなければ、それ以上はしなくても大丈夫である。とくに気温が低いときには、脱水症状を防止するために、十分な水を

自分でも携帯しよう。しょっちゅうお茶で水分を摂るイヌイットの風習にならって、定期的にあたたかい飲み物を飲むのはおすすめである。

捜索と救助

　ヌナブトの陸地や海を旅行するときには、適切な地図と、できれば全地球測位システム（GPS）受信機も携帯しよう。悪天候のもとでは、捜索や救助はとてもむずかしく、不可能といっても過言ではない。費用もかなりかかる。北極点が近いゆえに方位磁石がほとんど役に立たないので、進路をはずれた場合、磁針のずれは地図やコンピューター・ソフトで計算してもとのルートに戻らなくてはいけない。カナダ地質学調査 Geological Survey of Canada のウェブサイトはたいへん役に立つ。また、くるいはあっても、方位磁針は結果的には正しい方向へ導いてくれる。一方、全地球測位システム受信機ではそうはいかない。

　バフィン地方の陸上での捜索と救助は、連邦警察緊急救助隊 RCMP Emergency Measures Organization と地元の団体との共同作業として、イカルイト Iqaluit を起点におこなわれている。地元の団体としては、ヌナブト準州政府資源開発省 Department of Sustainable Development, Government of Nunavut、カナダ公園局 Parks Canada などがある。地域別の緊急救助隊が行方不明のボートについての警報を発令すると、カナダ沿岸警備隊により海洋上での捜索が開始される。不時着した飛行機の捜索は、ノバ・スコシア州のハリファックスかアルバータ州のエドモントンにある救助センターから防衛省が出動しておこなう。

　キバリク地方では、連邦警察（RCMP）が陸における捜索、救助の企画全般をまかされている。連邦警察（RCMP）は、地元のコミュニティーや緊急救助隊と一緒になって、捜索をおこなう。カナダ沿岸警備隊も国家防衛省も、キバリク地方に事務所は持たない。行方不明の船から信号が送られてくると、連邦警察（RCMP）はイカルイトのカナダ沿岸警備隊と一緒に出動する。連邦警察（RCMP）はまた、民間の航空機が不時着したときなども捜索にあたる。軍が捜索に参加するときには、カナダ軍が司令塔になる。

　キティクミウト地方にあるコミュニティーでは、防衛省の民間メンバーが地元の高度に訓練された警備隊となって、捜索、救助活動にあたっている。そして必要なときには連邦警察（RCMP）の分隊も出動する。キティクミウト地方はイエローナイフ Yellowknife の緊急救助隊と仕事をしている。そしてカナダ沿岸警備隊は北極海で行方不明になっている船を見つけるための捜索隊を出し、防衛省は不時着した

冒険旅行

航空機の捜索に繰り出す。

　国立公園や準州公園で登山、スキー、氷河ツアーやそのほかの登山系のツアーに参加したいと思うならば、そうした公園での救助は基本的には「自力で避難すること」が鉄則であることを知っておくべきである。公園の管理人の仕事は自然資源の世話のほうに比重を置いていて、救助活動がメインではない。さらに最近予算が減らされたので、公園のスタッフの数も質も落ちてきている。高い技術を要する、急斜面での救助活動をおこなえる人員を擁するエージェントは、現在ヌナブトにはない。登山、氷河ツアーやそのほかの危険がともなう活動に参加する予定の旅人は、自分の安全に対する責任がただひとり、自分にのみあることを認識しなければならない。どんな形の探検をするにしても、事前に公園のスタッフと、事故があった場合の捜索や救助について相談しておいたほうがいい。公園に入場する登録手つづきに際しては、救助活動の規模や旅人自身の自己責任について、公園のスタッフからくわしい説明があるだろう。

登録、オリエンテーション、緊急用の食糧

　公共の安全のための理由から、国立公園やカタニリク準州公園保護区 Katannilik Territorial Park Reserve に入園するには入園登録をしてオリエンテーションを受けなければならない（入園登録は準州歴史公園に入園するのには必要ではないが、旅人は連邦警察 [RCMP] に登録することを強くすすめられる。過去のささやかな経験上、かならず入園登録をしておくことを編者もすすめる。くわしくは以下を参照＝日本語版編者）。公園管理人やその下で働くスタッフは、ルートをくわしく説明してくれ、とくに危険な状況が生じそうな場合には忠告してくれる。また、自分のレベルにあったルートを相談するために、まえもって彼らに連絡をとることも可能である。

　水陸どこを旅するのにも、信頼できる人に旅行の予定ルートや帰国予定日を知らせておくことが肝要である。コミュニティーを出て海または内陸のツンドラ地帯を旅しようとするならば、連邦警察（RCMP）に登録したほうがいい。またはそうでなければ、地元の捜索・救助団体に登録するという手もある。こうした団体は役場 Hamlet Office が斡旋してくれる。

　旅行に十分な食糧を備えていくこと。エレスミア島国立公園 Ellesmere Island National Park では、緊急用の保存食はタンクアリー・フィヨルド Tanquary Flord やヘイゼン湖 Hazen Lake の管理人室などの数か所に保存してある。

冒険旅行
緊急用ラジオと個人用の信号灯

　ヌナブトでは、HFラジオが緊急用と日常用両方において主要なコミュニケーションの手段として使われている。携帯用衛星（MSAT）電話が安価になってきてはいるが（245ページの『コミュニケーション』の項参照）。もっとも一般的なHFラジオは、ラジオ電話としても知られている。こういったラジオには最大4つの周波数、チャンネルがあり、うちふたつはたいていそのコミュニティー内の猟師・罠猟師組合Hunters and Trappers Organization（HTOs）にわりあてられている。カナダ公園局やヌナブト調査機構Nunavut Research Institute、北極大陸棚プロジェクトPolar Continental Shelf Projectのような個々の団体は、それぞれ独自の周波数を持っている。5031チャンネルは、ヌナブトで一般開放されている周波数で、イヌイットの猟師たちが日ごろ利用している。自分のメッセージを放送するために会話に割って入るのをためらう必要はない。HFラジオは、旅行準備業者や猟師・罠猟師組合といったコミュニティー内の団体から借りることもできる。

　アウユイトゥク国立公園Auyuittuq National Parkのなかでは、HFラジオが緊急用貯蔵庫のなかに備えつけられている。使うまえにバッテリーをあたためないといけない場合もある。そういうときは、ジャケットのなかに入れてあたためてみよう。エレスミア島国立公園とカタニリク準州公園保護区では、グループごとにひとつずつHFラジオを借りて携帯することを推奨している。ラジオの《受信停止》──強烈な太陽光線が電波の受信を妨害する事態──は、北極圏ではたいへん深刻なコミュニケーション問題である。ときによっては、数時間、もっと長くてじつに数日間も通信ができないことがある。緊急事態にラジオが《受信停止》状態になってしまったら、もう頼れるものは、まったくない孤立状態になってしまう。

　自分がいる位置を知らせるための個人用の信号灯も、広く貸し出され、普及している。引き金を引くと、信号灯からは無線の遭難信号が衛星へと発せられて、その信号が緊急救助隊に転送される。信号灯は緊急時にのみ使うことを許されている。いちど引き金を引いたら、スイッチを切ることはできない。これらの信号が届くと、届いた先の団体は、即刻、救出や避難が必要だと認識する。もしまちがって信号灯の引き金を引いてしまったとしても、救助隊などへの支払いが発生してしまうかもしれない。これらの信号灯はとくに、ものすごく隔絶された危険がありそうな（たとえばホッキョクグマの群れがいるなど）地

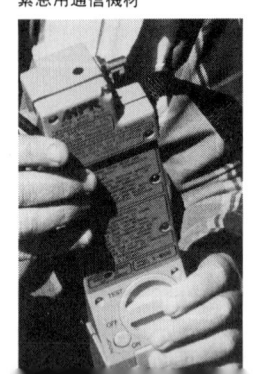

緊急用通信機材

方へ、それもオフ・シーズンに行く旅人にとって便利だろう。

野生動物と植物

　ホッキョクグマは、すべての公園を含むヌナブト全域で見られる。海に生息する哺乳動物であるために、1年のほとんどを海氷上を放浪してすごす。夏季には、海岸線沿いを放浪し、ときおり勇気を出してかなり内陸まで入ってきたりもする。観光客あるいは旅人は護身用の小さなものであっても、国立公園内で銃器を持ち歩いてはいけない。スプレー状の防身具が数種類開発されたが、ホッキョクグマに効き目を示すものはまだ出てきていない。ホッキョクグマやヌナブト本土の潅木地に住むハイイログマ（グリズリーベアー）に遭遇しないためには、彼らの生息地を通らないルートを設定するのがいちばんである。また、食べものやごみの扱いには気をつけてほしい。『クマの国での安全Safety in Bear Country』というパンフレットは、ヌナブト準州政府資源開発省、ヌナブト・ツーリズムNunavut Tourismの事務所や観光案内所などで入手可能である。

　ジャコウウシの、とくに単独のオスに近づきすぎるのは危険である。ジャコウウシのオスに遭遇した場合は、とりわけ注意してほしい（ホエール・コーブWhale Coveの郊外で写真を撮ろうと思ってジャコウウシに近づきすぎて、イヌイットの友人にきびしく注意されたことがある。あなたもご注意を＝日本語版編者注）。エレスミア島国立公園では、ジャコウウシが驚いて、人間を攻撃したり傷つけたりした例がある。

　ヌナブトでは狂犬病もまた、キツネやオオカミに見られる。キツネやオオカミはとても好奇心が強いため、人間にかなり接近してくることもあるから注意が必要である。とにかく、野生動物との接触全般を避けるようにおすすめする。野生動物を餌づけすることは公園内では禁止されているし、賢いおこないだともいえない。野生動物にエサを与えると、くせになってしまう。ひとたび人間の与える食べものに慣れてしまうと、たいていの動物はすぐにやっかいな存在になってしまう。個人の備品や食糧品店などに広範囲のダメージを与えるからである。

　野生動物たちにとって、侵されない自然の領域が必要だということを忘れてはいけない。野生動物を写真に撮ったり、近くで見たりしようとするならば、かならず彼らの風下から近づくようにしよう。彼らとは必要な距離をとり、急な動きで驚かせないようにしよう。追いかけたり攻撃したりしないように。出産、巣づくり、食事中など彼らが緊張状態にあるようなときには、彼らの自由を尊重することがとくに重要である。

冒険旅行

　静かに旅をしよう。そうすれば自分の置かれている状況がよくわかるだけでなく、野生動物の生活も邪魔しないですむ。それどころか、彼らを観察できる機会が増えることになる。公園内を旅している場合は、人間からストレスをより多く感じる動物たちについて、できるだけ習っておこう。彼らの生活をもっとも邪魔してしまう可能性のある時間帯や場所を聞いて、危険な局面を避けた旅をしよう。

　ヌナブトにも食べることのできる植物がいくらかある。ベリーが数種と、そのほかミヤマカタバミなどの植物である。このあたりでは毒のある植物が発見されたという話はない。それでも、よほどの緊急事態でないかぎりは食べられる植物も食べてはいけない。ヌナブトの植物のほとんどは数がたいへん少なく、エレスミア島国立公園のブルーベリーのように、生息地域の最北端のここヌナブトで細々としか実らないとても貴重な種もある。地元の旅行準備業者に伝統的なベリー摘みの場所に連れていってもらって少しだけ摘むのならばいいだろう。

自然のオブジェ、工芸品、古代遺跡、ケルン（記念碑・墓標などとして積みあげた石）

　岩や植物、それからジャコウウシの頭蓋骨やカリブーの枝角などは、あった場所にそのまま置いていってつぎに来る人にも発見する楽しみを残しておいてあげよう。これらを持って帰ってしまうことはつぎの人の楽しみを奪うだけでなく、考古学的な遺物を保護するための法律を犯すことになってしまうかもしれない（岩石収集についての注意事項は214ページの『岩石収集』の項参照）。

　テントの重しに石を使う場合にも、帰るときにはもとの場所に戻しておこう。考古学的な遺跡の上ではキャンプをしないようにしよう。また、考古学的に重要な物（ケルン、住居跡、食糧貯蔵庫、墓地、キツネ用の罠など）や、それとおぼしき場所から岩石をとったりしないようにしよう。有史以前の遺跡は、表面から見ると、地面に埋まった左右対称の石の並びにしか見えなかったりする。エレスミア島国立公園にあるパレオエスキモー Paleoeskimo の遺跡などの、現存するなかでもっとも古い遺跡は、専門家でない人には、ほとんどそれとわからない。しかしこれらのめずらしい遺跡は、この地域の4000年もまえの《あれこれ》ついての価値ある情報を含む重要な文化遺産なのだ！　だからけっしてそれらを触らないように。骨や遺物の正確な配置や構造を知ることが、そこで昔おこなわれていたことを理解するには不可欠なのだ。そもそも、ヌナブトの古代遺跡は法律により保護されていて、許可なく進入したり、なかの遺物や文化遺産を動かしたりすることは禁止されている。住民の

埋葬地や墓への供物もまた、神聖で霊的な遺跡と並んで、重要な意味がある。旅人はこれらの墓に、どのような状況下でも侵入してはいけない。

　ヌナブトには、発掘が終わった古代遺跡を公園内で見ることができるところがある。公園へ行ったらスタッフに、そうした遺跡の有無を確かめてみよう。新たに考古学的あるいは歴史的な遺物を発見したと思ったら、手を触れたり動かしたりしてはいけない。そのかわりに、可能ならば写真を撮るといいだろう。それから手持ちの地図のその場所に印をつけて、公園を出る際にでもスタッフに報告していくといいだろう。もし、公園外でそういった未発見の遺跡を発見した場合、イカルイトにあるイヌイット文化遺産トラストInuit Heritage Trustか、ヌナブト準州政府の成人青年文化・言語省Department of Culture, Language, Elders and Youthに報告することが推奨されている。

　ケルンやそれに類するものをつくったり、地面に文字を書いたりしてはいけない。こういったものはほかの人を混乱させ、発見の楽しさや自然と接する喜びを台なしにしてしまうからである。そしてケルンを発見した場合、もしかしたら歴史的発見なのかもしれないのだから、絶対に触れたり壊したりしてはいけない。

氷河

　氷河はバフィン地方にたくさんある。スキーを履いて登山などをする氷河ツアーを計画しているならば、参加する全員がそういったツアーに必要な技術を身につけている必要がある。氷河の上を旅するときには、スキーを履いた一団はいつでも、ロープで全員ひとつにつながっていなくてはならない。キャンプ中もはずしてはならない。経験豊富な氷河探検家でも、ロープをせずにキャンプの外に単独で出れば、氷河の裂け目（クレバス）に落ちたりして命を落とす可能性が高い。ツアーに参加するメンバーは全員、Z滑車Z-pulleyやドロップ-ループ・システムdrop-loop systemといったクレバスからの救出の技術習得が必須だ。ハーネス、つかみ金具、氷用の斧、カフヒナ、滑車、氷用のネジ、ユマール（登攀用補助器具）、そして直径9ミリ以上の太さのザイル（ロープ）などが、ルートのなかで氷河のブリッジをわたらなければならないハイキング・グループが持つべき道具として推奨されている。そしてハイキングに参加する者は、それら全部の使い方を知っていなければならない。

　氷原を旅するツアーをしようとするならば、プラスチックで二重につくられた登山ブーツをはき、HFラジオを携帯するべきである。氷原の表面の平たさにだまされ、安全だと思いこんではいけない。雪は巨大なクレバスさえもその下に隠すこと

ができるのだから。

なだれと落石

　なだれが起きる可能性のある場所を旅するグループでは、参加する全員がなだれを回避する方法といざというときに自分で脱出する技術とに精通していなければならない。参加者は全員 227.5kHz と 457kHz というふたつの周波数のなだれ信号を携帯し、つねにスイッチを入れておかなければならない。さらに、なだれ探知機とシャベルも持っていかなくてはならない。事前に自分で脱出する方法を練習していこう。出発まえにバッテリー充電の点検をすることも、もちろん必要不可欠である。

　ヌナブトのあらゆる地域では、落石による危険が深刻な問題になっている。長くなってきた雨季の降水量が落石の起きる頻度をとてつもなく高めたのである。1日のうち雪や氷がとける時間と凍る時間もまた、落石が起こりやすくなる時間帯だといえる。急斜面の近くのルートを通るときには、とくに注意をして道を選んでほしい。キャンプをするときは、いちばん近い山や崖から十分離れた安全な場所にすること。岩の表面にコケが生えているのは、そこが安全である証拠である。つるつるときれいな岩があるところは要注意である。

小川、川、そして凍った湖面をわたる

　ヌナブトの小川や川の多くは氷河からの流れである。日がずっと照りつづけていても、その深さや流れの早さは1日のあいだにめまぐるしくかわる。その冷たい水は氷河の沈泥を含み色は不透明で、流れは見た目よりはるかに早いときもある。そんな小川を歩いてわたる自信がないのならば、夜遅く、または朝早く、水位がさがるころを待ってわたるといい。グループで行くのならば、チェーン（あるいはザイル）やくさびを使っておたがいを結びつけたり、手をつなぎ屈強なメンバーを上流に置く人間ピボット（人間旋回軸）などのボディ・テクニックを使うのもいい。ウエット・スーツやリーフ・ブーツ、サーフィン用のネオプレン・ブーツとズボンなどが、極端に冷たい氷河を源流とする川（とくにアウユイトゥクやエレスミア島国立公園を通っているものが有名）をわたるのにいいとされている。ひとたび横断を始めたら、わたりきる意志とくじけない勇気を強く持ち、水の流れで方向感覚を失わないように、目は対岸の1点に集中させなければならない。

　ヌナブトのいくつかの湖では、氷が夏の終わりごろまで残っている。このしつこい氷はときとして、きびしい陸路よりも簡単な近道のように見えるが、その誘惑に

負けてはいけない。とくに湖岸のはしが見えている場合などの湖面の氷は危険である。6月1日くらいから湖面を通るのは避けたほうがいい。

潮の高さ

　ヌナブトでは場所によって潮位の格差が世界有数である（パングニルトゥング Pangnirtung 近くの小さな無人島がたくさん密集しているところで、夏期にキャンプしているときに、潮の満ち引きの時間になると島と島の狭い海峡を海水がものすごい勢いの激流になって流れている様を目撃したことがあるが、それは想像を絶するほどすさまじいものだった＝日本語版編者注）。潮の満ち引きはとても早く、干潮の低地などを探検するのは高い危険をともなう。潮が満ちてきて逃げられなくなるような冒険はだれもしたくないだろう！　潮の干満は船旅に大きく影響を及ぼす。たとえば、干潮のときにはアウユイトゥク国立公園に出入りするのはむずかしい。そのあたりでは、潮が引くと長い浅瀬ができてしまうからである。カナダ水位測量サービスでは、ヌナブト各地の潮の干満についての時刻表を提供している。また、船旅を準備する際には、漁業海洋省 Department of Fisheries and Oceans に相談するのもよい方法である。潮の干満は毎日1時間ほどずつずれるので、ある日の正午に満潮が来るとすると、その週の終わりには満潮が数時間遅れてやってくるという仕組みになっている。

気候

キャロル・リグビー　　　　　　　　　　　　　　　　　　　　　Carol Rigby

ヌナブトは広大である。そのため、気候は場所によって大きく異なる。

　基本的に7月と8月は内陸部が海岸部よりあたたかく、西部地方のほうがバフィン地方 Baffin Region よりあたたかい。
　夏の最高気温は場所によってかなりちがう。イカルイト Iqaluit で記録されたもっともあたたかい日の気温はおだやかな24.4度。一方でベーカー・レイク Baker Lake はある7月に焼けつくような暑さの33.6度を経験した（北極圏全域で記録された最高気温はクグルクトゥク Kugluktuk の43度であるが、あくまで例外で、ふだんは、そのようなことは断じてない！）。気温が例年どおりならば、旅人はヌナブトのいくつかの砂浜で泳ぐことさえもできる。ランキン・インレット Rankin

気候

コミュニティー名	24時間太陽が出てる日	24時間太陽が出ない日
グリス・フィヨルド	4月22日〜8月20日	10月31日〜2月11日
レゾリュート	4月29日〜8月13日	11月6日〜2月5日
ナニシビク	5月6日〜8月6日	11月11日〜1月30日
アークティック・ベイ	5月6日〜8月6日	11月11日〜1月30日
ポンド・インレット	5月5日〜8月7日	11月12日〜1月29日
クライド・リバー	5月13日〜8月9日	11月22日〜1月20日
キキクタリュアク	5月29日〜7月15日	12月16日〜12月26日
パングニルトゥング	6月8日〜7月4日	なし
リパルス・ベイ	6月4日〜7月9日	なし
ホール・ビーチ	5月21日〜7月22日	12月2日〜1月10日
イグルーリク	5月18日〜7月26日	11月26日〜1月15日
ペリー・ベイ	5月21日〜7月22日	12月4日〜1月7日
タロヨアク	5月17日〜7月27日	11月25日〜1月16日
ジョア・ヘブン	5月22日〜7月21日	12月3日〜1月9日
ケンブリッジ・ベイ	5月20日〜7月23日	11月30日〜1月11日
クグルクトゥク	5月27日〜7月17日	12月10日〜1月2日

ヌナブトのコミュニティーの太陽が出る期間と出ない期間

Inletに数か所、それからクグルクトゥクにも1か所、そういった砂浜がある。一方でキキクタリュアク（ブロートン島）Qikiqtarjuaq (Broughton Island)では、いまだかつて19度以上になった日がない。

ヌナブトでは、春の気温のほうがまだ安定している。平均の日中最高気温が－20度から－10度。肌寒い日にも、たくさんの日差しが調節役になっている。3月末から5月末にかけては、雪や氷に反射した日差しで、ひどい日焼けをすることがある。

昼の太陽

旅人は、冬のあいだは気温が低く、日が短いことを覚悟してヌナブトに行こう。イカルイトの冬のもっとも日が短いときには、日の出から日の入りまでわずか4時間ほどしかない。北へ行けば行くほど、冬の1日は短くなる。北極圏以北のコミュニティーでは、太陽の見えない時間がとても長く、真昼に少し空が明るくなる程度である。反対に、イカルイトや多くのキバリク地方Kivalliq Regionのコミュニティーなどでは、夏至には太陽が21時間ほども出ている。北極圏以北を北に進むと、24時間ずっと日が昇りっぱなしの日をすごすことができる。無邪気な旅人のなかには、夜に屋外に床を設けて星空の下で寝たいと願ってやってきて、すばらしい日焼けで目が覚める人もいる！

気候

寒い冬

　湿度が低いため、寒さがやわらいで感じられる。たとえば－20度は、カナダ南部の－5度とおなじくらいの気温に感じられる。しかし、風があるので凍傷にかかる心配はおおいにあり、冬にここを訪ねるのならフードにひだえりのついたパーカを持ってくるべきである。1、2、3月がここのもっとも寒い期間で、その時期の平均気温はイカルイトで日中最高気温が－22度、日中最低気温が－30度という具合である。これまでの最低気温は－46度という低さである。ケンブリッジ・ベイ Cambridge Bay などはもっと寒い。1月の平均気温は、日中最高気温－30度、日中最低気温が－37度である。しかしヌナブトの記録にあるなかでもっとも寒い日を記録したのはペリー・ベイ Pelly Bay で、風も強かったそのときの気温はなんと－92度！

降水量

　北極圏のほとんどが極地ゆえの《砂漠》なので、雲さえほとんどない、雨の降らない日が延々とつづくのもそうめずらしいことではない。イカルイトの年間合計降水量は、すべて水に換算して、43センチである（オタワでは例年これの2倍以上の降水量があり、イカルイトとくらべてはるかに冬が短いにもかかわらず、降雪量はイカルイトのそれとほぼ同量である）。しかし、ヌナブト中に関していえることは、気温が低いため、いったん積もった雪は通常6月になるまでとけきらないということである。ヌナブトのほとんど全土において、雪のない時期というのは6、7、8月だけである。海の氷はそれより、あとになってもとけきらない。雨はだいたいその海の氷が割れ出すころ、7月中旬から8月末にかけて降る。

風

　「北極圏ではいつも風が吹いているような気がする」と言う人は多い。実際にヌナブトの多くのコミュニティーでは、ほとんど毎日安定した毎時15〜20キロメートルの風が吹く。いくつかのコミュニティーは、ときおりものすごく強い風が吹くことで有名である。たとえばパングニルトゥング Pangnirtung では、古い家の多くがケーブル縄を使って屋根を地面にくくりつけ、毎時100キロメートルを超える暴風から家を守ろうとする。そして普段からだいたい毎時30〜60キロメートルの風が吹いているので、雨雪は横なぐりに降ることがほとんどである。もし屋外の陸地および水上で長い時間をすごすつもりならば、風も考慮に入れてプランを立てたほうがいい。風によって感じる寒さのほうが、しばしば実際の気温よりも、あきらか

に体を冷やす。

悪天候によるスケジュールの遅れ

　吹雪は秋、とくに10月と11月、それから早春の2月から4月にかけて、よく見られる。この時期の小さなコミュニティーへの旅行は、吹雪ゆえの遅滞が多いだろう。なぜならパイロットが自動着陸システムのない滑走路へ飛行機を着陸させるときには、視界がよくないといけないからである。夏には、強風、予想外の曇り、海岸沿いの霧などによっても遅滞が起こる。視界不良や強風などの、「悪天候に引き留められ」たり「悪天候に追い出され」たりする可能性も計算に入れて余裕のあるスケジュールを組もう。もし、旅行の予定表にハイキングやボート乗りなどの屋外での活動が入っているならば、きついスケジュールを組んで悪天候のなか、外へ低体温症になりに出ていくよりは、家でじっとしている余白日をつくったほうがいい。

衣服と身のまわり品

キャロル・リグビー　　　　　　　　　　　　　　　　　　　　Carol Rigby

なにを着るか、どんな身のまわり品を持っていくか。その選択が、あなたが北極圏での休暇を快適にすごせるか否かの鍵を握っている。

　適切な服装ときちんとした装備があれば、休暇を楽しむのにたいした障害は感じないだろう。しかしこのことをおろそかにすると、みじめな事態になりかねない。《北の国》を訪れる際に必要な衣服と身のまわり品は、どの時期に、なんの目的で行くのかによってかわってくる。ハイキング、キャンピングやそのほかの夏のアウトドア活動では、冬のイヌゾリ旅行とはちがうものが求められる。
　ヌナブトのほぼ全土における夏の気候は、カナダ南部やアメリカ合衆国北部、それにヨーロッパでの、ちょっと冷えこむ春や秋の気候に似ている。しかし、その気候も、地域によってかなり異なる。キバリク地方 Kivalliq Region とバフィン地方 Baffin Region の海岸沿いの地域では、ときおり半そでで半ズボンで十分なほどあたたかい日もある。しかしたいてい、大気は冷たく、夜は本当に寒い。一方でキティクミウト地方 Kitikmeot Region のクグルクトゥク Kugluktuk では30度まであがることもある。

衣服と身のまわり品

　Tシャツを着られる日もたくさんある。そして寒くなったときTシャツは下着として活用できる。半ズボンを持っていくべきかどうかは、あなたが寒さに強いかどうか、それから虫刺されに耐えられるかどうかで決めたらいい（余計なおせっかいだが、ヌナブトでは半ズボンは、ほとんど無用の長物である＝日本語版編者注）。

　訪れようと計画している地方の気候をまえもって調べよう。水泳が好きなら、水着を持参しておこう。プールのあるコミュニティーもいくらかあるから、たくましい連中と一緒に凍る寸前の水にちょっと入ってみてはいかが？　たとえば、パングニルトゥングPangnirtungのドゥバル川Duval Riverにはいろいろな水泳ができる入り江のようなところがあって、勇気のある10代の若者が好んで通っている。でもけっして心臓の弱い方や冷え性の方はやらないで！

　夏にヌナブトのコミュニティーへ旅をするならば、装着したときにちゃんと息ができるような雨具の全身セットが必要である。傘はいらない。傘は風に裏返えしにされるだけで、北極圏ではたいてい横殴りに吹きつけてくる雨を防ぐのには役に立たないから。レインコートの上着には、留めてあるのではなくてしっかり縫いつけられているかファスナーでつながっているフードがついていることも肝要である。

　北極圏の人びとの服装はカジュアルである。スカートをはくのは、たいていイヌイットの年長の女性だけで、しかもそのスカートもズボンの上からはいているのである。ほとんどすべての人がズボンかジャージかタイツをはき、Tシャツまたはカジュアルなシャツにセーターを着る。靴はヒールの低い、歩きやすいものをおすすめする。ここではほとんどの道は砂利道で、歩道などない。足首部分にサポートのある靴はツンドラを歩くのに理想的である。皮製の重いハイキング・ブーツは地面を長時間歩きつづける場合以外は必要ない。

　ヌナブトのコミュニティーへ冬にやってこようとするならば、しっかりしたフードと、顔を守るためのひだえりがついたあたたかいコートまたはパーカを持ってくることが条件である。あたたかく、ヒールの低いブーツ、マフラー、ぴったりしたニット帽、それに風を通さない手袋、これらもまた、必需品である。外へ出る予定があるならば、丈の長い下着、タートルネックのセーター、あたたかいズボンも必要である。さらに冬場にも外を歩きまわるのならば、防水加工のほどこされたズボンやパイル地で裏打ちされたウィンド・パンツがいる。建物内には、たいてい集中暖房装置が設置されていると考えていいだろう。コミュニティーの外を旅するときには、サイズのあうカリブーの毛皮でできた衣類を借りることができれば、最高である。そうでなければ、極端に寒い気候に出ていけるようなそれ相応のほかの装備

が必要である。冬のスノーモービルでの旅行には、ゴーグルもたいへん役に立つ。

　UV（紫外線）カットフィルターのついたサングラスも持参するべきである。ただし、クリスマスに北極圏以北を訪れるのならば必要ない。なぜならその時期、ここでは太陽がそもそも昇らないから。一方、夏には太陽は20時間以上も出ている。春は、雪に反射する太陽光が、とてもまぶしい。春にサングラスをかけずに外に出ると、雪盲になる危険性がある。つばのある帽子も、春と夏のあいだ必要である。

　額から首にかけて日焼けしてしまうのが、北極圏の春にはよくあることである。だからよくきく日焼け止めを持っていくといい（「北極圏での日焼け」は手や顔だけがとても茶色くなり、それ以外は真っ白、というものである）。空気が乾燥しているので、保湿ローションやリップ・クリームを持っていくのもいい考えだ。とくにイカルイト Iqaluit、ランキン・インレット Rankin Inlet、ケンブリッジ・ベイ Cambridge Bay などの大きなコミュニティー以外に泊まるときなど、必要な洗面用具一式を忘れていないか確認しよう。

　北アメリカの標準的な120ボルト電圧で使える電気カミソリやドライヤーなどは、どのホテルやロッジでもだいたい売っている（日本の電化製品は通常100〜110ボルトなので、変圧器を持っていくのを忘れないように＝日本語版編者注）。

昆虫

キャロル・リグビー　　　　　　　　　　　　　　　　　　　　　　　　Carol Rigby

カナダ北部のなかには、地域によって異なるが、夏の数週間──7月と8月のあいだのどこかしらで──虫が大量にわくところがある。

　蚊はとくにうっとうしいが、北極圏の生態系にとっては、この迷惑者もいなくてはならないのである。なぜなら蚊はヌナブトの鳥にとっての大切な朝食、昼食、夕食となり、美しい北極圏の花の受粉にも貢献しているからである。蚊、ブヨ、ジガバチ、マルハナバチ以外には、ここには人を刺す虫はいない。ヘビもいない。

　キバリク地方 Kivalliq Region にはたくさんの浅いツンドラ湖があり、蚊が育つ温床になっている。ブヨは8月終わりの2週間に内陸で見られる（ちなみにキバリク地方の内陸地のコミュニティーはベーカー・レイク Baker Lake だけである）。旅人はキティクミウト地方 Kitikmeot Region の川辺や湖のまわりでたくさんのブヨ

昆虫

や蚊を、そしてクグルクトゥクKugluktukのあたりでは、たくさんのジガバチやマルハナバチを目撃するだろう。しかし、山が多い地形でつねに風も吹いているバフィン地方Baffin Regionでは、虫があまり育たない。

　バフィン地方で長時間屋外にいる予定ならば、強力な虫よけを使うことをおすすめする。なぜなら風が弱くなったり、まわりを囲まれた谷や、蚊が育つ池や川べりを通るときなどは虫に遭遇するだろうから。虫は大群でやって来ることが多い。しかし一般的に、虫よけ帽子やジャケットは、虫に刺されることが非常に苦手な人以外は、必要ないだろう。平地のコミュニティーにいるほうが、より多くの蚊に遭遇するだろう。また、バフィン地方には、ほとんどブヨはいない。

　キバリク地方では、強い虫よけ剤が絶対に必要である。最近出てきている、軽量でつなぎ状、フードと顔用のマスクもついた虫よけスーツを持っていることが理想的である。観光案内所では、これらがひとつ70ドルくらいで売られている。

　人びとは袖口やズボンのおり返しをテープでとめてしまって、虫が入らないようにしている。キャンプをするならば、テントをしっかりおおうことも大事である。とにかく、虫よけ剤はたくさん持っていって！

　つぎにあげるのは、ヌナブトの観光業の職員たちからの忠告である。

- 明るい色の衣服を着ること。虫たちはこれらよりも暗い色の服装に引きつけられるから。緑系統の色はいちばんよくない。
- 虫よけ帽子という値の張らないチョイスもある。フープ状のものから、網がついた野球帽タイプのものまで、さまざまな種類がある。
- ここへ持ってくるまえに、テントのネットと入り口のファスナーをしっかり点検しよう。ネットを補修することのできる道具の入っている応急処置セットを買おう。
- ハチにアレルギーがあるのならば、適切な薬を持っていくように。ヌナブトには薬局がほとんどない。
- 虫があまりにたくさんいる場合は、カリブーがするように、高い山の背にあがり、風に虫たちを吹き飛ばさせよう！　または、コケを燃やしてその煙で虫を追い払うというイヌイットの慣習にならおう（とにかく、夏の北極圏では、場所によっては、想像以上に蚊やブヨに遭遇することが多いので、要注意！　ほんと、日本の蚊やブヨとは、まったくちがうんだから！　キャンプに行く人は蚊とり線香を持っていくことをおすすめする。これが結構役に立つ＝日本語版編者注）。

雑誌、書籍、インターネット

キャロル・リグビー　マリオン・スブリエール
Carol Rigby and Marion Soublière

雑誌

　ヌナブトへの旅を計画するときには、つぎにあげる雑誌に目を通すといいだろう。

『Above and Beyond』
E - mail: abeyond@internorth.com　ファースト・エアー First Airの機内誌。北の生活についての一般的な記事がのっている。

『Inuit Art Quarterly』
E - mail: iaf@inuitart.org　Web site: www.inuitart.org　イヌイット美術基金 Inuit Art Foundationによって出版されている本誌は、美術を本当に好きな人におすすめしたい。

『Inuktitut』
E - mail: itc@magi.com　カナダ・イヌイット協会 Inuit Tapirisat of Canadaが出版する季刊誌。イヌイットの伝統的な生活様式から最新の問題までを特集した文化雑誌。英語とイヌイット語の両方で出版されている。

『Nunatsiaq News』
E - mail: nunat@nunanet.com　Web site: www.nunatsiaq.com　イカルイト Iqaluitから発信される、最新の政治的できごとをとり扱う週刊新聞。

『The Arctic Traveller: Nunavut Vacation Planner』
E - mail: nunatour@nunanet.com　Web site: www.nunatour.nt.ca　旅行を計画するのに役立つ雑誌。旅行準備業者やパック・ツアーなどの一覧をのせている、ヌナブト・ツーリズム Nunavut Tourism刊行の出版物である。最新の観光情報を知るのにいちばんいい情報源のひとつである。

『Up Here: Life in Canada's North』
E - mail: outcrop@internorth.com　カナダ北部を一般的に特集している雑誌。

書籍

　ひとたびヌナブトに入ってしまったら、地元の公立図書館を訪ねるのがベスト。図書館はイカルイト、ランキン・インレット Rankin Inlet、アルビアト Arviat、ベー

雑誌、書籍、インターネット

カー・レイク Baker Lake、イグルーリク Igloolik、クグルクトゥク Kugluktuk、ナニシビク Nanisivik、パングニルトゥング Pangnirtung、そしてポンド・インレット Pond Inlet にある。蔵書数はたいてい少ないが、イカルイトとランキン・インレットでは、地方全体の本を所蔵しておりその数は少なくない。しかし、蔵書数の少ない図書館でも北についての書物があり、地元のネタをとりあげたものもたくさんある。図書館の多くは観光案内所や博物館、それか地元の学校のなかにある。開館時間は短いが、その時間を表示することが義務づけられている。旅人ももちろん図書館内の資料を使ってもいいが、一時的な会員証をつくるまでは借りることはできない。イカルイト100周年記念図書館 The Iqaluit Centennial Library にはトーマス・マニング Thomas Manning の北極圏に関する本のシリーズが置かれている。このシリーズにはたくさんのめずらしいネタが書かれていて、古物研究家や読書家、科学者たちにとってはとてもおもしろいものだろう。メナブト・アークティック・カレッジ Nunavut Arctic College のヌナタ・キャンパス Nunatta Campus の図書館にはパイロット Pilot とホチェラガ Hochelaga の歴史シリーズがあり、これらも旅人が閲覧可。

インターネット

インターネットは、カナダ北部のへき地に住む人たちにとっては、ただのあそび道具では断じてない。それどころか学校や政府を維持するためには不可欠な道具となっており、ヌナブト準州政府のなかで鍵となる役割を演じている。医療サービスやビジネス会議にいたるまで、情報をすべてデジタルへうつしかえることで、ヌナブトは今まで、必要だが高くつく空輸につぎこんでいた分の費用を、大幅に浮かせることができるのだ。

ヌナブトのそれぞれの地方は、おのおのにインターネットのサービス・プロバイダーを有しており、年々インターネットを導入するコミュニティーは増えている。インターネット上のディスカッション・グループは、ほかの人の北極圏での冒険旅行についてや、イヌイット美術の世界の最新情報を知ったり、世界が注目するなかヌナブトが国際社会に出てゆく様子や、どうやって政治の転機が起こるのかを実感するのに、とても便利である。

（協力　デーブ・スーザーランド Dave Sutherland）

さあ、出発！

ヌナブトとそのコミュニティーに飛ぶ

キャロル・リグビー　　　　　　　　　　　　　　　　　　Carol Rigby

　ヌナブトを訪れる人のほとんどが飛行機でやって来る。南部から通じる道路はなく、コミュニティー間の道路も、アークティック・ベイ Arctic Bayとナニシビク Nanisivikを結ぶ21キロメートルの1本の道以外は、一切ない。

　船旅も可能には可能だが、フェリーや定期的な旅客船のサービスはない。また、鉄道はヌナブト内部を走るものも、南部へ向かうものもない。

　ヌナブトでは、イカルイト Iqaluitがバフィン地方 Baffin Regionへの「入り口」の都市で、ランキン・インレット Rankin Inletがキバリク地方 Kivalliq Regionへの入り口である。イエローナイフ Yellowknife (西部北極圏内の北西準州 [NWT] の州都) からの直行便が、キティクミウト地方 Kitikmeot Regionにある7つのコミュニティーのうち、5つへ向けて出ている。ウミングマクトゥーク Umingmaktokまたはバサースト・インレット Bathurst Inletへの定期的な便はない。

　グリーンランドは、ヌナブトとおなじ北極の気候、おなじイヌイットの文化を持つ。グリーンランドはヨーロッパからの入り口である。ファースト・エアー First Airの飛行機がグリーンランドのカンゲルスアク Kangerlussuaq、イカルイトのあいだを冬は週に1回、夏は週2回飛ぶ (イカルイトからカンゲルスアクまで約1時間半の飛行。そこからヌークまでが約1時間——ヌナブトからグリーンランドは近いのである＝日本語版編者)。

　近代的で国際的な施設であるイカルイト空港は、バフィン地方の交通の中枢である。グリーンランドからカナダへ来る便に対しては入り口の役割を果たしている。カナダへの通関手つづきはここでやる。ファースト・エアーをはじめ複数の航空会社が、カナダ南部のモントリオールやオタワからイカルイトへの直行便を運行している。クージュアク Kuujjuaq (ケベック州北部のコミュニティー) に寄るかどうかによって異なるが、だいたい3〜6時間の便である。スケジュール、出発の場所、それに便の運行回数は季節によってかわることがあり、カナダ南部の旅行代理店は北部への飛行接続状況を把握していないことが多いから要注意である。自分で旅行日程を立てているのならば、ヌナブト・ツーリズム Nunavut Tourismか、それ以外の北

ヌナブトとそのコミュニティーに飛ぶ

部の旅行代理店に問いあわせをしよう。ツアーに入っているのならば、ツアー会社が最適な飛行機の接続を考えてくれるだろう。

カナダ東部からイカルイトへの航空便は、モントリオールとオタワを起点にしている。そこまでの接続は、カナダの主要な都市のどこからでも可能である。旅行代理店または航空会社に最新のスケジュールや値段を確認しよう。キバリク地方、キティクミウト地方、そしてカナダ西部からイカルイトへの接続は、イエローナイフとランキン・インレットからできる。旅行代理店やカナディアン・ノース Canadian North、ファースト・エアー、エアー・カナダ Air Canada に最新のスケジュールと値段を聞こう。

エアー・イヌイット Air Inuit はケベック州北部のクージュアラピク Kuujjuarapik というコミュニティーを中継してモントリオールからサニキルアク Sanikiluaq まで飛ぶ。

キバリク地方へは、通常ウィニペグまたはイエローナイフを中継してランキン・インレットに到着する。ランキン・インレットの空港はジェット機を格納することができ、新しいターミナルもある。東部からならば、ランキン・インレットへはイカルイトを通っていくルートがある。西部からならば、イエローナイフを通っていこう。ランキン・インレットへは、ウィニペグ、トンプソン、それにマニトバ州のチャーチル Churchill からも便が出ている。ランキン・インレットへ行く航空会社はファースト・エアー、カナディアン・ノース、カーム・エアー Calm Air、それからスカイワード航空 Skyward Aviation である（2003年現在、北極の空では熾烈な航空会社の統廃合が進み、なくなっている会社もあるので実際に現地に出かけるときには要注意＝日本語版編者注)。

ケンブリッジ・ベイ Cambridge Bay へは、カナダ西部からならばイエローナイフを通って、東部からならばイカルイトを通っていくことができる。真南から来る場合は、エドモントンへ接続してエドモントン〜イエローナイフ間の便を使うのが、おそらくもっとも簡単な方法だろう。ヌナブト内では、イエローナイフかイカルイトを中継点としてランキン・インレットからケンブリッジ・ベイへ行くことができる。また、大きな団体ならば、イカルイトかランキン・インレットからチャーター便で直接ケンブリッジ・ベイへ飛ぶという手もある。団体の人数が一定以上になると飛行機をチャーターするほうが安あがりである。イエローナイフからはまた、タロヨアク Taloyoak、ペリー・ベイ Pelly Bay、ジョア・ヘブン Gjoa Haven、クグルクトゥク Kugluktuk へのファースト・エアーの直行便が毎日出ている。

ヌナブトとそのコミュニティーに飛ぶ

コミュニティーへ

ヌナブトのほぼすべてのコミュニティー間を、飛行機の定期便が網羅している。小さなコミュニティーへ行く定期便は1週間に2、3本ということが多い。まあまあの大きさのコミュニティーになると毎日便が出ていることもあるが、これらがすべてジェット機とはかぎらない。目的地へ行く便がもしなければ、チャーター便を使えば行くことができるだろう。

キキクタリュアク（ブロートン島）Qikiqtarjuaq（Broughton Island）、ケープ・ドーセットCape Dorset、クライド・リバーClyde River、コーラル・ハーバーCoral Harbour、ホール・ビーチHall Beach、イグルーリクIgloolik、キンミルトKimmirut、パングニルトゥングPangnirtung、ポンド・インレットPond Inlet、レゾリュートResolute、ナニシビク、ランキン・インレット、クグルクトゥク、ペリー・ベイ、タロヨアク、ジョア・ヘブン、そしてケンブリッジ・ベイでは、ファースト・エアーの利用が可能である。ケン・ボレック航空会社Kenn Borek Airも、パングニルトゥングとケープ・ドーセット間の運行を受け持っている。

北極圏でも北方の地方では、ケン・ボレック航空会社がレゾリュートからグリス・フィヨルドGrise Fiordやアークティック・ベイ、ナニシビク、ポンド・インレットへの定期便を提供している。カーム・エアーではランキン・インレットからリパルス・ベイRepulse Bay、アルビアトArviat、ホエール・コーブWhale Cove、チェスターフィールド・インレットChesterfield Inlet、ベーカー・レイクBaker Lake、コーラル・ハーバーへの便を出している。スカイワード航空はランキン・インレットからアルビアト、ホエール・コーブ、チェスターフィールド・インレット、ベーカー・レイクへの便を出している。

どの航空会社を利用するとしても、まえもって旅行代理店と打ちあわせをするほうがいい。旅行代理店は無料で、あなたのニーズにあったパックを設計してくれ、予約も代行してくれる。ヌナブト内の航空便はしばしば悪天候で遅れる。とくに従来式の、パイロットが自分の目で見て操縦をするという方式を使っているような小さなコミュニティー行きの飛行機を使う場合には。また、そうした小型機は、救急輸送機として使われて、定期便がなくなることもある。各フライトのまえにはきちんと航空代理店に便の状況を確認するようにしよう（日本でチケットを購入する場合には、代理店選びを慎重に！　ヌナブトへのチケットを購入する場合、代理店により、チケットは高くもなるし、安くもなる。ひとつの代理店に固執するのではなく、いくつもの代理店に電話を

ヌナブトとそのコミュニティーに飛ぶ

し、より真剣に、一生懸命旅人の立場になって、考えてくれる代理店に頼むようにしよう。そして、北の航空事情はよくかわる。つねにチェックを忘れずに！＝日本語版編者注）。

チャーター便

チャーター便は、ヌナブト内で定期便が出ていない地域に行くにあたって使われるもっとも一般的な手段である。釣りキャンプや公園に行くのにも、チャーター便を使わないといけないことが多い。

パック・ツアーに参加するのならば、チャーター便の費用は多分パックに含まれているが、確認をするのを忘れないように。自分で旅行を計画しているならば、自分で、あるいは旅行代理店に頼んで、チャーター便の予約手つづきをしなければならない。

レクリエーションとしての飛行

多くの個人的なパイロットの夢は、日の長い1日を、好きな時間飛んでいられる北極圏で飛行することである。これは可能である。経験豊富なパイロットで、入念な準備をして、装備も完璧で、ナビと通信機器があれば問題はない。ヌナブトのそれぞれのコミュニティーは遠く離れており、その間目立った目印も少ない。また、この地方は方位磁針が効かないことで知られている。全地球測位システム（GPS）の使用が強く推奨されている。フライトを計画するときには、飛行機会社やレクリエーションの飛行クラブや協会（たとえばイカルイトのポーラー・パイロッツ Polar Pilots など）にあたって、北極圏を飛行した経験のある人に手伝いを依頼しよう。カナダの空港に勤務する航空の専門家もまた、アドバイスをくれるだろう。

イカルイト、ランキン・インレット、ケンブリッジ・ベイ、クグルクトゥク、ナニシビク、レゾリュートではジェット機用の設備が整っているが、そのほかのコミュニティーではほとんどが、滑走路は砂利、管制は目視に頼り、燃料の品ぞろえも豊富ではない。これらの情報については、やはりカナダ・フライト・サプルメント Canada Flight Supplement に問いあわせることをおすすめする（イカルイト Iqaluit のポーラー・パイロッツでは、外来者にもたまに貸している、小さな駐機場を持っている）。到着地点にまえもって燃料を運んでおいてもらえるか航空会社に問いあわせてみるといい。

気候はとても寒いことが多いので、注意しよう。個人のパイロットは往々にして、「外地におり立ち」たがるので、そうするまえに、まず『冒険旅行』（253ページ）

ヌナブトとそのコミュニティーに飛ぶ

を読んで、安全のための一般的なアドバイスとイヌイットの私有地に入る際の制限について知っておくように。

空港、セキュリティ、荷物

　小さなコミュニティーの空港には、チケット・カウンター、手荷物預かり所、小さな待合室、そしてトイレくらいしかない。北西準州の政府の建設プログラムにより、いくつかのコミュニティーには、設備も整った新しい空港が建てられたが、やはりそう大きさがかわったということはない。イカルイト、ランキン・インレット、そしてケンブリッジ・ベイには、わりと完璧な施設の空港ができている。

　小さなコミュニティーでは、空港にとって乗客は貨物よりも優先度が低いので、席を予約していない場合などはとくに、ぎりぎりの時間に現れたりせずに早めに空港に着いているようにしよう。イカルイトでは、カナダ南部あるいはグリーンランド方面に行く乗客にはセキュリティ・チェックがおこなわれている。ほかのコミュニティーでは、薬物などの違法な物品を持ちこもうとしている疑いがあれば地元の連邦警察（RCMP）が荷物を検査している。コミュニティーによっては、アルコールも持ちこみが禁止されている。

　手荷物のなかに危険な物品を入れるのは違法とされている。自分の場合がどうであるか定かでない場合は、航空会社に問いあわせよう。つぎにあげる物品はどのような場合でも禁止されている――マッチ、ライター、可燃性の液体あるいはガス、花火、火炎信号、漂白剤、配水管用洗剤、エーロゾル、水銀、溶剤。たとえばキャンプのためのストーブの燃料が必要でも、目的地に着いてから購入するようにしよう。

　貨物および手荷物の積まれる部分には暖房が入っていないことがある。冬から春のはじめにかけては、荷物がとても冷たくなることもあるので、冷凍により破損してしまうようなものは詰めないでおくように。凍っては困るものは小さいものならば客室内に持ちこめばいい。また、強化布地でできたスーツケースなどをやわらかい素材で梱包したもののほうが好ましい。ビニールやプラスチックでは気温が低いときに割れる恐れがある。手荷物は自動の荷物用の機械で扱われることはないが、トラックから荷物入れへうつすときに少し投げられたりすることもある。《北の国》の旅に慣れた人は、ダッフル素材のバッグや、変形しても大丈夫なバックパックを好んで使う（この地を訪れるときには、旅行用スーツケースよりも、大きな登山用のリックをおすすめする＝日本語版編者注）。

（協力　ジェニファー・バーニアス Jennifer Bernius）

特別な場合、子ども連れの旅行

キャロル・リグビー　　　　　　　　　　　　　　　　　Carol Rigby

　特殊な状態にある人や、子ども連れの人の場合、ヌナブトへの旅行ができるのだろうか、と疑問に思うだろう。なぜなら天候は予測不可能であるし、保健関連の施設は質素で、特殊な薬や設備はあまりなく、建物などが車椅子対応になったのもここ数年のことだから……。

　でも、その疑問への答えはイエスである。ただ、特殊な状態の人はヌナブトに来るまえに周到な準備をしておく必要がある。ヌナブトの人たちのあたたかい歓迎や、どのような年齢でもどのような能力の人でも平等に受け入れるヌナブト社会のことを考えると、かかる手間など、なんのそのといっていいだろう。この北の地では、ありとあらゆる人に日常生活やコミュニティーの行事に参加させるという伝統がある。だからここでは、すべてのおおやけの行事や集会に、子どもたちが参加しているのが見られる。

　年長者と障害者は、イカルイト Iqaluit、ランキン・インレット Rankin Inlet、ケンブリッジ・ベイ Cambridge Bay の3つ以外のコミュニティーに旅するつもりであるならば、まえもって準備することがある。いちばんいいのは、特殊な状況に対応し慣れているツアー・オペレーターに頼んでプランを立てることかもしれない。

　イカルイト、ランキン・インレット、ケンブリッジ・ベイでは、ここ数年のうちに建てられたビルはほとんど、車椅子対応型になっている。イカルイトでは、R・L・ハンソン建設 R. L. Hanson Construction Ltd. がハンディ・バンを、町なかや空港への行き来などの移動用に貸し出している。一方、小さなコミュニティーでは、移動手段をどうするかという問題が、もっとやっかいかもしれない。

　主要な航空会社もまた、上空と地上の両方で、特殊な備品や施設利用を必要とする人のためのサービスを提供している。予約をする際に、自分たちに必要になりそうなものなどについて知らせておこう。特別な食事、車椅子、酸素、その他に対応してもらえる。

　子ども連れで旅行するというのはさしてむずかしくはない。一般的に人びとは子どもに好意的で、よくかまってもくれる。両親がまえもってチェックすべきことがあるとすれば、いろいろなものを現地で買うことができるかどうか、また、乳児食

（ベビー・フード）、薬などをどの程度持っていけばいいか、ということだけである。オムツや乳児用流動食などはここで買うととても高価で、ヌナブト内にはたくさん赤ん坊がいることから在庫も少ないことが多い。

　外を子ども連れで旅する場合、子どもに常識をよく教えこみ、目を離さないようにしよう。幼すぎて、調子がおかしくても言葉でいえないこともある。何重にも重ね着をさせ、水にぬれないように気をつけ、オムツがぬれたらなるべく早くとりかえよう。何度も休憩をとってあたたかい飲み物を飲ませ、質のよいサングラスや日焼け止めを使ってあげよう。子どもが座ったりくるまったりできるような、カリブー毛皮などのあたたかいショール、毛布、それから寝袋などを持っていくように。あまりじっとしていないように運動をさせ、とても寒かったり風の強かったりする場合は霜やけにならないように気をつけてあげよう。低体温症の兆しが少しでも見えたら、だれかのあたたかい体と一緒に急いで毛布や寝袋で包むこと。靴や衣服がきつすぎると血流をわるくするので注意しよう。もしツアーの内容に、少しでも水場に近づくものが含まれていれば、着がえをかならず持っていくように（子どものころ、探検家である父に連れられて夏のヌナブトを訪れたことがあるが、ほんとうに人びとは親切だったし、なに不自由のない楽しい思い出深い旅をすることができた。同行の保護者がしっかりしていれば、ほんとうに子ども連れでかの地を旅することは、そんなにむずかしいことではない。ただし、冬の旅行はおすすめしない＝日本語版編者注）。

輸送機関

キャロル・リグビー　　　　　　　　　　　　　　　Carol Rigby

ヌナブトでは、自分で運転しようとはあまり思わないほうがいい。北極圏の西部にくらべて、ヌナブトには車で旅行できるようなところはない。

　バフィン地方 Baffin Region では、ふたつのコミュニティーをつなぐ道路というのは、アークティック・ベイ Arctic Bay とナニシビク Nanisivik をつなぐ21キロメートルの道路1本だけである。ほとんどのキティクメット地方 Kitikmeot Region のコミュニティーは島や群島に散らばっている。キバリク地方 Kivalliq Region とカナダ南部のあいだにも、直接行ける陸つづきの場所はない。キティク

輸送機関

ミウト地方には、ケンブリッジ・ベイ Cambridge Bay をはじめコミュニティーのまわりに、道路や鉄道のネットワークがあるところもいくつかある。人びとはこれらの道を使って町を出て、外の土地にある小屋やキャンプ地（場）へと行くのだ。コミュニティーによっては、地元の観光名所へ向かう道が町のなかにめぐらされているところもある。舗装されている道路というのは、イカルイト Iqaluit やランキン・インレット Rankin Inlet に行けばないこともないが、ほとんどの道路は舗装されていないと思っていい。ここの地面は永久凍土層になっていて、舗装するにはお金と労力がかかりすぎるのである。

タクシー

ヌナブト内の多くのコミュニティーにはタクシー・サービスがある。タクシーはだいたいが、「ひとり頭いくら」という均一料金を実施しているので、他人同士が、ひとつのタクシーに同乗することが可能である。ヌナブトではタクシーは、家のまえまでくるバスのようなものだと思っておけばいい。運転手が目的地にまだ着いていないのにほかの人のうちで人を拾ったりおろしたりしても驚かないでほしい。人が乗っているからといってタクシーを見すごす必要もない。町中で1、2台しかタクシーがないこともあるから、乗れるスペースがあれば、乗ってしまおう。

スノーモービル、サンド・バギー（ATVs）

どのヌナブトのコミュニティーも、歩いて「探検」できる規模の小ささである。地元の人びとはほとんど歩きで町のなかを移動し、長距離を行ったり、荷物を運ぶ際にたまにスノーモービルやサンド・バギー（ATVs）を使う程度である。サンド・バギー（ATVs）やスノーモービルに乗って小旅行をしたいならば、自分が使っている旅行代理店または適当な旅行準備業者に問いあわせてみよう。これらの乗り物は運転経験が豊富な人しか運転してはいけないが、スノーモービルで旅するときに

輸送機関

は、けっして自分ひとりで行かないように。スノーモービルが壊れてしまったときのために、自分を乗せて帰ってくれる2台目が必要である。予備のモーター・ベルトや点火プラグ、それから燃料、食べもの、キャンプで使うストーブ、テント、それに冬場の旅には寝袋も持っていくといい。どこに行くのか、いつ帰ってくるのかを、かならずだれかに知らせてから出発するようにしよう（安全上の重要な情報をもっと得るためには、253ページの『冒険旅行』参照）。

ヌナブト・ツーリズム Nunavut Tourism に問いあわせれば、サンド・バギー（ATVs）やスノーモービルをレンタルしてくれる会社の最新のリストがもらえる。イカルイトやランキン・インレットで営業する会社がいくつかと、レゾリュートResoluteなどのそのほかのコミュニティーにもいくつかある。

サンド・バギー（ATVs）の運転手は、準州の法律により、ヘルメットの着用が義務づけられている。スノーモービルの運転に関してヌナブトでは、ヘルメットの着用、運転免許、保険などについて、それぞれのコミュニティーごとに決めることになっている。ほとんどのコミュニティーで、ヘルメットはかぶらなくていいことになっている。ただし、ベーカー・レイクBaker Lake、ジョア・ヘブンGjoa Haven、ケープ・ドーセットCape Dorsetでは着用が義務づけられている。それぞれのコミュニティーの規則については、現地の役場Hamlet Officeに問いあわせること。

自動車、トラック、バスのレンタル

ヌナブトのたいがいのコミュニティーでは、各種の自動車をレンタルすることが可能である。ヌナブトの準州都イカルイトでは、実際のところ、最近になって4方向の信号機が必要になった場所がいくつかあるほど交通量が増えている。イカルイトあたりを走るために自動車が必要ならば、R・L・ハンソン建設とノアホイール・エンタープライズNorwheels Enterprisesが自動車やバンを、トゥーヌーニク・ホテルToonoonik Hotelがトラックやバンを、それぞれ貸し出している。レンタル代はだいたい1日80ドルくらいである。イカルイトのR・L・ハンソン建設では、運転手つきでバスを借りることも可能である。

ヌナブトで乗用車を借りるには、カナダの州/準州運転免許または国際運転免許証が必要である。国際運転免許証を持つということはつまり、まずは自分の国で免許をとっておかなければいけないということである。また、モーター車はカナダでは右側通行となっている（よほどのことがないかぎり車は必要ない。歩き、もしくはタクシーで十分である＝日本語版編者注）。

連絡先 PLANNING AHEAD : DIRECTORY

(実際に現地に出かける予定の人の下準備のために、以下、原著から抜粋した現地の諸連絡先の一覧を参考資料として列挙する。英語表記のままにしたのは、編者の経験上、現地と事前に連絡をとろうとする場合、こうしたデータを日本語訳にしてもなんの意味もないと考えたからである。ただし、この章の各地の連絡先には日本語訳も入れた＝日本語版編者注)

政府関係連絡先 Government, Departments and Services

Customs Border Services
Automated Customs Information System
(ACIS):1-800-461-9999 (within Canada=1-800 はカナダ内フリー・ダイヤル)
Contact offices at port of entry,
Customs Border Services:
Ottawa Tel 613-993-0534
Montreal Tel 514-283-9900
Toronto Tel 416-973-8022
Vancouver Tel 604-666-0545
Iqaluit Tel 867-979-6714
Yellowknife Tel 867-920-2446
Winnipeg Tel 204-983-6004
Calgary Tel 403-292-8750
Edmonton Tel 403-495-3400
Quebec City Tel 418-648-4445

Department of Culture, Language,
Elders and Youth, Government of Nunavut
Tel 867-979-4720
Fax 867-979-5240

Department of Finance, Government
of the NWT
Tel 1-800-661-0820
Tel 867-920-3470
Fax 867-873-0325

Department of Fisheries and Oceans,
Government of Canada
Winnipeg:
Tel 204-983-5108
Fax 204-984-2401
Iqaluit:
Tel 867-979-8000

Fax 867-979-8039
Rankin Inlet:
Tel 867-645-2871
Fax 867-645-2880
E-mail:info@www.ncr.dfo.ca
Web site:www.ncr.dfo.ca

Department of Resources, Wildlife
and Economic Development, Government
of the NWT
In Nunavut, replaced by Department of
Sustainable Development as of April/99.
Tel 867-979-5011
Fax 867-979-6791

Department of Sustainable
Development, Government of Nunavut
Assumes responsibilities in April/99,
previously handled by the GNWT's
Department of Resources, Wildlife and
Economic Development.
Tel 867-979-5134
Fax 867-979-5920

Geological Survey of Canada
For calculating magnetic declination.
Web site:www.geolab.nrcan.gc.ca

Government of Nunavut Departments
For a complete list, see the directory
at the end of the "Nunavut Takes Control"
section.

Inuit Heritage Trust, Inc.
Tel 867-979-0731
Fax 867-979-0269
E-mail:heritage@nunanet.com

Nunavut Research Institute
Tel 867-979-6734
Fax 867-979-4681
E-mail:exdir@nunanet.com
Web site:nunanet.com/~research

Parks Canada
P. O. Box 353, Pangnirtung NT, X0A 0R0
Canda
Tel 867-473-8828
Fax 867-473-8612
E-mail:nunavut_info@pch.gc.ca

免許のある旅行準備業者
Government Tourism
Licensing Officers

Baffin Region
Tel 867-979-5070
Fax 867-979-6026

Kitikmeot Region
Tel 867-982-7240
Fax 867-982-3701

Kivalliq Region
Tel 867-645-5067
Fax 867-645-2346
E-mail:ron_roach@gov.nt.ca

健康管理 Health-Care Services

Baffin Optical
Tel 867-979-4300

Baffin Regional Hospital
In Iqaluit.
Tel 867-979-7300
To order an ambulance, call 979-4422.

Cambridge Bay Dental Office
Tel 867-983-2285
Fax 867-983-2168

Cambridge Bay Health Centre
Tel 867-983-2531

Fax 867-983-2262

Iqaluit Dental Clinic
Tel 867-979-4437
Fax 867-979-1365

NWT Health Care Plan
Health Services Administration Bag 003,
Rankin Inlet NT, X0C 0G0 Canada
Tel 1-800-661-0833 or 867-645-5002
Fax 867-645-2997

Rankin Inlet Dental Clinic
Tel 867-645-2776
Fax 867-645-2750

Rankin Inlet Health Centre
Tel 867-645-2816
Fax 867-645-2688

地図 Maps

Canadian Hydrographic Services
For tide and current tables.
P.O. Box 6000, 9860 W. Saanich Rd.,
Sidney BC, V8L 4B2 Canada
Tel 250-363-6358
Fax 250-363-6841

Federal Maps
Tel 1-888-545-8111 or 613-723-6366
Fax 613-723-6995
E-mail:fedmaps@fedmaps.com
Web site:www.fedmaps.com

Geomatics Canada
Tel 613-992-8118
Fax 613-947-2410
Web site:www.Maps.NRCan.gc.ca/cmo/dealers.html

Water Survey of Canada
For river flow rates, drops, etc.
Yellowknife office:
Tel 867-669-4749
Fax 867-873-6776

E-mail: randy.wedel@ec.gc.ca
Web Site: www.watersurvey.sk.ca/index.html

一部重要な航空会社

Canadian North
Scheduled service.
Tel 867-669-4000
Fax 867-669-4040

First Air
Scheduled and charter service.
Head office:
3257 Carp Rd., Carp ON, X0A 1L0
Canada

For charter information.
Iqaluit office:
P.O. Box 477, Iqaluit NT, X0A 0H0
Canada
Tel 867-979-5841
Fax 867-979-0746

Ottawa office:
Tel 613-839-3340
Fax 613-839-5690
E-mail: reservat@firstair.ca
Web Site: www.firstair.ca

Resolute office:
P.O. Box 150, Resolute NT, X0A 0V0
Canada

Tel 867-252-3981
Fax 867-252-3794

Yellowknife office:
P.O. Box 100, Yellowknife NT, X1A 2N1
Canada
Tel 867-669-6600
Fax 867-669-6603

Their charters, based in Yellowknife, Resolute, Iqaluit and Ottawa, fly anywhehe in Nunavut using Twin Otter, King Air, Beaver, 727, 737, Gulf Stream, Beech 99, Hercules Freighter, and Hawker Siddeley 748 aircraft.

Keewatin Air
Charter service.
Head office:
15-20 Hangar Line Rd., Winnipeg MB,
R3J 3Y8 Canada
Tel 204-888-0100
Fax 204-888-3300

Rankin Inlet office:
P.O. Box 38, Rankin Inlet NT, X0G 0G0
Canada
Tel 867-645-2292
Fax 867-645-2330

Churchill office:
P.O. Box 126, Churchill, MB, R0B 0E0
Canada
Tel 204-675-2086
Fax 204-675-2250

Their charters fly anywhere in Nunavut with twin-engine Merlins and King Air B200 pressurized turbine aircraft, and from Winnipeg, with LearJet 35A.

(この一覧表は、この本の英語版発行時に作成された。その後、北極圏の空ではエアー・カナダ Air Canadaの経営の破綻などもあり熾烈な航空会社の生き残り合戦が展開している。とくに航空会社のリストのデータに関しては、実際に現地に連絡をとる場合、この一覧表どおりでない可能性が高い。要事前チェック。なお、原著ではこの航空会社一覧は、べつのページにあり、さらに多くの会社の情報が盛りこまれているが、上記の理由により日本語版編者の独断で、日本語版ではこれだけに絞って記載した＝日本語版編者注）

北極への「入り口」案内

ヌナブトへの道はいくつかあるが、カナダの中部および西部極北地域、そして北極へ向かう入り口となる場所は、単なるチェック・ポイント以上の魅力がある。これらの場所は、新しい準州であるヌナブトと文化的・政治的な歴史を共有しており、それ故に、ヌナブトへ入るまえに多くの知識を得ることができるだろう。旅行する価値のある3つの都市をあげるとすれば、グリーンランドのヌークNuuk、北西準州（NWT）のイエローナイフYellowknife、そしてマニトバ州のチャーチルChurchillである。

《北の国》彷徨中の日本語版編者

（以下のそれぞれのコミュニティーについての情報は基本的には各項目の著者が執筆時に入手したものである。そのため、2003年夏現在、本書に登場する各コミュニティーの役所の担当者名や、わりと変動の激しい現地の旅行準備業者名をはじめ、飛行機の便、ホテルの宿泊費・食事代、ツアー料金などのデータはその後、かわっている可能性がある。国立公園や準州公園なども含めると本書で紹介する場所は全部で45か所である。そのうち、北極への「入り口」の町が3か所、ヌナブト準州内のコミュニティーの紹介は28か所に及ぶが、日本語版を編纂するにあたってその編者として、この本が世に出るまえに全コミュニティーをまわって、その後の新情報を盛りこみたいと思い最大の努力を払ったが、2000年冬から2003年春にかけてフォローできたのは10か所にすぎない。すなわち、「入り口」のヌークとイエローナイフとチャーチル、ヌナブト準州のランキン・インレット、アルビアト、ホエール・コーブ、ジョア・ヘブン、ケンブリッジ・ベイ、レゾリュート、イカルイト［本書掲載順］である。「手で考え足で書く」ことをモットーにしている「現場主義者」の編者としては、全部、チェックできなかったのは痛恨の極みである。それと、原著に掲載されている写真が写真著作権の関係で使えないので、この日本語版では、上記の場所で撮った写真しか載せることができなかったのも残念至極。 少年時代の《北の国》彷徨を入れると5回、現地を訪れて、かなり熱心に、あちらこちらをまわり、《現地事情》の調査をして写真もかなり熱心に撮ったが、このていたらく。ほんと、北極圏は広い！……そして、そこをまわるのには、膨大なエネルギーと時間と、なにより金がかかる！ 地球レベルのエコツアーとは、「これまでいい気になって地球の環境を破壊してきた先進国に住む者が、まだ手つかずの自然がかろうじて残っている《地球の辺陲の地》に出かけて、できるだけ自然破壊をしないように最大の注意を払いながら、そこに住む人びとの指導のもとに現地を旅行してその地の人びとにできるだけ金を落としてくることだ」という『eco − ing. info エコツアー別冊』編集部の基本定義に編者も賛成だが、《北の国》の旅は、それにしても貧乏な若者には目が飛び出しそうなくらい高くついて、たいへん！── というわけで、編者として完全なフォローができなかったことを陳謝＝日本語版編者注）

1 ヌーク Nuuk

ジェームズ・デムチェソン　　　　　　James Demcheson

2度目にヌークを訪れて以来、この地はグリーンランドのほかの場所ともども私にとって第2の故郷と思えるようになった。

人口	13,478人
市外局番	299
標準時間帯	グリニッジ平均時より－3時間
郵便番号	DK 3900

現地までの道のり（可能なルート）
- コペンハーゲン～ヌーク～カンゲルスアク Kangerlussuaq～イカルイト Iqaluit（空路）
- ヌナブトおよび北極圏周航クルーズの航路に、ヌークも含まれている（海路）

銀行	グリーンランド銀行およびスパ・バンク・ベスト Spar Bank Vest
通貨	グリーンランドの通貨デンマーク・クローネ
タクシー	あり。アウディやメルセデス・ベンツのタクシーが町を流している。

（人口は1998年8月調査時のもの）

　この色彩豊かな北の都にはデンマークのにおいがする。でも、住んでいる人びとは、明らかにカラーリト Kalaallit である。グリーンランドやカナダの先住民であるイヌイットと、カラーリトの先住民であるヌナート Nunaat は、精神や文化の伝統を共有しており、きわめて似通った言葉を喋る。ヌークに住む多くのカラーリトの人びとは、先祖とおなじように、狩をしたり罠をしかけたり、漁をして生活を営んでおり、それが主要な収入源となっている。

　ヌークはグリーンランドの自治政府の

ヌークの町並みは　ととのっている

1　ヌーク Nuuk

中心地で、この自治政府は内政に対しては全権限を持っている。これまでのグリーンランドのあり方は、新準州ヌナブトにとってひとつの規範となるだろうが、その一方で、ヌナブトが採用している総意に基づく自治スタイルに対してグリーンランドの政治的指導者は強い関心を寄せている。

歴史

現在のグリーランド人の先祖、チューレ人 Thule Inuit は、1000年ほどまえにこの島に住み着き、カヤックに乗ってアザラシやクジラの猟をして生活していた。10世紀に古代スカンジナビア人の首領赤毛のエリック Eric the Red（ノルウェーの航海者）がこの地を探検し、海岸線のフィヨルド（高い断崖のあいだに深く入りこんだ狭い湾）沿いに、氷におおわれているこの土地で唯一緑のある1区画を発見した。アイスランドからバイキング文化を有する農民を誘い出そうと、赤毛のエリックはその地をグリーンランドと名づけた。1728年、ノルウェーの宣教師ハンズ・エガデ Hans Egede が西海岸にルター派の布教本部を創設し、カラーリトをキリスト教徒に改宗させた。行政管理はデンマークの方式が採用された。1979年には、グリーンランド自治領が誕生し、デンマークの一部であることにかわりはないが、自治権が与えられた。

ヌークの町の裏には　こんな美しい山がそびえている

1　ヌーク Nuuk

風土と野生生物

　グリーンランド語 Kalaallisut でヌークというのは「半島」という意味である。フィヨルドと島々から成る広大な地帯につづくゴッドホープ・フィルド Godthab Fiord の出口付近に突き出した岬の壮大な景観の場所に位置していることが、この名前の由来である。グリーンランド全土同様、この地も森林限界線より北に位置している。亜北極性の気候で、平均気温は7月が7度、1月が−8度である。イルミンガー潮流 Irmingerstream によってヌーク周辺の沖あいの海水は凍りつかないが、沿岸にある市内は毎年冬になると雪が降り積もる。また、巨大な氷河から分離した巨大な氷山がヌークの沖あいに漂流する。しかし夏には、南側の沿岸では谷間や草地に、低木、それにシラカバ、ヤナギ、シダやそのほかの植物が森のように青々と生い茂る。周辺の海はさまざまな種類の海獣や魚の宝庫で、アザラシ、クジラ、サケ、オヒョウ、タラなどが生息する。この地のホエール・ウォッチングのツアーは人気が高い。

ツアー

　ホテル・ハンズ・エガデ Hotel Hans Egede の向かい側に、グリーンランド国会議事堂 Greenland Parliament がある。この町には港が多数あるが、町の南端も港になっており、そこにグリーンランド国立博物館 Greenland National Museum があ

ヌークは港の目立つ町である

1　ヌーク Nuuk

る（ここは一見の価値あり＝日本語版編者注）。グリーンランド史にきわめて重要な位置を占めているハンズ・エガデの銅像が教員養成大学 Teachers College のそばにある。新しいグリーンランドの文化センターであるカトゥアク Katuaq では、美術展、民族ダンスやコンサートが催されている。このセンターには映画館も併設されている。ヌーク市内および周辺に関するインフォメーションはグリーンランド観光局 Greenland Tourism もしくはヌーク観光局 Nuuk Tourism で入手できる。

ショッピング

ホテル・ハンズ・エガデのうしろにある小型のモールでは、さまざまな質の高い商品が売られている。手工芸の店も覗いてみるといいだろう。手工芸の店にはグリーンランドのビーズ細工、トゥピラク tupillat（**木、トナカイの枝角、セイウチの牙を彫った像**）、滑石（ソープストーン）の彫り物、グラフィック・アートなどが置かれている。仕立物の店キタト Kittat では、刺繍を施した絹を素材としたバッグやカミック kamiit（**アザラシの毛皮でつくったブーツ**）を注文することができる。デニッシュ・パンは、町の大きなパン屋で。

イベント

1年中、カトゥアクはヌークの文化的な中心地である。3月、雪の彫像フェスティ

町の中心には　立派なスーパーマーケットもある

1　ヌーク Nuuk

バルが町の中心で開催される。6月21日はグリーンランドの成立記念日で、人びとはこの日を伝統的な音楽とダンスで祝う。7月、ヌーク市内とその周辺で10.5キロメートルのマラソン競技が開かれる。そして8月に開催されるヌーク・フェスティバルNuuk Festivalでは、すばらしい音楽を耳にすることができる。

宿泊と食事

　町の中心地には、110の客室を備えた近代的な**ホテル・ハンズ・エガデ**（Tel 299-32-42-22　Fax 299-32-44-87　E-mail: hhe@greennet.gl　Web site: www.greenland-guide.dk/hhe）がある。1泊ひとりあたりの料金は245ドル（**カナダ・ドル換算＝以下同様**）をふたりだと300ドル。いずれも朝食つき。ほかに会議用の特別料金がある。3食と会議施設の使用料こみで1泊ひとりあたりの料金は200ドル。ホテルにはデンマークとグリーランドの料理のほか国際色豊かな料理を用意したレストラン、バー、ジャグジー（**サウナとシャワーもついている＝日本語版編者注**）、日光浴室などの設備があり、トイレ、バス、テレビ、電話は全室完備している。空港への出迎えはない。

　港の近くには30室を改装した**シーマンズ・ホーム** Seaman's Home（Tel 299-32-10-29　Fax 299-32-21-04）があるが、このホテルは自称「アルコール禁止のクリスチャン専用のホテル」。わが家のようなくつろいだ雰囲気がある。バスつきのシングルの料金は132ドルで、バスつきのダブルの部屋は191ドル。朝食のみがこの料金に含まれているが、昼食も夕食もホテルでとることができる。また、ベッドがあって朝食のみとれるユース・ホステルも市内に1軒ある（**若者をはじめ低予算で旅を楽しみたい人には、ここは絶対におすすめ！＝日本語版編者注**）。

　市内のレストランとしては、ホテル・ハンズ・エガデとホテル・ゴッドホープのダイニング・ルームやカフェ・ルドルフ Cafe Rudolph、ツルーズ・ロック・カフェ Tulles Rock Cafe、クレイジー・デイジーズ Crazy Daisy'sがある。トナカイやジャコウウシ、サケなどこの地方独特の料理、もしくはヨーロッパふうの料理を所望する場合は、満足できる料理が見つかるだろう。もっとくわしい情報については、ヌーク観光局に問いあわされたし。

娯楽

　スポーツ志向の人のために、ヌークにはフィットネス・クラブ、スポーツ・クラブがいくつかある。夏にはサッカーの試合が開催され、グリーンランドの多くのサッ

1　ヌーク Nuuk

ハンズ・エガデの像　　　ヌークにはおしゃれな酒場がいっぱいある

カーファンの熱い視線が注がれる。町から5キロメートルの距離にあるリル・マレネ山Lille Malene Mountainの頂上にはスキー用のリフトがあり、スキーとスノーボードが楽しめる。バーやダンス・クラブも数多く存在し、ナイト・ライフも楽しめる。

サービス

　グリーンランドの西海岸沿いにあるほかの町へ行く場合には、北極ウミアク・ラインArctic Umiaq Line A/Sの船を利用できる。ヌークからシシミウトSisimiutやグリーンランドのほかの町に行きたい場合は、グリーンランドエアーGreenlandairのヘリコプターをチャーターできる。

ヌーク連絡先

北極ウミアク・ラインArctic Umiaq Line A/S　Tel 299-32-52-11　Fax 299－32－32－11　E-mail: kniship@greennet.gl

グリーンランド観光局Greenland Tourism A/S　Tel 299-22-88-8　Fax 299-22－87－7　E-mail: tourism@greennet.glあるいはnuuktour@greennet.gl

ヌーク観光局Nuuk Tourism
Tel 299-22-7-00　Fax 299-22-7-10

グリーンランドエアーGreenlandair Inc.　Tel 299-32-88-88　Fax 299-32-72-88　E-mail: glsales@greennet.gl　Web site: www.greenland-guide.dk

地方自治体事務所Municipal Office　Tel 299-23-37-7　Fax 299-29-18-7
E-mail: nuuk@nuukom.ki.gl　Web site: www.nuuk.gl

2 イエローナイフ　Yellowknife

マイク・ブラサイズ　　　　　　　　　　　Mike Vlessides

地平線を背景にしたイエローナイフのすっきりした輪郭を、偶然にもはじめて目にしたのは、もう7年以上もまえのことである。しかし今もなお、私はそのときの体験を驚くほど鮮明に覚えている。

人口	18,124人
市外局番	867
標準時間帯	山地標準時
郵便番号	多数

ヌナブトへの道のり（空路によるルート）
- エドモントンからイエローナイフ（北へ992キロメートル）へは、複数の会社による航空便がある。
- ケンブリッジ・ベイ Cambridge Bay、クグルクトゥック Kugluktuk、タロヨアク Taloyoak、ペリー・ベイ Pelly Bay、ジョア・ヘブン Gjoa Havenへのフライトはイエローナイフから出発。この航路はカナダ西部からランキン・インレット Rankin Inlet とキバリク地方 Kivalliq Regionへの出入り口でもある。
- エドモントン〜イエローナイフ〜ケンブリッジ・ベイのフライトは、バフィン地方 Baffin Regionのレゾリュート Resoluteへも向かう（北西準州［NWT］）からヌナブト準州、それにユーコン準州にかけてのカナダ極北地域の航空会社の再編成が進められている。2003年春現在、リストラを含め合併、路線減少、路線廃止などなど、情勢が流動的なので、原著には各地へのアクセスの項目に、そこまで就航している航空会社の名前が明示してあるのだが、日本語版では、削除した。以下の項目も同様である。《北の国》への旅を実行なさる寸前に、現地の交通事情に関しては、旅行代理店に問いあわせるのがベスト。ただし、日本では、よっぽど業務熱心な旅行代理店でなければ、正確な情報は入りにくい＝日本語版編者注）

銀行	カナダの全主要銀行の支店あり
タクシー	あり。

（人口は1996年のカナダ国勢調査のデータによる）

友人のグループとともに、車でトロントから、当時はこの地上でもっとも北にあると思っていた場所へ向けて記念すべき「冬の旅」に出かけた。旅の最後の数時間

は、このあたり特有の寂しく、雪がきらきら光る道を走りつづけたのだった。
　すると、早朝の黎明のなか、思いもかけず突然に、この最北の地で見るとは予想だにしなかった景観が現れた。真っ白な雪景色を背景に、くっきりとしたイエローナイフの輪郭が現れ、この町へと私たちを導いてくれた。私はただちにこの場所に魅了されてしまった。
　その日以来、イエローナイフに対する私なりの観察を積み重ねてきた。もちろん、私も今でははっきりと認識しているが、この地は世界の最北端ではない。実際、北部の基準からいえば、イエローナイフはかなりの「矛盾」をはらんでいる場所といえる。ほとんどの住民は自分たちのことを勇気ある開拓者のタイプと思っており、つらい冬のきびしさに立ち向かう勇敢な物語を今にもつくりあげてしまいそうである。しかし、北極地帯に広がる小さなコミュニティーに住む人びとの多くは、イエローナイフは「本当の極北ではない」と見ている。

歴史

　いかに欠点があろうとも、イエローナイフは、2、3日すごすにはおもしろい場所であり、多彩な歴史を誇っている。この地域の最初の先住民は大草原最北部に住むチペワイアン Chipewyan のデネ Dene の人びとであった。この町の名前は、銅製の道具を使っていることで知られているイエローナイブズ Yellowknives という少数部族からとったものである。
　イエローナイフの近代史は、その大部分が1930年代にこのあたり一帯で採掘された金に由来している。金が発掘された時点から、この町は北極地帯の行政上の中心地に成長していき、1967年に北西準州の準州都になった。1991年にラック・デ・グラ Lac de Gras の近くでダイヤモンドが発見されて、カナダ最初のダイヤモンド鉱山ができたことで、イエローナイフの伝統的な採掘法は21世紀に引き継がれることが約束された。

風土と野生動物

　イエローナイフ市内で野生動物をたくさん見ることは滅多にないが、野生動物観察のために、郊外に出るのにはそれほど時間はかからない。この地帯でもっとも数の多い大型哺乳動物は、カリブーである。イエローナイフの周辺一帯は、120種以上の野鳥の夏の生息地でもある。地形学的に見てこの一帯は、平らな一面にミズゴケが発生している湿原地帯で、ところどころに低い岩が顔を出し、あまり生育して

2 イエローナイフ Yellowknife

いない亜北極地帯の木々の疎林が見られる。無数の小さな湖や池があり、このあたりは蚊の天国だ。

ツアー

プリンス・オブ・ウェールズ北方遺産センター Prince of Wales Northern Heritage Centre という博物館がある（一見の価値あり＝日本語版編者注）。イエローナイフのダウン・タウンにあるエクスプローラー・ホテル Explorer Hotel のすぐそばの大きな建物がそれ。博物館のそばに建っているのが、やはり1990年代に建てられた印象的な建物、北西準州議事堂 NWT Legislature と、ノーザン・フロンティア地域観光案内所 Northern Frontier Regional Visitors Centre である。

町を出て自然に浸れるもっとも人気のあるルートは、イングラム・トレール Ingraham Trail である。このコースはところどころが舗装されており、70キロメートルほど行ったところで突然途切れる。この道筋には多数のキャンプ地、ピクニック・エリアなど、さまざまな自然体験をするための出発地点が点在する。市内にはフレーム湖 Frame Lake 沿いに散歩道があり、散策が楽しめる。

（オーロラ・ツアーについては、日本に情報があふれ返っているので、ここでは扱わない。日本の旅行代理店に問いあわせれば、たくさんの情報を提供してくれる＝日本語版編者注）

プリンス・オブ・ウェールズ北方遺産センターと北西準州議事堂は一見の価値あり

プリンス・オブ・ウェールズ北方遺産センターの展示は　なかなかのもの（トナカイのはく製の展示）

ショッピング

イエローナイフが北極圏の生活におそらく最大の貢献をしていると思われるのは、ショッピングに関してであろう。北部地方の大多数の人びとは、小さなコミュニティーでは手に入りにくい必需品を買うには、イエローナイフにかぎると思っている。ウォルマート Wal-Mart、カナディアン・タイヤ Canadian Tire、サーン Saan といった店は、すべてこの町に店を出している。

特産品や工芸品を買う場所も多数あるが、値段はほかの場所より若干高めである。だからといってイエローナイフのように品ぞろえ豊富な手工品の店をほかで探そうとしても、なかなか見つからないだろう。

イベント

イエローナイフで人気のあるフェスティバルは、毎年3月に凍ったフレーム湖で開催されるカリブー・カーニバル Caribou Carnival である。このカーニバルでは、イヌゾリのカナダ・チャンピオンシップ、余興のライブ、氷の彫像展、開拓者に由来したコンテストが開催され、たくさんの軽食スタンドも立ち並ぶ。

1年でいちばん日の長い夏至の6月21日には、レイブン・マッド・デイズ Raven Mad Daze というお祭り騒ぎが、道端で夜が更けてからも延々と繰り広げられる。立ち並ぶフード・スタンドと並んで、あちこちのコミュニティーから来た商人が商品を持ちこみ、格安の値段で売っている。

ここ数年、フォーク・オン・ザ・ロック Folk on the Rocks は、一流のフォーク・フェスティバルとして名を馳せてきた。このコンサートは、7月にロング湖 Long

2　イエローナイフ Yellowknife

Lake湖畔で開催され、北部南部を問わずミュージシャンが一様に演奏を披露し、それが呼びものになっている。

宿泊と食事

　イエローナイフには、ピンからキリまでさまざまなランクの宿泊施設があり、北極圏のコミュニティーのなかではもっとも充実している。いちばん有名なのはエクスプローラー・ホテルExplorer Hotel（P. S. 7000, 4825-49 Ave., Yellowknife NT, X1A 2R3 Canada　Tel 1-800-661-0892［1-800はカナダ内フリー・ダイヤル］あるいは867-873-3531　Fax 867-873-2789　このホテルには、バーや和食レストランがある＝日本語版編者注）で、フレーム湖を見わたす丘のいただきに立っている。そのほかに数軒のモーテル、それに家具と2〜3台のベッドを備えている朝食つきの「旅人の家B＆B」（民宿）が多数ある。料金は1泊65ドル〜175ドルである（観光案内所でB＆Bのリストをもらうことができる。シェア・ルームもあり、安く泊まれる場所もある。低予算で旅をしたい人におすすめ＝日本語版編者注）。

　買い物についてイエローナイフが北極圏で生活する人びとに役立っているのが、食事である。町にはレストランが集まっている一角があり、料理の質も、値段も幅広く、献立もピザからジャコウウシの料理までさまざまなものがある。

　イエローナイフの旧市街地区にあるワイルドキャット・カフェ The Wildcat Cafeは、町でいちばん人気があり、いつも客で賑わっている。細長いログ・キャビンふうの店内はこじんまりとしていてほの暗く、非常に居心地がよく、この地帯の風習と食文化の両方を同時に、味わうことができる。観光客と同席することもよくあるが、地元の金探しをする人びとと一緒に食事をしながら、金にまつわる景気のいい話や艱難辛苦の話を聞くことも一興。

　旧市街地でつぎに人気があるのがバロックズBullock's（バロックズ・ビストロ　Tel 867-873-3474）で、この素敵なレストランは小さな町独特の魅力がにじみ出ている明るい店である。この店には、何種類かの焼きたてのパンがいつもカウンターに置いてある。そのパンはこの町の特産として知られている魚とポテト・チップスとよくあい、好評である。それに、この店では北部でしか見られないプティンpoutine（カナダ特有の食べもので、フライド・ポテトの上に、チーズとグレービー・ソースがかかっている＝日本語版編者注）としゃれきめかせた食べものを売っており、いちど行くと好きにならずにはいられない場所である。

娯楽

映画館が1軒、いくつかの地元の演劇グループ、ボーリング場と水泳プールがそれぞれ1軒、スケート場が2軒、カーリング場、テニス・クラブ、9ホールのゴルフ・コース、カラオケがあるが……なんで、イエローナイフに？

また、町にはかなりの数のダンスや音楽のクラブがある。よきにつけあしきにつけ町でもっとも有名なナイト・スポットは、こみ入ったダウンタウンの中心地にあり、店内がごちゃごちゃしてざわついているバー、ザ・ゴールド・レンジ The Gold Range（Tel 867-873-4567）である（ここは地元の先住民の人が多く集まるバー。一見の価値あり。ただし、かなりラフな場所なのでご用心＝日本語版編者注）。

サービス

北西準州の最大の医療設備、スタントン地域病院 Stanton Regional Hospital では、日常的な医療全般から緊急事態まですべて対応している。イエローナイフには、民間のクリニックや歯科医院も数多く存在する。

イエローナイフ連絡先

北西準州アークティック観光局 NWT Arctic Tourism
Tel 1-800-661-0788 あるいは 867-873-7200 Fax 867-873-4059
E-mail: nwtat@nwttravel.nt.ca Web site: www.nwttravel.nt.ca

プリンス・オブ・ウェールズ北方遺産センター Prince of Wales Northern Heritage Centre
Tel 867-873-7551 Fax 867-873-0205 Web site: pwnhc.learnnet.ca/

ノーザン・フロンティア地域観光案内所 Northern Frontier Regional Visitors Centre Tel 867-873-4262 Fax 867-873-3654
E-mail: nfra@internorth.com Web site: www.northernfrontier.com

北西準州議事堂 NWT Legislative Assembly Tel 867-669-2200

スタントン地域病院 Stanton Regional Hospital Tel 867-920-4111

天候情報 Tel 867-873-4027（天気情報事務所）867-873-2734（24時間天気情報）
Web site: www.tor.ec.gc.ca/forecasts/index.html あるいは www.infonorth.org

3 チャーチル　　　　Churchill
シャーリー・タガリク　　　　Shirley Tagalik

大河チャーチル川が広大なハドソン湾 Hudson Bay に流れこむところに位置するマニトバ州チャーチルは、多数の野鳥や野生動物の主要な移動ルート沿いにある。

人口	1,060人
市外局番	204
標準時間帯	中部標準時
郵便番号	R0B 0E0

現地までの道のり（可能なルート）

空路
- ウィニペグからチャーチル（チャーチルは、ウィニペグから北東へ1,000キロメートル）へは、複数の航空会社が利用できる。さらにその先ランキン・インレット Rankin Inlet まで空路はつづいている。
- マニトバ州トンプソンからチャーチルへ、さらにランキン・インレットへの便もある。

鉄道
- マニトバ州のウィニペグ、ザ・パス、トンプソンあるいはギラム Gillam からチャーチルへカナダ鉄道が走っている。

航路
- ヌノブトおよび北極周航クルーズはチャーチルも経由している。

銀行	ロイヤル銀行 Royal Bank
タクシー	あり。（チャーチル・タクシー　Tel 204-675-2345）

（人口は1996年のカナダ国勢調査のデータによる）

　メナフトのキバリク地方 Kivalliq Region に関連した歴史的背景により、カナダ唯一の亜北極圏の海港となっているこの町は、ツンドラ地帯にきわめて近く、鉄道で行くことができる唯一のコミュニティーでもある。

歴史

　ツンドラ地帯周辺にはプレ-ドーセット Pre-Dorset、ドーセット Dorset、チューレ Thule、イヌイット、チペワイアン Chipewyan、クリー Cree のキャンプ地の遺跡

があり、数世紀にわたってこの一帯にそうした先住民グループが住んでいたことがわかる。1685年に設立されたハドソン湾会社 Hudson's Bay Co. の交易所は、1700年代はじめ、チャーチル川の入り江の西側にあるプリンス・オブ・ウェールズ砦 Fort Prince of Wales にとってかわられた。この砦は、アメリカ大陸の支配権をめぐってフランスとイギリスが競いあっていた証しとして、さらに毛皮の交易で荒稼ぎしていた証拠として、今なお残されている。砦から川をわたったところにあるマーシー岬 Cape Mercy には、1746年につくられた砲台があり、一帯を外敵から守るように、大砲がハドソン湾の外に向けられている。川を少しさかのぼるとスロープ・コーブ Sloop Cove であるが、そこには探検家サムエル・ハーン Samuel Hearne ほかハドソン湾会社のかつての探検家たちの名前が川岸沿いの岩に彫られている。

1930年には、カナダ国立鉄道 Canadian National Railway によってチャーチルとウィニペグが1920キロメートルの線路で結ばれ、プレーリー（**大草原**）地帯の穀物を船でヨーロッパへ運べるようになった。現在では、鉄道も穀物取引のための施設もハドソン湾鉄道・港湾会社 Hudson Bay Rail and Port Corporation という民間企業が運営している。

第2次世界大戦中、アメリカとカナダの軍部は、南方からの物資や装備を補給する鉄道の連絡があるハドソン湾近くの最北の町として、チャーチルを戦略的にきわめて重要視していた。1942年、大規模な航空基地がこの町に建設され、大戦後もさらに拡大され使用されていたが、1980年に閉鎖された。しかし空港とロケット試射場は現在も使用されている。

1965年から1975年までのあいだ、チャーチルの郊外アクドリク Akudlik に、北西準州（NWT）政府の地方本部があったが、のちにランキン・インレットにその本部はうつされ、その建物は解体された。

風土と野生生物

チャーチルはツンドラと森林地帯の中間にあたるタイガ（**針葉樹林帯**）の土地である。400種類を超える植物が、短い成長期にその生命の息吹を発し、はじけんばかりに一気に活気づく。非常にめずらしいバライロカモメを含め、およそ200種類もの鳥が春になるとこのへん一帯に飛来し、世界中からやってくる熱心な野鳥観察者たちを魅了する。

また、チャーチルは、ホッキョクグマの生息地としても有名である。10月から

3 チャーチル Churchill

11月にかけて、威風堂々としたこの動物は町からほど近い海岸に集まり、凍りついた氷上でアザラシがとれる季節を待っている。ハドソン湾上のチャーチル南東部にあるワプスク国立公園 Wapusk National Park とその周辺では、メスが冬をすごすための穴（巣）をつくっている。

春がきて氷がゆるみ始めると、移動しているシロイルカ（ベルーガ）がチャーチル川の河口にエサを求め、子どもを産むためにやってくる。7月から8月にかけては川をくだる船から、この音楽のような鳴き声を出す「海のカナリヤ」を見ることができる。

ツアー

ツアーや装備の貸出などさまざまなサービスがある。アドベンチャー・ウォーキング・ツアーズ Adventure Walking Tours は、1時間程度のものから1日行程までの日帰りツアーを提供している。アークティック・ネイチャー・ツアーズ Arctic Nature Tours は、説明つきで自然を楽しむツアーと歴史・考古学ツアーとを組みあわせている。ツンドラ・ドームズ Tundra Domes とホワイト・ホエール・ロッジ White Whale Lodge は暖房の効いた観察施設から、荘厳なオーロラを見る企画を立てている。シー・ノース・ツアーズ Sea North Tours は毎年チャーチル川に集まるシロイルカ（ベルーガ）を見るツアーを用意している。チャーチル・ワイルダーネ

ホッキョクグマ見物ツアーは　こんな大型バスに乗って

3 チャーチル Churchill

ス・エンカウンター Churchill Wilderness Encounter は 6 月にバード・ウォッチングのパック旅行を売り出す。ツンドラ・バギー・ツアーズ Tundra Buggy Tours とグレート・ホワイト・ベアー・ツアーズ Great White Bear Tours には、ハドソン湾の海岸を歩きまわるホッキョクグマを見るツアーがある。エピック・スレッド・ドッグ・アドベンチャーズ Epic Sled Dog Adventures など数社では、イヌゾリ・ツアーを企画している。市内や周辺一帯をまわるバス・ツアーは、ノース・スター・ツアーズ North Star Tours などが扱っている。

ヌナブトへの旅の準備には、**カナダ公園局ビジター・レセプション・センター** Parks Canada Visitor Reception Centre と**エスキモー博物館** Eskimo Museum を訪ねるとよい。また、北極の生態学、鳥類学、地質学、気象学、サバイバル、写真に関しては、**チャーチル北方研究センター** Churchill Northern Studies Centre で講習会が開かれている。ボーリアル・ガーデンズ Boreal Gardens でのツアーでは、《北の国》の白夜の夏でも育つ、たくさんの農産物を実際に見せてくれる。

ショッピング

特産の手工芸品やみやげ物の店はたくさんある。ネイティブの手工芸品とお土産は多くの地元の店で手に入る。

お土産屋としては、アークティック・トレイディング会社 Arctic Trading Co.、ツンドラ・バギー・ギフト・ショップ

エスキモー博物館入り口 (上) ↑観光会社のおしゃれな建物 (ツンドラ・バギー・ツアーズの正面玄関)

3 チャーチル Churchill

Tundra Buggy Gift Shop、ベアー・カントリー・イン Bear Country Inn、ポーラー・イン・ギフト・ショップ Polar Inn Gift Shop、ノーザン・イメージズ Northern Images、グレート・ホワイト・ベアー・ツアーズ・ギフト・ショップ Great White Bear Tours Gift Shop、エスキモー博物館、ワプスク・ジェネラル・ストア Wapusk General Store などがある。

宿泊と食事

チャーチルには、ホテルも、ベッドと朝食つきの「旅人の家 B&B」(民宿) もある。料金は、ホテルが70～120ドル程度、「旅人の家 B&B」(民宿) が25～75ドル程度。6月から10月までの混みあう時期は、まえもって予約すること。ツンドラ・イン Tundra Inn のウォン・キー・レストラン Wong Kee Restaurant (Tel 204-675-2827) をはじめ、シーポート・ホテル Seaport Hotel (ダイニング・ルーム [Tel 204-675-8807])、チャーチル・ホテル Churchill Hotel (Tel 204-675-8853)、ノーザン・ナイツ・ロッジ Northern Nights Lodge (Tel 204-675-2403) の各ホテルには、それぞれダイニング・ルームがある。そのほか、トレーダーズ・テーブル Trader's Table (Tel 204-675-2141)、ジプシー・ベーカリー Gypsy Bakery (Tel 204-675-2322)、ラウンチ・パッド・カフェ Launch Pad Cafè (Tel 204-675-8845)、レイジー・ベアー・カフェ Lazy Bear Cafè (Tel 204-675-2969)、ノーザン・ナイツ・

安いホテルでも部屋はちゃんとしている (上)　↑シーポート・ホテルの外観

3 チャーチル Churchill

レイジー・ベアー・カフェは丸太づくり

ディナーなどのレストランがある。

イベント

5月のビクトリア女王祝祭日の週末、チャーチル複合施設Churchill Complexで、PTAカーニバルが催される。7月1日にはポーラー・ベアー・ディップPolar Bear Dipの複合施設の外で、「勇者あるいは愚か者」が、氷のように冷たいハドソン湾の水へ飛びこむ。

サービス

チャーチルの保健・レクリエーション複合センターには病院、薬局、外来用診療所、デイケア施設、図書室、スイミング・プール、アイス・アリーナ、映画館、アーケードがあり、展示用に壁を利用できる空間もある。

チャーチル連絡先

カナダ公園局ビジター・レセプション・センター Parks Canada Visitor Reception Centre　Tel 204-675-8863　Fax 204-675-2026
エスキモー博物館 Eskimo Museum Tel 204-675-2030　Fax 204-675-2140
チャーチル北方研究センター Churchill Northern Studies Centre Tel 204-675-2307　Fax 204-675-2139
チャーチル通商議会 Churchill Chamber of Commerce Tel 204-675-2022　Fax 204-675-2164　E−mail: cccomm＠cancom.net Web site: www.cancom.net/～cccomm

ヌナブトのコミュニティーの施設一覧

コミュニティー名	ホテル	ホテル内レストラン	一般レストラン	ホテル以外の宿泊施設	キャンプ場	ハイキング・トレイル	タクシー	美術・工芸品制作工房	観光案内所・博物館
アークティック・ベイ	●	●				●	●		
アルビアト	●	●	●	●			●	●	●
ベーカー・レイク	●	●	●		●	●	●	●	
バサースト・インレット	●	●				●			
キキクタリュアク	●	●			●	●		●	
ケンブリッジ・ベイ	●	●	●			●	●	●	
ケープ・ドーセット	●	●	●	●		●	●	●	●
チェスターフィールド・インレット	●	●				●			
クライド・リバー	●	●		●			●	●	
コーラル・ハーバー	●	●				●			
ジョア・ヘブン	●	●	●			●		●	●
グリス・フィヨルド	●	●							
ホール・ビーチ	●	●	●				●		
イグルーリク	●	●	●	●			●		
イカルイト	●	●	●	●	●	●	●	●	●
キンミルト	●	●		●		●			●
クグルクトゥク	●	●	●		●	●	●	●	●
ナニシビク									
パングニルトゥング	●	●	●		●	●	●	●	●
ペリー・ベイ	●	●	●				●		
ポンド・インレット	●	●	●		●	●		●	●
ランキン・インレット	●	●	●			●	●	●	●
リパルス・ベイ	●	●						●	
レゾリュート	●	●		●					
サニキルアク	●	●				●		●	
タロヨアク	●	●						●	
ウミングマクトゥーク				●					
ホエール・コーブ	●	●					●		

＊ライセンス所有の施設のみ（1999年現在）

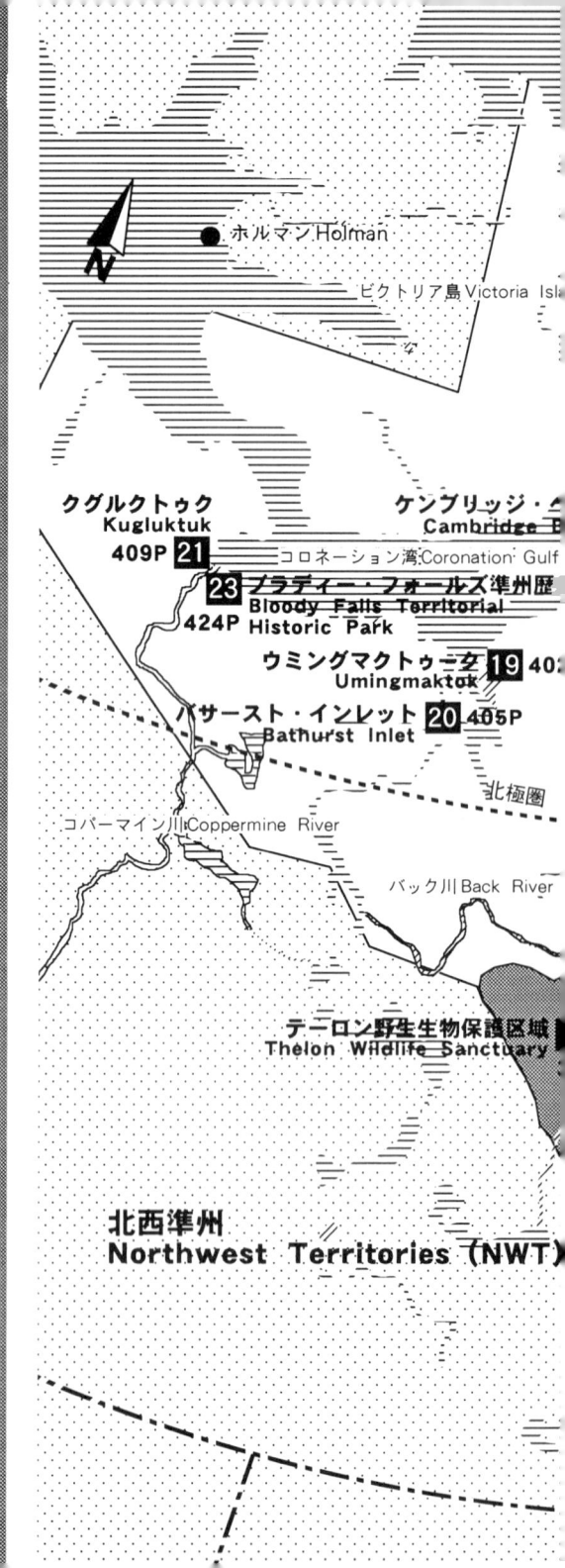

北極海沿岸
ブーシア半島とキング・ウィリアム島
メルビル半島地方
西海岸／ハドソン湾 サザンプトン島

ホルマン Holman
ビクトリア島 Victoria Isl

クグルクトゥク Kugluktuk
409P 21
コロネーション湾 Coronation Gulf

ケンブリッジ・
Cambridge B

23 ブラディー・フォールズ準州歴
Bloody Falls Territorial
424P Historic Park

ウミングマクトゥーケ 19 40
Umingmaktok

バサースト・インレット 20 405P
Bathurst Inlet

北極圏

コパーマイン川 Coppermine River

バック川 Back River

テーロン野生生物保護区域
Thelon Wildlife Sanctuary

北西準州
Northwest Territories (NWT)

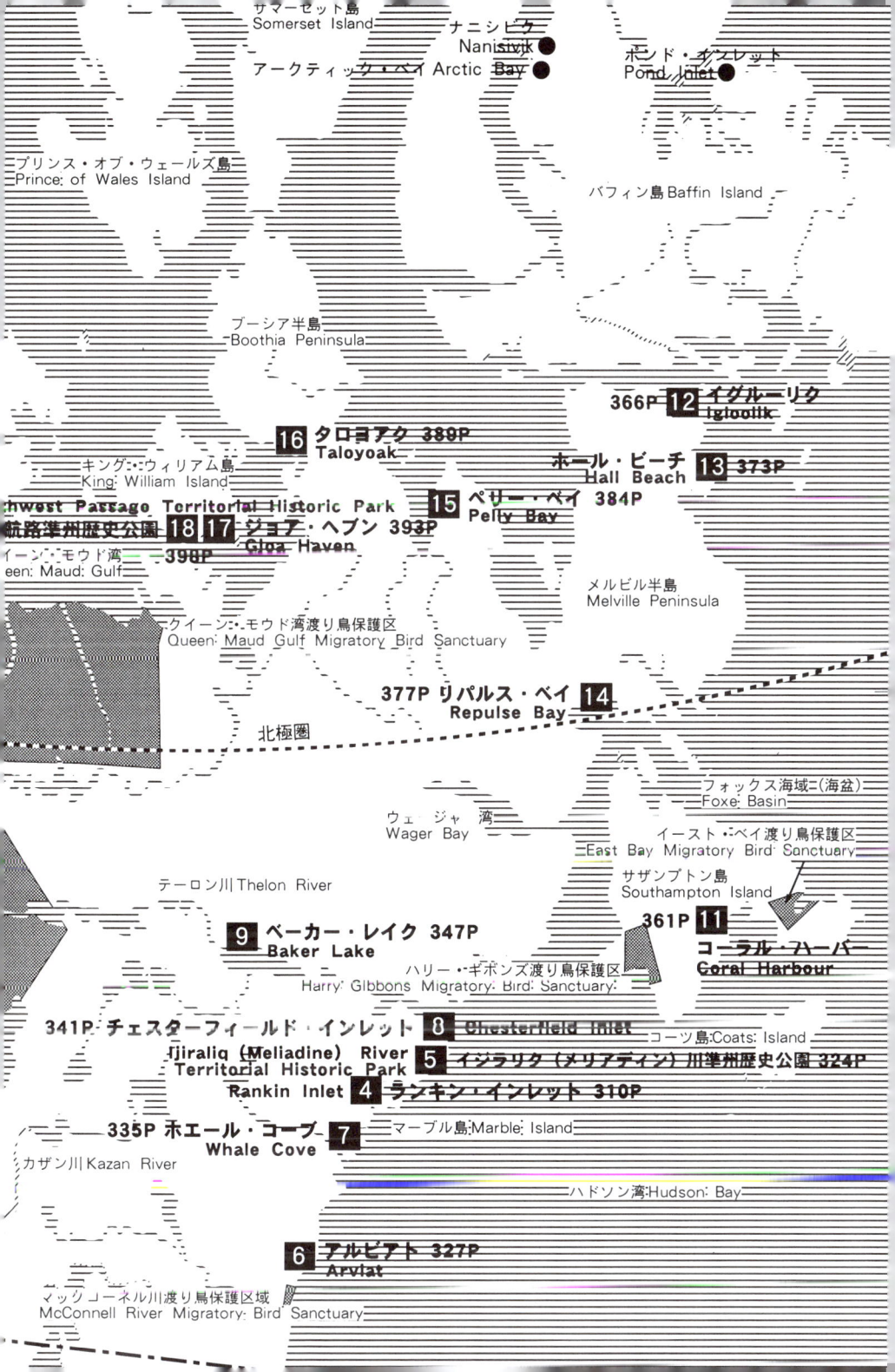

サマーセット島 Somerset Island
ナニシビク Nanisivik
アークティック・ベイ Arctic Bay
ポンド・インレット Pond Inlet
プリンス・オブ・ウェールズ島 Prince of Wales Island
バフィン島 Baffin Island
ブーシア半島 Boothia Peninsula

366P [12] イグルーリク Igloolik

[16] タロヨアク 389P Taloyoak

キング・ウィリアム島 King William Island

ホール・ビーチ Hall Beach [13] 373P

hwest Passage Territorial Historic Park
航路準州歴史公園 [18] [17] ジョア・ヘブン 393P
Gjoa Haven

[15] ペリー・ベイ 384P Pelly Bay

ィーン・モウド湾 398P
een Maud Gulf

メルビル半島 Melville Peninsula

クイーン・モウド湾渡り鳥保護区
Queen Maud Gulf Migratory Bird Sanctuary

377P リパルス・ベイ [14] Repulse Bay

北極圏

フォックス海域=(海盆) Foxe Basin

ウェジャ湾 Wager Bay

イースト・ベイ渡り鳥保護区 East Bay Migratory Bird Sanctuary

テーロン川 Thelon River

サザンプトン島 Southampton Island

361P [11]

[9] ベーカー・レイク 347P Baker Lake

コーラル・ハーバー Coral Harbour

ハリー・ギボンズ渡り鳥保護区 Harry Gibbons Migratory Bird Sanctuary

341P チェスターフィールド・インレット [8] Chesterfield Inlet
コーツ島 Coats Island
Ijiraliq (Meliadine) River
Territorial Historic Park [5] イジラリク（メリアディン）川準州歴史公園 324P
Rankin Inlet [4] ランキン・インレット 310P

335P ホエール・コーブ [7]
Whale Cove
マーブル島 Marble Island

カザン川 Kazan River

ハドソン湾 Hudson Bay

[6] アルビアト 327P Arviat

マックコーネル川渡り鳥保護区域 McConnell River Migratory Bird Sanctuary

西海岸/ハドソン湾

West Coast/Hudson Bay

4 ランキン・インレット　　　　　　Rankin Inlet
ジミ・オナリク　　　　　　　　　　　Jimi Onalik

ヌナブトの人にランキン・インレットの第一印象を尋ねてみると、きっと風について語るだろう。

人口	2,058人（イヌイット76%、イヌイット以外24%）
市外局番	867
標準時間帯	中部標準時
郵便番号	X0C 0G0
現地までの道のり（可能なルート）	
・ウィニペグ〜ランキン・インレット	
・エドモントン〜イエローナイフYellowknife〜ランキン・インレット	
・オタワ/モントリオール〜イカルイトIqaluit〜ランキン・インレット	
・カンゲルスアクKangerlussuaq（グリーンランド）〜イカルイト〜ランキン・インレット	
銀行	ロイヤル銀行Royal Bank（自動支払い機がある）、カナダ・インペリアル商業銀行（CBC)
酒類	管理されている。個人消費用のアルコールは、イエローナイフに注文するか、許可を受けてカナダ南部から購入する。コミュニティー内では、登録されているホテルの客のみ入手可。
タクシー	あり。

（人口は1996年のカナダ国勢調査のデータによる）

　この地に到着した途端、「ランキン・インレットといえば風」という鮮烈な印象が焼きつけられてしまうだろう。ランキン・インレットはハドソン湾Hudson Bayの西海岸に位置しており、冬になるときびしい強風が吹くことで有名である。飛行機からエア・ターミナルに歩いていくまでに、この風に吹かれていると、この地が地球上でもっとも寒い場所のひとつではないかという気持ちになってしまう。ラン

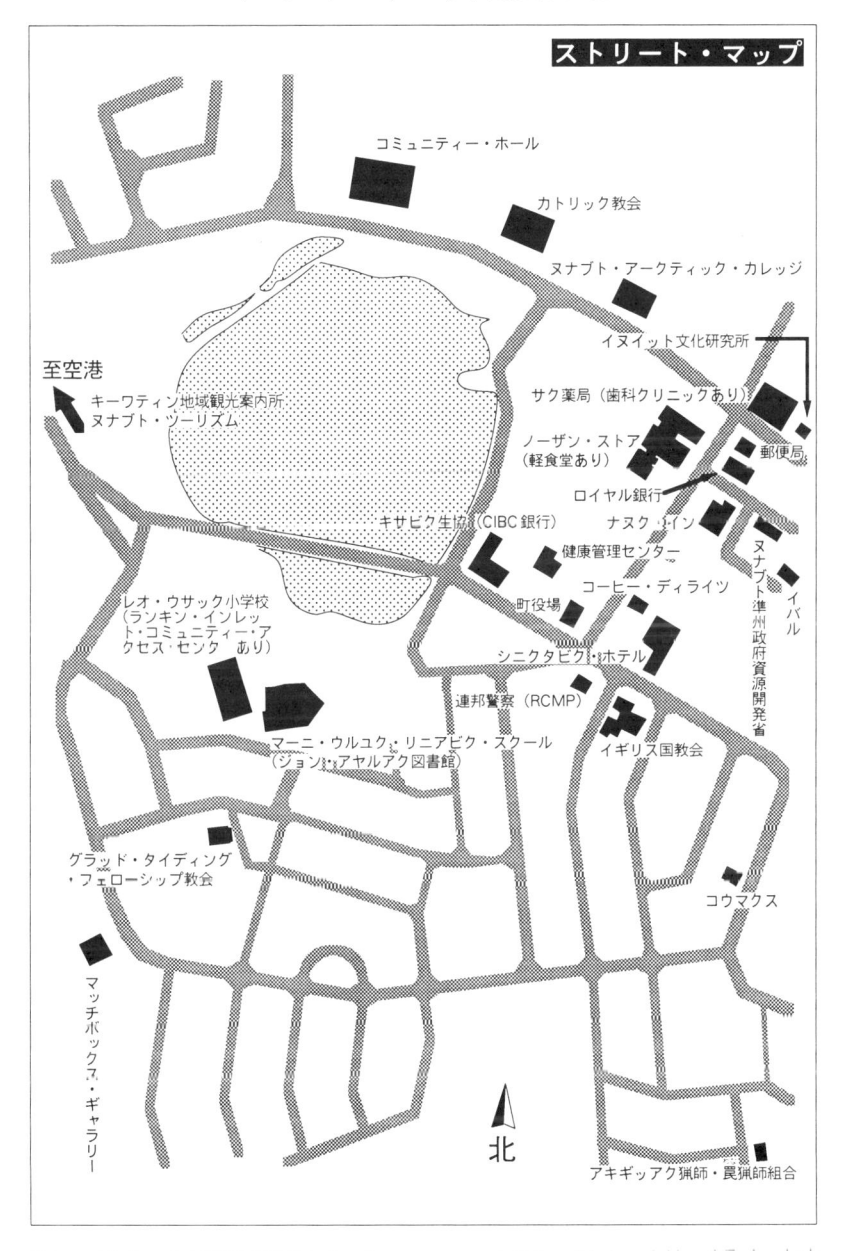

4 ランキン・インレット Rankin Inlet

ストリート・マップ

ンキン・インレットには風のばかにも、「ニューヨーク以上に犯罪が多い」など、強烈に印象に残ることがたくさんある。

ランキン・インレットは、イヌイット語でカンギクとイニク Kangiq & iniq（「深い湾」あるいは「入り江」という意味）と呼

4 ランキン・インレット Rankin Inlet

ばれている。現在は行政の中心地で、キバリク地方 Kivalliq Region の交通の要所でもあり、人の往来の多い忙しい町となっている。ヌナブトで2番目に大きいコミュニティーであるランキン・インレットは、ヌナブト準州の「ビジネスの中心都市」を自認している。過去20年間、ランキン・インレットは北西準州（NWT）の行政の中心であり、従来から雇用がもっとも多いところだった。しかし、最近は雇用の削減や解雇がおこなわれ、多くの人びとは政府機関を頼れなくなってきている。それにかわって、多くのイヌイットが事業を興し、彼らの経営する店、貨物運送の原料供給サービス、電気、配管工事、不動産の会社が活況を呈している。ランキン・インレットの住民は、この町に住んでいることを誇りに思っている。

もともと、ランキン・インレットは炭鉱の町だった。この地域には金を含む鉱物が豊富に埋蔵している。そのためちょっとした探掘ブームが起きたこともある。

キバリク地方への出入り口にあたるランキン・インレットは、釣りや狩猟、カヌーを楽しむ人のほかに、このあたりの自然と野生生物の観察を楽しみにやってくるエコツーリストが多い。それに毎年、ほかの目的地を目指す数百人の旅行者も、この町に立ち寄り、しばらく滞在する。

1993年に「ヌナブト協定 Nunavut Land Claims Agreement」（NLCA）の調印がおこなわれ、それによって活動が活発化し始めた土地所有権請求団体にとってランキン・インレットは政治的に主要な場所となってきている。キバリク・イヌイット協会 Kivalliq Inuit Association の本部、ならびにヌナブト・トゥンガビク社 Nunavut Tunngavik Incorporated の地域事務所は、この町にある。

歴史

ランキン・インレットの歴史は逆境に勝ち残った人びとの物語だ。活気に満ちた今日のコミュニティーの特性は、困難を克服してきたイヌイットの決断力の証でもある。

イヌイットは、今現在のランキン・インレットがある場所をめったに利用しなかったが、周辺地域で長年、魚を釣ったり狩りをしてきた。イヌイットがこの土地を使ってきたことを示す古い遺物の類は、この地域全域から発見されている。たとえば近くにあるイジラリク（メリアディン）川準州歴史公園 Ijiraliq (Meliadine) River Territorial Historic Park の近くでは、イヌイットが代々、春から秋にかけてチャー（ホッキョクイワナ）を捕獲していた。

ランキン・インレットは、イヌイットが外部の人間と出会う重要な場所でもあった。1800年代のなかば、アメリカやヨーロッパから捕鯨船隊がハドソン湾にやってきていた。捕鯨の長旅を終えた彼らは、帰途につく。でも、収穫を最大限のものにするために捕鯨者たちは、しばしばそのままひと冬かふた冬を氷のなかですごした。そうした越冬地のひとつが、ランキン・インレットから約70キロメートルのところにあるマーブル島 Marble Island だった。

マーブル島では今も考古学の遺跡が発

4　ランキン・インレット Rankin Inlet

見されているが、そのなかに、この地での捕鯨者たちの生活を力強く描いた絵がある。全力をつくしたが、温帯地帯から来た彼らには、北極の気候はあまりにもきびしすぎた。そんな極限の気候に適応しようと努力した跡が、島内のあちこちに見られる。丸太小屋、貯蔵小屋をはじめ、彼らがおたがいに演劇を上演していた円形劇場の跡さえある。引き潮のときにマーブル島のまわりを巡ると、海のなかに昔の船の残骸を見つけるだろう。近くのデッドマンズ・アイランド Deadman's Island にある墓地には、きびしい気候に適応できなかった捕鯨者たちが静かに眠っている。

イヌイットにとって、マーブル島はまた、伝説的に重要な場所でもある。今日でも、島を彼らが訪れるときには、ここに住む老女の霊魂に対して尊敬の意をあらわすため、浜をはって出入りする。伝説はこう伝えている。「もしはって進まない者は、将来、島を訪れたのとおなじ日に、不幸な目にあう」と。

イヌイットと捕鯨者のかかわりあいは、20世紀のはじめまでつづいた。クジラの頭数が著しく減少した1910年ごろには、捕鯨者はランキン・インレット周辺にこなくなった。そのため20世紀の前半、イヌイットが接触する外部の人間は、宣教師とハドソン湾会社 Hudson's Bay Co. の交易者にかぎられてしまった。

1940年代、50年代は、キバリク地方全域のイヌイットにとって、つらい時期であった。カリブーの移動パターンが変化し、それによって内陸のカリブーを食糧としているカリブー・イヌイット Caribou Inuit のあいだに餓死が広がった。飢えに苦しむイヌイットに食糧や必需品を提供するために、カナダ政府はハドソン湾の西海岸沿いにコミュニティーを創設した。地元の人びとの必要物資を供給するためにアルビアト Arviat、ホエール・コーブ Whale Cove、ベーカー・レイク Baker Lake といったコミュニティーがつくられたのである。

しかし、カナダ政府にはランキン・インレットに関して別の思惑があった。1950年代、カナダ政府は極北の地のそれまでの経済システムはもはや活気を失っており、近代科学技術がすべての生活を豊かにするだろう、と信じていた。イヌイットの人びとは、賃金を基盤にした経済生活への移行を余儀なくされた。おりしもランキン・インレットで膨大な量のニッケルが発見され、しかも朝鮮戦争の期間中は鉱物の価格が高騰したため、政府は賃金経済の導入をどんどん推し進めた。

1955年、北ランキン・ニッケル鉱山 North Rankin Nickel Mines が生産を開始した。狩猟や罠をしかけて生活していたイヌイットの多くの人びとが、家族とともにランキン・インレットに移住し、鉱夫となって給料をもらうために地下鉱山や工場で働くようになった。

賃金経済システムに参加させるために、リパルス・ベイ Repulse Bay、コーラル・ハーバー Coral Harbour、チェスターフィールド・インレット Chesterfield Inlet、アルビアトからイヌイットが連れてこられた。この試みはイヌイットに、硬い岩石を採掘する技術と、今までなかった仕事

4　ランキン・インレット Rankin Inlet

につくことと、「給料をもらって生活する」というライフ・スタイルをもたらした。

　北ランキン・ニッケル鉱山は、7年間、良質の鉱石を産出し、多くの働き口を提供した。イヌイットの従業員の熱心な働きぶりは鉱山所有者から高く評価された。実際、ここで働いていたイヌイットの多くは、カナダ南部のほかの鉱山へも出稼ぎにいった。現在でもランキン・インレットには、マニトバ州のリン・レイク Lynn Lake、オンタリオ州のサドバリー Sudbury などへ働きにいった友人や親戚からもらったみやげ物を持っている人たちがおおぜいいる。

　1962年に鉱山は閉鎖され、ランキン・インレットの村落も閉鎖同然の新たな受難の時代を迎えた。鉱山で働いていた一家は、今度は故郷の集落に戻ることを強いられた。その地にとどまりたい住民としばらく協議をおこなったあと、政府はランキン・インレットを存続させることを許可した。しかし、そのころには、町に留まっていた数百人のイヌイットは、賃金を基盤にした経済に慣れてしまっており、家族を養うための手段を見出さなければならなかった。その結果、60年代のなかばは、進取の気性に富む、ときには奇抜な経済開発計画がぞくぞくと立案される時代となった。しかし、その計画のすべてが、ニッケル採掘のように成功したわけではなかったが……。

　冒険的事業のひとつとして、たとえば、カナダ最北のニワトリやブタの農場をランキン・インレットにつくるという試みが、短期間であったが実施された。しかし、設備にかかる費用を計算してみると、その農場産の鶏肉と卵は高くつくことがわかった。さらに、この極北の地では手ごろな値段で手に入るブタのエサは魚だけなので、魚臭さがかなり残る豚肉になってしまった。

　別の例では、地元の食糧を貯蔵するために缶詰工場がつくられた。しかし、缶詰にされたアザラシの肉やマクターク maktaaq（シロイルカ［ベルーガ］とイッカククジラの外側の生の皮）は、長期保存ができなかったこともあって、カナダ南部において、たいした需要を喚起できず、この計画も長くはつづかなかった。

　1964年に開業した陶芸工房は、短期的ではあったが、成功した例である。狩猟者、鉱夫それに陶芸作家がつくったすぐれた作品は、世界中の個人収集家やギャラリーによって収集された。たくさんの人が、この工房を訪れた。このプロジェクトは芸術的・商業的に成功したにもかかわらず、新たに組織された北西準州政府（GNWT）はこの工房をまったく支援しなかった。1970年代のはじめ、このプロジェクトは徐々に衰退し始め、やがて消滅してしまった。しかし、地元の芸術家の努力で、最近このすばらしい工房は復活した。現在、新しい世代の陶芸作家が先輩の作家と並んで、エキゾチックで神秘的な、すばらしい作品をつくっている。

　1970年代のはじめごろ、キバリク地方の中心地が、マニトバ州チャーチル Churchill からランキン・インレットにうつされた。公務員とその家族がここにうつってきたことで、この町はふたたび活気を呈するようになった。僻地に生まれ、

4　ランキン・インレット Rankin Inlet

鉱夫、農夫、芸術家となった年配の人たちは、《行政の仕事》にうまく順応することができなかった。しかし、若者たちは新しい官僚機構で仕事を見つけた。若者たちも、両親同様、生活に大きな変化を経験した。その若者たちが、現在、ランキン・インレットで権力ある地位についている。

イヌイットはこの50年のあいだ、大きな変化を甘んじて受け入れざるをえなかった。しかし、彼らはそうした状況のなかから生まれた強さを持っている。ヌナブト準州の発足によって、これから先、さらに大きな変化に直面せざるをえなくなったときに、こうしてつちかってきた強さが、ランキン・インレットの人びとをおおいに助けるだろうと信じている人は多い。

風土と野生生物

ランキン・インレット周辺は名状しがたい不思議な美しさに包まれている。広角レンズで広い範囲を見るか、顕微鏡で細部を見るかの、いずれにしても、その光輝ある風景は、うっとりするほどすばらしいといわれている。なだらかに起伏する広大な丘や空の風景に接すると、この土地に対する忘れえぬ親愛の情が生まれてくる。複雑に入り組んだ岩の形、繊細な草花、風が彫りあげた自然の芸術作品のような雪の吹き溜まりは、まるで芸術が過酷な気候に打ち勝った勝利をあらわしているかのようである。

こうした美しい風景の場所には簡単に行くことができる。このあたり一帯は比較的平らなので、町に多数あるオフロードカー（サンド・バギー［ATVs］）で出かけることもできるし、また近くに遊歩道もあるため、簡単に町から脱出してツンドラのすばらしい光景を楽しむことができる。コミュニティーのはずれから5分も歩くと、人間の手が入っていない風景が眼前に現れてくる。そこでシクシート siksiit と呼ばれる地リスを目にするかもしれない。実際、夏から秋にかけて、この地リスがあちこちに出没し、地面の砂山のてっぺんに立ち止まっては、まるでお喋りをしているかのように絶え間なく鳴き声を発している。頭上には、ハヤブサやシロハヤブサといった猛禽類の大きな鳥が、地上の様子に目を光らせながらゆうゆうと飛んでいる。また、アビ、ガン、ハクチョウ、カナダヅルといった野鳥の宝庫でもある。

さらにこの土地では、地衣類などの食糧を捜し求めツンドラ地帯を転々とさまようカリブーの小さな群れを見かけることもある。珍種のキツネや、ときとしてオオカミも現れることがあるが、たいていは近づいてこない。日光浴中のアザラシが海に浮かぶ氷の上に点々と寝そべっていたり、海岸近くの海水から小さな頭をひょこんと出しているのを見られるかもしれない。この地帯の野生動物のすべてについて知りたければ、午後の時間を、まるまる地元の年配者とお茶を飲みながらすごすとよいだろう。

ところで、本来なら遠くから眺めているのがもっともいい動物と、間近で出くわしてしまうことがある。秋になるとホッキョクグマが、さまよって町に近づいてくることもめずらしくない。夏にはクズリ（北米産のイタチ科大型肉食動物）やハイ

4 ランキン・インレット Rankin Inlet

イログマ（グリズリーベアー）が現れることもある。この町で「手や足を失った旅行者」として語り継がれるのを望んでいないならば、遠出するときには、この土地の事情に精通しただれかと一緒に行くべきだ。

ランキン・インレットの気候は？……とにかくべらぼうに寒い。この地の冬は10月末から3月なかばないし下旬までつづくが、冬の平均気温は－30度から－35度で、そのうえ毎時15～25キロメートルの猛烈な強風──「キバリク風」が吹き荒れることがよくある。ブリザードによって飛行機のフライト・スケジュールに大混乱が生じることが多々ある。しかし、ブリザードが吹き荒れているあいだは、かえってあたたかく、よく晴れた日に温度はぐっと低くなる。体が冷えきってしまわないようにするため、少なくとも月におり立った宇宙飛行士が着ていた宇宙服を着るくらいの周到な準備が必要である。完璧な防寒服を用意すべきだということだ。

しかし、気候はつねに苛酷なわけではない。春や夏は穏やかでよく晴れた日が多い。ここですごすコツは、幅広く変化するさまざまな気象状況にあわせた準備をすることである。

春は、ランキン・インレットを訪れるのに最適な時期である。温度は－10度から－20度ぐらいまで上昇する。日照時間も長くなり、きらきらと輝く陽の光を楽しめるはずだが、この時期はまだ春の嵐が襲ってくることもよくあるので、注意が必要である。なお、3月と4月には、年間降雪量の半分を占めるほど大量の雪が降る。

ランキン・インレットの夏は、おおまかにいって、6月なかばから8月の終わりまで。この時期は、気象状況がもっともかわりやすい。2～3年ごとに、6月なかばにランキン・インレットは吹雪に襲われる。通常の温度は10度～15度ぐらいである。ときには30度を越す真夏の暑さに《観光客》から不満が出た、という話もある。そのように暑い日には、ほとんどの住民が近くに点在する小さな湖に泳ぎにいく光景を目にするだろう。

秋は9月のはじめから10月の終わりまでと、きわめて短い。この時期、冷たく強い風が吹き、そのうえ雨も多いため、かなり寒く感じることだろう。ランキン・インレットの秋は、アメリカ北東部やオンタリオ州の南部やケベック州の冬の気候と似ている。

ツアー

空港にある**キーワティン地域観光案内所**Keewatin Regional Visitors Centre｜1｜には、この地域や集落の歴史、伝承文化、自然に関する説明が展示されている。

イヌイットの伝統的な文化（文化遺産）を保護する目的で1974年に創設された**イヌイット文化研究所**Inuit Cultural Institute (ICI)｜2｜は、写真、映画、古老へのインタビューをおさめたテープを含

空港のなかには　観光案内所も……

4　ランキン・インレット Rankin Inlet

め1,700点にのぼる膨大な収集品を所蔵している。ただし、ランキン・インレットの古い空港ビルをイヌイット文化研究所が使用することになり、その改築工事が完了するまで、その所蔵品はイエローナイフのプリンス・オブ・ウェールズ北方遺産センター Prince of Wales Northern Heritage Centre に保管されている。

ランキン・インレット滞在中に、北ランキン・ニッケル鉱山の跡地を散策するのもいいだろう。崖の上にある錆びた古い機械は、その当時を偲ばせるものばかりである（古い巻きあげやぐらは、1975年に起きた大火災のときに焼失）。

マッチボックス・ギャラリー Matchbox Gallery のうしろの道から散歩に出ると、入り江の南側の海岸に行きつき、そこから岩がごつごつしたバリアー諸島 Barrier Islands を眺めることができる。またそこには、1950年代に連邦政府が飢えに苦しむ内陸のカリブー・イヌイットを救済する目的で、イティビア Itivia に建てた昔の集落の名残である小さな建物が集められている。

イティビア Itivia の道を行くと、夏のあいだに重い機械や日用品を運んでくる平底の荷船が停泊する埠頭に行きつく。船が埠頭に停泊していたら、埠頭までおりて、荷おろしを見るのもいいだろう。

ランキン・インレットの北に10キロメートルほど行くと、イジラリク（メリアディン）川準州歴史公園がある。ここでは、カイトつきで魅力的な極北の民、チューレ人 Thule Inuit の地へのツアーに参加し、石製のテント・リング（石環＝テントが張ってあった丸い跡）、肉の貯蔵庫、キツネとりの罠、半地下式家屋をそのままに残したものなどを見ることができる。

そのほかに訪れる価値がある場所としては、ランキン・インレットを見わたすウィリアムソン湖 Williamson Lake の上に突き出た岩の上の巨大なイヌクシュク inuksuk（人型をした石塚。イヌイットがツンドラに多くつくった伝統的な陸標・道しるべ＝日本語版編者注）である。この高くそびえる石の塚は、1991年にジョー・ナッター Joe Nattar の手によって建立された。

マーブル島まで遠出をしたい、という人もいるだろう。この島には、1721年に鉱石と北西航路の探索の旅に出たジェームズ・ナイト船長 Captain James Knight が航路を閉ざされ、ランキン・インレットから32キロメートル離れたこの場所で難破し、配下の60人の船員もろとも命を落としたという歴史がある。

ランキン・インレットはキバリク地方の生態系を見たいという旅人（エコツーリスト）用の主要な宿泊施設、シラ・ロッジ Sila Lodge に行く出発点でもある。ウェージャー湾 Wager Bay に位置するこのロッジには、ホッキョクグマやカリブーなどの野生動物を見にくる自然愛好者（エコツーリスト）、ツンドラ地帯や考古学的に価値のある場所に行きたいという旅人がおおぜいやってくる。

ツンドラ地帯への旅行が手軽になったため、「ひとりでも大丈夫」と過信している旅行者がいるかもしれないが、町から離れるときはかならず、免許を持ち、経験を

317

4 ランキン・インレット Rankin Inlet

積んだガイドと一緒に出かけるのが賢明である。天候はまったく予知できないし、嵐となったら、人里離れたところで自然の猛威に恐れおののいているより、どんなに退屈しようがホテルにこもっていたほうがよっぽどいい、ということだ。

キバリク・ツアーズ Kivalliq Tours | 3 |（キャロライン・アナワク Caroline Anawak に問いあわせること）や、町でもっともすぐれたイヌゾリ・チームを抱える**トゥミ・ツアーズ** Tumi Tours | 4 | などの公認会社が、コミュニティー内とその周辺の観光旅行を売り出している。公認の旅行準備業者と観光旅行に関する詳細については、**ヌナブト・ツーリズム** Nunavut Tourism | 5 |、**キーワティン地域観光案内所**、**町役場** Hamlet Office のなかにある**ヌナブト準州政府資源開発省** Department of Sustainable Development, Government of Nunavut | 6 | のランキン・インレット支部、**アキギッアク猟師・罠猟師組合** Aqiggiak Hunters and Trappers Organization | 7 | まで連絡をとるといい。

ショッピング

ランキン・インレットは美術工芸のコミュニティーである。近年、この地では陶芸の活動が盛り返してきている。すばらしい陶器、伝統的な彫り物や壁かけが選ぶのに迷うほど豊富にある。地元の芸術家の作品を見たり、買い求めることができる場所もいくつかある。

地元の芸術家ジム Jim とスー・シーリー Sue Shirley が所有する**マッチボックス・ギャラリー** Matchbox Gallery | 8 | には、キバリク地方の印象やイメージを描いたスケッチや油絵、水彩画、版画が展示されている。また、このギャラリーは地元の芸術家にすばらしい陶芸制作の場を提供している。そして、彼らの作品も展示している。

イバル Ivalu は、ランキン・インレットのファッション・センターである。地元のお針子たちが現代的なイヌイットのデザインの美しいインナーやジャケット類を縫いあげている。店には帽子、ジャケット、ベストといったものが品ぞろえ豊富に販売されている。

シニクタビク・ホテル Siniktarvik Hotel のギフト・ショップには、彫刻品やそのほかの手工芸品が、そんなに種類は多くないが適度にそろっている。**トレジャーズ** Treasures | 9 | では地元の工芸品や南部の土産物を売っている。また、この店は宝石を買い求めようという人にとって、とても魅力的な店である。

周辺を探してみるのも一案である。地元の芸術家が自分の作品を個人的に販売している。宿泊しているホテルやキーワティン地域観光案内所で、個人販売している芸術家とのコンタクトのとり方を尋ねてみるとよいだろう。

イベント

ヌナブトの人びとは、どこのコミュニティーでもスクエア・ダンスを踊るのが好きだが、ランキン・インレットの人びともご多分に漏れずスクエア・ダンスが大好きである。祭日やコミュニティーのお祝いは、元来、スクエア・ダンスを踊る口実の

4　ランキン・インレット Rankin Inlet

ようなものである。キバリク・スタイルのダンスは、スコットランドふうダンスの踊り方にやや似ており、動きはとても早くてややこしい。ホールの壁際に座って観客として見ていると、このダンスはむずかしくて、とても覚えられそうにないように思える。しかし、勇気を出して踊りの輪に入ってみるとよい。ランキン・インレットの人たちはいつでも初心者大歓迎で、踊りを教えたがっていることがわかるだろう。上下に弾みをつけて飛び跳ね、肘を外に突き出すことだけを覚えておけばよい。そうすれば、ほかの踊り手たちが正しい方向にいざなってくれるはずだ。

クリスマスや復活祭などキリスト教の祝日やカナダの日 Canada Day（7月1日の独立記念日）は、人々的にお祝いをする。数日間、老若男女を問わず、全員がスクエア・ダンスに参加し、ゲームもおこなわれ、ドッグ・チームのレースやスノーモービルのレース、イヌイット独特のゲームやホッケーなどを楽しむ。運転する人がジャリカン（5ガロン入りのポリ容器）に座っている人を引っ張るスノーモービル・レースを見たことがないなら、その人は人生を十分に生きていないにちがいない。

毎年5月に町ではパカラク・タイム Pakallak Time を盛大に祝う。ほかのお祝いとほぼおなじ催しであるが、このお祭りに特有の行事もある。長い冬が終わりを告げ、あたたかく明るい陽光の春を迎える楽しいお祝いなのである。パカラク・タイムは、ランキン・インレットの人のみならず、楽しみに加わろうとほかの町からやってくる人たちにも会えるまたとないチャンスでもある。

ランキン・インレットは、健康的で、競争好きのイヌゾリづかい（ムッシャー musher）たちの本拠地でもある。正真正銘のヌナブト体験をお望みなら、冬から春にかけてランキン・インレットからイヌゾリで遠出をするのをおすすめする。イヌゾリづかいは、30分くらいの短いものから、丸1日、あるいはもっと長いものまでさまざまなツアーを企画している。詳細を知りたい方は、宿泊しているホテルの従業員に尋ねるか、あるいはアキギッアク猟師・罠猟師組合に問いあわせるとよい。おなじくランキン・インレットの周辺で開催されるイヌゾリ・レースについて尋ねることも忘れないように。

シンギィトゥク・コンプレックス Singiittuq Complex にあるコミュニティー・ホールでは、蚤の市、工芸品即売会、ゲームなどが、ときどき催される。くわしいことは、地元の人に尋ねるか、コミュニティーのレクリエーション・コーティネータに電話するか、ケーブル15で放映しているコミュニティーの情報番組を見るとよい。ちなみに、このチャンネルを運営しているキサビク生協 Kissarvik Co-op は、英語のまちがった綴り方にいつも監視の目を光らせている。とにかく、情報を求める目的でなくても、このチャンネルは十分に楽しい。

キサビク生協　もちろん1年中開いている

319

4 ランキン・インレット Rankin Inlet

宿泊と食事

　ランキン・インレットにはホテルはひとつしかない。そのシニクタビク・ホテル Siniktarvik Hotel | 10 | は45部屋あり、ランキン・インレットのビジネス施設としての役割も果たしている。94人が宿泊できるこのホテルは、南部の中流ホテルなみの部屋とサービスを提供し、120人収容の会議施設やケータリング・サービスがある。全室にバスルーム、テレビ、電話完備。会議が開催されると、このホテルは多忙を極める。ホテルでパーティーやダンスの集いを開催することもできる。1部屋シングル・ユースは1泊165ドル、ふたりで1部屋使用した場合はひとり1泊100ドル。レストランはアラカルトのメニューを用意しており、一般客も利用できる。レストランの営業は夜8時までだが、ホテルの宿泊者にかぎり、バーを夜9時まで利用できる。

　ランキン・インレットにはそのほかに2か所、軽食をとれる場所がある。**軽食堂 Quick Stop | 11 |** はノーザン・ストア Northern Store | 12 | のなかにあり、ケンタッキー・フライド・チキン、サブウェイ、ピザ・ハットなどのファースト・フードを売っている。**コーヒー・ディライツ Coffee Delights | 13 |** は、店内の喫煙は自由で、デザート類と種類豊富なコーヒーがある。

　軽食についてもう少し……カリブーのソーセージ、パストラミ、チャー（ホッキョクイワナ）の燻製、ジャーキーを試してみるのは、どうだろう？　地元のキーワティン肉・魚工場 Keewatin Meat and Fish Plant で加工されたものである。こうしたランキン・インレット特産のスナック類はノーザン・ストアや**キサビク生協 Kissavik Co-op | 14 |** で買い求めることができる。

サービス

　ランキン・インレットへの飛行機便はいくつかある。予算がかぎられている旅行者は、さまざまなルートの料金を比較したほうがいい。たとえば、トロント～エドモントン～イエローナイフ～ランキン・インレットを周遊する便のほうが、トロント～オタワ～イカルイト～ランキン・インレットの便より安いはずである（まえにも書いたが、ヌナブトの航空事情は、2003年現在、非常に流動的であり、情勢がしょっちゅうかわるので、出発直前にしっかり調べることをおすすめする＝日本語版編者注）。

　一般に開放されているジョン・アヤルアク図書館 John Ayaruaq Library | 15 | には、北方地域全般の歴史に関する本がじつに豊富に所蔵されている。開館時間については電話で問いあわせること。

　青年・高齢者センター Youth and Elders Centre は、ランキン・インレットの青年や高齢者が会合するのによく利用される場所である。このセンターはいつも開館されているわけではないが、ここではいろいろな充実した活動がおこなわれている。

　定時にインターネットに接続させる必要がある場合は、**ランキン・インレット・コミュニティー・アクセス・センター Rankin Inlet Community Access Centre | 16 |** が利用できる。**レオ・ウサック小学校 Leo**

4 ランキン・インレット Rankin Inlet

ヌナブト準州の学校は どのコミュニティーでも充実した設備を誇っている

Ussak Elementary School | 17 | のなかにあり、インターネットに無料でアクセスできる施設である。センターが利用できる時間はかぎられているので、まえもって調べておいたほうがいいだろう。

　ランキン・インレットの輸送システムはきわめてうまく機能している。この町には、タクシー会社は結構ある。**アイルツ・タクシー Airut Taxi | 18 |** 、**アーニーズ・タクシー Ernie's Taxi | 19 |** 、**ジェイズ・タクシー Jay's Taxi | 20 |** 、**エム・アンド・エム・タクシー M & M Taxi | 21 |** の4社があり、市内は4ドル、**空港 | 22 |** へは片道5ドルである。タクシーは呼ぶと通常2分と待たずに現れるが、南に向かうフライトがあるまえは、若干長く待たされることがある。いずれにしろ、電話をしたらすぐに車に乗れるように準備しておいたほうがよい。

　滞在しているあいだ、自由に自分で車を乗りまわしたい場合は、**ワイ・アンド・シー・エンタープライズ Y & C Enterprises | 23 |** からトラックを借りることができる。あるいは、サンド・バギー（ATVs）やスノーモービル、シー-ドゥー sea-doo をどこで借りることができるか、ヌナブト・ツーリズムに問いあわせてみるとよいだろう。

　ランキン・インレットでは、ボンバルディア Bombardier というおもしろい乗り物に乗ることもできる。これは大型の有蓋のスノーモービルで、キャタピラとスキーのついた乗り物である。冬から春にかけては、ランキン・インレットからアルビアトやほかの町に定期的なツアーがある。この新しい形の遠出を体験するには、**コウマクス Kowmuk's | 24 |** に連絡をとるとよい。

＊旅行準備業者やツアー・ガイドのライセンス取得状況は英語版出版当時のもの。1999年3月31日以降については変更の可能性もあるので、実際に出かけるまえに現地に問いあわせること。以下、どの場所でも同様である。

4　ランキン・インレット Rankin Inlet

ランキン・インレット連絡先 (本文掲載順)

| 1 | キーワティン地域観光案内所 Keewatin Regional Visitors Centre
　　Tel 867-645-3838　Fax 867-645-3904　E-mail: silatour@arctic.ca
| 2 | イヌイット文化研究所 Inuit Cultural Institute (ICI)
　　Tel 867-645-3010　Fax 867-645-3020
| 3 | キバリク・ツアーズ Kivalliq Tours　Tel 867-645-2731　Fax 867-645-2362
| 4 | トゥミ・ツアーズ Tumi Tours
　　Tel 867-645-2650　Fax 867-645-2640　E-mail: sleddog@arctic.ca
| 5 | ヌナブト・ツーリズム Nunavut Tourism (空港内のキーワティン地域観光案内所が業務を代行している)　Tel 867-645-3838　Fax 867-645-3904　E-mail: silatour@arctic.ca
| 6 | ヌナブト準州資源開発省 Department of Sustainable Development, Govement of Nunavut
　　Tel 867-645-5037　Fax 867-645-2007
| 7 | アキギッアク猟師・罠猟師組合 Aqiggiak Hunters and Trappers Organization
　　Tel 867-645-2350　Fax 867-645-2867
| 8 | マッチボックス・ギャラリー Matchbox Gallery (VISA、MasterCard 使用可)
　　Tel 867-645-2674　Fax 867-645-2674
| 9 | トレジャーズ Treasures (VISA、MasterCard、Interac 使用可)
　　Tel 867-645-3373　Fax 867-645-3374
| 10 | シニクタビク・ホテル Siniktarvik Hotel (VISA、MasterCard、American Express、Diners Club/enRoute、Interac 使用可)
　　Tel 867-645-2949　Fax 867-645-2999　E-mail: sinik@arctic.ca
| 11 | 軽食堂 Quick Stop (VISA、MasterCard、Interac 使用可)　Tel 867-645-2055
| 12 | ノーザン・ストア Northern Store (VISA、MasterCard、Interac 使用可)
　　Tel 867-645-2823　Fax 867-645-2082
| 13 | コーヒー・ディライツ Coffee Delights　Tel 867-645-2582
| 14 | キサビク生協 Kissavik Co-op (VISA、MasterCard、Interac 使用可)　Tel 867-645-2801
| 15 | ジョン・アヤルアク図書館 John Ayaruaq Library (マーニ・ウルユク・リニアビク・スクール Maani Ulujuk Ilinniavik School のなかにある)　Tel 867-645-5034　Fax 867-645-2889
| 16 | ランキン・インレット・コミュニティー・アクセス・センター Rankin Inlet Community Access Centre (レオ・ウサック小学校 Leo Ussak Elementary School のなかにある)
　　Tel 867-645-2814　Web site: www.arctic.ca/LUS/CAC.html
| 17 | レオ・ウサック小学校 Leo Ussak Elementary School　Tel 867-645-2814　Fax 867-645-2333　E-mail: ussak@arctic.ca　Web site: www.arctic.ca/LUS
| 18 | アイルツ・タクシー Airut Taxi　Tel 867-645-2411
| 19 | アーニーズ・タクシー Ernie's Taxi　Tel 867-645-3668
| 20 | ジェイズ・タクシー Jay's Taxi　Tel 867-645-2420　Fax 867-645-2644
| 21 | エム・アンド・エム・タクシー M&M Taxi　Tel 867-645-2892
| 22 | 空港　Tel 867-645-3048 (カーム・エアー Calm Air)　Fax 867-645-3200 (スカイワード航空 Skyward Aviation)　Tel 867-645-2961 (ファースト・エアー First Air)
| 23 | ワイ・アンド・シー・エンタープライズ Y&C Enterprises　Tel 867-645-3754
| 24 | コウマクス Kowmuk's Taxi　Tel 867-645-3034　Fax 867-645-2478

そのほかの連絡先

　　町役場 Hamlet Office　Tel 867-645-2895　Fax 867-645-2146　E-mail: munri@arctic.ca
　　連邦警察 (RCMP)　Tel 867-645-2822　Fax 867-645-2568

4　ランキン・インレット Rankin Inlet

郵便局　午前10時〜午後5時（月〜金）　Tel 867-645-2680
健康管理センター Health Centre　Tel 867-645-2816　Fax 867-645-2688
シー・アイ・ビー・シー銀行 CIBC　午前10時〜午後3時（月〜木）　午前10時〜午後5時（金）　土日休業（ATMの使える時間　午前8時半〜午後6時［月〜木］　午前8時半〜午後8時半［金］　午前10時〜午後6時［土］）　Tel 867-645-2863　Fax 867-645-2573
ロイヤル銀行 Royal Bank　午前10時〜午後4時（月〜木）　午前10時〜午後5時（金）　土日は休業（ATMはいつでも使える）Tel 867-645-3260　Fax 867-645-3261
ヌナブト・アークティック・カレッジ Nunavut Arctic College　Tel 867-645-2529
Fax 867-645-2387
イヌイット・カルチュラル・インスティチュート Inuit Cultural Institute
Tel 867-645-3010　Fax 867-645-3020
歯医者 Dental Clinic　Tel 867-645-2776　Fax 867-645-2750
サク薬局 Sakku Drugs（VISA、MasterCard、Interac使用可）　午前10時〜午後6時（月〜土）　日休業
Tel 867-645-2811　Fax 867-645-2860

シー・ビー・シー・ラジオ局 CBC Radio Station（FM 105.1）
Tel 867-645-2244　Fax 867-645-2820
天候情報 Weather Information　Tel 867-645-2672　Fax 867-645-2859
天気予報の Web site: www.tor.ec.gc.ca/forecasts/index.html あるいは www.infonorth.org

5 イジラリク（メリアディン）川準州歴史公園
Ijiraliq (Meliadine) River Territorial Historic Park
カレン・レグレズリー・ハムレ　　　Karen LeGresley Hamre

ハドソン湾Hudson Bayの西海岸から少し内陸に入ったところ、ランキン・インレットRankin Inletの約10キロメートル北西に、メリアディン・リバー・バレーMeliadine River Valleyを流れるメリアディン川Meliadine Riverをまたぐ形でイジラリク（メリアディン）川準州歴史公園はある。

夏には、この公園の壮麗な景観、清らかな水、よい釣り場や、絶滅の危機に瀕したハヤブサなどの多種類の野生動物観察を楽しむことができる。けれども、この公園がほかとくらべてもっとすばらしいところは、考古学的に価値の高い遺跡が多数あることである。

風土と野生生物

この公園は地質学的に見ても注目すべき点がある。メリアディン川の南側には巨大なエスカー・スロープ──砂と石によってできた公園内を横切る尾根がある。主要な道路やトレイルはその尾根に沿って通っており、メリアディン谷などの壮観な景色を楽しめる。エスカー・スロープのツンドラはとても脆く影響を受けやすい地衣ゴケにおおわれているため、可能なかぎり道の上や小道を歩くようにする。公園の大部分は、氷河のさまざまな堆積物におおわれている。海抜およそ47メートルの岩盤露出地点が、公園内でもっとも高い地点である。

公園内では、少なくとも24種類のめずらしい植物を見つけることができる。

公園を訪れるのにいちばんいい時期は、7月から8月の初旬である。この時期でも、天候はかわりやすい。この土地では一般に夏は6月に始まり、9月ごろまでつづく。けれども、気温が低く、荒れた天候がつづく年もある。急激な天候の変化にも対応できる準備をしてくること。あたたかく晴れた日に美しいメリアディン谷を歩けば、それ以外の不愉快でみじめな時間のことなどすぐに忘れてしまうだろう。

ツアー

おもな見どころと各種設備は、幅1キロメートル、長さ5キロメートルのメリアディン川南側にある。ランキン・インレットからの道は川のほうに分かれ、公園の重要な歴史的遺跡であるイジラリクへとつづく。おもな考古学的な見どころを小道が結んでおり、なかには解説がついているところもある。本道のほうは、川の上流にあるサンディ湖Sandy Lakeと呼ばれる小さく浅い湖へつづく、曲がりくねったのぼりの道となる。普通夏であれば、湖の水はあたたかく水泳を楽しむこともできる。近くではピクニックやキャンプがで

5　イジラリク川準州歴史公園 Ijiraliq River Territorial Historic Park

きるし、川での釣りも人気がある。さらに、コミュニティーのイベントのために古老のキャビンを予約することもできる。本道はキャビンまでで終わってしまうが、サンド・バギー（ATVs）や徒歩で行けるトレイルは上流へとつづいてゆく。

　この土地に人が住み始めたのは、およそ3000年まえからである。公園には45を超える歴史的遺跡があり、そのうちのいくつかは紀元前1000年から500年のプレ - ドーセット Pre-Dorset 期のものである。年代を特定できるものはあまり多くないのだが、たいていの遺跡は1300年から1000年にかけてのチューレ Thule 期のもののようだ。遺跡や遺物から、古代の人びとが夏と秋には釣りをし、カリブーを狩っていたことがわかる。

　主要道をはずれた小さなエスカー・スロープにあるイジラリクは、ほかの遺跡とくらべても、もっとも際立った存在である（公園内のほかの遺跡とおなじように、イジラリクという名前はイヌイットの伝説に由来する。イヌイット語に置きかえて正確に綴るとイジラリク Ijiralik となる。これは「口笛を吹くカリブー」もしくは、「その他の精霊に姿をかえたもの」のこと）。

　チューレ期のあいだは氷河の氷がとけて海水面があがっていたため、各遺跡は今日よりもハドソン湾の岸に近いところにあった。考古学者たちによって「KfJm.3」とだけ呼ばれているが、イジラリクには、1400年代から現代までの非常に興味深い考古学的遺物が数多く出土している。およそ100メートルから150メートルの場所に、輪になった住居跡、貯蔵庫、巧妙な

キツネ用の罠、墓、半地下の家、イヌクシュイト inuksuit（人型をした石塚群。イヌイットがツンドラに多くつくった伝統的な陸標・道しるべ）、カヤック置き場、子イヌ小屋だったであろうと思われる不思議な小さな構造物などが見つかるだろう。

　遺跡は石でできた貴重な歴史的記録であり、政府の法規によって保護されているので、訪問者はそれを乱してはいけない。

旅の計画

　イジラリク（メリアディン）川準州歴史公園へのハイキングは約10キロメートル。距離は長いが、不快な旅ではない。古老のキャビンに行くには、さらに4キロメートル進まなければならない。しかし幸運なことに、エスカー・スロープの上を通る道は水はけがよく、歩きやすい。さらに、この高地に吹く風のおかげで、蚊の大群が平地のほうへ追いやられるのは、ありがたい。

　キバリク・ツアーズ Kivalliq Tours｜1｜のライセンス保有ガイドのなかでも、キャロライン・アナワク Caroline Anawak は公園へのガイドをしてくれるベテランとして特記しておく必要がある。アナワクは、歴史地区やそのほかの魅力的な場所を知り抜いている。キバリク・ツアーズの半日、または1日のツアーに参加したければ、団体で旅をする必要がある。旅行準備業者たちは、2、3人の観光客を連れて、でこぼこ道を行くことで車をダメにしようとは思っていない。キバリク・ツアーズに問いあわせは、おなじように公園への旅を計画しているほかの旅行者を紹介してくれるかもしれない。（ランキン・インレット町役場

5 イジラリク川準州歴史公園 Ijiraliq River Territorial Historic Park

Hamlet of Rankin Inlet｜2｜やヌナブト・ツーリズム Nunavut Tourism｜3｜のランキン・インレット・オフィスでも、この公園の情報は入手可＝日本語版編者注）

　また、タクシーで公園まで行き、周辺を見てまわったあとで迎えに来てもらうように手配することもできる。しかし、この方法だとメリアディンに行くのに100ドルもの大金を払うことになる。自分で運転したい場合には、トラックか4駆のサンド・バギー（ATVs）をレンタルすることができる。ヌナブト・ツーリズムに、どの会社がレンタルをしてくれるか確認すること。しかし、ここではオフロード走行が許可されていないことを覚えておくこと。コミュニティーでは谷への道の拡張と改善をつづけているのだが、公園への道と公園内の道の状態は、いいところもあれば、わるいところもある。

　メリアディン川を南から北にわたるのは容易ではない。冷たさとぬれることが嫌でないならば、水深によっては歩いてわたることができる地点もある。今のところ、川を越える道をつくる計画はない。この地を訪れるほとんどのエコツーリストは、川の北側は植物と野生動物のために残しておき、南からの景観を楽しむほうがいいと思っている。

　ここでキャンプをするのなら、自分たちですべてのことをおこなう必要がある。テントに加えて、食糧やあたたかい服など、自分の健康と衛生状態を保つために必要なすべての物資を持っていかなければならない。サンディ湖には、ピクニック用のテーブルと屋外トイレを備えたテント・サイトがある。このサイトは「最初に来たものが、最初に使える（早い者勝ち）」ことが原則なので、許可を得る必要はない。大きな水用コンテナを持ってくるといい。新鮮な水の源である川は約200メートル離れているので、深夜に水を汲みに行くのには少し遠い！

　古老のキャビンに入れば、一時的に虫や風を避けることはできるが、この小屋は元来、宿泊施設ではない。別の場所でキャンプをするといいが、歴史地区にテントを張ったり、公園の境界線上にある私有の小屋を使ったりはしないこと。許可が必要ないとはいっても、町役場にはキャンプ計画を知らせておいたほうがいい。

　緊急時のサービスなどなく、あなたの安全を確認してくれるような公園監視人はいないことを覚えておくこと。十分な量の虫よけと、虫よけ用の上着や帽子を持ってくること。そうすれば、風がやんだとしても虫から身を守ることができる（これまでに何度も書いたが、**場所によっては北極圏の蚊やブヨはすさまじいから、ご注意＝日本語版編者注**）。一般的にはキバリク地方は風が強いことでよく知られている。しかし、夏の夜などに風がやんだときは、人を刺す虫のおかげで、おそろしく不愉快な思いをすることになる。

　最後に、どんな天候に対しても用意をしてくること——雨、日光、寒さに対する備えは万全に。防水の服、あたたかい帽子と日よけ用の帽子、丈夫な防水のハイキング・ブーツ、そして日光に長時間さらされるときのためのサングラスに日焼け止めを持ってくること。

6 アルビアト Arviat

イジラリク（メリアディン）川準州歴史公園連絡先（本文掲載順）
| 1 | キバリク・ツアーズ Kivalliq Tours　Tel 867-645-2731　Fax 867-645-2362
| 2 | ランキン・インレット町役場 Hamlet of Rankin Inlet
　　 Tel 867-645-2895　Fax 867-645-2146　E-mail: munri@arctic.ca
| 3 | ヌナブト・ツーリズムのランキン・インレット・オフィス Nunavut Tourism Rankin Inlet office
　　 Tel 867-645-3838　Fax 867-645-3904　E-mail: silatour@arctic.ca

6　アルビアト　　　　　　　　　　　　　　Arviat
シャーリー・タガリク　　　　　　　　　　ShirleyTagalik

何世紀も、アルビアト（《arq-viat》と発音する）は、その砂浜へやってくる訪問者を歓迎してきた。今日、アルビアトが訪れるべきおもしろい土地になった大部分の理由は、その歴史に由来する。

人口	1,559人（イヌイット94％、イヌイット以外6％）
市外局番	867
標準時間帯	中部標準時
郵便番号	X0C 0E0
現地までの道のり（可能なルート）	
・ウィニペグ～アルビアト（1300キロメートル北）	
・エドモントン～イエローナイフ Yellowknife～ランキン・インレット Rankin Inlet～アルビアト	
・オタワ/モントリオール～イカルイト Iqaluit～ランキン・インレット～アルビアト（ランキン・インレットからアルビアトまでは南に200キロメートル）	
・カンゲルスアク Kangerlussuaq（グリーンランド）～イカルイト～ランキン・インレット～アルビアト	
銀行	なし。現金とトラベラーズ・チェックが好まれる。クレジット・カードは特定のビジネスで使用可。
酒類	アルコールとアルコール入り飲料は禁止。アルコールをアルビアトから近くの目的地まで運ぶ場合は、連邦警察（RCMP）と連絡をとること。
タクシー	あり。

（人口は1996年のカナダ国勢調査のデータによる）

勤勉なパーリミウト Paallirmiut（イヌイット種族のひとつ＝日本語版編者）は、このハドソン湾 Hudson Bay の西側沿岸地域にもともと住んでいた人びとである。

6　アルビアト Arviat

自給自足ができるグループであったため、大きなキャンプを維持することができたのだ。彼らは、伝統的に孤立していたアヒアミウト Ahiarmiut ── カリブーしか知らない内陸部のイヌイット部族 ── や、リパルス・ベイ Repulse Bay やコーラル・ハーバー Coral Harbour のあたりからやってきた高度な技術を持つ、もとクジラ猟師たちと合流していった。狩りの方法、子育て、話し方、イグルー igluit の建て方、道具のつくり方や布の縫い方などは、それぞれのグループごとにすべてちがうものだった。各グループは、自分たちのアイデンティティーを保っていくことに苦労しつつも、社会問題に前向きにとり組むことができるようなコミュニティーをつくりあげようと団結してきた。ここの社会問題は、80％の失業率と毎年60人も子どもが生まれるという高い出生率である。

このコミュニティーでは、イヌイット語が広く話され、かつ尊重されており、狩猟の伝統も守られているため、今日ではとりわけ伝統的な知識と価値観に満ちたコミュニティーとして知られている。

歴史

多くの地図にはいまだにエスキモー・ポイント Eskimo Point という昔の名前で記されているが、アルビアトというのは、ホッキョククジラのイヌイット語の名前であるアルビク arviq に由来する。

この土地のチューレ文化 Thule culture の遺跡は、紀元1100年のものである。伝統的な夏のキャンプ地で見つかった数多くの古代のカヤック qajaq 立ては、何百人ものイヌイットがこの地域に集まっていた証拠である。夏になると、パーリミウトの家族は一丸となって、クジラ、アザラシ、セイウチを狩り、肉と油を得ていた。これらの遺跡のうちふたつ、アルビアユアク Arvia'juaq（巨大なホッキョククジラのような形をした島）とキキクターリュク Qikiqtaarjuk（小さな島）は、1995年に国の歴史的遺跡として指定された。

1921年にハドソン湾会社 Hudson's Bay Co. がこの土地に交易所をつくると、彼らのキャンプ地はその周辺に移動してきた。罠猟がだんだんと利益をあげるようになってきたからである。ホッキョクキツネは豊富にいたし、キーワティン地方 Keewatin Region（今はキバリク地方 Kivalliq Region と呼ばれる）のきびしい気候が、キツネの毛皮を厚く、立派なものにするのだ。古い交易所跡であるヌブク Nuvuk へ行けば、ハドソン湾を行き来していた最後のヨーク・ボート（船のタイプ）のひとつを見ることができる。この船は交易のための毛皮を運んでいた。

1924年に設立されたローマ・カトリック宣教所の初期の歴史については、もとのローマ・カトリック教会 Roman Catholic church |1| があったところにあるコミュニティー・センター（ミキラーク・センター Mikilaaq Centre |2|）の展示を通して見ることができる。1926年に設立されたイギリス国教会宣教団 Anglican mission |3| によって、イングランドの宣教師のドナルド・マーシュ Donald Marsh、ウィンフレッド・マーシュ Winifred Marsh 夫妻が北極圏へとやってきた。『凍りついた大地のこだま

6　アルビアト Arviat

Echoes from a Frozen Land (Edmonton : Hurtig, 1987)』などの彼らの著書には、この地域の当時の様子が生き生きと描写されている。

　カリブーの季節移動のパターンがかわったのとおなじ時期に、毛皮の需要も減少し、多くのイヌイットたちは苦難を味わった。カナダの作家、ファーレイ・モーワット Farley Mowat の著書で、『トナカイの人びと People of the Deer』や『絶望する人びと The Desperate People』に登場しているアヒアミウトはもっともきびしい打撃を受けた。ついに、カナダ政府は彼らをアルビアトへ移住させた。定住の始まりを記念して、コミュニティーの連邦政府学校が1959年に開かれた。

風土と野生生物

　浅い湖が点在し、植物相・動物相の豊富なこの土地は、砂の湿地、沼地、広い干潟から成る氷河地帯である。6月と8月のあいだには、この地域に何千羽もの渡り鳥が巣をつくりにやってくる。コミュニティーの南にあるマックコーネル川渡り鳥保護区域 McConnell River Migratory Bird Sanctuary では、ガンやカナダヅル、ハクチョウ、カモ、アビのつがいが巣をつくる様子を見ることができる。シロフクロウやハヤブサ、シロハヤブサも集まってくる。干潟では、猛禽から自分たちの巣を守るイソシギやチドリ、ヒレアシシギ、ホッキョクアジサシ、カモメ、トウゾクカモメの群れも見ることもできる。町から出て少し歩いてみれば、鳥たちであふれた世界がわかるだろう。8月と9月になると、とくに人に慣れやすいハクガンの親鳥は子どもたちの群れを連れて村にやってきて、草の残っている草地まで行進していく。シロイルカ（ベルーガ）の群れは湾内で見ることができる。たいていのイヌイットはこの時期にシロイルカ（ベルーガ）猟をするので、それに参加する旅はいつでも手配できる。

ツアー

　10月下旬から11月はじめにかけては、ホッキョクグマの移動が見られる。イヌゾリやスノーモービルの旅では、新しく凍った氷の縁に沿ってホッキョクグマがアザラシをとっている姿を見ることができるだろう。ガンのように、ホッキョクグマもファースト・フードのゴミ箱をあさろうとする。スポーツ・ハンティングは、**アルビアト・ツンドラ・アドベンチャーズ Arviat Tundra Adventures|4|** で手配できる。

　レイクトラウト（陸封性イワナ）やホッキョクグレイリング、ホワイト・フィッシュ、タラは、1年中釣ることができるが、チャー（ホッキョクイワナ）の6月と9月、10月の遡行は特別なイベントである。**アークティック・スキーズ・アウトポスト・キャンプ Arctic Skies Outpost Camp|5|** のような旅行準備業者は、最高の釣り場へ行く7日間のパック・ツアーを用意している。**ヘリマックス・ヌナブト Helimax Nunavut|6|** では、夏と秋には小さな飛行機やヘリコプターをチャーターできる。

　ヌイトゥック・アウトポスト・キャンプ Nuyaituq Outpost Camp は、陸上と海を

6 アルビアト Arviat

行く5日間のツアーを用意している。1999年の春には、アルビアトの北64キロメートルのところに釣り用のキャンプを開く計画を立てた。そのほかの旅行準備業者による旅の手配は、アルビアト観光局 Arviat Tourism Office やアルビアト・ツンドラ・アドベンチャーズでできる。

マーガレット・アニクサク観光案内所 Margaret Aniksak Visitors Centre | 7 | は6月中旬から9月のあいだ、開いている。そこには伝統的なイヌイットの生活やアルビアユアクの遺跡から集められた遺物などが、興味深い解説とともに展示されている。歴史的遺跡へのガイドつきツアーに関する情報は、**カナダ公園局 Parks Canada | 8 |** のウェブ・サイトや**アルビアト歴史協会 Arviat Historical Society | 9 |** で得られる。

町の外のハイキング・トレイルや、およそ20キロメートルの砂利道を使って、この地域を自分で探索することもできる。1キロメートルでエスキモー・ポイント、南に向かって2キロメートル行くと海岸、北に17キロメートル行くとマグース川 Maguse River に着く。道に沿ってピクニック・テーブルがあるのだが、ほとんどの道はどんな地形でも進めるサンド・バギー（ATVs）が適している。

シブリヌット老人会 Sivulinut Elders Society | 10 | は、自分たちの家でおこなわれるドラム・ダンスや説明つきのイベントなど、文化プログラムのスポンサーとなっている。ときには、古老たちがカリブーのテントで「オープン・ハウス」をおこない、ビーズのついたアマウティ amautit（女性用のパーカ）やそのほかの伝統的な衣服を身に着けてくれることもある。ここでは、あやとりあそびや喉を使う歌い方（喉歌）を教えてくれ、カリブーの頭や足、そのほかの珍味で野外パーティーを催してくれる。**アルビアト観光局 Arviat Tourism Office | 11 |** では、旅人がオープン・ハウスに参加できるように手配してくれる。

2月から3月にかけて、**レビ・アングマク・イリニアビアラーク小学校 Levi Angmak Iliniavialaaq Elementary School | 12 |** の協力を得て、古老たちが**イグルー教室 Classroom in the Iglu | 13 |** を開く。古老たちが、その話や活動を通して、伝統的なキャンプでの生活がどのようなものだったかを伝えるのだ。古老たちはイグルーに滞在するのだが、訪問者もよくそこで彼らと一緒に夜をすごしたいと申し出る！ 9月には、伝統的な秋のキャンプもこのプログラムに加えられた。詳細は、校長のエリサピー・カレタク Elisapee Karetak に問いあわせること。

ショッピング

1920年代に新しくやってきた人びととの交流が始まってから、アルビアトの芸術的なコミュニティーは成長してきた。宣教師のウィンフレッド・マーシュは才能ある画家でもあり、彼女の本（『ヤナギの人びと People of the Willow』のなかでは、すばらしいビーズつきの服、アマウティク amautit（女性用パーカ）が描かれている。今日では、ファッション・デザイナーや、壁かけ制作を専門とする芸術家が、この複

330

6 アルビアト Arviat

雑なビーズ細工を使っている。芸術家のマルティナ・アノイーMartina Anoee、アリス・アカッムクAlice Akkamukがつくった滑石（ソープストーン）の人形や乾燥したアザラシの皮の仮面も価値がある（彼らは家で自分の作品を売っている）。アルビアト観光局は、あなたの会いたい作家（芸術家）がどこにいるかを教えてくれるだろう。また、機械製のさまざまな製品をつくっている**キルク・ソーイング・センター Kiluk Sewing Centre｜14｜**も訪れるといい。

アルビアト様式の彫刻品——ミニマリスト（最小主義）と評されることが多い——は、カナダの作家で学者でもあるジョージ・スウィントンGeorge Swintonによって、大阪万博で世界に紹介された。それによってエリザベス・ヌトゥラルクElizabeth Nuturaluk、ターサー・トゥクスウィートゥクTasseor Tuksweetuk、ジョン・パングナクJohn Pungnark、それにミキMikiといった彫刻家が、世界的に有名になった。今日では、新しい世代の彫刻家たちが、刺激的で斬新な作風を生み出している。このことは、**キティクリク中等学校Qitiqliq Secondary School｜15｜**のとなりにある**ウリマウト・カービング・ショップUlimaut Carving Shop｜16｜**に行けばわかるだろう。ここでは、若い彫刻家たちが作業をしているのを見ることができ、彫刻家協会のほかのメンバーについて尋ねることもできる。

ヌノブト・ノーザティック・カレッジ Nunavut Arctic College｜17｜には、すばらしいアクセサリー制作の流れが定着している。金属や石、牙、骨を使って、作家（芸術家）たちは美しいピン、ペンダント、イヤリングやブレスレットを創り出す。

ここの人びとは伝統的に、狩猟と北極圏での生活に適した服をつくってきた。今日、アルビアトには、シャーロット・セント・ジョンCharlotte St. John（連絡はエスキモー・ポイント・ランバー・サプライ Eskimo Point Lumber Supplyを通して）やジャッキー・キングJackie King（連絡はジャッキーズ・ソーイング・センター Jackie's Sewing Centre｜18｜へ）のように、現代のファッションに伝統的なスタイルを生かしているデザイナーもいる。彼女たちの服は、個人の店で売られ、たいていはオーダー・メイドである。またアルビアト観光局で、衣服デザイナーやミニチュアの工芸品や絵画、版画、織物、陶器を専門とする作家（芸術家）を紹介してもらうこともできる。

地元の芸術品、織物類のなかには、**パドレイ生協Padlei Co-op｜19｜**や**ノーザン・ストアNorthern Store｜20｜**で売られているものもある。金属製品や道具類、食糧雑貨などは**エスキモー・ポイント・ランバー・サプライEskimo Point Lumber Supply｜21｜**で見つかる。

宿泊と食事

パドレイ・インズ・ノースPadlei Inns Northには｜22｜13部屋、23のベッドがあり、それぞれの個室にはバスルームとテレビがついている。フル・コースの食事が提供されるダイニング・ルームに隣接して、電話が備えつけられたラウンジがある。料

6 アルビアト Arviat

金は、食事つきでひとり1泊175ドル、食事なしでひとり1泊125ドル。ホテルに宿泊しなくても、ダイニング・ルームで食事したり、テイクアウトの料理を注文できる。

ラルフズ・ベッド・アンド・ブレクファスト Ralph's Bed and Breakfast | 23 | には、6部屋、9ベッドあり、宿泊と朝食・昼食・夕食つきでひとり1泊175ドル、または宿泊と朝食でひとり1泊125ドル。団体割引もある。この家族的な雰囲気の漂う2階建ての宿には、各階に共有のバスルーム、各部屋とラウンジにテレビがある。パドレイ・インズ・ノースやこの宿は、けっして新しくはないが快適である。

執筆時では、もうひとつの「旅人の家B&B」(民宿) であるジニーズ・プレイス Jeannie's Place | 24 | が、オープンする予定となっている。ジニーズ・ベーカリー Jeannie's Bakery | 25 | に加えて、4部屋に5人が宿泊できるようにして、食事つきでひとり1泊150ドル。ラウンジにはケーブル・テレビがある。宿泊客はベーカリーで食事をとる。

アルビアト肉魚加工工場 Arviat Meat and Fish Processing Plant | 26 | では、スモークや乾燥させた魚製品やカリブーのソーセージ、ジャーキーといった《地元料理》を製造している。工場見学ツアーも手配できる。

菓子やパン類、それにファースト・フードなどは、ニービーズ・コーヒー・ショップ Neevee's Coffee Shop | 27 |、ジニーズ・ベーカリー、ラルフズ・アーケード Ralph's Arcade | 28 |、ミキラーク・センター、シシリア・カラク菓子工場 Cecilia Karlak Confectionery | 29 | で購入可。

イベント

アルビアトには音楽の伝統があり、イヌイットの演奏家としてチャーリー・パニゴニアク Charlie Panigoniak やスーザン・アグルカク Susan Aglukark が有名である。労働者の日の週末には、村 (町) の日 Hamlet Days の祝賀とともにイヌーマリート音楽祭 Inuumariit Music Festival がおこなわれ、アルビアトはすばらしい音楽とダンスで満ちあふれる。ヌナブト・イヌゾリ・レース Nunavut Dogteam Derby はたいてい3月におこなわれる。スノーモービルのレースは5月はじめにおこなわれ、釣り競技も5月の長い週末のあいだにおこなわれる。

サービス

アルビアトの健康管理センター Health Centre | 30 | は、平日の午前9時から午前11時半まで、外来患者のために開いている。午後1時から5時までは、健康管理センターの公衆衛生プログラムのための時間で、予約した人だけを受けつける。看護師が緊急時に備えていつも待機している。コミュニティーには連邦警察 (RCMP)

アルビアト肉魚加工工場で加工される《地元料理》は品揃えが豊富

6　アルビアト Arviat

|31|の派出所がある。ドナルド・スルク図書館 Donald Suluk Library |32|には《北の国》関連の本が置かれており、住民や旅人がインターネットに接続できるイイ・ソサエティー・アクセス・センター Iyi Society Access Centre もある。

アルビアトの白夜は美しい

アルビアト連絡先（本文掲載順）

| 1 | ローマ・カトリック教会 Roman Catholic church　Tel 867-857-2840
| 2 | ミキラーク・センター Mikilaaq Centre　Tel 867-857-2521　Fax 867-857-2531
| 3 | イギリス国教会宣教団 Anglican mission　Tel 867-857-2948　Fax 867-857-2252
| 4 | アルビアト・ツンドラ・アドベンチャーズ Arviat Tundra Adventures
　　Tel 867-857-2636　Fax 867-857-2488
| 5 | アークティック・スキーズ・アウトポスト・キャンプ Arctic Skies Outpost Camps （スポーツ・フィッシング）　問いあわせはシャウン・マレイ Shawn Maley に　BOX 588, Rankin Inlet NT, X0C 0G0 Canada　Tel 867-645-3789　E-mail: tidjii@arctic.ca
| 6 | ヘリマックス・ヌナブト Helimax Nunavut　Tel 867-857-2374　Fax 867-857-2508
| 7 | マーガレット・アニクサク観光案内所 Margaret Aniksak Visitors Centre　役場へ連絡
　　Tel 867-857-2841　Fax 867-857-2519
| 8 | カナダ公園局 Parks Canada　Web site: www.parkscanada.pch.gc.ca
| 9 | アルビアト歴史協会 Arviat Historical Society　問いあわせはダビッド・ウクタク David Ukutak に　Tel 867-857-2806　Fax 867-857-2806
|10| シブリヌット老人会 Sivulinut Elders Society　Tel 867-857-2941　Fax 867-857-2499
|11| アルビアト観光局 Arviat Tourism Office （経済開発事務所気付 c/o Economic Development Office）　Tel 867-857-2941　Fax 867-857-2499
|12| レビ・アングマク・イリニアビアラーク小学校 Levi Angmak Iliniavialaaq Elementary School
　　Tel 867-857-2547　Fax 867-857-2656
|13| イグルー教室 Classroom in the Iglu/フォール・キャンプ教室 Classroom at the Fall Camp　問いあわせは小学校校長エリサビー・カレタク Elisapee Karetak に
　　Tel 867-857-2547　Fax 867-857-2656
|14| キルク・ソーイング・センター Kiluk Sewing Centre （VISA、現金）
　　Tel 867-857-2713　Fax 867-857-2714　E-mai: kiluk@net.com
|15| キティクリク中等学校 Uirtiqliq Secondary School　Tel 867-857-2778
　　Fax 867-857-2669
|16| ウリマウト・カービング・ショップ Ulimaut Carving Shop　Tel 867-857-2941
　　Fax 867-857-2499
|17| ヌナブト・アークティック・カレッジ Nunavut Arctic College
　　Tel 867-857-2903　Fax 867-857-2928
|18| ジャッキーズ・ソーイング・センター Jackie's Sewing Centre
　　Tel 867-857-2653　Fax 867-857-2623
|19| パドル生協 Padlei Co-op （VISA、Diners Club/enRoute、Interac 使用可）
　　Tel 867-857-2933　Fax 867-857-2762
|20| ノーザン・ストア Northern Store （VISA、MasterCard、Interac 使用可）
　　Tel 867-857-2826　Fax 867-857-2925

6　アルビアト Arviat

|21| エスキモー・ポイント・ランバー・サプライ Eskimo Point Lumber Supply（VISA、Interac使用可）　Tel 867-857-2752　Fax 867-857-2883
|22| パドレイ・インズ・ノース Padlei Inns North（VISA、Diners Club/enRoute、Interac使用可）　Tel 867-857-2919　Fax 867-857-2762
|23| ラルフズ・ベッド・アンド・ブレクファスト Ralph's Bed and Breakfast（現金、トラベラーズチェック、請求書払い＝以下は、同じくラルフズ・アーケード Ralph's Arcade、ジャッキーズ・ソーイング・センター Jackie's Sewing Centreの連絡先でもある）　Tel 867-857-2653　Fax 867-857-2623
|24| ジニーズ・プレイス Jeannie's Place（VISA、American Express、Interac使用可）　Tel 867-857-2906　Fax 867-857-2901
|25| ジニーズ・ベーカリー Jeannie's Bakery　Tel 867-857-2720あるいは867-857-2906　Fax 867-857-2901
|26| アルビアト肉魚加工工場 Arviat Meat and Fish Processing Plant（工場見学）　午前9時～午後5時（月～金）　週末休業　Tel 867-857-2381
|27| ニービーズ・コーヒー・ショップ Neevee's Coffee Shop　午後と夜のみ開業　Tel 867-857-2999　Fax 867-857-2963
|28| ラルフズ・アーケード Ralph's Arcade　Tel 867-857-2653　Fax 867-857-2623
|29| シシリア・カラク菓子工場 Cecilia Karlak Confectionery　Tel 867-857-2586
|30| 健康管理センター Health Centre　Tel 867-857-2816　Fax 867-857-2980
|31| 連邦警察（RCMP）　Tel 867-857-2822　Fax 867-857-2691
|32| ドナルド・スルク図書館 Donald Suluk Library　Tel 867-857-2579

そのほかの連絡先

空港　Tel 867-857-2997（カーム・エアー Calm Air）
Tel 867-857-2424（スカイワード航空 Skyward Aviation）
役場 Hamlet Office　Tel 867-857-2841　Fax 867-857-2519
ヌナブト準州政府資源開発省 Department of Sustainable Development, Government of Nunavut
Tel 867-857-2941　Fax 867-857-2499
郵便局　午前8時半～正午　午後1時～5時半（平日）　Tel 867-857-2859
猟師・罠猟師組合 Hunters and Trappers Organization（HTO）
Tel 867-857-2636　Fax 867-857-2488

アルビアト・カルチュラル・ツアーズ Arviat Cultural Tours（彫刻家を訪ねたり、ドラム・ダンスの実演を見たいとき）　Tel 867-857-2941　Fax 867-857-2499
アウグカイト・スノーモビル・レンタル Auggukkait Snowmobile Rentals　問いあわせはジョブ・ムクングニク Job Mukjungnikに　Tel 867-857-2941　Fax 867-857-2499
ヌヤイトゥク・アウトポスト・キャンプ Nuyaituq Outpost Camp　問いあわせはアイロ・パメオリク Airo Pameolikに　Tel 867-857-2819

ビルス・タクシー Bill's Taxi　Tel 867-857-2906
ポールス・タクシー・アンド・バン・レンタルズ Paul's Taxi and Van Rentals　Tel 867-857-2677
ラルフス・タクシー Ralph's Taxi　Tel 867-857-2020

ラジオ局（FM 105.1）　Tel 867-857-2939あるいは867-857-2810
天候情報　Tel 867-857-2802
天気予報のWeb site: www.infonorth.org

7　ホエール・コーブ　　　　　　　　Whale Cove
ウルリケ・コマクシウティクサク　　Ulrike Komaksiutiksak

1995年のあの日、ホエール・コーブに着いたときのことを私は一生忘れない。私の娘はそのとき4歳で、私たちと一緒に北西準州（NWT）のもっと大きなコミュニティーでしか暮らしたことのない子だった。

人口	301人（イヌイット93％、イヌイット以外7％）
市外局番	867
標準時間帯	中部標準時
郵便番号	X0C 0J0

現地までの道のり（可能なルート）
- ウィニペグ〜ランキン・インレットRankin Inlet〜ホエール・コーブ（ランキン・インレットからホエール・コーブまでおよそ76キロメートル）
- エドモントン〜イエローナイフYellowknife〜ランキン・インレット〜ホエール・コーブ
- オタワ/モントリオール〜イカルイトIqaluit〜ランキン・インレット〜ホエール・コーブ
- カンゲルスアクKangerlussuaq（グリーンランド）〜イカルイト〜ランキン・インレット〜ホエール・コーブ

銀行	なし。ただし、ロイヤル銀行Royal BankのATMが生協Co-opにある。クレジット・カードは一部の取引で使うことができる。
酒類	アルコールおよびアルコール飲料は禁止されている。
タクシー	あり。

（人口は1996年のカナダ国勢調査のデータによる）

飛行機が着陸すると、娘はあたりを見まわしていた。滑走路のほかには、空港のターミナル・ビルの役割を果たしていた小さなトレーラーと、遠くにいくつか小屋がぽつぽつ建っているのしか見えなかった。彼女は私の顔を見て、こういった。
「ママ、私たちお外で暮らすの？」
ホエール・コーブの空港[1]はコミュニティーから車で15分ほど離れたところにある。これほど離れているのは、小さなコミュニティーとしてはめずらしい。旅人たちはよくその理由を知りたがる。住民の見解はふたとおりあって、「コミュニティーの岩の多いごつごつした地形は空港を建設するのに向かなかったからだろう」と答える者と、クーヤンガユクkuujjangajuq（めちゃくちゃな人たち）と呼ばれていた「初期のころの村にやってきた役人の指導者（白人）が決めたことだからだろう」とする者がいる。どちらが本当だとしても、

7　ホエール・コーブ Whale Cove

ホエール・コーブの中心地

　ホエール・コーブ、またの名をティキラリュアク Tikirarjuaq（「長い岬」という意味）のコミュニティーまでのドライブでは、ツンドラに囲まれた絶景を見ることができる。

　このコミュニティーはハドソン湾 Hudson Bay の西岸、ランキン・インレットの南にある。ホエール・コーブのまわりの土地は起伏に富み、ゆるやかな丘がつづき小さな自然の湖が点在する。冬のあいだは近くにあるウィルソン湾 Wilson Bay が氷でおおわれ、これが夏になるととけ出して巨大な波がハドソン湾の海岸線に打ち寄せるのだ。これは壮観である。コミュニティーはハドソン湾に面した入り江のなかで守られる形になっている。

歴史

　1600年代には、トーマス・ボタン Thomas Button、少し遅れてルーク・フォックス Luke Foxe といった探検家たちが、北西航路を求めて、今のホエール・コーブの海岸線沿いを航海した。1700年代には、ハドソン湾会社 Hudson's Bay Co. の人たちがこのあたりに入ってきてイヌイットたちに交易をもちかけた。現在コミュニティーからスノーモービルで1時間半ほど行ったところに、もはや無人となったタバニ Tavani というコミュニティーがあるが、そこが昔はハドソン湾会社の交易所だったのだ。

　そしてホエール・コーブの成立は1957年から1958年にかけての冬の「キーワティン飢饉 Keewatin famine」でカリブーがいなくなり、多くのイヌイットが飢餓状態になったことがきっかけである。連邦政府の役人たちは飢饉の生き残りたちをこの地域へ移住させることに決めた。動植物の豊かなここならば、イヌイットたちが狩り、釣り、罠猟といった伝統的な暮らしぶりをつづけることができるだろうと考えたのである。さらに、ランキン・インレットからもそこそこ近いので、政府もここを管理しやすいという利点もあった。内陸からも、海岸地域からも、ベーカー・レイク Baker Lake からも、アルビアト Arviat からも、とにかくランキン・インレット周辺のいろいろな地域からイヌイッ

7　ホエール・コーブ Whale Cove

トたちが連れてこられた。

　当時の政府による典型的な意思決定のやり方らしく、場所の選択も、コミュニティーの構想を練るのも、イヌイットの参加なしでおこなわれた。イヌイットたちの親族関係の結びつきや、文化的な技能は、一切無視して、ことが進められていった。村には、まったく異なる3つのグループに属する人たちが住むことになった。彼らはそれぞれにちがう方言を話した。内陸のイヌイットは、狩りの方法を沿岸地方にふさわしいものに修正しなければならなかった。さらに、1960年代にランキン・インレットのニッケル鉱山の閉鎖にともなって新たなイヌイットがやってきた。

　ホエール・コーブの経済はそのころ、伝統的な生業に、商業捕獲が少しばかり補助をするような形で成り立っていた。しばらくのあいだ、缶詰工場が運営されていたこともあって、マクタークmaktaaq（シロイルカ［ベルーガ］とイッカククジラの外側の生の皮）やアザラシの缶詰をつくり、南へ輸出していた。1967年、カナダの100周年記念式典の一環で、クジラの尾の形をした「クジラの尾の記念碑 Whale's Tail Monument」がコミュニティーを見おろせる高台に建てられた。今日でも旅人たちは、ここからのすばらしい眺めを堪能している。

風土と野生生物

　ホエール・コーブの人びとは自然と深くかかわって生きている。イヌイットたちにとっては普通の暮らしぶり —— 人びとはいまだに季節を軸として生活している。春になる5月末ごろには、コミュニティーに残っている人はほとんどいない。たいていは村の外の広野でキャンプをし、お気に入りの場所でチャー（ホッキョクイワナ）やレイクトラウト（陸封性イワナ）を釣ったりしている。ガンを捕獲したり、その卵を拾ったりするのも伝統的な春の行事である。

　6月末から7月にかけては、ハドソン湾の氷がとけ出して、水面は深い青緑色にゆらゆら揺れる。このころ多くのイヌイットたちは、アザラシやセイウチをつかまえるため海に出る。8月の終わりごろになると、シロイルカ（ベルーガ）の狩猟が始まる。人びとの食生活をもっぱら支えているのはマクタークである。マクタークとチャー（ホッキョクイワナ）は地元の魚工場でも買いとってくれる。この季節には、北極の花々がおびただしい数咲き乱れて、ツンドラを鮮やかに染める。村外へ出ていない地元住民は、たいがいリーガンズ湖 Reagan's Lake かオールド・ウォーター湖 Old Water Lake という地元では人気のスイミング・ス

「クジラの尾の記念碑」のまえで遊ぶ子どもたち

7　ホエール・コーブ Whale Cove

ポットにいて、泳ぎを楽しんでいる。

　野イチゴ摘みは秋に愛されている行事の代表である。パウルンガク paurngait（クロイチゴ）とアクピク aqpiit（ベイクアップル bakeapple という実）が熟れて、老若男女を喜ばせる。10月には、ホッキョクグマ狩りが始まり、コミュニティーに割り当てられた頭数がとれるまでずっとつづけられる。住民にとっては「危険の可能性」があるときである。人びとはきびしい警戒体制をしき、ホッキョクグマがコミュニティーに侵入してくる事態に備える。キツネ狩りとオオカミ狩りもおなじころ始まり、冬中つづけられる。カリブー狩りは1年中おこなわれている。

　1年を通して、女性たちは家族のための衣類を縫うことで、季節のうつりかわりに対応する。秋は忙しい。冬用のパーカやウィンド・パンツ（防風ズボン）を縫わなければならないからだ。冬が来たら来たで、春に長旅をするときのために、帽子、カミック kamiit（アザラシの毛皮でつくったブーツ）やミトンなどを家族全員分用意する。生まれたばかりの赤ちゃんを抱くためにはアマウティ amautit（女性用パーカ）が使われる。イヌイットが狩猟のときに着る衣類が皮や毛皮を縫ってつくられる。

　さまざまな伝統的な食べ物は、ここで生きる多くの野生生物と表裏一体である。旅人はイグナク igunaq（発酵させたマクターク）、ピプシ pipsi（乾燥したイワナ）、イナルアク innaluaq（アザラシの腸）、ニプク nipku（乾燥したカリブー肉）、クアク quaq（凍ったカリブー）といったような珍味を試食してみたいと思うだろう（これら、ほとんどの《地元の味》を旅人のひとりとして「試食」してみたが、本当においしい！＝日本語版編者注）。

　ここへ来たら旅人は、家の外に吊るしてほしてあるカリブーの毛皮を目にし、男たちがスノーモービルやサンド・バギー（ATVs）やソリに乗って作業する姿を目にするだろう。仕事中の彫刻家も2、3人出会うかもしれない。漁師たちはキサルビク Kisarvik かイティビア Itivia の海岸から漁へ出かける。生協は、住民についての情報など得たいときに、地元の人も旅人も使える施設である。コミュニティーのはずれに出れば、そこは静寂の世界である。シクシク siksik（地リス）があいさつをしに顔を出したり、ホッキョクノウサギが目のまえを横切ったりするけど驚かないで！

ツアー

　現在、コミュニティーには免許を持った旅行準備業者はいないが、そのステータスを手に入れるために、**地元の猟師・罠猟師（わな）組合 Hunters and Trappers Organizations (HTO)** ｜2｜と生協とが、がんばっているところである。だから彼らはたいへん役に立つ。コミュニティーの外でツアーに参加したい、釣りがしたい、狩りをしてみたい、と思っているなら、彼らから情報をもらうとよい。旅人はロング湖 Long Lake、ソロモン湖 Solomon Lake、ウィルソン川 Wilson River などへの日帰りの釣りツアーなどに参加できる。これらの場所は、すべてコミュニティーからスノーモービルで1時間以内に行けるところばかりだ（いちばんいい場所は季節によってか

338

7　ホエール・コーブ Whale Cove

わってくるので、猟師・罠猟師組合に問いあわせるようにしよう)。数日間のキャンプがしたいのならば、ピストル湾 Pistol Bay、ホワイト・ロック White Rock、ファーガソン川 Ferguson River などへのツアーがいいだろう。でも出かけるまえに地元の人に気候のことや周囲の野生生物の状況などをくわしく聞いていくこと。天気はとてもかわりやすく、晴れていると思っても、なんの兆しもなく突然悪天候になるのが普通だから。そしてもちろん、夏のあいだは蚊が多いので十分注意して！

イベント

集まりごとというと、パーティー、スクエア・ダンス、それから多種多様なインドア・アウトドアのゲームがある。伝統的な北極圏のゲームで旅人が見ても楽しめるものとしては、お茶入れ対決やバノックづくり対決、イグルー igloo づくりやイヌクシュク inuksuk (人型をした石塚。イヌイットがツンドラに多くつくった伝統的な陸標・道しるべ) づくりを競いあうもの、スノーモービル競走やウサギ狩りなどがある。毎年7月のビクトリアの日 Victoria Day の週末、カナダの日 Canada Day (7月1日の独立記念日)、村 (町) の日 Hamlet Days の連休のときにおこなわれる魚釣り大会は要注目である。クリスマスと新年、それからイースターの祝祭もとても楽しい。くわしい情報については、役場 Hamlet Office | 3 | のレクリエーション担当者に問いあわせるといい。

ショッピング

コミュニティーには買い物ができる場所が2か所あるが、いずれもあまり商品は多くない。旅人はあらかじめ、そのコミュニティー内でどのような品物が買えるか電話で確かめておくのが賢い。イサティク生協 Issatik Co-op | 4 | では食糧、衣類、金物、土産物、工芸品・美術品、スポーツや釣りの道具などを売っている。エーティー・アンド・ティー・エンタープライズ AT & T Enterprises | 5 | ——というよりも「ザ・ショップ The Shop」といったほうがわかりやすいだろうが——はコンビニエンス・ストアで、食糧や乾物の販売のほか、ビデオ・レンタルもおこなっている。

縫い物ができることは、ここに住む多くの人たちにとって誇りであり、また大事な収入源である。旅人は、地元の針子さんからも生協からも、衣類や壁かけを買うことができる。

宿泊と食事

タバニ・インズ・ノース Tavani Inns North | 6 | は生協が経営する宿泊施設である。ツインベッドの部屋が6部屋ある。各部屋にはテレビとトイレがついていて、料金は1泊200ドル。ふたりでひとつの部屋を使う場合の料金はひとりあたり1泊175ドル (食事代も含まれる)。

宿泊客でなくても、生協の管理人に連絡して食事の予約ができる。食事の値段

役場のまえの看板

7　ホエール・コーブ Whale Cove

はそのときに確かめるとよい。ホテルには公衆電話と洗濯機も置いてある。

サービス

ホエール・コーブの健康管理センター Health Centre |7| は、平日の午前8時半から正午まで空いていて予約なしで訪れることもできる。救急患者は時間外でも受けつけてくれる。健康管理センターには看護師がひとり常駐しており、看護師は必要に応じてチャーチル Churchill やランキン・インレットにいる医師と連絡をとりあう。

郵便局 |8| は、イサティク生協のなかにあり、平日の午後1時から5時まで営業している。ホエール・コーブには連邦警察 (RCMP) |9| の派出所はない。なにかあったときにはランキン・インレットの警官が呼び出しに応じる。また月に1回、パトロールにやってくる。

冬には、小型雪上車（大きめの屋根つきのスノーモービル）がランキン・インレットでチャーターできることもある。コウムクズ・タクシー Kowmuk's Taxi |10| はホエール・コーブ行きの定期便を出している。

地元のラジオ局 Radio Station |11| は、イサティクパルク・ラジオ・ソサイエティ Issatikpaluk Radio Society が運営。毎日朝、昼、晩の3度、アナウンスやコマーシャルがこのラジオ局から放送される。

ホエール・コーブ連絡先　(本文掲載順)

- |1| 空港　Tel 867-896-9973　Fax 867-896-9973
- |2| 猟師・罠猟師組合 Hunters and Trappers Organizations (HTO)
  Tel 867-896-9944　Fax 867-896-9143
- |3| 役場　Hamlet Office　Tel 867-896-9961　Fax 867-896-9109
- |4| イサティク生協 Issatik Co-op (VISA、MasterCard、Dinners Culb/enRoute、Interac使用可)
  Tel 867-896-9927 あるいは 867-896-9956　Fax 867-896-9087
- |5| エィティー・アンド・ティー・エンタープライズ AT&T Enterprises (現金のみ)
  Tel 867-896-9365　Fax 867-896-9358
- |6| タバニ・インズ・ノース Tavani Inns North (VISA、MasterCard、Diners Club/enRoute使用可)　Tel 867-896-9252　Fax 867-896-9087
- |7| 健康管理センター Health Centre　Tel 867-896-9916　Fax 867-896-9115
- |8| 郵便局（イサティク生協内）　Tel 867-896-9956
- |9| 連邦警察 (RCMP)　ランキン・インレットに連絡
  Tel 867-645-2822　Fax 867-645-2568
- |10| コウムクズ・タクシー Kowmuk's Taxi (ランキン・インレットに本拠を置いている)
  Tel 867-645-3034　Fax 867-645-2478
- |11| ラジオ局 Radio Station (FM 106.2)
  Tel 867-896-9903(放送時間外) あるいは 867-896-9930(放送中)

そのほかの連絡先

イヌグラク・スクール Inuglak School　Tel 867-896-9300　Fax 867-896-9005
シギニンク・タクシー Sigininq Taxi　Tel 867-896-9089

天気予報の Web site: www.infonorth.org

8 チェスターフィールド・インレット Chesterfield Inlet
ジェニファー・バーニアス　　　　　　　　Jennifer Bernius

今から9年ほどまえ、巨大なホッキョクグマが市街地に迷いこんできた。クマはそのまま村から出ることなく、地元で尊敬されている長老の家のポーチで死んだ。その長老はビクター・サムルトクVictor Sammurtokといい、その名前が地元の学校名としても使われている人物であった。

人口	337人（イヌイット92％、イヌイット以外8％）
市外局番	867
標準時間帯	中部標準時
郵便番号	X0C 0B0
現地までの道のり（可能なルート）	
	・ウィニペグ〜ランキン・インレットRankin Inlet〜チェスターフィールド・インレット（ランキン・インレットからチェスターフィールド・インレットまでおよそ80キロメートル）
	・エドモントン〜イエローナイフYellowknife〜ランキン・インレット〜チェスターフィールド・インレット
	・オタワ/モントリオール〜イカルイトIqaluit〜ランキン・インレット〜チェスターフィールド・インレット
	・カンゲルスアクKangerlussuaq（グリーンランド）〜イカルイト〜ランキン・インレット〜チェスターフィールド・インレット
銀行	なし。現金かトラベラーズチェックが一番いい。クレジット・カードが使えるところも一部ある。
酒類	アルコール持ちこみ可。ただし酒類条例のとり決めに従うこと。また、コミュニティー内にアルコールを売っているところはない。
タクシー	あり。

（人口は1996年のカナダ国勢調査のデータによる）

　ドアを出てすぐのところでクマと出くわしたサムルトクは、間一髪のところでライフル銃に弾をこめし撃った。彼は人生でもっとも短時間の狩りをした。
　幸運にも、このコミュニティーでホッキョクグマが出ることはめったにない。チェスターフィールド・インレットは、この事件で有名になったわけではなく、この地方一帯の中枢として機能していたころの栄華でよく知られている。

341

8 チェスターフィールド・インレット Chesterfield Inlet

ここの住民はよく旅人に、「北極圏東部では、ここがもっとも歴史のあるコミュニティーだ」といいたがる。1911年から1912年のあいだに古い教会が建てられたが、これがこの地方で最初のカトリック派の建築物であった。このころ、ハドソン湾会社Hudson's Bay Co. も同時にここチェスターフィールド・インレットに、北極圏で最初の常駐交易所を設けている。1670年に認可され、ロンドンに本社をもっていたこの立派なハドソン湾会社は、「英語圏で最古の株式商社」で、現在はカナダのウィニペグに本社がある。

1914年、北西騎馬警察Northwest Mounted Police（現在の連邦警察［RCMP］）も本拠地をケープ・フラートンCape Fullertonからチェスターフィールドへうつした。

今日、チェスターフィールド・インレットはイヌイットが300人ほど住む、人口密度の高いコミュニティーである。コミュニティー内での婚姻が多いことから、今では、ほとんどの人が親戚同士である。ここには強いコミュニティー精神が息づいている。生活様式も伝統と近代性がうまい具合にとけあっている。

チェスターフィールドでは、ほかのコミュニティーでも見られる近代的なもの（学校や生協や警察など）をたくさん見ることができる。しかし一方で、ホッキョクグマやカリブーの毛皮が軒先にほしてあったりする。地元の女性たちはこれを縫って寝袋などをつくる。カリブーの子どもの毛皮もほして、パーカをつくる。見てごらん、そこにほしてある魚！　あのピンク色の魚の名前ならピプシpipsiと

も、ほしチャー（ホッキョクイワナ）ともいう。スノーモービルやソリに乗って働いている男たちも見えるかな？　それからこの入り江では夏になると、男たちがチャー（ホッキョクイワナ）漁に網を持って出かける姿をよく見かける。

冬、ほとんどの人はコミュニティー内でじっとしている。春になると、近隣の湖に行ってイワナやレイクトラウト（陸封性イワナ）をとる。6月末から7月にかけては、30分先にある海氷原の端まで行って、ワモンアザラシ、アゴヒゲアザラシ、タテゴトアザラシをつかまえる。10、11月には、ホッキョクグマ捕獲のコミュニティーの割当量をすぐにとりつくす。この地方にはホッキョクグマが数多く徘徊しているから、先のようにまちがってコミュニティー内に入ってきて人を驚かすこともあるのだ！　1年を通して、カリブーは、だいたいコミュニティーから1時間ほど出たところにいるので、狩りもそうたいへんではない。

歴史

チェスターフィールド・インレットのイヌイット語の名前は、イグリガーリュクIgluligaarjukである。意味は、「少しばかりのイグルイトigluit（イグルーigloo［氷の家］の複数形）があるところ」である。近代イヌイットの先祖たちであるチューレThuleの人びとは、長いあいだチェスターフィールド・インレットのまわりの土地に住んでいた。生活力のあるこの人びとは、カリブーを求めてイヌゾリ・チームで内陸へ入ったあと、入り江へ戻ったかと思うと、動物の皮でつくったボートでも出かけた。

8 チェスターフィールド・インレット Chesterfield Inlet

しだいに彼らは芝土でつくった家々が立ち並ぶ大きな集落を形成するようになり、それらのひとつは今でもチェスターフィールド・インレットのすぐ外に残っている。

1700年代に、北西航路の探検家たちがチェスターフィールド・インレットの入り江のなかを航海した。ジョン・ビーン John Bean やウィリアム・クリストファー William Christopher といった船長たちは、この入り江を中国へつづく航路だと勘ちがいした。ここではその未知の航路を発見することはできなかったが、かわりにハドソン湾 Hudson Bay でクジラをたくさん発見した。

1800年代中盤から今世紀初頭にかけては、捕鯨者たちが定期的にここを訪れては、越冬していった。彼らはイヌイットに食糧のカリブーを狩ってもらっていた。そして、捕鯨船の人員としてもイヌイットを雇っていた。イヌイットは、こうした捕鯨者たちと取引したり雇ってもらったりするために、チェスターフィールド・インレットによく集まってきていた。

1950年代なかごろまでには、ここは、チャーチル Churchill より北方のコミュニティーのなかで有数の中枢機能を持つコミュニティーに発展していた。ハドソン湾会社にとっては、この地方のほかの交易所などに支給する食糧をすべて手に入れる場だった。東部北極圏で最大の連邦警察（RCMP）の営舎と、最大のローマ・カトリック教会、最大の医療施設、教育施設などもある。

それでもチェスターフィールド・インレットの消滅が心配されたこともある。1955年にニッケル鉱山がランキン・インレットに開山したとき、チェスターフィールド・インレットの住民の多くが伝統的な生活を捨てて、鉱山での仕事にうつっていった。その者たちのなかには1960年代はじめに鉱山が閉山されたときにコミュニティーに戻った者もいた。1970年代に、ランキン・インレットが地方の中枢の町となったとき、そこでの職を求めて離れていく人が増えてコミュニティーが終わってしまうのではないかと心配された。しかしチェスターフィールド・インレットは今も生きつづけている。ここはコミュニティーを愛し、伝統を愛する人びとの町だから。

1953年から1954年に、カナダ政府とローマ・カトリック教会の協力のもと、寮つきの学校が開校された。このトゥルクエティル・ホール（寮）／ジョセフ・ベルニュ・フェデラル・デイ学校 Turquetil Hall / Joseph Bernier Federal Day School がつくられたひとつの理由は、生徒たちに外部の慣習や価値観を教えこむためである。連邦警察（RCMP）や宣教師たちが、小さな子どもたちを集落から引き離し、キーワティン Keewatin で最初に建てられた学校に入れさせた。各地から集められた80人ほどのイヌイットの子どもたちが、10か月間寄宿寮に入れられた。そこでは彼らは母国語のイヌイット語を話すことを許されず、文化的・精神的な伝統も一切禁じられた。学校は1960年代なかごろに政府に買いとられ、1980年代後半に近代的な学校に生まれかわるまで運営されつづけた。

1995年6月、18か月間におよぶ連邦警察（RCMP）の調査が入り、それによって学校の教員による体罰や性的虐待が生徒たちにおこなわれていたことがわかった。

8　チェスターフィールド・インレット Chesterfield Inlet

カナダのほかの場所でもおなじような事例が報告されている。1998年1月、カナダ政府は、そのころの寄宿制の学校で性的虐待や体罰にあった被害者たちに正式に謝罪をし、3億5,000万ドルをコミュニティーのなかのリハビリ活動への援助金として支払った。この基金の一部はまた、トゥルクエティル・ホール/ジョセフ・ベルニエ・フェデラル・デイ学校に、過去に在籍した生徒たちのリハビリにも使われる。

このようなことがあったなかで、卒業生の多くは、「母校はヌナブトでいちばんかしこい人たちを輩出してきたのだ」と強調する。そうしていうのだ。「それは自分たちが、学校でがまんづよく、自律して、勤勉であったからだ」と。

風土と野生生物

チェスターフィールド・インレットの入り口には、フィッシュ湾 Fish Bay を見おろす美しい景観スポットがある。そのあたりに、いくつかの小さな釣り舟を、あなたは見かけるだろう（チェスターフィールド・インレットには魚工場があり、南へ輸出するためのチャー［ホッキョクイワナ］を加工しているのだ）。8月の終わりごろにここへ来れば、シロイルカ（ベルーガ）が港のなかを飛び跳ねているのを見ることができる。遠くからだと、入り江でシャチがチャー（ホッキョクイワナ）を食べているのを見ることができるかもしれない。

サンド・バギー（ATVs）を使った快適なドライブで、すばらしい魚釣りスポットへ行くことができる。チャー（ホッキョクイワナ）とレイクトラウト（陸封性イワナ）

釣りが目的の地元の人は、第1湖、第2湖、第3湖と、すべて25キロメートル圏内にある3つの湖を全部まわる。入り江にはコミュニティーの近くに、ピキウラークトゥーク Pikiulaaqtuuq、ナヌユマーク Nanujumaaq、キキクターリュク Qikiqtaarjuk の3つの島がある。人びとは6月にそこへ行ってガンやカモ、アジサシ、カモメの卵を集める。このあたりではガン狩りもおこなわれる。このほかにも、村をちょっとはずれた起伏の多い土地には、めずらしい鳥がたくさんいる。たとえばケワタガモ、シロフクロウ、シロハヤブサなど。ときおり、ハヤブサも見られる。

ツアー

コミュニティーの深い歴史を垣間見たければ、チェスターフィールド・インレット歴史散策道 Chesterfield Inlet Historic Trail を訪れるといい。ガイドなしのこのツアーでは、村の初期のころの「ありさま」を見ることができる。ハドソン湾会社のいちばんはじめの交易所（現在はノーザン・ストア Northern Store の一部になっている）は、この町最古の建物である。そのつぎに古い建物は、**ローマ・カトリック教会 Our Lady Roman Catholic mission |1|** で、1912年に完成した。それに、1931年に建てられて以来、今でもグレー・ナンズ Grey Nuns たちの手によって運営されている**聖テレサ病院 St. Theresa Hospital |2|** など。聖テレサ病院は、現在、重度の知的障害を持つ患者のための12個のベッドがあるホームになっている。ツアーのほとんどは、ただの砂利道だが、岩やツンドラを

8 チェスターフィールド・インレット Chesterfield Inlet

横切るところもあるので、丈夫なブーツを履いていくこと。このツアーは2時間である。ガイドブックなどはコミュニティーの合同庁舎のなかにある**役場**Hamlet Office｜3｜で入手できる。

　チェスターフィールドの真北に歩いていくと、すぐに300年以上まえのものと思われる巨大なチューレ人Thule Inuitの遺跡が現れる。ここでは古代の芝土の家、ホッキョクキツネ用の罠、食糧貯蔵庫などを見ることができる。ホッキョクグマが出る恐れがあるから、ガイドと一緒に行かなければならない。くわしくは役場か**アキギク猟師・罠猟師組合**Aqigiq Hunters and Trappers Organization (HTO)｜4｜で。

　もう一か所訪れるべきところは、北西騎馬警察（今の連邦警察［RCMP］）の初期の派出所で、これは1903年にケープ・フラートンに建てられた。この派出所はアメリカ人捕鯨者たちの動向を監視するためにつくられた。地元の旅行準備業者に連絡すれば、そこまでのボート・ツアーに連れていってくれる。ただし、天気次第！ボート・ツアーはだいたい4～6時間かかる。ツアーに参加した旅人の多くは、チェスターフィールドに戻るまえにこのあたりで1泊していく。

　ここにのせなかったツアーについても、くわしい情報は**ノースウィンド旅行業者**Northwind Outfitting｜5｜（ボート・ツアー、釣りツアー専門）のアンドレ・タウトゥAndre Tautu、**ロング・インレット・サファリ・アンド・アドベンチャー**Long Inlet Safari and Adventure｜6｜（観光全般とスポーツ・フィッシング）のピーター・タウトゥPeter Tautuに問いあわされたい。アキギク猟師・罠猟師組合に問いあわせるのもいいだろう。猟師・罠猟師組合はカリブー狩りのツアーの提供にも熱心にとり組んでいる。狩りはコミュニティーから80キロメートルほど行ったところにあるレンジャー・シール湾Ranger Seal Bayのキャンプ地を拠点におこなわれる。

ショッピング

　ノーザン・ストア Northern Store｜7｜と**ピチウラク生協**Pitsiulak Co-op｜8｜で食糧、衣類、金物、土産物、工芸品、スポーツ用品などが調達できる。それでもチェスターフィールドに来るまえに、あらかじめ必要なものが売られているかどうか確かめて来たほうがいいだろう。生協はまた、地元でかぎ針で編まれた帽子とカリブーの枝角からつくられた宝石類を売っている。**エル・アンド・シー・タクシー**L & C Taxi｜9｜はいくつかのアウトドア服、織物、スナック菓子を買うことができる店も経営している。もしあなたが彫り物を家に持って帰りたいのならば、上記の旅行準備業者が地元の芸術家を紹介してくれるだろう。

宿泊と食事

　タングマビク・ホテル/インス・ノース Tangmavik Hotel/Inns North｜10｜（ピチウラク生協が経営）は以前のジョセフ・ベルニエ学校の建物跡地にある。20の部屋があり、バスルームは共同。ホテルにはテレビ、洗濯機、食堂、小さいラウンジ、会議室、パーティー会場がある。料金は1泊ひとり170ドル（食事つき）。

8 チェスターフィールド・インレット Chesterfield Inlet

サービス

チェスターフィールド・インレットの健康管理センター Health Centre｜11｜は月曜から金曜の午前8時半から午前11時45分まで開いている。看護師はいつも緊急の電話に対応できるようになっている。ランキン・インレットの連邦警察（RCMP）｜12｜の警官がときどきチェスターフィールドを訪れる。

チェスターフィールド・インレット連絡先（本文掲載順）
- ｜1｜ローマ・カトリック教会 Our Lady Roman Catholic Mission
  Tel 867-898-9197 あるいは 867-898-9917　Fax 867-898-9127
- ｜2｜聖テレサ病院 St. Theresa Hospital（ハンディキャップの人たちのための病院）
  Tel 867-898-9917　Fax 867-898-9080
- ｜3｜役場 Hamlet Office　Tel 867-898-9951　Fax 867-898-9108　経済開発担当官 Economic development officer（午後のみ）Tel 867-898-9206　Fax 867-898-910
- ｜4｜アキギク猟師・罠猟師組合 Aqigiq Hunters and Trappers Organization
  Tel 867-898-9063　Fax 867-898-9079
- ｜5｜ノースウィンド旅行業者 Northwind Outfitting　Tel 867-898-9931　Fax 867-898-9108
- ｜6｜ロング・インレット・サファリ・アンド・アドベンチャー Long Inlet Safari and Adventure
  Tel 867-898-9322　Fax 867-898-9153
- ｜7｜ノーザン・ストア Northern Store（VISA、MasterCard、Interac使用可）
  Tel 867-898-9920　Fax 867-898-9160
- ｜8｜ピチウラク生協 Pitsiulak Co-op（VISA、MasterCard、Interac使用可）
  Tel 867-898-9975 あるいは 867-898-9981　Fax 867-898-9056
- ｜9｜エル・アンド・シー・タクシー L&C Taxi and Store（車の貸し出しもやっている。ただし現金のみ）Tel 867-898-9966　Fax 867-898-9103
- ｜10｜タングマビク・ホテル／インズ・ノース Tangmavik Hotel/Inns North（VISA、MasterCard、Diners Club/enRoute使用可）
  Tel 867-898-9975 あるいは 867-898-9190　Fax 867-898-9056
- ｜11｜健康管理センター Health Centre　Tel 867-898-9968　Fax 867-898-9122
- ｜12｜連邦警察（RCMP）ランキン・インレットから巡回　詳細は役場に問いあわせること
  Tel 867-898-9951 あるいは 867-898-9926

そのほかの連絡先

空港　Tel 867-898-9940　Fax 867-898-9940
郵便局（生協内）午前10時半～正午　午後1時～5時（月、水、金）午後1時～5時（火、木）
Tel 867-898-9975
ヌナブト準州政府資源開発省 Development of Sustainable Development, Government of Nunavut（ウィリアム・アウト William Autut に問いあわせること）
Tel 867-898-9206　Fax 867-898-9108
ビクター・サムトク・スクール Victor Sammurtok Schoo（小学校・中等学校）
Tel 867-898-9913　Fax 867-898-9153
ヌナブト・アークティック・カレッジ Nunavut Arctic College
Tel 867-898-9048　Fax 867-898-9101
ラジオ局 Radio Station（FM 107.1）Tel 867-898-9934　Fax 867-898-9108
天候情報　Tel 867-898-9940　Fax 867-898-9940

9 ベーカー・レイク　　　　　　　　　　Baker Lake
ダレン・ケイス　　　　　　　　　　　　　Darren Keith

私は今、ベーカー・レイクへ向かっている。近づいているということがわかる。なぜなら、わくわくしてきているから。そしてなつかしい景色を探して飛行機の窓に釘づけになっている自分がいるから。

人口	1,385人（イヌイット91％、イヌイット以外9％）
市外局番	867
標準時間帯	中部標準時
郵便番号	X0C 0A0

現地までの道のり（可能なルート）
- ウィニペグ〜ランキン・インレット Rankin Inlet〜ベーカー・レイク（ランキン・インレットからベーカー・レイクまでおよそ300キロメートル北西）
- オタワ/モントリオール〜イカルイト Iqaluit〜ランキン・インレット〜ベーカー・レイク
- エドモントン〜イエローナイフ Yellowknife〜ランキン・インレット〜ベーカー・レイク
- カンゲルスアク Kangerlussuaq（グリーンランド）〜イカルイト〜ランキン・インレット〜ベーカー・レイク

銀行	なし。現金かトラベラーズチェックが一番いい。クレジット・カードが使えるところも一部ある。
酒類	持ちこみ可。ただし酒類条例のとり決めに従うこと。また、コミュニティー内にアルコールを売っているところはなく、ホテルでも出されない。
タクシー	あり。

（人口は1996年のカナダ国勢調査のデータによる）

　まっすぐに広がる荒野の大地に来たこと。その美しい景色のなかに暮らす人びととまた会えること。それが私をわくわくさせているのだ。忠告しておこう。この土地の魅力にとりつかれたら、何度も、何度も戻ってきたいと思うようになってしまうのだ。

　ランキン・インレットからの飛行機で、ベーカー・レイクの上を通った。ベーカー・レイクは、イヌイット語でカマニトゥアク Qamani'tuaq──「とてつもなく広い川」という意味である。窓の外からは南方に曲がりくねったカザン川 Kazan River が地平線からベーカー・レイクにのびているのが見える。ベーカー・レイクは荒野を横切る850キロメートルにも及ぶ、この川の長い旅の終着駅なのである。私はこのカザン川を利用して何世紀ものあ

347

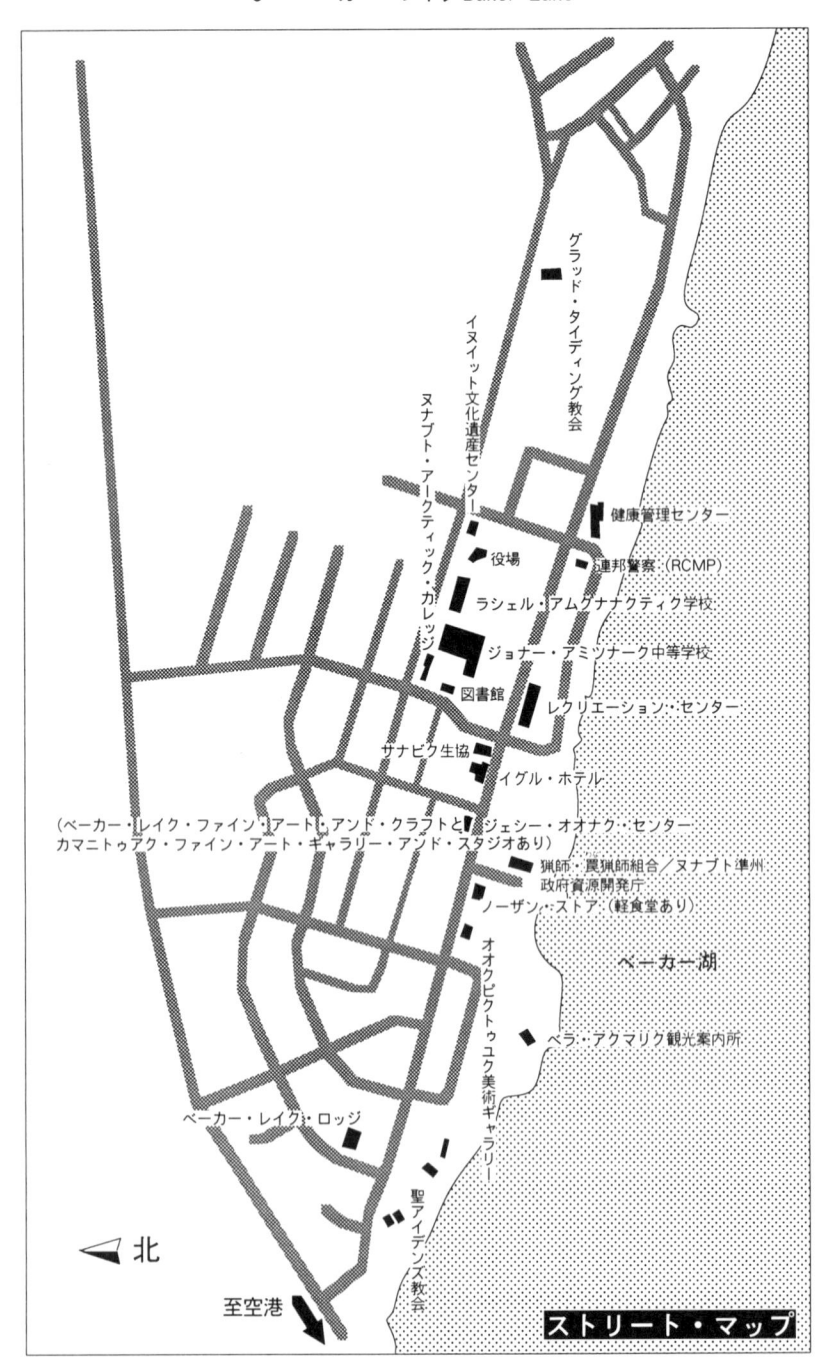

9　ベーカー・レイク Baker Lake

グラッド・タイディング教会

イヌイット文化遺産センター

ヌナブト・アークティック・カレッジ

健康管理センター

役場

連邦警察 (RCMP)

ラシェル・アムグナナクティク学校

ジョナー・アミツナーク中等学校

図書館

レクリエーション・センター

サナビク生協

イグル・ホテル

(ベーカー・レイク・ファイン・アートと
カマニトゥアク・ファイン・アート・ギャラリー・アンド・スタジオあり)

ジェシー・オオナク・センター

猟師・罠猟師組合／ヌナブト準州
政府資源開発庁

ノーザン・ストア (軽食堂あり)

ベーカー湖

オオピクトゥユク美術ギャラリー

ベラ・アクマリク観光案内所

ベーカー・レイク・ロッジ

聖アイデンズ教会

◁ 北

至空港

ストリート・マップ

348

9　ベーカー・レイク Baker Lake

いだ暮らしてきたイヌイットたちの技術と知恵に感嘆する。川沿いに点在する、もはや廃墟となった古代の遺跡を見ると、そのころの人びとの繁栄と困難が両方見えるようである。有史に入ってからは、ジョセフ・ティレル Joseph Tyrrell を筆頭とする第5次チューレ遠征隊の隊員たちがこの川を利用した。近年では、カヌーで旅をする人たちにとって欠かせないルートになっている。カザン川はカナダの文化遺産の名に恥じない川である。

川をくだってベーカー・レイクに入ると、私は北西のほうを向いた。このあたりのもうひとつの文化遺産河川、テーロン川 Thelon River を見るためだ。はるか遠く、テーロン川がハーフ・ウェイ丘 Half-Way Hills から流れ出ているのが見える。テーロン川もまた、歴史的逸話に満ちている。河口から、今のテーロン野生生物保護区域 Thelon Wildlife Sanctuary になっているビバリー湖 Beverly Lake のあたりまでが、昔はイメイットたちの居住地だった。ジョセフ・ティレルは、この川も1893年に探検し、追ってデビッド・ハンバリー David Hanbury も 1899、1901、1902年の3度にわたってここを探検している。現代の探検家も、毎年数多くこの川にやってくる。

反対側の窓からは、ベーカー・レイクのコミュニティーが見える。それは巨大なベーカー湖のふちに鳥がとまっているようにちょこんと乗っている。四方を何百キロメートルにも及ぶツンドラが囲んでいて、このコミュニティーが、ほかの場所からどれだけ離れているかを強調しているかのようである。ここほど深く《荒野の土地》と人間が接することができるところは、そんなにはないだろう。イヌイットの友だちと水の上、雪の上、氷の上を旅して、私は彼らの世界を少しだけ垣間見ることができた。彼らにとっては、これらは「荒野の土地」なんかではなくて、彼らの先祖がこの独特の土地のなかで苦しみながら大地の一部としてとけこんでいった、そんな経験を通して名づけられ、理解されている大地なのである。彼らはここを「自分たちが努力して勝ちとった母国だ」という。この大地の一員であるという思いは、彼らの表情からもはっきり伝わってくるし、この独特の土地をすいすいと移動するときの動きからも見てとれる。

とても小さなベーカー・レイク空港で飛行機からおりる私たちは、たくさんの笑顔に迎えられる。生まれたばかりの赤ん坊とその母親を誇らしげに迎える一族。年配の人が子どもを指して「私の母」という。その子の名前がそうだからだ。南カナダで生まれても、この子の魂は――イヌイットの信仰によれば――いつだって彼らとともにここで暮らしていたのである。この光景への感動にひたりながら、私はついに旧友と再会し、握手を交わす。「トゥンガフギト Tunngahugit」と彼はいった。ベーカー・レイクへようこそ。私は今、ベーカー・レイクを肌に感じているし、あなたもきっと感じるだろう。

歴史

ハドソン湾会社 Hudson's Bay Co. のウィリアム・クリストファー William Christopher 船長が1761年にチェスターフィールド・

9　ベーカー・レイク Baker Lake

インレット Chesterfield Inlet に入航して、カマニトゥアクに英語名ベーカー・レイクをつけたとき、ベーカー・レイクはすでにイヌイットたちが発見したときから何世紀もたっていた。チェスターフィールド・インレットの海峡あたりを観光すると、壊れたイヌクシュク群 inuksuk（人型をした石塚。イヌイットがツンドラに多くつくった伝統的な陸標・道しるべ）が見える。テント・リング（石環＝テントが張ってあった丸い跡）などの考古学的な遺物が、昔そこがイヌイットの居住地だったことを物語っている。

ベーカー・レイクのコミュニティーは、できてからまだまだ日が浅い。1950年代の中盤まで、ほとんどのイヌイットたちは、まだベーカー・レイクの周辺の地域にちらばって住んでいたのだ。ウツクヒクサリングミウト Utkuhiksalingmiut はバック川 Back River で、ハンニンガユルミウト Hanningajurmiut はギャリー湖 Garry Lake 周辺、アキリニルミウト Akilinirmiut はテーロン川を中心に、カイルニルミウト Qairnirmiut は、ベーカー・レイク、チェスターフィールド・インレットで、そしてハルバクトゥールミウト Harvaqtuurmiut はカザン川周辺で暮らしていたのだ。これらのグループはみな、もっぱら内陸で暮らし、カリブーや魚など、荒野の大地の恵みに依存して生活していた。

バック川は例外であるが、ベーカー・レイク周辺の大部分は、つい最近までヨーロッパ系カナダ人には知られていなかった。最初は1834年にジョージ・バック George Back が、のちに彼の名前がつくことになる川をくだった。そのつぎは、1893年のジョセフ Joseph とジェームズ・ティレル James Tyrell 兄弟のテーロン川の発見である。このときティレル兄弟はドゥバント川 Dubawnt River を通って、カナダの地勢調査をおこなっているところだった。兄弟はベーカー・レイクとチェスターフィールド・インレットを通ってハドソン湾 Hudson Bay 沿いに南下し、チャーチル Churchill に行き着いた。ジェームズは翌年も探検を再開し、カザン川をヤスキド湖 Yathkyed Lake の少し手前までくだってから東へ向かい、ファーガソン川 Ferguson River を経由してハドソン湾とチャーチルのあたりに着いた。

1899年には、イギリスの探検家デビッド・ハンバリーが、イヌゾリでハドソン湾の岸沿いをあがり、チェスターフィールド・インレットを通り抜けた。チェスターフィールド・インレットから先はボートに乗りかえ、ベーカー・レイクを通ってテーロン川をさかのぼった。そこでハンバリー川 Hanbury River とアルティリリー湖 Artillery Lake を通って、グレート・スレーブ湖 Great Slave Lake へ行くことができた。ハンバリーは1901、1902年にふたたび戻ってきて、チェスターフィールド・インレットとビバリー湖 Beverly Lake のあいだのテーロン川流域について、時間をかけてくまなく調査し、そのあいだにたくさんのイヌイットたちと友だちになった。

1922年の春には、文化人類学者カイ・ビルケット－スミス Kaj Birket-Smith とクヌド・ラスムセン Knud Rasmussen がカ

9　ベーカー・レイク Baker Lake

ザン川をさかのぼりヤスキド湖に入り、そこでハルバクトゥールミウトとパーリルミウト Paallirmiut たち（イヌイットの部族のひとつ）に会った。彼らの書いた論文が、この地域でのイヌイットたちの暮らしぶりを記録したものでは、もっとも古く、もっともくわしい。

ヨーロッパ系カナダ人がベーカー・レイクあたりに常駐し始めたのは遅く、1916年にハドソン湾会社がウクピクトゥユク Uqpiktujuq（英語名はビッグ・ヒップス島 Big Hips Island）に交易所をつくったのが最初である。それからすぐ、1924年に初の競合相手レビリオン・フレレス Revillion Freres が現れ、テーロン川の河口に支所を設けた。1926年にはハドソン湾会社もテーロン河口近く、現在のベーカー・レイクのあたりに支所を移転した。チェスターフィールド・インレットの住民ナイトゥク Naittuq とシンギートゥク Singiittuq が、物資を補給する船の操舵手としてたいへん活躍した。彼らのように、このあたりの水深の変化にくわしくなければ、チェスターフィールド・インレットとベーカー・レイクの狭い海峡を船で通るのはむずかしかったからだ。何年もの競争の果てに、ハドソン湾会社がついに1936年にレビリオン・フレレスを買収して、ひとつの建物に合併した。レビリオン・フレレスのほうの建物は現在、**ベラ・アクマリク観光案内所 Vera Akumalik Visitors Centre | 1 |** になっている。

1927年の秋、イギリス国教会派とローマ・カトリック派の両方の宣教師がイヌイットたちの信仰心をめぐって対決を始めた。最初のイギリス国教会の建物、**聖アイデンズ教会 St. Aiden's | 2 |** は1930年に建てられて今もまだおなじ場所にある。

政府の役人が大挙してやってきたのは1950年代と1960年代のことである。そして1956年に健康管理センターが、1957年に連邦学校がそれぞれ建てられた。子どもたちは村に連れてこられ、学校へ入学させられた。加えて、そのころちょうど何年か飢饉がつづいたこともあって、イヌイットたちは村に定住せざるをえなくなった。1962年には、北方・資源省 Department of Northern Affairs and Natural Resources によってイヌイットたちのための家々が建てられた。60年代になっても「自由の天地」で暮らす家族たちはまだいたが、時間の経過とともにやがて全員が村で暮らすようになった。

風土と野生生物

ベーカー・レイクを囲んでいる荒野の大地はじつに変化に富んでいる。このあたりの多くの地域は、さまざまないいまわしで、「カナダの宝」であるとよくいわれる。

西部のテーロン川の上流域のあたりは、テーロン野生生物保護区域に指定されている。テーロン川と、もうひとつのベーカー・レイクの主要な川であるカザン川は、自然も豊かで文化的にも重要なので、カナダの文化遺産河川に指定されている。カザン川のサーティー・マイル湖 Thirty Mile Lake とカザン滝のあいだの場所にも、国の歴史遺跡に指定されたところがある。フォール・カリブー・クロッシング国立歴史公園 The Fall Caribou Crossing National

9　ベーカー・レイク Baker Lake

Historic Siteは、滝のあたりで昔おこなわれていたカリブー狩りを記念してつくられた。カリブーの移動の時期に猟師たちは川へカヤックqajaitで出て、川を泳いでわたる最中のカリブーを銛でついてとらえていたのである。イヌイットたちは、この狩りを成功させることで長い冬を越すことができたのである。

ベーカー・レイクの北方には、ウェージャー湾Wager Bayの壮麗な眺めのなかにホッキョクグマ、アザラシ、シロイルカ（ベルーガ）、オオカミ、カリブーなどの野生動物が多数生息している。現在進められている交渉は、このウェージャー湾の一帯を国立公園に指定しようとするものである。

ツアー

旅人はツアーの情報が知りたければ、海岸沿いにあるベラ・アクマリク観光案内所に行くといい。通常は6月から労働の日Labor Dayまで営業している。詳細についてはコミュニティー経済発展委員に問いあわせるといい。

1998年6月3日にカナダ名誉総督のロメオ・ルブランRomeo LeBlancによって開設されて以来、**イヌイット文化遺産センター Inuit Heritage Centre | 3 |** はベーカー・レイクが誇る場所のひとつである。センターでは現在ベーカー・レイクに暮らすイヌイットのグループそれぞれの内陸での暮らしぶりを解説してくれる。フォール・カリブー・クロッシング国立歴史公園の説明も受けられる。活動内容やスケジュールの詳細についてはセンターに問いあわされたい。

ベーカー・レイクの旅行準備業者は、コミュニティー内とその周辺地域へのツアーへ連れていってくれる。夏には、ボート・ツアーでカリブー狩りやレイクトラウト（陸封性イワナ）、チャー（ホッキョクイワナ）の釣りを体験するのもいい。多くのエコツーリストは、カヌーでこのあたりを探検するツアーを好む。いちばんむずかしく、しかも、荒野のなかでも遠いコースは、ベーカー・レイクのあたりなのだ。テーロン川、カザン川、バック川などがそうである。これらの場所では野生生物を見たり、歴史的な遺跡を見たりできる。

エドウィン・エボ旅行準備業者・ナチュラリスト・ツアー Edwin Evo Outfitting and Naturalist Tours | 4 | は、楽しめる安全なツアーを組むことで評判だ。オーナーで経営者のエドウィン・エボ Edwin Evoはこの地域についてくわしく、安全性にもっとも重きを置いている。彼はエコツアー志向の旅人たちを釣りや野生動物見学などに連れていきながら、散策をしたり、遺跡を見に立ち寄ったりする企画を立ててくれる。さらにカヌー・ツアーから帰ってきた客を、カザン、テーロン、クオイチQuoichなどのさまざまな川の河口まで迎えにきてくれる。

シラ・ロッジ Sila Lodge | 5 | はウェージャー湾にあるしっかりした旅人用の宿泊施設である。ここではよく計画された安全な旅で、景色、野生動物、イヌイット・ヨーロッパ系両方の歴史的な建物などを見に連れていってもくれる。ウェージ

9　ベーカー・レイク Baker Lake

ャー湾あたりは、ホッキョクグマが多いので有名である。こういった大きな動物以外にも、ここには動物がたいへんたくさんいる。たとえばワモンアザラシ、アゴヒゲアザラシ、シロイルカ（ベルーガ）、カリブー、オオカミ、そして鳥も多数いる。だからここは写真家にとっては夢の土地である。慣れたガイドと一緒にいれば、ボートからもハイキングをしているときも、これらを全部見ることができるだろう。宿泊施設は3ベッドの小屋が5つ、それにメイン・ロッジとダイニング・ルームから成っている。だれに聞いても、ここのダイニング・ルームの食事はすばらしいという。シラ・ロッジに1週間とベーカー・レイクに1泊泊まって、（あとベーカー・レイクからの航空運賃も含まれる）だいたい4,000ドルくらいである。

　ベーカー・レイクの猟師・罠猟師組合 Hunters and Trappers Organization |6| は、旅人にカリブーやジャコウウシのスポーツ猟を案内する免許を持っている。カリブー狩りは8月と9月におこなわれ、参加する人はボートで現地まで連れていってもらえる。ジャコウウシ狩りは3月の2週目から3週目あたりにおこなわれている。冬という季節から、そして現地までの長い距離をスノーモービルで行かなければならないことから、ジャコウウシ狩りにいくためにはしっかりとした冬の衣服を身に着け、勇気がある人でなければいけない。猟師・罠猟師組合のガイドは全員土地にはたいへんくわしく、興味があればイヌイット文化などについて教えてくれるだろう。これらの狩猟ツアーを運営するにあたって猟師・罠猟師組合はカナダ・ノース旅行準備業者 Canada North Outfitting Inc. |7| との協力体制を敷いている。

　ベーカー・レイクのまわりの大自然を探検するのはたいへんおもしろいが、一方で危険をともなう。このあたりはとても風が強くなることがあり、天気もかわりやすいので、ツアーの途中で雨風をしのぐためにいくらか待たされることもある。それから、このあたりは蚊がとても多い。かぶりネットと、できれば虫よけジャケットも持っていくべきである。旅行準備業者かツアー・ガイドとよく相談して、なにを持っていけばよいのか、どのようなことがツアー中に起こりうるかを考えておこう。

ショッピング

　この地にはオオクピクトゥユク美術ギャラリー Ookpiktuyuk Art Gallery |8| というのが、ノーザン・ストア Northern Store のとなりにある。これはヘンリー・フォード Henry Ford と息子のデビド・フォード David Ford によって経営されているのだが、このヘンリーの父親のハリー・フォード Harry Ford というのが、ビッグ・ヒップス島 Big Hips Island（ウクピクトゥユク、オオクピクトゥユクはこれの古いつづり）にいちばんはじめにハドソン湾会社の交易所をつくった、まさにその人なのである。このオオクピクトゥユク美術ギャラリーは、とくに彫刻、壁かけ、タペストリー、絵画のカナダ南部および世界への販売・流通を専門としている。旅人はここで、地元のイヌイット彫刻家が提供する最新の作品を見ることができる。

353

9　ベーカー・レイク Baker Lake

ここで実際作品を購入しようとしなかろうと、店を出るときには少し豊かな気分になっていることはまちがいない。なぜならヘンリーやデビッドがきっとおもしろい話のひとつかふたつは聞かせてくれるから。

ベーカー・レイク・ファイン・アート・アンド・クラフト Baker Lake Fine Arts and Crafts｜9｜はジェシー・オオナク・センター Jessie Oonark Centreのなかにある（芸術家のジェシー・オオナクは、ベーカー・レイクの美術を世界に知らしめたその人である）。この店のなかには、彫刻、壁かけ、工芸品、伝統的な道具、そして装身具がある。オーナーで経営者のサリー・キミヌナーク・ウェブスター Sally Qimminunaaq Websterは地元の芸術家や工芸家たちとともに、ベーカー・レイクの本物の作品をどんどん輸出していこうとがんばっている。

カマニトゥアク・ファイン・アート・ギャラリー・アンド・スタジオ Qamanittuaq Fine Arts Gallery and Studio｜10｜は最近ジェシー・オオナク・センターのなかにオープンした。オーナー兼経営者はフレドリック・G・フォード Frederick G. Fordとキャラ・V・フィッシャー Kyra V. Fisherで、店内では絵画、彫刻、織物、針金細工、地元の材料でつくられた置物などを販売している。

1998年は、世界的に有名なベーカー・レイクの版画づくりが伝統技能として復活した年である。ビクトリア・マングクスアルク Victoria Mamnguqsualuk、ジャネット・キグシウク Janet Kigusiuq、マグダレン・ウクパティク Magdalene Ukpatiku、ジャネット・イクートカク Janet Ikuutqaq、ナンシー・セボガ Nancy Sevoga、そしてトーマス Thomas とフィリッパ・イルシラク Philippa Irsiraqなど年配の芸術家たちが、若い芸術家たちと技能を共有しあい、独特の版画をつくり出した。こうした芸術家たちには、カマニトゥアク・ファイン・アート・ギャラリー・アンド・スタジオを通して連絡することができる。

ノーザン・ストア Northern Store｜11｜と**サナビク生協** Sanavik Co-op｜12｜では食糧、そのほかの生活必需品、衣類、金物など、なんでもある。ノーザン・ストアの入り口には**軽食堂** Quick Stop｜13｜というファースト・フード店があり、そこでは、プロの肉屋が働いている。

フリー・マーケットも、ときおり**ジョナー・アミツナーク学校** Jonah Amitnaaq School｜14｜やレクリエーション・センター Recreation Centreなどで開かれる。カリブー皮製のミトン、カミック kamiit（アザラシの毛皮でつくったブーツ）、パーカ、アマウティ amautit（女性用のパーカ）など伝統的な衣服を買いたいと思っているなら、こういうところがいちばんいい。

イベント

村（町）の日 Hamlet Daysは、5月中旬に開催される春のお祭りで、ゲームやイヌゾリ・レース、子どもたちのためのお祭りなどがおこなわれる。**役場** Hamlet Office｜15｜のレクリエーション企画担当に連絡すれば、よりくわしい情報が得られる。

ベーカー・レイクはスクエア・ダンスで有名でもある。スクエア・ダンスの会は、頻繁に開催される。町に着いたら、つぎのスクエア・ダンスがいつおこなわれるか

9　ベーカー・レイク Baker Lake

人びとに聞いてみよう。レクリエーション企画担当に電話をしてもいい。ダンスの場所はいつも、レクリエーション・センターである。

宿泊と食事

イグル・ホテル Iglu Hotel│16│には21部屋あり、最大52人を収容できる。各部屋にトイレ、テレビ、電話、それから2〜3人用のベッドが備えつけられている。ラウンジにはテレビとビリヤード台がある。会議室もあり、家庭的な料理を出すダイニング・ルームもある。ひとり1泊150ドル、ふたりでひと部屋に泊まる場合はひとり125ドル、3人の場合はひとり100ドル（食事代は含まれていない）。食事代は、朝食が15ドル、ランチが25ドル、そして夕食が30ドル。

ベーカー・レイク・ロッジ Baker Lake Lodge│17│では、小屋か部屋かを選ぶことができる。5つある小屋のほうは寝室の機能のみで、共同のバスルーム棟が別にある。4つある部屋のほうは、各部屋に浴室とテレビがついている。小屋の1泊の値段はひとりあたり65ドル（ちなみにひとつの小屋には3〜4人寝ることができる）で、部屋のほうはひとり1部屋の場合100ドル。ふたり1部屋の場合部屋単位で105ドル。食事代は含まれない。メイン・ロッジのある建物は雰囲気もよく、一般的な南部の料理を出すダイニング・ルームは、ここにある（朝食は10ドル、ランチが17ドル、夕食が25ドル）。このロッジは町の端にあるが、空港からはもっとも近く、ベーカー・レイクの中心部やそのほかのあそびに参加するのにも徒歩ですぐ行ける距離だ。また、空港からの無料送迎がある。

空港│18│へ向かう道の途中に、カヌーに乗る人のための キャンプ場│19│がある。テントを4つ張れる設備と、浴場と台所がある。コミュニティーが運営するキャンプ場もこれとは別にカザン川の河口にあって、カヌー乗りたちは悪天候をしのいだりするときやベーカー・レイクからの送迎を待つときなどに使うことができる。ここは無料で使うことができる。

ノーザン・ストアのクイック・ストップはベーカー・レイクで人が集まる場所のひとつである。ファースト・フードを食べたり、コーヒーを飲みながらおしゃべりをしたりするのにちょうどいい場所なのだ。

サービス

定期便のほかに、複数の航空会社が、ランキン・インレットからのチャーター便サービスをおこなっている。

ベーカー・レイクの健康管理センター Health Centre│20│の一般用の病院は、平日午前9時から正午までやっているが、利用するには予約が必要。また、24時間緊急事態にも対応している。ベーカー・レイクの郵便局│21│は生協のなかにある。

ベーカー・レイク連絡先 (本文掲載順)

│1│ベラ・アクマリク観光案内所 Vera Akumalik Visitors Centre　いつも開いているわけではない。通常は6月から労働の日（9月第1週の連休）まで　Tel 867-793-2456　Fax 867-793-2509

│2│聖アイデンズ教会　St. Aiden's Anglican Mission　Tel 867-793-2433

9　ベーカー・レイク Baker Lake

| 3 | イヌイット文化遺産センター Inuit Heritage Centre　Tel 867-793-2598　Fax 867-793-2509
| 4 | エドウィン・エボ旅行準備業者・ナチュラリスト・ツアー Edwin Evo Outfitting and Naturalist Tours　Tel 867-793-2293　Fax 867-793-2045
| 5 | シラ・ロッジ Sila Lodge Ltd.　Tel 1-800-663-9832あるいは204-949-2050　Fax 204-663-6375　E-mail: fn@silalodge.com
| 6 | 猟師・罠猟師組合 Hunters and Trappers Organization (HTO)　Tel 867-793-2520　Fax 867-793-2034
| 7 | カナダ・ノース旅行準備業者 Canada North Outfitting Inc.　Tel 613-256-4057　Fax 613-256-4512　E-mail: cnonorth@istar.ca
| 8 | オオクピクトゥユク美術ギャラリー Ookpiktuyuk Art Gallery　Tel 867-793-2534　Fax 867-793-2422
| 9 | ベーカー・レイク・ファイン・アート・アンド・クラフト Baker Lake Fine Arts and Crafts (VISA使用可)　Tel 867-793-2865　Fax 867-793-2000
| 10 | カマニトゥアク・ファイン・アート・ギャラリー・アンド・スタジオ Qamanittuaq Fine Arts Gallery and Studio　Tel 867-793-2662あるいは867-793-2366　Fax 867-793-2366　E-mail: fredryka@aol.com
| 11 | ノーザン・ストア Northern Store (VISA、MasterCard、Interac使用可)　Tel 867-793-2920　Fax 867-793-2565
| 12 | サナビク生協 Sanavik Co-op (VISA、Interac使用可)　Tel 867-793-2912　Fax 867-793-2594
| 13 | 軽食堂 Quick Stop (ノーザン・ストア内)　Tel 867-793-2211
| 14 | ジョナー・アミツナーク中等学校 Jonah Amitnaaq Secondary School　Tel 867-793-2842　Fax 867-793-2029
| 15 | 役場 Hamlet Office　Tel 867-793-2874　Fax 867-793-2509
| 16 | イグル・ホテル Iglu Hotel (VISA、Interac、Diners Club/enRoute使用可)　Tel 867-793-2801　Fax 867-793-2711
| 17 | ベーカー・レイク・ロッジ Baker Lake Lodge (VISA使用可)　Tel 867-793-2905　Fax 867-793-2965
| 18 | 空港　Tel 867-793-2564　Fax 867-793-2572
| 19 | キャンプ場 Campgrounds　役場に問いあわせること (役場) Tel 867-793-2874　Fax 867-793-2509
| 20 | 健康管理センター Health Centre　Tel 867-793-2816　Fax 867-793-2812
| 21 | 郵便局 (生協内)　午前10時～午後5時半 (月～金)　Tel 867-793-2912

そのほかの連絡先

連邦警察 (RCMP)　Tel 867-793-2922
ヌナブト準州政府資源開発省 Department of Sustainable Development, Government of Nunavut
Tel 867-793-2944　Fax 867-793-2514
歯医者 Dental Clinic　Tel 867-793-2288あるいは867-793-2287　Fax 867-793-2289
図書館　Tel 867-793-2909
ヌナブト・アークティック・カレッジ Nunavut Arctic College
Tel 867-793-2971　Fax 867-793-2181
ディー・シー・キャブ会社 D.C.Cabs Ltd.(タクシー)　Tel 867-793-2558　Fax 867-793-2665

ラジオ局 Radio Station(FM 99.3)　Tel 867-793-2962
天候情報 Weather Information　Tel 867-793-2931　Fax 867-793-2440
天気予報のWeb site : www.tor.ec.gc.ca/forecasts/index.htmlあるいはwww.infonorth.org

10　テーロン野生生物保護区域 Thelon Wildlife Sanctuary

ダレン・ケイス　　　　　　　　　　　　　　　　　Darren Keith

テーロン野生生物保護区域 —— ベーカー・レイク Baker Lake とイエローナイフ Yellowknife の途中、ヌナブトと北西準州（NWT）西部の境界線上に5万2,000平方キロメートルもの広がりを持っている。

何十年ものあいだ、捕鯨者たちとハドソン湾会社 Hudson's Bay Co. らによって、毛皮目当てでジャコウウシの乱獲がおこなわれていた。ジャコウウシの減少をくいとめる目的で、この保護区域がつくられた。地元のジャコウウシの頭数は1936年の約300頭から1994年には1,100頭まで増えたが、一方でイヌイットやデネ Dene（ファースト・ネーションズの1部族 — 日本語版編者注）たちにとっては、彼らが生活のために狩りに依存していただけに、この保護法は大損失をもたらしたといえる。

風土と野生生物

テーロン野生生物保護区域は「センター」であり、「源」であり、「母国」である。「センター」という言葉を使ったのは、ここは「別々の世界が出会う場所」だから。キバリック地方 Kivalliq Region のツンドラが、北風に守られる西部の森とここで出会う。古代にはとなり同士に生活領域を持っていたイヌイットとデネもここで出会い、今はともに暮らしている。それゆえこのあたりでは、ひとつの場所にイヌイット語とチパワイアン語 Chipewyan でふたつの名前がついているところもめずらしくない。

北極海とハドソン湾 Hudson Bay へそれぞれ流れ出る巨大河川、バック川 Back River とテーロン川 Thelon River。これらがこの保護区から流れ出ているから、「源」。テーロン川の恒久の流れは、この不毛の大地に流木を運び、ビバリー湖 Beverly Lake（イヌイット語では、「流木がある＝ティプヤリク Tipjalik」）の岸辺へ届ける。この流木が何世代にもわたって、建築材料としてイヌイットたちを支えてきたのだ。さらにもうひとつ、もっとも重要なのは、保護区の境界からあふれ出んばかりに増えたジャコウウシとカリブーが、イヌイットとデネらに平等にもたらす食糧としての「源」である。そして最後に、「母国」と呼ばれるのは、何千年ものあいだ、保護区域が人びとに住むに適した環境を提供しつづけたから。いちばん最近では、今はベーカー・レイクのほうに住居をうつしたアキリニルミウト Akilinirmiut という人たちがその恩恵を受けていた。

歴史

考古学の研究によれば、人間が最初にこの地へ現れたのは氷河期がすぎた、今から8000年くらいまえだということである。パレオエスキモー Paleoeskimo のカ

10 テーロン野生生物保護区域 Thelon Wildlife Sanctuary

リブー猟師たちは、気候の変化により北極海の水路が閉ざされてアザラシ狩りが不可能になってから、紀元前1500年ころにこのあたりへやってきた。現在のデネたちの先祖は2500年まえにテーロン谷へ住み始めた。それから紀元1000年ごろ、チューレ・イヌイット Thule Inuit の捕鯨者たちが、ホッキョククジラを求めてアラスカから北極圏を東へずっと横切ってやってきた。彼らもまた、やがてテーロン谷のカリブーやジャコウウシ、それから流れ着く流木に魅せられてここへ住みついた。

チューレ人の子孫である現在のイヌイットたちも、保護区の資源の恩恵を受けつづけている。ビバリー湖の周辺部や中央テーロン川の流域などはアキリニルミウトの住みかであった。この名前は、ビバリー湖の北岸にあるアキリニク Akiliniq の丘陵地に由来する。彼らはずっとカリブー狩りを生活の中心としていた。このことはこのあたりにあるテントの柱、肉の貯蔵庫、イヌクシュイト inuksuit（人型をした石塚群。イヌイットがツンドラに多くつくった伝統的な陸標・道しるべ）であったと思われる石の遺跡が物語っている。

このあたりにもまた、バサースト・インレット Bathurst Inlet やバック川/チャントリー入り江 Back River/Chantrey Inlet、カザン川 Kazan River などというさまざまな遠方からイヌイットたちが集まってきた。彼らもまた、テーロン、ドゥバント Dubawnt の河川からビバリー湖へ流れ着く流木を求めてやってきたのである。彼らの場合、冬にイヌゾリでやってくるのが普通で、そのときに遠くのいろいろな場所から集まってきたほかのイヌイットたちと出会うことも多かった。こうした出会いは、イヌイットたちが物や情報を交換しあういい機会になった。そうしてこのころ北極圏中部ではアキリニクが交易の中心地だった。

アキリニルミウトたちの土地にヨーロッパ系カナダ人が入ってくるのは、1893年になってからのことである。この年、ジョセフ Joseph とジェームズ・ティレル James Tyrrell 兄弟がカナダ地質調査隊に雇われ、ドゥバント川をくだってやってきたのである。それからふたたび1900年にジェームズ・ティレルがやってきた。このときジェームズは、ジャコウウシ取引のための乱獲でジャコウウシが激減してしまった状況を目の当たりにして、禁猟区をつくろうという運動を始めた。ティレルのこの考えがやっと実現したのは、内務省 Department of the Interior が1924年から25年にかけて、このあたりの資源を算定するためにジョン・ホーンビー John Hornby と J・C・クリッチェル‐バロック J. C. Critchell‑Bullock というふたりの船長を送りこんでからのことである。このふたりもまた、現状を見て、保護区をつくる運動に加わったのである。

こうして1927年にテーロン鳥獣保護区 Thelon Game Sanctuary が誕生した。このときの保護区は3万9,000平方キロメートルだったのだが、1956年に、禁猟区内の南西部で鉱山業人気が高まったことを受け、5万6,000平方キロメートルに拡張された。

保護区の誕生当初から、狩猟は完全に禁止されていた。保護区の初代にして最

10　テーロン野生生物保護区域 Thelon Wildlife Sanctuary

後の管理人となったビリー・ホアー Billy Hoare は、ウッド・バッファロー国立公園 Wood Buffalo National Park の管理人 A・J・ノックス A. J. Knox と一緒に、グレート・スレーブ湖 Great Slave Lake からテーロンへ設備や食糧を運ぶ長く辛い道のりを旅した。ただ、この旅で彼らは地元のデネたちに保護区内のルールを教えてまわることができた。管理人用の基地がつくられたのは1928年10月のことで、ハンバリーとテーロンの合流点 Hanbury-Thelon junction にあるそこは現在、「管理人の森」という名で知られている。今日、カヌーに乗ってそのあたりを通れば、そのころにホアーとノックスが建てた丸太小屋などを見ることができる。

1932年、ホアーが管理人としての在職期間を終えると、つぎは連邦警察（RCMP）が土地の人びとに保護区内で猟が禁止であることを知らせる役目を引き継いだ。イヌイットたちはこの規則を真摯に受け止めた。こんなふうに彼らに、きびしい自己抑制を強いたことと、狩猟をした人の何人かが連邦警察（RCMP）に逮捕されたことで、イヌイットのなかには、保護区政策に反感を持つ者もたくさん現れ、保護区の維持には、苦労が絶えなかった。

保護区の決まりごとは先住民たちに対して押しつけられた形ではあったが、とにかく目的は果たすことができた。保護区が指定されてからジャコウウシの数はどんどん増えて、保護区の外、カザン川を越え東へ東へと移動していっている。今後テーロン野生生物保護区域をどうするかについて、イヌイットも全面的に参加して考え直す、という項目がヌナブト最終協定に入っている。これは、今後も保護区をそのまま継続するのに協力しようというベーカー・レイクのイヌイットたちに対して、感謝をあらわすために再検討がなされたものである。新運営計画の草案には、ビビリーのカリブーの群れが子どもを産むための場所をもっとしっかり保護するために保護区の領域を広げることと、先住民たちの最小限の生活狩猟を許可しようという項目が盛りこまれている。

旅行計画

テーロン野生生物保護区域のエコツアーは、文明から隔絶されたまったくの自然のなかにあるので、テーロン川をカヌーでくだるような勇気ある冒険家でなければ無理である。しっかりしたアウトドア生活技術を持った《究極のエコツアー》を目指す人以外には、むやみやたらにおすすめできるところではない。ここを訪れるカヌー乗りたちを魅了しているのは、コースのむずかしさではなくて（なぜならコース自体は危険な浅瀬や急流はあまりない、安全なものだから）、たくさんの野生生物の存在である。とくにジャコウウシは無数にいる。毎年、移動の時期には、カリブーが川を泳いでわたっているのを見ることができる。ムース（ヘラジカ）、オオカミ、ハイイログマ（グリズリーベアー）もいる。水鳥も何種類も。とにかくたくさんいる。

しかしジャコウウシを見たり、写真を撮ったりするときには気をつけなければならない。彼らは自分の身を守るときは走り去るのではなく、円陣を組んで角を突

10　テーロン野生生物保護区域 Thelon Wildlife Sanctuary

き出し、敵に向かっていくから！　おなじく危険なのが、不毛の大地にいるハイイログマ（グリズリーベアー）の存在である。ハイイログマ（グリズリーベアー）がそのへんにいるかどうかは、地面が掘り返されたばかりの跡があるかどうかでわかる。穴は、ハイイログマ（グリズリーベアー）がリスをつかまえるために掘り返したものなのである。そういう穴を見つけたら、そこではキャンプをしないこと。したとしてもおおいに注意すること。保護区内には銃器を持ちこむのは禁止されていない。とはいえ、ここ数年でハイイログマ（グリズリーベアー）に襲われて身を守るために撃ち殺したという例はない。キャンプはつねに清潔にしておくように（**野生動物に関する注意事項は、本書の137ページの『陸上哺乳動物』の項参照**）。

　テーロンへの「冒険団体ツアー」あるいは「団体エコツアー」（不定期）はベーカー・レイク、フォート・スミス Fort Smith、イエローナイフから出ているが高額である。その割には、保護区内のほんの入り口部分を覗き見する程度のツアーである。ベーカー・レイクまでひとりで行く気なら、そこまでは定期航空便がある。そこから先は、不毛の地であるうえに強い風が吹くことが多い。道中、いくつかの大きな湖で数々の危険が待ち受けている。強風に足止めを食うことも想定して、何日か旅行日程に余裕を持たせておくといいだろう。

　水上の旅行、天候、キャンピングなどに関する詳細は、イエローナイフのノーザン・フロンティア地域観光案内所 Northern Frontier Regional Visitors Centre | 1 |に連絡し、テーロンへの旅行体験記のコピーをとり寄せよう。保護区内を旅するのに特別の手つづきも許可証もいらないが、地元の連邦警察（RCMP）に旅行計画を知らせておいたほうがいい（くわしくは**本書253ページの『冒険旅行』の項参照**）。

　こうした旅行を独力でするのに不安がある人は、旅行準備業者に頼んで、ガイドつきのツアーを組んでもらったり、そのほかあらゆる手配も代行してもらおう。相当な出費をいとわなければの話だが。

テーロン野生生物保護区域連絡先 (本文掲載順)

| 1 |／ノーザン・フロンティア地域観光案内所 Northern Frontier Regional Visitors Centre　Tel 867-873-4262　Fax 867-873-3654　E-mail: nfva@internorth.com　Web site: www.northernfrontier.com

そのほかの連絡先

バサースト・アークティック・サービス Bathurst Arctic Services　P. O. Box 820, Yellowknife NT, X1A 2N6 Canada　Tel 867-873-2595　Fax 867-920-4263
E-mail: bathurst@internorth.com　Web site: www.virtualnorth.com/bathurst/

カヌー・アークティック Canoe Arctic　P. O. Box 130, Fort Smith NT, X0E 0P0 Canada　Tel 867-872-2308　Web site: www.auroranet.nt.ca/canoe

グレート・カナディアン・エコベンチュアーズ Great Canadian Ecoventures　Box 2481, Yellowknife NT, X1A 2P8 Canada
Tel 1-800-667-9453, 867-920-7110 あるいは 403-352-5414　Fax 867-920-7180 あるいは 403-352-5449　E-mail: tundra@thelon.com　Web site: www.thelon.com

サザンプトン島 Southampton Island

11 コーラル・ハーバー　　　　　　　　Coral Harbour
ケン・ベアードサル　　　　　　　　　　　Ken Beardsall

21年まえ、まだ10代だったころ、学校の交換旅行として訪れて以来、このコーラル・ハーバーはいまだに私のなかに鮮烈な印象を残している。

人口	669人（イヌイット93％、イヌイット以外7％）
市外局番	867
標準時間帯	1年を通じて東部標準時（コーラル・ハーバーではサマータイム制度はない）
郵便番号	X0C 0C0
現地までの道のり（可能なルート）	
・ウィニペグ～ランキン・インレット Rankin Inlet～コーラル・ハーバー（ランキン・インレットからコーラル・ハーバーまで500キロメートル東）	
・エドモントン～イエローナイフ Yellowknife～ランキン・インレット～コーラル・ハーバー	
・オタワ／モントリオール～イカルイト Iqaluit～コーラル・ハーバー	
・カンゲルスアク Kangerlussuaq（グリーンランド）～イカルイト～コーラル・ハーバー	
銀行	なし。現金とトラベラーズチェック所持が好ましい。クレジット・カードも限られた場所で使用可。
酒類	アルコール、またはアルコールの入った飲料は禁止。
タクシー	あり。

（人口は1996年のカナダ国勢調査のデータによる）

過去10年間、ここに在住して教鞭をとっているが、コーラル・ハーバーは今もかわらない感動を与えてくれる……ここに住む人びとのあたたかさのせいだろうか？　見わたすかぎりのいてつくツンドラに囲まれたコミュニティのせいだろうか？

沖あいが春になると自然の宝庫になるためであろうか？　それとも好奇心をかきたてる先住民の歴史のためであろうか？
――私がコーラル・ハーバーに住みつづけているのは、このような理由からであろう。私が「ここに魅せられている理由」

11　コーラル・ハーバー Coral Harbour

は、もちろん旅人にとっても、十分魅力的な事柄だと思うが。

　コーラル・ハーバーは若い世代が伝統的な文化を現代社会に積極的にとり入れているため、とても繁栄している。

　イヌイット語ではコーラル・ハーバーはサリクSalliq ── 本土のまえに位置する広くて平らな島を意味する。1604年に北西航路を発見するための航海をあと押ししたサザンプトン伯爵Earl of Southamptonの名にちなんで、イギリスの探検家トーマス・ボタン Thomas Buttonがその島をサザンプトン島Southampton Islandと命名した。

　信じがたいことだが、コミュニティー近くの氷まじりの海水のなかにサンゴを見つけることができる。私も湾内で貝を拾ったり、ホッキョクタラをつかまえようとしていたときに見つけたことがある。化石化してしまったサンゴはかつてカナダ北部が今よりあたたかかったころ、繁茂していた。もちろん今はサンゴが成長できるような環境ではないが。

歴史

　ヨーロッパ人やアメリカ人は、それまで現地にはなかった病気をヌナブトに持ちこんでしまった。サザンプトン島は、これらの新種病原菌による悲劇に巻きこまれた島である。19世紀後半にはヨーロッパやアメリカからやってきた捕鯨者たちが島の沖あいに拠点を置いて、豊富に生息していたホッキョククジラを捕獲していた。捕鯨者たちはその島にときどき上陸した。そこで彼らは、サリルミウト Sallirmiutというイヌイットの部族に出会った。シャイな人たちだった。イヌイットは、それまで鉄やその他の欧米製の交易品を見たことがなかった。

　1899年にスコットランド人がサザンプトン島最南端のケープ・ロウCape Lowに捕鯨基地をつくった。この基地に住んでいたのは、ハドソン湾Hudson Bayの西海岸からきたイヌイットたちだった。彼らはサリルミウトをイヌイットではなく、トゥニートTuniitと見なした（トゥニートは言い伝えによると、イヌイットよりも以前にヌナブトに定住していた。この先住民たちがドーセット文化Dorset Cultureの担い手ではないかと考えている考古学者もいる）。サリルミウトたちは、ほかの集団とめったに交流しなかったが、捕鯨基地を訪れることがまれにあった。1902年、サリルミウトはスコットランドのアクティブ号（捕鯨船）の船員によって持ちこまれた伝染性の高い胃腸病に感染した。1903年の春までに、ほとんどのサリルミウトがこの感染によって死亡した。たったひとりの女性と4人の子どものみが生き残り、ほかの地域にすむイヌイットに引きとられた。

　コーラル・ハーバーの南東64キロメートルにあるサリルミウトのキャンプ地に夏にはボートで、春にはスノーモービル、もしくはイヌゾリで訪ねることができる（ネイティブ・ポイントNative Pointへのツアーは**カヤーナク・アークティック・ツアーズ Kajjaarnaq Arctic Tours│1│** か **アッパ・ツアーズ Appa Tours│2│** で申しこみ可能)。この半島の高地では、12軒の芝土でつくられた家の廃虚や動物の骨、そしてめずらしい特徴のあるアバーラク

11　コーラル・ハーバー Coral Harbour

スの岩 Avaalak's Rock などを見ることができる。伝説によると、サリルミウトであるアバーラク Avaalak は彼の超人的な力を誇示するために、大きな丸い石を海岸から丘の上まで運びあげたといわれている。また、彼はカヤックから彼ひとりで大きなホッキョククジラをしとめたともいわれている。彼の一族はその人並みはずれた力の強さと、小柄な体格、ユニークな髪型、そして古代語で知られている。

　20世紀に入り、捕鯨産業は崩壊してしまった。1915年、ハドソン湾への最後の捕鯨船A・T・ギフォード号 A. T. Gifford は船火事にあい、乗組員とともにコーラル・ハーバーの南130キロメートル、コーツ島 Coats Island 沖で消息を絶った。

　1921年、ジョン・エル John Ell と捕鯨者たちに呼ばれていた地元の猟師、アウドラナク Audlanaq が、サザンプトン島に交易所を設立することをハドソン湾会社 Hudson's Bay Co. に説得したのちに、イヌイットたちはコーラル・ハーバーに定住し始めた。ハドソン湾会社はコーツ島の交易所を閉鎖したのち、新たな交易所を開設した。その富の恩恵を求め、バフィン島 Baffin Island や北ケベック、本土のキーワティン地方 Keewatin Region（今のキバリク地方 Kivalliq Region）からイヌイットたちは移住し始めたのである。

　第2次世界大戦中、アメリカ人はヨーロッパに向かう何千機もの航空機の補給基地として、コーラル・ハーバーのすぐ近くに軍事施設を建設した。のちにアメリカ人はさらに北に位置する遠距離早期警戒レーダー網 DEW Line 基地建造のあいだにその空港を集積所として利用した。戦後その集積所が閉じられたときに、アメリカ人は何千ものドラム缶などを含む器具のほとんどをそこに置いていった。そのほかに置き去りにされた道具やビンなどは腐敗して土に戻らないため、当時のコーラル・ハーバーの役割を思い出させるものとなってしまった。今日、その基地は準州が管理する施設になっている。

　1950年には学校が、1963年には看護所が、さらに公共住宅が建てられるにつれて、1950、60年代にはカナダ政府の影響は、ますます強くなってきた。政府はイヌイットに、保健や社会的なサービスを受けさせるために、その地域にうつってくることをうながした。イギリス国教会の宣教活動は、カンバーランド海峡 Cumberland Sound のブラックリード島 Blacklead Island で教育を受けたイヌイットの教義問答師であるルーク・キドラピク Luke Kidlapik によって始められた。ローマ・カトリック教会 Roman Catholic Mission |3| の宣教活動も、その後、まもなく始まった。

風土と野生生物

　今日、コーラル・ハーバーに驚くほど多くいる野生生物を観察するために、エコツーリストがやってくる。海岸の沖あいにはセイウチ、シロイルカ（ベルーガ）、アザラシなどが、たくさんいる。

　島にはホッキョクグマの大群が住んでいる。ボートで島の周辺をまわったら、ドスドスと音を立てて海岸線を歩きまわるホッキョクグマたちに遭遇するかもしれない。また、島はカリブーの群れの住

11　コーラル・ハーバー Coral Harbour

みかでもある。50年代にカリブーたちは、絶滅しそうなまでに狩猟されたが、67年にコーツ島からコーラル・ハーバーに空輸で連れてこられた。それ以来、カリブーの数は爆発的に増え、今では地元の人間に商業目的で狩猟されている。

愛鳥家であればこの島にわたりうつってくる鳥の大群にわくわくするであろう。ぜひ訪ねてほしい地域のうちのひとつは、コーラル・ハーバーから70キロメートル東に位置するイースト・ベイ渡り鳥保護区East Bay Migratory Bird Sanctuary、そしてもうひとつがコミュニティーから南東に140キロメートルのところに位置するハリー・ギボンズ渡り鳥保護区 Harry Gibbons Migratory Bird Sanctuaryである。ここで何千ものハクガン、コハクチョウ、カナダヅルや、そのほか多くの種類の野鳥を観察できるだろう。

ツアー

海に住む哺乳動物を近くから見るためには、船を利用するのがいい。ここの港はノバ・スコシア Nova Scotia やプリンス・エドワード島 Prince Edward Islandからくる漁船などを含め、多くの船でひしめいている。

コーツ Coats、ベンカス Bencas、ウォーラス Walrusの島々へ行く3日間から6日間のガイドつきツアーがあり、そのツアーでは、ネイティブ・ポイントにも立ち寄ってくれる。岩で群れているセイウチの大群を見るためにボートで旅行する人たちは、ホッキョクグマを見かけるチャンスがあるかもしれない。コーツ島はバード・ウォッチングにも最適である。

また、コーラル・ハーバーから24キロメートルのところにあるたいへん美しいカークオファー滝 Kirchoffer Fallsへもスノーモービルかサンド・バギー（ATVs）で観光できる。ここでは広大なカークオファー川のそばの崖に巣をつくっているハヤブサが空高く舞っている。カリブーやシロフクロウ、また繁殖している多くの種の鳥を見ることができるかもしれない。

ショッピング

コーラル・ハーバーには、セイウチの牙や、滑石（ソープストーン）、クジラのヒゲ、めずらしいタイプの白石灰石を彫る腕のいい作家（芸術家）がいる。指輪やほかの宝石を含め、牙の一片に複雑な文字が刻まれている。コーラル・ハーバーの女性はアザラシの皮をうまく利用してすばらしいものをつくることで有名である。旅人たちはこれらの貴重品を**カトゥドゲビク生協 Katudgevik Co-op |4|**、レオニーズ・プレイス・ホテル Leonie's Place Hotel、もしくは直接アーティストから購入できる。食品や乾物もノーザン・ストア Northern Store |5| や生協で購入できる。

宿泊と食事

レオニーズ・プレイス・ホテル |6| はふたり用の部屋が6つあり、小規模だがホテル内禁煙で快適なホテルである。すべての部屋にトイレと浴室、ラジオが備えつけられている。テレビはラウンジで見ることができる。宿泊費は1日ひとり120ドル（食事なし）。食事つきだと1日ひとり180ドル。2週間以上の滞在には食事がつ

11　コーラル・ハーバー Coral Harbour

いて1日150ドルという割引がきく。ホテルの宿泊者は、朝食10ドル、昼食20ドル、夕食30ドル。

最近改築されたエスンガルク・モーテル Esungarq motel｜7｜は生協が所有しており、3部屋のすべてに、トイレと浴室、テレビが完備している。宿泊費は食事なしで1日135ドル、食事つきで180ドル。モーテル内に公衆電話があり、村内へ電話をかける場合には無料でキッチンの電話を使わせてくれる。最低1時間以上まえに連絡すれば、宿泊しなくても食事を出してくれるという。朝食が15ドル、昼食が20ドル、夕食は30ドル。

サービス

健康管理センター Health Centre｜8｜は平日の午前8時半から午前11時半、一般健康プログラムは平日の午後1時から5時まで開設されている。24時間体制の緊急サービスもある。また連邦警察（RCMP）派出所｜9｜もコーラル・ハーバーにある。

コーラル・ハーバー連絡先 (本文掲載順)

｜1｜カヤーナク・アークティック・ツアーズ（旅行準備業者/ツアー）Kajjaarnaq Arctic Tours
　　Tel 867-925-8366　Fax 867-925-8593　E-mail: kajtours@arctic.ca
｜2｜アッパ・ツアーズ（旅行準備業者/ツアー）Appa Tours　Tel 867-925-8861
｜3｜セント・ジョセフ・ローマ・カトリック教会 St. Joseph's Roman Catholic Mission
　　Tel 867-925-8277
｜4｜カトゥドゲビク生協 Katudgevik Co-op（VISA、Interac使用可）
　　Tel 867-925-9969　Fax 867-925-8308
｜5｜ノーザン・ストア Northern Store（VISA、MasterCard、Interac使用可）
　　Tel 867-925-9920　Fax 867-925-8863
｜6｜レオニーズ・プレイス・ホテル Leonie's Place Hotel（VISA、トラベラーズ・チェック使用可）
　　Tel 867-925-9751 あるいは 867-925-8810　Fax 867-925-8606
｜7｜エスンガルク・モーテル Esungarq Motel（VISA、Diners使用可）
　　Tel 867-925-9926　Fax 867-925-8308
｜8｜健康管理センター Health Centre　Tel 867-925-9916　Fax 867-925-8380
｜9｜連邦警察（RCMP）　Tel 867-925-9954　Fax 867-925-8483

そのほかの連絡先

空港　Tel 867-925-9711　Fax 867-925-8291
役場 Hamlet Office　Tel 867-925-8867　Fax 867-925-8233
郵便局（カトゥドゲビク生協内にある）　平日午後1時～5時　Tel 867-925-9909
ヌナブト・アークティック・カレッジ Nunavut Arctic College
Tel 867-925-9746　Fax 867-925-8410

イレブン・マイル・トレック Eleven Mile Trek（タクシー）　Tel 867-925-9767
ベロニカ・タクシー Veronica's Taxi　Tel 867-925-8324

ラジオ局（FM103.9）　Tel 867-925-9711　Fax 867-925-8291
気象情報　Tel 867-925-9711　Fax 867-925-8291
天気予報のWeb site: www.infonorth.org

メルビル半島地方

Melville Peninsula Area

12 イグルーリク　　　　　　　　　　　　　　Igloolik
ジョン・マクドナルド　　　　　　　　　　　John MacDonald

メルビル半島Melville Peninsulaの東海岸は、平坦地がつづく。その先に隣接した島にあるコミュニティーがイグルーリクである。東部北極圏を目指す旅人にとって、そこへ行くことは、なみたいていの挑戦ではなかった。

人口	1,174人（イヌイット93％、イヌイット以外7％）
市外局番	867
標準時間帯	東部標準時
郵便番号	X0A 0L0
現地までの道のり（可能なルート）	・オタワ／モントリオール～イカルイトIqaluit～イグルーリク（イカルイトからイグルーリクは北西に約800キロメートル） ・ウィニペグ～ランキン・インレットRankin Inlet～イカルイト～イグルーリク ・エドモントン～イエローナイフYellowknife～ランキン・インレット～イカルイト～イグルーリク ・カンゲルスアクKangerlussuaq（グリーンランド）～イカルイト～イグルーリク
銀行	なし。現金あるいはトラベラーズチェック持参が望ましい。クレジット・カード取扱店もあり。
酒類	アルコール、またはアルコールの入った飲み物は購入不可。アルコールを持ちこみたい人は、事前にアルコール教育委員会Alcohol Education Committeeの許可をえること。
タクシー	あり。

（人口は1996年のカナダ国勢調査のデータによる）

　人に会い野生動物を観察するだけでなく、バフィン島Baffin Islandのごつごつした山頂やフィヨルドとはまったくちがう大自然を見に来たとすれば、きっと地域

12 イグルーリク Igloolik

特有の《なにか》を、そして探るに足る《なにか》をここで発見するだろう。

ここに来れば、地理的にヌナブトの中心にたどりつけるだけではなく、ほんものイヌイット文化にも出くわせるだろう。イグルーリクは、古代から北バフィン島と南バフィン島、またキバリク地方 Kivalliq Region と東キティクミウト地方 Kitikmeot Region にもつながりがあった。この地域はイヌイットの文化とアイデンティティー確立に欠かせない自然資源、セイウチ、アザラシ、クジラ、ホッキョクグマ、魚、水鳥などに恵まれてきた。この豊かな資源がイグルーリク文化の経済的、精神的、知的な基盤となり、存続を支えている。避けることのできない現代化のあおりを受けつつも、彼らはイヌイットの伝統を世襲させるための教育をおこなっており、それを誇りに思っている。伝統的な文化と現代化のバランスを維持しようとする挑戦が、まさにイグルーリクの活力の基になっているのだ。

歴史

1000年のあいだイグルーリク付近の肥沃な海には猟師が集まり、賑わっていた。この地方の最初の居住者にかかわる情報はこの島にある多数の考古学的遺跡からしか集められていない。古いものになると、4000年以上まえにさかのぼる。また、この島の歴史はトゥニート Tuniit の伝説のなかに時間を超えて生きつづけている。トゥニートとはトーセット文化 Dorset culture の担い手であり、約1500年ものあいだ、彼らはこの地で生活を営んでいた、と考古学者たちは考えている。

イグルーリクの家族の多くは1800年代なかばにグリーンランドへ移住した名高いキトドラルスアク Qitdlarssuaq の子孫である。キラク Qillaq に導かれたイグルーリク地方出身者を含む40名のイヌイットは、今も叙事詩として語り継がれている伝説的航海に出た。キラクは集団間の紛争を逃れた有名なシャーマンである。キラクとその仲間はグリーンランドの北西にたどりつき、そこにすでに住んでいたイヌイットのなかに定着した（キラクはグリーンランドでは本来キトドラク Qitdlaq とつづられていた。のちにグリーンランドに到着後キトドラスアク Qitdlarssuaq［偉大なるキトドラク］として有名になった）。

最初のヨーロッパ人との接触は1822年、ウィリアム・エドワード・パリー William Edward Parry 指揮官のもと、イギリスの海軍船フリー Fury とヘクラ Hecla がイグルーリクで越冬したときであった。「北西航路を発見する」という目標を掲げた遠征自体は達成されなかったが、探検隊の将校のためにその周辺の正確な地図を描いたイリグリウク Iligliuk とエウェラト Ewerat の協力をえて、パリーはその地域の人びとや土地、ハドソン湾 Hudson Bay の北側の海についてかなりの知識を得た。地元に言い伝えられている話だと、「白人は2度とこの地域を海路で戻ってこないでくれ」と願った復讐心に燃えるシャーマンの「力」によって、パリーの船はイグルーリクから出発したという。そして実際に、イグルーリク海域で、ほかの船が

12 イグルーリク Igloolik

確認されたのは、ゆうに100年以上のちのことだった。

この島には、アメリカの探検家チャールズ・フランシス・ホール Charles Francis Hall が、1867年と1868年に短期間立ち寄っている。フランクリン卿 Sir John Franklin が遠征した際の生存者を探すための航海の途中のことであった。1913年にフランス系カナダ人の探鉱者アルフレッド・トレンブレ Alfred Tremblay と指揮官である船長のジョセフ・ベルニエ Joseph Bernier が、ポンド・インレット Pond Inlet への遠征の際、「さらなる鉱物あさり」のため、イグルーリクまで足を延ばしている。そして1921年、クヌド・ラスムセン Knud Rasmussen の第5次チューレ遠征の際、メンバーがこの島を訪れている。出版された調査報告書には《現代化》の始まる直前のイヌイットの伝統的な生活の様子を詳細に写した写真が掲載されている。

イグルーリクに最初の「よそもの」が定着し始めたのは、1930年代に**ローマ・カトリック教会 Roman Catholic Church |1|** の宣教師がやってきてからである。30年代の終わりにはハドソン湾会社 Hudson's Bay Co. が交易所をこの島につくった。つぎの20年間、どの地域でもイヌイットたちは海岸線沿いの昔から住み慣れたキャンプ地や北フォックス海域（海盆）North Foxe Basin に位置する島で暮らしつづけた。

イトゥクサーリュアト Ittuksaarjuat と彼の妻アタグタールク Ataguttaaluk がリーダーとして現れたのは、このころのことである。彼らは、どんなつらいときにも人びとに気を使い、獲物や食べ物を分け与え、その地域のキャンプ地での協力体制をつくっていった。イグルーリクの学校はアタグタールクの思い出を記念して彼女の名前をつけている。

イグルーリクの現在のコミュニティーが形づくられたのは1950年代からで、連邦政府が「北極管理」に強い関心を持つようになってからである。1960年代のなかばには学校や看護所、**連邦警察（RCMP）|2|** がつぎつぎと設立され、さらにイギ**リス国教会の教会 Anglican Mission (Church) |3|**（1959年）、**イグルーリク生協 Igloolik Co-op |4|** も設立された（1963年）。政府機関からのサービスを受けようと周辺のキャンプからイヌイットの家族が集まってきたため、東部北極地方のほかの定住地とおなじように、イグルーリクは急速に大きくなった。

近代化と急激なコミュニティーの成長にともなう変化を経験しながらも、イグルーリクは、けっして彼らの文化の根底── 日々の生活や、古くからの地元組織を中心とした活動 ──を失わなかった。イヌラリート協会 Inullariit Society では、古老たちが若者たちにその土地での生き方や伝統的な縫物を教えている。また、**イグルーリク調査センター Igloolik Research Centre |5|** が、古老の経験豊かで伝統的な知識を記録する目的で、「口承伝承を記録するプロジェクト」のスポンサーになっている。協会は毎年1月中旬には暗い冬のあとに顔を出す「太陽の戻りを祝う祭り」を催す。イグルーリクには、ふたつのビデオ製作会社がある。ひとつはイグ

12　イグルーリク Igloolik

ルーリク・イスマ・プロダクション Igloolik Isuma Productions Inc.で、イヌイット文化に関する番組づくりに重点を置く会社である。ふたつめはイヌイット放送 Inuit Broadcasting Corporationで、ヌナブト中を網羅している会社の支社である。

ヌナブト準州政府の多くの省は、イグルーリクに地方支所を置いた。そのことが、このコミュニティーにインフラの拡大と人口増加をもたらしていった。

風土と野生生物

時節到来──足を踏み入れることが可能になる平らな地域では、ツンドラ植物が花を咲かせて地面一面をおおいつくすため、バード・ウォッチングやハイキング、とくにキャンプにもってこいである。アビ、ガン、ケワタガモ、アジサシ、トウゾクカモメ、チドリ、ユキホウジロ、シロフクロウなどを含む多くの鳥が、晩春から夏のあいだに、この地に移動し、巣をつくる。

エコツアー志向の人びとにとっては、最高の現場である。

4月の後半から6月は谷や湖、そして湾や浮氷を横目に見ながらイヌゾリで旅行するのにこのうえない期間である。このような旅行のあいだには、カリブーの群れや、日なたぼっこをしているアザラシ、さらにセイウチを見ることができる。

イグルーリク島周辺の海の氷が割れるのは、7月後半から8月にかけてである。氷が割れたあと、10月中旬まで船の利用が可能になるが、フリーとヘクラ海峡 Fury and Hecla Strait まで遠出すれば、運がよければ、ホッキョククジラが北フォックス海域（海盆）へ移動する光景に出会えるかもしれない。

ツアー

イグルーリクでは、ずばり、その地の季節や自然がエコツアー志向の旅人にさまざまな機会を与えてくれる。しいていうならば、いちばんいい時期は4月の中旬から9月初旬であろう。なぜならこの時期は、ほとんど空が暗くならず、気温も高いからである。

町の北2キロメートルのところに石灰岩の絶壁があり、その頂上からイグルーリクとその周辺のすばらしい風景を眺望で

こんなトナカイの大群に出くわすことができるエコツーリストは幸運（イエローナイフの博物館資料）

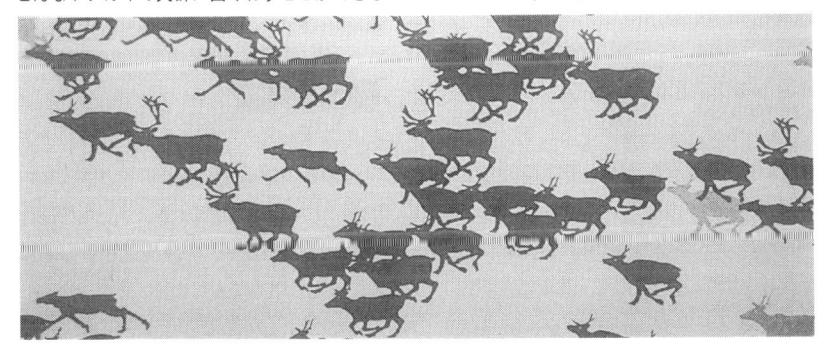

12　イグルーリク Igloolik

きる。この地点からほとんど島全体が見られるのだ。メルビル半島の低い丘陵がつらなる海岸線は、西から南の地平線を埋めてしまう。視界がいいときには、フリーとヘクラ海峡を横切ってバフィン島の遠くの山が見える。

　イグルーリク島には考古学的な《みどころ》もたくさんある。これらの遺跡は雪のない時期（6月中旬から9月中旬）に、地肌が出ているときに行くのがよいだろう。たとえば、最近発掘されたドーセット文化とチューレ文化 Thule culture の住居跡はアルナックアクサト・ポイント Arnaqquaksat Point の近くにあり、このポイントは町から5キロメートル離れており、歩いても快適に行ける距離である。古いチューレ定住地の廃墟は、町から無舗装道路で18キロメートルのところにあるウンガルヤト・ポイント Ungalujat Point で見られる。ここには翌年のクジラの豊漁を祈願する祭りをおこなっていた円形の儀式小屋の壁や石のベンチなど、30以上の重要な建造物がある。7月から9月中旬ごろのように、道のコンディションがいいときには、タクシーでのサイトへの移動も可能である。季節によって、スノーモービル、イヌゾリ、またはボートを地元のスタッフにアレンジしてもらってもいいだろう。

　ウンガルヤト・ポイントに行く途中、1823年のパリーによる遠征の際に亡くなったイギリス人水兵の墓がある。その墓石は地元の石灰岩でつくられ、文字が丁寧に彫られている。さらに、海岸線沿いから東にイグルーリク・ポイント Igloolik Point

があり、そこは名前のとおり、かつてのイヌイットの村があったところである。

　この周辺はいまだにイヌイットの人たちにとって、夏のキャンプ地や、捕鯨の場として人気がある。

　イグルーリクの北西海岸沖から、そんなに遠くないところにアバヤク島 Avvajjaq Island が横たわっており、島のひとつの遺跡にはかつてのイヌイット居住地があり、1930年からのローマ・カトリック教会宣教師の家屋が連なっている。アバヤク地域の花崗岩でできた、くねくねとつづく丘や曲がりくねった谷は4月中旬から5月にかけて、クロスカントリー・スキーをするのに最適である。迷路のような海峡のなかの隠れた島と、その狭い水路は、夏にシー・カヤックをする人にはたまらない。

　イグルーリク島そのものには釣り場がない。イグルーリクから24キロメートル南西のメルビル半島のモッグ湾 Mogg Bay（ナルカヤルビク Naluqqajarvik）がいちばん近いチャー（ホッキョクイワナ）の漁場である。マスやイワナなどは、隣接する湖でも釣れる。8月はバフィン島のフィヨルドや海岸での釣りに最適だが、フリーとヘクラ海峡の天候や氷の状況によっては、この周辺に行くのがむずかしくなる。

ショッピング

　イグルーリク生協とノーザン・ストア Northern Store |6| は、このコミュニティーのおもな小売店で、さまざまな商品や食品を扱っている。キャンプ用の燃料は生協でしか購入できない。

　季節によって冷凍のチャー（ホッキョ

12　イグルーリク Igloolik

クイワナ）やカリブーが**猟師・罠猟師組合 Hunters and Trappers Organization (HTO)｜7｜**で購入できる。伝統的な毛皮服や道具なども、ときによっては購入可能。

イグルーリクはイヌイットの工芸品を購入するのにも適している。ここの作家（芸術家）は、おもに彫刻を彫る。こうした作品はおもに生協を通して売られるが、個人の芸術家から購入できる場合もある。地元芸術家の壁かけや絵画は**生協のレストラン Co-op restaurant｜8｜**に展示されている。

宿泊と食事

イグルーリクにはふたつのホテルがある。朝食つきのもうひとつの「旅人の家 B＆B」（民宿）をやっている家庭も何軒かある。朝食つき宿泊施設の情報は、地元の経済発展事務所で手に入る。

トゥヨルミビク・ホテル Tujormivik Hotel｜9｜は全部で8部屋あり、そのうち1部屋がシングル、残りの7部屋はダブルである。バスルームは共同。すべての部屋にケーブル・テレビが入っている。ホテルのラウンジには公衆電話が設置されている。食堂ではイワナやカリブーなど、地元の食材を使った手のこんだ料理を出してくれる。食事に特別な制限のある人などは、事前にいっておくと、追加料金なしで用意してもらえる。料金はシングルでもダブルでもひとり1泊190ドル（食事こみ）、もしくは食事なしで125ドル。

イグルーリク・イン Igloolik Inn｜10｜は1998年に開業した生協経営の宿泊施設で、7部屋ある（シングル3部屋、ダブル4部屋）。すべての部屋に浴室と電話、ケーブル・テレビが備わっている。料金はシングルで1泊150ドル、ダブルで125ドル。

食堂は宿泊者にかぎり、朝8時から利用可能（食堂のみの利用者は朝10時から）。良心的な値段でおいしい食事がとれる（朝食8ドル、昼食10ドル、夕食25ドル）。トゥヨルミビク・ホテルでも、やはり宿泊者ではなくても食事のみとれる（朝食20ドル、昼食20ドル、夕食35ドル）。しかし事前連絡が必要。スナックや軽食は**生協のコーヒー・ショップ Co-op Coffee Shop｜11｜**で購入可能。

サービス

町は訪問者を快く迎えてくれる。**役場 Hamlet Office｜12｜**では、町で受けられるサービスの最新情報を用意してくれている。**アタグタールク小学校 Ataguttaaluk Elementary School｜13｜**（**公共図書館 Public Library｜14｜**としてもすばらしい）には町の歴史を写真やパネルで説明しているギャラリーが設置されている。

ツアーはイグルーリク調査センターでもおこなっている。調査センターは、その地の政府機関でその土地の科学的な調査を奨励しており、また、環境のモニタリングもおこなっている。センターには参考文献を置いた図書館とイヌラリート協会の人びとに協力してもらって集めた「口承伝承資料と伝統的な知識」を集積した膨大なコレクションがある。

イグルーリクの**健康管理センター Health Centre｜15｜**には4人の住みこみ看護師がいる。外来は午前9時から午前

12　イグルーリク Igloolik

11時半で、月曜日から金曜日まで。平日の午後、開いている専門のクリニックもある。看護師は24時間体制で働いている。イカルイトからの医者は、コミュニティーを定期的に訪問している。

（協力　ジョージ・クラウト George Qulaut　ルイス・タパルデュク Louis Tapardjuk）

イグルーリク連絡先 (本文掲載順)

| 1 | ローマ・カトリック教会 Roman Catholic Church
　　 Tel 867-934-8846　Fax 867-934-8757
| 2 | 連邦警察 (RCMP)
　　 Tel 867-934-8828　Fax 867-934-8723
| 3 | イギリス国教会の教会 Anglican mission (Church)
　　 Tel 867-934-8586　Fax 867-934-8586
| 4 | イグルーリク生協 Igloolik Co-op (VISA、Interac、トラベラーズ・チェック使用可)
　　 Tel 867-934-8938　Fax 867-934-8740
| 5 | イグルーリク調査センター Igloolik Research Centre
　　 Tel 867-934-8836　Fax 867-934-8792　E-mail: igloonri@nunanet.com
| 6 | ノーザン・ストア Northern Store (VISA、MasterCard使用可)
　　 Tel 867-934-8822　Fax 867-934-8978
| 7 | 猟師・罠猟師組合 Hunters and Trappers Organization (HTO)
　　 Tel 867-934-8807　Fax 867-934-8067
| 8 | 生協のレストラン Co-op Restaurant (イグルーリク・イン内)
　　 Tel 867-934-8595　Fax 867-934-8740
| 9 | トゥヨルミビク・ホテル Tujormivik Hotel (VISA使用可)
　　 Tel 867-934-8814　Fax 867-934-8816
|10| イグルーリク・イン Igloolik Inn (VISA使用可)　Tel 867-934-8595　Fax 867-934-8740/
　　 ホテルのレストラン (| 8 |とおなじ)　Tel 867-934-8595　Fax 867-934-8740
|11| 生協のコーヒー・ショップ Co-op Coffee Shop　Tel 867-934-8948
|12| 役場 Hamlet Office　Tel 867-934-8830　Fax 867-934-8757
|13| アタグタールク小学校 Ataguttaaluk Elementary School　Tel 867-934-8996
|14| 公共図書館 Public Library (アタグタールク小学校内)　Tel 867-934-8812
|15| 健康管理センター Health Centre　Tel 867-934-8837　Fax 867-934-8901

そのほかの連絡先

空港　Tel 867-934-8973　Fax 867-934-8955
郵便局 (イグルーリク生協内)　Tel 867-934-8727
ヌナブト準州政府資源開発省 Department of Sustainable Development, Government of Nunavut
Tel 867-934-8999　Fax 867-934-8995
アルコール教育委員会 Alcohol Education Committee　Tel 867-934-8905
ヌナブト・アークティック・カレッジ Nunavut Arctic College　Tel 867-934-8876

クァマニク・タクシー Qamaniq Taxi　Tel 867-934-8942

ラジオ局 (FM105.2)　Tel 867-934-8824 (放送時間外)　Tel 867-934-8832 (放送中)
気象情報　Tel 867-934-8947
天気予報の Web site: www.infonorth.org

13 ホール・ビーチ　　　　　　　　　Hall Beach
リン・ハンコック　　　　　　　　　　　　　　　　Lyn Hancock

ホール・ビーチは、あまりほかの旅行案内では紹介されていない独特なコミュニティーだ。

人口	543人（イヌイット92％、イヌイット以外8％）
市外局番	867
標準時間帯	東部標準時
郵便番号	X0A 0K0
現地までの道のり（可能なルート）	
	・オタワ/モントリオール〜イカルイト Iqaluit〜ホール・ビーチ（イカルイトからホール・ビーチは北西に約800キロメートル）
	・カンゲルスアク Kangerlussuaq（グリーンランド）〜イカルイト〜ホール・ビーチ
	・ウィニペグ〜ランキン・インレット Rankin Inlet〜イカルイト〜ホール・ビーチ
	・エドモントン〜イエローナイフ Yellowknife〜ランキン・インレット〜イカルイト〜ホール・ビーチ
銀行	なし。現金あるいはトラベラーズチェック持参が望ましい。クレジット・カード取扱店もあり。
酒類	アルコール、またはアルコールの入った飲み物は購入不可。アルコールを持ちこみたい人は、事前にアルコール教育委員会の許可をえること。
タクシー	あり。

（人口は1996年のカナダ国勢調査のデータによる）

果てしなく広がるさらさらの砂浜。フォックス海域（海盆）Foxe Basinの海岸に横たわる砂利。さらに沼地化した湖とツンドラの池。どちらかというと、ここは荒涼とした地だ。

しかし、その見かけのみじめさにもよらず、ホール・ビーチでの経験は旅人にとって思い出深いものになる。メサノトで経験したいちばんの思い出は、海氷原のうえにつくられたさまざまな氷を見ながら歩くこと、セイウチやホッキョクグマを見たこと、だった。その後、しとめたシロイルカ（ベルーガ）を村に持ち帰る《狩人たち》に会うために海岸にほかの旅人と行ったこと、自分の手をシロイルカ（ベルーガ）の体のなかに入れてあたためた経験である。

歴史

メサブトのほとんどのコミュニティー

13　ホール・ビーチ Hall Beach

が交易地や捕鯨場、または季節的な狩猟場や漁労場のまわりで形成されたのにくらべ、ホール・ビーチは、1957年にカナダ北方を監視するために遠距離早期警戒レーダー網 Distant Early Warning (DEW) Line の基地が建設された直後につくり出された。今日、コミュニティーはこの北レーダー警告システム North Warning System の中心地であり、今、設置されているレーダーは遠距離早期警戒レーダー網が進化したものである。

　コミュニティーの端には、石や骨でできた、チューレ文化期 Thule culture のイヌイットと初期のドーセット人 Dorset peoples の遺物がある。テント・リング（石環＝テントが張ってあった丸い跡）の跡や貯蔵食糧、墓地、カルマク qarmait（芝土でつくられた家）、半地下の家々などが、コミュニティーの北にあるキミクトゥルビク Qimmiqturvik とナパクト Nappaqut と呼ばれる場所で見つかった。

　コミュニティーの南のはずれ、もりあがった海岸に横たわっているのはチューレ期 Thule の冬用住居の跡である。今、確認できるのは、板石の床、石でできた寝床とホッキョククジラの頭蓋骨でつくられたドアやたるき、壁などである。以前、屋根に使われていた芝土の塊が地面にころがっている。

　イヌイットと外の人間のはじめての接触は突発的であったが、密だった。探検家ウィリアム・エドワード・パリー William Edward Parry と G・F・リオン G. F. Lyon が、この地域を訪れた最初のヨーロッパ人だった。1822年から23年にかけてイグルーリク Igloolik で越冬した際のことである。1860年、アメリカ人の探検家チャールズ・フランシス・ホール Charles Francis Hall がこの地に立ち寄り、イヌイットと一緒に旅をした。ホール・ビーチとホール湖は、彼の名にちなんでいる。1912年にはカナダ人探鉱者アルフレッド・トレンブレ Alfred Tremblay がジョセフ・ベルニエ船長 Captain Joseph Bernier によるポンド・インレット Pond Inlet への遠征の際、この地域で時間をすごした。そして、1920年代、第5次チューレ遠征のメンバーが地元イヌイットの生活を記録するために来ている。

　1950年、60年代、周辺のキャンプにいたイヌイットたちが遠距離早期警戒レーダー網基地とその周辺で働くために移動してきた。（サニラヤク Sanirajak、イヌイット語で「海岸沿い」を意味し、ホール・ビーチを囲むような広い地域をさしている）。このとき以来ホール・ビーチに急激な変化が訪れたにもかかわらず、ホール・ビーチはいまだにヌナブトのなかでも、もっとも伝統的なコミュニティーのままである。

風土と野生生物

ここでのバード・ウォッチングは飽きることがない。晩春と夏にはカモ、ガン、ハクチョウ、そのほかの水鳥がコミュニティーの裏側にあるツンドラの池に巣をつくりに南からやってくる。エコツアー志向の旅人なら、ケワタガモ、コクガン、コハクチョウ、ヒレアシシギ、クビワカモメ、シロフクロウなどに目星をつけるだろう。

　ツンドラはまた、植物学者や写真家に

13　ホール・ビーチ Hall Beach

とっても天国のようである。コケ、地衣類、ホッキョクメンバナ、ホッキョクヒース、センノウ、ユキノシタなどの地にしっかりと根を張る植物が見られる。この地の住民は早春と晩秋の見事な日没がその平らな地をことさら強調する、と絶賛している。

ツアー

「ホール・ビーチを訪れる」ということは、「イヌイットの伝統と手厚いもてなしに触れる」ことと同意語である。海岸を歩いていると、短い夏中、昼夜を問わずキャンプしている住民を見かけるだろう。ここで彼らは漁網の手入れをしたり、大鍋でセイウチの肉を煮こみ、マクターク maktaaq（シロイルカ［ベルーガ］とイッカククジラの外側の生の皮）を切り、そして深紅のイワナの切り身を吊るして乾かす。3か月間、太陽が沈まないので、この時期、彼らは家の外に出て日光を満喫する。

カミック Kamiit（アザラシの毛皮でつくったブーツ）をつくるために、アザラシの脂肪をそぎ落とす人もいれば、石灰石を使ってセイウチやホッキョクグマを彫る人もいる。彼らの人柄や行動に興味を示せば、お茶とバノク（かつてスコットランド人の捕鯨者や交易者が油であげてつくったパン。今ではイヌイットの食事にかかせない）、ぐるぐる巻きにされた腸で味つけされたセイウチのシチュー、またはイクナク iqunaq（長期間保存された肉、この場合はセイウチの肉）などで、もてなされるかもしれない。老人たちはイクナクを「チーズの味だ」という。

釣りと狩りのくわしい情報を手に入れたければ、猟師・罠猟師組合 Hunters and Trappers Organization（HTO）|1|に問いあわせるのがいいだろう。釣りは7月中旬から8月下旬がシーズンである。人気釣りスポット、ホール湖やヌルサルナーリュク Nursarnaarjuq（漁師の湖として知られている）への単独旅行も手配できる。275ページの『ヌナブトとそのコミュニティーに飛ぶ』の項を見てもらえば、飛行機や個人旅行のサービスについてわかるだろう。また、釣りはコミュニティーの海岸でもできる。

8月中旬から下旬がカリブー狩りにいちばん適している。ホッキョクグマの狩りは10月下旬と4月下旬がいい。ホール・ビーチはセイウチが多く、7月から9月にかけてその狩りが一般的におこなわれている、カナダでも数少ない場所である。これらの場所にあなたを引率してくれる人を探す場合には、猟師・罠猟師組合、生協、生協ホテル Co-op Hotel|2|、または役場 Hamlet Office|3|で聞いてみよう。

ほかのおすすめサイトは、町の端にある古いクジラの死骸の残骸置き場である（およそ350年から800年まえのもので、いまだに鼻が曲がるような悪臭をはなっている）。つぎに1950年なかごろ遠距離早期警戒レーダー網基地を建設のための補給品を運んでいる際、ホール湖付近に墜落した第2次世界大戦で活躍したランカスター爆撃機の残骸も一見の価値がある。そして、ロチェ湾 Roche Bay 付近の町から南に10キロメートルのところにあるメナパルビク Nunaparvik の渓谷にある5つの滝もおすすめ。

13　ホール・ビーチ Hall Beach

イベント

ホール・ビーチを訪ねるのにいい時期は4月1日、村（町）の日 Hamlet Days で、コミュニティーの祭りや伝統的なゲーム、スクエア・ダンスなどを楽しむことができる。村（町）の日は4月中旬から8月中旬までつづく白夜の訪れを祝うものである。

宿泊と食事

ホール・ビーチ生協 Hall Beach Co-op |4|は小さなホテルを所有しており5つの部屋に15人まで収容できる。つまり、共有部屋。ホール・ビーチ生協ホテル Hall Beach Co-op Hotel はどの部屋にもテレビ、電話、洗面所はない。ホテルには共有室があり、そこに電話、シャワーがついた洗面所がふたつ、洗濯機・乾燥機、テレビとビデオ（無料）が設置してある。部屋は食事つきでひとり170ドル、高齢者は15％の割引が受けられる。生協は小さな売店、カンティーン Canteen |5| も経営している。

ショッピング

ここにはふたつの店――ノーザン・ストア Northern Store |6| とホール・ビーチ生協がある。どちらの店でも一般的な商品と冷凍肉と新鮮野菜を含む食糧が購入できる。また猟師・罠猟師組合ではチャー（ホッキョクイワナ）も購入できる。

有名なアーティストはいないが、フィロメネ・ナトゥク Philomene Nattuq とリア・アングイリアヌク Leah Anguilianuk はその彫刻品とオリジナルのアクセサリー制作者として、地元ではよく知られている。イサキ・アングコタウトク Isaki Angkotautok は旅行道具の店を経営しており、どんなものからでも芸術品をつくり出してしまう。生協のスタッフは旅人を彼らの家に案内してくれ、作品や彫り物、縫物を購入する手配をしてくれたり、ほかの作家（芸術家）のことも教えてくれたりする。

サービス

ふたりの住みこみ看護師がホール・ビーチの健康管理センター Health Centre |7| を運営している。センターは平日朝8時30から正午。一般診療は、午後1時から5時まで。緊急に備えて、電話はいつでも受けられるようになっている。なお、ホール・ビーチには連邦警察（RCMP）|8| の派出所とアイスリンクがある。

ホール・ビーチ連絡先 (本文掲載順)

|1| 猟師・罠猟師組合 Hunters and Trappers Organization (HTO)
　　Tel 867-928-8994　Fax 867-928-8765
|2| 生協ホテル Co-op Hotel (VISA、MasterCard、American Express 使用可)
　　Tel 867-928-8952 あるいは 867-928-8876　Fax 867-928-8926
|3| 役場 Hamlet Office　Tel 867-928-8844　Fax 867-928-8355
|4| ホール・ビーチ生協 Hall Beach Co-op (VISA 使用可)
　　Tel 867-928-8876　Fax 867-928-8926
|5| カンティーン Canteen (ホール・ビーチ生協内)
　　Tel 867-928-8876　Fax 867-928-8926

14 リパルス・ベイ Repulse Bay

| 6 | ノーザン・ストアNorthern Store (VISA、MasterCard、Interac使用可)
　　Tel 867-928-8875 Fax 867-928-8874
| 7 | 健康管理センターHealth Centre Tel 867-928-8827 Fax 867-928-8847
| 8 | 連邦警察 (RCMP) Tel 867-928-8930 Fax 867-928-8949

そのほかの連絡先

空港 Tel 867-928-8919 Fax 867-928-8914
郵便局 (生協内) 午後3時～6時 (平日) Tel 867-928-8821
ヌナブト準州政府資源開発省Department of Sustainable Development, Government of Nunavut Tel 867-928-8276 Fax 867-928-8871
アルコール教育委員会Alcohol Education Committee Tel 867-928-8880
ヌナブト・アークティック・カレッジNunavut Arctic College
Tel 867-928-8803 Fax 867-928-8979

クングト・アウトフィッティングKungut Outfitting (旅行準備業者)
Tel 867-928-8994 Fax 867-928-8765
生協タクシーCo-op Taxi Tel 867-928-8876

ラジオ局Radio Station (FM 106.1) Tel 867-928-8829
天候情報 Tel 867-928-8807
天気予報のWeb site: www.infonorth.org

14 リパルス・ベイ　　　　　　　　　　　Repulse Bay

ピーター・アーナーク　　　　　　　　　　　　Peter Ernerk

イヌイットの古老が、青少年にドラム・ダンスやイヌイットの伝統的な歌を教えているところを見たいと思いませんか？

　北極圏とリパルス・ベイに来ると、イヌイット・コミュニティーが、今でもかたくなに伝統を守っているのがわかる。ここは北極のなかでも《20世紀的文明に足を踏み入れることのできる最後の場所》のひとつであろう。
　リパルス・ベイは狩猟、釣り、罠猟などで栄えている。ビクター・トゥノリクVictor Tungilik | 1 | のように多くの古老が人生の大半をそうやって生きてきた。

　ここは夏になると狩猟 (漁労) 者が魚やイッカククジラ、カリブー、アザラシ、そしてセイウチなどを家にもって帰る光景がめずらしくないところである。
　ビクターは、つねにナウヤートNaujaat (イヌイット語でリパルス・ベイをさす) で生きてきた。1924年に生まれ、伝統的な数々の歌を暗記しており、自らがパフォーマンスをする。ときどきリパルス・ベイのトゥサルビク学校Tusarvik School | 2 | で

14　リパルス・ベイ Repulse Bay

人口	559（イヌイット95％、イヌイット以外5％）
市外局番	867
標準時間帯	中部標準時
郵便番号	X0C 0H0
現地までの道のり（可能なルート）	・ウィニペグ〜ランキン・インレット Rankin Inlet〜リパルス・ベイ（ランキン・インレットからリパルス・ベイは北に500キロメートル） ・エドモントン〜イエローナイフ Yellowknife〜ランキン・インレット〜リパルス・ベイ ・オタワ／モントリオール〜イカルイト Iqaluit〜ランキン・インレット〜リパルス・ベイ ・カンゲルスアク Kangerlussuaq（グリーンランド）〜イカルイト〜ランキン・インレット〜リパルス・ベイ
銀行	なし。現金あるいはトラベラーズ・チェック持参が望ましい。クレジット・カード取扱店もあり。
酒類	アルコール、またはアルコールの入った飲み物は購入不可。 アルコールを持ちこみたい人は、事前にアルコール教育委員会の許可をえること。しかし委員会は連絡先電話番号がないため、許可を得るのは実際問題としては、極めて困難。
タクシー	なし。

（人口は1996年のカナダ国勢調査のデータによる）

青少年にドラムと歌を教えている彼を見かけることができる。

彼の娘エリザベス・マプサラク Elzabeth Mapsalak を通してビクターのイヌイット文化についての教えを直接拝聴できる。この地域に来たばかりの人はヌナブト・アークティック・カレッジ Nunavut Arctic College│3│に立ち寄って、アブラハム・タゴルナク Abraham Tagornak の講義を聞くのもいいだろう。

リパルス・ベイの住民は、彼らのコミュニティーと美しい環境に誇りを持っている。入り江や丘が、えもいわれぬ微妙な形でつながり地平線を形づくっている。そのところどころが1年中雪でおおわれていることもある。リパルス・ベイの空港に到着すると、地元住民のあたたかい笑みで迎えられることだろう。行き先がわからなくなったら、だれでもいいので尋ねてみよう。ナウヤート地方の人びとは、だれもみな、自分たちの歴史・文化のすべてを旅人と喜んでわかちあってくれるはずだ。

私はイエローナイフにある高校に在学したあと、1964年5月に家に戻ってきた。そこで、ウィニペグからやってきたマニトバ大学教授のジョージ・スウィントン

イヌイットの笑顔は　いつもあたたかい

George Swintonに出会った。彼は執筆中の本のために、リパルス・ベイの彫刻家たちのことを記録したがっていた。私は《話し言葉としての英語》を学び、英語からイヌイット語への翻訳を、かなりできるようになっていた。ジョージは仕事を終えたあと、手伝ってくれたお礼に、素敵なベージュのズボンをプレゼントしてくれた。私はそれをとても気にいった。

さらに、私の両親へ、とお茶とタバコをくれた。ジョージが発つまえ、彼は私の家族と一緒の写真を撮りに、わが家に立ち寄った。私の母は、彼がほしがっていたウル ulu(女性用ナイフ)を持っていた。どの人にもやさしい母は、ジョージが自分たちにしてくれた数々のことに感謝し、そのナイフをプレゼントした。これが南からの訪問者に私たちがあらわした感謝の気持ちであった。そのナイフはといえば、現在はウィニペグ・アート・ギャラリーに置かれているということだ。

歴史

リパルス・ベイのまわりは、無数のイヌクシュク inuksuk が乱立している。イヌクシュイト inuksuit(イヌクシュクの複数形)とは、石を石の上に積みあけて人間を型どったものである。イヌクシュクは英語のケルン(石塚)にあたる。イヌイットたちは、はるか昔に彼らが旅をしたあちらこちらに、旅の軌跡として積み立てていった。

アミトゥルミウト Amitturmiut の土地で、ボートとカムティック qamutik(ソリ)で、その昔、行き来を繰り返していたリパルス・ベイのイヌイットたち——すなわち、イグルーリク Iglulik(Igloolik)とサニラヤク Sanirajak(ホール・ビーチ Hall Beach)の人びと——は、自らの道すじをイヌクシュクでしるした。何世紀にもわたり、アルビリギュアク Arviligjuaq(ペリー・ベイ Pelly Bay)の人びととの交流がつづき、イグルーリクのイヌイットとナウヤートとアルビリギュアクとのあいだで多くの結婚も成立した。

1860年に捕鯨者たちは、リパルス・ベイに定期的に航海してくるようになった。しかし1914年には商業用捕鯨は完全に中止されてしまった。ハドソン湾会社 Hudson's Bay Co. は、1919年に交易所を開始した(その後、この交易所は、1987年にはノーザン・ストア Northern Stores デパート・チェーンを経営するノース・ウエスト会社 North West Co. に経営権が移譲された)。

1940年、50年代にナウヤートのイヌイットがホッキョクキツネのほとんどを捕獲してしまった。当時、ホッキョクキツネの毛皮は高級品と見なされ、それをつかまえて売ることで手に入れた現金収入で、ほかの商品を購入することができた(当時、携帯用コンロの灯油が1ガロン50セントだった)。多くの人がホッキョクキツネとアザラシの毛皮をハドソン湾会社へ売り、そのかわりに捕鯨船(日本人が想像するような大きな船ではない。小さな舟=日本語版編者注)やカヌー、船外発動機を購入した。

1930年代に宣教師たちがこの地を訪れ、イヌイットの生活をかえた。《宣教師》は、文字どおり「イヌイットを救う人」という

意味であった。他文化の宗教への帰属は、特定のグループのメンバーになることであった。アミトゥルミウトはイギリス国教会に帰依し、コミュニティーの小さな丘の西側にあったハドソン湾会社の近くに移住してしまった。ナティリクミウト Nattilikmiut（もともとペリー・ベイ出身のイヌイットである）はローマ・カトリックに、アイビリングミウト Aivilingmiut（先祖はリパルス・ベイに起源を持つ）は、東側の丘に移住していった。1950年代までにはイヌイット同士のあいだで、「どの宗派の信仰がいちばん正しいか」という論議が起こり始めていた。とくに、ちがう宗派を信じる子どもたちのあいだでけんかが盛んだった。もちろん、この分裂は彼らが望んで始めたものではない。

1940年代、人びとは滑石（ソープストーン）、セイウチの牙、ときにはクジラの骨でこぞって彫刻を始めた。この《芸術活動》は、イヌイットの人びとの生活にうるおいを与えた。また、このおかげで政府の援助を頼らずにすむようにもなった。ナウヤートのイヌイットたちはキンガイト Kinngait（ケープ・ドーセット Cape Dorset）のイヌイットたちとおなじように、彫刻に魅せられていった。リパルス・ベイはミニチュア牙彫刻家で有名なマーク・トゥンギリク Marc Tungilik やイレーン・カタク Irene Katak（この項の筆者の母）などの多くの有能な作家（芸術家）を生み出した。

多くのリパルス・ベイの有名彫刻家——ルーシー・アガラクチ・マプサラク Lucy Agalakti Mapsalak、セリナ・プトゥリク Celina Putulik、ポール・アクアリュク Paul Akuarjuk、クリスティーヌ・アール・シバニクトゥク Christine Aalu Sivaniqtuq、マデリーン・イシクト・クリンガヤク Madeline Isiqqut Kringayak、アタナシ・ウリカタク Athanasi Ulikattaq、ベルナデテ・イグタク・トゥンギリク Bernadette Iguttaq Tungilik らはすでに他界している。しかし、ジョン・カウナク John Kaunak とポール・マリキ Paul Maliki は今でもナウヤートで制作に励んでいる。そして、マリアノ・アウピラデュク Mariano Aupilardjuk とベルナデッテ・サウミク Bernadette Saumik はランキン・インレットで生活している。これらの彫刻家の作品はカナダのアート・ギャラリーや美術館で鑑賞できる。ナウヤート彫刻の多くはマニトバ州のチャーチル Churchill にあるエスキモー博物館 Eskimo Museum に展示されている。

カナダ政府は1968年、エスキモー賃貸住宅プログラム Eskimo Rental Housing Program を導入し、ほとんどの地域のイヌイットたちがナウヤートにうつってきた。地元民を雇った政府機関の協力のもと、新しい賃金経済は改善された。

風土と野生生物

コミュニティーの約5キロメートル北にある崖で毎年6月にカモメが巣をつくる。ナウヤートという名前は、この巣の場所に由来し、イヌイット語で「飛び始める雛」「赤ちゃんカモメ」を意味する。英語名のリパルス・ベイは1742年、英国海軍 British Admiralty に不満を抱きながら航海していた船長クリストファー・ミドルト

ン Christopher Middleton の命名である。彼は本来の目的地よりも、はるか北を航海してしまい、北西航路を見つけることができなかった。落胆した挙句、彼が航海していた海原をリパルス・ベイと名づけた。

5月、6月中ナウヤートは渡り鳥で活気づく。小さな鳥のなかでもユキホオジロが最初に到着し、春の到来を告げる。そして膨大な種類の大きな鳥がつづいてやってくる。深夜、単調な彼らの鳴き声が聞こえてくる。とくに、アビの鳴き声は独特でおもしろく、わびしい。

ほかに特徴のある鳥たちをあげれば、ケワタガモ、コオリガモ、カモメ（ナウヤト naujat）、トウゾクカモメである。トウゾクカモメとカモメはしばしばエサの肉片を奪いあって喧嘩している。フイチョウやコハクチョウ、ハヤブサ、シロハヤブサ、ケアシノスリ、カナダヅルなども見つけることができる。カナダ全体にいえることだが、ガンをはじめ、1950年代、60年代にくらべて、より多くの種類が見られるようになった。おそらく、エサとなる植物の環境が改善されたからであろう。コミュニティーから少し離れると、キョクアジサシやウミバトも見られる。

ナウヤートでは6月がマニート manniit（産卵期）として知られている。キョクアジサシの卵は北極でもおいしい卵とされている。しかし産卵の時期に池のまわりを歩くのは避けたほうがいいだろう。キョクアジサシは、高度を落として飛び、人の頭をつつくことで知られているので、気をつけたほうがいい。

秋と冬にはワタリガラスとシロフクロウもコミュニティーからはなれたところで見られる。

リパルス・ベイの海の生物も多様だ。アゴヒゲアザラシやワモンアザラシ、タテゴトアザラシ、ゴマフアザラシに加え、この地域の海はホッキョククジラの住みかでもある。

ツアー

ナウヤートの北では歴史的廃墟や芝土の家などを見ることで、昔の人びとを偲ぶことができる。イヌクシュクと古い墓石はどちらも歩いていける距離にある。

1922年、サーケル・マチアセン Therkel Mathiassen に率いられてきたデンマークの第5次チューレ遠征隊の隊員によってコミュニティーの遺跡から63個の骸骨が盗まれるという、忌まわしい事件があった。何千もの遺物が骸骨と一緒にデンマークに持ち帰られ、それらの「探検隊の戦利品」は、最初、「医学の発展のために」使用されたが、のちに地元の博物館に展示されるようになった。1991年9月、リパルス・ベイで、その骸骨の返還と再埋骨がおこなわれた。ナウヤートは今でもデンマーク中に点在している3,500もの遺物を自分たちのもとにとり戻そうとしている。しかし、いかんせん《役所仕事》なので、なかなか進んでいない。

船に乗ったり海洋生物を見たいのなら、**アルビク猟師・罠猟師組合 Arviq Hunters and Trappers Organization|4|** のアンドレアシ・シウティヌアル Andreasi Siutinuar 委員長に連絡して予約を入れるのがいい。アザラシ、鳥、セイウチ、カリブーを見る

には、キキクタトQikiqtat（ハーバー諸島 Harbour Islands）の南東18キロメートルがいい。また、ハドソン湾会社の初期の探検家ジョン・ラエ博士Dr. John Raeの古い石づくりの家を見たいのならば、ニアクングートNiaqunguut（ノース・ポール川North Pole River）に行けばいい。このツアーは夏には船で行ける。あなた自身の「ナウヤートの歴史探訪の記録」を撮るために、カメラを持参してほしい。

ショッピング

ナウヤト生協Naujat Co-op｜5｜で彫刻をお土産に購入できる。カナダから来たのでないならば、地元の野生生物担当官に、なにを持ち帰れるかの確認をとったほうがいい。たとえば、「アメリカ国籍の人間は、クジラの骨やセイウチの牙からできた彫刻を輸入することができない」などの制約があるからだ。

食品やそのほか日用雑貨は生協、ノーザン・ストアNorthern Store｜6｜で購入可能である。

ヌクステト・ソーイング・グループNuksutet Sewing Group｜7｜はブーツやミトンからアマウティamautit（女性用パーカ）やほかの服のオーダー・メイドに応じてくれる。予約はエリザベス・キドラピクElizabeth Kidlapikまで。

イベント

ナウヤートではたくさんの催しが1年を通しておこなわれている。イースターのときはイグルー《雪の家》をつくったり、スノーモービル、イヌゾリ・レースをしたり、室内、屋外の競技をする。釣り競争は通常5月に開催される。7月1日、カナダの建国記念日、村（町）の日Hamlet Daysの式典などなど、行事が目白押しである。レクリエーション、スポーツ・イベントなどの詳細については、**役場Hamlet Office｜8｜**のレクリエーション係長であるウィリアム・ビベリッジWilliam Beveridgeに連絡をとってほしい。

宿泊と食事

ナウヤト生協が運営する**インズ・ノースInns North｜9｜**は全部で13部屋、そのうちの12部屋がツインで、残りのひとつがダブル。全室洗面所とケーブル・テレビつき。部屋に電話はないが、公衆電話がロビーの近くと、テレビがあるラウンジに設置されている。また、リビング・ルーム、ホット・プレイトと冷蔵庫のついたスイートの部屋がひとつあり、ホテル全体の収容人数は25人。

料金はひとり1泊125ドル（食事なし）で、食事をつけると180ドル。スイートは1泊145ドル（食事なし）、食事つきで200ドル。食事の料金は、朝食10ドル、昼食20ドル、夕食25ドル。掲示された時間しかレストランは開いていない。宿泊者以外でも、事前に予約をすれば食事ができる。宿泊者はマネジャーにいえば、洗濯もできる。

レクリエーション委員会という組織は、1年中コミュニティー・コンプレックスCommunity Complexで売店を経営している（冬には、コミュニティー・アリーナCommunity Arenaにも売店がある）。

14 リパルス・ベイ Repulse Bay

サービス

ランキン・インレットからナウヤートへのフライトは週4便あり、交通の便はよい。

現地で体調を崩した場合、健康管理センター Health Centre |10| にいる看護師へ電話するとよい。24時間の緊急サービスもある。現地には医者はいないが、看護師がチャーチルにいる医者と電話で話しながら診察をしてくれる。一般診療は平日朝8時半から午後5時まで。

現地の体育館(バレーボール、バスケットボール、サッカー、会議などに使われている)、郵便局 |11|、地元のラジオ局 |12| はすべてハムレット(役場)・コンプレックス Hamlet Office Complex のなかにある。最近、学校にもうひとつ体育館がつくられた。

リパルス・ベイ連絡先 (本文掲載順)

|1| ビクター・トゥンギリク Victor Tungilik (文化活動) 予約などの連絡はエリザベス・マプサラク Elizabeth Mapsalak に (有料) Tel 867-462-4203
|2| トゥサルビク学校 Tusarvik School (図書館のサービスもある)
　　 Tel 867-462-9920　Fax 867-462-4232
|3| ヌナブト・アークティック・カレッジ Nunavut Arctic Colledge
　　 Tel 867-462-4281 あるいは 867-462-4601　Fax 867-462-4293
|4| アルビク猟師・罠猟師組合 Arviq Hunters and Trappers Organization
　　 Tel 867-462-4334　Fax 867-462-4335
|5| ナウヤト生協 Naujat Co-op (VISA、MasterCard、Diners Club/enRoute、American Express、Interac使用可)　Tel 867-462-9943　Fax 867-462-4152
|6| ノーザン・ストア Northern Store (VISA、MasterCard、Interac使用可)
　　 Tel 867-462-9923　Fax 867-462-4011
|7| ヌクステト・ソーイング・グループ Nuksutet. Sewing Group
　　 Tel 867-462-4500 あるいは 867-462-4121
|8| 役場 Hamlet Office　Tel 867-462-9952　Fax 867-462 4144
|9| インズ・ノース Inns North (VISA、MasterCard、Diners Club/enRoute、American Express、Interac使用可)　Tel 867-462-9943　Fax 867-462-4152
|10| 健康管理センター health centre　Tel 867-462-9916　Fax 867-462-4212
|11| 郵便局 (ハムレット・オフィス・コンプレックス内)　午後1時~5時まで (月~金)
　　 Tel 867-462-4194
|12| ラジオ局 (FM107.1)　一般の情報提供や告知については金曜日の午後6時~10時半のあいだに放送　Tel 867-462-4061

そのほかの連絡先

空港　午前6時45分~午後5時15分 (月~金)　午前8時45分~午後3時15分 (週末)
Tel 867-462-9973　Fax 867-462-4146
連邦警察 (RCMP)　Tel 867-645-2822　Fax 867-645-2568
ヌナブト準州政府資源開発省 Department of Sustainable Development, Government of Nunavut
Tel 867-462-4002　Fax 867-462-4400　オフィスが閉まっていた場合は、アルビアト Arviat のオフィス (Tel 867-857-2828) に

気象情報　Tel 867-462-9973　Fax 867-462-4146
天気予報の Web site: www.infonorth.org

15 ペリー・ベイ　　　　　　　　　　　　　　　　Pelly Bay

スティーブン・W・メトジャー　　　　　　　Steven W. Metzger

4月のはじめ、闇はたったの数時間しか訪れない。5月も下旬になると、1日中太陽が出ている。

人口	496人（イヌイット94％、イヌイット以外6％）
市外局番	867
標準時間帯	山地標準時
郵便番号	X0E 1K0

現地までの道のり（可能なルート）
- エドモントン～イエローナイフ Yellowknife ～ペリー・ベイ（イエローナイフからペリー・ベイは北東に約1,300キロメートル）

中央、あるいは東カナダからくる人はイエローナイフかエドモントンに1泊することになる。ペリー・ベイへは飛行機のみ。

銀行	なし。現金あるいはトラベラーズ・チェック持参が望ましい。クレジット・カード取扱店もあり。
酒類	アルコール、またはアルコールの入った飲み物はペリー・ベイでは禁止。
タクシー	あり。

（人口は1996年のカナダ国勢調査のデータによる）

しかし5月のあたたかさはまだ遠く、トゥクトゥ tuktuit（カリブー）は現れない。男たちは釣りに何時間も費やしながら、あたたかくなることと、カリブーが戻ってくることを心待ちにしている。彼らは、より環境のきびしいクーク Kuuk（ケレット川 Kellet River）や、このあたりの豊かな湖や川に魚をとりに行く。チャー（ホッキョクイワナ）や白色の淡水魚はいい食糧で、ときにはアザラシがクルビギュアク Qurvigjuaq（「大きな小便用のかめ」の意）の近くでつかまったりする。それでもみんなカリブーが戻ってくるのを切望している。アザラシ、カリブー、魚、これが「ひとくくり」なのである。

私はさんざん旅をしたあと、5年まえにここに転居してきたが、いまだにここの殺伐とした美しさと孤独に満ちているところに惹かれている。ここのイヌイットたちがこのきびしい環境のなかで、動物と石と雪しか使わず、なおかつ、何世紀にもわたり生計を立てていることに脱帽する。古老は訪問者を喜んで迎え入れ、昔話を繰り返し話すことを楽しんでいる。彼らが話すと、いつも私の心をあたたかくしてくれる。彼らと土地との絆を感じ、アルビ

15　ペリー・ベイ Pelly Bay

リギュアクミウト Arviligjuaqmiut への尊敬の念が増していくのをつねに感じている（アルビリギュアクミウトとはアルビリギュアク地域 Arviligjuaq area に住む人たちのことで、「ホッキョククジラのたくさんいる場所」という意味あいを持つ。これはイヌイット語でペリー・ベイをさす）。英語名は初期の探検家がハドソン湾会社 Hudson's Bay Co. の統治者ジョン・ペリー卿 Sir John Pelly に敬意をあらわしたことから名づけられた。

歴史

1968年カナダ政府は32軒のプレハブ住宅をペリー・ベイに持ちこんだ。それまではアルビリギュアクミウトは半移動生活を送っていた。小さい家族グループが野生動物を追いながら、イグルーと皮でできたテントで生活していた。ときには別のグループと狩りや釣りを一緒にしていたことだろう。1937年、カトリック派の布教所がこの地に設立されたときに、クガーリュク Kugaarjuk（クガユク川 Kugajuk River の入り口）でクリスマスを祝うために、みんな集まったが、彼らの移動生活のスタイルを維持するためにまた去っていった。

1935年、最初のカトリック派宣教師のピエール・ヘンリ神父 Father Pierre Henry がやってきた。彼は小さな石の教会を建てたが、石はここのきびしい気候に向いていないと気づいた。彼はすぐイヌイットのやり方を取り入れ、イグルーのなかに住み、寒い時期にはイヌイットの服を着た。彼とフランツ・バン・デ・ベルデ神父 Father Franz Van de Velde は1965年までコミュニティーのなかにおいて強力な力を持っていたが、1941年には石の教会を建てた。近年、ペリー・ベイは老廃化した歴史的建造物の教会を守るため、政府の助成補助金を得た。

遠距離早期警戒レーダー網（DEW Line）基地建設の工事が始まった1955年まで、ここの人びとと外界は、ほとんどかかわりがなかった。1829年にはイギリス人探検家ジョン・ロス John Ross が近くでキャンプをしているが、捕鯨者も、ハドソン湾会社の交易者もペリー・ベイには来たことがなかった。島のまわりの分厚い氷が、湾の入り口への進入をほとんど不可能にしてしまっていたのだ。

現代社会の急速な訪れは、ここの文化をかき混ぜてしまった。家のまんなかにボール紙を置き、その上にイワナを乗せ、その生の切り身を食べながら家族が大きなテレビ・スクリーンで最新の映画を見ている、という光景は最近ではめずらしくない。

カナダ政府がさらに北方に主権を広げるために創り出されたペリー・ベイは、今となっては賃金経済で成り立つ小さなコミュニティーになってしまった。伝統的な活動ももちろん重要だが、コミュニティーは現在急速な変化のなかにいる。ケーブル・テレビが導入され、1998年よりインターネットが利用できるようになった。この地でいまだに昔の生活をしている古老は、ほとんどいなくなった。そしてイヌイット語を受け継いでいこうという努力は見られるものの、今では未就学児

15 ペリー・ベイ Pelly Bay

のあいだでおもに英語が使われている。

風土と野生生物

　湾の中央から西側は、ほとんど果てがないかのように見える。東側は平らなツンドラがつづき、ペリー・ベイはクガーリュクの海岸沿いの山に横たわっている。村の教会関係者であるイヌイットのグループによって45ガロン入るドラム缶を複数使ってつくられた十字架が川をへだてた山の頂上に立てられた。機上から、それはかなりはっきり見ることができる。

　7月から9月は変化の激しい季節である。海の氷がとけ、ツンドラが野生の花々で色とりどりのカーペットをつくりあげる。ハヤブサやケアシノスリ、シロフクロウ、ウミカモメ、ワタリガラス、トウゾクカモメ、ライチョウ、ツル、カモ、ガン、ハクチョウを含む渡り鳥が南からやってくる。過去数年間、8月になると数は少ないがイッカククジラも湾に来ている。9月の終わりには、また氷がかたまり始める。イワナを釣ったり、考古学的遺跡を探索することもできる。広く開けたツンドラや山の谷間は、ハイキングやキャンプに最適である。8月の初期には、クガユク川のサプティトsaputit（石のヤナ）でイヌイットがカキバトkakivait（伝統的なヤス）を使ってチャー（ホッキョクイワナ）をとる。

　エコツアー志向のあなたには、ここの夏は《天国》だ。

　ひとつだけ、注意事項。7月中の旅行には虫よけは必携品。

ツアー

　全部で4つのツアーがあるので、猟師・罠猟師組合Hunters and Trappers Organization（HTO）|1|に問いあわせるといいだろう。ペリー・ベイで唯一ライセンスを持っているのがカヤック・ツアーズKayak Tours |2|で、シー・カヤックの会社である。そのほかのツアーに関しては、地元住民がとても親切にあなたの旅を楽しくするお手伝いをしてくれるだろう。車やそのほかスノーモービルなどの貸し出しについては、かならずしも確実ではないが、ソリをイヌかスノーモービルに引かせる工夫をした旅をアレンジできるだろう。

　10月と11月のあいだ、訪問者はケレット川を移動しているイワナをつかまえるイヌイットたちと一緒にキャンプができる。シーズンのはじめにイヌゾリやスノーモービルでの旅を計画しておくといいだろう。

　北極の冬を体験したい人は、12月から2月に行くといい。12月初旬から1月中旬にかけて、太陽は昇らない。冬の旅で、イヌイットに同伴して伝統的なアザラシの猟に連れていってもらうことは、《北の国の放浪者》にとってアドベンチャーである。

　3月から6月にかけては、旅人も春を祝うことができる。サングラスを持参することを忘れないように！ とくに4月中旬から5月にかけては、イヌゾリかスノーモービルから野生動物を観察するのは最高である。赤ちゃんアザラシが雪の上でひなたぼっこしていたり、エサをとったりしている光景が見られる。

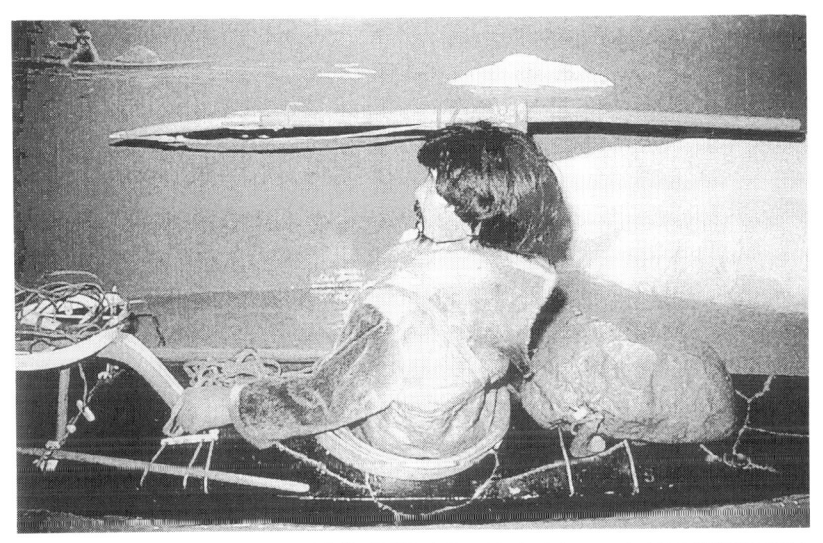

15 ペリー・ベイ Pelly Bay

今は昔……こんなふうにイヌイットは狩猟（漁労）をやっていた（イエローナイフの博物館の展示）

　もし11月から3月にかけての旅行を考えているなら、防寒着は必携である。カリブーの服もレンタルできるが、持参したほうがよい。

使う。伝統的な服をつくり、旅人からの注文を受ける女性も多い。オーダーするタイミングと素材にもよるが、待たされる可能性もある。

イベント

　イースターの週末には（捕鯨用）槍投げなど、春のゲームの参加者を応援する光景が見られる。クリスマス・ゲームは12月最後の週におこなわれ、例年の釣りコンテストは村（町）の日Hamlet Days（5月の第2月曜日）の週末におこなわれる。

ショッピング

　クーミウト生協 Koomiut Co-op |3| がペリー・ベイでは唯一の店である。値段は高いが、一般的な食品、服、そのほかのものが購入できる。

　ペリー・ベイの彫刻家はセイウチの牙、クジラの骨、（雄カリブーの）枝角、石を

宿泊と食事

　イヌクシュク・イン Inukshuk Inn |4| はクーミウト生協が経営している施設である。部屋数は全8部屋（うち2部屋は諸設備のついた部屋で、6部屋は設備を共有）で全収容数は16人である。全室ケーブル・テレビとビデオが備わっている。料金はひとり1泊135ドルで空港 |5| までの出迎えサービスも含まれている。決まった時間に出される食事は、朝食が10ドル、昼食が15ドル、そして夕食が25ドル。

　売店がジム（役場の建物内）にあり、10月から4月まではネツリク・アイス・アリーナ Nattilik Ice Arena |6| にも売店が開かれる。

15　ペリー・ベイ Pelly Bay

サービス

ペリー・ベイの健康管理センター Health Centre |7| には緊急時にも対応する看護師がふたりいる。ここは、月曜日から金曜日の午前8時半から午後5時まで開いている。医者の診察が必要な場合は、ふたりのうちひとりが、かならずイエローナイフにいる医者と電話で相談しながら診察する。

村のレクリエーション係は10月から4月までジムでいろいろなプログラムを提供していて、ネツリク・アイス・アリーナも運営している。

ここには連邦警察（RCMP）|8| の警官が、ひとりだけ駐在しており24時間の勤務体制で働いている。

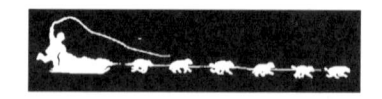

ペリー・ベイ連絡先 （本文掲載順）

- |1| 猟師・罠猟師組合 Hunters and Trappers Organization (HTO)
  Tel 867-769-6071　Fax 867-769-6713
- |2| カヤック・ツアーズ Kayak Tours （旅行準備業者/旅行業者）
  Tel 867-769-6606　Fax 867-769-6098
- |3| クーミウト生協 Koomiut Co-op （VISA、Interac使用可）
  Tel 867-769-6231　Fax 867-769-6098
- |4| イヌクシュク・イン Inukshuk Inn (VISA、Diners Club/enRoute使用可)　Tel 867-769-7211
- |5| 空港　午前10時～正午、午後1時～5時（月、火、木、金）　午後1時～5時（水）
  Tel 867-769-7505　Fax 867-769-7302
- |6| ネツリク・アイス・アリーナ Nattilik Ice Arena　10月～4月（時間はかわる）
  Tel 867-769-7969
- |7| 健康管理センター Health Centre　Tel 867-769-6441　Fax 867-769-6059
- |8| 連邦警察（RCMP）　Tel 867-769-7221　Fax 867-769-6032

そのほかの連絡先

役場 Hamlet Office　Tel 867-769-6281　Fax 867-769-6069

郵便局（村[町]役場内）　午前10時～午前11時半、午後1時～4時（月～金）　Tel 867-769-6011

ヌナブト準州政府資源開発省（輸出許可、猟、釣りのライセンス取得はここで）
Tel 867-769-7011　Fax 867-769-7968

クガーリュク学校 Kugaarjuk School　Tel 867-769-6281　Fax 867-769-6116

ヌナブト・アークティック・カレッジ Nunavut Arctic College （問いあわせ先は村[町]役場）
Tel 867-769-6281　Fax 867-769-6069

生協タクシー Co-op Taxi　Tel 867-769-6231

ラジオ局（FM107.1）　一般の告知に使える場合もある　正午～午後1時、午後5時半～6時半（平日）
Tel 867-769-6099（放送時間外）　Tel 867-769-6221（放送時間中）
気象情報　午前6時～午後5時（月～金）　Tel 867-769-6567
天気予報のWeb site: www.infonorth.org

ブーシア半島と
キング・ウィリアム島

Boothia Peninsula and King William Island

16　タロヨアク　　　　　　　　　　　　　　　　Taloyoak

ジョージ・ボーレンダー　　　　　　　　George Bohlender

スタナーズ・ハーバーStanners Harbourとして知られている海岸線に連なるごつごつした丘の末端にあるタロヨアクは、カナダ本土の最北端のコミュニティーである（北緯69度32分）。

人口	648（イヌイット92％、イヌイット以外8％）
市外局番	867
標準時間帯	山地標準時
郵便番号	X0E 1B0
現地までの道のり（可能なルート）	
・エドモントン～イエローナイフ Yellowknife～タロヨアク（イエローナイフからタロヨアクは北東に約1,200キロメートル）	
乗客はイエローナイフかエドモントンに1泊することになる。	
銀行	なし。現金あるいはトラベラーズ・チェック持参が望ましい。クレジット・カード取扱店もあり。
酒類	酒類条例の対策のもと、とり締まられているが、アルコールは規制されてはいない。しかし、コミュニティーでは購入不可。
タクシー	なし。ホテルを予約の際、送迎車の手配もしたほうがいい。

（人口は1996年のカナダ国勢調査のデータによる）

　Taloyoak（タロヨアク）という綴りは、まちがっている。イヌイット語では、talurjuaq（タルリュアク）という表記が正解。「大きな囲い」を意味する。イヌイットたちはカリブーを石囲いのなかへ追いこみ、捕獲した。

歴史

　タロヨアク（ターロウールアクと現地の人は発音する）の伝統的な居住者はネツリク・イヌイットNattilik Inuit（ネツリングミウトNattilingmiut）である。彼らはその地域にたくさん生息するアザラシを捕獲し、食糧、衣服などにして、生計を支えている。

　タロヨアク地方の現代の歴史は、北西航路の探索と深くかかわっている。最初のヨーロッパ人による遠征は、1829年と1833年にジョン・ロス卿Sir John Rossと彼のクルーが氷にはばまれた挙句、この地域をくまなく探検したことに始まる。1848年と1860年には英国人と米国人船員が、フランクリン卿Sir John Franklinの遠征で行方不明になった隊員を探すために、広範囲にわたってこの地域を訪れた。

　現代のコミュニティーの土台づくりは1948年に始まった。氷の状況が悪化し、タロヨアクの北250キロメートルのところにあるサマーセット島Somerset Islandの南海岸、フォート・ロスFort Rossにあったハドソン湾会社Hudson's Bay Co.の交易所が閉鎖してしまった。その交易所は現在の位置、スタナーズ・ハーバーStanners Harbourにうつされた。そして当時スペンス・ベイSpence Bayと呼ばれていた現在の、タロヨアクの村が誕生した。

　ハドソン湾会社の交易所ができてまもなく、連邦警察（RCMP）もやってきた。それから1950年代はじめにカトリック派とイギリス国教会派の宣教師がやってきた。こうした、一連の動きによってコミュニティーの基盤づくりが進んだ。連邦政府がイヌイットにスペンス・ベイに定住することをうながしたため、村は大きくなっていった。今日も、依然としてタロヨアクでの伝統的な活動は、狩猟や罠猟で、日常生活に根づいている。これらの活動は彫刻、工芸品制作、賃金雇用による収入でおぎなわれており、ここでは現代的な生活と伝統的な生活とがうまく調和している。

風土と野生生物

　ほかのヌナブトのコミュニティーと同様、毎年春から夏にかけてツンドラの上に植物が咲き乱れる。野生のブルーベリーやクマコケモモ（クロコケモモ）など、たくさんのベリーが丘をおおい、住民がそれらを夏中摘む。野原の綿花がタンポポの綿毛を思い起こさせる。乾燥したホッキョクヒースは、樹のないこの土地でキャンプ・ファイアーを燃やすほくちとして使われる。

　地元の野鳥はワタリガラス、ウミカモメ、トウゾクカモメ、ライチョウなどである。ハヤブサの巣はコミュニティーからも近く、シロフクロウはタロヨアクとその近くにあるミドル湖Middle Lakeとの中間地点の道で見つけられる。カモとカナダガンの大群が移動の際、コミュニティーの上を飛んでいく姿も見られる。

　コミュニティーの近くで会える動物は地リス（シクシートsiksiit）、レミング、イタチ、ホッキョクノウサギ、ホッキョクキツネなどである。オオカミは通常、コミュニティーの近くには現れない。猟師はカリブーをとろうと思えば、少し遠出をしなければならない。ジャコウウシはブー

16　タロヨアク Taloyoak

シア半島Boothia Peninsulaとサマーセット島のさらに北と、南のバーレン地帯に生息している。

タロヨアク付近の水辺にはワモンアザラシが多数生息している。クジラはめったに現れないが、ときどき北のほうで見ることができる。ホッキョクグマは北部と西部の海岸沿いで見つかる。

村から歩ける範囲内にいい釣り場がたくさんある。地元の湖や川で秋の移動中のチャー（ホッキョクイワナ）をつかまえられる。冬の終わりから春にかけて、氷上でのレイクトラウト（陸封性イワナ）とシナノユキマス釣りがよくおこなわれる。タロヨアクから7キロメートルのところにあるミドル湖は、1年を通じて釣り場として人気がある。夏のキャンプ地としても人気が高く、多くの家族がキャビンを建てている。

ツアー

トム湾Thom Bayに残っているいくつかの建物は、1910年代に建てられたローマ・カトリック派の宣教施設である。村の北東80キロメートルのところにあるこの場所へは、冬の終わりから春にかけてスノーモービルで簡単に行くことができる。

ネツリク湖Netsilik Lakeの岸はかつての居住地の様子がいまだにうかがえる。コミュニティーから25キロメートル南東に向かって行ったところに積み重ねられた石や芝土の家々が残っている。湖へは冬、春ならスノーモービルし、夏ならボートで行くことができる。現在、ライセンスを持った旅行準備業者はタロヨアクにはいないが、**スペンス・ベイ猟師・罠猟師組合Spence Bay Hunters and Trappers Organization|1|** は、気象情報やまわりの土地についての情報を提供してくれる。

この地域の歴史はコミュニティーのなかで垣間見ることができる。カリブーを捕獲するための石を積んだブラインドはノーザン・ストアNorthern Storeの近く、湾の南東に位置している。1950年代カトリック派の宣教師によって建てられた石づくりの教会や、ハドソン湾会社のもとの倉庫などもここで見られる。

コミュニティーの記念碑は、ここに入ってきたヨーロッパ糸カナダ人と、まえからここに住んでいた人たちの歴史をきちんと示している。そのうちのひとつはジョン・スタナーズJohn Stannersのもので、彼は村にあったハドソン湾会社交易所の最初のマネジャーである。記念碑はノーザン・ストアの社員寮を横切ったところにある。ふたつの銘板はヨーロッパの探検家ジョン・ロス卿とジェームズ・クラーク・ロス卿Sir James Clark Rossの遠征を記念している。しかし、コミュニティーでいちばんユニークな記念碑は、地元の英雄デビッド・クートークDavid Kootookを記念したものである。クートークは1973年に僻地から病人を運ぶ飛行の際、小型飛行機に同乗してでかけたが、その飛行機が北西準州（NWT）西部で墜落した。クートークはパイロットのマーチン・ハートウェルMartin Hartwellを助けたが、救援が到着するまえに息を引きとった。記念碑は**空港|2|** のターミナルをわたったところにある。

ショッピング

タルク・デザイン社 Taluq Designs Ltd. |3| は、北極の動物が子どもをウール地のダッフル・パーカのなかに背負っている「パッキング人形」を生協の向かいにある現代的な設備のなかで生産している。このほかに、店でつくられたか、ヌナブトの別地域から、もしくは北西準州西部のコミュニティーから輸入された手芸品や衣服を購入できる。

彫刻に関心のある旅行者は、春や夏には24時間日が出ているので、作家（芸術家）が、屋外で制作にたずさわっているところを見ることができる。彫刻家や工芸職人はホテルなどに直接自分たちの新しい作品を売るために持ちこんでいる。また、これらの作品は生協でも購入できる。

食糧品や乾物はノーザン・ストア Northern Store |4| やパレアヨーク生協 Paleajook Co-op |5| で購入できる。

宿泊と食事

ブーシア・イン Boothia Inn |6| は、7部屋（共同部屋）に17名まで宿泊できる。全室ケーブル・テレビが備わっており、3部屋はプライベートのバスルームつき。料金はひとり1泊170ドルで食事こみ。食事なしだと125ドル。

パレアヨーク生協ホテル／インズ・ノース Paleajook Co-op Hotel/Inns North |7| は9部屋に18人収容可能。プライベートのバスルームはない。すべての部屋にケーブル・テレビつき。料金はひとり1泊食事つきで160ドル、食事なしで110ドル。

タロヨアクにはレストランはない。どちらのホテルでも食事をすることができ、宿泊者以外でも食べられる。食事に制限のある人は、まえもって伝えておけば、アレンジもしてくれる。パレアヨークでは朝食が10ドル、昼食が15ドル、夕食は25ドル。ブーシア・インでは朝食が12ドル50セント、昼食が17ドル50セント、夕食が30ドル。

サービス

タロヨアクの健康管理センター Health Centre |8| では、月曜日から金曜日の午前9時から午前11時半まで診察してもらえる。そのほかの時間は緊急の場合のみ。

タロヨアク連絡先 (本文掲載順)

|1| スペンス・ベイ猟師・罠猟師組合 Spence Bay Hunters and Trappers Organization
　　Tel 867-561-5066　Fax 867-561-5066
|2| 空港（ファースト・エア First Air）　Tel 867-561-5400
|3| タルク・デザイン社 Taluq Designs Ltd. (VISA使用可)　6月〜8月にかけては電話予約のみ（問いあわせ 867-561-6820 モナ・イグサク Mona Igutsaq）　Tel 867-561-5280　Fax 867-561-6500　Web site: www.arctic-can.nt.ca/taluq/index.html

|4|ノーザン・ストアNorthern Store（VISA、MasterCard、Diners Club/enRoute、Interac使用可）
Tel 867-561-5121　Fax 867-561-5708
|5|パレアヨーク生協Paleajook Co-op（VISA、MasterCard、Diners Club/enRoute、Interac使用可）　Tel 867-561-5221　Fax 867-561-5603
|6|ブーシア・イン（VISA使用可）　Tel 867-561-5300　Fax 867-561-5318
|7|パレアヨーク生協ホテル/インズ・ノースPaleajook Co-op Hotel/Inns North（VISA、MasterCard、Diners Club/enRoute使用可）
Tel 867-561-5803あるいは867-561-5221　Fax 867-561-5603
|8|健康管理センターHealth Centre　Tel 867-561-5111　Fax 867-561-6906

そのほかの連絡先

役場Hamlet Office　Tel 867-561-6341　Fax 867-561-5057
郵便局（Paleajook生協内）午後1時半～5時（月～金）Tel 867-561-5221
連邦警察（RCMP）Tel 867-561-5201　Fax 867-561-5094
ヌナブト準州政府資源開発省Department of Sustainable Development, Government of Nunavut
Tel 867-561-6231　Fax 867-561-6810
ヌナブト・アークティック・カレッジNunavut Arctic College
Tel 867-561-5371　Fax 867-561-5202

ラジオ局（FM105.1）
Tel 867-561-6808（放送時間外）Tel 867-561-6581（放送時間中）Fax 867-561-5002
気象情報　Tel 867-561-6241　Fax 867-561-6241
天気予報のWeb site: www.infonorth.org

17　ジョア・ヘブン　　　　　　　　　　　　Gjoa Haven
マイケル・P・エルスワース　　　　　Michael P. Ellsworth

ノルウェー人のロアルド・アムンゼンRoald Amundsenはジョア・ヘブンを「世界でいちばんすばらしい小さな港だ」といった。この入り江は北西航路上のキング・ウィリアム島King William Islandの南東海岸に静かに横たわっている。ここはアムンゼンが1903年から1906年にかけて北西航路を探検した際、乗っていた木製の船の名をとってジョアと名づけられた。

地元住民はこのコミュニティーをウクスクトゥークUqsuqtuuqと呼んでいる。「脂が大量にあるところ」を意味している。この村近くの海からは、脂ののった魚がとれるからである。

1903年、8月28日アムンゼンと6人の船

ジョア・ヘブンの空港待合室入り口　──　質素で素朴　僻地に来た実感がこみあげてくる空港である

393

17　ジョア・ヘブン Gjoa Haven

人口	879（イヌイット94％、イヌイット以外6％）
市外局番	867
標準時間帯	山地標準時
郵便番号	X0E 1J0
現地までの道のり（可能なルート）	・エドモントン～イエローナイフYellowknife～ジョア・ヘブン（イエローナイフからジョア・ヘブンは北東に約1,100キロメートル） 中央カナダ、東カナダから来る乗客をふくめ、乗客はイエローナイフに1泊することになる。
銀行	なし。現金あるいはトラベラーズ・チェック持参が望ましい。クレジット・カード取扱店もあり。
酒類	アルコール、アルコールを含む飲料は禁止されている。
タクシー	なし。

（人口は1996年のカナダ国勢調査のデータによる）

員が北西路を見つける目的と、北磁極North Magnetic Poleの情報を得るため、ジョア号に乗ってここにやってきた。狭い海峡の「天然の良港」は、北極圏最大の脅威である「氷の襲撃」から守ってくれる。アムンゼンがこのあたりの水路に精通していた背景には、彼がここに住むネツリクNattilikの人たちの伝統的な方法（狩りや釣り、旅の仕方など）を進んでとり入れていたという事実をあげることができるだろう。アムンゼンと船員たちはここに滞在していたあいだに、地元の女性とのあいだに子どもをもうけている。したがって、多くの地元の人がノルウェー人の血を引いている。

今日ジョア・ヘブン（「ジョア」を地元の人は「ジョー」と発音する）はキティクミウト地方Kitikmeot Regionのなかでもいちばん急速に成長しているコミュニティーで、人口は1961年には100人だったのに、今日では1,000人にまで増えている。最近ではバック川Back River（ウツクヒクサリングミウトUtkuhiksalingmiut）、ケンブリッジ・ベイCambridge Bay、パリー川Parry River、そしてスペンス・ベイSpence Bay（今はタロヨアクTaloyoakと呼ばれている）から家族が学校教育、商売、治療、住宅提供そのほかのサービスを受けるために、ここにうつってきている。ネツリクの人びとは現代的な生活を率先して受け入れているようにも見えるが、実際には彼らはとても古風である。家族は夏のあいだ1か月か2か月間を村外ですごす。いまだに多くの人がイヌゾリで移動をする。太鼓にあわせて踊り、声を張りあげて歌い、伝統的なトナカイの毛皮服を身にまとう。

歴史

ジョア・ヘブンの古老はカルナートqallunaat（イヌイット語で白人の意＝日本語版編者注）が、背の高い船でやってき

17　ジョア・ヘブン Gjoa Haven

ジョア・ヘブンには　もの知りの老人がいっぱいいる（この人は移住者で土地の伝説には詳しくないが　ほかのことを　たくさん知っている＝日本語版編者のホームステイ先のご主人）

たときのことを語れる「生きた歴史」である。お茶を飲みながら、彼らは祖父母から聞いた話を熱心に話すだろう。そのうちのひとつは飢えた探検家たちの話で、フランクリン卿探検隊 Sir John Franklin Expedition の男たちは彼らの船がテラー湾 Terror Bay で氷に閉じこめられたときに、船を置き去りにした話。それは1847年のことで、その年は極北の地に夏が、まったくこなかった。この絶望的な状況に追いこまれた男たちは、食糧ではなく本と陶器しか乗っていないソリを何マイルも引っ張って歩いた。ここの人びとからフランクリン卿の墓の場所を知っているという話を聞くかもしれないが、彼の死に敬意をあらわしている彼らは外の人間に、こまかいことは話したがらない。

彼らはアムンゼン、カトリック派の宣教師、イギリス国教会の宣教師との《遭遇》を回想するかもしれない。また、ハドソン湾会社 Hudson's Bay Co. 交易所の当初の様子を語るだろう。1927年、ハドソン湾会社はジョア・ヘブンの港を最適の交易所として利用した。ホッキョクギツネは当時島に大量に生息していたため、多くのネツリクの人びとが、それをつかまえ売るために出かけていった。ここのハドソン湾会社交易所は、毛皮と交換するのにアルミの私製コインを最後まで使っていた。最初のマネジャーの名前を大半の人が忘れていたが、何人かの古老はプトゥグイトゥク Putuguittuq、もしくはノー・ビッグ-トー No Big-Toe（つま先の小さい男）と呼ばれた男だったと覚えている。ストア・マネジャーのジョージ・ポーター George Porterは、地元の住人がカナダの貨幣を信用しなかったため、1960年代の終わりごろまでハドソン湾会社の私製コインを使っていた。

風土と野生生物

ジョア・ヘブンは砂と大きな丸い石ころでおおわれた石灰石の地盤の上にある。春と夏には郊外のツンドラが、いろいろなコケでおおわれ、ホッキョクヤナギが島をおおいつくす。ここでは池や湖が多くあり、その水はそのまま飲むことができる。実際、コミュニティーの水は村の2キロメートル北西にある湖から引かれている。

カリブー、ジャコウウシ、オオカミ、キツネ、シロフクロウをツンドラで見るだろうが、地元の人びとは食糧となる野生動物

17　ジョア・ヘブン Gjoa Haven

を捕獲するために、しばしば遠出しなければならない。ここで見られるそのほかの野生生物は、ガン、ハクチョウ、ハヤブサ、ケワタガモ、そしてホッキョクノウサギである。また、6月、7月には湾でチャー（ホッキョクイワナ）、アザラシ、マス、タラがとれ、おもにイヌのエサとなる。春になれば家族連れがホワイト・フィシュをとりにバック川に押しよせる。8月のはじめ、チャー（ホッキョクイワナ）がジョア・ヘブンを離れると、地元の人びとも定住地から45キロメートル北東にあるカキバクトゥルビク川Kakivakturvik Riverへ移動し、漁労に従事する。

ツアー

北西航路準州歴史公園Northwest Passage Territorial Historic Parkは全長3.2キロメートルで、午後からでも簡単に行ける（398ページの『北西航路準州歴史公園』の項参照）。

海岸線沿いに歩くと、波に洗われたイッカククジラやシロイルカ（ベルーガ）の骨に気づく。ジョアの2キロメートル北にあるスワン湖Swan Lakeや、コミュニティーの15キロメートル南西にあるコカ湖Koka Lakeでキャンプをすることもできる。古いイヌイットのキャンプ地をよく見てみると、アザラシの皮のテントを建てるための石の跡があったり、魚やカリブーを貯蔵していた石を積みあげてつくられた貯蔵庫がある。もしかしたら、初期の探検隊が残していった残留物につまづくかもしれない。湾には海氷が9か月残るので、ジョア・ヘブンの南15キロメートルのところにあるハニームーン島Honeymoon Islandやホブガード島Hovguard Islandにスノーモービルで行くことができる。そこには古いキャンプ地やイヌクシュイトinuksuit（人型をした石塚群。イヌイットがツンドラに多くつくった伝統的な陸標・道しるべ）があり、カリブーを見ることもできる。

カリブー、ジャコウウシ、アザラシ、ホッキョクグマを見るためのキング・ウィリアム島へのツアーはジョア・ヘブン・ツアーズ Gjoa Haven Tours |1| に連絡をとるのがいいだろう。猟師・罠猟師組合Hunters and Trappers Organization (HTO) |2| で、周辺の土地や野生生物の情報が手に入る。また、組合は、ホッキョクグマやジャコウウシ狩りを催している。

コミュニティーから歩ける範囲での湾や浜辺は、とくに7月にチャー（ホッキョクイワナ）やホッキョクタラを釣るのに最適である。

ショッピング

ジョア・ヘブンの彫刻家たちにネルソン・タキルク Nelson Takkiruq、ポール・アールク Paul Aaluk、ジョセフ・スクスラク Joseph Suqslak、ウリアシュ・プキクナク Uriash Pukiqnak、ウェイン・プキクナク Wayne Pukiqnakがいる。そのなかでもユダス・ウルラク Judas Ullulaqは世界的にも有名である。彼らの作品は地元のノーザン・ストア Northern Store |3| やキキクタク生協 Qikiqtaq Co-op |4|、もしくは彼らの自宅で購入できる。地元女性グループのカクマクズ Qaqmaq's |5|

17　ジョア・ヘブン Gjoa Haven

は手づくりの壁かけや衣類、カミック Kamiit（アザラシの毛皮のブーツ）やパーカを売っている。

イベント

ジョア・ヘブンの近くの湖で毎年夏に釣り大会がおこなわれる。8月中旬、カナダ最北端の18ホールからなるゴルフ・コースにゴルファーたちが集まり技を競いあう。1998年の春、イヌゾリのチームがジョア・ヘブンとタロヨアクを往復するレースが開催され、その後、恒例のイベントとなった。

宿泊と食事

1995年に建てられた**アムンゼン・ホテル** Amundsen Hotel | 6 | は全13部屋に26人まで泊まれる（うち2部屋はスイート）。各部屋にケーブル・テレビとプライベートのバスルームが設置されている。そのうちの何部屋かは冷蔵庫とストーブつき。港までの出迎えサービスがある。部屋は1泊210ドル（スイートは250ドル）3食つき。食事なしは1泊150ドル。事前に連絡をしておけば、宿泊者以外でもホテルのレストランで食事がとれる。朝食は10ドル、昼食が20ドル、夕食は30ドル。

アリーナ arena | 7 | にある売店は、ホッケーとカーリングの試合のシーズン、毎晩あいている。ジョアズ・ショップ Gjoa's Shop | 8 | では毎晩スナックを売っている。

サービス

健康管理センター Health Centre | 9 | は、看護師が4人勤務しており、毎日朝8時半から正午まで開いている。妊婦のためのクラスなどの特別な診察は毎日正午から5時まで。看護師は緊急時には、いつでも呼び出し可能である。

地元の学校の施設はバレーボールやレスリング、サッカー、フロアホッケー、バドミントンに利用されている。新しいアリーナは普通の大きさのスケート・リンクとカーリング用リンクがふたつあり、10月から5月まで使用できる。道具類は無料で貸し出されている。ほとんどの土曜日と日曜日、スケートが無料でできる。ジョア・ヘブンには野球場もあり、1997年には**図書館** | 10 | も設立された。

キキクタク生協内にある**郵便局** | 11 | は平日午前10時から午後5時まで営業しており、**役場** Hamlet Office | 12 | には売店、コミュニティー・ホール、**博物館** | 13 |、地元のラジオ局 | 14 |、会議室、地元の各行政機関のオフィスがある。

ジョア・ヘブン連絡先　(本文掲載順)

| 1 | ジョア・ヘブン・ツアーズ Gjoa Haven Tours (私書箱: Gjoa Haven NT, X0E 1J0 Canada)
| 2 | 猟師・罠猟師組合 Hunters and Trappers Organization (HTO)
　　Tel 867-360-6028　Fax 867-360-6913
| 3 | ノーザン・ストア Northern Store (VISA, MasterCard, Interac使用可)
　　Tel 867-360-7261　Fax 867-360-7905
| 4 | キキクタク生協 Qikiqtaq Co-op (VISA, MasterCard, Diners Club/enRoute, Interac使用可)
　　Tel 867-360-7271　Fax 867-360-0018

397

18 北西航路準州歴史公園 Northwest Passage Territorial Historic Park

| 5 | カクマクズ Qaqmaq's (現金のみ) 1年を通して営業時間は不定期　Tel 867-360-7514
| 6 | アムンゼン・ホテル Amundsen Hotel (VISA、Diners Club/enRoute 使用可)
　　　Tel 867-360-6176　Fax 867-360-6283
| 7 | アリーナ Arena　Tel 867-360-6105
| 8 | ジョアズ・ショップ Gjoa's Shop (現金のみ)　電話なし
| 9 | 健康管理センター Health Centre　Tel 867-360-7441　Fax 867-360-6110
|10| 図書館　Tel 867-360-7201　Fax 867-360-6204
|11| 郵便局 (キキタクタ生協内)　Tel 867-360-7271
|12| 役場 Hamlet Office
　　　Tel 867-360-7141　Fax 867-360-6309 (経済開発部　Tel 867-360-6008　Fax 867-360-6142/レクリエーション部　Tel 867-360-7151)
|13| 博物館 (北西航路博物館 Northwest Passage Museum)
　　　Tel 867-360-6008　Fax 867-360-6142
|14| ラジオ局 (AM 64)　Tel 867-360-6075

そのほかの連絡先

アークティック空港 Arctic Airport　Tel 867-360-6321　Fax 867-360-6321
連邦警察 (RCMP)　Tel 867-360-6201　Fax 867-360-6147
ヌナブト準州政府資源開発省 Department of Sustainable Development, Government of Nunavut
Tel 867-360-7605　Fax 867-360-7804
北西航路歴史協会 Northwest Passage Historical Society (問いあわせは経済開発員へ)
Tel 867-360-6008　Fax 867-360-6142
ヌナブト・アークティック・カレッジ Nunavut Arctic College
Tel 867-360-7561　Fax 867-360-6049

歯医者　Tel 867-360-6041

気象情報　Tel 867-360-6321　Fax 867-360-6321
天気予報の Web site: www.infonorth.org

18　北西航路準州歴史公園
Northwest Passage Territorial Historic Park
マイケル・P・エルスワース　　　Michael P. Ellsworth

多くの探検家が古いヨーロッパ世界から東洋の新天地を目指し、「北の航路」を見つけようとした。

　土地や海につけられた名前から、彼らの名前に聞き覚えがあるかもしれない。

　16世紀に活躍したマーチン・フロビッシャー Martin Frobisher とジョン・デー

18　北西航路準州歴史公園 Northwest Passage Territorial Historic Park

ビス John Davis、17世紀のヘンリー・ハドソン Henry Hudson、19世紀からはエドワード・パリー Edward Parry、ジョン・ロス John Ross、ジョン・フランクリン卿 Sir John Franklin、ロバート・マクルア Robert McClure、そしてリチャード・コリンソン Richard Collinson。彼らは冬になると、危険をおかしてまで氷で閉ざされる荒海に乗りこんだ。北西航路の航海が成功したのは、過去の経験を生かしたからでもあるが、北に住むイヌイットたちの知識もおおいに貢献した。ロアルド・アムンゼン Roald Amundsen はキング・ウィリアム島 King William Island のネツリク・イヌイット Nattilik Inuit から狩や漁猟、道具のつくり方など、生存に必要な知恵を積極的にとり入れた最初の人物である。また、北西航路を最初に通過した人物でもある。

キング・ウィリアム島のジョア・ヘブン Gjoa Haven にある北西航路準州歴史公園のウォーキング・トレイルを歩けば、当時の人びとの北西航路発見への並みはずれた執念がわかる。このルートは1903年から1906年にかけて、アムンゼンと彼のクルー6人の拠点となっていたこの土地の素顔を教えてくれる。コミュニティー内に、この地域の歴史的重要性を説明した表示が6か所ある。

このルートはジョージ・ポーター・ハムレット・センター George Porter Hamlet Centre から始まり、そこにアムンゼンの船ジョア号のレプリカ（50分の1のサイズ）が置かれている。さらに、伝統的な女性用ナイフ ulu、カキバク kakivait（銛）、カリブーの毛皮服や水筒、カヤック、そしてアムンゼンの船員がジョア・ヘブンに滞在したときに撮った写真なども見ることができる。また、ここでは、フランクリン卿やアムンゼンなどの探検家だけでなく、ネツリクの人びとの歴史も学べる。

最初に立ち寄るのは「マグネット」で、ここには、アムンゼンが北磁極 North Magnetic Pole の観察用に使っていたシェルターが残っている。1903年に、磁極はジョア・ヘブンから北に90キロメートルのところにあることがわかった。アムンゼンがここで使用した磁石とそのほかの探検道具は、ノルウェーの博物館に展示されている。

彼の仕事を手伝うために、探検家と数人の男たちが木箱を砂で埋め、その箱を帆布でくるんだものを重ねてシェルターを建てた。建設に際しては、磁極観察の妨げになるので、銅の釘は使わなかった。また、長くて暗い冬のあいだ、船員が余暇をゆっくりすごせるよう、十分なスペースも設けた。ふたりの船員がこのシェルターに住み、残りの船員は氷に閉ざされたジョア号のなかで生活した。

ふたつ目のサイトは「観察所」で、アムンゼンが彼の科学実験用の道具を置くために建てた場所である。帆布でつくられたこの避難所のなかで、彼は磁極で発見したことを何時間にもわたり記録していた。彼は、師匠であり、よき助言者であったジョージ・ボン・ネウメイヤー George Von Neumayer のために、ジョア・ヘブンを離れるまえに、彼への「尊敬の念」をあらわして石塚を立てた。石塚の下には大理石

18　北西航路準州歴史公園 Northwest Passage Territorial Historic Park

の板が敷かれていた。数年後、ハドソン湾会社 Hudson's Bay Co. がその石塚を建て直した際も、大理石の板はそのまま残った。観察所の近くの第3番目のサイトは、アムンゼンの船員たちが水を汲んでいた湖の近くの場所である。その湖は地元の小学校に隣接しており、「子どもたちに危険だ」という理由で近年埋め立てられてしまった。

アムンゼンの北西航路発見の鍵は、「世界でいちばんすばらしい小さな港」ジョア・ヘブンを見つけたことにあるだろう。4番目のサイトに立つと、この港の「地勢」がいかにすばらしかったかということに気づく。1903年9月9日、ジョア号が深くて狭い入り江の港に船をつけ、荒れた海と氷の塊から船を守った。危険な航海ののち、アムンゼンとその船員たちは彼らの科学調査を遂行でき、ネツリクの人びとから土地について学べる安全な場所を発見した。

第5サイトは、北極遠征がいかに困難な挑戦だったかを連想させる。キング・ウィリアム島の南西の海岸線で発見されたフランクリン卿探検隊の船員たちの遺骨が、この砂の地で安らかに眠っている。彼らの墓地は北部一帯の地域に散らばっている。また、1905年の10月22日に凍った遺体で発見されたハドソン湾会社の社員、ウィリアム・ハロルド William Harold の墓石も、ここにある。この若き男はアザラシ猟の途中で死んだと判明している。凍てつくような寒い日に死んだ彼は、帽子も手袋もつけていなかった。

ハドソン湾会社の集合建造物に向かって歩いていくと、最後のサイトがある。そこの砂の浅瀬沿いに木製の船が泊めてある。これは、1993年にホルマン島 Holman Island から運ばれてきた補給船のキンガリク Qingalik である。このような大型船は、かつてハドソン湾会社に諸物資を運ぶために使われていた。火器、弾薬、南部からの食糧、衣類、茶、タバコなどが持ちこまれた。こうした補給船の活躍により、ノルウェーふうの生活様式がネツリクの人びとに浸透した。1927年、ハドソン湾会社とキャン・アラスカ貿易会社 Can Alaska trading Company の両社が、ジョア・ヘブンから50キロメートル離れたダグラス湾 Douglas Bay からうつってきた。両社の建物は、この地ではじめての現代的建造物だった。それらの建物は、今日、ノーザン・ストア Northern Store が使っている。

1998年の4月、キング・ウィリアム島の海岸線のさらに北西に位置するビクトリー・ポイント Victory Point に、フランクリン卿探検150周年を祝って「銘板」が設置された。また、1999年初頭、北西航路の歴史を展示した博物館がジョア・ヘブンにできた。フランクリン、アムンゼン、ラーソン Larson の遠征時の所有物なども6月から8月まで一般開放している。

北西航路準州歴史公園連絡先　(本文掲載順)
　北西航路博物館 Northwest Passage Museum　(問いあわせは経済開発係員へ)
　Tel 867-360-6008　Fax 867-360-6142

18　北西航路準州歴史公園 Northwest Passage Territorial Historic Park

16世紀に地球最北の地で活躍したマーチン・フロビッシャー

古きよき帆船時代に北極の海で活躍した探検隊の帆船は　よく氷に閉ざされた（右上写真も　この写真もイエローナイフの博物館の展示から模写したもの）

北極海沿岸 Arctic Coast

19 ウミングマクトゥーク　　　Umingmaktok
ジョー・オトキアク　　　　　　　　Joe Otokiak

ほかの村から遠くはなれたところにあるこの小さなキャンプ地は、カナダの地図では「ウミングマクトク Umingmaktok」と記されている。

人口	51人（イヌイット98％、イヌイット以外2％）
市外局番	なし。通常の電話サービスはまだないが、HFラジオ（チャンネル5046、5031）が通常の通信手段。緊急時のみ衛星電話が使用される。猟師・罠猟師組合ではE-mailが可能。
標準時間帯	山地標準時
郵便番号	一般郵便は、宛て先の名前を書いたあとに Umingmaktok c/o Cambridge Bay NT, X0E 0C0 Canadaの住所に出す。
現地までの道のり	飛行機のチャーターのみ。
銀行	なし。現金あるいはトラベラーズ・チェック持参が望ましい。
酒類	アルコールの規制はとくになし。酒類条例 Liquor Actの管理下にあるが、ウミングマクトゥークでの購入は不可。
タクシー	なし。

（人口は1996年のカナダ国勢調査のデータによる）

　ウミングマクトク Umingmaktok とは、イヌイットの言葉で「ジャコウウシをつかまえた」という意味である。しかし、イヌイットたちはこの村をウミングマクトゥーク Umingmaktuuq と呼び、「ジャコウウシのような」としている（日本語版の本書では、綴りはカナダの地図の表記にしたがい読み方をイヌイット方式にした＝日本語版編者注）。バサースト・インレット Bathurst Inletの東海岸のコミュニティーから80キロメートル真北に位置し、その村は最近までベイ・チャイモ Bay Chimo と呼ばれていた。この英語名はもともと何年もまえにこの地域一帯を航海した船の名前ベイ・チャイモ号からきている。この項ではイヌイットの人びとがいうところの、ウミングマクトゥークのコミュニティーについて紹介したい。

19　ウミングマクトゥーク Umingmaktok

小さな湾に横たわるウミングマクトゥーク（現地での発音は、オオミングマクトゥーク）には、生協ストア Co-op Store |1| と商業用の卸売り店、1クラスしかない学校、湾の近くに数キロメートルずつ離れて建っている家々がある。周辺のキャンプ地では、イヌイットたちがはるか昔からやっているように、狩猟と漁労で生計を立てている。その小さな定住地は人口がどんどん減少しており、最後の人口統計からさらに減って1998年には39人までになった。

ウミングマクトゥークは、いまだに外界と電話線でのつながりすらない。ここはヌナブトのなかでも最後の狩猟社会で、ほとんど自給自足で生活している。南部の基準からすると、ここの家々は、ほとんど《小屋》同然である。だが、とくに冬場はイヌイットの人びとにとって、《小屋》は《雪の家》に住むよりも、いくらか快適なのである。

学校の1教室の生徒は、幼稚園から8年生で構成されている。ピーター・カポラク先生 Teacher Peter Kapolak は、学期のあいだかなり忙しくなる。この学校には、教室とその近くの建物に電気を供給する発電機がある。すべての暖房はディーゼル燃料を使用しており、先生がこれらの機器の面倒を見なければならない。ちなみに、この暖房設備は、一般の暖房機にくらべると、とても静かである。

スノーモービルや、全地球測位システム（GPS）受信機、ボート、モーター、銃、望遠鏡など、現代的な猟の道具の援助が政府からあるにはあるが、ここのイヌイットたちは、今でも伝統にのっとった暮らしをしている。各家の主は、食卓にのぼる食べもののほとんどを猟でおぎなう。そして妻たちは家事に加え、家族の面倒を見る。食糧確保のために狩りをしたり、新しい機械を動かすためのガソリンを購入するために交易用の毛皮を集めたり、と彼らの日々は忙しい。

今でも家族同士がお茶やコーヒーに招きあい、談話を楽しむ。もしこの小さなコミュニティーにとけこみたいと思ったら、こうしたお誘いには気を使ったほうがいい。また、ここではどんなささいなことでも、みんなが助けあっている。狩りに行けずに食糧に困っている人がいたら、みんなで分け与える。どんなものでも、どんなことでも、いつかは自分に戻ってくるということを、ここの人たちはわかっているのである。

歴史

ウミングマクトゥークの起源は1960年代にさかのぼる。店が開設され、お金と商品の流通が始まった。その後、滑走路が建設され、地元の猟師・罠猟師組合 Hunters and Trappers Organization（HTO）|2| が、コミュニティーにある10個の冷凍庫のために風車と太陽熱発電機を建てた。

風土と野生生物

ウミングマクトゥークから半径120キロメートル内に多数のキャンプ地があり、そのほとんどは海岸線沿いにある。パリー湾 Parry Bay から北にかけてと、ブラウン海峡 Brown Sound から南西へ向けて、そしてゴードン湾 Gordon Bay から南

19　ウミングマクトゥーク Umingmaktok

にかけて。1年のほとんどをこの地域ですごす家族もいる。

　冬場も忙しいが、生き物が活動する環境が整ってくる春や夏はことさら忙しくなる。ガンコウランの実やブラックベリー、クランベリーなどが、村のまわりで咲き始める。鳥が巣をつくりにきたり、動物が子どもを産んだりするので、さまざまな野生動物を見ることができる。この地域では、チャー（ホッキョクイワナ）とカリブーが豊富である。ウミングマクトゥークに来るまえに、ケンブリッジ・ベイ Cambridge Bay の**ヌナブト準州政府資源開発省** Department of Sustainable Development, Government of Nunavut | 3 | から釣りのライセンスを取得することを忘れずに。

ツアー・イベント

　地元の猟師・罠猟師組合がこの地域のツアーを管理している。

　このコミュニティーのなかでもいちばん大規模なカルビク・フロリクス Kalvik Frolics というイベントは、イースターの週末におこなわれる。このとき近所からスノーモービルで来る人で、ウミングマクトゥークの人口は、約2倍にふくれあがる。

　キティクミウト地方 Kitikmeot Region のツアー情報の詳細は、ケンブリッジ・ベイの**アークティック・コースト観光案内所** Arctic Coast Visitors Centre | 4 | とヌナブト・ツーリズム Nunavut Tourism で得られる。

ショッピング・宿泊と食事

　生協はホテルとしての役割も担っており、3人が宿泊できる。宿泊者も料理やあと片づけなどの作業分担があるので、それなりの心がまえをしておくこと。電話予約はできないので、店のマネジャー、グウェン・チクハク Gwen Tikhak に最低1か月まえに手紙を書いておく必要がある。チクハクが予約確認の電話をくれるので、あなたの電話番号も、そのときにいっておくように。料金はひとり1泊125ドル（食事なし）。おりたたみ式の簡易ベッドはあるが、寝袋を持参したほうがよい。宿泊費はチェック（小切手）でも支払い可能だが、店の商品を買う場合は、現金かトラベラーズ・チェックのみとなっている。もし食事について特別な要求がある場合は、事前に連絡しておくように。

　夏の荷船が冬の供給品を運んでくると、小さな店はとたんに商品で埋めつくされてしまう。しかし、長い冬のあとの5月、6月は、ちょっとした食糧と乾物以外ほとんど商品が残っていない。店は月曜日から土曜日の午前10時から午後5時までが通常営業だが、それ以外で必要が生じた場合には、チクハクが店をあけてくれる。イヌイットたちのなかで時間は融通がきく。

　この地域のキャンプ情報については地元の猟師・罠猟師組合にE-mailで問いあわせるのがいいだろう。

サービス

　なにかしらの治療が必要な際、または緊急時時には、診察所の連絡係がケンブリッジ・ベイの医者に連絡をとってくれる。特別な薬が必要な人は、ケンブリッジ・ベイに連絡がつきやすいように、その薬の名

404

前を控えておいたほうがよい。

最近、コミュニティーでのビジネス目的で、行政やさまざまな組織からやってくる人が増えたため、ケンブリッジ・ベイからの飛行機の便が増えた。電話サービスはウミングマクトゥークに電話線の設置がなされれば使用できるようになるが、いつになるかわからない。各家庭ではHFラジオを持っており、ケンブリッジ・ベイから北東にかけてと、クグルクトゥク Kugluktukから西にかけて、ほかの人に連絡をとること

ができる。ウミングマクトゥークではHFラジオは朝起きた時間（たいてい6時か、春はもう少し早い時間）から午後10時か11時ごろまで使われるが、電波の状況によって、つながらないこともある。

ウミングマクトゥークでは旅人はいつでも歓迎され、すばらしい経験ができるであろう。

カクグル Qakugulu（現地ではカーグーグールーと発音される）──すぐに、こちらでお会いしましょう！

ウミンクマクトゥーク連絡先（本文掲載順）

| 1 | 生協ストア Co-op Store（現金とトラベラーズ、チェック使用可）　生協ロッジに宿泊の際はここで予約すること。マネジャーのグエン・ティクハク Gwen Tikhakに手紙を書くこと
c/o Cambridge Bay NT, X0E 0C0 Canada（一般配送物も同アドレス）

| 2 | ウミングマクトゥーク地元の猟師・罠猟師組合 Umingmaktok Hunters and Trappers Organization (HTO)　問いあわせは代表のピーター・カポラク Peter Kapolakに
E-mail: peterk@polarnet.ca

| 3 | ヌナブト準州政府資源開発省 Department of Sustainable Development, Government of Nunavut　Tel 867-983-7219あるいは 867-983-7222　Fax 867-983-2802

| 4 | アークティック・コースト観光案内所 Arctic Coast Visitors Centre
Tel 867-983-2224　Fax 867-983-2302

そのほかの連絡先

連邦警察（RCMP）　ケンブリッジ・ベイ Cambridge Bayの分遣隊
Tel 867-983-2111　Fax 867-983-2498
健康管理センター Health Centre（ケンブリッジ・ベイ）　Tel 867-983-2531　Fax 867-983-2262

20　バサースト・インレット　　Bathurst Inlet

リン・ハンコック　　　　　　　　　　　　　　　　　Lyn Hancock

もしヌナブトのなかで1か所だけ訪れるとしたら、私はバサースト・インレットをおすすめする。ここは中部北極海岸のなかでも文化と野生生物のオアシスであり、人びとは、ほかのどこの地域よりも伝統的な生活を送っている。

　1996年のカナダ国勢調査では、バサースト・インレットの人口は18人とされて

20　バサースト・インレット Bathurst Inlet

人口	18人（1996年カナダ国勢調査では民族にわけて人数を出していないが、ここの定住者は全員イヌイットである）
市外局番	通常の電話サービスはなし。猟師・罠猟師組合が衛星電話を管轄。
標準時間帯	山地標準時
郵便番号	通常の郵便サービスもなし。郵便はバサースト・インレット・ロッジ Bathurst Inlet Lodge のイエローナイフ Yellowknife・オフィスに1度郵送され、コミュニティーに転送される。
現地までの道のり	飛行機チャーターのみ。
銀行	なし。現金あるいはトラベラーズ・チェック持参が望ましい。
酒類	アルコールはバサースト・インレット Bathurst Inlet に持ちこみ可能。酒類条例の規定によって管理されている。
タクシー	なし。

（人口は1996年のカナダ国勢調査のデータによる）

いたが、実際に全員が家に帰ると27人になる。

　ヌナブトのどこでも、イヌイットたちは村の快適さを知ると、キャンプを放棄することが多い。でも、バサースト・インレットの人びとは、彼らの土地に残ることを選んだ。最近になってはじめて、彼らは自分たちの伝統的な生活を支えるために賃金が払われる仕事もするようになった。

　バサースト・インレット（バサースト入り江の南端に位置している）の居住者は、キンガウンミウト Qingaunmiut、もしくは「鼻のような丘」（コミュニティーの裏側にある丘）の人びととして知られている。この定住地のバサースト・インレット・ロッジ Bathurst Inlet Lodge | 1 | は、かつてのハドソン湾会社 Hudson's Bay Co. の交易所であり、自然観察者の施設とローマ・カトリック派の宣教施設だったところとして、有名である。実際、ロッジのなかには、かつてハドソン湾会社の名誉をたたえて使用していた独特の赤と白の色が残っている。

歴史

　地元ガイドのすばらしい通訳は、バサースト・インレットのおもしろい歴史に色を添える。ボートでも、飛行機でも、徒歩でも、石の罠や、銛、テント用のリング、カリブーを誘い出すイヌクシュイト inuksuit（人型をした石塚群）、または、漂白された骨、ツンドラに残っている死骸など、考古学的な遺跡を見ることができるだろう。

　バサースト・インレットの南西80キロメートルに位置するナドルク Nadluq は島のバーンサイド川 Burnside River にあり「カリブーが横切る場所」である。少なくとも600年まえは地元のコパー・イヌイット Copper Inuit はここでカリブーをつかまえ、枝角を家の壁や屋根に使っていた。1821年、ジョン・フランクリン卿 Sir John Franklin とその部下たちが遠征をした際、49メートルの高さのウィルバー滝

Wilberforce Fallsに行き当たった。そのため、船を捨てて徒歩での探査続行を余儀なくされた。彼らはバサースト・インレットとフード川Hood Riverをフォート・エンタープライズFort Enterpriseまで入りこんでいった。20人で始まった探査旅行だったが、最後まで残ったのは、たったの9人であった。

探鉱調査のためのキャンプが設立された1929年ごろから、外の人間がここに定住し始めた。その後すぐ、ハドソン湾会社の交易所とカトリック派の布教施設がつくられた。1964年、ハドソン湾会社はここでの交易所をたたみ、アザラシの交易かより確実なウミングマクトゥークUmingmaktokへ移動した。連邦警察（RCMP）の警部、グレン・ワーナーGlenn Warnerと、彼の妻トリッシュTrishは、廃屋化した建物をバサースト・インレット・ロッジにかえた。ワーナー一家はコミュニティーの人びとのよきパートナーとなっている。

風土と野生生物

バサースト・インレット一帯は不毛の地のなかにおいて、唯一、自然に恵まれた土地である——ツンドラの丘、曲がりくねった川、そしてすさまじい峡谷では古代の岩に水しぶきがあがっている。そこから遠くないところに、ウィルバーフォース滝がある。世界でいちばん緯度の高いところにある「北極の滝」である。そしてクアデュク諸島Quadyuk Islandsではピラミッド型のこふんか恐竜の背骨のようになだらかにのびている。

入り江の南端の穏やかな気候が、豊かな植物を育て、おもな野生動物の生息地となっている。125種類以上の野生植物が繁茂し、80種類以上の鳥が巣をつくり、13種類の哺乳動物が生息している。バサースト・インレット・ロッジには、カヌー、ボート、飛行機があり、行きたい場所に連れていってくれる。また、頼りになるガイドは、不思議な動物を見つけやすい場所へ案内してくれる。そう、ここはエコツアーの天国なのだ。

バサースト・インレットは世界でもいちばん規模が大きく、健康状態のよいハヤブサの生息地である。また入り江は、カナダガン、ハクガン、マガンなどの渡り水鳥の大切な足場でもある。入り江の東はクイーン・モウド湾渡り鳥保護区 Queen Maud Gulf Migratory Bird Sanctuaryであり、世界的に絶滅しかけたガンの1種ロスガチョウの95％がここを根城にしている。カナダ最大、600万ヘクタール以上の面積があるこの保護区への飛行は、ロッジを通してアレンジできる。個人の旅行者は、この保護区での人間の動きを監視しているカナダ野生生物サービス Canadian Wildlife Service｜2｜に申しこんで、少なくとも45日の返答期間を計算して、入場の許可申請をしなければならない。

ジャコウウシとカリブーはバサースト・インレットで子を産む。およそ50万頭という膨大な数がこのあたりにいる。バサーストのカリブーは、群れをなして移動する世界最大数の哺乳動物である。毎春これらの動物は入り江の南端を通過して、繁殖地がある北東に進んでいく。ほかに数の多い哺乳動物はバーレングランドハ

20　バサースト・インレット Bathurst Inlet

イイログマ（グリズリーベアー）、オオカミ、キツネ、そしてクズリなどである。

ロッジでは釣りはあまりすすめていないが、釣り好きな人だったら、この土地に生息しているチャー（ホッキョクイワナ）、レイクトラウト、カワヒメマスなどを見逃す手はないだろう。

ツアー

エコツアーの人気が出るまえから、バサースト・インレットのイヌイットたちは彼らの土地と生活様式を、ここを訪れる人たちと分かちあっていた。3世代にわたり、ワーナー一家とキンガウンミウトは一緒に暮らし、働いてきた。彼らの共同生活がうまくいっているのは、文化をうまく共有し、協力しあっているからだ。彼らは、バサースト・アークティック・サービス Bathurst Arctic Service、エアー・ティンディ Air Tindi、トップ・オブ・ザ・ワールド・トラベル Top of the World Travel などの関連企業とも一緒に働いてきた。バサースト・ロッジは自然観察者のためのものだったが、今では地質学者、探鉱者、測量技師などにもサービスしている。

ロッジでは、6月の最終週から7月中旬にかけて、エコプログラムを開催する。イエローナイフからの航空券、宿泊、日帰り旅行（特別なチャーターはのぞく）を含めた1週間の滞在費は3,180ドルである。また別のプランとして、中央不毛地帯にある、夏中開いているロッジ所有のキャンプを利用すると、より費用の負担が減るだろう。200キロメートル南にあるペラット湖 Pellatt Lake のエスカー・キャンプ Esker Camp のキャビンのなか、もしくは、最近オープンしたツリーライン・レイク・ロッジ Treeline Lake Lodge（以前のサルミタ採鉱キャンプ Salmita mining camp）で1週間の釣りとカリブーを観察するツアーは、イエローナイフからの移動費こみで2,000ドル（こうしたツアー料金は、カナダやアメリカのエコツーリストのあいだで、この2、3年、北極圏のエコツアーのブームが起きているため値あがりしている可能性が高いので、現地にでかけるまえに問いあわせるなどして各自チェックが必要＝日本語版編者注）

ショッピング・宿泊と食事・サービス

バサースト・インレットには、ロッジ以外に商業用の施設はない。したがって、猟師・罠猟師組合 Hunters and Trappers Organization（HTO）が独自の発電機から、各家庭に電力を供給している。ロッジでは宿泊者に3食と、午後にお茶のサービスをしている。25人収容でき、ほかにラウンジ、会議室、図書館、さらにヌナブトでは唯一のセルフ・サービスのバーがある。基本的には宿泊者が自分でチェック・インをして、帰る際に支払いをすます。コミュニティーの住人がときどき美術、工芸品を売りにきている。

バサースト・インレットへの飛行機の定期便はない。イエローナイフのエアー・ティンディとファースト・エアー First Air、ケンブリッジ・ベイ Cambridge Bay のアドライアー・エアー Adlair Air とアクラク・

21　クグルクトゥク（クルグトゥク）Kugluktuk

エアーAklak Airがチャーター・サービスをおこなっている（ここまでにも何度か注を入れたが、2003年現在、ヌナブトの航空網は急激に再編成されており、こうした航空情報は、当てにならないところがある。実際出かけるときに、事前にしっかりチェックしたほうがいい＝日本語版編者注）。バサースト・インレットとケンブリッジ・ベイ間でツイン・オッターTwin Otter（双発軽飛行機）をチャーターすると航空券は3,100ドルから3,500ドルである。イエローナイフとバサースト・インレット間で飛行機をチャーターすると、料金は2,000ドルから5,000ドルほどかかるが、これはチャーターする飛行機の種類（大きさ）にもよる。

バサースト・インレットには猟師・罠猟師組合が所有する衛星電話がひとつしかないため、ほとんどの人はHFラジオ、チャンネル50.46を通して連絡をとっている。バサースト・ロッジのイエローナイフ・オフィスがコミュニティーの人びとのために代表して電話を受けている。

医療施設や連邦警察（RCMP）派出所はここにはない。いちばん近い医療サービスは100キロメートル先のウミングマクトゥークにあり、人びとはそこまで買い物に出かける。

バサースト・インレット連絡先　(本文掲載順)
- |1|　バサースト・インレット・ロッジBathurst Inlet Lodge　P.O. Box 820 イエローナイフ NT, X1A 2N6 Canada　Tel 867-873-2595あるいは867-920-4330　Fax 867-920-4163　E-mail: bathurst@internorth.com　Web site: virtualnorth.com/bathurst/
- |2|　カナダ野生生物サービスCanadian Wildlife Service
Tel 867-669-4700　Fax 867-873-8185　E-mail: enviroinfo@cpgsv1am.doe.ca

21　クグルクトゥク（クルグトゥク）　Kugluktuk
ミリー・クリクタナ　　　　　　　　　　　　　Millie Kuliktana

クグルクトゥク（クルグトゥク－以前はコパーマインとして知られていた）は、雄大なコパーマイン川Coppermine River（銅山の川）の堤と北極海のコロネーション湾Coronation Gulfに挟まれている。この地名はイヌイット語で「水が動くところ」という意味である。

　こうした由来があるものの、名前をつける過程でちょっとしたちょっかいがあったようで、地名の正しい綴りQurluqtuqがどこかに押しやられてしまった。クグルクトゥクという言葉の実際の意味は、なんと「ふたりのぎょっと驚いた人」である。しかしながら、コミュニティーの持つ穏やかな雰囲気は、はじめてこの地を訪れる者

409

21　クグルクトゥク（クルグトゥク）Kugluktuk

人口	1,201人（イヌイット89％、イヌイット以外11％）
市外局番	867
標準時間帯	山地時間帯
郵便番号	X0E 0E0
現地までの道のり（可能なルート）	
・エドモントンEdmonton〜イエローナイフYellowknife〜クグルクトゥク（イエローナイフからクグルクトゥクまでは北に約600キロメートル）	
空路での乗り継ぎは（かならずしもではないが）イエローナイフに1泊しなければならないこともある。	
銀行	なし。現金かトラベラーズ・チェックがベター。場所により、クレジット・カードも使用可。
酒類	制限なし。酒類条例の規定のもとにのみ管理されているだけ。ただしクグルクトゥクでの購入はできない。
タクシー	あり。

（人口は1996年のカナダ国勢調査のデータによる）

を驚かすようなことはまずないだろう。

この地域のイヌイットは近くにあるコパーマイン山脈Coppermine Mountainsにちなんで、コパー・イヌイットと呼ばれている。今でも大勢の猟師が、さまざまな道具をつくるのに地元で採掘される銅を使っており、1年の大半を狩猟や漁労に費やしている人びとにとって、ここで銅が採掘されることは貴重な財産である。クグルクトゥクのイヌイットは、当地に密着して生活する時間が長いため、伝統的技術が確実につぎの若い世代へと伝承されている。毛皮服の縫製や野生動物の狩猟であれ、滑石（ソープストーン）の彫刻や昔ながらの調理法、太鼓にあわせての踊りであれ、あるいは古きよき時代のなぞなぞに興じることであれ、さまざまな伝統が代々受け継がれている。

歴史

クグルクトゥクのほど近くに、歴史的に有名なブラディー・フォールズBloody Fallsがある。ブラディー・フォールズというのは1771年に、地元のイヌイット一族とそこを通り抜けようとしていたチペワイアンChipewyanの一行とのあいだで繰り広げられた壮絶な闘いの舞台となった場所である。

さらに、この川は有名な殺人事件の現場でもある。1913年、シニシアクSinisiakとウルクサクUluksakというふたりの猟師が、ジャン－バプティスト・ルビエール神父Father Jean-Baptiste Rouvièreとギリョーム・ラロー神父Father Guillaume LeRouxというふたりの司祭を殺害した事件である。先住民デネDene（ファースト・ネーションズの1部族。昔はインディアンと呼ばれていた人たち＝日本語版編者

110

21 クグルクトゥク（クルグトック）Kugluktuk

注）の地へ向かう途中であったこの司祭たちは、イヌイットの道案内なしでは目的地に到達できないと判断し、ふたりに同行を強要した。イヌイットの猟師ふたりは、自分たちの命の危険と家で帰りを待っている家族の暮し向きを案じ、犯行に及んだ。シニシアクとウルクサクは、1917年にエドモントンで裁判にかけられ、レゾリューション砦 Fort Resolution での終身刑の判決を受けたが、1919年に釈放され、出所した。

1927年、ハドソン湾会社 Hudson's Bay Co. がクグルクトゥクに交易所を創設した。そして、翌年には、イギリス国教会も当地に拠点をかまえ、10年以上まえからこの極北の地にきていたカトリック教の教会とともに、布教活動を開始した。さらに、1932年にはカナダ連邦警察（RCMP）が乗りこんできた。こうした組織が、つぎつぎと参入することにより、クグルクトゥクで古くからつづいてきた治療師やシャーマンは廃業に追いこまれ、猟師は賃金労働に従事し、伝統的な教育法がすたれて子どもたちは正式な教育を受けることになるなど、変貌をとげざるをえなくなった。

クグルクトゥクの現代史を飾るトピックスとして、1993年7月9日におこなわれた特別式典が記憶に新しい。これは、「ヌナブト協定 Nunavut Land Claims Agreement Act」とヌナブトの新しい領域を制定したヌナブト法 Nunavut Act という連邦政府による立法措置の布告を祝ったものである。ミュージシャン、アーティスト、イヌイットのリーダーたち、高官たち、それに大人も子どもも老人たちも、一堂に会して歌い、笑い、泣き、あたたかい晴れた空の下、この歴史に残る記念の日を祝った。

風土と野生生物

クグルクトゥクでは、人も自然も季節のうつろいにしたがっている。春が巡ってくるとガンやユキホオジロ、あるいはすばしっこいリスがやってくる。陽射しが日毎に長くなるにつれ、住民が野外ですごす時間も長くなっていく。クグルクトゥクを訪れると、「ドライミート」にするために細く切った肉をぶらさげて陽にさらしている光景をあちこちで目にするだろう。

夏には、コミュニティー周辺のちらちら光るツンドラや水辺に活気がみなぎってくる。森林限界に近いこのあたりのツンドラ地帯には、ヘラジカ、クズリ、オオカミ、キツネ、ジャコウウシ、バーレングランドハイイログマ（グリズリーベアー）やカリブーなどなど、種々さまざまな野生動物の〈すみか〉となっている。こうした動物たちはどれも、豊富な食糧と毛皮をコミュニティーの猟師や罠猟師に提供してくれる。アウトドア・グッズ専門店の通称フレッド・ウェブ Fred Webb（正式名、Coppermine HTA-Webb Ltd.）|1|とコパーマイン猟師・罠猟師組合 Coppermine Hunters and Trappers Organization (HTO) |2|が共同で、ここを訪れる人たちがスポーツ・ハンティングやフィッシング・トリップを楽しめるように手配してくれる。ここでおこなわれる狩猟で獲物として狙うのは、ジャコウウシ、カリブー、グリズリー、オオカミなどで、それを仕留めれば、スポーツ・ハ

411

21　クグルクトゥク（クルグトゥク）Kugluktuk

ンティングのトロフィーを手にしたようなものだ。

しかし、動物には頭を痛めることもある。とくにグリズリーは厄介で、小屋やテントの枠組をこわしたり、屋根用のキャンバス地のタープを引き裂いてしまう。イヌイットには、「春の朝に霧が濃かったら、それは長い冬眠から覚めた熊が朝の冷気にあたたかい息を一気に吐き出した印だから気をつけなさい」というおもしろい言い伝えもある。

まれにシロイルカ（ベルーガ）がやってくることもあり、これは地元の猟師にとっては、まさに大歓迎ものだ。彼らが求めているのは、シロイルカ（ベルーガ）からとれるマクタークMaktaaqと呼ばれる、表皮に脂肪がついたなかなか噛み切れない部分である。これはイヌイットたちのあいだでは、珍味とされている。このあたりでもっともよく見かける海洋哺乳動物はワモンアザラシで、これは夏から秋にかけての大切な食糧である。この時期には、チャー（ホッキョクイワナ）釣りも盛んである。

コミュニティーの東西にそびえる崖の南側斜面は、ハヤブサやワタリガラスが日光浴に集まる、恰好の停泊場所となっている。また、クグルクトゥクの夏は、「庭師」たちが野菜栽培の才を発揮するときでもある。なかにはポテトをはじめとした各種野菜を上手に栽培する人もいる。

ツアー

北のカヌー愛好家のあいだで人気のあるコパーマイン川経由で、たくさんの旅人がクグルクトゥクを訪れる。川幅が広いうえに流れも速いこの川に果敢に挑戦しに当地を訪れた多くの旅人のなかには、カナダの元首相ピエール・トゥルドPierre Trudeau、ジョン・ターナーJohn Turner、イギリスのアンドリュー王子Prince Andrew、そしてカナダ人歌手のゴードン・ライトフットGordon Lightfootなどもいる。

ブラディー・フォールズ準州歴史公園Bloody Falls Territorial Historic Parkは、地元の歴史を《徒歩でひもとく》のに絶好の場所だ。13キロメートルほどの小道をハイキングしたり、サンド・バギー（ATVs）を乗りまわしたり、あるいはベテランの案内をともなってカヌーを漕ぐのもいい。ピクニックや釣りも楽しめる。

北極海に舟で乗り出す覚悟があるならば、クグルクトゥク北部やクルセンスタン岬Cape Krusensternに行くことができる。そこには、かつて一匹狼の毛皮取引商としてならしたスリム・セムラーSlim Semmler所有だったこともある古い交易所が、今も名残を留めている。

クグルクトゥクは、北極圏北部という場所にありながらも、夏には海辺で何時間かゆったりとすごそうという気になるくらい気温があがる、ヌナブトでは数少ないコミュニティーである。7、8月には、泳ぎに自信のある人は、コパーマイン川がコロネーション湾へ流れこむところにある小村が実施しているウォーターフロント・ビーチ・プログラムを利用する。

気候が温暖なので、舟あそびができる時期も6月下旬から10月初旬までと長い。ノースウエスト・パッセージ・エクス

21　クグルクトゥク（クルグトゥク）Kugluktuk

ペディションズ社 Northwest Passage Expeditions Ltd. | 3 | は自社所有の30フィートのクルーザーでコロネーション湾域のクルージングを実施しており、それに乗れば古い交易所を見学したり、もう使われなくなった遠距離早期警戒レーダー網基地の跡地や初期の探検家の残した数々の史跡を訪れることができる。

また舟を利用して、コミュニティーと海のあいだにある砂州につくられている**コロネーション・ゴルフ・クラブ** Coronation Golf Club | 4 | の18ホールのコースに行くこともできる。初秋には雨や大風でコースが水浸しになってしまうため、ここでのプレイはもっぱら夏にかぎられる。

クグルクトゥクの中心部にはアルコール類や喫煙はご法度の**マクドナルズ・プール・ホール** MacDonalds Pool Hall | 5 | という青少年向け施設もある。ここにはプールやファミコン、レンタル・ビデオやファーストフード・レストランなどが完備している。

ショッピング

1960年にオープンした**クグルクトゥク生協** Kugluktuk Co-op | 6 | では食糧品のほか、金物、地元の工芸品や民芸品を販売している。また、食糧品は**ノーザン・ストア** Northern Store | 7 | でも手にいれられる。

あなたが《地元の味》の探究者ならば、**クグルクトゥク・アングニアクティルトゥ協会** Kugluktuk Anguniaqtiit Association | 0 | にいらっしゃるといい。イワナやカリブー、ジャコウウシも含め、地元の食材を種類豊富にとりそろえている。

コロネーション通り Coronation Drive 沿いのジェームス・コイック文化センター James Koighok Cultural Centre 内にある**クグルクトゥク・ビジターズ・センター** Kugluktuk Visitors Centre では、工芸品や民芸品が展示即売されている。なお、このセンターは大々的にリニューアルして、1999年に**クグルクトゥク文化遺産センター** Kugluktuk Heritage Centre | 9 | として再オープンした。クグルクトゥクは彫り物のイグルー・ミニチュア（原型は氷雪ブロックで丸天井形につくる、イヌイットの家）の本場である。ここでつくられる滑石（ソープストーン）製のイグルーは、上部がとりはずしできるようになっており、それをはずすと、なかに伝統的なイヌイット家族の暮し向きが登場するしかけになっている。クグルクトゥクの女性は人形を非常に巧みにつくることでも知られており、購入も可能であろう。人形の顔は滑石（ソープストーン）でできたものもあり、毛皮でできたものもある。

イベント

毎年4月に開催されるナッティク・フロリックス祭り Nattiq Frolics には、周辺のコミュニティーから家族連れがクグルクトゥクにやってきて、各種コンテストに参加する。コンテストには、伝統的なアザラシ猟や、アザラシの皮剥ぎ、スノーモービル・レースやイヌイットのゲームなどの種目がある。また、たくさんのご馳走とスクェア・ダンスで祭りは盛りあがる。

高級のつり竿を持って腕自慢の釣り師が大挙してやってくるのは、初秋におこなわ

413

21　クグルクトゥク（クルグトゥク）Kugluktuk

れるイカルクピク・フィッシング・ダービー Ikalukpik Fishing Derby だ。老いも若きも釣り師たちは、いちばん大きなイワナを釣って自慢話の種にしようと腕を競う。

宿泊と食事

14室（2室をのぞきすべてふたり部屋）あるコパーマイン・イン The Coppermine Inn|10|では、26人が宿泊可能。バスルームつきの部屋は4室で、そのほかは共同バスルームを利用する。全室テレビ完備で、ロビーには公衆電話がある。1泊食事つきでひとり200ドル、あるいは食事なしで135ドル。レストランは予約して詳細を伝えておきさえすれば、宿泊客でなくても利用できる。食事は朝食が15ドル、昼食が20ドル、夕食が30ドル。

エノコック・イン Enokhok Inn|11|の客室数は3つ（そのうち、2室のバスルームは共同）で、最高6人まで宿泊できる。こちらも各室にテレビがついており、ロビーにはテレビと公衆電話がある。宿泊費はひとり1泊食事つきが170ドルで、食事なしの場合は125ドルとなる。食事は朝食が10ドル、昼食が15ドル、夕食が20ドル。レストランの利用は原則として宿泊客にかぎられているが、こちらもきちんと連絡を入れておけば、宿泊客以外でも予約できるだろう。

コープ・ストア Co-op store 内には1軒だけ喫茶店 coffee shop|12|もある。

海辺脇にあるキャンプ場は無料でだれでも利用できる。戸外バスルームと、多くはないがピクニック・テーブルもある。

クグルクトゥク連絡先（本文掲載順）

|1|フレッド・ウェブ Fred Web（アウトドア・グッズ専門店）Tel 604-463-2035　Fax 604-463-2026　E-mail: 73204.2734@compuserve.com　Web site: fordinfo.com/fredwebb

|2|コパーマイン猟師・罠猟師組合 Coppermine Hunters and Trappers Organization (HTO)　Tel 867-982-4908　Fax 867-982-4047

|3|ノースウエスト・パッセージ・エクスペディションズ社 Northwest Passage Expeditions Ltd.　Tel 604-463-2035　Fax 604-463-2026　E-mail: 73204.2734@compuserve.com　Web site: fordinfo.com/fredwebb

|4|コロネーション・ゴルフ・クラブ Coronation Golf Club　Tel 867-982-3186　Fax 867-982-3060

|5|マクドナルズ・プール・ホール MacDonalds Pool Hall　電話なし（CBラジオのチャンネル7と連絡を取ってみること）

|6|クグルクトゥク生協 Kugluktuk Co-op（VISA、Interac使用可）　Tel 867-982-4231　Fax 867-982-3070

|7|ノーザン・ストア Northern Store（VISA、MasterCard、Interac使用可）　Tel 867-982-4171　Fax 867-982-3607

|8|クグルクトゥク・アングニアクティルトゥ協会 Kugluktuk Anguniaqtiit Association（コパーマイン猟師・罠猟師組合が出資）　Tel 867-982-5902　Fax 867-982-4047

|9|クグルクトゥク文化遺産センター Kugluktuk Heritage Centre（1999年に再度開館　以前の旧クグルクトゥク・ビジター・センター Kugluktuk Visitors Centre）（現金のみ使用可）　Tel 867-982-3232　Fax 867-982-3229

|10|コパーマイン・イン Coppermine Inn（VISA 使用可）　Tel 867-982-3333　Fax 867-982-3340

|11| エノコック・イン Enokhok Inn （VISA、Diners Club/enRoute使用可）
　　 Tel 867-982-3197　Fax 867-982-4291
|12| 生協喫茶店 Co-op coffee shop　Tel 867-982-4231

そのほかの連絡先

空港（ファースト・エアー First Air）　Tel 867-982-3208
役場 Hamlet Office　Tel 867-982-4471　Fax 867-982-3060
連邦警察（RCMP）　Tel 867-982-4111　Fax 867-982-3390
郵便局（コミュニティーの中心部にある）　午前10時～午後5時半（月～金）　Tel 867-982-5905
健康管理センター　Tel 867-982-4531　Fax 867-982-3115
図書館　午後6時～9時（月・火・木）　午後3時～9時（水）　午後1時～午後4時（土）
Tel 867-982-3098
ヌナブト・アークティック・カレッジ Nunavut Arctic College
Tel 867-982-4491 あるいは 867-982-5151　Fax 867-982-4004 あるいは 867-982-5108

歯科医　Tel 867-982-4511　Fax 867-982-4512
トリプル・エィ・タクシー Triple A Taxi　Tel 867-982-3280

ラジオ局（FM105.1）　Tel 867-982-7206
気象情報　Tel 867-982-4131　Fax 867-982-3248
天気予報のWeb site: www.infonorth.org

22　ケンブリッジ・ベイ　　　　　　　　　　　　　Cambridge Bay

ジョー・オトキアク　　　　　　　　　　　　　　　　　　Joe Otokiak

キティクミウト地方 Kitikmeot Region の中心、ケンブリッジ・ベイは、ビクトリア島 Victoria Island の南東の沿岸、モード湾 Maud Bay にある長い海岸の一角にある。

　ケンブリッジ・ベイの伝統的な名前はイカルクトゥーティアク Iqaluktuuttiaq で「多くの魚がとれる場所」という意味がある。近くを流れる川や湖には、よい釣り場がある。
　最近ケンブリッジ・ベイに住んでいるイヌイットのあいだでは、ある期待が高まっている。1999年4月1日、ヌナブト準州政府が発足するため、人びとは大きな変化に対する準備をしている。その日のために、イヌイットの多くは、せっせと教育を身につけた（著者が本稿執筆時には、まだヌナブトは独立していなかった＝日本語版編者注）。
　独立までの準備期間中、北西準州政府（GNWT）は現地イヌイットの大半を雇った。「ヌナブト協定 Nunavut Land Claims Agreement」（NLCA）を実施している組織

22　ケンブリッジ・ベイ Cambridge Bay

人口	1,351人（イヌイット　75％、イヌイット以外　25％）
市外局番	867
標準時間帯	山地標準時
郵便番号	X0E 0C0
現地までの道のり（可能なルート）	
・エドモントン Edmonton ～イエローナイフ Yellowknife ～ケンブリッジ・ベイ（イエローナイフからケンブリッジ・ベイまでは北東へ約900キロメートル）	
・オタワ/モントリオール～イカルイト Iqaluit ～レゾリュート Resolute -～ケンブリッジ・ベイ	
・ウィニペグ～ランキン・インレット Rankin Inlet ～ ケンブリッジ・ベイ	
・オタワ/モントリオール～イカルイト～ランキン・インレット～ケンブリッジ・ベイ	
・カンゲルスアク Kangerlussuaq （グリーンランド）～イカルイト～ランキン・インレット～ケンブリッジ・ベイ	
銀行	あり。カナダロイヤル銀行
酒類	アルコールは禁止されてはいないが、アルコール飲料は規程により管理されている。アルコール飲料は、イエローナイフから注文するか、あるいは許可をもらって持ち出すことができる。個人で所持しているのが見つかれば回収される。
タクシー	あり。

（人口は1996年のカナダ国勢調査のデータによる）

であるヌナブト・トゥンガビク Nunavut Tunngavik も多くの地元の人びとを雇っている。思いきってビジネスに挑戦したり、もしくは他人のために働いたりするようになったので、イヌイットの起業家精神は高まった。よい例が、イヌイットが共同経営しているイカルクトゥティアク生協 Ikaluktutiak Co-op だ。ケンブリッジ・ベイの近くで鉱物が産出され、多くのイヌイットはキティクミウト地方のいたるところで採掘の仕事に就いた。

しかし、ケンブリッジ・ベイには、いまだ伝統的な生活様式を尊重している人びとがいる。多くの高齢者は、豊富な野生生物を食糧として生活している。一方、南部の教育を受け、一般職についている人びとは、近くで狩りや釣りをするときのみ町を離れる。また、外部からの物資やサービスに浸っている若者でさえ、自分たちの文化遺産を守ることの重要性に気づくようになってきている。

歴史

1950年代初頭、ケンブリッジ・ベイコミュニティーは遠距離早期警戒網（DEW Line）の駐屯地や、軍の滑走路として発展した。ハドソン湾会社 Hudson's Bay Co. が支店を開設し、物資をおろす港としてこ

416

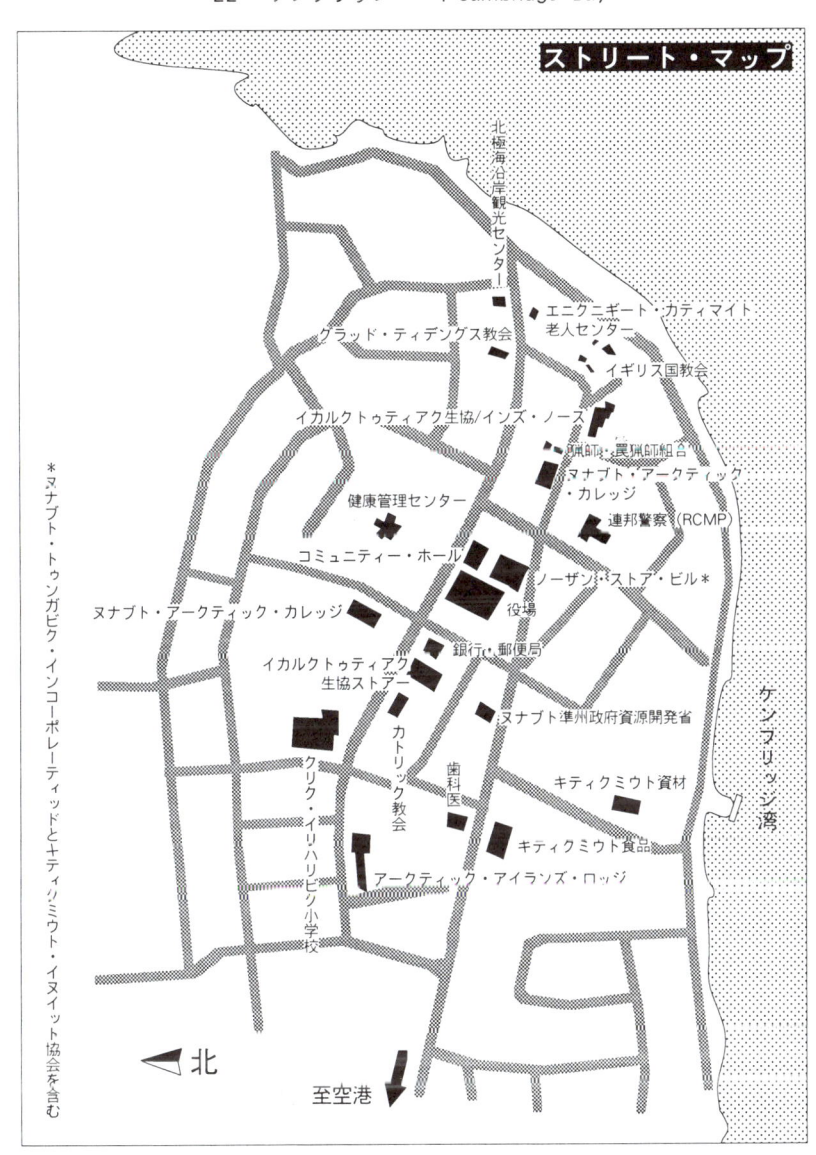

22　ケンブリッジ・ベイ Cambridge Bay

ストリート・マップ

北極海沿岸観光センター

グラッド・ティデングス教会

エニクニギート・カティマイト老人センター

イギリス国教会

イカルクトゥティアク生協/インズ・ノース

漁業者・罠猟師組合

ヌナブト・アークティック・カレッジ

健康管理センター

連邦警察（RCMP）

コミュニティー・ホール

ノーザン・ストア・ビル *

ヌナブト・アークティック・カレッジ

役場

銀行・郵便局

イカルクトゥティアク生協ストアー

ヌナブト準州政府資源開発省

クリク・イリハビック小学校

カトリック教会

歯科医

キティクミウト資材

キティクミウト食品

アークティック・アイランズ・ロッジ

◁北

至空港↓

ケンブリッジ湾

＊ヌナブト・トゥンガビク・インコーポレーティッドとキティクミウト・イヌイット協会を含む

の小さな湾を利用した。北部のほとんどの町では、行政官事務所、連邦警察（RCMP）、政府の昼間学校、保育園、イギリス国教会とカトリック教会や国土交通省の事務所などの、一般的なサービスが提供された。イヌイットは西部からコミュニティーにやって来た。多くの人は、西部北極圏 western Arctic のトゥクトヤクトゥク Tuktoyaktuk のような遠く離れた村に親族を持っており、それらの村とは今でも密接

417

22　ケンブリッジ・ベイ Cambridge Bay

な関係がある。

この土地のイヌイットは、毛皮を売って狩猟に必要な食糧や道具を手に入れるために、だんだんとコミュニティーに集まってきた。徐々に雇用が増加し、遠距離早期警戒網部隊駐屯地には家族が定住し始めた。仕事を期待してやって来る人びともいたが、その後、毛皮の売買は減少し、今では政府の援助に頼るようになっている。そのうえ、家族が町にうつり住むようになったので、子どもたちは地元の学校に通うようになった。男たちは、今では単独、もしくはグループで狩りに出るようになった。そのあいだ妻たちは、子どもたちの面倒を見るために家に残る。ケンブリッジ・ベイから離れたところに住む子どもたちは、西部北極圏にあるイヌビク Inuvik やフォート・シンプソン Fort Simpson にある寄宿学校に通った。

長いあいだ、北極イワナ漁業はイカルクトゥティアク生協 Ikaluktutiak Co-op によって運営され、猟師や罠猟師にとっては季節的な雇用と追加収入の機会となっていた。しかしその後、サケやマスの養殖漁業により北極イワナの相場が低下したため、漁業が雇用の機会にならなくなった。おなじころ、動物保護の国際的な活動家たちが、非人道的な捕獲、とくに東カナダでのアザラシ猟や毛皮目的の動物捕獲に反対し、そのため毛皮産業も崩壊した。そこで準州政府は、イヌイットが高いレベルの教育を身につけるか、もしくは、職務経験を積んで経営ができるようになるまで、彼らに単純な作業や仕事を提供した。

風土と野生生物

地元の長老が話す物語のひとつに、このコミュニティーの北部に実在する高い丘の話がある。この地域でもっとも有名な名所であるペリー山 Mount Pelly（ウバユグ Uvajug）は、通称「大男」と呼ばれている。ペリー山のすぐうしろに控えているのがベビー・ペリー Baby Pelly（イヌーフクトゥク Inuuhuktuq）、その先にあるのがレディー・ペリー Lady Pelly（アマークトゥク Amaaqtuq）。これらの丘は、食べものを探して海から海へと旅をする一家だ、と語り継がれてきた。彼らは海を越え、ビクトリア島を歩いてわたってきた。やがて一家の食べものがつきてしまい、餓死してしまった。最初にウバユグが南東を向いたまま死んでしまった。つぎにそのうしろのイヌーフクトゥク、最後に母親のアマークトゥクは身ごもったまま死んだ……という物語である。

このあたりは、雑草が生えた程度の岩だらけの土地や丘陵が目につく。

コミュニティーのはずれにはトナカイ、ジャコウウシ、キツネ、オオカミ、レミング、イタチが多く住んでいる。さらに内陸へ行くと、ホッキョクグマ、クズリ、オオカミ、ハイイログマやリスに出会える。

こんな景色のなかに野生動物が……

418

ケンブリッジ・ベイ Cambridge Bay

イヌクシュリク（石でできた道標）が海に向かって立っているケンブリッジ・ベイの海岸

浜辺を見ると、きらきら浮かぶアザラシの頭を目にすることができ、本土に向かって沖のほうへ行くと、アゴヒゲアザラシを見ることができる。

マスは1年中湖に留まる。イワナは春と夏に沿岸へ移動して、冬になると湖の上流へ戻ってくる。

ツンドラがとけた春、夏には、鳥たちも移住してくる。初期にはユキホオジロやハクチョウが飛んでくる光景が見られ、カモメ、カナダガン、ロスガン、コクガン、ハクガン、ケリタカモ、カモ、トウゾクカモメ、ハヤブサやその他多くの鳥たちが集まってくる。1年を通して、ユキフクロウ、イワナギライチョウやワタリガラスが見られる。地上や水上を移動する際は、悪天候に遭遇したり、冬には遭難の危険があり、ボート浸水にみまわれるかもしれない。「一生風が吹いているわけではないのだから、しばらくすれば落ち着くだろう」というイヌイットがよくいう言葉にしたがって、悪天候のときはしばらく辛抱したほうがよい。《北の国》で生き残るためには、忍耐強くならなければならない。

ツアー

コミュニティーから歩ける範囲、川の北東付近やペリー山の近くに多くの建築物がある。このあたりは地域の公園として発展してきた。史跡には湾のまわりからペリー山までの舗装された道路があり、それに沿って標識が立てられている。道路の端からハイキングができて、近くの湖ではイワナやマス釣りもできる。お問いあわせは、**北極海沿岸観光センター Arctic Coast Visitors Centre | 1 |** まで。外出するときは、あたたかい衣類、ハイキング用シューズ、虫よけ薬を忘れずに。

このコミュニティー周辺でのツアーにはおもしろいスポットがあり、オプション

22　ケンブリッジ・ベイ Cambridge Bay

もいくつか用意されている。ハイ・アークティック・ロッジHigh Arctic Lodge│2│をはじめ、地元の旅行準備業者がアレンジするパッケージ・ツアーのなかにはスポーツ・ハンティングや釣りを含んでいるものもある。エカルクトゥックティアク猟師・罠猟師組合Ekaluktutiak Hunters and Trappers Organization│3│では、ホッキョクグマ、ジャコウウシ、カリブーのスポーツ・ハンティングをとり扱っている。猟師・罠猟師組合ではキャンプに必要な道具も販売している。

1年の行事のハイライトはオミングマク・フローリクス祭りOmingmak Frolicsで、5月の第3週目に開催され、アザラシ狩り競争、タレント・ショー、スノーモービル・レース、子どもたちのゲーム、クッキング、お茶会、氷の彫刻、釣りのコンテストなどが呼び物となっている。もうひとつ見逃してはいけない行事は、7月にヌナブトの日の祭りNunavut Day Festivalの一環として開催されるミュージックフェスティバル。ヌナブトのアーティストが集まり音楽を演奏する祭りだ。その他のアクティビティとしては、《北の国》の展示会がある。

ショッピング

ノーザン・ストアNorthern Store│4│や地元生協Co-op│5│では、新鮮な農産物からキャンプ用品まですべてそろっている。キティクミウト資材会社Kitikmeot Supplies│6│では金物、材木、オフィス用品、家庭用品、スノーモービル、トラックや石油までも販売している。エニクニギート・カティマイト老人センターEniknigiit Katimayet Elders Centre│7│では、地元の人に頼んで伝統的な衣服を縫ってもらうこともできる。また、毛皮のジャケット、はき物などの民芸品も販売している。

デザインをほどこした毛皮の壁かけ・はき物などの民芸品　地元の彫刻家の作品などなど　ショッピング好きな人には　たまらないほど　めずらしいものをケンブリッジ・ベイの店ではたくさん売っている　下の写真は昔の店（地元保管写真の複写）

22 ケンブリッジ・ベイ Cambridge Bay

地元の彫刻家の作品を買いたいなら、売ってもらえるものがあるかどうか聞いてまわるとよい。生協では、地元やほかのコミュニティーのアーティストの彫刻や絵を販売している。

準州政府と猟師・罠猟師組合が経営している**キティクミウト食品**Kitikmeot Foods |8|では、《郷土料理》を味わいたい旅人のために、地元でとれる肉、魚製品を販売している。キティクミウト食品ではカリブー、ジャコウウシや、いろいろな魚製品が手に入る。

宿泊施設・食事

アークティック・アイランド・ロッジ Arctic Islands Lodge |9|には26の豪華な部屋がある。シングル17部屋、ダブル8部屋、スイート1部屋。禁煙部屋も用意されている。全室にトイレ、電話、ケーブル・テレビが完備されている。宿泊料金は、旅行シーズン中（夏場）でシングル175ドル、ダブル195ドル。そのほかの期間はピーク時より低料金で泊まれる。スイートを希望する場合は、あらかじめ予約が必要。予約を入れておけば、若干安く泊まることができる。ホテルには禁煙席のあるレストラン、コーヒー・ショップがあり、それぞれの営業時間内で利用できる。ランドリー、ファックス、コピーも利用可能。春と夏には、天候がよければネイチャー・ワイルドライフ・ツアーが催される。125名収容可能な会議室もある。くわしくは直接連絡するか、ホームページを見るとよい。

イカルクトゥティアク生協ホテル／インズ・ノース Ikaluktutiak Co-op Hotel/Inns North |10|は45名収容。ダブル21部屋、シングル3部屋（そのうちひと部屋は別仕様）。禁煙のレストラン、ダイニング・ルームがあり、地元の人も利用できるようになっている。各部屋にはテレビとラジオがあり、トイレは共同。その他の設備としては、ランドリー・サービス、電話つきの部屋、ファックス、100名まで収容可能な会議室がある。食事なしの宿泊料金（別仕様の部屋はのぞく）は、ダブル160ドル、シングル130ドル。別仕様の部屋は、ひとり利用160ドル、ふたり利用170ドル。この部屋にはキッチン、リビング・ルーム、ダイニング・ルーム、トイレがついている。朝食10ドル50セント、昼食13ドル99セント、夕食25ドル。

ケンブリッジ・ベイから140キロメートル北東にあるビクトリア島にはハイ・アークティック・ロッジ High Arctic Lodgeがある。営業は7月上旬から8月下旬まで。狩猟や釣りをする人たちのためのロッジである。5棟の丸太小屋に12名宿泊できる。メインロッジにはギフト・ショップもある。料金は1週間3,295ドル。この料金にはケンブリッジ・ベイからの航空運賃、食事、ビクトリア島の北端ハードレイ湾 Hadley Day 近辺への1泊2日のキャンプが含まれている。またナチュラリスト（エコツーリスト）のために、カヌー、ジャコウウシ狩猟パッケージや古代イヌイットのキャンプ地への遠足を催している。料金、日時についてはロッジへ電話するとよい。

ノーザン・ストアの**軽食堂**Quick Stop |11|ではピザ、ケンタッキー・フライド

22　ケンブリッジ・ベイ Cambridge Bay

チキンを販売している。ビデオを借りることもできる。**オラピキビク・アーケード Olapkivik arcade | 12 |** にはビリヤード場、ピンボール場があり、軽食をとることができる。

サービス

ケンブリッジ・ベイでは住民と旅人のための**健康管理センター Health Centre | 13 |** があり、歯の治療もここでできる。健康管理センターの営業時間は、平日午前8時半から午後5時まで。歯科クリニックは平日午前9時から正午と午後1時から6時まで。歯科医は、ほかのコミュニティーへ診療へ行くこともあるので、事前に電話を入れるとよい。ケンブリッジ・ベイには**郵便局 | 14 |**、**連邦警察（RCMP）| 15 |** 派出所、気象情報、観光案内所、ホッケーやカーリングなどのアクティビティー、フィットネス・センターもある。1998年の火事で地元高校や図書館が全焼した。

生協では、午前9時から午後7時、空港送迎のために**タクシー・サービス（イカルクトゥティアク生協タクシー Ikaluktutiak Co-op Taxi | 16 |）** を提供している。タクシーをまえもって予約する必要はない。

地元の学校では、幼稚園から12級まで教育を受けられ、**ヌナブト・アークティック・カレッジ Nunavut Arctic College | 17 |** では大人を対象とした教育を提供している。

カナディアン、ファースト・エアー First Air には、ケンブリッジ・ベイに乗り入れている定期便があり、アドレエア・アビエイション Adlair Aviation とアクラク・エアー Aklak Air はコミュニティーまでチャーター便を出している。夏にはノーザン・トランスポート社 Northern Transportation Ltd. が地方へいく船を出している。

夏の港にはけっこう頻繁に船が入ってくる

地元の人びとはインターネット・プロバイダーのポーラーネット Polarnet 経由でコンピューター、ファックス、インターネットなどを利用している。また、**CBCラジオ局 | 18 |** や**地元ラジオ局 | 19 |** がラジオ放送を提供している。

ケンブリッジ・ベイ連絡先（本文掲載順）

| 1 | 北極海沿岸観光センター Arctic Coast Visitors Centre
　　Tel 867-983-2224　Fax 867-983-2302
| 2 | ハイ・アークティック・ロッジ High Arctic Lodge（現金、トラベラーズ・チェック、パーソナ

422

22　ケンブリッジ・ベイ Cambridge Bay

　　　ル・チェックのみ使用可）　Tel 1-800-661-3880 あるいは 250-493-3300
　　　Fax 250-493-3900　E-mail: higharctic@vip.net
｜ 3 ｜エカルクトゥクティアク猟師・罠猟師組合 Ekaluktutiak Hunters and Trappers Organization
　　　Tel 867-983-2426　Fax 867-983-2427
｜ 4 ｜ノーザン・ストア Northern Store（VISA、MasterCard、Interac 使用可）
　　　Tel 867-983-2571　Fax 867-983-2452
｜ 5 ｜生協 Co-op（VISA、MasterCard、Diners Club/enRoute、Interac）
　　　Tel 867-983-2201　Fax 867-983-2085
｜ 6 ｜キティクミウト資材会社 Kitikmeot Supplies Ltd.（VISA、Interac 使用可）
　　　Tel 867-983-2227　Fax 867-983-2220
｜ 7 ｜エニクニギート・カティマイト老人センター Eniknigiit Katimayet Elders Centre
　　　Tel 867-983-2912
｜ 8 ｜キティクミウト食品 Kitikmeot Foods（VISA 使用可）
　　　Tel 867-983-2881　Fax 867-983-2801
｜ 9 ｜アークティック・アイランド・ロッジ Arctic Islands Lodge（VISA、MasterCard、American
　　　Express、Diners Club/enRoute、Interac 使用可）　Tel 867-983-2345　Fax 867-983-
　　　2480　E-mail: ailfr@polarnet.ca　Web site: www.worldsites.net/arcticislandslodge
｜10｜イカルクトゥティアク生協ホテル/インズ・ノース Ikaluktutiak Co-op Hotel/Inns North
　　　（MasterCard、American Express　Diners Club/enRoute、Interac 使用可）
　　　Tel 867-983-2215　Fax 867-983-2023
｜11｜軽食堂 Quick Stop（VISA、MasterCard、Interac）　Tel 867-983-2566
｜12｜オラピキビク・アーケード Olapkivik arcade（現金のみ）　Tel 867-983-2379
｜13｜健康管理センター Health Centre　Tel 867-983-2531　Fax 867-983-2262
｜14｜郵便局（消防署の向かい）　午前8時半～午前11時半　午後12時半～午後5時（月～金）
　　　Tel 867-983-2243
｜15｜連邦警察（RCMP）　Tel 867-983-2111　Fax 867-983-2498
｜16｜イカルクトゥティアク生協タクシー Ikaluktutiak Co-op Taxi　Tel 867-983-2201
｜17｜ヌナブト・アークティック・カレッジ Nunavut Arctic College
　　　Tel 867-983-7234　Fax 867-983-2404
｜18｜CBC ラジオ局（FM101.9）　Tel 867-983-2077　Fax 867-983-2872
｜19｜地元ラジオ局（FM105.1）　Tel 867-983-2077　Fax 867-983-2872

そのほかの連絡先
　空港　Tel 867-983-2501
　役場 Hamlet Office　Tel 867-983-2337　Fax 867-983-2193
　ヌナブト準州政府資源開発省 Department of Sustainable Development, Government of Nunavut
　（1999年4月までは北西準州［NWT］の野生生物、経済省だった組織）
　Tel 867-983-7222 あるいは 867-983-7219　Fax 867-983-2802

　歯科クリニック　Tel 867-983-2285　Fax 867-983-2168
　カナダ・ロイヤル銀行 Royal Bank of Canada　午前10時～午後4時（月～木）　午前10時～午後5
　時（金）　土曜定休　Tel 867-983-2007　Fax 867-983-2754

　気象情報　Tel 867-983-2254 あるいは 867-983-2501　Fax 867-983-2512
　天気予報の Web site: www.infonorth.org

23 ブラディー・フォールズ準州歴史公園
Bloody Falls Territorial Historic Park
ジョン・レアード　　　　　　　　　　　　　　John Laird

中央極北地方にあるブラディー・フォールズ準州歴史公園はイヌイットと《北の国》の先住民であるデネ・インディアンDene Indiansがからみあった歴史を持つ数少ないヌナブト公園のひとつである。

不幸にも、この地の歴史は人びとが喜ぶようなものではなかった。1771年、ヨーロッパの探検家サムエル・ハーンSamuel Hearneが旅行中、チペワイアンChipewyanの戦士によるイヌイット大虐殺を目撃したとき、この滝に「ブラディー (血塗られた)」という英語の名前をつけた (チペワイアンというのは、デネ・インディアンの以前の名前)。今日ブラディー・フォールズBloody Fallsは国立史跡として知られている。

残虐な当時の名前がついているにもかかわらず、《北の国》の諸民族は1000年ものあいだコパーマイン川Coppermine Riverのこの特別な地に集まってきた。川岸を古い火山岩にとり囲まれた流れの急な川は、狭い水路に向かって沸き立つように渦を巻いて流れる。静かで広大なツンドラを抜けると、ブラディー・フォールズから大きな音が聞こえてくる。イヌイットは滝の下のキャンプ地をウヌアガルヒウルビクUnnuagarhiurvikと呼んでいる。かつての彼らにとって、漁労は彼らの《さすらい生活》には、大切だったが、今日でもイヌイットはここで漁労をするためにテントを張る。コパーマイン川沿いには小屋を建てている人もいる。

このあたりはコパー・イヌイットCopper Inuitが住んでいた地域で、公園の南80キロメートルのところにあるコパー山脈Copper Mountainsで銅の道具が見つかったことで知られている。不運な北極探検家ジョン・フランクリン卿Sir John Franklinを含む多くの探検家がこの地域にやってきている。

風土と野生生物

夏のあいだコパーマイン川の上を高く飛ぶイヌワシは滝の絶壁や、川沿いの場所にも巣をつくる。足に毛のはえたタカやハヤブサには気をつけて！　オオハヤブサは滝の岩礁に、数え切れないほどいるツバメは崖に巣をつくる。

滝のぬかるんだ岸を上下流に沿って歩くときは、動物の足跡に注意を！　春と秋になると、ツンドラ・トナカイが近くに移動してくる。トナカイは、ときおり公園に顔を見せ、夏にはクグルクトゥクKugluktukからハイキング・コース沿いに現れる。

不毛の土地ツンドラはハイイログマ (グリズリーベアー) のふるさとでもある。出くわすことはめったにないが、念のため気をつけること。キャンプをするときは食べ

23　ブラディー・フォールズ準州歴史公園 Bloody Falls Territorial Historic Park

ものはテントから離れたところに保管し、ゴミは全部拾って帰るように。また公園を出るとき、炉はきれいにし、食べものを残さないようにすること。クマについての問いあわせは**クグルクトゥクのヌナブト準州政府資源開発省 Development of Sustainable Development, Government of Nunavut | 1 |** まで。

　6月下旬になると野花が咲き始め、3～4週間のあいだ、ツンドラはあざやかにいろどられる。ブラディー・フォールズで見ることのできるとてもおもしろい植物に黒いノボロギクがある。この花は1821年、フランクリン卿探検隊の博物学者ジョン・リチャードソン John Richardson によってこの地でスケッチされた。この植物はリチャードソンに感銘を与え、セネシオ・ルゲンス senecio lugens と名づけられた。これはラテン語のルゲオ lugeo（喪に服す）が語源である。この名前はこの地で起きた大虐殺のことを思い起こさせる。8月下旬になるとあざやかな緑の木々が黄金色にかわり、ツンドラは冬が始まるまえの有終の美を飾る。

ツアー

　川の西側のブラディー・フォールズ準州歴史公園は、滝を中心に7.5平方キロメートルの広さがある。一面に広がっているツンドラのところどころが急斜面になっており、岩が露出している。川の近くに行くと絶壁と砂丘がツンドラ地帯から谷へ切りこんでいる。公園のもっとも高い丘からは、北方約13キロメートルのところにあるクグルクトゥク・コミュニティーと北極海をほとんど見つけることができない。

　イヌイットとデネの先祖は、どちらもブラディー・フォールズで釣りや狩りをして生活していた。この滝ではチューレ文化 Thule culture の時代の人びとが、500年以上まえに住んでいた冬の家の石跡を見つけることができるだろう。そのほかの古代遺跡には、3500年以上まえのプレ・ドーセット Pre-Dorset 時代の人びとが、この滝でキャンプ生活をしていたことを示すものもある。

　公園では1500年ほどまえのカリブー狩猟キャンプ跡が発見された。その跡地は、有史以前のデネ族であるタルセレイ Taltheilei と密接な関係がある。これらの跡地は西の浅瀬や滝の下流沿いの砂地に散在しているが、風塵におおい隠されているので見つけるのに一苦労するかもしれない。

　ブラディー・フォールズはすばらしい漁労場で、地元の人びとだけでなく、旅人にも人気がある。春にはチャー（ホッキョクイワナ）がコパーマイン川の下流から北極海へ移動する。この時期がチャー（ホッキョクイワナ）のいちばんの食べごろだという人もいる。8月下旬にはチャー（ホッキョクイワナ）が再度川の上流に移動し始めるので、クグルクトゥク・コミュニティー近隣では恒例の釣り大会がおこなわれ、多くの旅人に喜ばれている。

　クグルクトゥクの人びとやコパーマイン川へやってくる旅人はブラディー・フォールズでキャンプをする。でも、このあたりにやってくる旅人は数が少ないので、ひょっとすると、あなたひとりだけになるかもしれない。腰の高さまである柳

23　ブラディー・フォールズ準州歴史公園 Bloody Falls Territorial Historic Park

が風や雨をふせいでくれるので、ここはすばらしいキャンプ・サイトだ。キャンプ場内にピクニック・テーブルや屋外トイレがあるが、そのほかの設備はない。飲み水は近くの川や湖から調達できる。

旅行計画

　13キロメートルの小道はクグルクトゥクからブラディー・フォールズへツンドラ経由でつがなっている。4～5時間のハイキングをすることができるが、湿った海綿状の地面や小川の浅瀬があるので、十分な準備をしていくこと。こうした軽い障害物はあるが、多くの小さな湖を通るすばらしいハイキングになることを保証する。ハイイログマ（グリズリーベアー）には十分気をつけて。クグルクトゥクでサンド・バギー（ATVs）を借りることができ、公園内を走ることができる。レンタル料金は1日75ドルから100ドル。問いあわせ、詳細はクグルクトゥク役場Hamlet of Kugluktukの経済開発の職員もしくは**クグルクトゥク・ヘリテージ（遺産）・センター**Kugluktuk Heritage Centre│2│へ。

　ライセンスを持っている旅行準備業者は、モーターボートで45分の小旅行へ連れていってくれる。料金はひとり約70ドルだが、4人までの小グループで参加すること。もしガイドが昼食を用意しないときは、各自で昼食を用意する必要がある。とくに8月と9月は川が浅いことがあり、ブラディー・フォールズまでの最後の1～2キロメートルは歩くことになる可能性がある。ライセンスを持っている旅行準備業者についての詳細は、クグルクトゥク・ヘリテージ（遺産）・センターへ。カヌーは1日50ドルで貸し出している。ボートもしくはガイドつきのウォーキング・ツアーに興味のある人がいれば、料金は1日ひとり250ドル。多くの旅行準備業者はラフティングやカヌーでコパーマイン川くだりのツアーを提供している。これらのツアーは、イエローナイフYellowknifeから川沿いのポイントへアドベンチャー飛行し、クグルクトゥクが最終地点となる1週間から2週間の旅である。もしこのツアーに参加するならば、ブラディー・フォールズはコースに入っているはずだが、念のためツアーリーダーに確認すること。詳細についての問いあわせは**ヌナブト・ツーリズム**Nunavut Tourism│3│まで。

　冬にこの公園を訪れるのもいい。しかし、ちょっとした吹雪でも名所が見えなくなる恐れがあるのでこの地域をよく知る人と訪れたほうがいい。滝や川は凍ってしまうが、水は氷の下を流れている。

ブラディー・フォールズ準州歴史公園連絡先 (本文掲載順)
│1│ヌナブト準州政府資源開発省Development of Sustainable Development, Government of Nunavut （＝あるいはクグルクトゥクの経済開発官）
　　Tel 867-982-7206　Fax 867-982-3119
│2│クグルクトゥク・ヘリテージ（遺産）・センターKugluktuk Heritage Centre
　　Tel 867-982-3232　Fax 867-982-3529
│3│ヌナブト・ツーリズムNunavut Tourism（ケンブリッジ・ベイCambridge Bay事務所）
　　Tel 867-983-2842　Fax 867-983-2302　E-mail: arcticst@polarnet.ca　Web site: www.nunatour.nt.ca

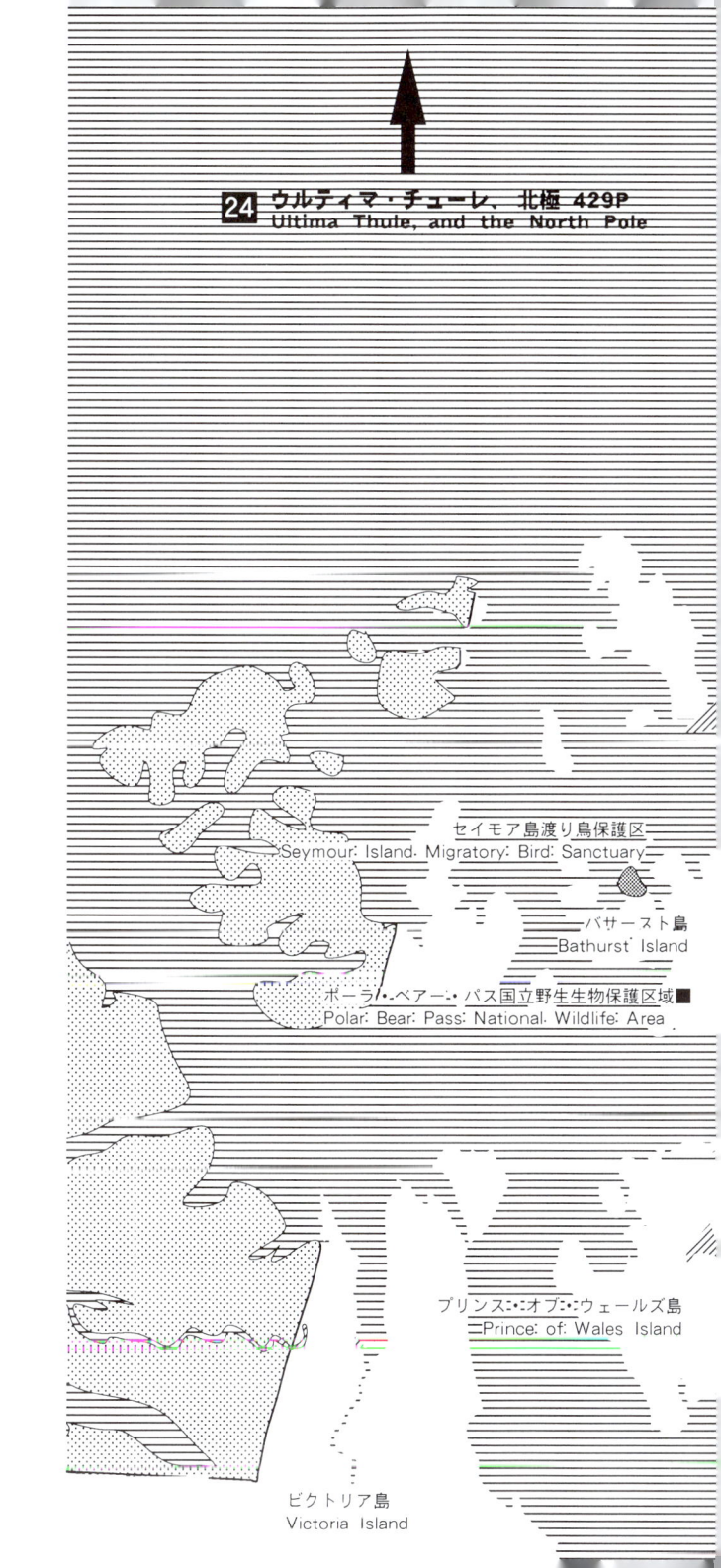

北バフィン島 ハイ・アークティック

24 ウルティマ・チューレ、北極 429P
Ultima Thule, and the North Pole

セイモア島渡り鳥保護区
Seymour Island Migratory Bird Sanctuary

バサースト島
Bathurst Island

ポーラー・ベアー・パス国立野生生物保護区域
Polar Bear Pass National Wildlife Area

プリンス・オブ・ウェールズ島
Prince of Wales Island

ビクトリア島
Victoria Island

- 25 エレスミア島国立公園 433P / Ellesmere Island National Park
- エレスミア島 / Ellesmere Island
- アクセル・ハイバーグ島 / Axel Heiberg Island
- グリーンランド Greenland
- 28 グリス・フィヨルド 447P / Grise Fiord
- ニリュティカビク国立野生動物地区 / Nirjutiqavvik National Wildlife Area
- デボン島 / Devon Island
- コーンウォーリス島 / Cornwallis Island
- バフィン湾 Baffin Bay
- 26 レゾリュート 438P / Resolute
- 27 ビーチー島 445P / Beechey Island
- バイロット島 / Bylot Island
- プリンス・レオポルド渡り鳥保護区 / Prince Leopold Migratory Bird Sanctuary
- 32 シルミリク国立公園 466P / Sirmilik National Park
- サマーセット島 / Somerset Island
- 456P ナニシビク 30 / Nanisivik
- 31 ポンド・インレット 458P / Pond Inlet
- 29 アークティック・ベイ 451P / Arctic Bay
- 32
- 470P クライド・リバー 33 / Clyde River
- バフィン島 Baffin Island
- ブーシア半島 / Boothia Peninsula

ハイ・アークティック

High Arctic

おだやかな気候の地に住む人びとにとって、ハイ・アークティック（高緯度極北地域）とは、想像上の風景であり、極限状態の地、そして極端な形容詞が濫発される地であり、未踏の場所として想像の域を脱しない場所、すなわち《究極の征服地》なのである。

24 ウルティマ・チューレ、北極
Ultima Thule, and the North Pole

レネ・ウィッシンク　　　　　　　　　　　　　　Renee Wissink

ジェームズ・ランカスター卿Sir John Franklinにちなんで名づけられた北緯74度にあるランカスター海峡Lancaster Soundから北緯83度のウォードハント島までのハイ・アークティック（もしくは地図上にあるようにクイーン・エリザベス諸島）が、世界最北の地域である。

冒険を追い求めて

紀元前330年、ギリシャ人探検家ピュティアスPytheasは地中海から北に向けて航行し、北極圏をわたった最初の航海者として記されている。彼はチューレThuleと呼ばれる《北の国》のどこかにある神秘的な諸島について聞き知っていた。チューレは抗し難い魅力で人間の想像力を刺激したばかりでなく、とらえどころのないゴールでもあった。北極探検の領域が北へ北へと移動するにしたがい、チューレといわれる地も概念として北へ北へと向かって、ついには詩的に『ウルティマ・チューレ』といわれるようになるほどに神秘的な位置、最北の果てにまで達した。

しかしチューレにもんもんとした想いを抱いたのは、《非先住民》ばかりではなかった。のちにグリーンランドで「偉大なキトドラクQitdlaq」として有名になったキトドラスアクQitdlarssuaq——イヌイットのシャーマン、キラクQillaqも、この未知の地に憧れていた。彼はランカスター海峡から、ポラー・イヌイットの生地である北西グリーンランドまで、イヌイットを率いて大規模な移住をした人である。キラクがチューレに憧憬の念を抱いた動機は、ほかの人びと同様、《なにか現実の問題を解決すべきこと》にもとづ

24 ウルティマ・チューレ、北極 Ultima Thule, and the North Pole

くものではない。それは1858年ごろに、「新しい人びとに会いたいという気持ちがわかりますか？ 新しい土地を見たいという気持ちがわかりますか？」といったといわれている彼の言葉に現れている。

何世紀ものあいだ、ウルティマ・チューレの探求とは、極地でのあらゆる目標のなかでも、もっとも切望されている地理学上の北極点を追い求めることだった。地理学上の北極点は恒久的に北極海に位置し、北半球における地球の回転軸であり、それとは別にこの地理学上の北極よりかなり南方にある北磁極 North Magnetic Pole と混同しないように。磁極は地球の磁場が放射される地点であり、北磁極は南西のエレフ・リングネス島 Ellef Ringnes Island にあるが、つねに横方向へ動いており、1831年当時から今日まで数百キロメートル移動している。技術的な理由により、磁気コンパスは北磁極の数百キロメートル以内では作動しないが、磁気偏角を計算すれば正しい方向を読むことができ、地理学的な北極の旅にコンパスを使用することは可能である（詳細は253ページの『冒険旅行』の項参照）。

ロバート・E・ピアリー Robert E. Peary が1909年4月6日北極付近に到着し、ついにウルティマ・チューレに到達する夢が現実のものとなった。北極の歴史において、《不可能と思われた物語》のひとつを完成させたとき、ピアリーは「ついに北極だ！ 人びとが3世紀にわたって抱きつづけてきた長年の夢が叶うという栄誉を手にした！ そして私自身が23年間持ちつづけた夢と野望がついに現実のものとなった！」と叫んだ。

しかしその後も、ほかの探検家たちは夢を捨てなかった。エドモンド・ヒラリー Edmond Hillary とテンジン・ノルゲイ Tenzing Norgay がエベレスト（原文ママ。今はチョモランマと表現する人が多い＝日本語版編者注）の頂上に到達したあとも登山家が頂上を極めることをやめなかったように、多くの探検家たちがロバート・ピアリーの足跡をたどることを試みた。北極に立った人はだれしも、ゴールは自分たちが立っている氷板自体ではないことに気づいた。たしかに、北極地点の氷も、ほぼ600万平方メートルの広大な北極海のほかの場所の氷も区別はつかない。

ゴールは、むしろ探検する人自身の心のなかにある。それぞれがそれと判断した《ウルティマ・チューレ》――《心の旅》なのである。

容易なルート

いくつかのツアー・オペレーターがレゾリュート Resolute からコーンウォリス島 Cornwallis Island に向かう北極ツアーをおこなっている。行程はたいがい、1週間から10日である。それだけの日程があれば、北極へのフライトに適した天候の日もあるだろうし、また旅人たちがリトル・コーンウォリス島にあるポラリス鉱山 Polaris mine、北磁極、アクセル・ヘイバーグ島 Axel Heiberg Island の化石化した森、グリス・フィヨルド Grise Fiord のコミュニティー、エレスミア島国立公園 Ellesmere Island National Park にあるフ

24　ウルティマ・チューレ、北極 Ultima Thule, and the North Pole

ォート・コンガー史跡など、ハイ・アークティック（高緯度極北地域）のほかの名所旧跡を訪れることもできる。北極へ乗り入れているのはケン・ボレック航空会社 Kenn Borek Air Ltd. とファースト・エアー First Air のふたつの航空会社のみで、それぞれにツイン・オッター Twin Otter（双発軽飛行機）を使っている。どちらの会社もレゾリュート発で、寄港地としてユーリカ Eureka にあるカナダ環境測候所を使用している。

ユーリカに着いたら、まずまずの天気がつづきそうな時期を待つことになるだろう。大気予報を念入りにチェックして、すべて順調そうだったら、北極征服の旅に出てみよう。おおがかりな探検登山では標高の異なる地点にある補給キャンプを利用するが、それと同様に、直行ではなく、世界で最北の陸地から約120海里のところにある北緯86度付近の燃料貯蔵庫がつぎなる寄港地となる。貯蔵庫に設置された自動誘導式の信号を目印に、パイロットは動いている叢氷（そうひょう）上にあるこの最北の燃料貯蔵基地を見つける。燃料を補給したら、最終の地にいざ出発である。眼下には果てしなく白い景色が広がり、位置を示す飛行機のGPSに導かれて、ロバート・ピアリーが「ザ・ビッグ・ネイル the Big Nail」と名づけた場所へと向う。

北極上空に到達すると、パイロットは着陸するのに適した場所を氷上に探す。しかし、これには多少なりとも危険がともなう。少なくとも、これまでにツイン・オッター1機は、北極海底に沈んでいる。飛行機が旋回するにつれ、機内のGPSの緯度数表示は激しく変化し、1回転するごとに世界中のあらゆる時間帯を旋回することになる。北極での滞在時間はおよそ1時間くらいだろう。それだけの時間があれば、極点の魔法のような神秘を感じ、数枚の写真を撮り、成功を祝うに十分である。そして、自分自身のウルティマ・チューレに到達したと感じることだろう。北極に立つと、もうそれ以上の北はなく、あらゆる方向が南なのである。

北極探検を計画するなら、まずは**ヌナブト・ツーリズム Nunavut Tourism |1|**、**カナダ公園局 Parks Canada |2|**、**ヌナブト準州政府資源開発省 Department of Sustainable Development, Government of Nunavut |3|**、ライセンスを持った地元の旅行準備業者にコンタクトをとることから始めよう。北極から数キロメートル以内のところまで飛行機で行き、そこから最後はイヌゾリかスキーで北極に到達するというパック・ツアーもある。

ファースト・エアーとケン・ボレック航空会社、ならびにヌナブト・ツーリズムに問いあわせれば、北極ツアーを提供している旅行業者を教えてくれる。値段はそのパッケージによって8,500ドルから1万4,000ドル程度の幅がある。

至難なルート

北極は今なお、究極の《挑戦対象》であることにかわりない。エレスミア島のちょうど北沿岸沖にあるウォード・ハント島から毎年、北極を目指して新たな《挑戦者》が772キロメートルの辛苦に満ちた旅へ出発しており、この小さな島は《地平線

24 ウルティマ・チューレ、北極 Ultima Thule, and the North Pole

上にあるエベレスト》に向けてのベース・キャンプである。悲しいことに、エベレストのベース・キャンプ同様、ウォード・ハント島には、多くの国々からやってきた探検隊が捨てたおびただしい数の装備品やゴミが散乱している。ウォード・ハント（現在エレスミア島国立公園の一部としてカナダ公園局が管理している）に流れ着いた漂流物や廃棄物のあいだを縫って出発することが、《夢に見た空間》へ向かう第1歩なのである。そして、その夢は打ち砕かれたり、実現されたりする。新たな北極遠征は、それぞれ《新しい試み》がもてはやされる。スキーで到達した最初の遠征であったり、超軽量の航空機、あるいは熱気球やヘリコプター、バイクによる最初の到達など、さまざまな《挑戦》が繰り広げられ、その《試み》のリストは増えつづけている。

《北の国》の人びとは、捜索や救助を含め、北極へのトレッキッングに多大なる懸念を抱いている。バフィン地方 Baffin Region にはイカルイト Iqaluit にあるカナダ連邦警察（RCMP）緊急措置機構が管理する捜索・救助プログラムがあり、さらに国立公園公共安全計画によっても補足されているが、この捜索や救助にかかる費用はカナダの納税者の負担となっている。たとえば、北極のトレッキングに出たひとりが予定期日に戻らないと、その捜索にかかる費用は25万ドルをくだらない。これらの費用を相殺するために準州と連邦の行政は、費用の全額回収および強制的な探検保険というふたつの方法を検討している。

野生生物の保護も、重大な関心事である。これまでに、ホッキョクオオカミとホッキョクグマが探検家たちによって殺害されてきた。いかにすれば獰猛なホッキョクグマを避け、攻撃を制止できるか、その方法の適切な指導を探検隊の隊員がかならず受けることを北部地方の人びとは望んでいる。ホッキョクグマに遭遇することは、たしかに危険だが、クマを死に追いやることがかならずしも必要とはかぎらないのだ。また探検家たちが、どのように燃料や食糧を貯えるか、ゴミを処理するかについても懸念されている。

ウルティマ・チューレ、北極連絡先 (本文掲載順)

|1| ヌナブト・ツーリズム Nunavut Tourism　P.O. Box 1450, Iqaluit NT, X0A 0H0 Canada
　　Tel 1-800-491-7910（カナダとアメリカでのみ）　Tel 867-979-6551　Fax 867-979-1261　E-mail: nunatour@nunanet.com　Web site: www.nunatour.nt.ca
|2| カナダ公園局 Parks Canada
　　Tel 867-473-8828　Fax 867-473-8612　E-mail: nunavut_info@pch.gc.ca
|3| ヌナブト準州政府資源開発省 Department of Sustainable Development, Government of Nunavut　Tel 867-979-5070　Fax 867-979-6026

25 エレスミア島国立公園
Ellesmere Island National Park

レネ・ウィッシンク　　　　　　　　　　　　　　Renee Wissink

カナダの最北端の地をとり囲むエレスミア島国立公園は、堆積山脈、氷原、氷河、フィヨルド、それに肥沃な北極のオアシスが飛び地のように点在している。

　この国立公園は広さが3万7,775平方キロメートルあり、これはカナダの国立公園として2番目の大きさで、カナダのもっとも小さい州、プリンス・エドワード島Prince Edward Islandの6.5倍の面積がある。そして、グリーリー・フィヨルドGreely Fiordの北にあるエレスミア島の半分の大きさ、そしてこの島の北部沿岸線の3分の1をこの国立公園が占めている。7つの大きなフィヨルドが島の海岸線に切りこみ、そのまま北極海へつづく北部沿岸の氷棚は際立った特徴を示している。この土地は実に広大であると同時に、居心地もよく親しみやすい。岩の模様、霜でひび割れた土地、ヤナギや野草といったものが、まるで複雑なネットワークを形成しているかのように連なり、その連なりは、澄んで乾いた空気のなかではあたかも手が届きそうに近くに見える彼方の山やまや氷河の眺望へとつづく。

　バフィン島Baffin Islandのアウユイトゥク国立公園Auyuittuq National Park同様、エレスミア島は当初、国立公園保護区と名づけられた。《保護区》という言葉は、土地所有権請求のプロセスにある土地を含んでいることを示している。公園区域の土地に関しては「ヌナブト協定Nunavut Land Claims Agreement Act」によって修正がおこなわれてはいるものの、「イヌイット影響および給付金協定Inuit Impact and Benefits Agreement」がさらんと履行されるまでは、依然として公園は「公園保護区」と呼ばねばならないこととなっていた。こうした交渉は、本書出版作業の開始目前の1993年秋までには終わる予定であったが、交渉が遅れた場合は、エレスミアは公園の管理運営上、公園保護区のままとなってしまうであろう。

風土と野生生物

　ヘイゼン高原Hazen Plateauを含むエレスミア島国立公園の大部分は極地砂漠で、年間降水量が約2センチ5ミリとサハラ砂漠より少ない場所もある。しかし、雪どけ水や氷河からとけ出した水が十分にあり、その水のおかげで、生産性の高いスゲ牧草地を含む植物が生育する地域が広大に連なり、ハイ・アークティック（高緯度極北地域）でもっとも生産性の高い野生生物の生息地も点在する。ヘイゼン・レイク盆地Hazen Lake Basinやタンクアリー・フィヨルド地域Tanquary Fiord

25 エレスミア島国立公園 Ellesmere Island National Park

Regionといったこの公園のあたたかいオアシスでは、毎年夏になると一気に活気づき、ジャコウウシの群れや絶滅の危機にさらされているピアリーカリブーの移動中の小さな一群がここを生息地とする。さらにここでは、アカオバシギ Red Knotのような太古の渡り鳥数種を含む約30種類の鳥も見られる。ホッキョクオオカミたちは広大な縄張りをさまよい、3000年ものあいだ繰り返し使われてきた洞穴を《すみか》としている。ホッキョクノウサギはいたるところにいて、数千匹もの群れが見られる。なんとウサギが群れをなしているのだ！そのほか、ホッキョクキツネ、エゾイタチ、クビワレミング、ワモンアザラシ、セイウチ、そしてときとして沿岸地域でクジラやホッキョクグマなども見られる。

公園にいる動物は人間たちと接触した経験がないため、ガラパゴス島の動物のように無邪気に人前に現れることがある。こうした状況は《エコロジカル・ナイーブ》といわれ、飼いならされた従順さとはちがうことをしっかり認識しておかねばならない。近寄ってくるオオカミやキツネに触ったり、エサを与えたいという衝動は抑えること。こうした行為は法律違反であり、またエレスミア島のオオカミやキツネは狂犬病を持っているとされている。実際、エレスミア島国立公園を訪れる旅人たちは、公園に入るまえに、狂犬病や破傷風の予防ワクチンを打つことを**カナダ公園局 Park Canada｜1｜**はすすめている。

北米の主要な氷棚のほとんどがエレスミア島国立公園にある。氷棚はとても厚い、淡水でできた氷が古代から堆積した物で、その深さたるや60メートルにもなる。そしてそれは陸地にしっかりと凍りついており、北極海をおおう堅いカバーのように数キロメートルも海に向って延びている。夏になると、この氷棚の表面は白い氷の低い尾根の連なりにおおわれ、青く澄んだ水が流れる浅い溝が数マイルもの長さで海岸に向かって幾筋も平行に走る。ときとして、大きさにして数平方キロメートルもの巨大な塊が氷棚から分離し、その塊は何年ものあいだ海を漂い、海流、とくに極渦潮 Polar Gyre に乗って移動する。この漂泊中の氷塊は、滑走路を備えた海に浮く調査基地として科学者が利用している。

北極からわずか720キロメートルの距離にあるこの公園の北側沿岸は、中規模の堆積山、深く切りこんだ氷河谷やフィヨルドが連なり、起伏が多い。パイパー・パス Piper Pass などの谷の崖から氷河がなだれ落ち、巨大なパンケーキのように谷底に広がっている。

南に向かうと、ほぼ平行に走るブリティッシュ・エンパイア連峰 British Empire Range とユナイテッド・ステーツ連峰 United States Range から成る広大なグラント・ランド山脈 Grant Land Mountains と氷帽が横たわっている。2,616メートルの高さのバーボウ山 Mount Barbeau は、北米のロッキー山脈以東でもっとも高い。ほとんどの山は部分的に冠氷したヌナタク（氷河から突出した岩峰）で、その頂上は900メートルにも及ぶ厚く広大な氷帽から突き出るようにそびえている。空から見ると、峻厳な美しさを持ったこの風景は、まるで小型の南極大陸のようであ

25　エレスミア島国立公園 Ellesmere Island National Park

る。巨大な《氷の貯蔵庫》ともいえるこの一帯は公園の3分の1を占め、そこから氷河が北極海へ向かって北へ、あるいはヘイゼン高原へ向かって南へと流れていく。

カナダ軍駐屯地(CFS)警戒体制

公園の北西の角にある飛び地には、カナダ軍駐屯地 Canadian Forces Station (CFS) 警戒体制がある。この駐屯地は物理的にはオタワよりもモスクワに近く、情報収集が主要な任務であるこの種の駐屯地にとっては理想的な立地条件である。冷戦が終結し、さらに新しいテクノロジーの導入によりデータを遠隔から解読することが可能になり、かつては200人いた越冬スタッフが現在では4分の1に削減された。基地には島内で最上の滑走路があるが、それを利用できるのは軍人にかぎられている。

ツアー

ヘンリエタ・ネスミス氷河 Henrietta Nesmith Glacier は、南に向かってヘイゼン台地と呼ばれる広大な盆地を見わたすことのできる場所にあり、公園の中心であるヘイゼン湖 Lake Hazen からほどない距離までつづいている。ヘイゼン湖周辺の土地は日照方向に向いて傾斜しているため、このあたり一帯は温暖なオアシスとなった。凍結しない期間もあるきわめてあたたかい近年は、3,200キロメートル南東のケベック州シェファービル Schefferville にも匹敵する生態系が誕生している。

ヘイゼン湖監視事務所は、1957年に設立された旧国防省基地があった場所に置かれ、ヘイゼン湖の北沿岸にある。小高い丘を平らにならしたところに、簡素な建物がいくつかまとまって建っており、それが監視事務所と旅人用のテントサイトとなっている。ガーフィールド連峰へのさまざまなルートのショート・ハイクなど、興味深く比較的手ごろなツアーに出かけるのにヘイゼン・キャンプは便がよい。タンクアリー・フィヨルド監視事務所と同様に、ヘイゼン・キャンプへのエコツーリストは到着に際して、旅行ルート、装備、補給物、南との連絡方法、出発予定日などの情報を、公園スタッフに届け出なければならない。また出発時には、出発を確認するために届け出の終了手つづきをしなければならない。

湖水面域500平方キロメートルあまりのヘイゼン湖は、極周辺の地帯のなかで最大級の淡水湖のひとつである。この湖で見られる魚はチャー（ホッキョクイワナ）のみであり、そのほかの生物は動物性プランクトンと植物性プランクトンがわずかに存在する程度である。スポーツとしての釣りが制限つきで認められてはいるが、最北端に生息するイワナを保護するために公園の広範囲にわたる釣りの禁止が検討されている。

南東に行くと、レディ・フランクリン湾 Lady Franklin Bay というところがあり、そこにはフォート・コンガー Fort Conger という世界的に重要な史跡がある。そこに現存する建物は、オタワの国会議事堂と同等の保護価値があるといわれている。フォート・コンガーは、この地帯を訪れた初期の探検家や科学者たちの航海できわ

25 エレスミア島国立公園 Ellesmere Island National Park

めて重要な役割を果たし、北極探検家にとっても主要な基地であった。貴重な遺跡が点在するこの場所を訪れるエコツーリストは、登録の際にわたされるフォート・コンガー案内用パンフレットにある事前注意にしたがわねばならない。

公園の南西の境界線は絶景のタンクアリー・フィヨルドの北端をとり囲んでいる。滑走路、ビジター・シェルター、キャンプ・サイト、そして職員用の建物は、フィヨルドの先端部の近くに位置しており、日帰りハイキングで多くのすばらしい景色を見ることができる。

地形は比較的ゆるやかで、北極のさまざまな種類の動植物がこのあたりで交差しており、多様な植物相や動物相を見ることができる。

小さくて美しい鍋穴湖が、タンクアリー監視事務所近くのくぼ地にある。その湖岸には、さまざまな種類の顕花植物がよく生育している。近くには2種類のキツネ狩り用の石製罠やジャコウウシを待ち伏せる場所など、昔のイヌイットの暮らしぶりを示す石製遺跡がある。夏のあいだは公園職員が近くに詰めて、この場所の《みどころ》、旅行プラン、安全対策、自然保護情報の検討をおこなっている。

タンクアリーからヘイゼン湖までのルートを予定しているハイカーは、ヘイゼン湖監視事務所をスタート地点にしたほうがよい。というのも、ヘイゼン湖滑走路の長さと状態によって飛行機の離陸重量が制限されており、確実に離陸できるとはかぎらないからである。飛行機の離着陸はすべて、とくにタンクアリー・フィヨルドとヘイゼン湖監視事務所以外の場合は、公園からの許可が必要である。準備はできるかぎり早目にすることをおすすめする。

北極地方の公園はどこもそうだが、エコツーリストは完全装備で、他人頼みでなく自己責任を持てるようにして旅に臨むべきである。地元には装備や補給品を供給する場所はなく、調査や救助の能力も非常にかぎられている。万が一、個人的な緊急事態が生じた場合、空からの避難に頼らざるをえず、それを実行するにはかなりの時間と費用を要する。この地域に待機している救助機はなく、ハイ・アークティック（高緯度極北地域）圏内の民間飛行場は公園から約960キロメートル離れたレゾリュート Resolute にあるのみである。

タンクアリー・フィヨルドとヘイゼン湖以外の公園内の場所には、いくつかの緊急貯蔵所がある。しかし食糧、テント、燃料、ラジオ、位置表示信号灯などの補給品を使用するのは、深刻な緊急事態にかぎられる。また、万一、緊急用補給品を使用した場合は、かならず迅速に公園職員に報告しなければならない。

旅の計画

ハイ・アークティック（高緯度極北地域）に行くには、かならずレゾリュート経由となる。レゾリュートは、エドモントン、モントリオール、オタワへの乗り継ぎができる定期便が週に何便か飛んでいる。用意周到なエコツーリストは、エレスミア島国立公園への往復の交通やレゾリュートでの滞在場所などについて、事前に入念

25 エレスミア島国立公園 Ellesmere Island National Park

な計画を立てることだろう。いったん公園に向けて出発してしまったら、文明と名のつくものに出会うことはまずないだろうから、土壇場の買い物や復路の手配は、レゾリュートを離れるまえにすべてすませておこう。

公園に行くには、なんといっても空の旅が人気がある。使用される飛行機はツイン・オッターと呼ばれる頑丈で、信頼性の高いカナダ製のターボ・プロップ・エンジン式の双発機で、カナダ北極圏にうってつけの航空機として名を馳せてきた。レゾリュートと公園間の往復のチャーター料は、ピックアップ料金も含め1万7,000ドルから1万8,000ドルのあいだとかなり高額である。飛行機は10人~12人の乗客とその装備を収容できる程度の大きさである。

この交通費を実質的に抑えるには、ふたつの方法がある。ひとつは、事前にグループを組んで旅をすること（もし最少でも6人で旅をすれば、費用を4,000ドル以下にまで抑えることができる）。もうひとつの方法は、ほかのグループと分担してチャーターすることである。ひとつのグループがおりたあとにその飛行機をほかのグループが使えば、空の便を飛ばさずにすみ、コストを半減できる。そうしたら、絵のように美しいグリス・フィヨルド Grice Fiord の小部落へおまけ旅行ができるかもしれない。

登録の際にもらえる『ビジター用ハンドブック』には、ホッキョクグマ、コース内でのエチケット、動植物の種類のリスト、スポーツ・フィッシングのガイド、フォート・コンガーに関する情報が掲載されている。ツアー・オペレーターは諸問題の対処

に習熟しているので、ハイ・アークティック（高緯度極北地域）への旅行を計画しているエコツーリストは、この地域での経験が豊富で、認可されているツアー・オペレーターもしくは旅行準備業者のサービスを利用すべきである。まえもって手はずを整え、旅行準備業者やHFラジオのレンタルなどその他サービスに関する最新の情報を入手すべく、**ヌナブト・ツーリズム Nunavut Tourism | 2 |** やパングニルトゥング Pangnirtung にあるカナダ公園局に問いあわせをするとよい。またエレスミア島国立公園では、ひとりにつき1日15ドル、3日滞在まで40ドル、3日以上の場合は100ドルの入場料が徴収される。

公園全体を見るには、1：25万の縮尺で下記の4枚の地図が必要となる。

・クレメンツ・マーカム・インレット
  Clements Markham Inlet 120F と 120G-67
・マッキリントック・インレット
  McClintock Inlet 340D-67
・タンクアリー・フィヨルド
  Tanquary Fiord 340D-67
・レディー・フランクリン・ベイ
  Lady Franklin Bay 120C と D-67

公園名所の地図は現在、1：5万の縮尺となっている。公園に入園するグループは、おすすめのルートも入ったタンクアリーからヘイゼン湖一帯の1：6万4,000の尺度の航空連続写真を入手することもできる。パングニルトゥングのカナダ公園局事務所にまえもって連絡して、手に入れておくか、登録の際にもらうとよいだろう。

26 レゾリュート Resolute

エレスミア島国立公園連絡先 (本文掲載順)

- 1 カナダ公園局 Park Canada（パングニルトゥング Pangnirtung） ビジター・ハンドブックのコピー、公園情報のパンフレットである『世界のてっぺん、カナダ Canada at the Top of the world』が入手できる
  Tel 867-473-8828　Fax 867-473-8612　E-mail: nunavut_info@pch.gc.ca
- 2 ヌナブト・ツーリズム Nunavut Tourism　Tel 1-800-491-7910（カナダとアメリカ）
  Tel 867-979-6551　Fax 867-979-1261　E-mail: nunatour@nunanet.com
  Web site: www.nunatour.nt.ca

そのほかの住所

フェデラル・マップス Federal Maps（地図の入手先）　Tel 1-888-545-8111 あるいは 613-723-6366　Fax 613-723-6995　E-mail: fedmaps@istar.ca　Web site: www.fedmaps.com/

26 レゾリュート　Resolute
テリー・ジェスダソン　Terry Jesudason

『レゾリュートは世界の果てではない。しかし、レゾリュートから世界の果てを見ることができる』と、一時レゾリュートで流行ったTシャツに誇らしげ書いてあった。

ほぼ北緯75度にあるコーンウォリス島 Cornwallis Island の南岸にあるレゾリュートは、実際に、ハイ・アークティック（高緯度極北地方）への入り口である。

カナダで2番目に北に位置するこの村の外貌は、期待を裏切ることがよくある。はじめてこの村を訪れた人は、灰色の粘土質の岩が果てしなくつづいている光景しか目に入らないかもしれない。しかし、その岩のあいだには色とりどりの花が育っており、毎年夏には短いあいだに生命を燃やしつくすようにパッと花を咲かせる。冬に訪れた旅人は、どこまでもつづく氷雪の世界に迎えられ、どこまで行ってもその広大な白い世界はつづいている。

カナダ東部および西部から快適なジェット機便があり、そのほかにもチャーター便を飛ばしている地元の会社が2社あるので、ここからヌナブトの最北域に行くのはいともたやすくなっている。地理上の北極点ないし磁界の北極点への探検を計画しているにしろ、カナダ最北の国立公園であるエレスミア島国立公園 Ellesmere Island National Park の散策を計画しているにしろ、あるいは科学的調査が目的であれ、譲りに譲って白夜の国を単に訪れるだけにしろ、いずれにしてもレゾリュートは冒険が始まる第1章となることが多い。

歴史

イヌイットは数百年もの長きにわたってレゾリュートの地に旅をして海岸沿い

26　レゾリュート Resolute

人口	198人（イヌイット81％、イヌイット以外19％）
市外局番	867
標準時間帯	中央標準時
郵便番号	X0A 0V0

現地までの道のり（可能なルート）

- オタワ／モントリオール〜イカルイト Iqaluit〜レゾリュート
- ウィニペグ〜ランキン・インレット Rankin Inlet〜イカルイト〜レゾリュート
- カルガリー／エドモントン〜イエローナイフ Yellowknife〜ケンブリッジ・ベイ Cambridge Bay〜レゾリュート（ケンブリッジ・ベイからレゾリュートへは、北東へ約700キロメートル）
- カンゲルスアク Kangerlussuaq（グリーンランド）〜イカルイト〜レゾリュート（イカルイトからレゾリュートは、北へ約1500キロメートル。この経路の場合、乗客はイカルイトで1泊しなければならない）

銀行	なし。現金およびトラベラーズ・チェックが望ましい。クレジット・カードは特定のところしか使用できない。
酒類	レゾリュートではアルコールおよびアルコール飲料の購入は不可。町にアルコールの持ちこみを希望する来訪者は、アルコールおよび麻薬教育委員会 Alcohol and Drug Education Committee の許可を最初にとらねばならない。
タクシー	なし。しかし、通常、車に乗っている人は、町と空港間の7キロメートルの道のりを歩いている人を見かけたら、同乗させてくれるはずである。

（人口は1996年のカナダ国勢調査のデータによる）

でキャンプしていた。しかし、ヌナブトのほかの集落では、ほとんど見られないことだが、この地域はヨーロッパの歴史に染まっている。レゾリュートはイヌイット語でカウスイトゥック Qausuittuq として知られている。この名前の訳し方はいくつかあるが、「夜明けのない場所」というのが、もっとも一般的な訳である。この場所は、18、19世紀にヨーロッパの探検家が死に物狂いで探したアジアへの有名な航路、北西航路沿いのきわめて重大な中継点であった。この集落の名前レゾリュート

は、ジョン・フランクリン卿 Sir John Franklin 配下の行方不明となったイギリスの探検隊の捜索に来た船のひとつ、HMSレゾリュート HMS Resolute の名にちなんでつけられたものである。

第2次世界大戦後、北極のあちこちが戦略的に重要なポイントとなった時代に、レゾリュートには気象観測所が設置された。2年後、臨時滑走路が開設され、このコミュニティーは北極圏の交通の要所となった。カナダ政府はポンド・インレット Pond Inlet や北ケベックのコミュニテ

ィーのイヌクユアク Inukjuak からレゾリュートにイヌイットを移住させる政策をとり、1953年にレゾリュートの現代的なコミュニティーに住む最初のイヌイットの人びとが家族とともにこの地にやってきた。

移住を推し進めた理由に関して、カナダ政府とレゾリュートないしはグリス・フィヨルド Grise Fiord に移住したイヌイットの17家族の解釈は異なっている。両者がきわめて感情的に対立した時期もあった。カナダ政府のいい分としては、カリブーやほかの資源が乏しくなり、イヌクユアクのイヌイットたちのあいだで飢餓が進行しており、獲物が豊富にある地域へ移住することにイヌイットは自発的に賛成したというのだ。

しかし、イヌイットの移住家族たちは、故郷を捨て、異郷のきびしい条件の土地にうつることを強制され、北極圏における国家主権を確立する一手段としてカナダ政府に利用されたと思っている。この争いは先住民に対しカナダ王立委員会 Royal Commissionが聴聞会を開催し、1996年の春、カナダ政府北極圏移住計画 High Arctic Relocation Project で移住した生存者ならびに遺族に対し、カナダ政府から1,000万ドルの補償金を交付することで決着をみた。しかし、政府は誤った政策をおこなったとは認めておらず、遺族が要求する謝罪はいまだに表明されていない。

1950年代以来、レゾリュートは北極圏における科学調査の中心地でもあり、カナダ政府の手で**極地大陸棚プロジェクト Polar Continental Shelf Project|1|**の支援基地が設けられている。さらに公立の学校が開校し、1960年代には大々的な住宅計画が開始された。1975年、レゾリュートは現在ある位置に移転した。

風土と野生生物

レゾリュートでは、短いが、豊かな夏を迎えると生命力にあふれ生気がみなぎってくる。6月にゾウゲカモメ、ホッキョクアジサシ、ユキホオジロ、トウゾクカモメ、ノドアカアビなどを含む数千の鳥が付近の島々に巣をつくる。北極の野生植物は、6月の終わりごろから花をつけ、7月の下旬に最盛期を迎える。シベリアヒナゲシ、ムラサキユキノシヌ、ダイコンソウ属の山草、ナデシコ科の草花、キンポウゲなどが種々の植物に混ざって見られる。

大自然の生息地にいるアザラシやホッキョクグマを見たければ、4月から5月にかけて、地元のガイドを同行して凍てついた海氷原へ行ってみるといいだろう。またとない、絶好のチャンスである。また、夏にはシロイルカ（ベルーガ）のウォッチングに行くこともできるし、サマーセット島 Somerset Island にチャー（ホッキョクイワナ）釣りに行くこともできる。ファースト・エアー First Air あるいはケン・ボレック航空会社 Kenn Borek Air Ltd. がチャーター便を飛ばしている。釣りに最適のシーズンは、6月末から7月のはじめである。

ツアー

レゾリュート湾の水は、ほとんど1年中凍ったままとなっており、旅人はコミュニティーの目のまえを通っているかの有名

26　レゾリュート Resolute

な北西航路の上を歩くことができる。夏はハイキングにいい季節である。このあたり一帯は、かつて海底であり、4億年まえの化石が豊富に点在している。村の近くを流れているメチャム川 Mecham Riverには、岩にせき止められた冷たくて澄んだ雪どけ水をたたえた小さなプールができており、そこでは地元の子どもたちが夏には、1日中泳いであそんでいる。スポーツとしてのハンティング・ツアーをまえもって予約していなくても、イヌゾリつきの地元のガイドを雇うことができる。**イヌクティトット旅行準備・ガイド社 Inuktitut Outfitting and Guide│2│**が、春にはスノーモービルやソリで、夏にはボートで行く日帰りツアーを企画している。**ナヌク旅行準備社 Nanuk Outfitting Ltd.│3│**では、3月から5月にホッキョクグマやジャコウウシのスポーツ・ハンティング・ツアー用のガイドをそろえている。

考古学に興味のある人は、滑走路から5キロメートルほどのところにあるチューレ文化 Thule cultureのテント遺構を訪れることをおすすめする。ふたつの遺跡が、500年以上まえの生活状況をそのまま模して、石とクジラの骨で復元されている。レゾリュートからは、付近に点在するさまざまな魅力ある場所にチャーター便の飛行機で行くことができる。1845年にジョン・フランクリン卿が率いた不幸な遠征（探検）隊の越冬場所であったビーチー島 Beechey Islandは、レゾリュートの町からほぼ100キロメートルのところにある。オオハシウミガラス、フルマカモメ、黒脚のミツユビカモメ、ヨーロッパウミバトなどの巣があちこちにあるプリンス・レオポルド島渡り鳥保護区域 Prince Leopold Island Migratory Bird Sanctuaryの石灰岩でできた岸壁、あるいはエレスミア島国立公園に行く便もある。

チャーター便の飛行機で行けるそのほかの魅力ある場所として、レゾリュートの北西120キロメートルにあるバサースト島 Bathurst Islandにポーラ・ベアー・パス国立野生生物保護区域 Polar Bear Pass National Wildlife Areaがあげられる。ポーラ・ベアー・パスは、極地の不毛地帯のまんなかにおいては、めずらしいきわめて生命力のある生息地である。ここでは54種類ほどの野鳥が確認されているが、この地域の特筆すべき特徴は、なんといっても哺乳動物である。決まった経路を通って移動するホッキョクグマに加えて、この保護地域にはバサースト島のジャコウウシが、もっとも多く集まる場所がある。絶滅の危機に瀕しているピアリーカリブーも、数はどんどん減少しているものの、この地に生息している。

バサースト島の北側地域に、現在、新しい公園をつくることが提案されている。その提案が承認されると、この公園はピアリーカリブーが繁殖し、子育てする大切な地域を保護することを目的とし、島全体の4分の1を占めることになる。

北磁極 North Magnetic Poleはレゾリュートからおよそ500キロメートルの地点である。なお、地理上の北極点は当地から1700キロメートルの地点にある。どちらの極点へも、春にスキー装備のある飛行機をチャーターして行くことができる。

441

4月に磁極と地理的極点の両方に飛行機で行くツアーを企画している会社が数社ある。

旅人はキャンプ・マネジャーに連絡をとれば、極地大陸棚プロジェクトの基地を見学できる。

ショッピング

食品雑貨、衣類、金物類は**トゥジャート生協**Tudjaat Co-op | 4 | で購入できる。土産物や手工芸品は、空港ビルの**生協ギフト・ショップ**Co-op Gift Shop | 5 | で販売されている。主として滑石（ソープストーン）、セイウチの牙、クジラの骨を材料にした作品をつくっている地元の彫刻家から直接、彼らの作品を入手することもできる。

宿泊と食事

空港近くにある**ナーウェル・イン** Narwhal Inn | 6 | は、シングルおよびダブルの部屋が30部屋あり、36人が泊まれる。食事はひろびろとしたダイニング・ルームでとることができる。カフェテリア・スタイルである。バスルームとテレビは共同で使用するようになっている。料金は3食つき、空港への送迎こみで税こみひとり1泊約235ドル。食事なしの素泊まりの場合は、ひとり1泊税こみで約155ドル。

比較的新しい宿泊施設**サウス・キャンプ・イン** South Camp Inn | 7 | は、アパートのなかにあり、9室で18人が泊まれる。各部屋にテレビ、電話、ファックス接続用モデム、インターネット接続用モデムがついている。2部屋はバスルームつきで、ほかの7部屋は共同使用となっている。ひとり1泊食事つきで185ドル、食事なしで155ドル。宿泊客でなくても、ホテルのレストランで食事をできる。そのほかにテレビ・ゲーム、トレーニング・ルームなどもある。

レゾリュートのトゥジャート生協が経営する**カウスイトゥック・インズ・ノース** Qausuittuq Inns North | 8 |（現地の人は**カウ・スウィート・トゥック**と発音する

カウスイトゥック・インズ・ノース

26　レゾリュート Resolute

＝日本語版編者注）は12部屋で24人を収容できる。洗濯の設備、冷凍スペースの使用が可能であり、地元の観光ツアーに参加することもできる。ジャコウウシのシチューやチャー（ホッキョクイワナ）の料理など《北の国》独特の料理も含め家庭ふうの食事が用意されている。

カウスイトゥクは拡張工事が施され、1999年の春に新しい施設がオープンした。新しい施設では、ダブルの各部屋にバスルーム、テレビ、電話、コンピューター接続がついている。ひとり1泊空港|9|への送迎つきで、税こみ約145ドル。食事は別料金となっている。

イヌイットの家庭にホームステイすることも可能である。宿泊の便宜は各家庭によって、さまざまであり、台所を使用できても食事はつかないということもある。役場Hamlet Office|10|の職員が的確なアドバイスをしてくれるだろう。

キャンプに適した場所もいくつかあり、それはどれも新鮮な飲料水があるところの近くである。ひとつは、空港から1キロメートルのところにあるレゾリュート湖の近くである。ほかのいいキャンプ地は、コミュニティーからそう遠くないメチュム川の近くである。ただし、キャンプ地は野ざらしであり、レゾリュートの天候はかわりやすいので、耐寒性の丈夫なテントを用意し、それをペグ（杭）で強く固定しておくことを、しっかり心に留めておいていただきたい。また、キャンパーはこの土地に対して敬意を払い、ゴミは持ちかえるようにすべきであろう。

サービス

カナダの東部および西部の両方からのジェット便に加えて、レゾリュートにはケン・ボレック航空会社がグリス・フィヨルドへは週2回、ポンド・インレット、アークティック・ベイ Arctic Bayへは週に1回、定期便を飛ばしている。

健康管理センターHealth Centre|11|では月曜から金曜の午前9時から正午まで予約なしの診察をおこなっている。公共の健康診断は午後1時から5時までおこなわれている。定住の看護師も緊急の場合に備え、待機している。村内には**連邦警察**(RCMP)|12|の派出所もある。原野にトレッキングや探検にでかける場合には「原野旅行届Wilderness Travel Registration Form」を提出することになっているが、その用紙の記入については、この派出所で親切に教えてくれるはずである。

ナーウェル・アークティック・サービスNarwhal Arctic Services|13|、サウス・キャンプ・エンタープライズSouth Camp Enterprises|14|、ダイアン・ガイ Diane Guy|15|が車両のレンタル業務をやっている。

レゾリュート連絡先 (中文掲載順)
|1| 極地大陸棚プロジェクトPolar Continental Shelf Project
　　Tel 867-252-3872　Fax 867-252-3605
|2| イヌクティトゥト旅行準備・ガイド社Inuktitut Outfitting and Guide

443

26　レゾリュート Resolute

　　　　Tel 867-252-3174　Fax 867-252-3929
｜ 3 ｜ナヌク旅行準備社 Nanuk Outfitting Ltd.
　　　　Tel 867-252-3694　Fax 867-252-3119　E-mail: nkalluk@aol.com
｜ 4 ｜トゥジャート生協 Tudjaat Co-op（VISA、MasterCard、Diners Club/enRoute、Interac使用可）　Tel 867-252-3854　Fax 867-252-3618
｜ 5 ｜生協ギフト・ショップ Co-op Gift Shop（VISA、MasterCard、Diners Club/enRoute、Interac使用可）　Tel 867-252-3718
｜ 6 ｜ナーウェル・イン Narwhal Inn（VISA, MasterCard, Diners Club/enRoute使用可）
　　　　Tel 867-252-3968　Fax 867-252-3960
｜ 7 ｜サウス・キャンプ・イン South Camp Inn（現金とトラベラーズ・チェックのみ）
　　　　Tel 867-252-3737　Fax 867-252-3838
｜ 8 ｜カウスイトゥック・インズ・ノース Qausuittuq Inns North（VISA、MasterCard、Diners Club/enRoute、Interac使用可）　Tel 1-888-866-6784　（北米のみ）　Tel 867-252-3900 あるいは 867-252-3901　Fax 867-252-3766
｜ 9 ｜空港　Tel 867-252-3923　Fax 867-252-3684
｜10｜役場 Hamlet Office　Tel 867-252-3616　Fax 867-252-3749
｜11｜健康管理センター Health Centre　Tel 867-252-3844　Fax 867-252-3601
｜12｜連邦警察（RCMP）　Tel 867-252-3817　Fax 867-252-3775
｜13｜ナーウェル・アークティック・サービス Narwhal Arctic Services（レンタカー）
　　　　Tel 867-252-3925　Fax 867-252-3649
｜14｜サウス・キャンプ・エンタープライズ South Camp Enterprises（レンタカー）
　　　　Tel 867-252-3701　Fax 867-252-3663
｜15｜ダイアン・ガイ Diane Guy（レンタカー）　Tel 867-252-3747　Fax 867-252-3747

そのほかの連絡先

郵便局（トゥジャート生協内）　Tel 867-252-3959
ヌナブト準州政府資源開発省 Department of Sustainable Development, Government of Nunavut　Tel 867-252-3879　Fax 867-252-3752
アルコール・ドラッグ教育委員会 Alcohol and Drug Education Committee
Tel 867-252-3660　Fax 867-252-3201
猟師・罠猟師組合 Hunters and Trappers Organization
Tel 867-252-3170　Fax 867-252-3800
ヌナブト・アークティック・カレッジ Nunavut Arctic College
Tel 867-252-3782　Fax 867-252-3778

ハイ・アークティック国際探検家サービス会社 High Arctic International Explorer Services Ltd.（旅行準備会社）　Tel 867-252-3875　Fax 867-252-3766
ジェスコ・ロジステック会社 Jessco Logistics Ltd.（旅行準備会社）
Tel 403-282-2268　Fax 403-383-2195
ポーラ・アイス・エクスペディション会社 Polar Ice Expeditions Ltd.（旅行準備会社）
Tel 867-252-3747　Fax 867-252-3747

ラジオ局（FM 105.1）　Tel 867-252-3683
天候情報　Tel 867-252-3883（事務所）あるいは 867-252-3876（天候の問いあわせ）
天気予報の Web site: www.tor.ec.gc.ca/forecast/index.html あるいは www.infonorth.org

27 ビーチー島　　　　　　　　　　　　　　Beechey Island
ケン・ハーパー　　　　　　　　　　　　　　　　　　Kenn Harper

　この島で亡くなったたくさんの人の魂は、今も虚空をさまよっているのか。デボン島Devon Islandの南西沿岸沖にある岩でおおわれたビーチー島は、1845年にランカスター海峡Lancaster Soundを航海し行方不明となったフランクリン卿探検隊Sir John Franklin Expeditionがやってきたところである。

　東洋の富を求めるための北西航路発見——イギリスの探検家ジョン・フランクリン卿とその隊員129人の男たちの探検は、ウェリントン海峡Wellington Channelを航海したのち氷に行く手をはばまれ、1845年から1846年にかけての冬は、ビーチー島ですごすために引き返さなければならなかった。エレバス号Erebusとテラー号Terrorは無事、すばらしい港がある島の東側にいかりをおろした。その港は今なお、彼らがつけた名前のままである。

　そしてつぎの春、フランクリン卿とその一行は彼らにとって致命的な探検となる南西へ航海をつづけた。彼らは、氷にふさがれたピール海峡Peel Soundの海から、今もフランクリン海峡と呼ばれている氷の海を突き進んだ。1846年9月、2隻の船はキング・ウィリアム島King William Islandで氷に閉ざされてしまった。探検隊員たちは、1848年4月までそこにとどまったが、結局、船を見捨てざるをえなかった。そのときの生存者はキング・ウィリアム島に沿って南下したが、結局はだれひとりとして生還できなかった。

　冬のビーチー島でフランクリン卿がたどった跡は、1850年にほかの探検家たちによって発見された。3つの貯蔵所、仕事場、洗い場、そしてたくさんの空になった肉の缶詰、3つの墓が現地に残されていた。記録類はいっさい見つからなかった。それでもなお、1850年代の数年間、ビーチー島はフランクリン卿捜索のための基地であり、探検家たちの要の地となった。

　1852年から1853年にかけてベルチャー探検隊Belcher Expeditionの隊長W・J・S・プレンW. J. S. Pullenがビーチー島にノーザンバーランド・ハウスNorthumberland Houseと呼ばれる家を建てた。この家は壊れた捕鯨船のマストやそのほかの資材を使って建てられた。万が一、フランクリン卿探検隊のだれかが、ビーチー島に戻ってきた場合に、彼らのための補給所になればという願いをこめた家だった。しかし、彼らがここに戻ってくることはなかった。19世紀末から20世紀の初頭にかけて、ノーザンバーランド・ハウスは、カナダ人やイギリス人の船員たちにとって冬の避難所となり、またメッセージや日用品を受けとるための場所として使われた。

　近年ではジョセフ・マクイニスJoseph MacInnisとオーウェン・ビーティーOwen Beattieがこの島で目立つ活躍をした。

27　ビーチー島 Beechey Island

1980年、マクイニスはフランクリン卿の捜索船に補給するために、1853年にいちど派遣されたことのあるブレッダルバーン号 Breadalbane というイギリス船が沈んでいる場所を発見した。1853年の8月21日、ブレッダルバーン号はビーチー島の沖あいで氷に傷めつけられ、15分後には沈没したが、21人のすべての船員は助かった。マクイニスは砕氷船の側方監視ソナーに写ったブレッダルバーン号のイメージを「氷下の青白き幽霊」と表現した。

1999年の春にはカルガリーのジェスコ・ロジスティックス社 Jessco Logistics Ltd. が、オンタリオ州ブランプトンのディープ・エクスペディションズ社 Deep Expeditions とともに、氷の下、8フィートの深さに潜って、難破したブレッダルバーン号を探る潜水艦ツアーを企画した。こうした探検企画に関して最新の情報を得たい人は、ワシントン州シアトルのゼグラム・エクスペディションズ社 Zegrahm Expeditions の一部門である**ディープ・シー・ボヤージュ** Deep Sea Voyages | 1 | に問いあわせを。

法医学の立場から研究を進める人類学者のビーティーは発見当時、たいへんな話題になった3人の船乗り——1845年から1846年にかけてビーチー島でフランクリン卿によって埋葬されたジョン・トリントン John Torrington、ジョン・ハートネス John Hartness、ウィリアム・ブレイン William Braine の遺体の掘り出しをおこなった。ビーティーが1987年に書いたベストセラー『フローズン・イン・タイム Frozen in Time』は、人びとにこの島に対する異常なまでの好奇心を抱かせた。この本を読んだことのある人びとのほとんどは、表紙に使われたトリントンの凍りついてしなびた顔の強烈な写真をそう簡単には忘れられないだろう。ビーティー、そして共著者であるジョン・ゲイガー John Geiger は、この3人の男たちはその当時肉の缶詰を密封するときに使われていた鉛の毒によって死んだのではないかという結論に達した。余談になるが、この20年間で幾人かのエキセントリックな歴史愛好家たちが、フランクリン卿の不運な船仲間たちとおなじように、ビーチー島で埋葬された。

ビーチー島は満潮時のみ島になる。干潮のときは、島は砂州によってデボン島とつながる。かつて、イヌイットはここを居住地としたこともなければ、キャンプしたこともなかった。

どちらかといえば、行きにくいビーチー島だが、西方75キロメートルのところにあるレゾリュート Resolute から、ツイン・オッター（双発軽飛行機）をチャーターすると、もっともアクセスしやすい。しかしこの島には旅人のための施設が一切ない。もっと情報を知りたい人はレゾリュートのファースト・エアー First Air かケン・ボレック航空会社 Kenn Borek Air Ltd. に問いあわせるといい。

ビーチー島連絡先（本文掲載順）
| 1 | ディープ・シー・ボヤージュ（ゼグラム・エクスペディションズ社 Zegrahm Expeditions の一部門）
　　　Tel 1-888-772-2366 あるいは 206-285-3743　Fax 206-285-7390　E-mail: zdv@deepseavoyages.com　Web site: www.deepseavoyages.com

28　グリス・フィヨルド　　　　　　　　　　　Grise Fiord
ラリーとライサ・アウドラルク　　　Larry and Laisa Audlaluk

壮大な美しい景色のなかにあり、エレスミア島Ellesmere Islandの南部沿岸に位置するグリス・フィヨルドは、カナダのもっとも北にあるコミュニティーである。

人口	148人（イヌイット95％、イヌイット以外5％）
市外局番	867
標準時間帯	東部標準時
郵便番号	X0A 0J0

現地までの道のり
- オタワ/モントリオール〜イカルイトIqaluit〜レゾリュートResolute〜グリス・フィヨルド（イカルイトからグリス・フィヨルドまでは北へ約2,000キロメートル）
- カンゲルスアクKangerlussuaq（グリーンランド）〜イカルイト〜レゾリュート〜グリス・フィヨルド
- エドモントン〜イエローナイフYellowknife〜レゾリュート〜グリス・フィヨルド（イエローナイフからグリス・フィヨルドまでは北東へ約1,900キロメートル）

銀行	なし。現金かトラベラーズ・チェックが望ましい。クレジット・カードはいくつかのお店では使える。
酒類	12月、1月の第1週の禁酒期間をのぞけばアルコールの制限はない。アルコールは酒類条例の規程で管理されている。酒類販売店はない。
タクシー	なし。

（人口は1996年のカナダ国勢調査のデータによる）

このハイ・アークティック（高緯度極北地域）の小さな村へ来た旅人たちは彼らがここで見つけた荘厳なる山並み、氷山、氷河の眺めに畏敬の念を抱くだろう。イヌイット語の名前であるアウユイトゥクAujuittuqには「けっして氷のとけない場所」という意味がある。

　グリス・フィヨルド——この英語名はノルウェー人の探検家であるオット・スバードラップOtto Sverdrupにちなんでつけられた。彼は1899年から1903年にかけてエレスミア島の南と東沿岸の海図を作成した。氷河にはいろんな名前がついているが、彼はこの地域のフィヨルドを特別にグリス・フィヨルドと呼んだ。ノルウェー語で「ブタのフィヨルド」という意味である。ここにいる多くのセイウチが鳴く声がオットーにブタのブーブーという鳴き声を思い出させたようだ。

447

28 グリス・フィヨルド Grise Fiord

歴史

　エレスミア島には先史時代のイヌイットの遺跡がたくさん残っている。しかし有史時代においては、1800年中期にキラクQillaq（のちにキトドラスアク Qitdlarssuaqと呼ばれる）に導かれてイグールリクIgloolik／ポンド・インレット Pond Inretから北部グリーンランドまで大移動をやったバフィン・イヌイット Baffin Inuitの人びとが、この地を通ったことをのぞけばイヌイットは、だれも、ここには住んでいなかった。

　1922年には連邦警察（RCMP）がグリス・フィヨルドから西へ55キロメートルのクレイグ・ハーバー Craig Harbourに派出所を開設。1926年から1940年のあいだ、派出所は閉じたり開かれたりした。そして1951年、デボン島 Devon Islandのダンダス・ハーバー Dundas Harbourの派出所が閉ざされたのち、ここの派出所はまた開かれた。

　1953年にカナダ政府は北ケベックにあるイヌクユアク Inukjuak（以前はポート・ハリソン Port Harrisonとして知られていた）やポンド・インレットからクレイグ・ハーバーへイヌイットの8家族を移住させた。

　レゾリュートの例が示すように、ハイ・アークティック（高緯度極北地域）での、イヌイットの家族の移動問題は物議をかもしている。

　1956年、連邦警察（RCMP）派出所はクレイグ・ハーバーからグリス・フィヨルドへうつった。グリス・フィヨルドを横断して8キロメートルいったところにあるリンドストロム半島 Lindstrom Peninsulaに住んでいたイヌイットの数家族は、政府直営の店で交易の仕事にたずさわっていた。1962年に連邦が学校を建てて、住宅供給プログラムがグリス・フィヨルドで始まるやいなや、リンドストロム半島から家族たちは、このコミュニティーにうつってきた。

風土と野生生物

　このグリス・フィヨルドに囲まれた土地が、極北地方のなかでもっとも美しいということを、おおかたの人びとは認めるだろう。5月から8月の終わりにかけては、日が長いので探検するには十分の時間がある。

　このコミュニティーの40キロメートル西にあるサウス・ケープ・フィヨルド South Cape Fiordは、エコツアー向きだし、高くそびえたつ氷山の写真を撮るのにも絶好の場所である。もしセイウチや、シロイルカ（ベルーガ）、ウミガラス、アザラシ、ホッキョクグマが見たければ、このコミュニティーの東50キロメートルあたりの海に行けばいい。海氷がちょうどとけ始めて海が顔を出している分かれ目のあたりへ行ってみよう。ただし、旅行まえにしっかり計画を立ててから出かけること。

　5月の終わりまでには、このグリス・フィヨルドの地域では多くの渡り鳥が南方から戻ってくる。このコミュニティーの北8キロメートルのフィヨルドに沿って行くと何千羽ものカモメを見ることができるだろう。6月にはハクガン、ケワタガモやそのほか、多くの鳥たちが群れをなしている。6月下旬までには、ほとんどのハクガンは巣ごもりに入る。4月から夏にかけては、南部のエレスミア島でユキホオジロ

28 グリス・フィヨルド Grise Fiord

グリス・フィヨルドの100キロメートル南西はニリュティカビク国立野生動物地区 Nirjutiqavvik National Wildlife Area と呼ばれている。コバーグ島 Coburg Island やその周辺の海も含まれている。この地域はカナダ北極でもっとも重要なウミドリの巣づくりの場所として知られている。

ツアー

空港から2キロメートルという近距離に《考古学的に興味深い場所》があるが、コミュニティーから離れたほかのエコツアー・スポットには、ボートかスノーモービルを使って行くしかない。フィヨルドを越えて30分もスノーモービルを走らせるとホッキョクグマをつかまえるための罠の跡がある。チューレ文化 Thule culture 時代の遺跡である。グリス・フィヨルドから11キロメートル離れたリンドストロム半島にある3つのイヌイットのキャンプ地も《みどころ》である。1953年に人びとが、この地に移住してきた時代からずっと、ここは地元の人びとも好んでキャンプに行きたがる場所である。このコミュニティーから約45キロメートル西にあるハーバー・フィヨルド Harbour Fiord には、十字架が立っている。この地で亡くなったオット・スバードラップ探検隊員のひとりの記念碑として立てられたものである。

また、グリス・フィヨルドの西およそ70キロメートルにあるグース・フィヨルド Goose Fiord にも足をのばしてみよう。ここはスバードラップが氷に行く手をはばまれたところである。狭いフィヨルドの海峡の氷が夏中、解氷せず、1年間すごすことを余儀なくされた場所である。さらにこのコミュニティーの東50キロメートルにあるフラム・フィヨルド Fram Fiord へ足を運べば、ツンドラ地帯をさまようジャコウウシに出会えるかもしれない。ここはスバードラップが嵐のあいだ中、彼の有名な船──フラム号を操舵しながら避難場所を探したところでもある。

1年のうち10か月間、グリス・フィヨルドのまわりの海は凍っている。だいたいにおいて、水は8月の中旬まで完全にはとけない。5月の中旬ごろには、ハイ・アークティック（高緯度極北地域）では太陽は24時間ずっと顔を出すようになるので、人びとが昼も《夜》も、1日中動いているのを見ることができる。8月中旬になると、太陽は1日中地平線を這うように動くようになり、夕方はひやりと肌寒い。

グリス・フィヨルドで唯一ライセンスを持った旅行準備業者であるクチットゥミウト旅行準備社 Qutsittumiut Outfitting |1| は地元の猟師・罠猟師組合 Hunters and Trappers Organization (HTO) |2| を通して連絡がとれる。地元の人びとは、たいていの人が、あなたを「考古学的に興味深い場所」に案内できる。野生生物観察のエコツアーのためにスノーモービルの手配もしてくれるだろう。

ショッピング

グリス・フィヨルドはイッカククジラ牙製やセイウチ牙製のミニチュア彫刻、伝統的な衣装、そしてほかのアートや北極のトーク（帽子）のようなクラフトなどで注

28　グリス・フィヨルド　Grise Fiord

目されている。原形のままのイッカククジラの牙はときどき手に入れることができるが、この地域からそれを持ち出すためには輸出許可が必要。グリス・フィヨルド・イヌイット生協Grise Fiord Inuit Co-op Ltd.｜3｜でアートや工芸品を購入できる。また、ここでは食糧品や乾物食品も売っている。

宿泊と食事

グリス・フィヨルド・ロッジGrise Fiord Lodge｜4｜は、グリス・フィヨルド・イヌイット生協が経営している。9つの部屋があり、24人まで収容できる。ひとり195ドルで食事つき。各部屋にはテレビがあり、お風呂は共同。ラウンジには公衆電話、テレビ、ビデオがある。無料サービスで空港からの送迎がある。いくつかの近くのキャンプ場は流れる小川の近くにあり、春、夏を通してオープンしていて、料金は無料。

グリス・フィヨルドにはレストランがない。旅人は生協にまえもって手配すればグリス・フィヨルド・ロッジで食糧を買える。

サービス

グリス・フィヨルドの健康管理センターHealth Centre｜5｜は、予約なしの場合は、平日の午前9時～午前11時半まであいている。公衆衛生のセクションは午後1時～5時まで。看護師は緊急事態に備えて常駐している。ここにも連邦警察（RCMP）｜6｜の派出所がある。

グリス・フィヨルド連絡先　(本文掲載順)

- ｜1｜クチットゥミウト旅行準備社Qutsittumiut Outfitting
  シグルク・アケアゴクSeeglook Akeeagokに問いあわせを　Tel 867-980-4164
- ｜2｜猟師・罠猟師組合Hunters and Trappers Organization (HTO)
  Tel 867-980-9063　Fax 867-980-4311
- ｜3｜グリス・フィヨルド・イヌイット生協Grise Fiord Inuit Co-op Ltd.(VISA、Diners Club/enRoute、Interac使用可)　Tel 867-980-9913　Fax 867-980-9954
- ｜4｜グリス・フィヨルド・ロッジGrise Fiord Lodge (VISA、Diners Club/enRoute、Interac)
  Tel 867-980-9913あるいは867-980-9135　Fax 867-980-9954
- ｜5｜健康管理センターHealth Centre　Tel 867-980-9923　Fax 867-980-9067
- ｜6｜連邦警察 (RCMP)　Tel 867-980-9912　Fax 867-980-9095

そのほかの連絡先

ケン・ボレック航空会社Kenn Borek Air Ltd. (レゾリュート・オフィス)
Tel 867-252-3845　Fax 867-252-3777

役場Hamlet Office　Tel 867-980-9959　Fax 867-980-9052

郵便局（生協内にある）　午前11時～正午　午後1時～5時（平日のみ）　Tel 867-980-9913

ヌナブト準州政府資源開発省Department of Sustainable Development, Government of Nunavut
Tel 867-980-4164　Fax 867-980-9145

ヌナブト・アークティック・カレッジNunavut Arctic College
Tel 867-980-9081　Fax 867-980-9128

ラジオ局（FM 107.1）　放送　午前10時～11時　午後5時～6時　午後10時～11時半
Tel 867-980-9951

北バフィン島　North Baffin Island

29　アークティック・ベイ　　　　　　　　　Arctic Bay
ケン・ハーパー　　　　　　　　　　　　　　　　Kenn Harper

アークティック・ベイは、陸地に封じこめられたような狭い湾で、そのまわりを高い丘がとり囲んでいるためイヌイット語では「イクプヤリュク Ikpjarjuk」と呼ばれている。「ポケット（山あい）」という意味である。

人口	639人（イヌイット92％、イヌイット以外8％）
市外局番	867
標準時間帯	東部標準時
郵便コード	X0A 0A0

現地までの道のり（可能なルート）
- オタワ/モントリオール～イカルイト Iqaluit～ナニシビク Nanisivik、そして陸路でアークティックベイへ
- カンゲルスアク Kangerlussuaq（グリーンランド）～イカルイト～ナニシビク、そして陸路でアークティック・ベイ Arctic Bay へ
- エドモントン～イエローナイフ Yellowknite～レソリュート Resolute～ナニシビクそして陸路でアークティック・ベイへ

ナニシビクへのフライトはオタワかモントリオールから。あるいはイエローナイフかレゾリュート経由でエドモントンから。レゾリュートにいるのなら、週1回のフライト便で直接アークティック・ベイに行ける。

銀行	なし。現金かトラベラーズ・チェックが好ましい。クレジット・カードを使えるところもある。
酒類	アルコール類はアークティック・ベイでは購入できない。アルコール類を持ちこみたい人は村のアルコール教育委員会からまず許可を得なければならない。
タクシー	あり。

（人口は1996年のカナダ国勢調査のデータによる）

29　アークティック・ベイ Arctic Bay

このコミュニティーからアダムス海峡 Adams Sound に向かって南方を見わたすと、右手にウルクサン・ポイント Uluksan Point が、そして左手にホーリー・クロス・ポイント Holy Cross Point が長い半島の先端に見えてくる。アークティック・ベイから走る全長21キロメートルの道路を行くと、1970年代なかごろに炭鉱の町として栄えたナニシビク Nanisivik に出る。

歴史

ウィリアム・アダムス船長 Captain William Adams というのは、イヌイット以外でアークティック・ベイを最初に見た人物である。1872年、彼は捕鯨船「アークティック Arctic」でこの湾にやってきた。また、探検家ジョセフ・E・バーニアー Joseph E. Bernier に率いられて、別の「アークティック」という名のカナダ政府の蒸気船が1910年から11年にかけてこの湾で冬をすごした。1926年にハドソン湾会社 Hudson's Bay Co. の交易所が、ここに設立されたが、翌年には閉鎖された。そして、この交易所は1936年に再開された。そのとき、同社が閉鎖したドゥンダス・ハーバー Dundas Harbour の交易所で働いていたイヌイットがここに連れてこられて、再移住させられたのである。もともとはパングニルトゥング Pangnirtung やケープ・ドーセット Cape Dorset 出身のイヌイットたちである。

1937年にイギリス国教会がアークティック・ベイの南にあるモフェット・インレット Moffet Inlet に伝道所を建てた。銃撃事件のあったこの伝道所は、ジョン・ターナー牧師 Canon John Turner が死亡したのち、10年間の活動に終止符を打ち閉鎖された。ローマ・カトリックの伝道所も、短期間ではあったが1930年代にアークティック・ベイに開かれていた。大部分のほかのバフィン島 Baffin Island のコミュニティーとおなじように、現在の町は1960年代に政府主導のもとに住宅建設がおこなわれて発展してきた。

風土と野生生物

アークティック・ベイはボーデン半島 Borden Peninsula にある。たくさんの渓谷が大地を切り刻むように流れ、うねるような起伏の多い高原がつづく半島である。このコミュニティーがある半島の北部には、1,300メートル級の山やまが連なっている。頂上が平らなキング・ジョージV山 King George V Mountain がコミュニティーから南東の方向に超然とそびえている。

アークティック・ベイ周辺には陸生の野生生物はきわめて少ない。カリブーは、ここ数年、コミュニティーの近くにも来るようになったが、アドミラルティ・インレット Admiralty Inlet 近くの南よりの地域のほうがその数は多い。ホッキョクグマはこの地域でも頻繁に出没する。

毎年夏になると、アドミラルティ・インレットに種々の海洋哺乳動物がやってくる。イッカククジラは周辺海域に頻繁に姿を現すが、ときとしてアークティック・ベイに入りこんでくることもある。象牙のような牙や、マクターク maktaaq と呼ばれる珍味目当てにイッカククジラを狙

29 アークティック・ベイ Arctic Bay

った狩猟がおこなわれている。シャチはアドミラルティ・インレットの西海岸にしばしば姿を現す。クジラやホッキョククジラを見ることはまれである。セイウチは西よりのアドミラルティ・インレットによく現れる。ワモンアザラシはあちこちに出没する。

ツアー

この町の西の端にある古い滑走路の近くに、最初の運輸省の建物がある。この建物は、その後1942年から52年までは気象台として使用され、今も住居として使われている。またこの地域には、ノーザン・ストア Northern Store の支配人の住居と築50年の納屋が数棟ある。ノーザン・ストアの店舗と大きな倉庫が建てられたのはもっと近年になってからである。ジミー・ベル Jimmy Bell というハドソン湾会社のかつての支配人の幽霊が、彼の親友アマゴアリク Amagoalik の生前はこの家に頻繁(ひんぱん)に出没していたという伝説が地元の人びとのあいだに伝わっている。この町の中心にあるタクート生協 Taqqut Co-op の建物は、もともとは1920年代にハドソン湾会社によってブラックリード島 Blacklead Island から運ばれたものである。

ウルクサン・ポイントは、夏期には驚くほどみずみずしく草木が茂る標高の低い岬で、石の家の遺跡が多く残っている。そのなかには、まさに水際に建っているものもあれば、つい最近まで人が住んでいたものもある。コミュニティーからウルクサン・ポイントまでは、快適な散歩コースとなっており、春の終わりから夏にかけては、ピクニックにうってつけの場所でもある。ホーリー・クロス・ポイントにそびえ立つケルンは、探検家のバーニアが1910年から1911年にかけての越冬中に建てたものである。

夏だけ使える道が、アークティック・ベイから丘を越え、地元でデッド・ドッグ・レイク Dead Dog Lake と呼ばれている湖の岸に沿って北西へと走る。この道はビクター・ベイ Victor Bay へとつづくが、そこには夏に休日を楽しんだり狩猟をしにおおぜいのイヌイットが訪れ、テントを張る。ちなみに、この道はすばらしいハイキング・ルートでもある。

キング・ジョージⅤ山は、ハイカーのみならず登山家にとってもそうたやすく登れる山ではないが、1日あればコミュニティーを出発して山頂まで往復することができる。頂上を極めると、壮大な眺望が広がる。

地元の猟師・罠(わな)猟師組合 Hunters and Trappers Organization (HTO) |1| が所有するニグラスク・カンパニー Niglasuk Co. |2| は旅行装備やガイド・サービスを提供している。春にはイヌゾリやスノーモービルで行くツアー、夏から早秋はボートのツアーに参加できる。また夏には、運がよければ、イッカククジラの狩猟を見学するチャンスもあるだろう。この会社が主として扱っているのは、6月の浮氷の際まで行くツアーと8月終わりの1週間かけて行くカリブー狩猟ツアーである。また冬の終わりにはホッキョクグマの狩猟も企画しているが、このツアーへの参加は、何年もまえからの予約が必要である。

453

29　アークティック・ベイ Arctic Bay

またスノーモービルやイヌゾリ、もしくはボートなどで旅人を案内しようという地元の人もいるようだ。コミュニティーに到着してから計画を立てることもできるが、やはり事前に計画を立てておくことをおすすめする。

ショッピング

　アークティック・ベイはミニチュアのイッカククジラやセイウチの牙の彫刻、伝統的衣装などの民芸品やアートで有名である。ここで使われている石は灰色の粘土質岩で、遠く南のサニキルアク Sanikiluaq で使われているのと似ているが、茶色の斑点や線が入っている点が異なっている。この石からつくられた彫刻はきわめて小さいものが多く、茶斑点が驚くほど素晴らしい効果をあげた作品が生まれることがある。しかし残念なことに、近年、この石の彫刻はすたれつつある。**タクート生協 Taqqut Co-op |3|** には地元でつくられた滑石（ソープストーン）彫刻のすぐれた作品が置かれており、またタクート生協と**ノーザン・ストア Northern Store |4|** では北部の土産物が販売されている。イッカククジラの牙は、夏と秋に購入できるチャンスが多々ある。

　食糧品および雑貨品はノーザン・ストア、生協の両方で販売されている。

イベント

　アークティック・ベイととなりのナニシビクで年間を通してもっとも重要な旅人対象のイベントが、ミッドナイト・サン・マラソンである。このレースは、このふたつのコミュニティー間でフル、ハーフなどいくつかの走破距離が設定されているが、どの距離でも走者はへとへとになってゴールし、世界でもっとも苛酷な陸上競技のひとつだとよく喧伝されている。7月1日のカナダの日 Canada Day（独立記念日）にいちばん近い週末に開催される。世界中の経験豊かなマラソン・ランナーをも魅了するこのレースは、アークティック・ベイのタクート生協まえでスタートが切られる。

　ナニシビク鉱山会社 Nanisivik Mines Ltd. |5| はこれまでの経営者がこのマラソンをつねにバックアップする強力な推進力であったが、最近になってこの鉱山の所有権や運営がかわり、それが一部のマラソン参加者のあいだで話題となっていた。しかし今のところは、新しい管理体制でもこのイベントをサポートしつづけることに変化はないようだ。興味のある人は詳細をナニシビク鉱山会社に問いあわせるとよい。

宿泊と食事

　エノクセオト・ホテル Enokseot Hotel |6| がアークティック・ベイ唯一のホテルである。8部屋に全部で16人を収容できる。バスルームは共同。通常、ひとり部屋としての予約はできない。とくに、混みあう夏の数か月は絶対に不可能である。セルフサービス・スタイルの、小さいが快適なダイニング・ルームで食事をとることができる。また、とても小さいがテレビつきのラウンジがあり、ロビーには公衆電話がある。部屋には電話やテレビは

29　アークティック・ベイ Arctic Bay

ない。部屋の料金はひとり1泊140ドル。食事つきだと1日につき70ドル追加。

アークティック・ベイには正式なキャンプ場というものはないが、キャンプに適した場所はいたるところにある。キャンプをする場合は事前に役場Hamlet Office｜7｜に問いあわせてみるとよい。

アークティック・ベイにはレストランもない。しかしエノクセオト・ホテルでは、きちんと連絡すれば、宿泊者ではなくとも食事ができる。

サービス

健康管理センターHealth Centre｜8｜には住みこみの看護師が常駐している。予約なしの外来は月曜から金曜まで午前8時半から正午まで、健康相談は午後1時から5時までとなっている。緊急の場合には、時間外でも看護師が待機している。

アークティック・ベイ連絡先 (本文掲載順)

｜1｜猟師・罠猟師組合Hunters and Trappers Organization (HTO)
　　Tel 867-439-9949　Fax 867-439-8341
｜2｜ニグラスク・カンパニーNiglasuk Co.(旅行準備業者/ツアー・オペレーター)
　　Tel 867-439-9949　Fax 867-439-8341
｜3｜タクート生協Taqqut Co-op (VISA、Interac、トラベラーズ・チェック使用可)
　　Tel 867-439-9934　Fax 867-439-8765
｜4｜ノーザン・ストアNorthern Store (VISA、MasterCard、Interac、トラベラーズ・チェック使用可)
　　Tel 867-439-9914　Fax 867-439-8725
｜5｜ナニシビク鉱山会社Nanisivik Mines Ltd.(ミッドナイト・サン・マラソンに関する情報は、ここに問い合わせるといい)
　　Tel 867-436-7502あるいは867-436-7426　Fax 867-436-7435
｜6｜エノクセオト・ホテルEnokseot Hotel (VISA使用可)
　　Tel 867-439-8811　Fax 867-439-8242
｜7｜役場Hamlet Office　Tel 867-439-9917　Fax 867-439-8767
｜8｜健康管理センターHealth Centre　Tel 867-439-8816　Fax 867-439-8315

そのほかの連絡先

空港 (ナニシビク内)　Tel 867-436-7554　Fax 867-436-7273
連邦警察 (RCMP)　Tel 867-439-9966あるいは867-436-7474　Fax 867-436-7557
郵便局 (猟師・罠猟師組合の近くにある)　Tel 867-439-8494
ヌナブト準州政府資源開発省Department of Sustainable Development, Government of Nunavut
Tel 867-439-9945　Fax 867-439-8480
アルコール教育委員会Alcohol Education Committee　Tel 867-439-8476　Fax 867-439-87
ヌナブト・アークティック・カレッジNunavut Arctic College
Tel 867-439-9913　Fax 867-439-8393

アルクバルトゥーク・サービスArqvartuuq Services (タクシー)　Tel 867-439-8227

ラジオ局　Tel 867-439-9922 (放送中以外)　Tel 867-439-8709 (放送中)
天気予報　Tel 867-436-7554　Fax 867-436-7273
天気予報のWeb site: www.infonorth.org

30　ナニシビク　　　　　　　　　　　　　　Nanisivik
ケン・ハーパー　　　　　　　　　　　　　　　　Kenn Harper

ナニシビクの村の人びとは、1974年に開かれたナニシビク鉛・亜鉛鉱山を生活基盤にしてきた。

人口	287人（イヌイット16％、イヌイット以外84％）
市外番号	867
標準時間帯	東部標準時
郵便番号	X0A 0X0

現地までの道のり（可能なルート）
- オタワあるいはモントリオール〜イカルイト Iqaluit〜ナニシビク Nanisivik（ナニシビクはイカルイトから北方へ1,200キロメートル）
- カンゲルスアク Kangerlussuaq（グリーンランド）〜イカルイト〜ナニシビク
- エドモントン〜イエローナイフ Yellowknife〜ナニシビク

銀行	なし。ノーザン・ストアはクレジット・カード使用可。
酒類	持ちこみは可。ただし、酒類条例の規程によって管理されている。
タクシー	なし。ただしとなりのアークティック・ベイ Arctic Bay のアルクバルトゥーク・サービス Arqvartuuq Services｜1｜は両コミュニティーとナニシビク空港間のタクシー業務を行っている。

（人口は1996年のカナダ国勢調査のデータによる）

　ナニシビクはイヌイット語で、「なにかが見つかる場所」といったような意味である。鉱石のかたまりがはじめて発見されたのは1910年から11年にかけてのことで、ハイ・アークティック（高緯度極北地域）へ行くジョセフ・バーニー率いる第2カナダ政府探検隊 Joseph Bernier's Second Canadian Government Expedition に同行したアーサー・イングリッシュ Arthur English という探鉱者が発見した。

　ナニシビクの建築様式はほかのコミュニティーのものとは大きく異なる。居住者の多くは、ヒューヒューと音を立ててコミュニティーを吹きぬける強風をふせぐため、外壁を湾曲させている。このコミュニティーには、炭鉱会社のカフェテリアとして使われている大きな白いドームが他を圧するかのようにそびえている。この建物の2面を囲むように建っているのがタウン・センターで、金属でおおわれた大きな共同ビルである。この建物にはノーザン・ストア Northern Store｜2｜、レクリエーション・センター（ヌナブトにはプールはふたつしかないが、そのひとつがここ

ナニシビク Nanisivik

にある）、**学校** |3|、デイ・ケア・センター、郵便局 |4|、消防署、連邦警察派出所（RCMP）|5|、健康管理センター |6|、政府のオフィスが入っている。ナニシビクにある明るい色に塗られた**聖ピレン・アングリカン教会** St. Piren's Anglican Church |7| という教会は、イギリス国教会とカトリック派の両方の礼拝をおこなっており、ヌナブトで唯一、複数の宗派信者が集まる場所となっている。

ツアー

ここは炭鉱の町である。ミッドナイト・サン・マラソンと、それに対抗して真冬に開催されるブレイン・デッド・マラソンのふたつのイベントのほかにはこの町に旅人向けの活動は一切なく、ホテルもなければ旅行準備業者や企画されたツアーもない。この町はハイキング以外にすることはあまりないが、アークティック・ベイ Arctic Bay からの日帰りハイキングにはうってつけの場所である。**ナニシビク鉱山会社** Nanisivik Mines Ltd. |8| が特別にアレンジした場合を除いて、炭鉱ツアーが企画されることはない。

炭鉱を訪ねる場合は、ウエスト・ツイン・レイクの標識を目印にするとよい。この湖は空港への道からはずれたコミュニティーの南の方向にあり、太古時代を思わせる清澄な様相を呈した湖である。だが、その魅力的な外貌とは裏腹に、ウエスト・ツイン・レイク West Twin Lake は鉱山の廃石用の池であり、鉱石の加工過程の廃棄物を捨てる場所となっている。一方、イースト・ツイン・レイク East Twin Lake はこのコミュニティーの淡水水源である。

ナニシビクの背後には、イヌイット以外の地元住民が《富士山》と呼ぶ山がある。この山のイヌイット名は、「ナサルガングアーク Nasallugannguaq」。見た目が帽子に似ていることから、この名がついた。地元の人のスキー・スノーボード場である。

町から丘をくだって行くと、山腹には20年以上ものあいだ地下を採掘してきた結果できた穴が種痘の痕のように並んでいる。鉱石は海岸線にある大きな貯蔵庫にたくわえられ、夏にそこからヨーロッパ行きの船に積まれる。ナニシビクはバフィン島 Baffin Island で唯一、水深の深い港を持つ場所である。

イベント

毎年、カナダ国民の祝日である7月1日にいちばん近い週末に、アークティック・ベイ Arctic Bay からナニシビクまでの42キロメートルを走る国際的に有名なミッドナイト・サン・マラソンがナニシビク主催で開催される。このイベントに行く交通手段は、チャーター便もしくは定期便の飛行機となる。

近年、熾烈な競技を求める地元のランナーたちのグループによって、夏のミッドナイト・サン・マラソンを模したブレイン・デッド・マラソンなるものが企画されている。ブレイン・デッド・マラソンでは参加者たちがストラスコナ海峡 Strathcona Sound の雪や氷のなかを突き進み、12月半ばの極寒と深い暗闇のなかをナニシビクに戻ってくる光景が繰り広げられる。

宿泊と食事

ナニシビクにはホテルもキャンプ場もないが、ナニシビク鉱山会社が運営する宿泊所がある。短期滞在者はそこに宿泊可能（社員使用優先）。ミッドナイト・サン・マラソン開催中を除けば、近くのアークティック・ベイに滞在することをすすめる。

ナニシビクにレストランはないが、炭鉱会社が運営する従業員用の大きなドームの建物でセルフ・サービスの食事をとることができる。食堂の営業時間はかぎられている。食糧品はノーザン・ストアで買える。

ナニシビク連絡先 （本文掲載順）

| 1 | アルクバルトゥーク・サービス Arqvartuuq Service（アークティック・ベイのタクシー会社）
　　　　Tel 867-439-8227
| 2 | ノーザン・ストア Northern Store（VISA、MasterCard、Interac使用可）
　　　　Tel 867-436-7322　Fax 867-436-7477
| 3 | 学校　Tel 867-436-7350
| 4 | 郵便局　午前10時～午後6時（月～金）　Tel 867-436-7371
| 5 | 連邦警察（RCMP）　Tel 867-436-7474　Fax 867-436-7557
| 6 | 健康管理センター Health Centre　Tel 867-436-7482　Fax 867-436-7495
| 7 | 聖ピレン・アングリカン国教会 St. Piren's Anglican Church（連絡先はアークティック・ベイ）
　　　　Tel 867-439-8869　Fax 867-439-8054
| 8 | ナニシビク鉱山会社 Nanisivik Mines Ltd.(マラソンに関する情報は、ここで入手できる)
　　　　Tel 867-436-7502　Tel 867-436-7426　Fax 867-436-7435

そのほかの連絡先

空港　Tel 867-436-7554　Fax 867-436-7273
ヌナブト準州政府資源開発省 Department of Sustainable Development, Government of Nunavut
アークティック・ベイのオフィスに問いあわせてみよう　Tel 867-439-9945　Fax 867-439-8480

気象情報　Tel 867-436-7554　Fax 867-436-7273
天気予報のWeb site: www.infonorth.org

31　ポンド・インレット　　　　　　　Pond Inlet

マリアンとマイク・ファーガソン　　　Marian and Mike Ferguson

ポンド・インレットは、現代的なコミュニティーでありながらもイヌイットの伝統的な文化が生き生きと息づき過去と現在が交差する魅力的なバフィン島 Baffin Island北端の町である。

このコミュニティーには南の近代文化を送りこむ衛星の電波受信用アンテナがあるかと思うと、その近くで防寒服用にカリブーやアザラシの毛皮を乾かしている

31　ポンド・インレット Pond Inlet

人口	1,154人（イヌイット95％、イヌイット以外5％）
市外番号	867
標準時間帯	東部標準時
郵便番号	X0A 0S0
現地までの道のり（可能なルート）	
	・オタワ/モントリオール〜イカルイト Iqaluit〜ポンド・インレット Pond Inlet（イカルイトからポンド・インレットまでは北に1,066キロメートル。ほとんどすべてのフライトはイカルイトで1泊しなければならない。しかし週に1便、オタワからその日に着くフライトが出ている。週に1回レゾリュート Resoluteからポンド・インレットへの折り返し便がある）
	・エドモントン〜イエローナイフ Yellowknife〜レゾリュート〜ポンド・インレット
	・エドモントン〜イエローナイフ〜ランキン・インレット Rankin Inlet〜イカルイト〜ポンド・インレット
	・カンゲルスアク Kangerlussuaq（グリーンランド）〜イカルイト〜ポンド・インレット
	・ウィニペグ〜ランキン・インレット〜イカルイト〜ポンド・インレット
銀行	なし。現金とトラベラーズ・チェックが好ましい。クレジット・カードを使用できるところもある。
酒類	アルコール類はポンド・インレットでは買えない。アルコールの持ちこみを希望する人は、アルコール検閲委員会 Alcohol Review Board｜1｜の許可を得ねばならない。
タクシー	なし。ホテルの宿泊客はホテルのバンで空港までの送迎がある。

（人口は1996年のカナダ国勢調査のデータによる）

　光景があり、遠くではイヌゾリ用のイヌたちが吠えているのが聞こえる。

　イヌイットや北極のほかの居住者がポンド・インレットやその周辺に住みついたのは数千年も昔のことである。彼らは、トゥヌニルミウト Tununirmiutと呼ばれている。これは、太陽に背を向けている土地——トゥヌニク Tununiqの人という意味だが、このトゥヌニクというのは、川が海に向かって北に流れているポンド・インレットとエクリプス海峡 Eclipse Sound周辺のエリアを指す。また、ポンド・インレットは「ミティマタリク Mittimatalik」とも呼ばれる。これは、「ミティマ Mittimaが眠る場所」、あるいは「ミティマがいる場所」という意味だが、ミティマとはいったいだれのことなのかは、いまだ謎のままである。

歴史

　探検家のジョン・ロス John Rossは1818年にバイロット島 Byolt Islandとバフィン島 Baffin Islandのあいだのこの水域に、イギリスの天文学者の名にちなんで「ポンド・ベイ Pond's Bay」と英語名をつ

31　ポンド・インレット Pond Inlet

けた。しかしそれより1年先んじて、捕鯨者たちが貴重なホッキョククジラを求めてこの地を訪れていた。そのおよそ100年後の1903年に、この地域初の捕鯨基地が設立されたが、その時点までにこの産業はほとんど壊滅状態となっていた。1912年の1年間に、この地域のホッキョククジラ猟を試みた捕鯨船はわずか1隻であったが、それも失敗に終わった。近くに東部北極地域のクジラ産業を記念した国立の史跡がある。

1800年代半ばに、シャーマン（アンガクク angatkkuq）であり力強いリーダーであったキラク Qillaq が60人のイヌイットを率いて、トゥヌニクからグリーンランドへ移住した。キラクは彼の家族に敵対するイヌイットから逃避していたようである。キトドラルスアク Qitdlarssuaq（キラクのグリーンランドでの名前）が率いる移住は、北部グリーンランド地帯で100年以上ものあいだ孤立していたポラー・イヌイットの生活に多大な影響を与えた。新来者たちはカヤック、弓矢、魚を突くヤスなどのイヌイットにとって欠かせない技術を、グリーンランドの同胞にあらためて紹介した。今日までポラー・イヌイットとトゥヌニルミウトは親密な関係がつづいている。

1912年、3人の探検家が金を探すためにポンド・インレットを訪れた。だれひとりとして金を見つけることはできなかったが、探検家たちは小さな交易所を開き、ポンド・インレットは交易の中心地となった。1921年、ハドソン湾会社 Hudson's Bay Co. が当地にやってきて、北極の金鉱探索組合の権利を買いとった。

1920年、付近に住むロバート・ジェーンズ Robert Janes という一匹狼の交易者がイグルーリク Igloolik へ行く途中にポンド・インレットで殺され、この町は北極で起こった陰謀事件の現場となった。イヌイットはこのジェーンズという男に多大な不信感を抱いていたが、もはや彼の活動に対して我慢の限界を超えたと決意したようだ。この殺人のニュースは北部一帯を駆け巡り、翌1921年には連邦警察（RCMP）が取り調べにやってきた。1923年に3人のイヌイットがポンド・インレット近くの船上で裁判にかけられ、そのうちふたりに有罪判決がくだり、うちひとりが南カナダにある刑務所に収容された。

1929年までにイギリス国教会とカトリック派のそれぞれの伝道所が設立され、数年のあいだにイヌイットの一部に仲たがいを引き起こす火つけ役となった。好奇心があったとしても他宗派の伝道所を訪れてはいけないと禁止されていたことは、高齢者の記憶に今なお残っている。1994年に以前のチャペルが痛ましい火事で焼失したのち、最初に建てられたローマ・カトリック派の伝道所の復元がおこなわれた。この火事は、37年間ポンド・インレットで生活し、神父でありかつ考古学者としても世界的に名高いギイ・マリー – ルーズリエール神父 Father Guy Mary - Rousselière の命をも奪った。

地域住民に加えてこの土地に働きに来ている人の子供たちのために、連邦政府の学校が1960年代に建てられた。政府がさらに住居の提供を増やした結果、ほとんどのイヌイットは町にうつり住むようにな

った。現在では、「辺境の居留地」と呼ばれる土地に住みつづけているのは4家族のみとなっている。

自然と野生生物

ポンド・インレット周辺の山や水のなかは、野生生物の宝庫となっている。3月、4月には、カリブーが町のすぐそばやバイロット島にやってくるので、その姿を頻繁に目にすることができる。5月になるとカリブーたちはポンド・インレットの南西にある絵のように美しいフィヨルドに移動するが、そこではオオカミの姿も見ることができるだろう。夏のあいだ大きなジャコウウシがフィヨルドで草を食み、8〜9月になると雌ウシが子ウシを連れて南から戻ってくる。30種類を越える鳥が5月から9月にかけて巣をつくり、雛鳥を育てる。

フィヨルドや浮氷の先端は、春から夏にかけて、地元の家族連れがキャンプや釣りをするのにうってつけの場所である。春には浮氷の付近で、解氷期になるとほぼいたるところで、ホッキョクグマに遭遇する可能性がある。地元の資源担当職員が、**ヌナブト準州政府資源開発省 Department of Sustainable Development, Government of Nunavut |2|** と連携して、危険な動物たちと遭遇するのをさけるための情報を提供している。**ミティマタリク猟師・罠猟師組合 Mittimatalik Hunters and Trappers Organization |3|** では、ホッキョクグマ猟やカリブー猟の手配をしてくれる。

5月、6月はアザラシが海の氷上に寝そべっているのが見られる。ベテランのガイドとか同行している場合は、氷の上をアザラシのすぐ近くまで行って写真を撮ることができるだろう。5月から6月の初旬にかけてカリブーはバイロット島から南に移動するので、氷の上を横切っていくことがある。5月の中旬から6月末にかけては、アザラシ、ウミドリ、ホッキョクグマ、イッカククジラ、さらにはセイウチ、ホッキョククジラ、シロイルカ（ベルーガ）、シャチまでもが、浮氷の端に姿を現すことだろう。イッカククジラやウミドリはここで容易に写真におさめることができる。海が氷解し始めると途端に、あちこちで海洋哺乳動物が姿を現す。

ツアー

ポンド・インレットの探検を始めるにあたっては、まず**ナティナク・センター Nattinnak Centre |4|** に行くのがいいだろう。ここには地元の工芸品が説明つきで展示されている。そのなかでも自然遺産ならびに文化遺産の展示がひときわ目を引く。**レベッカ・P・イドラウト・ライブラリー Rebecca P. Idlout Library |5|** はおなじビルのなかにあり、この地域の自然や人間の歴史についての歴史本、参考書、写真がたくさん収蔵されている。

ツアー・オペレーター、または旅行準備業者を通して、地元の彫刻家を訪ねたり、ドラム・ダンスを楽しんだり、ガイドつきの自然散策の手配をしてもらうことができる。

考古学的に貴重な場所が数か所あるが、それに加えてポンド・インレット付近では、壮大な景色、地理学的に興味をそそる岩層、豊富な野生生物、色とりどりの植物

31　ポンド・インレット Pond Inlet

を見ることができる。また、クロスカントリー・スキー、イヌゾリ、スノーモービル、ハイキング、カヤック、ボート、釣り、狩り、探検などが楽しめる。近くの氷山、ポンド・インレットからスノーモービルで45分の距離にある古い炭鉱跡、もしくはキラルカト Qilalukkat（サーモン・クリーク）付近の丘は、どこもピクニックや滑走をしに多くの人びとが集まる人気の場所だが、そこへクロスカントリー・スキーで行くのに最高の季節は4月と5月である。ちなみに、キラルカトはポンド・インレットの西方2キロメートルのところにある。

　どんな交通手段を利用するにしろ、陽の光が絶えまなく降り注ぐ5月から8月一杯は長距離の旅が可能である。旅行準備業者やツアー・オペレーターを通して4月から6月の期間は、夜通し走るイヌゾリやスノーモービルの旅ができる。まえもって予約をしておくといいだろう。もし到着時にガイドがいれば、近距離ツアーのアレンジもしてくれるだろう。

　ポンド・インレットではハイキングをする機会がたくさんある。熟練のバックパッカーなら2日から5日で氷河やポンド・インレットの南東の山に到達できるだろう。もしジェーンズ・クリーク Janes Creek を渡河するのが不安ならば（7月はしばしば通行できない）、町の東に向って15キロメートルの距離をハイキングし、ヘロディアー山 Mount Herodier コースで山頂を目指すとよい。高度765メートルの山頂からの景色は息をのむ美しさである。またヘロディアー山のふもとにテントを張ることもできる。夏場は、その付近はキャンプをしにきている地元の家族連れで賑わっている。

　ショート・ハイクを試みて、チューレ人 Thule Inuit の村落跡を見られるキラルカトに行くとよい。地元のツアー・オペレーターがこのエリアへのガイドつきのウォーキングを提供している。その途中では、沿岸の崖に沿って色とりどりの野草や、《永久凍土層が模様をつけた土地の標本》ともいえるものを見ることができる。7、8月になるとキラルカトの西2キロメートルのところにあるサーモン川 Salmon River に向かう沿岸で、ホッキョクイワナ釣りを楽しむことができる。

　ポンド・インレットは、北極カヤック上級者向けの人気スポットとなってきている。旅行準備業者は5月や6月になると浮氷のヘリまで連れていってくれるが、カヤックに乗っているときはつねに注意力を駆使させていなければならない。クジラが氷の下から不意に現れることもあれば、水面に浮いている氷が風向きの変化によって急に動き出すこともある。7月中の氷の状態はカヤックにいいとはいえず、早いスピードでまえに進めない。8月になると、カヤックにもっとも適した状態となる。それでも、たまにではあるが、とても強い風が吹くことがあり、丸1日かそこいら安全な港で待機しなければならないこともある。

　イワナ釣りは、4月、5月は凍結している湖のどこででもできるし、8月になったら湖岸で楽しむといい。釣りの旅は日帰りでもできるし、泊まりがけでも行ける。また、釣り以外の楽しみとあわせて計画するのもいいだろう。釣りを楽しむには、

31　ポンド・インレット Pond Inlet

資源担当職員から釣りのライセンスを取得する必要がある。

ポーラー・シー・アドベンチャー Polar Sea Adventures｜6｜、タガク・アウトフィッティング・サービス Tagak Outfitting Services｜7｜、トゥーヌーニク・サフーニク旅行準備業者 Toonoonik Sahoonik Outfitters｜8｜、トゥヌニク・トラベル・アンド・アドベンチャー Tununiq Travel and Adventure｜9｜では、さまざまな種類のガイド・ツアーを用意している。4人から8人くらいのグループを好む旅行準備業者が多く、5日から9日間のツアーが大半を占めている。しかし、客の好みや必要に応じて特別の旅をアレンジすることもいとわないだろう。旅行準備業者に直接予約するか、もしくは個人やグループ向けのパッケージ旅行を計画する旅行準備業者と協力している地元のツアー・オペレーター、トゥーヌニク・トラベル・アンド・アドベンチャーを通して予約するとよい。

地上、氷上、水上の旅を計画しているエコツーリストは、出発を何時間かときには何日間か、遅らせねばならない状況に遭遇することもある。一見危険がなさそうに見える風や雪が危険の前触れであることもあり、ガイドはそうした危険を察知できる。エコツーリストは辛抱強く待つべきであり、顧客の生命を危険にさらすことなく目的地に連れていこうと努めているガイドの判断を信じることがなにより大切である。

ショッピング

滑石（ソープストーン）、イッカククジラの牙、クジラの骨、大理石などですばらしい彫刻をつくるイヌイットがいる。滑石（ソープストーン）は緑のものも赤のものも地元で産出する。また、地元のアーティストが制作する美しい壁かけ、鉛筆画、カリブーの毛でできた房もある。これらのすぐれた作品やそのほかの土産物がトゥーヌーニク・サフーニク生協 Toonoonik Sahoonik Co-op｜10｜のディスプレー・ケース一杯に展示されている。

トゥーヌーニク・サフーニク生協とノーザン・ストア Northern Store｜11｜では、日常雑貨、食糧品、その土地の食べものを品数をそろえて販売している。どちらの店も週に1回、南カナダから、新鮮な生鮮食糧品、乳製品、パン、肉類を仕入れている。地元特産の食べ物に興味がある人は、猟師・罠猟師組合にあるミティマ肉店 Mittima Butcher Shop｜12｜に行けば、種々の切り身にされたカリブーの肉やイワナが販売されているし、そればかりでなくマクターク maktaaq（シロイルカ［ベルーガ］とイッカククジラの外側の生の皮）や、ときにはセイウチの肉も売られている。特産の食糧のなかには準州外に持ち出すのに許可が必要なものもあるので、資源担当職員に問いあわせたほうがよい。

ジェイ・エム・スポーツ・ウエアー JM Sportswear｜13｜は精選したスポーツ用品、土産物や目新しい商品を扱っている。また生協モールのなかには新商品やビデオのレンタルを扱うビー・アンド・イー・エンターテイメント B & E Entertainment｜13｜がある。生協モールは空港とホテルのあいだの丘の上にある。

イベント

　イヌイットの人たちは今なお、カリブー、チャー（ホッキョクイワナ）、アザラシ、マクタークのような地元でとれる食糧を中心にした食事をしている。特別なときには、旅行者たちも参加できるコミュニティーの祝宴でこうした食べものがふるまわれる。

宿泊と食事

　トゥーヌーニク・サフーニク生協によって運営されている**サウニク・ホテル**Sauniq Hotel |15|は、全部で17室のふたり部屋があり、各部屋にケーブル・テレビと専用のバスルームがついている。食事なしで1泊ひとり155ドル。食事つきの場合は230ドル。お喋りをしたりカード・ゲームができるリビング・ルームがある。洗濯施設も使用できる。

　5月から9月末までは、**空港**|16|の北にあるツンドラ地帯やこの村の西海岸でキャンプをする人がいる。キラルカトにはピクニック・テーブルやテント・サイトのある準州立のキャンピング・エリアがある。

　ポンド・インレットにはベッドと朝食だけを提供するスタイルの宿舎があるが、この本の執筆時点では認可されていない。

　その世界では有名な**北極調査研究所** Arctic Research Establishment |17|には、科学調査の免許や許可を所持している研究者用の宿泊施設やそのほかの施設がある。イカルイトのヌナブト調査機関では、調査許可を得るためのアドバイスを提供している。

　サウニク・ホテルのダイニング・ルームでは、毎日、1日3回決まった時間に量もたっぷりなおいしい食事を出しているが、宿泊者でない場合には事前の予約が必要である。価格は多少上下することもあるが、朝食は20ドル、昼食は25ドル、夕食は30ドル。**トゥーヌーニク・サフーニク生協が運営するレストラン**Toonoonik Sahoonik Restaurant |18|もある。

サービス

　ウラーユク学校Ulaajuk School |19|の近くの**健康管理センター** Health Centre |20|では、午前9時から午前11時半まで（月～金）、看護師が予約制で外来患者の診察をしてくれる。緊急の場合は、健康管理センターでは電話で応対している（24時間体制）。医療以外の緊急時は、**連邦警察** (RCMP) |21|の派出所に電話すること。

ポンド・インレット連絡先 (本文掲載順)

|1| アルコール検閲委員会 Alcohol Review Board　Tel 867-899-8934　Fax 867-899-8940
|2| ヌナブト準州政府資源開発省 Department of Sustainable Development, Government of Nunavut　連絡可能なリソース・オフィサー　Tel 867-899-8819　Fax 867-899-8711
　　地域野生生物学者　Tel 867-899-8876　Fax 867-899-8711
　　E-mail: Michael_Ferguson@gov.nt.ca
|3| ミティマタリク猟師・罠猟師組合 Mittimatalik Hunters and Trappers Organization

31　ポンド・インレット Pond Inlet

	Tel 867-899-8856　Fax 867-899-8095
4	ナティナク・センター Nattinnak Centre　季節によって開館時間はかわる。毎日開館しているが観光シーズンは、開館時間の延長がある。図書館、店、ホテルなどでチェックしよう Tel 867-899-8225　Fax 867-899-8246
5	レベッカ・P・イドラウト・ライブラリー Rebecca P. Idlout Library（開館時間は季節によって異なる）　Tel 867-899-8972
6	ポーラー・シー・アドベンチャー Polar Sea Adventures Tel 867-899-8870　Fax 867-899-8817
7	タガク・アウトフィッティング・サービス Tagak Outfitting Services Tel 867-899-8194　Fax 867-899-8194
8	トゥーヌーニク・サフーニク旅行準備業者 Toonoonik Sahoonik Outfitters Tel 867-899-8366　Fax 867-899-8364　Web site: www.pondtour.com
9	トゥニク・トラベル・アンド・アドベンチャー Tununiq Travel and Adventure Tel 867-899-8194　Fax 867-899-8940　E-mail: Marian@tununiq.com あるいは visit@tununiq.com　Web site: www.tununiq.com
10	トゥーヌーニク・サフーニク生協 Toonoonik Sahoonik Co-op（VISA、MasterCard、American Express、Diners Club/enRoute、Interac使用可） Tel 867-899-8912　Fax 867-899-8770
11	ノーザン・ストア Northern Store（VISA、MasterCard、Interac使用可） Tel 867-899-8848　Fax 867-899-8854
12	ミティマ肉店 Mittima Butcher Shop（現金のみ） Tel 867-899-8856 あるいは 867-899-8322　Fax 867-899-8095
13	ジェイ・エム・スポーツ・ウエアー JM Sportswear（現金、パーソナル・チェックのみ） Tel 867-899-8390
14	ビー・アンド・イー・エンターテイメント B & E Entertainment　Tel 867-899-8133
15	サウニク・ホテル Sauniq Hotel（VISA、MasterCard、American Express使用可） Tel 867-899-8928　Fax 867-899-8364
16	空港（ファースト・エアー First Air）　Tel 867-899-8882
17	北極調査研究所 Arctic Research Establishment　Tel 867-899-8737　Fax 867-899-8737
18	トゥーヌーニク・サフーニク・レストラン Toonoonik Sahoonik Restaurant（VISA、MasterCard使用可）Tel 867-899-8912　Fax 867-899-8770
19	ウラーユク学校 Ulaajuk School　Tel 867-899-8964　Fax 867-899-8780
20	健康管理センター Health Centre　Tel 867-899-8840　Fax 867-899-8997
21	連邦警察（RCMP）　Tel 867-899-8822　Fax 867-899-8832

そのほかの連絡先

役場 Hamlet Office　Tel 867-899-8935　Fax 867-899-8940
郵便局（前役場があった場所にある）　午前10時半〜正午　午後1時〜4時（月〜金）
Tel 867-899-8343
ヌナブト・アークティック・カレッジ Nunavut Arctic College
Tel 867-899-8837　Fax 867-899-8960

ラジオ局（FM 105.1）　Tel 867-899-8884
気象情報　Tel 867-899-8976
天気予報の Web site: www.infonorth.org

32 シルミリク国立公園　　Sirmilik National Park

マリアンとマイク・ファーガソン　　Marian and Mike Ferguson

ハイ・アークティック(高緯度極北地域)に位置し、北極圏の南限より北700キロメートル、グリーンランドの西600キロメートルに横たわるシルミリク(氷河)国立公園は、ヌナブト全域でも野生生物の《もっとも豊かな宝庫》のひとつである。

この国立公園は、起伏の多い山やま、深く刻みこまれたフィヨルドや入り江、複雑に入り組んだ氷河、絶壁の崖、植物が繁殖する低地といった変化に富んだ地勢となっており、それゆえにさまざまな種類の渡り鳥、陸上および海洋の哺乳動物の宝庫となっている。

1970年代後半、北米のの石油産業がランカスター海峡Lancaster Soundで石油発掘のための計画を立案したのに対して、イヌイットは北バフィン地方North Baffin Regionとランカスター海峡に国立公園を設立することを提案した。1993年の「ヌナブト協定Nunavut Land Claims Agreement」(NLCA)により、公園に対する規定が制定され、1998年にイヌイットと連邦政府は、必要な交渉を完了した。シルミリク国立公園は1999年に公式にオープンし、以後離れ離れに位置する3つの地域(オリバー海峡Oliver Sound付近の山やまや高地、東部ボーデン半島eastern Borden Peninsulaの起伏のある高原と山やま、バイロット島Bylot Islandの低地)の約2万2,000平方キロメートルを保護することになる。なお、バイロット島は1965年以来国定の渡り鳥保護区域に指定されているが、それはそのまま存続させることになった。公園本部が1999年にポンド・インレットPond Inletに設置された。すぐれたガイド、旅行の準備業やそのほかのサービスはポンド・インレットやアークティック・ベイArctic Bayの会社が提供している。

風土と野生生物

シルミリク国立公園には、バフィン島Baffin Islandの背骨となっている先カンブリア時代の山脈が連なり、その先端にバフィン湾から2,000メートル級の山やまがそびえている。氷原には、山の頂や尾根が突き立ち、フィヨルドや谷が深く切りこんでいる。そのフィヨルドや谷では大量の氷河がつくられ、海へと流れこむ。山やまの多くは、300メートルの高さをまっ逆さまに水に落ちこむかのような絶壁となっているが、その崖の途中を切り立った壁の谷が分断していることもある。ちなみに、そうした谷間は太陽熱収集器のような役割を果たしている。この公園には種類にして360以上もの多様な植物が存在しているものの、それらは奥に引っこんだ氷河の氷堆積や、侵食が進んだ砂岩質の谷にまばらに点在している。

32　シルミリク国立公園 Sirmilik National Park

この地域特有のめずらしい形をした岩柱は、硬いキャップ・ロック（帽岩）のまわりの砂岩が侵食されて形成されたものである。つまり、侵食が進んだ結果、キャップ・ロックの下に10～15メートルの高さの砂岩の柱がつくりだされるのである。公園にある堆積岩、変成岩、火成岩が混在した岩には、化石化した骨や石灰層、さらには黄鉄鉱、蛇石、ガーネットなどが含有されている。パイロット島沖のバフィン湾の海底は、北アメリカ東部で活動がもっとも活発な地震地帯である。

公園の高地には、丈の低い木や花を咲かせるハーブやコケが見られる。およそ8万年ものあいだ大陸的規模の氷河作用をまぬがれた土の上には、6月から8月にかけて、さまざまな色の野草がカーペットを敷き詰めたように咲き乱れる。ホッキョクキツネ、ユキフクロウ、エゾイタチ、ホッキョクノウサギ、シロハヤブサ、レミングに加えて、カリブーも姿を現すことがある。カリブーは40年以上もの期間まったく姿を見せなかったが、1990年代初頭に、冬季の生息地であったオリバー海峡の南西地域の草を食べつくしたため、そこを離れ、食用の草を求めてポンド・インレット近くに群れをなして姿を現すようになった。年配のイヌイットの予測どおり、カリブーは冬のあいだの食糧として欠かせない高地コケを荒廃させてしまった。たった5回の冬をすごしただけで、カリブーたちは冬の食糧を求めてパイロット島や東部のボーデン半島に移動していった。

パイロット島の南西一帯は、ワタスゲ、ヤナギ、コケなどでおおわれた1,300平方キロメートルにわたる、みずみずしいゆるやかな起伏のある平原湿地である。この湿地を繁殖地とする鳥類は30種を数えるが、とりわけそのなかの1種である大型種のハクガンはこの湿地を世界最大のコロニーの巣づくり場所としている。1993年にこの群生地におけるハクガンの成鳥は、それまでの10年間より300％増の7万5,000羽を数えた。生物学者は、このハクガンの数は過剰増加の兆候であると判断し、この増加による影響を分析するために生息地の調査を実施している。

シルミリク国立公園内の土地には、湖や川や海が点在しており、その水中にはさまざまな生物が豊富に存在する。バフィン湾には1年中氷結しないポリーニア（極地方の定着海氷で囲まれた海面）が見られ、そこには陸地にしっかりくっついた定着氷に沿って切り立った浮氷ができており、春は海洋哺乳動物の繁殖地となっている。切り立った浮氷は、バフィン湾にあるパイロット島の東や、ランカスター海峡にあるボーデン半島の北で見られる。ホッキョクグマは、冬はパイロット島の北東沿岸の広大な一帯を《すみか》とし、春になると浮氷のヘリ近くに出没する。そして、夏には、この堂々たる肉食獣は公園のほぼいたるところで見られるが、とくに頻繁に姿を現すのはバフィン湾とランカスター海峡の沿岸である。

春に浮氷のヘリや夏にフィヨルドに沿っていくと、運がよければ、アザラシ、セイウチ、イッカクジラ、ホッキョククジラ、シロイルカ（ベルーガ）、シャチといった5種類もの海洋哺乳動物に出会えるか

もしれない。バイロット島の崖は、32万羽ものオオハシウミガラスや8万羽のクロアシミツユビカモメが集まってきて、夏の生息地となる。こうしためずらしい鳥が浮氷のヘリでエサをとったり、島の南東および北西の角地の近くの崖で巣づくりをしてるのをじっくりと観察することもできるだろう。

歴史

　野生生物が豊かに存在するこの地は、人びとを4000年もの長きにわたって惹きつけてきた。この公園内に数多く存在する考古学的史跡は、イヌイットやそれ以前の先史時代の居住者の生活を示す貴重な資料であり、法によって保護されている。

　1616年、ロバート・バイロット Robert Bylot とウィリアム・バフィン William Baffin がヨーロッパ人としてはじめてこの地に足を踏み入れた。1800年代になると、捕鯨者がホッキョククジラを狙って周辺海域にやってくるようになり、1900年代初頭に捕鯨産業が崩壊するまで盛んに狩猟をおこなった。1912年には商人が訪れ、つづいてその17年後に宣教師もやってきた。1960年代初頭にポンド・インレットやアークティック・ベイにイヌイットの子どもたちのための学校ができ、その後、イヌイットは次第に代々の居住地から家族連れで移動し、1960年代終わりから1970年代初頭にかけて、政府が提供する住居に定着するようになった。

　当初は公園の一部になるものとして提案されていたが、土地権の交渉の結果、除外された地域がいくつかある。それはイヌイットが所有している土地である。そうした地域への公共のアクセスに関する情報は、カナダ公園局、または**キキクタニ・イヌイット協会** Qikiqtani Inuit Association |1|に問いあわせるとよい。そこでは、ポンド・インレットとアークティック・ベイにあるコミュニティー土地・資源委員会に直接問いあわせをしてくれるだろう。土地権利協定は、イヌイットが野生生物を狩猟したり、辺地のキャンプをつくったり、ヌナブトにあるすべての国立公園から彫刻のための石を採取する権利を保証している。公園とその周辺エリアというのは、ポンド・インレットやアークティック・ベイで食糧や収入源を得るために狩猟や漁労、あるいは罠をしかけるといった旧来の生活をつづけている居住者にとっては、《裏庭》のようなものなのである。

旅行計画

　シルミリク国立公園は、7月の解氷期と、10月から11月の結氷期をのぞけば、1年を通して、ポンド・インレットやアークティック・ベイからアクセスできる。3月から6月にかけては、イヌゾリ、スノーモービルあるいはクロスカントリー・スキーで公園全域を駆け巡ることができる。6月には、あちこちで氷がとけ始めるので注意が必要である。8月〜9月は、ガイドがボートやカヤックで案内してくれるが、天気にはつねに細心の注意を払っている。季節に関係なく、天気はこの国立公園内でも場所によって大きくちがうこともあるし、ポンド・インレットやアークティック・ベイの天気とちがって急激な変化をみ

32 シルミリク国立公園 Sirmilik National Park

せることもある。たとえば、晴れた穏やかな日であるのに霧がパイロット山脈のふもとをおおっていたりすると、ガイドはポンド・インレットを出発するのを拒むことがある。それは、ガイドが霧などの避けるべき危険を予告する微妙なサインを察知してのことなのだ。ここにかぎらずハイ・アークティック（高緯度極北地域）ではどこでも、予期せぬ不幸なアクシデントが待ちうけているので、知識豊かな地元のガイドの同伴を強くすすめる。

シルミリク国立公園は目下のところ、なんの施設も装備もないし、どんな施設を建てるべきかカナダ公園局の職員はまだ決定もしていない。この公園への旅行を計画するなら、この地域で幅広い知識と経験をつんだ認可されたツアー・オペレーターか旅行準備業者に連絡するとよい。旅行計画を立てたり予約したり、レンタルが必要な装備をすべて確保しておくなど、事前に十分な準備をしておくべきである。入場許可をとるための手つづきは、オペレーターに頼めば手伝ってくれるはずである。個人旅行者はカナダ公園局に問いあわせれば、許可や料金に関するさらに詳細な情報を入手できる。

シルミリク（氷河）国立公園連絡先 (本文掲載順)

| 1 | キキクタニ・イヌイット協会 Qikiqtani Inuit Association
　　Tel 867-979-5391　Fax 867-979-3238　Web site: www.qikiqtani.nu.ca

そのほかの連絡先

ナティナク・センター Nattinnak Centre（ポンド・インレットにある）　公園に関する情報
Tel 867-899-8225　Fax 867-899-8246
ニグラスク・カンパニー Niglasuk Co. Ltd.（アークティック・ベイにある）
Tel 867-439-9949　Fax 867-439-8341
ポーラー・シー・アドベンチャー Polar Sea Adventures（ポンド・インレットにある）
Tel 867-899-8870　Fax 867-899-8817
シルミリク国立公園 Sirmilik National Park　P. O. Box 353, Pangnirtung, NT　X0A 0R0 Canada
Tel 867-473-8828　Fax 867-473-8612　E-mail: nunavut_info@pch.gc.ca　住所についてはカナダ公園局に問いあわせよう。
タガク・アウトフィッティング・サービス Tagak Outfitting Services（ポンド・インレットにある）
Tel 867-899-8932　Fax 867-899-8616
トゥーヌーニク・サフーニク旅行準備業者 Toonoonik Sahoonik Outfitters（ポンド・インレットにある）
Tel 867-899-8366　Fax 867-899-8364　Web site: www.pondtour.com
トゥヌニク・トラベル・アンド・アドベンチャー Tununiq Travel and Adventure（ポンド・インレットにある）　Tel 867-899-8194　Fax 867-899-8194
E-mail: visit@tununiq.com　Web site: www.tununiq.com

33　クライド・リバー　　　　　　　　Clyde River
ビバリー・イラウク　　　　　　　　　　Beverly Illauq

「グレート・フィヨルドへの入り口」と呼ばれることもあるクライド・リバーは、バフィン島Baffin Islandの東沿岸にある。ここではパトリシア・ベイPatricia Bayが避難所の役割を果たしている。ここはまた、バーンズ氷帽の先端に届かんばかりに西の方向にのびているフィヨルド、クライド・インレットのはずれである。

人口	708人（うちイヌイット95％、イヌイット以外5％）
市外局番	867
標準時間帯	東部標準時
郵便番号	X0A 0E0
現地までの道のり（可能なルート）	・ウィニペグ～ランキン・インレットRankin Inlet～イカルイトIqaluit～クライド・リバー（クライド・リバーはイカルイトから北に約750キロメートル） ・エドモントン～イエローナイフYellowknife～イカルイト～クライド・リバー ・オタワ/モントリオール～イカルイト～クライド・リバー ・カンゲルスアクKangerlussuaq（グリーンランド）～イカルイト～クライド・リバー
銀行	なし。現金かトラベラーズ・チェックが好ましい。クレジット・カードが使えるところもある。
酒類	アルコール類はクライド・リバーでは買えない。アルコールを持ちこみたい人は、まえもって役場Hamlet Officeから許可を得なければならない。
タクシー	あり。

（人口は1996年のカナダ国勢調査のデータによる）

　クライド・リバーのイヌイット語の名前はカンギクトゥガーピクKangiqtugaapikで、「小さくてよい入り江」という意味である。
　クライド・リバーは、そびえたつ壁や壮大な景観で世界に名を馳せているバフィン島中央の深いフィヨルドやサム・フォード・フィヨルドへの旅の連絡点である。この地域には氷河や氷山が数多くあり、この村の半径100キロ以内に10ものフィヨルドがある。
　クライド・リバーには、春夏におこなう狩りやキャンプをもっとも大切な活動としてつづけている家族がたくさん住んでいる。今なお、毛皮の衣服をつくって身につけており、1年を通して食糧を動物の狩猟に依存している人が多い。学校が終わる6月初旬には、家族を連れて集団でコミュニティーを離れ、スノーモービルを走

33　クライド・リバー Clyde River

らせ、海に張る氷の割れ目をカムティック qamutik（イヌゾリ）でわたり、フィヨルド沿岸の昔から代々住んでいたキャンプ地に向かって旅に出る。そうしたキャンプ地がある場所の多くは古代からのもので、歴史に興味がある人なら、いにしえの住居様式や歴史的名所を3つ以上は見つけることができるだろう。そうしたもののなかには、少なくとも2000年ほど時代をさかのぼるものもある。

アザラシの毛皮の取り引きをはじめ、毛皮市場全般が衰退してからは、イヌイットの人たちにとって、政府関係の仕事と手工業が重要な収入源となってきた。しかしなお、生活のための狩猟は人びとの生活において特別な位置を保っている。観光事業は、脈動している伝統文化を外の世界に示す方法であると見ている人は多く、コミュニティーの経済生活の鍵となっている。

住民のなかで40歳以上の中高年と9歳以下の子どもの大多数はほとんど英語を話せない。しかし、若者はきわめて流暢に英語を操るし、フランス語を話す人もクライド・リバーに少なくともひとりはいる。

ヌナブト準州が誕生したことによって、このコミュニティーは政治的にきわめて活発化した。そのほかに重要事項としてあげられるのが、イガリクトゥーク（イザベラ湾）生物圏保護・野生生物区 Igaliqtuuq (Isabella Bay) Biosphere Reserve and National Wildlife Areaと国立野生生物保護地域の開発である。この野生生物保護地域は、周辺一帯で夏をすごし、繁殖するホッキョククジラの東部北極圏生息地として世界的に名を知られた場所である。

なお、このあたりを旅するには岩肌の露出した危険な沿岸沿いに行かねばならず、アクセスが困難であることから、この地域の観光旅行は制限されている。

歴史

バイキングがここに到達したのは、おそらく1000年ほどまえのことだと推測されている。ノルウェーの探検家であり作家であったヘルゲ・イングスタッド Helge Ingstadは、アストン岬 Cape Astonをヘルランド Helluland、すなわち北欧のサガ（長編冒険談）に出てくるフラット-ストーン・ランド Fkat-Stone Landであろうと考えた。その600年ほどあとの1616年、イギリス人の探検家ロバート・バイロット Robert Bylotとウィリアム・バフィン William Baffinがこの地域を実地踏査し、地図に書きこんだ。

何世代にもわたって、イヌイットは家族連れで配偶者を探したり、親戚を訪れるために、はるかリパルス・ベイ Repulse Bayやイカルイトの地域から旅をし、この地域を通って移動していた。イヌイットは三々五々、冬から春にかけては海洋の哺乳動物を求めてフィヨルドの岬を駆け巡った。夏になると彼らは、カリブーを追い、イヌに背負わせて運んだ軽量の皮製テントに住みながら、島のなかを何マイルも歩きまわった。

1818年、イギリスの探検家ジョン・ロス John Rossが滞在中に、この地にクライド・リバーという英語名をつけた。1820年代のはじめ、スコットランド人を筆頭に捕鯨者が定期的にグリーンランドからメ

33　クライド・リバー Clyde River

ルビル・ベイ Melville Bay を経由して渡航し、バフィン島沿岸を南下しながらホッキョククジラを追い求めた。この沿岸地域にはイヌイットはほとんどおらず、多くはもっと活況を呈している南方あるいは北方の沿岸地でクジラの取引きをするために、この地を去っていった。

　20世紀初頭になると、捕鯨は下降線をたどり、交易が増加した。1924年にハドソン湾会社 Hudson's Bay Co. の交易所がクライド・リバーに設立された。そして、クリスマス、春の終わり、そして結氷が始まるころなど、おりおりにイヌイットが毛皮を生活用品物々交換したり、情報交換をするために交易所を訪れるようになった。第2次世界大戦中、アメリカ沿岸警備隊の気象台がクライド・リバー近くのクリスチャン岬 Cape Christian に建てられた。そして小さいながらも連邦学校が建ったのは、1960年のことである。その後、水の供給状況がよく、立地が滑走路に適しているという好条件により、1967年から70年にかけて、コミュニティーはパトリシア・ベイをわたった新しい場所にうつされた。

風土と野生生物

　夏から秋にかけてときおり、強風のために水上の旅行ができなくなる。冬から早春にかけては、猛吹雪によって視界が著しく低下するホワイト・アウトという現象が起きることがある。ブリザードは通常まる1日か2日にわたってつづく。5月の終わりから6月にかけては氷の表面がとけ出し、そこに溜まる水に手を焼くことがある。エコツーリストは質のよい、あたたかい耐水性のブーツを持参すべきである。山岳地形であるため、地上であれ水上であれ、気象状況が5キロメートル以内でもまったく異なっていることもある。

　クライド・リバーでは、太陽が沈む11月22日ごろに《暗い季節》が始まり、ふたたび太陽が昇る1月20日ごろまでつづく。この期間中は、午前9時から午後2時のあいだ薄明かりがさし、その明るさは少しずつ変化し、午前11時15分ごろがいちばん明るい。4月になると、クライド・リバーには太陽の光が満ちあふれ、5月13日から8月9日までは四六時中明るい白夜となる。

　ここにはアザラシ（ワモンアザラシ、タテゴトアザラシ、アゴヒゲアザラシ、ズキンアザラシ）が生息しており、このアザラシを捕食するホッキョクグマも1年中見られる。イッカククジラはパトリシア・ベイの近くに点在しているが、クライド・インレットではもっと頻繁に見かける。ホッキョククジラはパトリシア・ベイでも目にするが、イザベラ・ベイにある繁殖地域へと足をのばせば、クリスチャン岬周辺ないしは沿岸で目にするチャンスはずっと多いはずである。

　カリブーはフィヨルド付近にちらりと姿を現す程度である。ホッキョクノウサギ、キタキツネ、レミングはあちこちで見られる。周辺には、ホッキョクアジサシ、大型のハクガン、コクガン、ケワタガモ、シロハヤブサ、シロフクロウ、さまざまな種類のカモメ、ミズドリなどの岸辺に住む鳥の巣づくりの場所がある。ところがここで冬をすごすのは、ワタリガラスとライチョウだけである。チャー（ホッキョク

33　クライド・リバー Clyde River

イワナ）は湖や川のみならず、フィヨルドや湾にも多数生息している。夏のあいだ、子供たちはタラやカジカ釣りを楽しむことができる。また、大ヒラメの小さな漁場もある。グリーンランドサメやシャチは一帯の海域を生息地にしている。

ここにはハイキング用トレイルというものはないが、地形図を使ってハイキングに適したコースを探して計画を立てることはできる。興をそそるトレイルに行くには、フィヨルドの端までボートで行かねばならないだろう。雪どけ後の7月から8月は飲料水が不足することもある。サウツース山 Sawtooth Mountain を15キロほど登ると、息を呑むような絶景が視界に広がる。野鳥の観察を希望するなら、8月にこのコミュニティーの北にあるミズドリの巣づくりの場所を訪れるとよい。クライド・リバー沿いにハイキングするなら、6月から9月までがおすすめで、美しい景色を楽しめる。しかし、湿気の多い夏のツンドラ地帯でのハイキングは、地面がじめじめしていることもあり、そうなるとかなりハードであることを心に留めておいたほうがよい。

冒険旅行を希望する旅人、もしくはライセンスのある旅行準備業者を通さずクライド・リバーの外に単独旅行を計画している人は、まず地元の**連邦警察（RCMP）|1|**で登録をし、原生地域旅行登録書に記入しなければならない。(HFラジオや、位置表示信号灯、GPSレシーバーに関する情報を含む、旅に関するきわめて重要なアドバイスは253ページの『冒険旅行』の項参照）いかなる探検隊もかならず電池式のHFラジオを持参することを、地元の捜索隊（レスキュー隊）は強く要請している。レンタル料は1週間で約100ドル。

イヌイットの猟師と辺境キャンプ地の居住者はつねに、HFラジオの5210と5031チャンネルを聞いている。そういった人びとの多くは英語をほとんど話さないし、ましてやフランス語やその他のヨーロッパ言語をわかる人はほとんどいない。しかし、いざとなればどのコミュニティーでも、HFラジオを通して外来者と話せる人と連絡をとることができる。5031チャンネルで交わされているイヌイット語のお喋りに割ってはいることをためらわないように。5210チャンネルは、気軽に使われてはいるものの、本来は緊急事態用である。個人用の位置表示信号灯やGPSレシーバーはこのエリアではうまく作動するが、山間部ではMSAT無線の受信と混信する。

チャー（ホッキョクイワナ）釣りのベスト・シーズンは7月中旬から8月中旬までである。フライ・フィッシングに適した川もあるようだが、成功話はほとんど聞いたことがない。

地元の住民は季節とかかわりなく年中、アザラシ、カリブー、そして小さな獲物たちの狩猟をおこなっている。狩猟に旅行者を快く同行させる猟師もいる。アザラシやカリブーの狩猟法は、季節によって異なる。旅行準備業者もしくは**ヌナブト準州政府資源開発省 Department of Sustainable Development, Government of Nunavut |2|**の担当官に問いあわせれば、季節ごとの狩猟法を教えてくれる。

33　クライド・リバー Clyde River

　4月下旬から5月にかけてアザラシの巣穴を見ることができる。6月には子供のアザラシも氷の上に姿を現す。

　8月から10月にかけては、お腹を空かせたホッキョクグマがコミュニティーやフィヨルド沿いのキャンプ地に頻繁(ひんぱん)に姿を現す。ホッキョクグマは海に氷が張って、アザラシをとることのできるシーズンの再来を待っているのだ。4月にはクマがアザラシの子供をつかまえる光景を目にするだろうし、春のあいだは氷の上でアザラシをつかまえるのが見られる。

　ホッキョクグマ猟のシーズンは、地元の猟師のあいだでは3月、狩猟愛好家のあいだでは4月の初旬に始まる。外来の狩猟愛好家のために、クマ7頭が確保されている。狩猟を希望するなら、**カナダ・ノース・アウトフィッティング会社 Canada North Outfitting Inc.│3│**を通してあらかじめ十分な手はずを整えておこう。ホッキョクグマの毛皮はときおり、猟師から個人的に購入できる。

ツアー

　旅行者はイヌイットの文化を見るツアーに参加したり、11月から翌年の5月にかけては旅行準備業者に同行してもらいイヌゾリで野生生物や東部のフィヨルドの壮大な景色を見にいくことができる。昔からのキャンプ地でのキャンプも人気がある。冬の旅行には毛皮製の衣服は必需品である。毛皮製衣服は借りることができるし、また遅くとも1か月まえに**猟師・罠(わな)猟師組合 Hunters and Trappers Organization (HTO)│4│**もしくは旅行準備業者に頼んでおけば、カスタムメイドのものを購入できる。値段は長手袋が75ドル、カミック kamiit（アザラシ皮のブーツ）が200ドル、カリブーの毛皮製の上着が800ドル前後。

　氷の状態次第であるが、8月初旬から9月の中旬にかけては、景色や野生生物を見たり、フィヨルドにある昔から伝来のキャンプ地に立ち寄ったりするのに、ボートでまわることができる。ライセンスを持ったガイドや旅行準備業者は、旅人用に上下そろった救命スーツを準備しておかなければならない。北極では、ライフ・ジャケットでは不十分である。クライド・リバーにある多くのフィヨルドや入り江では、上級者向けの挑戦的なシー・カヤックができるし、最近はサム・フォード・フィヨルドでのビッグ・ウォールのクライミングや登山が国際的に人気を呼んでいる。

　村から32キロほどの距離にあるヘウィット岬 Cape Hewittでは、先史チューレ Prehistoric Thuleやドーセット文化期 Dorset cultureのテント・リングや、石の家、キツネの罠(わな)、貯蔵容器などを見ることができる。また、ヨーロッパの捕鯨隊やイヌイットの初期居住者が残した遺物などを呼び物にしているキャンプ地もある。そのほか、約16キロ離れたところにアメリカ空軍クリスチャン岬航空基地跡がある。今では使われなくなっているこの基地へスノーモービルまたはサンド・バギー（ATVs）で行くのも日帰りのおもしろいツアーとしておすすめできる。なお、このあたりはしばしばクマが出没するので、ツアーに出る際には護身用のライフルを

33　クライド・リバー Clyde River

所持するか（カナダの小火器類の規定に関する情報については、228ページの『カナダ入国』の項参照）、ライフルの訓練を受けたガイドを雇うことをおすすめする。ガイドはクマの監視役も果たしてくれるはずである。

　村から約32キロメートル以内に、まだ実際に使われている辺境のキャンプが3か所ある。旅行準備業者に頼めば、そこを訪れる手配もできる。

　この地をはじめて訪れる人は、**クルアク学校Quluaq School│5│**、**役場Hamlet Office│6│**、資源開発省の事務所に行くことをおすすめする。学校には、歴史的なカヤック3艘を含むいくつかの工芸品が展示されている。

　アピタク開発コーポレーション Apitak Development Corporation│7│には、英語でコミュニティーを案内してくれる地元ガイドが4人いる。料金は1時間30ドル。

　一方**クリクト・ガイド会社 Qullikkut Guides Ltd.│8│**は、旅人を案内してイヌイットの土地、野生生物、生活様式を見るために、イヌイットの猟師を7人雇っている。イヌゾリやスノーモービル、ボートのツアーはパッケージのものもあるし、オーダーすることもできる。登山者、ハイカーあるいは探検家に対するサポート・サービスもある。

ショッピング

　クライド・リバーでは、クジラの骨、滑石（ソープストーン）、化岡石、カリブーの枝角、イッカククジラやセイウチの牙に細工を施した作品がつくられている。上質で値の張る彫刻や土産品は**ノーザン・ストア Northern Store│9│**で販売されている。また、この店は乾物類、衣服、食糧品も町いちばんの品ぞろえを誇っている。旅行準備業者に頼めば、彫刻などの腕のいい職人や伝統的衣服の裁縫師のところに案内してくれるので、石や牙の彫刻や、伝統的な道具、皮製品をつくっているのを見ることもできる。アートや工芸品を直接購入したい場合は、アピタク開発コーポレーションもしくは旅行準備業者を通してコミュニティーのツアー・ガイドに問いあわせると、彫刻家のところに作品を見にいく手はずを整えてくれるだろう。注文で作品を創る彫刻家もいれば、彫刻の仕方を喜んで見せてくれる彫刻家もいる。

　ノーザン・ストアの近くにある**イグタク Igutaq**という小さなアートや民芸品の作業所には、地元の裁縫師がつくった手縫いの品が陳列されている。

宿泊と食事

　カマク・ホテル Qammaq Hotel│10│はすべてふたり部屋で12人収容でき、バスルーム、シャワー、洗濯の施設がある。1泊食事なしで126ドル50セント。食事ができるのはホテルの宿泊者にかぎられており、朝食が16ドル50セント、昼食22ドル、夕食27ドル50セント。

　クライド・リバー・ビジターズ・センター Clyde River Visitors Centre│11│には、ふたつのベッド・ルームがあり、最高6人まで宿泊できる。設備のいいキッチンがあり、宿泊者は自炊となっている。洗濯機も使用できる。料金はひとり1泊80ド

33 クライド・リバー Clyde River

ル。このセンターは美しい景色が目のまえに広がる町の居住エリアにある。

　旅行準備業者に頼めば、居住地域もしくは昔からのキャンプ地にあるテントやイグルーに泊まる手配をしてくれるはずである。村はずれのキャンプ地にある4棟のキャビンは、原則として先着順となっている。キャンプをする人はこのコミュニティーに着くまえに旅行準備業者に連絡をとっておく必要がある。

　ノーザン・ストアでは食糧品を販売しており、頼めば電子レンジでスナックをあたためてくれる。春から夏にかけて、海上輸送品が届くまえは、主要な食糧品が品薄になる。食糧をすべて北部で調達するつもりなら、希望の品を確実にストックしておくように地元の旅行準備業者に確認しておくことをすすめる。

　資源開発省の事務所のとなりにある**カウキトゥック Kaukittuq | 12 |** は、冷凍のチャー（ホッキョクイワナ）やマクターク maktaaq（シロイルカ［ベルーガ］とイッカククジラの外側の生の皮）、スモークや乾燥させた魚、カリブーの乾燥肉などの《郷土食品》を販売している。ここで食品を買うには猟師・罠猟師組合に予約が必要。

サービス

　ファースト・エアー First Air | 13 | では、クライド・リバー発着の旅客機を週4便、運行している。クライド・リバーへのチャーター便はファースト・エアー、もしくはエアー・ヌナブトを通して手配できる。

　イヌゾリ、スノーモービル、ボート、カヤックを使ってクライド・リバーへ行くエコツーリストもいる。到着まえに地元の旅行準備業者、役場の役人や村長、連邦警察（RCMP）、資源開発省のいずれかに連絡をとり、到着したら直接会って、滞在中の手つづきや手配を手伝ってもらえるようにしておいたほうがよい。

　クライド・リバーの**健康管理センター Health Centre | 14 |** には緊急時に備えて、看護師が常駐している。通常の診療は平日の午前8時半から午前11時半に予約できる。平日の午後1時から4時半は、公衆衛生プログラムが実施されている。

　ノーザン・ストア、クリクト・ガイド会社、役場にはファックスのサービスがある。クリクト・ガイド会社の事務所にあるモデムを使用して、低料金でE‐mailのアカウントにアクセスできる。

　CBCノーザン・サービスがイヌイット語と英語のラジオ放送をおこなっている。また、正午〜午後12時半、午後5時〜6時半、午後9時半〜11時半の時間帯で毎日、地元のラジオ協会の放送もある。ツアー、オーダー・メイドの服などさまざまな依頼をこの地元の**ラジオ局 Radio Station | 15 |** に電話を入れると放送で流してくれる。

　アビンガク・タクシー Avingaq Taxi | 16 | が空港とコミュニティーの区間で小型トラックを運行させている。料金は片道ひとり5ドル。この小型トラックは、滑走路から郵便物や腐りやすいものを運送するのにも使われており、荷物の運搬が優先されているため、乗客は町に着くまでにまわり道を余儀なくされる。忍耐が必要！　空港へのタクシーの予約は、出発のまえの晩までにしておいたほうがよい。

33 クライド・リバー Clyde River

クライド・リバー連絡先（本文掲載順）

| 1 | 連邦警察（RCMP） Tel 867-924-6200 Fax 867-924-6276
| 2 | ヌナブト準州政府資源開発省 Department of Sustainable Development, Government of Nunavut 釣りのためのライセンスや皮製品の輸出の許可はここで
　　　Tel 867-924-6235 Fax 867-924-6356
| 3 | カナダ・ノース・アウトフィッティング会社 Canada North Outfitting Inc.(Box 3100, Almonte ON, K0A 1A0 Canada)
　　　Tel 613-256-4057 Fax 613-256-4512 E-mail: cnonorth@istar.ca
| 4 | 猟師・罠猟師組合 Hunters and Trappers Organization（HTO） 午前9時〜午後5時（月〜金）
　　　Tel 867-924-6202 あるいは 867-924-6191（時間外はアピウシエ・アパク Apiusie Apak の
　　　Tel 867-924-6351 あるいはパトリック・パルク Patrick Palluq の Tel 867-924-6415 まで）
　　　Fax 867-924-6197
| 5 | クルアク学校 Quluaq School Tel 867-924-6309
| 6 | 役場 Hamlet Office Tel 867-924-6220 Fax 867-924-6293
| 7 | アピタク開発コーポレーション Apitak Development Corporation
　　　Tel 867-924-6033 Fax 867-924-6362
| 8 | クリクト・ガイド会社 Qullikkut Guides Ltd.（地図、ガイドブック、お土産品、ポスト・カードも売っている）（VISA 使用可）
　　　Tel 867-924-6268 Fax 867-924-6362 E-mail: qullikkut@arctic.ca
| 9 | ノーザン・ストア Northern Store（VISA、Interac 使用可）
　　　Tel 867-924-6260 あるいは 867-924-6262 Fax 867-924-6386
|10 | カマク・ホテル Qammaq Hotel（VISA、Interac 使用可） Tel 867-924-6201 あるいは 867-924-6222 Fax 867-924-6140
|11 | クライド・リバー・ビジターズ・センター Clyde River Visitors Centre（旅行者用宿泊施設もある）（VISA 使用可） Tel 867-924-6033 あるいは 867-924-6034 Fax 867-924-6362
|12 | カウキトゥク Kaukittuq（資源開発省の事務所のとなり）（現金のみ） Tel 867-924-6202
|13 | 空港（ファースト・エアー First Air） Tel 867-924-6365 Fax 867-924-6397
|14 | 健康管理センター Health Centre Tel 867-924-6377 Fax 867-924-6244
|15 | ラジオ局 Radio Station（FM107.1）
　　　Tel 867-924-6265（放送時間外）Tel 867-924-6264（放送時間内）
|16 | アビンガク・タクシー Avingaq Taxi Tel 867-924-6033

そのほかの連絡先

郵便局（ノーザン・ストア内） 午前10時〜午後6時 Tel 867-924-6465
図書館（イリサクシビク・ビルディング Ilisaqsivik building 内） 毎日午後3〜6時
Tel 867-924-6266
ヌナブト・アークティック・カレッジ Nunavut Arctic College
Tel 867-924-6371 Fax 867-924-6248

カングルクトゥガービルク・カヤイト・レンタルス Kanglqtugaaplk Qayait Rentals（カヤックのレンタル）（現金、トラベラーズ・チェック使用可） Tel 867-924-6278
ナンガマウトゥク Nangmautuq（狩猟道具や弾薬を販売。猟師・罠猟師組合によって運営されていてコミュニティー・フリーザーのそばにある）（現金のみ） Tel 867-924-6202 Fax 867-924-6197

気象情報 Tel 867-924-6344 Fax 867-924-6363
天気予報の Web site: www.infonorth.org

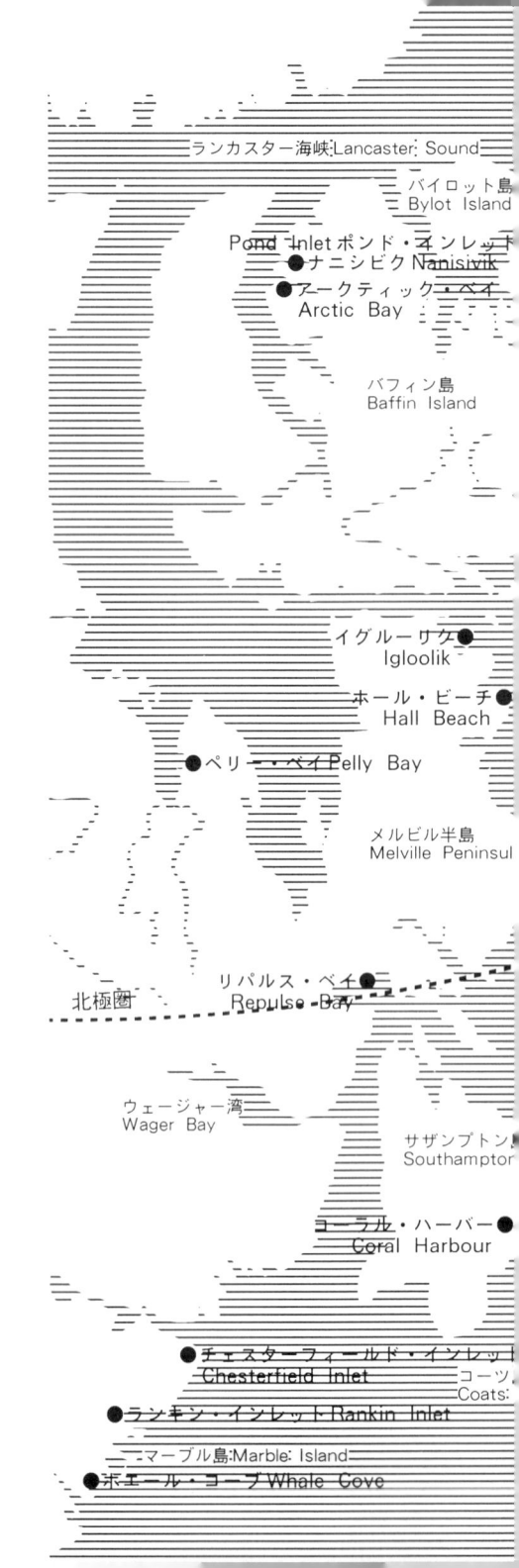

ハドソン湾のベルチャー諸島
南バフィン島
中央バフィン島

ランカスター海峡 Lancaster Sound
バイロット島 Bylot Island
Pond Inlet ポンド・インレット
ナニシビク Nanisivik
アークティック・ベイ Arctic Bay
バフィン島 Baffin Island
イグルーリク Igloolik
ホール・ビーチ Hall Beach
ペリー・ベイ Pelly Bay
メルビル半島 Melville Peninsul
北極圏
リパルス・ベイ Repulse Bay
ウェージャー湾 Wager Bay
サザンプトン Southampton
コーラル・ハーバー Coral Harbour
チェスターフィールド・インレット Chesterfield Inlet
コーツ Coats
ランキン・インレット Rankin Inlet
マーブル島 Marble Island
ホエール・コーブ Whale Cove

・リバー Clyde River

イザベラ湾
Isabella Bay
Qikiqtarjuaq (Broughton Island) **37** 499P　　キキクタリュアク（ブロートン島）

34 アウユイトゥク国立公園 483P
Auyuittuq National Park

ネティリング湖　　　　　　　　　　　**36** パングニルトゥング Pangnirtung 489P
Nettilling Lake
プリンス・チャールズ島　　　　　　　　　**35** ケケーテン準州歴史公園 485P
Prince Charles Island　　　　　　　　　Kekerten Territorial Historic Park

ックス海域二(海盆)　　　　　　　　カンバーランド海峡 Cumberland Sound
e Basin　　　デューイー・ソーパー渡り鳥保護区
　　　　　Dewey Soper Migratory Bird Sanctuary

アマドジュアク湖 Amadjuak Lake
シルビア・グリンネル準州公園 **40** 528P
Sylvia Grinnell Territorial Park
　　　　　　　　　　　　　　　38 イカルイト Iqaluit 504P
フォックス半島　カウマールビート準州歴史公園 **39** 525P
Foxe Peninsula　Qaummaarviit Territorial Historic Park　フロビッシャー湾 Frobisher Bay

43 ケープ・ドーセット 541P　**42** カタニリク準州公園保護区 535P
　　　Cape Dorset　　　　　　　　Katannilik Territorial Park Reserv
44 マリクユアク準州歴史公園 549P　**41** キンミルト Kimmirut 530P
　　　Mallikjuaq Territorial Historic Park

ハドソン海峡 Hudson Strait

ハドソン湾
Hudson Bay　ケベック Quebec

ウンガバ湾 Ungava Bay
ニューファンドランド州 Nfld
553P
45 サニキルアク
　　Sanikiluaq
ベルチャー諸島
Belcher Islands　　　　　　　　　　　　ケベック州 Quebec

中央バフィン島 Central Baffin Island

34 アウユイトゥク国立公園　Auyuittuq National Park
ブルース・リグビー　　　　　　　　　　　　　　　Bruce Rigby

1972年にカナダ政府が保留地としたアウユイトゥク国立公園、またの名を「けっしてとけることのない土地」は、北極圏境界線以北の最初の国立公園である。

　この地域は《保留地》に指定されている。この公園エリアは「ヌナブト協定」の締結と深いかかわりがあるが、今ここでは、その詳細についての記述ははぶく。

　バフィン島 Baffin Island のなかでも息を飲むような絶景のカンバーランド半島 Cumberland Peninsula に位置するアウユイトゥク（オーユーイートゥクと発音する）は、1万9,500平方キロメートルの広さをほこり、深い渓谷、印象的景色のフィヨルド、古代の氷河、鋭く切り立った峰などを抱える公園である。アクシャユク・パス Akshayuk Pass（かつてはパングニルトゥング・パス Pangnirtung Pass といわれた）を行く旅人が多いが、この公園の北のはずれの一帯も独自の神秘的魅力がある。

　アクシャユク・パスは、南北のパングニルトゥング・フィヨルド Pangnirtung Fiord のあいだに連なる断崖や山やまに縁どられた細長い渓谷である。カンバーランド半島沿いの一連の山やまを切り裂くように走るこのパスは、公園を縦断するルートとして、季節にかかわりなく1年中、多くの人びとが訪れる。距離にして97キロメートルのこのパスは、春から夏にかけてはスキーヤーやハイカーで賑わい、冬はキキクタリュアク Qikiqtarjuaq（ブロートン島 Broughton Island）やパングニルトゥングの住民がコミュニティー間をスノーモービルで往来する。アクシャユク・パスでもっとも人出が多いのは、オーバーロード・マウンテンとサミット・レイクの区間である。

　アクシャユク・パスと好対照であるのがアウユイトゥクの北側一帯である。そこは鋭く切り立った氷河と深く切りこんだフィヨルドが点々と連なるモザイク模様のような景色を呈している。この一帯には、歴史的に興味深い地域もあれば、海洋生物を見るのに絶好の場所もある。公園の北端を訪れるなら春が景色もいちばんよい季節で、夏はアクセスするのがかなり

34　アウユイトゥク国立公園 Auyuittuq National Park

むずかしい。公園のこの奥地に入っていく果敢な旅人はまれである。

　アウユイトゥク北部には、人が近づくことがめったにないペニー・アイス・キャップ（氷帽）が広大に横たわっている。氷河末期の痕跡(こんせき)であるこの氷帽は、広さにしておよそ5,100平方キロメートル、高さにして2,100メートルに達する。氷の厚さは場所によって300メートルにもなり、この氷帽は過去の気候を記録しているすばらしい資料であり、気候の変化や地球温暖化の重要な科学的調査の基盤ともなっている。氷帽はまた、天気状況に計り知れない影響を及ぼしている。たとえば風は、氷河をわたるとぐっと温度がさがり、山道近くを吹きおろすとき風速を増す。

風土と野生生物

　過去と現在の氷河活動の見事な標本のようなアウユイトゥクは、地質学者たちにとっては夢の場所である。氷河からできた巻きひげ状の氷が頭上に不気味にぶらさがっているかと思えば、家ほどもありそうな巨大な先カンブリア時代の花崗岩の塊が谷底に向けて砕け落ち、ガラガラと大きな破裂音がアクシャユク・パスに響きわたる。氷河の破片がパスの上に舞い散り、迷子石（巨礫）が普通では見られないようなおもしろい位置にバランスをとって、落ちずに止まっている。水や風の営みもまた明白な痕跡(こんせき)を残しており、砂や氷河の巨大な堆積物ができ、風景にしなやかな模様が彫られている。

　アウユイトゥクにある入り江、カール（氷食作用によってできた山頂近くの窪地）、ピカピカの尖峰には、氷河の営みを示す形跡が点在している。氷河の侵食を受けたトール山 Mount Thor の外壁は、さえぎるものひとつなく、この惑星上でもっとも高い絶壁のひとつに数えられ、世界中の登山者を魅了している。アスガード山 Mount Asgard には先端が切りとられたような山頂がふたつ並んでおり、サミット・レイクあたりからも眺望できる。ジェームズ・ボンドの映画『私を愛したスパイ The Spy Who Loved Me』のスクリーンでこの山を見たという旅人もいるだろう。

　この公園内では、氷河作用がいまだきわめて活発であり、アウユイトゥクの山やまを流れる川に行けばそれを見ることができる。氷河の氷がとけると川の水量は急激に増えるので、川をわたる場合は、そうなるまえの早朝がベストである。ここでは風食作用も盛んで、強風が砂の粒子を運び、ときとして建物や機械の塗装をはぎとったり、小屋のどっしりとした窓に穴をあけるほどの疾風が吹き荒れることもある。そのため、つねに注意を怠ってはならない。活動中の岩が地すべりを起こしたり、氷河が崩れ落ちるといった例はめずらしくないし、大雨の時期に鉄砲水が出ることもある。地すべりが起き、公園の管理人が荷物を投げ出して、一目散に逃げたという例もある。植物やコケが生えていない場所、あるいは周囲とくらべてきれいに見えるような場所でのキャンプは避けなければならない。なぜなら、そうした場所というのは、活動中の斜面で地すべりを起こしやすかったり、もしくは侵食を受

北極の植物は成長するのも再生するのも極端に速度が遅いので、公園のなかで人がよく訪れる場所は、ヌナブトのほかのエリアで見られるような植物が美しく咲き誇る群生は見られない。植物は地面に這うように低く生え、地衣類、コケ、スゲ、低木のヤナギが大部分を占め、花の咲く植物はところどころに小さくまとまって咲いている程度である。ワタスゲは低地で目にすることができる。また、広葉の東部特有のヤナギランが河床の脇の砂地に生えていることもある。

アウユイトゥクでどんな種類の野生生物を目にするかは、旅行をする時期、滞在期間、公園内のどこに行くかによって異なる。人出の多い時期には、野生生物は人びとが集まる場所を避ける傾向がある。オフ・シーズンに小人数で旅行すれば、野生生物を多く見るチャンスがあるだろう。公園内ではユキホオジロ、ハヤブサ、ベニヒワ、ライチョウ、ワタリガラス、アカノドアビ、シロカモメ、カナダガンといった鳥をすべて見ることができる。エコツーリストがもっとも目にする機会が多い陸生哺乳動物は、レミング、エゾイタチ、キツネ、ホッキョクノウサギなどである。カリブーも公園内で目撃されてはいるが、一般的な旅人が通常行かないようなエリアである。ヌナブトのほかの場所とちがって、この公園はカリブーが極端に少ない。

ツアー

アウユイトゥクの南部は、オーバーロード山とサミット・レイクのあいだの一帯であり、この山と湖をつなぐもっとも一般的なルートがアウユイトゥク・パスである。公園のこの一帯に人びとが訪れるのは、春と夏が多い。シーズンの幕開けとなる3月には、世界でも最難関に数えられる山に挑戦しに登山隊がやってくる。春にアクシャユク・パスをスキーで行く計画を立てる旅人もいるが、冬に吹き荒れた強風で雪が砂や砂利まみれになっている雪原が待ちかまえているだろう。しかし、スキーを担ぎながら徒歩で行けば、風の当たらない谷間のあちこちに、きれいな雪が積もった場所を見つけられるだろう。

大多数の旅人は、パングニルトゥングのコミュニティーから25キロメートルほど行ったオーバーロードにある公園の南玄関からアウユイトゥクへ入る。地元の旅行準備業者が、季節によってスノーモービルかボートでその入り口まで連れていってくれるだろう。**パングニルトゥング旅行準備業者協会Pangnirtung Outfitters' Association│1│**が定める公園までの旅費はひとり75ドルとなっている（最少催行人数はふたり）が、料金はかわることがある。少々高く感じるかもしれないが、料金には人里離れたきびしい環境下での乗り物の維持・運転費も含まれているのである。

ほぼ6月の中旬から7月の中旬にかけては、南パングニルトゥング・フィヨルドの氷がスノーモービルには危険であり、ボートはまったく使用できない状態である。つまり、この時期の旅人は、パングニルトゥングから2日かけて徒歩で公園まで行く覚悟が必要である。秋も同様に徒歩しかアクセスの手段はないが、シーズンも終わ

34　アウユイトゥク国立公園 Auyuittuq National Park

ろうかという秋にアウユイトゥクを訪れる旅人はめったにいない。

　オーバーロードにあるベース・キャンプのサイトは、管理人小屋や避難所の周辺にある巨礫のあいだに集まっている。キャンプサイトには屋外トイレがあり、淡水も近くの小川から手に入る。水には氷河の堆積物がかなり混じっているので、それを沈殿させてから飲むほうがいい。またウィーゼル川 Weasel River の河口は潮流の影響を受けていることも頭に入れておこう。干潮時には広大な泥の平原のように見えても、テントが一瞬にして即製のウォーター・ベッドと化してしまうこともある。岸から十分に離れたところにテントを張ることをお忘れなく！　オーバーロードから、標識がちゃんとある小道が公園のなかへと走り、その小道はアクシャユク・パスへとつづく。

　サミット・レイクに行って戻ってくるトータルで約66キロメートルのトレイルが環状に走っている。しかし、このトレイルの全行程を走破するグループはきわめてまれである。それは、夏のあいだ、北パングニルトゥング・フィヨルドとバサースト・インレット Bathurst Inlet 島とのあいだの氷の状態がきわめて不安定で、旅行計画を立てにくいということがおもな原因である。北パングニルトゥング・フィヨルドへ到着したものの、そこからの交通手段がないことを悟って引き返した、という実例も多い。そこからオーバーロードへ戻る91キロメートルのさらなる行程はともかく長い。入念な旅行計画を立てるよう心がけよう。

　オーバーロードからウィーゼル川の東岸にあるウィンディ湖へ、そしてウィンディ湖からこの川の西岸のサミット湖へと行くコースが一般的である。このコースでは、ウィンディ湖管理人小屋の北側にある早瀬につり橋がかかっており、その橋でウィーゼル川をわたれる。また、このトレイルは標識が整っているし、トール山の緊急避難所のそばを通るので、このルートをたどるハイカーが大半を占めている。

　また、サミット湖の近くのケーブルが交差する地点までずっとウィーゼル川の東岸をハイクするルートもある。ただしこのルートは、たとえば、川の浅瀬を探して歩いてわたらなければならないなど、先のルートより遥かにきつい。

　アクシャユク・パスの北半分は、キキクタリュアク（ブロートン島）から北パングニルトゥング・フィヨルドを通っておおよそ80キロメートルの距離を、徒歩ないしはスキー、スノーモービル、ボートなどを使って行くことができる。なお、キキクタリュアクは地つづきではなく、実際は島なので、解氷期や結氷期はこのパスの終点まで徒歩で行くことはできない。通常、8月にはフィヨルドに氷はないが、この土地特有の風が氷をフィヨルドのなかに押し戻すこともあり、そのために送迎の際、予想外の遅れが出ることもある。

　北アウユイトゥクのほかの場所は、キキクタリュアクの旅行準備業者に同行してもらい、春に行くのが最高である。イメパリやスノーモービルのツアーをアレンジしてもらえるし、野生生物を観察できる機会も豊富にある。遠く離れたフィヨ

34 アウユイトゥク国立公園 Auyuittuq National Park

ルドという素晴らしい背景のなかで、ウミドリの群生地やホッキョクグマ、アザラシ、クジラなどの海洋哺乳動物を見ることができる。徒歩による北アウユイトゥク探検はきわめてきびしいもので、未開地の旅行のベテランで、しかも北極旅行の経験を積んだ人専用と認識すべきである。

　パングニルトゥングとちがいキキクタリュアクの旅行準備業者の料金は、定価ではなく交渉で決まる。公園に入るのにひとりおよそ200ドルはかかる覚悟をしておこう。公園事務所に連絡して、認可された旅行準備業者のリストとその業者の現在の料金表を手に入れるとよい。

注意事項：公園の北端では年間を通して頻繁にホッキョクグマが出没するので、特別な事前注意が必要である。クマの数が増え、忌避すべきクマとの遭遇のリスクが高くなりすぎると、公園当局は公園の一部を閉鎖する。公園の北部への旅行を計画する場合は、公園職員に問いあわせて、避けるべきエリアの情報やホッキョクグマがいる土地を旅するときの注意事項を入手すべきである。また、ガイドをつけることも考慮に入れるべきであろう。

旅の計画

　アウユイトゥクの旅行者は7、8月に集中し、大半の時間を公園の南部分ですごす。アウユイトゥクでは、さまざまな体験ができるが、人と離れて孤独に大自然を体験することを求めている場合は、この公園を訪れる時期を考えなおすなり、旅人が少ない区域をまわるようにアレンジするなりしたほうがよいだろう。公園職員や旅行準備業者のどちらも、旅の計画を立てる際に快く助力してくれるだろう。

　カナダのほかの国立公園と同様、現在、アウユイトゥクもカナダ公園局が入場料を徴収している。ひとり1日15ドルで、3日までは40ドル。3日以上はひとり100ドルであるが、100ドル払えば、ヌナブトの国立公園、ナハニ国立公園保護区 Nahanni National Park Reserve、アウラビク国立公園 Aulavik National Park 共通で1年間有効である。

ホッキョクグマにご注意！

アウユイトゥク国立公園連絡先（本文掲載順）

| 1 |パングニルトゥング旅行準備業者協会 Pangnirtung Outfitters' Association　直接パングニルトゥング協会に連絡してもいいし、アングマルリク通訳センター Angmarlik Interpretive Centre でも連絡可　Tel 867-473-8737　Fax 867-473-8685

そのほかの連絡先

　アウユイトゥク国立公園 Auyuittuq National Park　P. O. Box 353, Pangnirtung, NT, X0A 0R0　Canada　Tel 867-473-8828　Fax 867-473-8612　E-mail: nunavut_info@pch.gc.ca

| 35 | ケケーテン準州歴史公園

Kekerten Territorial Historic Park

マイク・ブラサイズ　　　　　　　　　　　　Mike Vlessides

ヌナブトにあるほかの多くの史跡同様、ケケーテン島の遺産は、18、19、20世紀に北極海を荒らしまわったイギリスとアメリカの捕鯨者とイヌイットとのあいだで繰り広げられた種々の関係から生まれた。その捕鯨者たちとイヌイットの関係については何度も繰り返し、真偽が検証されている。

パングニルトゥング Pangnirtung から約50キロメートルのカンバーランド Cumberland の北沿岸にあるケケーテン（イヌイット語での正しい綴りは Qikiqtan）は、かつて、この海峡における捕鯨業の中心地だった。

パングニルトゥングを訪れた旅人が日帰りツアーでこの荒々しい世界を覗いてみたいと思うなら、ケケーテン準州歴史公園は魅力的な場所である。この公園のトレイルには説明書きが多くあり、案内板で標示されたすぎ去りし時代の遺物を見ることができる。この場所には、スコットランドの捕鯨者が1857年に建てた3棟の倉庫の基礎や、かつて鯨油を採取するために使用した大きな鉄製のポット、鯨脂を牽引した針、細長い捕鯨用ボートの船架の残骸など、さまざまな目を引く史跡がある。

歴史

かつては商業的な捕鯨がカナダ北極の海域まで踏みこんでくることはなかったが、1820年、イギリスの捕鯨隊は長いあいだ自分たちの領域にしていたグリーンランド南東沖から、ポンド・インレット Pond Inlet やランカスター海峡 Lancaster Sound 周辺地域へと北進を敢行した。結果は、期待はずれには終わらなかった。まだだれも足を踏み入れていなかったこの海域は、獲物として真っ先に狙っていたホッキョククジラの宝庫であった。それからの20年間、イギリスの捕鯨船団は、ほかのどこよりもこの海域を目指した。この新しく発見された地域で1820年から40年のあいだに捕獲されたクジラは、なんと1万3,000頭以上にのぼり、この海域は極めつけの猟場として折り紙つきとなった。

しかし、ホッキョククジラ猟というのは、利益性は高いものの、不安定な事業であった。この20年間、荒れ狂う北極の天候は捕鯨者に多大な犠牲を強い、数百人の命と数十隻の捕鯨船が失なわれた。1830年だけを見ても、19隻の船が難破し、その他の損失は無数にのぼった。

こうした危険な状況に加えて、隣接海域でホッキョククジラが急速に減少していった結果、捕鯨者たちは生活を支える代替え手段を探す必要に迫られ、「もっと南

35 ケケーテン準州歴史公園 Kekerten Territorial Historic Park

方の海域に常設の捕鯨用定住地を設営すれば、人と船の双方にとって是が非でも必要な避難所ができるではないか」という考えが支配的となっていった。

そして、解決の糸口を風説のなかに見出した。ホッキョククジラが大量にいて、しかも確実に1月までは氷がない大きな湾が南方にあるという話を、長年、捕鯨者たちは耳にしていた。そしてついに1840年の春、スコットランド人の捕鯨者、ウィリアム・ペニーがこの伝説の海を探すことを決心し、エーノーローアピク Eenoolooapik という名の若いイヌイット人に助力を求めた。彼の案内で、ペニーは現在ではカンバーランド海峡 Cumberland Sound と呼ばれている海峡の河口にたどり着いた。こうしてイギリスの捕鯨はよみがえった。わずか数年のうちに、イギリスとアメリカ両方の捕鯨船が頻繁に海峡を訪れるようになり、その回数は増える一方であった。

1852年、アメリカの捕鯨者たちがマクレラン McLellan という船に乗りこみ、カンバーランド海峡で冬をすごした。この地で越冬したのはこの捕鯨者たちが最初であったが、彼らが先鞭をつけたこのやり方は、その後この地域で活動するほとんどの捕鯨者にとってあたりまえのこととなっていった。そして5年後、ペニーがアークティック・アバディーン会社 Arctic Aberdeen Co. 用にケケーテンに駐屯用の家を建設し、この海峡に常設の基地を設立した。アメリカ人が即座にその例にならった。こうした越冬基地の設立により、イヌイットとイヌイット以外の人との連絡や交易のための常設の基盤がつくられ、どちらのグループにも変化がもたらされることとなった。

イヌイットは夢のような物質に満ちあふれた文化に魅了され、ほしいものを手に入れるために職を求めて捕鯨基地に群がった。イヌイットは、数ある仕事のなかでも、とりわけ氷原の端から港までクジラの脂肪を運んだり、クジラの油を精製したり、また捕鯨ボートの乗組員として働くことを請け負った。またイヌイットの人びとは捕鯨者たちに新鮮な肉類や毛皮の衣類を提供した。その交換物として捕鯨者たちはイヌイットにライフル、望遠鏡、ナイフ、針、やかんなどの製品を与えた。さらにイヌイットは、ビスケットやたばこといった品も手に入れた。

ふたつの文化のあいだでつくりあげられた関係から有益なことも多くもたらされたが、その一方で、捕鯨者たちと新たにつながりができたことでイヌイットはひどい苦しみを味わうことにもなった。イヌイットはヨーロッパやアメリカなどの外国人の病気に非常に感染しやすく、先住民の居住区ではウィルスが猛威をふるった。イヌイットが捕鯨者とはじめて接触してから17年後の1857年までに、カンバーランド海峡にいた1,000人もの強靭なイヌイットが350人足らずにまで減ってしまった。この問題をさらに悪化させるかのように、捕鯨者たちと一緒に働くことが伝統的なイヌイットの生活パターンを激変させた。その結果、食糧が不足する時期に備えて十分に貯えることを怠り、しばしば無用の餓死を生んだ。

1850年代の終りから1860年代初頭にか

35　ケケーテン準州歴史公園 Kekerten Territorial Historic Park

けて、カンバーランド海峡におけるホッキョククジラ猟は黄金期を迎えた。秋になると毎年、30隻もの捕鯨船がこの地域を訪れ、決まってその半分近くはケケーテン周辺の捕鯨者たちにはペニー港と呼ばれているところで冬をすごした。1860年までに、ケケーテンのほかにブラックリード島 Blacklead Island（海峡の南沿岸）とヘブン岬（海峡の河口付近）に基地ができ、常設の捕鯨駐屯所として新たに加わった。

しかしながらこのおなじ年に、アメリカの捕鯨船団がはじめてハドソン湾 Hudson Bay に足を踏み入れ、そこが《捕鯨天国》であることを彼らも知った。それからの数年間は、アメリカの捕鯨船団の大半がこの地域に集結し、そこで夏をすごし、カンバーランド海峡で越冬するようになった。そのためもあって、わずか5年を経ずして、この新しい海域のホッキョククジラの数は大幅に減少し、船はカンバーランド海峡へと戻っていった。

そこでもまたおなじような状況が待ちうけていた。カンバーランド海峡は、20年間の激しい搾取の結果、クジラの捕獲量は年々減少の一途をたどっていた。アークティック・アバディーン社は基地を売却し、それは実質的にウィリアム・ペニーが捕鯨に参加することに終止符を打つことだった。1864年以降、カンバーランド海峡の《発見者》であるウィリアム・ペニーは2度と北極に足を踏み入れることはなかった。

1870年には、この海峡を訪れる船の数は10年まえとくらべて半減していた。しかしクジラが相対的に不足しているにせよ、カンバーランド海峡が衰えゆく捕鯨産業にとって頼みの綱であることにかわりはなかった。1870年代後半までは、各国から数隻の船が訪れ、冬を越した。しかし1882年には、アメリカの北極東部での捕鯨参加はついに実質ゼロになり、活動中の常設基地は、唯一ケケーテンのみとなった。

ホッキョククジラの数が減るにつれて、捕鯨会社は財政的な空白を埋めるべく、ほかの哺乳動物に目を向けた。1872年には、早くもアメリカの会社がこの海峡の先端でシロイルカ（ベルーガ）の捕獲に着手していた。さらに、海峡で膨大な数を誇っていたアザラシに熱い視線が向けられた。1870年代はアザラシの毛皮や脂肪の取引が急増した。

アザラシ製品に新たな需要が生まれた結果、イヌイットはそれまで捕鯨船団や取引する製品が来るのを待ちかまえていたカンバーランド海峡をわたって、アザラシ猟に適した土地へと戻っていった。そして20年もしないうちにアザラシの数は激減し、地元のイヌイットが冬を越すのに必要な食糧源はほとんど残されてないというありさまとなった。おそらくそのことが原因で、1800年代後半、多くのイヌイットがあちこちの捕鯨基地に舞い戻っていった。19世紀が終るころには、ブラックリードとケケーテンのどちらでも、居住しているイヌイットの数は数百人にのぼっていたが、イヌイットではない捕鯨者はほんのひと握りしかいなかった。

1912年にはクジラの骨の値段が1キロあたり17セントにまでさがり、ホッキョククジラ猟は確実に終焉を迎えることと

35 ケケーテン準州歴史公園 Kekerten Territorial Historic Park

なった。1913年以降、北極に向けて出発した捕鯨船は皆無であった。にもかかわらず、その後も5年ものあいだ、ブラックリードとケケーテンのイヌイットは捕鯨をつづけた。その時点では、捕鯨業はイヌイットの文化に欠かせない重要な位置を占めるようになっていた。ブラックリードもケケーテンも断続的に交易所としての役割を果たしていたが、1920年代半ばから30年代末にかけて、どちらの交易所も閉鎖された。

今日では、捕鯨はパングニルトゥングにいる数人の年配者の記憶に留められた過去の《できごと》である。しかし、「ヌナブト協定 Nunavut Land Claims Agreement」（NLCA）の一環としての交渉の結果、1998年7月に歴史的なホッキョククジラ猟が実施され、数人の年配者がケケーテンの捕鯨基地近くで1頭のホッキョククジラを見事に射止め、その古きよき時代の思い出が一時的に生き生きとよみがえった。

旅の計画

ケケーテンへの旅程は、パングニルトゥングで地元のビジターズ・センターであり美術館でもあるアングマルリク通訳センター Angmarlik Interpretive Centre を通して手配するのがベストである。種々ある旅行準備業者や提供されるサービスについて問いあわせてみるとよいだろう。アングマルリク通訳センターが推薦する旅行準備業者は、公園にいるあいだ旅人に同行し、説明しながら案内してくれるし、食事の用意もしてくれる。

春も終りに近づいた5月の初旬から6月中旬にかけては、ケケーテンへ行くのにスノーモービルを使う人が大半を占めるが、時間にゆとりがあり、かつエネルギーがある人はスキーで行くこともできる。いかなる交通手段を利用しようとも、予期せぬ寒さが襲って来るので、用心を怠ってはならない。また6月の後半から7月初旬にかけては、氷の状態が不安定で旅行に適さない場合もあるので、解氷期になってからの旅に精通しているイヌイットに判断をまかせるべきだということを心に留めておこう。

ケケーテンへの夏の旅は、ウィニペグ湖のボートか貨物輸送用カヌーで行くのが一般的である。7月に入っても氷が残っていることも多いので、7月15日以前に海のほうへ行く旅行の計画はやめたほうがよい。いったん氷がなくなれば、水がまたゆっくりと凍り始める9月の終わりまで、ボートで公園へ行くこともできる。たとえきわめて穏かな日でも、あたたかい身支度を整えるように。またゴム・ブーツや防水性の服を持参することをおすすめする。ライセンスを持った旅行準備業者やガイドは、ボートの旅に備えて救命スーツを用意しているはずである。旅行準備業者を通さない旅ならば、町のどこかで救命スーツを借りよう。パングニルトゥング・フィヨルド Pangnirtung Fiord は潮流の影響が大きい場所なので、出発や到着の時刻が指示されるはずだ。

スキーでまわる場合を除いて、ケケーテンへの往復時間は、公園で一息入れる時間を含め、12時間ほどである。キャンプは、公園内ではできないが、島内の公園以外の場所では許可されている。公園にある小屋

は、緊急時の避難所となる。ガイドがサバイバル道具一式を装備しているかどうか、出発まえに確認しておこう。スキーで行く計画を立てているなら、どこか公園の外でキャンプして夜を明かすことを予定しておくべきであろう。

36 パングニルトゥング　Pangnirtung
ケン・ハーパー　　　　　　　　　Kenn Harper

「雄カリブーの場所」を意味するパングニルトゥングは沿岸の狭い平原に位置しており、背後には高い山やまや、谷間をうねるように流れる川の壮大なる景観が迫っている。

人口	1,243人（イヌイット、93％、イヌイット以外、7％）
市外局番	867
標準時間帯	東部標準時
郵便番号	X0A 0R0
現地までの道のり（可能なルート）	
	・オタワ/モントリオール〜イカルイト Iqaluit〜パングニルトゥング（イカルイトからパングニルトゥングは北東に297キロメートル。複数の航空会社の便がある）
	・カンゲルスアク Kangerlussuaq（グリーンランド）〜イカルイト〜パングニルトゥング
	・ウィニペグ〜ランキン・インレット Rankin Inlet〜イカルイト〜パングニルトゥング
	・エドモントン〜イエローナイフ Yellowknife〜ランキン・インレット〜イカルイト〜パングニルトゥング
銀行	なし。現金かトラベラーズ・チェックが好ましい。クレジット・カードはいくつかの店では使える。
酒類	アルコール類は禁じられている。
タクシー	あり。

（人口は1996年のカナダ国勢調査のデータによる）

　この地にまつわる伝説によれば、100年以上昔にアタゴーユク Atagooyuk という名の猟師がこの土地に「雄カリブーの土地」という意味のパングニルトゥング（イヌイット語ではパングニクツーク Pangniqtuuqと発音する）という名前をつけたということだが、それは人間が侵入してカリブーが行動様式を変化させる以前のことであった。

36　パングニルトゥング Pangnirtung

ストリート・マップ

北

空港

1	空港	14	J・R・ペイトン社
2	アクシュアク・アリーナ	15	ミクト・ストア
3	アルーキエ小学校	16	ノーザン・ストア、軽食堂
4	イギリス国教会	17	ヌナブト・アークティック・カレッジ
5	アングマルリク通訳センター	18	オールド・ブルバー・ステーション
6	アタゴーユク高校	19	パングニルトゥング・フィッシャーズ会社
7	アウユイトゥック・ロッジ	20	パングニルトゥング・イヌイット生協
8	コンビニエンス・ストア	21	カナダ公園局通訳センター
9	ヌナブト準州政府資源開発省	22	連邦警察（RCMP）
10	猟師・罠猟師組合	23	郵便局
11	町役場	24	プリント・ショップ
12	健康管理センター	25	ウクルミウト・センター（アートや工芸品）
13	ハイ・アークティック・エンタープライズ		

歴史

　有名なパングニルトゥング・フィヨルド Pangnirtung Fiord から広がる広大な海域のカンバーランド海峡 Cumberland Sound は、1000年以上の長い年月、代々受け継がれたイヌイットの本拠地であった。海岸沿いの小さな狩猟キャンプには、イヌイットやその祖先であるチューレ人 Thule Inuit やドーセット人 Dorset Inuit の文化が息づいていた。彼らは、カンバーランド海峡海域に生息するシロイルカ（ベルーガ）、アザラシ、セイウチ、そしてこの海域にしばしば堂々たる姿を現していたホッキョククジラを糧にして生活していた。

　おそらくグリーンランドからノルウェー人がしばしばこのエリアを訪れていたのではないかと思われる。しかし、イヌイット人以外ではじめてこのカンバーランド海峡に足を踏み入れたのはジョン・デイビス John Davis というイギリス人であるといわれている。デイビスは、当時の人びとの想像をかき立てた東洋の豊か

さへと導く北西航路を探し求めていた探検家であり、1585年、そしてさらに1587年にこの海峡を航行した。それ以降1840年までヨーロッパ人がこの海峡にふたたび足を踏み入れることはなかった。

1839年、ウィリアム・ペニー William Penny というスコットランド人の捕鯨者が、エーノーローアピク Eenoolooapik という名のイヌイットの青年をスコットランドに連れていき、そこで冬をすごした。翌春、エーノーローアピクはペニーをカンバーランド海峡の河口に案内した。その後の成り行きとして起こったのは、捕鯨者や自由交易者による80年にもわたる開発であった。ホッキョククジラ猟がイヌイットに及ぼした影響は、大変動をもたらすほど大きなものであった。イヌイットの多くは狩猟キャンプ地を離れ、海峡の南沿岸沖のブラックリード島 Blacklead Island と北沿岸沖のケケーテンという2か所の主要な捕鯨基地へと向い、伝統的な住居パターンは変化した。またイヌイットは、捕鯨によって銃や弾薬、木製のボートを入手できるようになったが、同時に、免疫のない病気によって多くの人の命が失われるという辛酸をなめることにもなった。

捕鯨産業が衰退期を迎えていた1894年、ブラックリード島に伝道所が建つという、バフィン島 Baffin Island の人びとにとってきわめて重大なできごとが起こった。この伝道所は、北ケベックでほぼ20年にわたって布教活動をおこなってきたエドモンド・ジェームス・ペック Edmond James Peck という経験豊かな聖職者が他に先駆けて提唱したのに基づき、イギリス国教会ロンドン布教協会 The Church Missionary Society of London, England が建てたものであった。ペックは、クリー語の方式を適用して、イヌイット語を発音どおりに綴る書き方を導入することを奨励し、書き言葉というプレゼントを携えてきた。イヌイットは音節法を即座に習得し、その知識は「宣教師など見たことがない」という沿岸のキャンプ地にまでいきわたった。ペックは音節をあらわす文字で聖書をもとにした読み物を書き記した。この読み物も、地域全体にあっという間に広まった。1900年代初頭に最後の宣教師がブラックリード島を去ったのちも、イヌイットの伝道師のあいだでは宗教も読み書きの能力もすたれることなく生きつづけた。

捕鯨が衰退してくると、イメイットはカンバーランド海峡に点在するキャンプ地での生活に戻った。1921年にハドソン湾会社 Hudson's Bay Co. が交易所を設立したのにつづき、その2年後に連邦警察（RCMP）の派出所が建てられた。1929年、レズリー・リビングストーン医師 Dr. Lesley Livingstone によって聖ルーク・ミッション病院 St. Luke's Mission Hospital が設立された。1960年代までは、大半のイヌイットは昔からのキャンプでの生活をつづけていたが、パングニルトゥングに住み、そこで職に就くことを選択したイヌイットも若干いた。たとえば、ハドソン湾会社に45年間勤めたジム・キラブク Jim Kilabuk は、有能な旅行家兼ガイドであり、彼の在職中に去来した多くの若い交易者たちのよき助言者であった。ノーキグァク Nookiguak は、海峡や東バフィン沖

パトロールのガイドとして連邦警察（RCMP）を補佐した特別巡査である。1949年に彼が死去すると、ヨアネシー・ディアラ Joanasie Dialla があとを引き継ぎ、20年以上もの長きにわたって奉職した。1995年末に90代半ばにして息を引きとったエトゥアンガト Etuangat は、イヌイット最後の捕鯨者であった。彼はまた、長年にわたって道案内として、パングニルトゥングに派遣された医者を地域全域のキャンプに連れていった。パングニルトゥングが現在のような近代的な町になった基礎を形づくったのはハドソン湾会社、連邦警察（RCMP）、ミッション病院であるが、この3つが地元に根づくための陰の英雄は、まさにこういったイヌイットの人びとであった。

　パングニルトゥングの歴史は、ウィリアム・デュバル William Duval 抜きには語れないだろう。ちなみに、このコミュニティーの東の山、そしてその山と町のあいだを流れる川の名前は彼にちなんでつけられたものである。彼はイヌイットのあいだではシブティクサク Sivutiksaq と呼ばれており、ドイツ生まれのアメリカ人の捕鯨者で、まだ若かりし1870年代にカンバーランド海峡にやってきて、生涯を北極ですごした。パングニルトゥングでアクパリアルク Akpalialuk という名字の住民はみな、彼の孫かひ孫にあたる。デュバルは1931年、カンバーランド海峡にあるウスアルク・キャンプ Usualuk camp で息を引きとった。

　連邦政府は、1956年に政府としてはじめてパングニルトゥングに教師を派遣し、1962年に管理事務所を設立した。おなじ年に、ジステンパーというイヌの伝染病が猛威を奮い、カンバーランド海峡のほとんどのイヌを死にいたらしめ、イヌイットの暮らしを脅かした。多くの人びとが家族連れで故郷を離れ、パングニルトゥングのコミュニティーにうつった。その結果生じた生活スタイルの変化は、急激であった。

　パングニルトゥングの人にとってこの数十年というのは、期待にあふれてもいたが、辛苦に満ちた歳月でもあった。パングニルトゥングはアザラシ猟のコミュニティーであり、1970年代から80年代にかけてアザラシの毛皮の価格が暴落すると、狩猟は経済的にまったく成り立たなくなってしまった。それとときをおなじくして、健康管理が改良されたのにともない、平均寿命が大幅にのびていった。このふたつの要因と高い出産率が相まって、人口が急激に増大し、失業率も上昇した。さらにそうした状況に付随した社会問題が併発していった。政府の実質的な支援により、コミュニティーは現在、ヒラメ漁業を経営している。政府はまた、パングニルトゥング独自の織物工業を含むアートや手工芸品の開発も奨励している。

風土と野生生活

　パングニルトゥングの背後には、カンバーランド半島 Cumberland Peninsula の2,200メートルに達するような堂々たる高い山やまがそびえており、この地の美しさはそうした背景に負うところが大きい。カンバーランド海峡からデイビス海峡へ抜ける陸路のルートであるアクシュアク

AkshayukとキンナイトKingnaitのふたつのパスが、この半島を二分している。この半島の中心部は、巨大なペニー氷帽が占拠するかのごとく横たわっている。そしてこの氷帽からは、氷河が大量に海に流れこんでいる。カンバーランド半島にある有名なピークの大半は、北アメリカ北極研究機関が1953年の探検中に命名したものである。

海洋生物はカンバーランド海峡の歴史において重要な位置をしめてきた。海峡先端近くのミレット湾はシロイルカ（ベルーガ）の出産場所となっており、そこでかなりな数のシロイルカ（ベルーガ）を見ることができる。シロイルカ（ベルーガ）はときとしてパングニルトゥング・フィヨルドにさまよいこんでくることもある。海峡では、セイウチを見ることができるし、ホッキョククジラもときおり姿を現す。ホッキョクグマは、海峡の河口付近の凍った海の上には頻繁に現れるが、パングニルトゥングに近づくことはめったにない。ワモンアザラシは、海峡でもフィヨルドでもいたるところで見かける。

カリブーは一般的に、クリアー・ウォーター・フィヨルドの先端を越えた丘の上とか、カンバーランド海峡の南岸を入った奥地など、パングニルトゥングからかなり離れたネティリング湖Nettilling Lake方面で見られる。

パングニルトゥング一帯は、チャー（ホッキョクイワナ）釣りの名所として古くから名を馳せている。現在でも稼動中のキャンプ場がキンナイト・フィヨルドKingnait Fiordにひとつある。キャンプ場の運営と いうのはきびしいビジネスで、稼動期間が短いので、生き残れるキャンプ場はきわめて少ない。釣りツアーを予約するまえに、地元のビジターズ・センターの役割りを果たしている**アングマルリク通訳センターAngmarlik Interpretive Centre |1|**に問いあわせることをおすすめする。

ツアー

パングニルトゥングの《ダウンタウン》は、このコミュニティーの歴史の生きた証しのようなものである。アンマルリク通訳センターは、コミュニティーの美術館、図書館、そして高齢者センターとして活用されており、カンバーランド海峡における伝統的なイヌイットや捕鯨生活を示す展示がある。高齢者は午後に足繁くここを訪れ、トランプや編物を楽しんだり、昔の思い出話に花を咲かせたりしている。ここのスタッフの手が空いていて、通訳をしてくれれば、このお年寄りたちと話す機会があるかもしれない。

この建物のとなりにあるのが、カナダ公園局が運営する**パーク・カナダ通訳センターParks Canada Interpretive Centre |2|**で、ここに展示、陳列されている品々はアウユイトゥック国立公園Auyuittuq National Park近くのさまざまな自然を知る手がかりとなるだろう。おなじ建物のなかにカナダ公園局のオフィスもある。

また、アングマルリク通訳センターのもう一方のとなりには、明るい黄色に塗られた古い小さな建物がある。もともとはちがう場所にあったこの建物は、このコミュニティーに最初にやってきた医者の住

居であった。

　パングニルトゥングの《ダウンタウン》の中心には、教会の建物を併設した昔の聖ルカ病院が建っている。この建物の大部分はくすんだ灰色の板でおおわれており、北極のイギリス国教会の建物によくある典型的な特徴を示している。このかつての病院は現在ではアーサー・ターナー養成学校となっており、北極教区全域のイヌイットの伝道師が聖職者としての養成を受けている。

　セント・ルークス・イギリス国教会 St. Luke's Anglican Church | 3 | のうしろには、2階建てとしてはこのうえなく低い家が建っている。これは、ジム・キラブクが起居し、家族を養っていた家である。ノーザン・ストア Northern Store のうしろには、かつてハドソン湾会社所有だった建物が並んでいる。この一帯の海岸付近には、小さな線路跡が見られる。この線路はかつて、船が到着すると海岸から供給物資を引きあげるのに使われていた（当時は供給船は1年にいちどしか来なかった）。海岸近くの高い岩の上に、船の到着のときだけ、それを知らせるために号砲をとどろかせた黒い大砲がある。アウユイトゥク・ロッジ付近のビーチには、1964年までハドソン湾会社が運営していた古い捕鯨基地の建物が並んでいる。最近になって、その建物は改修され、伝統的な捕鯨船も展示され、かつての情景が完全に復元されている。

　アウユイトゥク国立公園で「本格的にハイキングするのは、ちょっと……」という人にうってつけの、手ごろなハイキング・トレイルが、パングニルトゥングのすぐ外からいくつか出ている。ウクマ・トレイル Ukuma Trail はデュバル川 Dubal River に沿って進み、キンナイト・フィヨルドへ向かう。このフィヨルドは、コミュニティーの背後にそびえる山並みを越えたパングニルトゥング・フィヨルドと平行した位置にある。また、デュバル山に日帰りの登山もできるが、あまり安易に考えてはいけない。とくに地面が雪でおおわれているときは、用心しなければならない。数年まえ、ある医者がこの山の切り立った場所に近づきすぎて転落し、命を落とした。また古くは1950年代に、ハドソン湾会社の社員が頂上から底まで転がり落ちるという事故があった。幸運にも彼はイヌイットに発見され、意識不明だったが、奇跡的にどこも骨折をせず、命拾いをした。

　ガソリンやナフサが必要なハイカーは、地元の燃料販売業者の**J・R・ペイトン社 J. R. Peyton Enterprises | 4 |** に問いあわせるとよい。同社の給油所は、海岸沿いに並んでいるタンクのすぐそばにある小さな建物のなかにある。営業時間は短い。

　パングニルトゥングの旅行準備業者の数は、つねに変動している。そうした情勢のなかで、ジョアビー・アリバクトゥク Joavee Alivaktuk が経営している**アリバクトゥク・アウトフィッティング・サービス Alivaktuk Outfitting Services | 5 |** は、長年にわたってきわめて信頼が高い。ほかの旅行準備業者に関しては、アングマルリク通訳センターを通してコンタクトをとるのがよいだろう。夏は、アウユイトゥク国立公園やケケーテン準州歴史公園 Kekerten Territorial Historic Park への

ボート・ツアーを手配できる。春には、スノーモービルのツアーが手配できるだろう。本書の執筆時点では、イヌゾリでのツアーを提供しているところはないが、変更の可能性は十分にある。

ツアー・オペレーターは、コミュニティー内だけでなく人里離れた荒野での行動も視野に入れて、旅行グループをパングニルトゥングへ連れて来る。1996年、ワシントン州シアトルのアークティック・オデッセイ Arctic Odysseysが、ツイン・オッター（双発軽飛行機）を使って、アウユイトゥク公園やカンバーランド半島の山を滑降するというスキー・プランを開拓した。参加者の話では、一滑りが1,200メートル以上という世界でもあまり類を見ない滑降を経験したということだった。リピーターはまだいないということだが、この手のスキー・ツアーの将来性は期待できるだろう。

ショッピング

アートや工芸品を扱う**ウクルミウト・センター Uqqurmiut Centre for Art and Crafts | 6 |** は、つづれ織り工房、版画店、工芸品のギャラリーから出発した《地元発》のビジネスである。昔からのキャンプ地にあるテント集落を思わせるこの建物のユニークなデザインは、そこで働くアーティストにとってあたたかく親しみやすいと同時に、旅人が入りやすい雰囲気をかもし出している。その小さな店では、地元の多数のアーティストが作成したタペストリーや版画、あるいはかぎばり編みの帽子、滑石（ソープストーン）、クジラのヒゲの彫刻、ブローチ、ピンなどが売られている。また織物の店では、毛布やマフラー、セーターなどがつくられている。

30年ほどまえ、イヌイットが代々受け継いできたキャンプ地からパングニルトゥングへ大移動したのちに生計が成り立つような手段を模索していたころ、おりしも織物がパングニルトゥングに伝わってきた。このコミュニティーにうつってきた南カナダ出身のアーティスト、ドン・スチュアートが、自らの技能を地元の女性たちに伝授したのだ。タペストリーにはひとつひとつに、この道をひらいたアーティスト、ドン・スチュアート Don Stuartの名前と、織り手の両方の名前が記されている。このセンターの受付では、ツアーの手配もできる。この店にいる職工は親切だが、大半はイメイット語しか通じないので、客がイヌイット語を話せない場合は、会話がかぎられてしまう。写真を撮りたい人は心づけを置いていくことをおすすめする。

パングニルトゥングは版画でもその名を知られている。南カナダのマーケットに出すために、毎年、新しいコレクションが作成されている。アーティストは概して、伝説や捕鯨、伝統をテーマにしている。捕鯨者と交易者の交流を題材としたカラフルな作品も多い。

彫刻もまたパングニルトゥングに欠かせないもののひとつである。けっして大きくはないが、ひたむきな地元の彫刻家のグループが、ケープ・ドーセット Cape DorsetやキンミルトKimmirutからとり寄せた石を使って彫りあげている。カンバーランド海峡のイヌイットが代々住んでいた場所で昔は容易に手に入った鯨骨

がほとんど底をついてしまったものの、鯨骨の彫刻はいまだ存続している。ちなみに、彫刻に使われる鯨骨というのは、捕鯨物語に出てくるそれとはちがう。捕鯨者のいう鯨骨とは、ホッキョククジラの口から垂れさがる細長いヒゲのことで、貴重な品であった。アーティストが使用する鯨骨とは、実際の骨で、ホッキョククジラの脊椎か頭蓋骨の骨が一般的で、クリーム色の多孔性のものである。彫刻はウクルミウト・センターで購入できる。自分の作品を持って食事どきにホテルを訪れ、物々交換したり賢く取引をするアーティストも多い。

　パングニルトゥングで食糧品を売っているのは、**ノーザン・ストア** Northern Store | 7 | 、**パングニルトゥング・イヌイット生協** Pangnirtung Inuit Co-op | 8 | 、**ハイ・アークティック・エンタープライズ** High Arctic Enterprises | 9 | の3店舗である。通常の食糧品はいつでも手に入るが、飛行機のスケジュールが急に狂ったりすると、牛乳、卵、パン、フルーツ、野菜などの外地からとり寄せている生鮮食糧品が品切れになることもある。ノーザン・ストアはコミュニティーの東側に小さな**コンビニエンス・ストア** convenience store | 10 | も経営している。

宿泊と食事

　町にホテルはひとつしかない。**アウイトゥク・ロッジ** Auyuittuq Lodge | 11 | は、パングニルトゥングの《ダウンタウン》にあり、フィヨルドの目のまえである。ラウンジからは、まわりをとり囲む山やまと広大な干潟との見事な景観が広がり、外を往来する地元の猟師や漁師の姿も見える。このロッジにはふたり部屋が22室あり、44人収容できる。夏のピーク時には見知らぬ客と相部屋になることもある。全室ともにバスルームはついていないが、各フロアに共用のものがある。料金は食事なしでひとり135ドル。食事つきだと1泊200ドル。食事は朝食が15ドル、昼食が20ドル、夕食が30ドル。電話で旅行者割引について問いあわせることをおすすめする。

　食事のメニューは選択の余地がない。食べることを禁じられているものやアレルギーがある場合は、食事のまえに支配人によく話しておいたほうがいい。食事の時間は掲示される。食事をとらない予定なら、まえもって支配人に伝えておくこと。さもなければ料金を加算されることになるだろう。また、あらかじめ注文しておけば、ハイカー用のお弁当を用意してもらうこともできる。宿泊者でない場合、このロッジで食事をするには予約が必要だ。

　アウユイトゥク・ロッジには、北部の経済を動かしている人たちを無作為にサンプリングしたようかのように、建設作業員、探鉱者、会計士、エンジニアなどいろんな職業の人びとが宿泊し、さらに会議や講座に参加する種々雑多な人が訪れる。一方、ロッジのスタッフは、ほとんどがイヌイットで占められている。アウユイトゥク・ロッジは、ラウンジを喫煙者用と禁煙者用に分煙しているヌナブトでは数少ないホテルのひとつである。このロッジにはグループ割引料金がある。

　キャンプをする人は、デュバル川を越した浜のすぐ上の小高い場所にあるピスクティ

ヌ・トゥンガビク準州キャンプ場 Pisuktinu Tungavik Territorial Campground を使用できる。キャンプ・サイトは、使用料が1日につき1テント5ドルで、6月から9月までオープンしている。サービスは最小限であり、シャワーもないので少額を払ってアウユイトゥク・ロッジのバスルームを使用するキャンパーが多い。パングニルトゥングでは、1年中、いつなんどき強風が吹き荒れるかわからないので、キャンプをする人は相当に頑丈なテントを持参する必要がある。貴重品は、キャンプ場を離れる場合はかならず携帯し、睡眠中はテントの外に置きっぱなしにしないように注意しよう。北部のコミュニティーはどこも大同小異であるが、パングニルトゥングでも失業率が高く、若者が夢を実現できないという現状から、窃盗や破壊行為が横行している。

　最近ファーストフードの店がパングニルトゥングにもオープンした。ノーザン・ストアの軽食堂 Quick Stop | 12 | がそれ。そこではピザ・ハットやケンタッキー・フライドチキンの何種類かとスナック類が販売されている。ただし、ハンバーガーやサンドイッチ類はない。

サービス

　パングニルトゥング健康管理センター Health Centre | 13 | はノーザン・ストアのとなりにあり、平日の午前9時から正午までが診療時間で、午後1時から5時までは公衆衛生の相談時間となっている。緊急時は必要に応じて対処している。町には歯科クリニック dental clinic | 14 | や連邦警察（RCMP）| 15 | の派出所もある。

　パングニルトゥングには、現在ふたつの航空会社が乗り入れている。ファースト・エアー First Air はもっとも古くからこのコミュニティーに乗り入れており、信頼性もきわめて高い。ケン・ボレック航空会社 Kenn Borek Air Ltd. も、旅客便と貨物便を飛ばしている。両航空会社とも本拠地はイカルイトである。曜日によって、パングニルトゥングとキキクタリュアク（ブロートン島）Qikiqtarjuaq（Broughton Island）からの便がうまく接続するように運行されている。

パングニルトゥングの周辺には　こんな美しい光景が広がっている

36　パングニルトゥングPangnirtung

パングニルトゥング連絡先 (本文掲載順)

| 1 | アングマルリク通訳センターAngmarlik Interpretive Centre（旅行準備業者の情報はここで入手できる） Tel 867-473-8737　Fax 867-473-8685
| 2 | パーク・カナダ通訳センターParks Canada Interpretive Centre（通訳センターとカナダ公園局） Tel 867-473-8828　Fax 867-473-8612　E-mail: nunavut_info@pch.gc.ca
| 3 | セント・ルークス・イギリス国教会St. Luke's Anglican Church Tel 867-473-8014　Fax 867-473-8383
| 4 | J・R・ペイトン社J. R. Peyton Enterprises（VISA、Interac使用可） Tel 867-473-8896　Fax 867-473-8924
| 5 | アリバクトゥク・アウトフィッティング・サービスAlivaktuk Outfitting Services Tel 867-473-8721　Fax 867-473-8521
| 6 | ウクルミウト・センターUqqurmiut Centre for Art and Crafts（VISA、MasterCard、Interac使用可） Tel 867-473-8870　Fax 867-473-8634 E-mail: inuitart@nunanet.com　Web site: www.uqqurmiut.com
| 7 | ノーザン・ストアNorthern Store（VISA、MasterCard、Interac使用可） Tel 867-473-8935　Fax 867-473-8610
| 8 | パングニルトゥング・イヌイット生協Pangnirtung Inuit Co-op（VISA使用可） Tel 867-473-8936　Fax 867-473-8657
| 9 | ハイ・アークティック・エンタープライズHigh Arctic Enterprises（VISA、MasterCard、Interac使用可） Tel 867-473-8648　Fax 867-473-8993
|10 | コンビニエンス・ストアconvenience store　Tel 867-473-8306
|11 | アウユイトゥック・ロッジAuyuittuq Lodge（VISA、MasterCard、Diners Club/enRoute使用可） Tel 867-473-8955　Fax 867-473-8611
|12 | 軽食堂Quick Stop（VISA、MasterCard、Interac使用可） Tel 867-473-8026　Fax 867-473-8610
|13 | 健康管理センターHealth Centre　Tel 867-473-8977　Fax 867-473-8519
|14 | 歯科クリニックdental clinic　同上
|15 | 連邦警察（RCMP）　Tel 867-473-8833　Fax 867-473-8915

そのほかの連絡先

空港　Tel 867-473-8907あるいは867-473-8746
町役場Hamlet Office　Tel 867-473-8953あるいは867-473-8931　Fax 867-473-8326
郵便局（元町役場があった場所にある）Tel 867-473-8940
ヌナブト準州政府資源開発省Department of Sustainable Development, Government of Nunavut
Tel 867-473-8937　Fax 867-473-8326
猟師・罠猟師組合Hunters and Trappers Organization（HTO）
Tel 867-473-8751　Fax 867-473-8741
ヌナブト・アークティック・カレッジNunavut Arctic College
Tel 867-473-8923　Fax 867-473-8664

アドベンチャー・カナダAdventure Canada　Tel 905-271-4243　Fax 905-271-5595
E-mail: info@adventurecanada.com　Web site: www.adventurecanada.com
ティリアク・タクシーTiriaq Taxi　Tel 867-473-8050　Fax 867-473-8305

ラジオ局（FM 105）Tel 867-473-8975
気象情報　Tel 867-473-8907
天気予報のWeb site: www.infonorth.org

37　キキクタリュアク（ブロートン島）
Qikiqtarjuaq (Broughton Island)

ドン・ピックル　　　　　　　　　　　　　　　　　　Don Pickle

「北極の氷山の中心地」とよく呼ばれるキキクタリュアク（ブロートン島）は、北極圏の南限の北約96キロにあるバフィン島Baffin Islandの沿岸に位置する。

人口	488人（イヌイット95％、イヌイット以外、5％）
市外局番	867
標準時間帯	東部標準時
郵便番号	X0A 0B0
現地までの道のり（可能なルート）	・オタワ/モントリオール〜イカルイト Iqaluit〜キキクタリュアク（イカルイトからキキクタリュアクは北東に70キロメートル） ・ウィニペグ〜ランキン・インレット Rankin Inlet〜イカルイト〜キキクタリュアク ・エドモントン〜イエローナイフ Yellowknife〜ランキン・インレット〜イカルイト〜キキクタリュアク ・カンゲルスアク Kangerlussuaq（グリーンランド）〜イカルイト〜キキクタリュアク
銀行	なし。現金とトラベラーズ・チェックが好ましい。クレジット・カードは使えるところもある。
酒類	アルコール類はキキクタリュアクでは買えない。アルコール類を持ちこみたい人は、はじめにアルコール・ドラッグ教育委員会から許可を得なければならない。
タクシー	なし。

（人口は1996年のカナダ国勢調査のデータによる）

　コミュニティーの人びとが故郷と呼ぶ島、キキクタリュアク（1998年末にブロートン島から名称が変更）はわずか全長16キロ、全幅12キロの大きさしかないが、キキクタリュアクというのはイヌイット語で「大きな島」という意味である。

　この島では、狩猟と漁労が依然として日常生活の重要な位置を占めており、春から夏のあいだは一家で野外に出かけ、長い時間をすごすことが多い。英語を話す人たちが増加しているものの、キキクタリュアクで母国語として選択されているのはイヌイット語である。子どもたちは4学年になると英語の授業をうけるが、それま

37　キキクタリュアク（ブロートン島）Qikiqtarjuaq（Broughton Island）

ではイヌイット語で教わる。

歴史

キキクタリュアクの周辺地域に人が居住し始めたのは4000年もの昔にさかのぼると考えられている。そして、1000年ほどまえにチューレ文化Thule cultureを持つ人びとがこの地域にやってきた。キキクタリュアクのイヌイットも含め今日のイヌイットは、チューレThule直系の子孫である。キキクタリュアク周辺に点在するチューレ文化の痕跡はほぼ800年まえのものとされており、町からボートで90分ほどのところにあるチューレのキャンプ地で見ることができる。

このエリアを探検した最初のヨーロッパ人は、1585年に近くの半島にカンバーランド半島Cumberland Peninsulaと命名したジョン・デイビスJohn Davisなる人物であった。キキクタリュアクの北西約60キロにあるキビトーKivitooと、南方に約90キロ行ったところにあるパドロピング島Padloping Islandはまもなく、ホッキョククジラを狙う捕鯨者の重要な停泊地となった。しかし、1920年代半ばになると人びとはキビトーに足を向けなくなり、この地は廃れていったが、クジラの脂肪をとかして精製するのに使われた鉄の大桶がそのまま残されている。こうした遺跡や小さな墓地は、今日も見ることができる。

1955年、キキクタリュアクで遠距離早期警戒網（DEWライン）の工事が着手された。これは、職探しにキキクタリュアクに来ていたクライド・リバーClyde River、パングニルトゥングPangnirtung、キビトー、パドロピング島出身のイヌイットたちの関心をおおいに引きつけた。このDEWラインは1957年に完全起動し、3年後にはハドソン湾会社Hudson's Bay Co.の店舗も設立された。そしてその後、1968年までに、連邦政府のインディアン問題および北部開発担当省Federal Department of Indian Affairs and Northern Qikiqtarjuaqが、キビトーやパドロピング島の住人を強制的にキキクタリュアクに移転された。1979年8月31日づけでキキクタリュアクは村として格づけされた。

野生生物

キキクタリュアク周辺の海域では、つねに奇妙な形をした氷山が数多く見られる。それが、このコミュニティーに「氷山の中心地」というニックネームがつけられた所以であろう。旅行準備業者はスノーモービルやボートを使った氷山見学ツアーをエコツーリストに提供している。ボートでのツアーの際には、巨大な氷山が絶えず移動したり一部が分離したりしているので、その周辺ではとくに十分な注意を払わねばならない。氷山は不意に動いてボートを粉々にしたりすることもあるので、危険な至近距離にまで氷山に接近するようガイドに要請することは控えるべきである。

この島と周辺エリアは、壮観な地勢にも富んでおり、野生生物の楽園でもある。近くにはバフィン島最大のペニー氷帽が堂々と広がり、そこから生まれた氷河が数多く横たわっている。この海域はセイウ

37　キキクタリュアク（ブロートン島）Qikiqtarjuaq (Broughton Island)

チ、ホッキョクグマ、イッカククジラ、シロイルカ（ベルーガ）の宝庫であり、ときたまホッキョククジラも姿を現す。また、この地域は東部北極最大のフルマカモメの生息地でもある。

ツアー

この島には素晴らしいハイキングトレイルが多数ある。インフォメーションは、ヌナブト準州政府資源開発省 Department of Sustainable Development, Government of Nunavut | 1 | の経済開発職員、もしくはトゥルガク生協ホテル Tulugak Co-op Hotel の支配人に問いあわせれば入手できる。トレッキングに出発するまえに、予定のルートと帰還予定時刻を、このコミュニティーのだれか、できれば連邦警察（RCMP）にかならず申請をしておくこと。また、夏と秋にこのあたりに頻繁に出没するホッキョクグマの接近状況について野生生物担当の職員に問いあわせをしておくことも必要である。

観光のベストシーズンは春と夏である。ボート、イヌゾリ、スノーモービルを利用したガイドつきのツアーに参加すれば、バフィン島沿岸を周遊することができる。スノーモービルとイヌゾリのツアーの可能な時期は1月から6月にかけてである。ボートのツアーは、8月から11月まで可能である。アウユイトゥク国立公園 Auyuittuq National Park | 2 | でスキーやバックパックの旅もできる。

ショッピング

かつては伝統的にクジラの骨を使った彫刻がこの地域でもっとも一般的であったが、現代の彫刻家が主として使う素材は石とイッカククジラやセイウチの牙にかわった。彫刻はかつてほどの勢いはないものの、キキクタリュアクには今もなお、名の知れた芸術家がいる。地元の工芸品や彫刻はシーヤミウト・ストア Siijamiut Store | 3 |、もしくは活動している時期ならミングク・ソーイング・グループ Minnguq Sewing Group | 4 | でも購入できる。このソーイング・グループは、アザラシの毛皮やカリブーの毛皮製のすばらしい伝統的な衣料品をつくることで有名である。職人たちがとくに得意とするのは、アザラシ皮のブーツやズボン、パーカなどである。このソーイング・グループは1年以上ものあいだ休業していたか、本書執筆の時点で、まもなく営業を再開の予定であった。また経済開発職員に問いあわせれば、地元の芸術家たちとコンタクトをとる便宜を図ってくれるだろう。

食糧品はノーザン・ストア Northern Store | 5 |、もしくはシーヤミウト・ストアで手に入るが、品ぞろえは季節によって異なり、飛行機の便いかんによって品薄になることもある。

宿泊と食事

トゥルガク生協ホテル | 6 | はふたり部屋が全部で9室ある。各部屋に専用のバスルームとケーブル・テレビがついている。セルフ・サービスのレストランはセット・メニューになっているが、伝統的料理とか治療食などの特別メニューの要望にも応じている。値段は食事つきでひとり1

37　キキクタリュアク（ブロートン島）Qikiqtarjuaq（Broughton Island）

泊185ドルで、食事なしだと120ドル。1～2か月の長期滞在の場合は、食事つきでひとり1泊150ドル。宿泊者でない旅人もここで食事ができるが、予約が必要である。

4部屋に合計8人収容できる**シク・ホテル** Siku Hotel | 7 | は、キキクタリュアクを流れる川に隣接していて、春には小川がさらさらと流れる趣きある情景を目のあたりにできる。このホテルの場合、食事はキッチンで自炊するか、トゥルガク生協ホテルに行くかのいずれかとなる。宿泊料金はひとり1泊120ドルで、3食ともキッチンで自炊するのを希望する場合は、1泊150ドル。

また町はずれに、コミュニティーを見わたせるキャンプ場もある。ここにはテントの台座、屋外トイレ、飲料水などがある。このキャンプ場は無料ではあるが、天気が急激に変化したり、ホッキョクグマが出没したりして、お金を払ってでも、どこかほかの場所にうつりたくなることもあるだろう。

キキクタリュアクにはホステルもあるが、認可を得ていない。

サービス

キキクタリュアクの**健康管理センター** Health Centre | 8 | には、正規の資格を持った看護師がふたりいる。予約なしの外来の診療時間は月曜から金曜までの午前8時半から午前11時半まで。午後の1時から4時半は、旅人は先ず予約をとらなければならない。緊急時は、いつでも対応してくれる。また、ここには**連邦警察（RCMP）** | 9 | の駐在所もある。

本書で日本語版序を書いているC・W・ニコルさんにとって　このあたり一帯は《庭》みたいなものである（キキクタリュアクの南　パングニルトゥング寄りの海峡をカヌーで行くニコルさん）

37　キキクタリュアク（ブロートン島）Qikiqtarjuaq (Broughton Island)

キキクタリュアク連絡先（本文掲載順）

|1| ヌナブト準州政府資源開発省 Department of Sustainable Development, Government of Nunavut　Tel 867-927-8966　Fax 867-927-8450
|2| アウユイトゥク国立公園 Auyuittuq National Park（旅行準備業者/ツアー・オペレーターの問いあわせ。国立公園は夏期のみ）　Tel 867-927-8834　Fax 867-927-8454
|3| シーヤミウト・ストア Siijamiut store（現金のみ）
Tel 867-927-8102　Fax 867-927-8019 E-mail: icebound@nunanet.com
|4| ミングク・ソーイング・グループ Minnguq Sewing Group（役場に問いあわせること）
Tel 867-927-8832 あるいは 867-927-8879　Fax 867-927-8102
|5| ノーザン・ストア Northern Store（VISA、Interac使用可）
Tel 867-927-8917　Fax 867-927-8070
|6| トゥルガク生協ホテル Tulugak Co-op Hotel（VISA、Diners Club/enRoute使用可）
Tel 867-927-8874 あるいは 867-927-8833　Fax 867-927-8124
|7| シク・ホテル Siku Hotel　Tel 867-927-8111
|8| 健康管理センター Health Centre　Tel 867-927-8916　Fax 867-927-8217
|9| 連邦警察（RCMP）　Tel 867-927-8967　Fax 867-927-8309

そのほかの連絡先

空港（ファースト・エアー First Air）　Tel 867-927-8873
役場 Hamlet Office　Tel 867-927-8832　Fax 867-927-8120
郵便局（ハムレット・ビルディング内）　午後1時半から5時半（月〜土）　電話はなし
猟師・罠猟師組合 Hunters and Trappers Organization (HTO)
Tel 867-927-8836　Fax 867-927-8525
アルコール・ドラッグ・エデュケーション・コミッティー Alcohol and Drug Education Committee
Tel 867-927-8428
ヌナブト・アークティック・カレッジ Nunavut Arctic College
Tel 867-927-8847　Fax 867-927-8219
アイスバーグ・アウトフィッティング Iceberg Outfitting（旅行準備業者/ツアー・オペレーター。ステビエ・アウドラキアク Stevie Audlakiak に問いあわせよう）
Tel 867-927-0450　Fax 867-927-8206
軽食堂 Quick Stop（ノーザンストアのまえにある軽食喫茶店）　午後4時〜8時（月〜土）
Tel 867-927-8917
ナウヤク・アウトフィッティング Nauyak Outfitting（旅行準備業者/ツアー・オペレーター。アラン・コーニーリウシー Allan Kooneeliusie に問いあわせよう）
Tel 867-927-8427　Fax 867-927-8120
ピカルヤク・アウトフィッティング Pikaluyak Outfitting（旅行準備業者/ツアー・オペレーター。ボウルシー Pauloosie あるいはティア・コーニーリウシー Tia Kooneeliusie に問いあわせよう）
Tel 867-927-8390　Fax 867-927-8404　E-mail: icebound@nunanet.com
Web site: www.arctic-travel.com/PIKALUYAK

ラジオ局（FM107.1）Tel 867-927-8971 あるいは 867-927-8852
気象情報　Tel 867-927-8792　Fax 867-927-8032
大気予報の Web site: www.infonorth.org

南バフィン島 South Baffin Island

38 イカルイト　　　　　　　　　　　　　　　　　　Iqaluit

アロートーク・イペリー　　　　　　　　　　　Alootook Ipellie
キャロル・リグビー　　　　　　　　　　　　　　　Carol Rigby

コンクリート・ジャングル・シティー――ニューヨークや東京などの世界最大級の都市からやってくる旅人には、やすらぎを与えてくれる《いやしのオアシス・シティー》。でも、ヌナブトの小さなコミュニティーの人びとにとっては、ここは大都会。とにもかくにも、イカルイトはヌナブト準州最大の都市なのである。

人口	4,220人（イヌイット61％、イヌイット以外39％）
市外局番	867
標準時間帯	東部標準時
郵便番号	X0A 0H0（一般配達および私書箱1-1949）
	X0A 1H0（私書箱5001-5090）

現地までの道のり（可能なルート）
- オタワ/モントリオール～イカルイト Iqaluit（オタワとイカルイト、モントリオールとイカルイト間は、どちらも北へ2,100キロメートル）
- ウィニペグ～ランキン・インレット Rankin Inlet～イカルイト（ランキン・インレットとイカルイト間は、東に約1,200キロメートル）
- エドモントン～イエローナイフ Yellowknife～ランキン・インレット～イカルイト
- カンゲルスアク Kangerlussuaq（グリーンランド）～イカルイト

銀行	あり。カナダ・ロイアル銀行とモンテリオール銀行
酒類	イカルイトではアルコールおよびアルコール飲料を購入することはできない。ただし、認可を受けたレストラン、バーおよび特定のクラブでアルコールを飲むことができる。この地域にアルコールの持ちこみを希望する者は、あらかじめイカルイト内の北西準州酒類委員会NWT Liquor Commissionの許可をとらなければならない。
タクシー	あり。

（人口は1996年のカナダ国勢調査のデータによる）

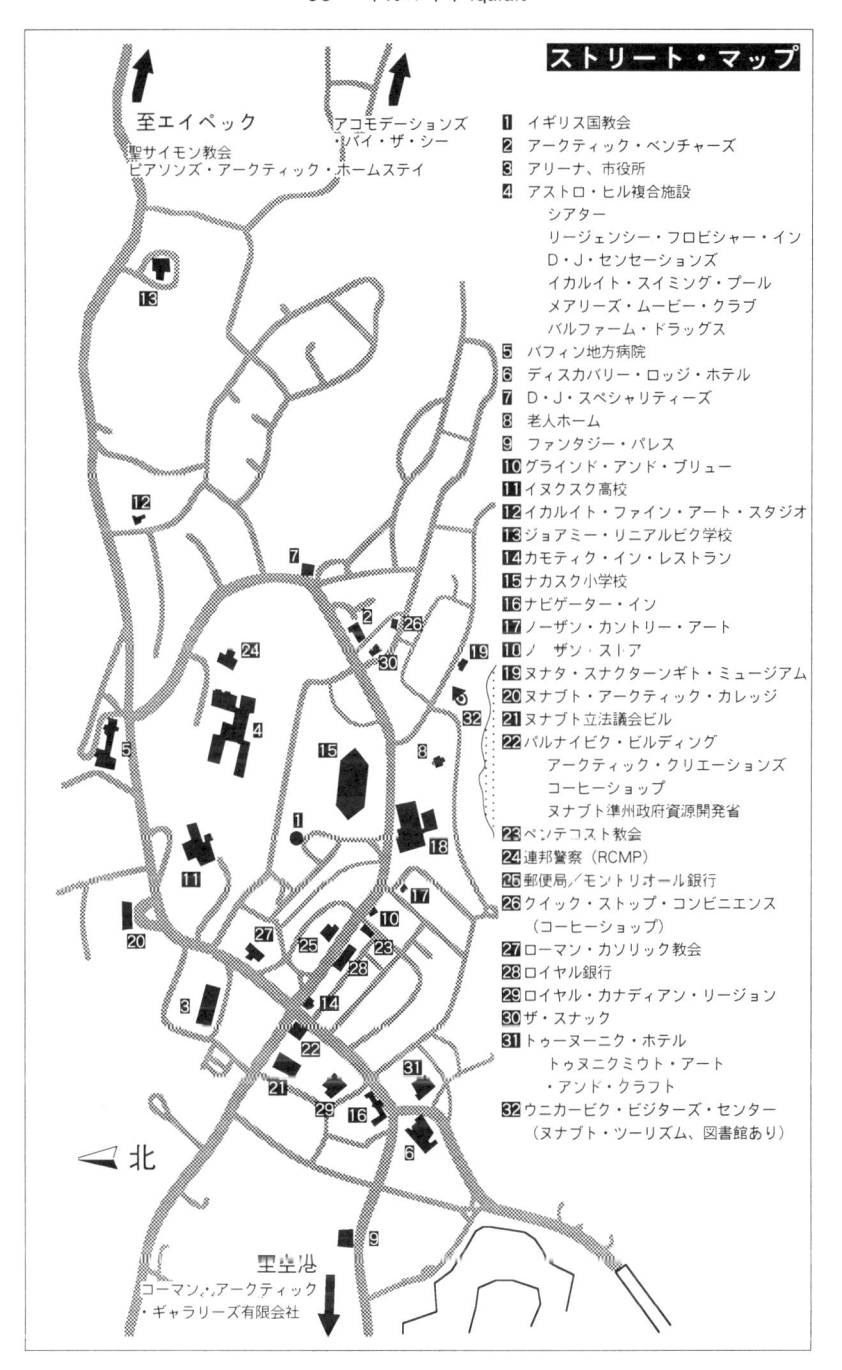

38 イカルイト Iqaluit

ストリート・マップ

至エイペック
聖サイモン教会
ピアソンズ・アークティック・ホームステイ

アコモデーションズ・バイ・ザ・シー

1 イギリス国教会
2 アークティック・ベンチャーズ
3 アリーナ、市役所
4 アストロ・ヒル複合施設
 シアター
 リージェンシー・フロビシャー・イン
 D・J・センセーションズ
 イカルイト・スイミング・プール
 メアリーズ・ムービー・クラブ
 バルファーム・ドラッグス
5 バフィン地方病院
6 ディスカバリー・ロッジ・ホテル
7 D・J・スペシャリティーズ
8 老人ホーム
9 ファンタジー・パレス
10 グラインド・アンド・ブリュー
11 イヌクスク高校
12 イカルイト・ファイン・アート・スタジオ
13 ジョアミー・リニアルビク学校
14 カモティク・イン・レストラン
15 ナカスク小学校
16 ナビゲーター・イン
17 ノーザン・カントリー・アート
18 ノーザン・ストア
19 ヌナタ・スナクターンギト・ミュージアム
20 ヌナブト・アークティック・カレッジ
21 ヌナブト立法議会ビル
22 パルナイビク・ビルディング
 アークティック・クリエーションズ
 コーヒーショップ
 ヌナブト準州政府資源開発省
23 ペンテコスト教会
24 連邦警察 (RCMP)
25 郵便局／モントリオール銀行
26 クイック・ストップ・コンビニエンス
 （コーヒーショップ）
27 ローマン・カソリック教会
28 ロイヤル銀行
29 ロイヤル・カナディアン・リージョン
30 ザ・スナック
31 トゥーヌーニク・ホテル
 トゥヌニクミウト・アート
 ・アンド・クラフト
32 ウニカービク・ビジターズ・センター
 （ヌナブト・ツーリズム、図書館あり）

◁ 北

聖堂港
コーマン・アークティック
・ギャラリーズ有限会社

38　イカルイト Iqaluit

にぎやかでしゃれた雰囲気の空港｜1｜におり立つと、辺境の地とはとても思えない気持ちにさせられる。

イカルイトはバフィン島 Baffin Island のほかの地域、そしてグリーンランドを結ぶ中心地だ。

1995年12月、イカルイトはヌナブト内の直接投票で中央・東部北極圏にまたがる新準州の首都に定められた。歴史的な施行の日は1999年4月1日で、以来イカルイトの発展はめざましい。パルナイビク・ビルディング Parnaivik Building 近くに建設中の立法議会ビルは、それをもっとも如実に語っている（2003年現在、このビルの建設は完成している＝日本語版編者注）。

イカルイトの中心地から見わたせるクーイェッセ・インレット Koojesse Inlet は、干潮時には準州内最長となる海岸である。かつて、この海岸にはイヌイットたちの小屋が群れをなしていた。のちに現代家屋、商店や公共建築などが建てられるようになると、人口も増えていき、この海岸一帯は政治的要地として注目されるようになった。現在も政府の地方分権化でヌナブト全域の半分近くに雇用が広がっているが、イカルイトはその恩恵をもっとも受けるだろうといわれている。公共事業につづいて設立された多くの私企業もまた、急発展をとげている。関係がなさそうに見えるが、興味深いことに、市の副収入の源は南の映画産業である。俳優や映画監督が本物の北極圏のシーンを撮影するため

立法議会ビルのまえのヌナブト準州旗

立派な立法議会ビル

凍ったクーイェッセ・インレットの海側から見たエイペックス

つぎつぎにここを訪れる。イカルイトも、文化と言語の面で混合社会（ほかの地域では90％以上がイヌイットなのに対し、ここでは3分の2近くの住民がイヌイット）だ。ケベック州の北に位置するイカルイトには、400人あまりのフランス系カナダ人が住んでおり、フランス語のラジオ局もある。昔は、米軍基地と町の北部は中心部とは関係なく、1本の道でつながっているだけだった。しかし、ただの大きな田舎町だったイカルイトはやがて発展した《都市》となった。南へ8キロメートルほど行ったところには小さな郊外の町―アクングットNiaqunngut、公式の名ではエイペックスApexがある。カナダ政府が1955年にモデル都市としてこの町をつくってから、ここは人びとの活動の中心となった。ここには公立の学校、健康管理センター、コミュニティー・センターや消防署などがある。近くにはハドソン湾会社Hudson's Bay Co.の支社や倉庫も建てられた。

歴史

数千年まえには、イカルイトを含む北極圏は静かな前人未到の地で、ドーセット文化Dorset cultureやチューレ文化Thule cultureの開拓者たちが狩猟やキャンプをしに来ていた。この地は極上の狩猟の場であり、また極上の漁場でもあり、あたたかい季節になると食用の草木や木の実もとれた。獲物がいなくなると、狩猟の民はさらに多くの獲物を求めてあちらこちらへと移動した。

1942年の第2次世界大戦中、カナダ政府の同意を得たアメリカ空軍は、滑走路の建設地として絶好の場所だった現在のイカルイトを選んだ。ヨーロッパの同盟国に軍用物資を運ぶのに、アメリカ本土から直接空輸するには距離が遠すぎたのである。この時期に、まわりの狩猟キャンプ

から多くのイヌイットが滑走路、格納庫やその関連施設の建設のために雇われた。

雇われたイヌイットの狩人たちとその家族はクーイェッセ・インレット海岸での定住を余儀なくされ、空軍基地やゴミ捨て場から木切れを持ってきて定住用の小屋をつくった。そうして小さな村となったこの一帯を、イヌイットは「魚（複数形）」を意味する言葉で「イカルイト」と呼んだ。この一帯では春から夏にかけて2キロメートルほど西からシルビア・グリンネル川Sylvia Grinnell Riverをくだってくる魚、とくにチャー（ホッキョクイワナ）が多くとれる。そして秋になり、魚が冬に備えてシルビア・グリンネル湖に戻る時期になると、魚たちはふたたび群れをなして姿を見せる。

空軍基地とエイペックス・ヒル（旧称）を含めたこの一帯は、かなりまえにフロビッシャー・ベイFrobisher Bayとして政府の公式地図にも描かれるようになった。このことで、外の世界にもこの地名が知られるようになる。この地名は、北西航路を抜けて東洋に向かう途中、1576年にここを《発見》したイギリスの航海家マーチン・フロビッシャーMartin Frobisherにちなんでつけられた。フロビッシャーはおもに湾口のコドルナーン島 Kodlunarn Islandの鉱石をとるためにここを3度訪れている。フロビッシャーは島に金があると信じていた。その間、現地のイヌイットとの小競りあいも何度かあったようである。イヌイットがフロビッシャーの側から5人の男を人質にとったこともあった。その後5人は消息を絶ったという。

また、フロビッシャーが4人のイヌイットをつかまえて、おそらく王族や民衆に見せるためにイギリスに連れて帰ったという話もある。イヌイットたちはこの未知の地で長く生きることはできなかった。

ほかのイヌイットとの衝突で、フロビッシャーは尻をヤリで刺されたこともあった。定かではないものの、彼はそれ以降イヌイットに攻撃を受けた最初のイギリス人としても知られるようになる。そして、彼が大切にイギリスへ持ち帰ったといわれる鉱石はというと、実はまがい物であったことがのちに判明した。かくしてフロビッシャーの金を求めた北極圏探索は終わったのである。

18世紀から19世紀にかけて、ヨーロッパから、そしてのちには北アメリカから探検家や捕鯨者たちが北極圏探索に乗り出した。そして宣教師が訪れるようになると、彼らのもたらした西洋文化はバフィン島南部に集中的な衝撃をあたえた。宣教師たちが広めたキリスト教は、長い伝統を持つイヌイットのシャーマニズム信仰にとってかわることになった。

北極圏中のほかのイヌイット居住地域と

現地保存資料から複写（下の写真も）

38 イカルイト Iqaluit

おなじように、イカルイトの伝統文化も西洋化をまぬがれなかった。1950年、ハドソン湾会社はフロビッシャー湾 Frobisher Bay の北端から50キロメートル南のワード・インレットからイカルイトにうつった。やがて東部 DEW ラインの建設のために物資と労働者が送りこまれるようになると、西洋化はさらに進み1957年には、イカルイトはおよそ1,200人、うちイヌイット489人という人口を抱えるようになった。

アメリカは第2次大戦後、空軍基地をカナダ王立空軍にあけわたした。1963年にアメリカ人が完全にいなくなると、イカルイトは東部北極圏のカナダ政府統治のもと、コミュニケーション、交通の北の中心となる。この動きには、カナダ政府が冷戦構造のなかで極北の統治権を勝ちとろうとした背景があった。

まだ小さな村であったころから、イカルイトは多くのイヌイットのリーダーを生んだ。まずあげられるのが、イヌイットの大工シモニー・マイケル Simonie Michael である。シモニーはエイペックス・ヒルにあったシシ住宅協同組合 Sisi Housing Co-op の長を務めた。この地位についたことで、彼はイヌイットとヨーロッパ系カナダ人の双方にかかわる最初の指導者のひとりとなった。60年代なかごろ、彼はイカルイトで、またカナダで最初のイヌイットによる企業であるイヌーク社 Inook Ltd. の社長となった。シモニーはフロビッシャー地方議会 Frobisher Community Council の議長でもあり、聖サイモンイギリス国教会評議会 St. Simon's Anglican Church Council のメンバーでもあった。

マッケンジー・デルタ MacKenzie Delta 出身のイヌイット、エイブラハム《エイブ》オクピク Abraham "Abe" Okpik は、八面六臂（はちめんろっぴ）の大活躍をした人でエイペックス・ヒル地域組合 Apex Hill Community Association の議長を1963年から務め、オタワの北西準州立法議会 Northwest Territories Legislative Assembly の前身である北西準州議会 Northwest Territories Territorial Council の一員となった最初のイヌイットであった。また彼は、プロジェクト・サーネームと呼ばれる、連邦政府から与えられた識別番号のかわりにイヌイットの家族が自分の姓を選べるようにする運動の長を、1968年から70年まで務めた。その後まもなく、オクピクはカナダ政府から国民最高の栄誉であるカナダ勲章を与えられた。

ほかには、多くの若いイヌイットに伝統的な狩猟の指導をおこなったシモニー・アライガ Simonie Alainga の名もあげられる。シモニーは、イヌイットの居住者たちとその土地や狩猟の伝統とを結びつける役割を果たした。1960年代はじめから、彼は新しい地域社会に馴染めないイヌイットたちを、それぞれの意志に応じてもとの生活に戻すことに力をそそいだ。彼の努力は、西洋的価値観と伝統的価値観の狭間にあったイヌイットたちにとって大きな慰めとなった。

アナクドルク Anakudluk も伝統主義者のひとりで、イギリス国教会の信徒でもあった。彼はいつも、過渡期にあったイヌイットのコミュニティーの精神的な支えとなるよう努力していた。アルナイトク・

イピーリエもまた信徒だった人で、イヌイット語音節文字の読み書きを若者に教えた最初のイヌイットのひとりである。彼は尊敬を集めた演説者でもあり、力強い歌手としても知られていた。

イヌツィアクは、イヌイットの狩猟のリーダーのひとりである。彼はイヌイットの精神的な伝統を引き継いだ人で、物語のよき話し手としても知られており、ラジオにもしばしば出てイヌイットのあいだで語り継がれている物語を人びとに紹介した。イヌツィアクは、子どもの誕生に際して贈られる彫刻でもまた有名で、カナダだけでなく外国からも収集家がそれを求めてやって来る。

そしてリーダーといえば、忘れてはならない風がわりなヨーロッパ系カナダ人たちもいる。ハドソン湾会社の社員としてイカルイトに長く住んだスコットランド人のビル・マッケンジー Bill MacKenzie は、東部北極圏でおそらく最初で最後の農民であろう。もと市長で北西準州政府（GNWT）立法議員であったブライアン・ピアソン Bryan Pearson は、イヌイット語で「やせっぽち」の意味の「サルク Salluq」と呼ばれており、その功績はフロビッシャーの名声にも負けない。

ほかに敬意を集めた住民としては、朗らかでイヌイット語に堪能で、**ノーザン・ストア Northern Store |3|** の支配人を長く務めたゴードン・レニー Gordon Rennie があげられる。故フレッド・コーマン Fred Coman は、美術品の販売人で実業家でもあり、起業活動やボランティア活動を通して長期間地域社会に貢献した。

風土と野生生物

クーイェッセ・インレットを囲んでいる静かな丘がイカルイトのどまんなかにある。たとえばパングニルトゥング山脈 Pangnirtung's Mountains よりは見どころがないにしても、6月下旬に姿を現し8月上旬まで開花する北極圏のさまざまな野生植物をこの丘で見ることができる舗装されていない側道さえも、7月には大きな葉をつけ、明るいピンク色のヤナギランの花で明るくなる。**ヌナブト・アークティック・カレッジ Nunavut Arctic College |3|** のヌナタ・キャンパス Nunatta Campus の鮮やかな屋根は、この美しい花の色に似せてつくられた。

極北のイタズラ者、ワタリガラスは1年中どこでも見られる鳥だ。イカルイトの高層建築のあいだの上昇気流に乗って舞いあがったり、イヌのエサを突然奪ったり、この非常に賢い（そしてまた大きな）鳥のこっけいな動きは見る者を楽しませる。夏になるとユキホオジロ、ライチョウ、海カモメ、たまにヒレアシシギ、そして運がよければペレグリン・ファルコンの姿も見ることができる。冬に町はずれまで出かけると、しばしばカリブーの大きな群れに遭遇する。ここ数年、カリブーの移動ルートが町に近くなった。また夏には、恥ずかしがりのホッキョクウサギや、たまにレミングを見かけることもある。イカルイトのすぐそばならば危険な野生動物に遭遇することはないが、たまにいるホッキョクキツネは狂犬病のおそれがあるので注意が必要だ。アザラシは氷がとける時期になるとクーイェッセ・インレッ

冬はスノーモビルのうしろにソリを引いて……（イカルイトの町のまえの凍った海で）

トにしばしば姿を見せるが、それより大きな哺乳動物がそれほど近くに現れることは少ない。

パイリジャイト・ティグミビク老人ホーム Pairijait Tigumivik Elders' Facility とヌナッタ・スナクターンギト・ミュージアム Nunatta Sunakkutaangit Museum のあいだの海岸にある**ウニカービク・ビジターズ・センター Unikkaarvik Visitors Centre | 4 |** では、町付近でハイキングをする人のためのパンフレットを配っている。もっとも、最近すすめられている土地開発のせいで、エイベックスにつづく海岸線のコースなど、いくつか通れなくなったコースもある。コースの途中では、イヌクシュク（人型をした石塚。イヌイットがツンドラに多くつくった伝統的な陸標・道しるべ）を見つけることもあるだろう。イヌクシュクには人間の形に似せてつくられたものもあり、それはカリブーを湖のほうに導いてカヤックの上から仕留めやすくするためである。

ほかに人気のある見どころは、シルビア・グリンネル川の土手に面したシルビア・グリンネル準州公園 Sylvia Grinnell Territorial Park だ。政府のつくったキャンプ場には、ピクニック用のテーブルや野外トイレ、防風雨用のシェルター、ゴミ箱などがある。とくに場所は決めていないがキャンプをしたいというのなら、この場所がもっともいいだろう。キャンプ道具をかついでいくのが面倒ならば、キャンプ場にタクシーで行くこともできる。ただし、町のなかを移動するよりは料金が少し高くなる。また、ライセンスを持った地元の旅行社のスタッフとともに、カウマールビート準州立歴史公園 Qaummaarviit Territorial Historic Park 付近までツアーを組むこともできる。

イカルイトでライセンスを持っている代表的な旅行社は、**イートゥック・アウトフィッティング Eetuk Outfitting | 5 |**、**ノースウィンズ・アークティック・アドベンチャーズ NorthWinds Arctic Adventures | 6 |**、**プルラービク・アウトフィッティング Purlaavik Outfitting | 7 |**、**キムク・アドベンチャー・ツアーズ Kimuk Adventure Tours | 8 |**、**カイルリク・アウトフィッティング有限会社 Qairrulik Outfitting Ltd. | 9 |** などである。ヘリコプターでツンドラを見にいくこともできるが、この場合は

511

グループで費用を割り勘にするのがいいだろう。**カナディアン・ヘリコプターズ** Canadian Helicopters | 10 | は大小ヘリコプターを1時間1,000ドルから5,000ドルの値段で提供している。大型のシコルスキ機には、最大15人まで乗りこめる。予約が必要だ。

ツアー

イカルイト、もしくはバフィン島に行く旅人は、まずビジターズ・センターとミュージアムを訪れるべきだろう。このふたつの建物は、イカルイトの海岸沿いにとなりあって並んでいる。

ヌナタ・スナクターンギト・ミュージアム Nunatta Sunakkutaangit Museum | 11 | は改築ずみのハドソン湾会社ビルのなかにあり、こじんまりしていながらも充実した美術館だ。そこには南部バフィン島の歴史を物語る工芸品の数々が並べられている。また、期間限定の展示コーナーもある。

美術館のとなりには、**ウニカービク・ビジターズ・センター** Unikkaarvik Visitors Centre と**ヌナブト・ツーリズム** Nunavut

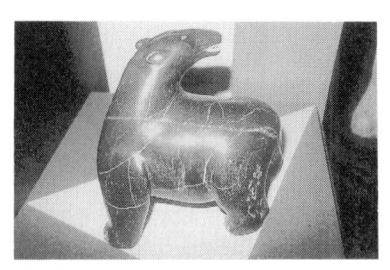

(左の行末の写真 上から順番に) ヌナタ・スナクターンギト・ミュージアムの入り口看板 正面入り口 なかの展示作品

Tourism | 12 | の事務所があり、町の図書館もある。ビジターズ・センターには、実物大のドラム・ダンサーの大理石彫刻が置いてある。この彫刻は、カナダの名高い彫刻家ジョージ・プラットの指導のもとにイヌイットの彫刻家が彫ったものである。

イカルイト100年記念図書館 Iqaluit Centennial Library | 13 | では、名高い生物学者トーマス・マニング個人が収集した、北極に関係した蔵書のコレクションが展示してある。そのほかの蔵書としては、北極圏の植物誌や動物誌、歴史書などが充実しており、イヌイット語による出版物も大きな割合を占める。

海岸沿いに立っている**パイリヤイト・ティグミビク老人ホーム** Pairijait Tigumivik Elders' Facility | 14 | は、伝統的なカマク qammaq (草小屋) のイメージでつくられた。老人ホームなので、旅人として彼らの楽しみを邪魔しないよう、訪れるときは電話でアポイントをとっておいたほうがよい。また、お年寄りの多くは英語がまったくできないか、もしくは片言しか話せない程度なので通訳を連れていくことをおすすめする。

本物のカマクを見たければ、エイペック

38 イカルイト Iqaluit

スを訪れるとよい。伝統的な草小屋カマクでは、今も女性たちが町の集まりを催したり、伝統的な刺繍をつくったりしている。老人ホームの受付のアリシー・ジョアミー Alicee Joamie 氏はイヌイット語しか話さないので、**イカルイト市役所 Iqaluit Town office | 15 |** （担当セクションは、レクリエーション部 recreation department）に一報を入れてからホームを訪れるとよい。

イカルイトの中心である《繁華街》（**日本のそれを想像なさらないように！　静かで落ち着いた《繁華街》である＝日本語版編者注**）は、現在大きな変化をとげている最中だ。ヌナブトの新しい州都となったため、「フォー・コーナーズ」と呼ばれる中心区域には、企業や立法関係の施設を建てるためのスペースが設けられている。現在のパルナイビク・ビルディングの横には、立法局とオフィスビルが建つ予定だ（**2003年現在、そこにかなりの建物が完成している。さらに建設中の建物も多い＝日本語版編者注**）。建設はこれから数年ほどつづくと思われるが、新しく私企業や行政機関の施設を建てるスペースも少なくなってきている。

ショッピング

ヌナブトの各地域とおなじく、イカルイトも、美術品や工芸品が好きな人には天国のような場所である。現地のイヌイットがきざんだ石の彫刻もあれば、北極圏の動物たちの踊っている姿や人間、伝説上の人物などが描かれた絵画もある。彫刻の多くは写実的で、完成度も高い。凹凸が少なく緑がかった灰色をしている石、また大理石のように見える緑色の石は、キンミルト Kimmirut やケープ・ドーセット Cape Dorset でも見られる彫刻に使われている石とおなじものである。カリブーの角やセイウチの牙にほどこされたミニチュア

イカルイトの住宅街

彫刻もここで見ることができる。

　美術館に展示されている芸術品や工芸品のほかにも、絵画などの工芸品を売るアウトレット・ショップもいくつかある。以下に比較的質の高いものを売ると評判の店を列挙する。**アークティック・ベンチャーズArctic Ventures | 16 |**、**コーマン・アークティック・ギャラリーズ有限会社Coman Arctic Galleries Ltd. | 17 |**、**イカルイト・ファイン・アーツ・スタジオIqaluit Fine Arts Studio | 18 |**、**ノーザン・カントリー・アーツNorthern Country Arts | 19 |**、**トゥヌニクミウト・アーツ・アンド・クラフトTununiqmiut Arts and Crafts | 20 |**。店をまわって価格をくらべてみよう。アークティック・ベンチャーズや**D・J・センセーションズD. J. Sensations | 21 |**などの店では、伝統工芸品の宝石や銀などの貴金属、そして極小彫刻なども売っている。また、手縫いのニットやクローシェ編みでできたダッフルの靴下やチューク（毛編みの冬帽）も買うことができる。《繁華街》のもっともにぎやかな一角にあるパルナイビク・ビルディングのなかにある**アークティック・クリエーションズArctic Creations | 22 |**は一見織物店のように見える（実際現地の仕立屋の評判がいい）。しかし、店主のモニカ・エル**Monica Ell**氏は美しい手づくりのパーカやセーターなどの衣服、そしてほかの工芸品も用意しているという。**アーツ・アンド・クラフト・センターArts and Crafts Centre | 23 |**はヌナブト・アークティック・カレッジのなかにあり、バフィン島の芸術品を展示している。一般向けには販売をおこなっていないが、ヌナブト現地のギャラリーとして楽しめる。イカルイトで活動するイヌイット以外の芸術家はギャラリーや展覧スペースを自宅に設けていることが多い。よりくわしい情報を知りたければ、ウニカービク・ビジターズ・センターに問いあわせてみるとよい。

イベント

　1964年以来、イカルイトでは毎年4月の最終の2週間に**トゥーニク・タイム・フェスティバルToonik Tyme festival**と呼ばれるお祭りが催され、人びとは春をむかえる。この時期になると、イヌイットの伝統的狩猟やスノーモービル、ドッグ・レースやそのほかの催し物や饗宴見物を目当てに世界中から旅人が集まる。このお祭りは毎年ボランティアの委員会が開催しているので、まえもって日程を確認しておいたほうがいい。

　トゥーニク・タイム・フェスティバルは、伝説で言い伝えられているイヌイットの祖先、トゥニート**Tuniit**を祭る行事だ。トゥニートは約1000年まえに東方から現在のグリーンランドやカナダ極北の東部にうつり住んだと言い伝えられている。考古学者たちのあいだでは一般的に、トゥニートとはいわゆるドーセット文化**Dorset culture**の人びとであると考えられている。イヌイットの伝説では、彼らは超人的な強さとスタミナを兼ね備えた人びととして語られている。また、足が早くなるために逆さまにぶらさがって眠ったとも言い伝えられている。イカルイト周辺の年配者のあいだでは今も、春にな

ると集落の近くの丘の上にカリブーの毛皮を着たトゥニートの霊が現れると信じられている。

　フェスティバルの最大の《みどころ》のひとつは、イヌイットの伝統式の狩猟だ。地元の人びとは、このときにおこなわれる漁と狩りのコンテストをいつも楽しみにしている。旅人にはイグルー（氷の家）づくりやバノック（小麦粉でつくった無発酵のパン）づくり、銛投げのコンテストなどが人気だ。伝統的なイヌゾリにかわったスノーモービルによる催し物もある。思わず息をのんでしまう毎年の丘登りレースや、数年ごとにおこなわれるキンミルトとのあいだを往復する長距離レースなどだ。長距離レースでは1990年にジョニー・ミキユク Johnny Mikijuk が156.9キロメートルの往復コースを4時間17分で走りきるという新記録を出した。1999年当時のイカルイトの市長ジミー・フラッシュ・キラブク Jimmy "Flash" Kilabuk は、以前このレースで早い記録を多く残したこ

とからこのニックネームがついた。祭りの夜は、室内でダンスやタレント・ショー、コンサートなどが開かれる。

　トゥーニク・タイム期間中の気温は－20度から－10度程度。4月下旬は太陽の出ている時間も長くなり始めるころで、天気はだいたい晴れだ。しかしパーカやブーツは必要で、旅人はとくにあたたかい服を準備しておくこと。サングラス、日焼け止め、肌の乾燥を防ぐ保湿クリームも持っていったほうがいいだろう。ごくたまに気温の急上昇や暴風雪で祭りが大打撃を受けることもあり、行事のキャンセルもありうる。そうした場合、だいたいの行事は延期される。とにかく北極圏ではすべてが天気に左右される。旅行はできるだけフレキシブルにしたい。

（ヌナブト・トレード・ショーは、例年3月初旬にイカルイトで催される。これもかなり大きなイベントといえるだろう［『ヌナブトでビジネス』の項の83ページ参照］＝日本語版編者）

ヌナブト・トレード・ショーでは　毛皮製品の展示が　ひときわ目立つ

宿泊

ヌナブトのなかでも、イカルイトにある旅人用の宿泊施設はもっとも多く、選択の余地もほかの地域にくらべて大きい。好みと予算によって、フルサービスのホテルから「旅人の家B＆B」（民宿）、キャンプ場までさまざまな選択が可能だ。ほかのヌナブト各地域とはちがい、イカルイトでは見ず知らずの他人と部屋を共有するということは、ほとんどない。

夏の忙しいシーズンには、まず予約をしよう。イカルイトには夏になると多くの建設業者たちがやって来るが、ロッジやホテルは彼らにまず部屋を提供する。そのため旅人がかならずしも優先されるというわけではない。ヌナブトが州都になり、現在は多くの建設が進行中なので、シーズンになると部屋を見つけるのがとくにむずかしくなる。

町の中心部にある**ディスカバリー・ロッジ・ホテル**Discovery Lodge Hotel | 24 | は部屋数が52で、最大75人までが宿泊できる。部屋はシングル、ダブル、エグゼクティブ・スイート。すべての部屋にダブルベッド、バスルーム、ケーブル・テレビ、ラジオ、直通電話つき。そのほか、ファックス、コピー機、事務サービス、電話のメッセージ・サービス、そして最大110人まで収容可能な会議室もある。また洗濯のサービスもあり、宿泊客は無料の空港送迎バスが使える。レストランもあるが、食事代は宿泊料金に含まれていない（シングル1泊140ドル、ダブル1泊156ドル、エグゼクティブ・スイートはシングル1泊230ドル、ダブル1泊245ドル）。

町のうしろの丘にあるアストロ・ヒル複合ビルAstro Hill Complexのなかには、**ジェンシー・フロビッシャー・イン**Regency Frobisher Inn | 25 | がある。ここは部屋数は50で、シングルとダブルがある。宿泊人数は最大80人。部屋にはバスルーム、電話、ケーブル・テレビがついている。スイート・ルームもあり、洗濯サービス、ルーム・サービスもおこなっている。漁師の宿泊客のために、魚の冷凍庫も用意されている。国から許可を得ているダイニング・ルーム、パーティー会場、カクテル・ラウンジもあり、130人まで入れる会議室もある。宿泊料金は食事代別。希望すれば、空港送迎もつけられる。1泊通常客で160～170ドル、法人・政府機関・団体客は140～150ドル。

ナビゲーター・イン Navigator Inn | 26 | はディスカバリー・ロッジ・ホテルのとなりにあり、部屋数は35室で最大51人まで宿泊可能。部屋にはバスルーム、ケーブル・テレビ、ラジオ、モデムつき電話がある。通訳サービスのついた会議室は、最大125人まで収容可能。ファックス、コピー機、さらにインターネット端末も用意されている。また、パーティー会場、許可ずみのラウンジ、ダイニング・ルーム、喫茶店とテイクアウト式のレストランがある。1泊シングルで139ドル、ダブルで154ドル。宿泊料金は食事代別。

トゥーヌーニク・ホテル／イン・ノース Toonoonik Hotel/Inns North | 27 | は部屋数18室、35人まで宿泊可能のフルサービス・ホテル。ダイニング・ルームが改築されて、いい雰囲気になった。すべての

部屋にバスルーム、ケーブル・テレビ、電話がついていて、洗濯のサービスもおこなっている。料金はシングルで107ドル95セント、ダブルで134ドル95セント。食事代別。クーイェッセ・インレットの頂上と空港の中間にある。

ピアソンズ・アークティック・ホームステイ Pearson's Arctic Homestay | 28 | はエイペックスに向かう道路上にあり、オーナーはイカルイトのもと市長、ブライアン・ピアソン。アークティック・ホームステイは最大6人まで宿泊可能。料金は朝食代こみでひとり1泊100ドル。家族客には特別料金もあり、小児用ベッドもある。シャトルバスあり。

アコモデーションズ・バイ・ザ・シー Accommodations By The Sea | 29 | はイカルイトのツンドラ・バリーに位置する6部屋の宿泊施設。バスルームは共用。電話、ケーブル・テレビのサービスもある。キッチンと洗濯機の用意もあり、オプションで食事のサービスも受けられる。長期や団体の宿泊客には特別料金あり。1泊朝食つきでシングル95ドル、ダブル110ドル。会議やパーティー用の施設も予約すれば使用できる。空港送迎バスもある。

レストラン

大きな町ということもあり、イカルイトでは食事に関してもほかの地域にくらべて選択肢が広い。フル・コースのメニューを用意している店もいくつかあり、なかにはチャー（ホッキョクイワナ）やカリブー、マクターク maktaaq と呼ばれるシロイルカ（ベルーガ）とイッカククジラの外側の生の皮の珍味、ジャコウウシなどの《ご当地料理》が食べられるところもある。4人家族でハンバーガーのメニュー4つとドリンクをふたつ注文しても、イカルイトでは軽く80ドルを超える。おもなホテル、レストランでの食事はなかなか質が高い。すばらしい料理も味わえるが、おおむね料理の質はそのときのコックによって異なる。イカルイトを訪れたら、今はどの店がいちばんおいしいか聞いてまわるといいだろう。

つぎにあげるすべてのレストランは、アルコールを出す許可を得ている。

グラナイト・ルーム Granite Room | 30 | はディスカバリー・ロッジ・ホテルのなかにあり、設備もよく整っている。朝食、ランチ、ディナーすべてが食べられる。メニューには各国料理もあれば、北極圏独特のものもある。デイリー・スペシャル、日曜のブランチもある。パーティー、結婚式やそのほかの特別行事の受付もしている。市内ではもっとも値段が高いレストランのひとつだが、料理の質はとてもいい。予約をとることをおすすめする。リージェンシー・フロビッシャー・インのダイニング・ルームでは、ランチでもディナーでも北極圏料理が食べられる。チャー（ホッキョクイワナ）（薫製、者魚、焼き魚など、いろんな形で食べることができる）、ホタテ、グリーンランドエビ、カリブーなど。一般的な北アメリカ料理もあり、食べ放題で日曜のブランチ（午前11時～午後2時）と月曜から土曜までのランチ（午前11時～午後1時半）を出している。

ナビゲーター・インのダイニング・ルー

ムは、金曜の夜と土曜の夜は、ピザが食べ放題で現地の人びとにも人気がある。日曜には午後5時から9時までバイキングも出る。そのため金曜から日曜は予約しておいたほうがよい。朝食、ランチも別々で食べることができるが、日曜は朝食、ランチはやっていない。ディナーのメニューは一般的な北アメリカ料理から、イワナやカリブーなどの北極圏《ご当地料理》までさまざまだ。日ごとにホットとコールドのスペシャリティも出している。ここも予約をとることをおすすめする。

店はイグルーの形をしていて、暖炉があることがご自慢の**カモティク・イン・レストラン**Kamotiq Inn Restaurant | 31 |では、毎日、ランチ・バイキングを用意している。日曜には食べ放題ブランチを出している。カモティクではステーキ、シーフード、北極圏料理、あばら肉やメキシコ料理も食べられる。

最近改築されたトゥーヌーニク・ホテル/イン・ノースのダイニング・ルームは午前7時から午後9時まであいており、《ご当地料理》を売りにしてランチ、ディナーのスペシャリティを用意している。

ロイヤル・カナディアン・リージョン Royal Canadian Legion | 32 |では軽食からフル・コースのランチまでいろいろなメニューを出しており、カクテル・ラウンジもある。リージョンはメンバー制なので、メンバーになるかメンバーのゲストとしてしか入れない。

ほかにも市内には軽食やファースト・フードを売る店があるが、上にあげたレストランとおなじように南部の店にくらべて値段は高い。アークティック・ベンチャーズではサンドイッチ、ドリンクやピクニック用の食べものを買うことができる。アークティック・ベンチャーズは空港のなかにも軽食、バー、ギフト・ショップ、コンビニエンスストアをかねた支店を出している。

カングク・コンビニエンス・アンド・カッフェー・ショップ Kanguk Convenience and Coffee Shop | 33 |はアストロ・ヒル総合ビルにあるコンビニと喫茶店だ。ノーザン・ストアのなかに喫茶/バーがあって、サンドイッチ、軽食、ハンバーガーなども売っている。ナビゲーター・インにはダイニング・ルームのほかに、**ザ・ゲリー**The Galley | 34 |という喫茶店があり、店内・持ち帰りどちらでも軽食がとれる。ここは毎日あいていて、メニューには朝食もランチも用意されている。

ザ・スナック The Snack | 35 |は店内・

カモティクのユニークな看板

ノーザン・ストア　このなかに喫茶/バーがある

持ち帰りともにたくさんのメニューを用意しており、なかにはピザ、ハンバーガー、サブマリーン・サンドイッチ、フライド・チキンやプーティン poutine（とかしたチーズとグレイビー・ソースをかけたフライドポテト）などのフランス系カナダ料理などがある。ザ・スナックでは24時間食事の配達サービス（配達料無料）をおこなっている。**クイック・ストップ・コンビニエンス・コヒー・ショップ** Quick Stop Convenience and Coffee Shop ｜36｜はイカルイトでピザ・ハットとケンタッキー・フライドチキンから許可を得た直売店だが、その値段に旅人はぎょっとする。この店ではほかにも簡単な食べものを売っている。

メナノト・アークティック・カレッジのカフェテリア Cafeteria at Nunavut Arctic College ｜37｜は、学生のいるときならあいている。

こぢんまりとした喫茶店**グラインド・アンド・ブリュー** Grind and Brew ｜38｜は特製のひきたてコーヒー、デザート、チョコレートを出していて、禁煙席・喫煙席の両方がある。パルナイビク・ビルディングにも喫茶店がある。空港に行く途中の道にある**ファンタジー・パレス** Fantasy Palace ｜39｜はコーヒーを飲み、かつデザートも食べられる新しいスポットだ。

キャンプをする人向けには、ノーザン・ストアやアークティック・ベンチャーズで食糧品を売っている。

娯楽とレクリエーション

イカルイトはバフィン島のなかで唯一、ささやかながらも《ナイト・ライフ》のある町だ。夜のすごし方はせいぜいレストランでの食事、ホテルのラウンジ、映画、優遇者であるかメンバーの知りあいがいればロイヤル・カナディアン・リージョンでのダンスにかぎられる。アストロ・ヒル複合ビルのなかの**アストロ・ヒル・シアター** Astro Hill Theatre ｜40｜では週ごとに新作映画を2本上映している。ビデオが見たければ、そしてビデオ機が手元にあれば、ビデオを借りることもできる。ビデオが借りられるのは**メアリーズ・ムービー・クラブ** Mary's Movie Club ｜41｜、**クイック・ストップ・コンビニエンス、ビデオ・シャック** Video Shack ｜42｜。

ほかにある娯楽といえば、金曜の夜によく開かれるビンゴだろう。ビンゴは事業団体の資金集めや、たまにおこなわれるコンサートやダンス・パーティーのために、ときおり開かれる。こうした行事は、普通まえもって郵便局｜43｜（モントリオール銀行とおなじ建物にある）、ビジターズ・センターや銀行などの掲示板に告示が貼られる。また、現地のラジオで宣伝されることもある。イカルイトでは旅人よりむしろ現地の人びと向けの娯楽が多いものの、ときとして興味深い現地のアーティストのパフォーマンスに出くわすこともある。もっとも現地の住民にとっては、ベアネイキッド・レイディーズなどの音楽グループが来ることがもっともエキサイティングなことのようである。

市内のレクリエーション施設にはスケート靴のレンタルもしている**イカルイト・アリーナ** Iqaluit Arena ｜44｜がある。

ここには冬に使われる**イカルイト・カーリング・リンク** Iqaluit Curling Rink｜45｜もある。キャンプをする人は**イカルイト・スイミングプール** Iqaluit Swimming Pool｜46｜のシャワーを借りることができる。いくつかの学校の体育館は地元の各団体もよく使っており、バドミントンや空手、フェンシングやインドア・サッカーなどをしている。イカルイト市役所のレクリエーション・セクションが、これらの施設でスポーツ・イベントを催すこともある。くわしくは電話して聞くとよい。また、クラブや団体がおもに6月から9月のあいだに空手やアクアフィットネスなどの活動をおこなったりもしている。若干の費用はとられるものの、こうした活動は観光客も受け入れている。こうした活動についても、市のレクリエーション・セクションに問いあわせてみよう。**フロビッシャー・ラケット・クラブ** Frobisher Racquet Club｜47｜にはスカッシュ・コート、ラケットボール・コート、フィットネス・センター、ビリヤード場、ダーツ、シャッフルボード、カーリング、そして許可を得たバーやレストランもある。これらの施設を使うには、メンバー登録が必要だ。

そのほかのサービス

イカルイトの**バフィン地方病院** Baffin Regional Hospital｜48｜は、現地の健康管理のほとんどを手がけている。急患の場合は、可能なら患者自らが病院へおもむくほうがよい。救急車が必要であれば、電話で緊急用番号にかければよい。自治体では**救急車のサービス**（正式には**イカルイト・エマージェンシー・サービス** Iqaluit Emergency Services｜49｜という）を24時間受けつけている。もし可能なら、急患受付の担当に事情を説明する。緊急でない健康上の問題があれば、病院の外来者受付に予約をとるといい。

イカルイトには眼科がないが、3、4か月ごとに眼科医がやってくる。必要なら病院に申し出ること。眼鏡は**バフィン・オプティカル** Baffin Optical｜50｜で買うことができるが、眼鏡ができるまでは1～2週間かかり、完成してもイエローナイフまでとりに行く必要がある。支店ではネジやフレームの簡単な修理をおこなっている。バフィン・オプティカルがバフィン島のほかの地域に眼鏡をつくりに行くときは、店を1週間ほど閉めることがある。こうした場合はまえもって告示がある。**イカルイト・デンタル・クリニック** Iqaluit Dental Clinic｜51｜はイカルイト・ハウスのなかにある。バフィン島で唯一のドラッグ・ストア、**バルファーム・ドラッグス** Valupharm Drugs｜52｜はアストロ・ヒル複合ビルのなかにある。

聖ユダ・イギリス国教会堂 St. Jude's Anglican Cathedral｜53｜は**ナカスク小学校** Nakasuk Elementary Schoolのとなりにあり、建築としても非常に美しい。イグルーの頂上にヤリがついたようなつくりで、礼拝に来ていた人びとが設計したのだという。教会堂のなかでは、祭壇の向こう側にイヌイットの伝統生活と教会行事をあらわした美しい絵が飾ってある。祭壇の手すりはカムティック qamutik（イヌゾリ）の側面部分でつくられていて、説

教壇もカムティックだ。ほかにも、アザラシの革でできたひざ布団、イッカククジラの角でできた祭壇の十字架、そしてエリザベス2世に捧げられたという滑石（ソープストーン）でできた洗礼台などめずらしい装具が見られる。普段、教会は日中ならあいているが、閉まっていたらイギリス国教会のミッション・ハウスに頼んでみるとよい。教会は無料で見学できるが、寄付もおおいに喜ばれるであろう。聖ユダ教会堂では毎週日曜、英語・イヌイット語の両方で礼拝をおこなっている。

礼拝はエイペックスの聖シモン・イギリス教会 St. Simon's nglican Church | 54 | でも開かれている。30年以上まえに建てられたこの教会は、地域ではじめてのイギリス国教会で、小さなコミュニティーによくある典型的なスタイルである。ローマ・カトリック系の**聖母被昇天教会** Our Lady of the Assumption | 55 | では英語・フランス語・イヌイット語のすべてで礼拝がおこなわれる。イカルイトにはペンテコスト教会 Pentecostal Church | 56 |、バハーイー・ハウス Baha'i House | 57 | もある。各宗教の行事日程はローカル紙の**ヌナチアク・ニュース** Nunatsiaq News | 58 | にのっている。

イカルイトのそのほかのサービス団体にはエルクス Elks | 59 | やロータリー・クラブ Rotary Club | 60 |（フロビッシャー・インで毎週水曜に昼食会あり）、そしてロイヤル・カナディアン・リージョンなどがある。**ヌナブト・フランコフォン協会** L'Association des francophones du Nunavut | 61 | は、ヌナブトのフランス系住民の文化や社会生活を紹介・促進する活動をおこなっている。この協会はラジオ局 | 62～63 | も持っていて、CFRT（FM 107.3）で1日20時間以上の放送をおこなっており、言語はほとんどフランス語だがイヌイット語や英語による放送もおこなっている。ボーイスカウト・ガールスカウトの活動もさかんで、年ごとにいろいろな団体が多様な活動をおこなっている。くわしい情報はイカルイト市のレクリエーション・セクションに問いあわせてみよう。

イカルイト連絡先 (本文掲載順)

| 1 | 空港　Tel 867-979-5224 あるいは 867-979-5225
| 2 | ノーザン・ストア Northern Store（VISA、MasterCard、Interac使用可）
　　Tel 867-979-5277　Fax 867-979-6635
| 3 | ヌナブト・アークティック・カレッジ Nunavut Arctic College
　　Tel 867-979-4100　Fax 867-979-4119　Web site: www.nunanet.com/~nachq
| 4 | ウニカービク・ビジターズ・センター Unikkaarvik Visitors Centre
　　Tel 867-979-4636　Fax 867-979-1261　E-mail: nunatour@nunanet.com
| 5 | イートゥク・アウトフィッティング Eetuk Outfitting　Tel 867-979-1984　Fax 867-979-1994
| 6 | ノースウィンズ・ノースディック・アドベンチャーズ NorthWinds Arctic Adventures
　　Tel 867-979-0551　Fax 867-979-0573　E-mail: plandry@nunanet.com
| 7 | プルラービク・アウトフィッティング Purlaavik Outfitting
　　Tel 867-979-6094　Fax 867-979-4070

38　イカルイト Iqaluit

| 8 | キムク・アドベンチャー・ツアーズ Kimuk Adventure Tours
Tel 867-979-2777　Fax 867-979-1554　E-mail: kimuk@nunanet.com
| 9 | カイルリク・アウトフィッティング有限会社 Qairrulik Outfitting Ltd.
Tel 867-979-6280　Fax 867-979-1950
| 10 | カナディアン・ヘリコプターズ Canadian Helicopters
Tel 709-686-2095　Fax 709-686-2800　E-mail: gpenney@stjohns.chc.ca
| 11 | ヌナタ・スナクターンギト・ミュージアム Nunatta Sunakkutaangit Museum
Tel 867-979-5537　Fax 867-979-4533　E-mail: museum@nunanet.com
| 12 | ヌナブト・ツーリズム Nunavut Tourism　P.O. Box 1450, Iqaluit NT, X0A 0H0 Canada
Tel 1-800-491-7910（アメリカとカナダのみ）　Tel 867-979-6551　Fax 867-979-1261　E-mail: nunatour@nunanet.com　Web site: www.nunatour.nt.ca
| 13 | イカルイト100年記念図書館 Iqaluit Centennial Library
Tel 867-979-5400　Fax 867-979-1373
| 14 | パイリヤイト・ティグミビク老人ホーム Pairijait Tigumivik Elders' Facility
Tel 867-979-5617　Fax 867-979-3712
| 15 | イカルイト市役所 Iqaluit Town Office　Tel 867-979-5617　Fax 867-979-5922
（レクリエーション部 recreation department　Tel 867-979-5600）
| 16 | アークティック・ベンチャーズ Arctic Ventures（VISA、MasterCard、Interac使用可）
本店　Tel 867-979-5992　Fax 867-979-4207　E-mail: ventures@nunanet.com
空港支店　Tel 867-979-0043
| 17 | コーマン・アークティック・ギャラリーズ有限会社 Coman Arctic Galleries Ltd.（VISA、MasterCard使用可）
Tel 867-979-2373　Fax 867-979-6854　E-mail: raisins@nunanet.com
| 18 | イカルイト・ファイン・アート・スタジオ Iqaluit Fine Arts Studio（VISA、MasterCard、American Express、Interac使用可）
Tel 867-979-5748　Fax 867-979-6092　E-mail: webster@nunanet.com
| 19 | ノーザン・カントリー・アート Northern Country Arts（VISA、Interac使用可）
Tel 867-979-0067　Fax 867-979-3330
E-mail: northart@nunanet.com　Web site: www.nunanet.com/~northart
| 20 | トゥヌニクミウト・アート・アンド・クラフト Tununiqmiut Arts and Crafts（トゥーヌニク・ホテル/イン・ノースのなかにある）（VISA、MasterCard、American Express、Discovery、Interac使用可）　Tel 867-979-3511　Fax 867-979-4210
| 21 | D・J・センセーションズ D. J. Sensations（VISA、MasterCard、Interac使用可）
Tel 1-888-979-0650あるいは867-979-0650　Fax 867-979-0045
E-mail: dj@nunanet.com（食糧品をおもに売っているD・J・スペシャリティーズ D. J. Specialities [VISA、MasterCard、Interac使用可] もある　午前10時～午後10時［月～土］　正午～午後10時［日］　Tel 867-979-4351）
| 22 | アークティック・クリエーションズ Arctic Creations
Tel 867-979-1841　Fax 867-979-0270　E-mail: mell@nunanet.com
| 23 | アート・アンド・クラフト・センター Arts and Crafts Centre　Tel 867-979-7265
| 24 | ディスカバリー・ロッジ・ホテル Discovery Lodge Hotel（VISA、MasterCard、American Express、Diners Club/enRoute、Interac使用可）
Tel 867-979-4433　Fax 867-979-6591　E-mail: disclodg@nunanet.com
| 25 | リージェンシー・フロビッシャー・イン Regency Frobisher Inn（VISA、MasterCard、American Express、Diners Club/enRoute、Interac使用可）
Tel 867-979-2222　Fax 867-979-0427　E-mail: frobinn@nunanet.com

38　イカルイト Iqaluit

26	ナビゲーター・イン Navigator Inn（VISA、MasterCard、American Express、Diners Club/enRoute、Interac使用可） Tel 867-979-6201　Fax 867-979-4296　E-mail: navinn@nunanet.com
27	トゥーヌーニク・ホテル/イン・ノース Toonoonik Hotel/Inns North（VISA、MasterCard、American Express使用可）　Tel 867-979-6733　Fax 867-979-4210
28	ピアソンズ・アークティック・ホームステイ Pearson's Arctic Homestay（VISA、トラベラーズ・チェック使用可）　Tel 867-979-6408　Fax 867-979-6408)
29	アコモデーションズ・バイ・ザ・シー Accommodations By The Sea（トラベラーズ・チェック使用可）　Tel 867-979-6074あるいは867-979-3344　867-979-0219［伝言用］　Fax 867-979-1830　E-mail: BytheSea@VEmail.net
30	グラナイト・ルーム Granite Room（ディスカバリー・ロッジ・ホテル内） Tel 867-979-4433　Fax 867-979-6591
31	カモティク・イン・レストラン Kamotiq Inn Restaurant（VISA、MasterCard、American Express、Diners Club/enRoute使用可）　Tel 867-979-5937　Fax 867-979-6098
32	ロイヤル・カナディアン・リージョン Royal Canadian Legion Tel 867-979-6215　Fax 867-979-4687
33	カングク・コンビニエンス・アンド・カッフェー・ショップ Kanguk Convenience and Coffee Shop（カングク・コンビニエンス・ストア Kanguk Convenience Store [VISA、MasterCard、Interac使用可]）　Tel 867-979-4781　Fax 867-979-4869
34	ザ・ゲリー The Galley　Tel 867-979-6201
35	ザ・スナック The Snack　Tel 867-979-6767
36	クイック・ストップ・コンビニエンス・コヒー・ショップ Quick Stop Convenience and Coffee Shop　Tel 867-979-0657あるいは867-979-2961
37	ヌナブト・アークティック・カレッジのカフェテリア Cafeteria at Nunavut Arctic College Tel 867-979-1260
38	グラインド・アンド・ブリュー Grind and Brew　Tel 867-979-0606　Fax 867-979-7081
39	ファンタジー・パレス Fantasy Palace　Tel 867-979-3963
40	アストロ・ヒル・シアター Astro Hill Theatre　Tel 867-979-3500
41	メアリーズ・ムービー・クラブ Mary's Movie Club Tel 867-979-5722　Fax 867-979-5757
42	ビデオ・シャック Video Shack（アークティック・ベンチャーズ本店の2階） Tel 867-979-1351
43	郵便局（イカルイト・ハウス内）　Tel 867-979-5864
44	イカルイト・アリーナ Iqaluit Arena　Tel 867-979-5621
45	イカルイト・カーリング・リンク Iqaluit Curling Rink　Tel 867-979-5622
46	イカルイト・スイミング・プール Iqaluit Swimming Pool　Tel 867-979-5624
47	フロビッシャー・ラケット・クラブ Frobisher Racquet Club Tel 867-979-0020　Fax 867-979-0051　E-mail: themains@nunanet.com
48	バフィン地方病院 Baffin Regional Hospital　Tel 867-979-7300（一般） Tel 867-979-7350（急患）　Tel 867-979-7352（予約）
49	イカルイト・エマージェンシー・サービス Iqaluit Emergency Services＝救急車・消防車 Tel 867-979-4422　Web　site: www.nunanet.com/~jatagak
50	バフィン・オプティカル Baffin Optical　午前10時～午後6時（月～金）　Tel 867-979-4300
51	イカルイト・デンタル・クリニック Iqaluit Dental Clinic　午前8時半～午後5時（月～金） Tel 867-979-4437　Fax 867-979-1365
52	バルファーム・ドラッグス Valupharm Drugs（VISA、MasterCard、Interac使用可）　午前10時

38 イカルイト Iqaluit

～午後1時　午後2時～6時半　（月～金）　午後1時～5時（土）　日定休
Tel 867-979-0655あるいは867-979-3055　Fax 867-979-0654
|53| 聖ユダ・イギリス国教会堂 St. Jude's Anglican Cathedral
　　Tel 867-979-Tel 867-979-5595　E-mail: rbriggs@nunanet.com
|54| 聖シモン・イギリス教会 St. Simon's nglican Church（アペックスにある）　電話なし
|55| 聖母被昇天教会 Our Lady of the Assumption（ローマ・カソリックの教会）
　　Tel 867-979-5805
|56| ペンテコスト教会 Pentecostal Church　Tel 867-979-5779　E-mail: wmoore@nunanet.com　Web site: www.nunanet.com/～wmoore
|57| バハーイー・ハウス Bahai House
　　Tel 867-979-6380　E-mail: wamphyri@nunanet.com　Web site: www.bahai.org
|58| ヌナチャアク・ニュース Nunatsiaq News　Tel 867-979-5357　Fax 867-979-4763
　　E-mail: nunat@nunanet.com　Web site: www.nunatsiaq.com
|59| エルクス Elks　Tel 867-979-5791
|60| ロータリー・クラブ Rotary Club　電話なし　水曜日にフロビッシャー・インで昼食会
|61| ヌナブト・フランコフォン協会 L'Association des francophones du Nunavut
　　Tel 867-979-4606　Fax 867-979-0800　E-mail: afi@nunanet.com
　　Web site: natsiq.nunanet.com/～afi
|62～63| ラジオ・イカルイト Radio Iqaluit (CFRT-FM 107.3)
　　Tel 867-979-4606　Web site: natsiq.nunanet.com/～afi/CFRT/index.html　CBCラジオ・ステーション CBC Radio Station (AM 1230)　Tel 867-979-6100　Fax 867-979-6147

そのほかの連絡先

連邦警察 (RCMP)　Tel 867-979-5211　Fax 867-979-1842
ヌナブト準州政府資源開発省 Department of Sustainable Development, Government of Nunavut
Tel 867-979-7800　Fax 867-979-8809
バフィン地方商工議会 Baffin Regional Chamber of Commerce　Tel 867-979-4653　Fax 867-979-2929　E-mail: brcc@nunanet.com　Web site: nunanet.com/～brcc
イカルイト商工議会 Iqaluit Chamber of Commerce　Tel 867-979-4095　Fax 867-979-2929
イカルイト貿易促進事務局 Iqaluit Trade and Promotion Office
Tel 867-979-3156　Fax 867-979-2929
猟師・罠猟師組合 Hunters and Trappers Organization (HTO)
Tel 867-979-6848　Fax 867-979-3390
バフィン地区教育審議会 Baffin Divisional Education Council　Tel 867-979-5236
北西準州リカー・コミッション/イカルイト・リカー・ウェアハウス NWT Liquor Commission/Iqaluit Liquor Warehouse　Tel 867-979-5918　Fax 867-979-5386
ナカスク小学校 Nakasuk Elementary School
Tel 867-979-5335　Fax 867-979-5994　Web site: www.nunanet.com/～nakasuk/

■イカルイト・トランスポート/エイペックス・オート Iqaluit Transport/Apex Auto　Tel 867-979-4235■キラブク・アンド・パリー・タクシー・サービス Kilabuk and Parry Taxi Service　867-979-8858■ナヌーク・ポーラー・タクシー会社 Nanook Polar Taxi Co.　867-979-5333■パイパ・タクシー有限会社 Pai-Pa Taxi Ltd.　867-979-5222■

気象情報　Tel 867-979-6448
天気予報の Web site: www.tor.ec.gc.ca/forecasts/index.html

39 カウマールビート準州歴史公園
Qaummaarviit Territorial Historic Park

ブルース・リグビー　　　　　　　　　　　　　　　　　　　　Bruce Rigby

カウマールビートはイカルイト Iqaluit 周辺にある３つの準州公園のひとつだ。そのなかでもこの公園は、歴史的に重要な文化遺産を保護するためにつくられた。「光のふりそそぐ場所」という意味のイヌイット語で呼ばれるこの地は、住民からも旅人からも興味深い場所として注目されてきた。

750年を越える長いあいだ、ここにはほとんど人の足が踏み入れられたことはなかった。カウマールビートは1985年に北西準州政府（GNWT）が歴史公園に定めた。

歴史

カウマールビートのある小さな島は、フロビッシャー湾 Frobisher Bay 北部のピーターヘッド・インレット付近に浮かぶ小さな島々のうちのひとつだ。この島の面積は、250平方メートルほど。考古学者たちのあいだでは、これまでこの島に25人以上が同時に住んだことはないというのが定説である。

ここでは、チューレ人 Thule Inuit の残したさまざまな形跡が見られる。チューレ人とは、アラスカを源として、1000年ほどまえから極北カナダからグリーンランドまで徐々に勢力圏を広げていった人びとである。彼らの大規模な移住の要因は学者たちのあいだでもはっきりしていないが、極北の気候をうまく利用して狩猟地を広げ、足を踏み入れたことのない地域を開拓していったことは確かである。

チューレ文化 Thule culture がヌナブトのほかの文化とくらべて群をぬいているのは、その発明の多さと環境への適応力だ。彼らはイヌゾリやカヤックなどの伝統的な移動手段に加え、「女の舟」を意味する「ウミアック umiaq」も使っていたと考えられる。この舟は皮でできた大きなボートで、ひとつの家族全体とその所有物をいちどにのせて動くことができた。ウミアックは普通女性が櫓をこぎ、男性は小さいがより早いカヤックで移動した。チューレ人は陸上・海洋哺乳動物、そして巨大なホッキョククジラなどの狩猟に非常にたけていた。

チューレ人がこの地へ移住してきたとき、彼らは新しい人びとに出会った。すでに住んでいたのはドーセット人 Dorset Inuit、あるいはトゥニート Tuniit と呼ばれる1500年あまり東部北極圏を支配していた人びとだった。トゥニートは現在もイヌイットのあいだで語り継がれている存在だ。イヌイットの老人たちは、その昔、手のこんだ芸術品をつくる巨人のような人びとがいて、チューレ人が来てから姿を消したという話を今もする。考古学者のなかには、トゥニートが滅びたのは野生動物や気候の変化に対する適応能力が十

39　カウマールビート準州歴史公園 Qaummaarviit Territorial Historic Park

分になかったからではないかという人びともいる。トゥニートがカウマールビートをも支配していたという証拠はないが、発見されたトゥニートの生活用具・道具は彼らがこの地にかつて住んでいたことを物語っている。

チューレ文化は海洋文化だと考えられているが、カウマールビートのある位置は研究者たちにも多くの疑問を投げかけている。カウマールビートはフロビッシャー湾のなかでももっとも陸地に近いほうの入り江にあり、浮氷の境界から100キロメートル以上も離れている。しかし、ここで見つかった多種多様な動物の骨は、その陸地動物の豊かさゆえにチューレ人がこの地を選んだという可能性を示唆している。ここに住んでいた動物は、衣服や食物のために使われた。

調査によって、カウマールビートは18世紀の終わりごろ、資源がなくなったために人が住まなくなったということがわかった。研究者のあいだでは、チューレ人のこの地への移住は地球全体が温暖だった時期と一致し、彼らがこの地を離れた時期はだいたい紀元前1400年ごろ始まった地球全体の「小氷河期」と一致しているのではないかといわれている。

ツアー

夏には、岩だらけのまわりの風景からは想像もつかないような色とりどりの草花が公園のところどころに咲く。これは、何年も積もっていた有機物が腐敗して土壌をつくるためである。考古学者たちのあいだで「貝塚」として知られるこの一帯では、研究に重要となる物質や文化遺物が多く見つかる。ここでは何千もの道具が発見され、ワモンアザラシ、タテゴトアザラシ、カリブー、セイウチ、ホッキョククジラ、シロイルカ（ベルーガ）、キツネ、オオカミ、イヌや鳥類の残骸も見つかった。

この一帯の中心には、半分埋もれた11の草小屋の残骸がある。草小屋は、ヌナブトの随所で今もときどきつくられている雪のイグルーよりも耐久性がある。草小屋は芝土、クジラの骨や石などで建てられているが、伝統的な雪小屋と共通した特徴も多く見られる。雪のイグルーとおなじく草小屋の入り口も、冷気が入ってくるのを防ぐために中央の住居部分より低い位置につくられている。また、イグルーとおなじように「スリーピング・プラットフォーム」と呼ばれる日常雑務をおこなう部分もある。また、草小屋を見た人は住居が南東にむけて、太陽から光と熱をできるだけ多く受けられるように建てられていることにも気づくだろう。

遺跡のなかに、ふたつの住居の土台が見学用に開放されているところがある。ウニカールビク・ビジターズ・センター Unikkaarvik Visitors Centre | 1 | で3ドルで売っているガイドブックには遺跡の説明もあり、そのほかの島の《みどころ》をめぐるコースも紹介されている。コースは南岸の入り江から始まり、墓地跡、テントリング、食肉貯蔵庫のある一帯で終わる。それぞれの《みどころ》の詳細な説明ものっている。

旅の計画

カウマールビートに行く交通手段は冬

39 カウマールビート準州歴史公園 Qaummaarviit Territorial Historic Park

ならばスキー、イヌゾリもしくはスノーモービル、そして氷がとけている時期にはボートで行ける。しかしこの公園はイカルイトから12キロメートルほど離れているので、旅人には現地のガイド（旅行準備業者）を使うことをおすすめする。ガイドのサービスには、現場での解説と食事も含まれる。ウニカールビク・ビジターズ・センターで予約をとろう。

春にガイド（旅行準備業者）をつけてカウマールビートに行くならば、カムティック qamutik（イヌゾリ）を使ってみるのがもっとも楽しいだろう。カムティックは、まだ海に数メートルの厚さの氷が張っていて安全な時期、すなわち6月ごろまで大丈夫だ。シーズンの終わりごろには夜おそくまでスケジュールが組まれることがあるが、これはイヌがソリを引きやすくするように気温が十分にさがるのを待っているということなので心配することはない。カムティックのイヌはカラフルな靴をはかされているが、これはざらざらした雪や氷から足を守るためである。時期がおそくなると、解氷の範囲が徐々に広がって、氷が完全にとけるまで島への旅は危険になる。

カムティックでカウマールビートへ行くならば、ちょうどいい時間に公園を見学できるよう、よく計画したほうがよい。スノーモービル、もしくはそれに引かせたソリで行けばもっと早く、旅の時間を短縮できる。スキーで行くのは少々骨がおれるが、行く人の経験と能力にもよる。ま

た、フロビッシャー湾は最大15メートルもの潮の干満があるので、旅には注意も必要だ。シーズンのはじめは、氷が粗いので島に行くには少々努力が必要である。またシーズンの終わりには、潮が氷上や海岸の水面の高さに大きく影響する。

冬でも夏でも、旅人はあたたかい服装を準備したほうがよい。ハイテク装置の助けを借りることもある程度はできるが、現地の人は厚いパーカを着るほうを選んでいる。ここの気温は内陸よりも概して低く、高い地形がなく植物も少ないから、ささいな風でも気温がさがる。地元には「最悪に備えた服装で最高の時ををすごせ」ということわざもあるくらいなので、悪天候に備えた設備・暖かい手袋・ウールの帽子はかならず持っていこう。春は雪から目を守り、夏は水面からの日光の反射を防ぐためにも良質のサングラスも必需品だ。

フロビッシャー湾北端の解氷は6月中旬ごろに始まる。解氷シーズンのはじめごろには、まだたくさんの氷が湾に浮かんでいるので注意が必要だ。ボートの操縦に熟達した人でも、海からの強い風につかまることもある。現地のガイドの多くは22～24フィートの貨物用カヌーかレイク・ウィニペグ・ボートを使っている。これらのボートは重い貨物を長距離にわたって運搬できるようにつくられたもので、モーターで動く。ボートでは、潮や風の状態によってカウマールビートまで30～45分くらいかかる。島でのキャンプは許可されていない。

カウマールビート準州歴史公園連絡先 (本文掲載順)

| 1 | ウニカービク・ビジターズ・センター Unikkaarvik Vistors Centre　Tel 867-979-4636　Fax 867-979-1261　E-mail: nunatour@nunanet.com

40 シルビア・グリンネル準州公園
Sylvia Grinnell Territorial Park

コリーン・デュプイ　　　　　　　　　　　　　　　Colleen Dupuis

イカルイトIqaluit郊外に位置するシルビア・グリンネル準州公園は148ヘクタールもの敷地を持ち、そこに広がる自然の美は訪れる人にも深い感銘を与える。絶好の被写体をのがさぬよう、ぜひカメラを持っていこう。

　その名前が示すとおり、この公園の最大の《みどころ》はシルビア・グリンネル川から静かに流れる美しい滝と、その澄みわたった水である。シルビア・グリンネルというのは、アメリカの探検家チャールズ・フランシス・ホールCharles Francis Hallを援助した投資家の娘の名である。滝からクーイェッセ・インレットのあいだの下流は潮の満干と連動していて、満潮時だけボートが通れる。潮がとくに高くなるときは、普段は静かに流れている滝も激流にかわる。

ツアー

　シルビア・グリンネル準州公園は人気のあるピクニック・サイトであり、釣りのスポットとしても有名である。かつて、川では多くのチャー（ホッキョクイワナ）がとれた。現在でも、イワナは昔より小さくなったが釣りには絶好の場所だ。ただしここで釣りをするには、まえもって許可をとっておかなければならない。

　公園内でのキャンプもかなり人気があるが、テント場や水道はない。土手の高台にはキャンプをする人びとのためのシェルターがある。キャンプは、滝や展望台（土手のふもとの潮汐平底からすぐ上）から上流1キロメートルほどのところで短期間するのが一般的だ。キャンプ・サイトはピーターヘッド・インレットの周辺でカウマールビート準州立歴史公園Qaummaarviit Territorial Historic Park付につづく川の西側にもつくられ始めている。

　この公園は日がえりの散策に出るのには絶好のスポットだ。植物・動物もさまざまで、チャー（ホッキョクイワナ）がたくさんとれた場所であり、現在でも見ることができる。ここではいくつかのめずらしい植物が発見されており、国内でもとくに少ないオスシダもそのひとつだ。夏になると、ツンドラがダイコンソウ、ホッキョクヒース、ユキノシタ、ホッキョクケシ（ヌナブトの州花）などの野草の織りなすじゅうたんに姿をかえる。花々の不思議な色とやわらかく茂る草の組みあわせは写真家にとって最高の被写体である。

　野生動物の観察をする人も少なくない。夏にはごくまれだが、冬や春にはカリブーがしばしば姿を見せる。公園のなかにはホッキョクキツネの巣穴もあり、母ギツネが巣穴のなかの子どもたちへ食べものを運ぶ様子も見られる。

40 シルビア・グリンネル準州公園 Sylvia Grinnell Territorial Park

バフィン島 Baffin Island 南部はバード・ウォッチングにも適した場所で、この公園ももちろん例外ではない。6月・7月のうららかな日には40種もの鳥を見ることができる。この一帯は、有名なチドリの繁殖地のなかではもっとも南に位置する。ほかによく見られるのはラップランドツメナガホオジロやユキホオジロなどだ。熱心なバード・ウォッチャーは、サバクヒタキを探してみてもいいだろう。北アメリカのラブラドール地方でごくたまに見られるこの鳥は、冬にアフリカやインドへわたるまえに公園内に巣をつくる。

急な土手をいちどおりてしまえば、あとはシルビア・グリンネル川のほとりは楽に歩ける。しかしツンドラのごつごつした地面はテニス・シューズには適さないので、頑丈な登山靴を履くといいだろう。正式な散策コースはとくにないが、川の近くには軍事用につくられた古い道がある。この道はバード・ウォッチングや野生生物観察の主要なスポットを通り、ふたたび空港の北端に戻るという約10キロメートルのコースだ。そこからの景色は壮観である。双眼鏡、ランチと日焼け止めを忘れずに。

公園の周辺は氷河が大きく大地をえぐっている。シルビア・グリンネル・バレーには沈殿物が大きく積もっている。最近つくられた展望台は滝の上方55メートルのところにあり、氷河期のつくりだした巨大な作品の絶景が見られる。そこから見れば、氷河が残した痕や沈殿物の様子がよくわかる。日の入りを見るのにも、ここは絶好の場所だ。

遺跡に興味があれば、公園ではいくつか石塚やチューレ人の住居跡なども見られる。川の東岸にある滝の南あたりは最大の《みどころ》だ。ここにはちゃんとした道はないものの、方向はわかりやすい。どこにいても南を向けば川が右に、北を向けば川が左となる。現在、川に橋をかける計画が立てられている。橋がかけられるまでは、自分でわたるのは避けよう。シルビア・グリンネル川は比較的ゆるやかに見えるが、わたるのは困難かつ危険だ。ボートで向こう岸にわたるには、満潮時にライセンスを持った現地のガイドをたのもう。しかし旅行準備業者はいつも呼べるとはかぎらない。

旅の計画

ケケーテンへの旅程は、パングニルトイカルイトの中心から公園までは、歩いて30分ほどだ。道順も、新しくつけられた表示でわかる。ガソリン・スタンドの交差点から1084番のエアロプレクス・ビルディング Aeroplex Building への方向、すなわち北に向かい、左に曲がって標識を見ながら通りすぎ、シルビア・グリンネル・パークの表示のあるところまで歩こう。そこからは右に曲がって表示にしたがえばよい。このコースはいくつかの興味深い《みどころ》を通る。途中に通る川のわきには、イヌゾリ隊のイヌが夏のあいだ休んでいる場所がある。写真をとってもよいが、イヌには近づきすぎないように注意しよう。大きくなければ、ひとり10ドルで公園まで短距離タクシーで行くこともできる。公園に電話はないので、帰

りの予約も忘れずにとっておこう。

公園内の施設には、駐車場とふたつの公衆トイレ、バーベキュー場や展望台がある。日帰り旅行もキャンプも料金はとられない。公園内ではサンド・バギー（ATVs）が走っていたりもするが、車の使用はなるべく控えたほうがいい。

公園散策はおおいに楽しんでもらいたいが、イカルイトをはずれてハイキングに行くということは、つまりツンドラに出るということだとつねに心に留めておこう。また、植物には必要以上に触らないようにしたい。人が訪れた形跡はその後も長く残ってしまう。ゴミはかならず持ち帰ろう。そして、ここへ出かけるときはかならずだれかにまえもって報告し、いつ戻るかも伝えておこう。

41 キンミルト　　　　　　　　　　　　Kimmirut
ロバート・ジャフレー　　　　　　　　Roberrt Jaffray

海辺のこの小さな村を散策してみると、ほかの地域とはちがったなにかを感じざるをえない。

人口	397人（イヌイット91％、イヌイット以外9％）
市外局番	867
標準時間帯	東部標準時
郵便番号	X0A 0N0

現地までの道のり（可能なルート）
- オタワ/モントリオール〜イカルイト Iqaluit〜キンミルト（イカルイトからキンミルトまでは、南に121キロメートル）
- カンゲルスアク Kangerlussuaq（グリーンランド）〜イカルイト〜キンミルト
- ウィニペグ〜ランキン・インレット Rankin Inlet〜イカルイト〜キンミルト
- エドモントン〜イエローナイフ Yellowknife〜ランキン・インレット〜キンミルト

銀行	なし。現金かトラベラーズ・チェックが望ましい。クレジット・カードは特定の業種だけで使用可能。
酒類	酒類の持ちこみ・販売は禁止されている
タクシー	なし（キミク・ホテル Kimik Hotel を所有する生協が、飛行機・フェリーでの来客に対してトラックで送迎することがある）。

（人口は1996年のカナダ国勢調査のデータによる）

41　キンミルト Kimmirut

村に立ちならぶ家は、道路でなく水に面しているので、そこを行き来する猟師や釣り人の様子を家のなかからうかがうことができる。子どもたちは「イヌイット・ベースボール」と呼ばれるあそびをする。このあそびでは、ランナーが南のいわゆる野球とは逆の方向に走り、ボールを投げて当てられてもアウトとなる。女の子たちはアマウティ amauti（女性用のパーカ）と呼ばれる婦人用のフードつきパーカで弟・妹たちの子守りをする。キンミルトの住民のほとんどは彫刻家で、村では砥石（といし）やヤスリを仕事道具として生活する人びとの姿を見ることができる。しかし最近の経済事情のなかでは、この村の人びとも現地の小売店や役所、あるいは準州政府などで賃金をもらって生活せざるをえなくなってきた。また、実質的には村人のほぼ全員が狩猟や漁労による伝統的な経済活動もおこなっている。

歴史

キンミルト周辺の地域には、古くから人類が居住していた。遺跡・遺物の考古学的調査によれば、ここには約4000年ものあいだ、人間が住みついているという。この地域のところどころで、チューレ文化 Thule culture、ドーセット文化 Dorset culture、プレ-ドーセット文化 Pre-Dorset culture の残した形跡が発見されている。

ヨーロッパ人と現地のイヌイットとの最初の接触は、17世紀、ハドソン海峡 Hudson Strait を通ってきたハドソン湾会社 Hudson's Bay Co. の供給船の人びととのあいだで始まった取引だった。両者の交流はアメリカやスコットランドから捕鯨者が来た1860年にピークをむかえる。スコットランド系のテイ捕鯨会社が雲母の採掘場を近くにつくってから、イヌイットがその周辺に集まって住むようになった。1900年にはイギリス国教会がバフィン島 Baffin Island でふたつめの布教本部を置き、現在のキンミルトから湾をはさんだ対岸に布教施設を建てた。ホッキョクギツネが多くとれること、イヌイットのあいだで脱伝統生活の動きが見られるということをきっかけとして、1911年、ハドソン湾会社はこの地をバフィン島で最初の交易所に選んだ。連邦警察（RCMP）の派出所も1927年にグラスゴー・インレットの東岸に建てられた。

アメリカ軍基地が1945年にフロビッシャー・ベイ（今のイカルイト）に建てられるまえ、キンミルト（最近までレイク・ハーバー Lake Harbour と呼ばれていた）は南バフィン地方 South Baffin Region の統治の中心だった。当時連邦警察（RCMP）レイク・ハーバー派出所の警官たちは、北はパングニルトゥング Pangnirtung、西はケープ・ドーセット Cape Dorset、そしてフロビッシャー・ベイ周辺のハドソン湾会社関連施設までを巡回していた。フロビッシャー・ベイに滑走路が建設されると、統治の拠点はのちの州都イカルイトにうつっていった。

キンミルトはその後も発達しつづける。連邦学校が1950年代につくられたのを手始めに、政府直営の保育園もそれにつづいて建てられた。

41　キンミルト Kimmirut

風土と野生生物

　キンミルトは、ノース・ベイとして知られる海域の一部、グラスゴー・インレットGlasgow Inletの北端に接した村だ。海のほうへ60メートルほど行くと、この地の名のもととなった「キンミルト（かかと）」と呼ばれる、人間のかかとの形に似た岩が頭を出している。

　キンミルト岩を数時間にわたって見ていると、そこでの潮の動きに驚かされる。潮の干満の差は11メートルを超えることもあり、垂直に立ったかかと岩の表面をいつも水面が大きく上下している。冬に潮が激しく引くと、氷が引きさげられ、10メートル以上のみごとな氷の壁をつくることもある。

　村の大部分は海にそって南北に細長くのびる陸地に広がっている。近年、丘の周辺のところどころにも家が建てられるようになった。ほとんどの商業関連の建物は旧市街のほうに集中している。**役場 Hamlet Office | 1 |**、**学校 | 2 |**、小売店、ビジター・サービスなどはこの一帯にある。家族事業のいくつかは少し離れた《住宅地》にあり、**空港 | 3 |** や自治体のサービス・ガレージなどもその付近にある。

　村から数分歩いたところまで、道を走り抜けるカリブーの姿を見にいく人も少なくない。また、岩から岩を飛びまわるレミングも人気がある。この一帯にはカモメも多い。頭上ではワタリガラスが鳴く。夏のおだやかな日にはアザラシがこちらの様子をうかがって首を出したり、シロイルカ（ベルーガ）が陸地近くに姿を現すこともある。さらに遠くへ行けば、キツネ、ホッキョクウサギ、あるいはオオカミなども遠目に見ることができる。そしてごくたまに、ホッキョクグマが村に姿を見せる。

　村のいたるところや丘の斜面には、多様で豊かな植物が生えている。ダンドボロギク、シロヒース、ホッキョクケシなどの花が夏のあいだ中地面をいろどる。ところどころでタンポポも見られるが、これはキンミルトの気候がバフィン島のほかの地域にくらべて温暖なためである。

ツアー

　探検にくりだすスタート地点としてもっともおすすめなのが、**カタニリク・パーク・センターKatannilik Park Centre | 4 |** だ。カタニリク・パーク・センターは村の交差点にあり、白と緑の建物で、外側に大きなカリブーのロゴがついている。

　センターは最近完成したばかりで、なかには公園や現地の地質、村の歴史、伝統生活、気候などについての展示がある。ここには立派な資料室やビデオ・シアターもあり、滝もある。カタニリク・パーク・センターでは村のパンフレットをもらうこともできる。パンフレットにはキンミルトの地図、地元の《みどころ》、周辺地域の歴史などがのっている。また、イヌイット音節文字の表（イヌイット語はしばしば独特の音節文字で書かれる）や便利な電話番号のくわしいリストもついていて、非常に参考になる。

　町やその周辺の景色を見るために、滑走路の後側に立つ丘の上までハイキングをしたいという人もいるだろう。南側にはハドソン海峡が見える。見通しのいい日

には、バフィン島南岸で最大の島、キキクターリュアク Qikiqtarjuaq（「大きな島」の意）が南東に見える。キンミルトの西へ向かうと、ソーパー湖 Soper Lake と海のあいだを両方向に流れる滝がある。陸地だけを見てまわるのもいいが、ここもぜひ見てみよう。満月あるいは新月の満潮時にここを訪れると、海のほうからソーパー湖へ海水が流れていくのが見られる。キンミルトの東へグラスゴー・インレットまで歩いてみるのもいいだろう。東側には、バフィン島で最初の連邦警察（RCMP）派出所やイギリス国教会の布教に使われた建物など、歴史的な《みどころ》もある。また、キンミルト岩に登ることもできる。さらに旅をつづけるならば、カタニリク準州公園保護区 Katannilik Territorial Park Reserve まで行くのもよいだろう。このコースは最低でも往復6時間はかかる。

キンミルトにはガイド（旅行準備業者）登録者が2名いる。**マユカリク猟師・罠猟師組合 Mayukalik Hunters and Trappers Organization | 5 |** では日帰りで野生動物、氷山、滝や海洋哺乳動物（おもにワモンアザラシ、タテゴトアザラシ、たまにセイウチやシロイルカ［ベルーガ］など）を見にいくツアーをアレンジしてもらえる。また、村の人びとを訪ねるツアー（ひとり30ドル）も扱っていて、カタニリク準州公園保護区からカヌーで来る人のために送迎サービスもおこなっている。**カヤック・ヌナブト Qayaq Nunavut | 6 |** では海でのクルージング、ソーパー・バレー Soper Valley でのカヌーやハイキングも扱っている。

ショッピング

キンミルトでいちばん大きいふたつの小売店は、両方とも旧市街にある。**キミク生協 Kimik Co-op | 7 |** は食材も多種とりそろえており、乾燥食品や鍋も売っている。ここは町で唯一ナフサを売っている店でもある。**ノーザン・ストア Northern Store | 8 |** でも同様の品物を売っているが、食品よりも衣服により重きを置いている。みやげものコーナーは両方の店にある。

イベント

イベントは、ときおり**アカバク・センター Akavak Centre | 9 |** と呼ばれるコミュニティー・センターでおこなわれる。くわしいことは役場のレクリエーション係に聞いてみるといいだろう。センターでとくにイベントがないときは、さまざまなスポーツ活動がおこなわれている。

宿泊と食事

キミク・ホテル Kimik Hotel | 10 | はキミク生協のすぐ上にある。最大16人が8部屋に宿泊可能で、それぞれの部屋にはバスルームとトイレがついている。宿泊費は食事こみでひとり1泊185ドル、食事なしでひとり1泊125ドル。夏のあいだはとくに混むので、電話で予約をしておいたほうがよい。できれば、海の見える部屋をとろう。グラスゴー・インレットから港までの美しい景色が見える。ときには部屋からアザラシや、まれにクジラを見ることができる。部屋が海に面していなくても、ホテル内のレストランや喫茶店から海の景色が臨める。

41　キンミルト Kimmirut

現地の家庭にホームステイがしたければ、マユカリク猟師・罠猟師組合に連絡をとって、数日間だけ独自のホームステイ・プログラムに参加することもできる。そのあいだ、ホストは現地のファミリーがやってくれる。費用はひとり1泊120ドルで、朝食と伝統料理のランチかあるいは夕食の代金も含む。ほとんどの家庭ではふたりまでしか受け入れられないので、ふたり以上の団体なら村の複数の家に分かれて泊まることになる。しかしあらかじめことわって夕食を団体でともにとることは可能だ。

キンミルトにはちゃんとしたキャンプ場はないが、現在いくつかの場所をキャンプ場にしようという計画が進行中である。カタニリク・パーク・センターでどこにテントを張ればいいか、またキャンプ場計画の進行状況がどうであるかを聞いてみよう。

ホテルのレストランは一般の人びとにも開放されているが、宿泊客が優先だ。しかし、コーヒーやマフィン、パイなどならばいつでも出してもらえる。ちゃんとした食事がしたければ、ホテルの支配人やコックに直接頼んでみればいいだろう。しばしば宿泊客とおなじように食事ができたり、席がとれることもあるが、数時間まえまでに一言いっておこう。現地の家庭で旅人に食事を出しているところもあり、そうしたところではカリブーのシチュー、イワナのチャウダー、バノック（伝統的な揚げパン）、木の実やお茶などの伝統料理が食べられる。これもマユカリク猟師・罠猟師組合で予約をとることができるが、少なくとも1日まえには連絡しておこう。費用のほうは現在ひとり24ドル。

サービス

キンミルトの健康管理センター Health Centre | 11 |（ノーザン・ストアの横）は、簡素な設備だが、ウィーク・デーの午前9時から午前11時半まであいている。現地の看護師ふたりが医療関係すべてを手がけていて、だいたいの治療は現地ですませる。

キンミルト連絡先 (本文掲載順)

| 1 | 役場 Hamlet Office　Tel 867-939-2247　Fax 867-939-2045
　　　Web site: www.arctic-travel.com/kimmirut/index.html
| 2 | 学校（カカリク・スクール Qaqqalik School)　Tel 867-939-2221　Fax 867-939-2334
| 3 | 空港（ファースト・エアー First Air)　Tel 867-939-2250　Fax 867-939-2158
| 4 | カタニリク・パーク・センター Katannilik Park Centre
　　　Tel 867-939-2084　Fax 867-939-2406　E-mail: rjaffray@nunanet.com
| 5 | マユカリク猟師・罠猟師組合 Mayukalik Hunters and Trappers Organization（キンミルトでのホームステイ・プログラムの申しこみはこちら）　Tel 867-939-2355　Fax 867-939-2112
| 6 | カヤック・ヌナブト Qayaq Nunavut
　　　Tel 867-939-2031 あるいは 867-939-2221　Fax 867-939-2334
| 7 | キミク生協 Kimik Co-op (VISA、MasterCard、American Express、Diners Club/enRoute、Interac 使用可)　Tel 867-939-2322　Fax 867-939-2005
| 8 | ノーザン・ストア Northern Store (VISA、MasterCard、Interac 使用可)
　　　Tel 867-939-2242　Fax 867-939-2353
| 9 | アカバク・センター Akavak Centre　Tel 867-939-2113

42　カタニリク準州公園保護区 Katannilik Territorial Park Reserve

|10| キミク・ホテル Kimik Hotel（VISA、MastrCard、American Express、Diners Club/enRoute、Interac使用可）　Tel 867-939-2093　Fax 867-939-2005
|111| 健康管理センター Health Centre　Tel 867-939-2217　Fax 867-939-2068

そのほかの連絡先

連邦警察（RCMP）　Tel 867-939-2333　Fax 867-939-2146
郵便局（キンミルト役場内）　午前10時～正午（月～金）　午後の開局時間は飛行機の便や郵便物の有無によってかわる　電話なし
ヌナブト州政府資源開発省 Department of Sustainable Development, Government of Nunavut
Tel 867-939-2416　Fax 867-939-2406　E-mail: rjaffray@nunanet.com
ヌナブト・アークティック・カレッジ Nunavut Arctic College
Tel 867-939-2414　Fax 867-939-2299

ラジオ局（FM107.1）　Tel 867-939-2126 あるいは 867-939-2380
気象情報　Tel 867-939-2254　Fax 867-939-2045
天気予報の Web site: www.infonorth.org

42　カタニリク準州公園保護区
Katannilik Territorial Park Reserve

ロバート・ジャフレー　　　　　　　　　　　　　Robert Jaffray

バフィン島 Baffin Island 南部のメタ・インコグニタ半島 Meta Incognita Peninsula を見わたす「滝のある場所」、カタニリク準州公園保護区は古くそして雄大な風景のまんなかに位置しており、驚くほど豊かな自然に恵まれた北極のオアシスともいえる。

公園の中心には110キロメートルあまりの距離を蛇行しながら流れるソーパー・リバー・バレー Soper River Valley があり、そのところどころに滝が点在している。川からは多くの支流が流れ、小川や細流が谷の両側から流れこむなかで、これらの滝は公園全体の水流サイクルをつくっている。

カタニリクはクレサント・インレットの先からハドソン海峡 Hudson Strait 沿岸（キンミルト Kimmirut のすぐはずれ）を越して、さらにフロビッシャー湾 Frobisher Bay 南岸まで広がる。そしてその先にはソーパー・バレー Soper Vally やイティヤギアク Itijiagiaq と呼ばれる古くからの陸道がある。公園は谷の東西に広がり、平らに広がる台地の川や湖や丘をとり囲んでいる。地元ではクユアク Kuujjuaq（「大きな川」の意）と呼ばれるソーパー川 Soper River は、イヌイットにとっての文化的な重要性があることや自然の美しさ、休養に適した環境などが考慮

され、1992年にカナダの自然遺産に選ばれた。

風土と野生生物

カタニリクでは地層の褶曲、くぼみや大きな切れこみが複雑に重なっていて、その歴史は地球が形成された時代までさかのぼる。そこには豊富な種類の露出した岩石が多く見られる。

カタニリクには大きく分けて3つの区域がある。ひとつめは、イティヤギアク小道 Itijjagiaq Trail が始まるフロビッシャー湾南岸だ。海面から670メートルの高さまでそびえ立つメタ・インコグニタ半島は、深い地峡や絶壁だらけの風景を見せている。海抜があがってきているのは、地形が削りとられることによって岩に挟まれた部分が減ってきているためである。またそれは、気温の下降による植物の減少をも招いている。

メタ・インコグニタ半島の台地は、最後に氷河がなくなった時代とほとんど姿をかえていない。氷河擦痕がはっきり見えていて、その浅いなだらかな地形はかつて巨大な氷河が存在していたということを物語っている。台地の平らな地面に散らばる岩や石はどこか無気味な感じで、まるで空から降ってきてそのまま転がったもののようにも見える。

3つめの区域は、氷河や水による侵食でつくられたソーパー・バレーだ。過去1000年以上のあいだ川の水位は変化しつづけ、谷に段丘を形成してきた。このときできた段丘は、現在の川の水面上3メートルから30メートルの高さのものがある。

谷のもっとも印象的な部分は北端だ。谷は南に行くにしたがって幅が広くなっており、ハドソン海峡につづく岩壁は北へ向かうにしたがって低くなる。

カタニリクでは、植物がまったく生育していない場所もあれば、豊かに生い茂っている場所もある。台地のように荒れ果てた場所でも、地面をよく見れば植物を見つけることができる。しかしソーパー・バレーでは植物が豊かに生育しているので、目をこらす必要もない。実際ソーパー・バレーの夏の気温は、バフィン島でもっとも温暖な町のキンミルトよりも平均5度ほど高い。

1930年、川の名前のもととなった博物学者ジョセフ・デューイ・ソーパー Joseph Dewey Soper はカナダ政府の要請を受けてこの地域を探検した。ソーパーは谷の植物生態の記録をつけ、そのなかにはこの地域でもっとも高い3.6メートルにもなるヤナギの木の記録もある。谷の自然がとくに豊かに残っている一帯では、ほかでは見られないほど背の高いヤナギが何本か見られる。

谷には植物が群生している地帯が4つ見つかっており、それぞれおなじ栄養源を持つものごとにかたまっている。低木ツンドラ地帯に群生しているのは、ヤナギ、カバ、ヤナギラン、ラブラドールチャ、ホッキョクヒースなどだ。こうした群生区は、海抜210メートル以下の湿地帯にある。

低草ツンドラ地帯では浅い水たまりのなかにコケが茂っていて、人が歩くのには適さない。こうした場所にはスゲ、ホッキョクメン、ミズゴケ、タデ、ヤナギなど

42　カタニリク準州公園保護区 Katannilik Territorial Park Reserve

が群生していて、谷川周辺の水の近くにあることが多い。

　丘陵ツンドラ地帯は湿気もなく、温暖でもない露出した山肌にある。こうした場所はたいがい土壌がわるく、ほとんどが地衣植物におおわれている。しかしなかには紫のユキノシタ、ホッキョクケシ、ダイコンソウ、葉の平たいヤナギラン、ハコベなども地面に貼りつくような形で生育しており、花が咲くころには絨毯のようになる。雪原ツンドラ地帯は流氷のために気温が低く、雪どけが遅いため植物がとくに育ちにくい一帯だ。雪がとけると、まずホッキョクヒースが顔を出し、つぎに矮性のヤナギ、ヤマスイバ、そして最後にコケが生える。雪原ツンドラのこうした植物は群をなし、環状をなす独特の生育をする。

　7月から8月にかけて、カタニリクでは紫色のユキノシタ、そしてブルーベルやダンドボロギクなど北極植物の花が咲く。夏の終わりから秋のはじめにかけては、公園がベリーの草でおおわれる。この時期になるとキンミルトからイヌイットがブルーベリー、クロウベリー、クランベリー、ベアーベリーなどをとりにやってくる。1000年あまりもまえからつづけられてきた習慣である。

　植物があるところには野生動物もいる。バフィン島のなかでもとくに土壌のいいソーパー・バレーも例外ではない。タイミングに恵まれれば、カリブーやレミング、ホッキョクウサギ、キツネ、オオカミなどを見ることができる。ホッキョクグマが谷に入ってくることのできる時期には、ホッキョクグマはアザラシを求めて南北の沿岸にいることが多い。

　公園内でもっともよく見かける動物はカリブーだ。この地域に生息するカリブーは大陸のものとちがって長い距離を移動せず、バフィン島南部、とくにメタ・インコグニタ半島内をまわっている。夏や秋には、カリブーたちは谷の豊富な植物を求めてやって来る。そして冬や春には、風が強く雪の積もらない高地に地衣植物を求めて移動する。

　オオカミやキツネも谷には多く生息している。夏には、谷のなだらかに起伏した水はけのいい地帯にキツネを見つけることもあるだろう。冬は谷中にジグザグのキツネの足跡が残る。カタニリクにはホッキョクキツネやアカキツネもいる。公園内のオオカミはキツネほど多くはないが、獲物によってその数も変化する。

　レミングやホッキョクウサギは谷の大型肉食動物たちの好物だ。そして、人間の近くには、なかなか姿を見せない。しかし運がよければ、さらに目をこらして見てみれば、これらの動物をちらりと見ることができる。ホッキョクウサギはとくに斜面の岩のあいだなどを好む。レミングが岩穴から飛びうつるところも見られるかもしれない。

　ハヤブサやシロハヤブサもカタニリク周辺に生息している。ハヤブサは内陸部にいることが多いが、シロハヤブサは海岸を好む。谷にはほかに白い羽と独特の眼を持つシロフクロウや、北極圏でもっとも多い捕食鳥であるアメリカケアシノスリもいる。

42 カタニリク準州公園保護区 Katannilik Territorial Park Reserve

カタニリクにもっとも多い鳥はライチョウとユキホオジロだ。ライチョウは1年中、この一帯に生息しているが、見つけるのはたいへんむずかしい。夏、ライチョウの羽は茶色のまだら模様になり、まわりと見分けがつかなくなる。そして冬には保護色にかわり、真っ白になる。フィンチの一種であるユキホオジロは冬以外のときをこの一帯ですごす。白黒のオスのほうが、茶色をしたメスよりも見つけやすい。

カナダガンや胸の赤いアイサなどの渡り鳥は谷の沼地でよく見られ、春や秋にはこの時期に移動してくるハクガンも見られる。3種類いるアビも公園南端の海岸に姿を見せ、ほかにウミガラス、アジサシ、ウミスズメなどの海鳥も見られる。

イワナは普通ソーパー川にはいないが、ソーパー滝やソーパー湖の河口付近でたまに見かけることがある。

淡水性のイワナはソーパー・バレー両側の湖にいる。ソーパー湖にはホッキョクタラ、グリーンランドタラ、大西洋タラという3種類のタラが生息している。イヌイットは夏や冬のあいだにタラ釣りをする。タラを釣るのは、そんなにむずかしくはないので、タラ釣りはおもに娯楽として楽しまれているようである。

地質

カタニリクの鉱石は豊富で、種類も多い。露出した床岩としては、透輝石、大理石、不純物の多いガーネットや第2級の宝石などがある。青、緑やピンク色のアパタイトもある。結晶質の大理石の鉱脈も、谷と川を横切っている。

ソーパー・バレーでは、1900年にスコットランドの会社が川の内外で雲母を集めるようになってから、ときどき採鉱がおこなわれてきた。20世紀初頭にはグラファイトもとれた。どちらも、鉱脈を見つけるのは現在でもたやすい。

世界でもめずらしい群青色の石、ラピス・ラズリも、沈殿という形で谷にある。ここで見つかる原石には不純物が多いとはいえ、探しがいはある。以前はラピス・ラズリも採掘されていたが、1970年代初頭に中断された。ラピス・ラズリの沈殿は公園領域内にあるイヌイット所有地の一角にあるが、入るには特別な許可が必要である。

ツアー

しっかりとした計画を立てれば、だれでも安全に楽しく、この北極のオアシスをめぐることができる。

夏のカタニリクで、もっとも一般的なのはハイキングだが、イカダやカヌーばかりでなく、考えればいくらでもできる活動はある。川辺にちょっとした観察に出ることもできれば、キンミルトからフロビッシャー湾まで10日から12日ほどかけてメタ・インコグニタ半島を横断することもできる。

カタニリクでハイキングをするのに好都合なのは、公園のあちこちに水があるということだ。ガイドに用具や食糧を運んでもらいながら水・陸両方で交通手段を使い分けて、ソーパー川沿いをハイキングすることもできる。ほかに、ソーパー川を1日に数時間ずつイカダでくだることもできる。そうすれば、まわりの丘を探検す

42　カタニリク準州公園保護区 Katannilik Territorial Park Reserve

　イティヤギアク小道は、イヌイットが北のネティリング湖 Nettilling Lake までカリブーを狩りにいったり、パングニルトゥング Pangnirtung などから来る親戚に会いにいったりするのに何百年も使われてきた。イティヤギアクは公園の一部といえども未開地の道であり、歩くには細心の注意が必要である。道には道標がないので、未開拓地を地図を使って旅行した経験があり、応急処置などの経験がある上級エコツーリスト向きである。フロビッシャー湾南岸のスタート地点までは、イカルイト Iqaluit からボートが出ている。**ウニカービク・ビジターズ・センター Unikkaarvik Visitors Centre│1│**には、こうした上級者を案内することができるライセンスを持った旅行準備業者のリストもある。

　120キロメートルのイティヤギアクの道中には緊急避難用のシェルターが7つある。ソーパー・バレーにある暖房つきの小屋は、かなりの人数を収容できる。この小屋にはテーブル、カウンタ、寝台、バスルームがついている。現在進行中の公園開発計画では、公園を維持するための施設やグループ用の施設、道案内板の導入などが考えられている。

　イティヤギアクに挑戦する人には、『イティヤギアク・トレイル・ガイド Itijjagiaq Trail Guide』を買うことをおすすめする。このガイドには道のくわしい説明やおおまかな地図、緊急用シェルター、見るべきポイントなどがのっている。公園規約や規定なども書いてある。ガイドはキンミルトにある**カタニリク・パーク・センター Katannilik Park Centre│2│**やイカルイトのウニカービク・ビジターズ・センターで15ドルで売っている。

　キンミルトからのカタニリク公園まで内陸に向かうにつれ、北極海の温度に対する影響は少なくなる。川が湖に流れこむソーパー滝のあるソーパー・バレー南端に近づくと、キャンプ場がいくつか見えてくる。ここの施設はバスルームと風よけつきのテント場にかぎられる。谷ぞいの平地にも、キャンプをするのにいい場所がある。この周辺では日帰りのハイキングが楽しめる場所も多い。

　その名前からもわかるように、カタニリクは滝がいっぱいある場所である。最大のものはソーパー滝で、エメラルド・グリーンのソーパー川が白大理石の割れ目からソーパー湖に流れこむところにある。さらに上流へ行くと、リビングストーン川がソーパー川に流れこむところにリビングストーン滝 Livingstone Falls がある。そしてもう少し北にカスケード川をのぼると、公園内でもっとも高いカスケード滝につく。

　『ソーパー・リバー・ガイドブック Soper River Guidebook』は川沿いを歩く人にはいい情報源だ。このガイドには川沿いの見どころのくわしい説明や、急流の分類や場所、また上級者向けのコースの紹介があり、それぞれに対応した地図ものっている。『ソーパー・リバー・ガイドブック』にも公園規約やそのほかのくわしい情報が書いてあり、『イティヤギアク・トレイル・ガイド』とおなじ場所で手に入れることができる。

　冬や春には、スノーモービルに乗る人や

42　カタニリク準州公園保護区 Katannilik Territorial Park Reserve

クロスカントリー・スキーヤー、イヌゾリ愛好家などがカタニリクを訪れる。イカルイトからキンミルトまでのガイドつきイヌゾリ・ツアーはだいたい4日かかり、スノーモービルだと6時間で行ける。イヌゾリ・ツアーはイカルイトのノースウィンズ・アークティック・アドベンチャーズ NorthWinds Arctic Adventures で申しこめる。スノーモービルは、おなじくイカルイトのイートゥック・アウトフィッティング・エクイップメント・レンタルズ Eetuk Outfitting Equipment Rentals から貸し出してもらえる。冬用・夏用の衣服や用具のレンタルは両方の業者がおこなっている。

旅の計画

ケケーテンへの旅程は、パングニルトカタニリク準州公園保護区に行くと決めたら、まずイカルイトにあるウニカービク・ビジターズ・センターの**ヌナブト・ツーリズム Nunavut Tourism |3|**、もしくはキンミルトのカタニリク・パーク・センターのスタッフに連絡をとろう。

カタニリクは、ヌナブトのなかでもアクセスが比較的いい。イカルイトから公園までは3通りの行き方がある。いちばん簡単なのは、普段週に5回キンミルトまで飛んでいるファースト・エアー First Air を使うことだ。大人数のグループで行く場合は、キンミルトまで飛行機をチャーターするといい。

キンミルトから公園の境界線までは数分で行けるものの、ソーパー・バレーまでハイキングをすれば3時間はかかる。谷をもっと見たい人は、ソーパー湖から谷の南端のソーパー滝まで行く船をキンミルトで予約することもできる。これらのサービスは**マユカリク猟師・罠猟師組合 Mayukalik Hunters and Trappers Organization |4|**や**カヤック・ヌナブト Qayaq Nunavut |5|**でおこなっている。

マウント・ジョイ Mount Joy とリビングストーン川の合流点まで飛行機をチャーターすることもできる。ソーパー・バレー内のこの2か所には飛行機の仮設滑走路がある。この方法がカタニリクへのもっとも一般的な行き方だ。リビングストーンの滑走路は川の西側にあり、ボートを持っていかないと身動きがとれないので注意しよう。滑走路まで飛ぶツイン・オッター(双発軽飛行機)はファースト・エアーとケン・ボレック航空会社 Kenn Borek Air Ltd. の両方で出している。料金は年によってかわるが、およそ1,200ドル程度だ。

イカルイトにある**イートゥック・アウトフィッティング Eetuk Outfitting |6|**や**ノースウィンズ・アークティック・アドベンチャーズ NorthWinds Arctic Adventures |7|**など、イカルイトの業者にはカタニリク準州公園保護区までパッケージ・ツアーを提供している会社もある。ツアーには飛行機で行くものもあれば、冬にイヌゾリを出すものもある。なかにはフロビッシャー湾からイティヤギアック小道の始点まで客を運び、そこから先は南西にソーパー・バレーを経てキンミルトまでハイキングするというコースもある。当日、ツアーを予約することはほとんどできないので、まえもって予約しておこう。

42　カタニリク準州公園保護区 Katannilik Territorial Park Reserve

カタニリク準州公園保護区連絡先 (本文掲載順)

- 1 | ウニカービク・ビジターズ・センター Unikkaarvik Visitors Centre
  Tel 867-979-4636　Fax 867-979-1261　E-mail: nunatour@nunanet.com
- 2 | カタニリク・パーク・センター Katannilik Park Centre
  Tel 867-939-2084　Fax 867-939-2406　E-mail: rjaffray@nunanet.com
- 3 | ヌナブト・ツーリズム Nunavut Tourism　P. O. Box 1450, Iqaluit NT,X0A 0H0 Canada
  Tel 1-800-491-7910（アメリカとカナダのみ）　Tel 867-979-6551　Fax 867-979-1261　E-mail: nunatour@nunanet.com　Web site: www.nunatour.nt.ca
- 4 | マユカリク猟師・罠猟師組合 Mayukalik Hunters and Trappers Organization
  Tel 867-939-2355　Fax 867-939-2112
- 5 | カヤック・ヌナブト Qayaq Nunavut
  Tel 867-939-2031 あるいは 867-939-2221　Fax 867-939-2334
- 6 | イートゥク・アウトフィッティング Eetuk Outfitting
  Tel 867-979-1984　Fax 867-979-1994
- 7 | ノースウィンズ・アークティック・アドベンチャーズ NorthWinds Arctic Adventures
  Tel 867-979-0551　Fax 867-979-0573
  E-mail: plandry@nunanet.com　Web site: www.northwinds-arctic.com

そのほかの連絡先

ヌナブト州政府資源開発省 Department of Sustainable Development, Government of Nunavut
Tel 867-939-2416　Fax 867-939-2406　E-mail: rjaffray@nunanet.com

43　ケープ・ドーセット　　　　Cape Dorset

ジョン・レアード　　　　　　　　　　　　John Laird

ドーセット島 Dorset Island の北西岸で、一方を岸壁、もう一方をハドソン海峡 Hudson Strait にはさまれたところにケープ・ドーセットはある。この町こそ、1950年代からイヌイット工芸品の産地の中心として知られてきた場所である。

　遠くにはぎざぎざの島の群れや、バフィン島 Baffin Island 南岸の入り江が見える。このケープ・ドーセットも、ほかの多くのヌナブト各地とおなじく現代化したコミュニティーだ。ケープ・ドーセットには曲がりくねった砂利道、小さな木造の家々、学校、店、ホテル、保育所、政府関連施設や教会もある。しかしケープ・ドーセットが名声を博したのは、すぐれた彫刻家たちや、版画や石彫刻を売る数々の商店によるところが大きい。

　毎年、多くの芸術愛好家やナチュラリスト（エコツーリスト）たちがケープ・ドーセットを訪れ、西バフィン・エスキモー生協 West Baffin Eskimo Co-op の芸術品を鑑賞したり、地元のすぐれた職人たちとの会話を楽しむ。1995年、ドイツのヘルムット・コール首相 Helmut Kohl

43　ケープ・ドーセット Cape Dorset

人口	1,118人（イヌイット90％、イヌイット以外10％）
市外局番	867
標準時間帯	東部標準時
郵便番号	X0A 0C0

現地までの道のり（可能なルート）
- オタワ／モントリオール〜イカルイト Iqaluit〜ケープ・ドーセット Cape Dorset（イカルイトからケープ・ドーセットまでは西に395キロメートル）
- カンゲルスアク Kangerlussuaq（グリーンランド）〜イカルイト〜ケープ・ドーセット
- ウィニペグ〜ランキン・インレット Rankin Inlet〜イカルイト〜ケープ・ドーセット
- エドモントン〜イエローナイフ Yellowknife〜ランキン・インレット〜ケープ・ドーセット

銀行	なし。現金かトラベラーズ・チェックが望ましい。クレジット・カードは特定の業種だけで使用可。
酒類	ケープ・ドーセットでは酒類の購入はできない。酒類を持ちこみたい人はまずアルコール教育委員会 Alcohol Education Committee からの許可が必要。
タクシー	あり。

（人口は1996年のカナダ国勢調査のデータによる）

がカナダの首相のジャン・クレティアン Jean Chrètien とここを訪問した。一般の訪問者も、現地のイヌイットの美的財産や豊富な野生生命に満ちた極北の絶景を目当てにケープ・ドーセットを訪れる。1999年完成のマリクユアク・ビジターズ・センター Mallikjuaq Visitors Centre には、ドーセット文化 Dorset culture やマリクユアク諸島 Mallikjuaq Islands の歴史をつづった工芸品が展示してある。

歴史

「昔から、私たちの先祖はこの地をキンガイト Kinngait と呼んでいました」と、ケープ・ドーセットの長老クパピック・ラギー Qupapik Ragee はいう。キンガイトというのはイヌイット語で「山脈」を意味する言葉で、ここでは町を見おろすごつごつした急な丘を指している。ここのイヌイットは、約1000年まえにこの地方で小集団に分かれて居住していたチューレ人 Thule Inuit の直系の子孫だ。ケープ・ドーセットやバフィン島の数か所では、彼らの文化の残骸——石でできた家の土台など——を見つけることができる。1925年、考古学者ダイアモンド・ジェネス Diamond Jenness がはじめて紀元前800年〜紀元1300年ごろまでこの地に住んでいたドーセット人の残した形跡を発見した。のちに研究者たちによって、さらに時代をさかのぼった3500年まえのプレ・ドーセット文化の工芸品などが発見された。

17世紀にこの海岸へたどりついたヨーロッパの探検家たちは、比較的最近の来訪者

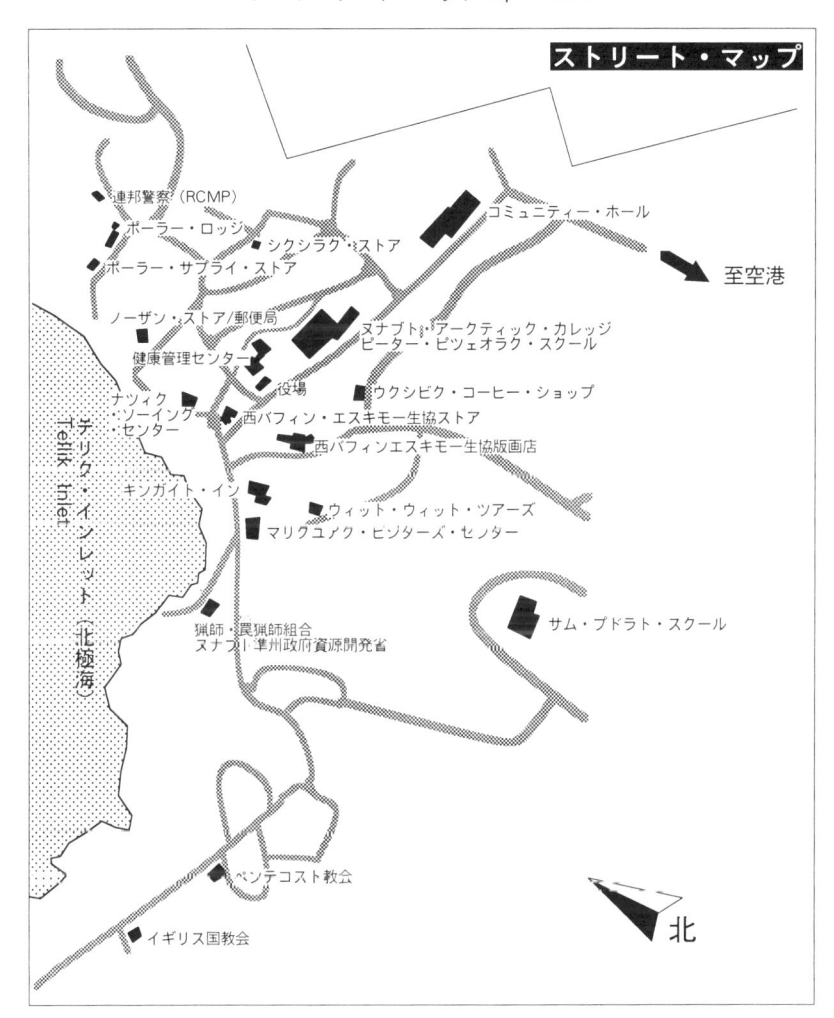

43　ケープ・ドーセット Cape Dorset

ストリート・マップ

- 連邦警察 (RCMP)
- ポーラー・ロッジ
- シクシラク・ストア
- ポーラー・サプライ・ストア
- コミュニティー・ホール
- 至空港
- ノーザン・ストア/郵便局
- ヌナブト・アークティック・カレッジ
- ピーター・ピツェオラク・スクール
- 健康管理センター
- ナツィク・ソーイング・センター
- 役場
- ウクシビク・コーヒー・ショップ
- 西バフィン・エスキモー生協ストア
- 西バフィンエスキモー生協版画店
- キンガイト・イン
- ウィット・ウィット・ツアーズ
- マリグユアク・ビジターズ・センター
- 猟師・罠猟師組合
- ヌナブト準州政府資源開発省
- サム・プドラト・スクール
- ペンテコスト教会
- イギリス国教会
- テリック・インレット（北極海）
- 北

だといえる。フォクス半島 Foxe Peninsula はイギリスの探検家ルーク・フォクス Luke Foxe にちなんでその名がつけられた（ドーセット島はこの半島の南岸に位置する）。そして、ドーセット島はフォクスの後援者であったドーセット伯爵 Earl of Dorset にちなんで名づけられた。1850〜1900年初頭にかけて、捕鯨者や宣教師たちがこの地を訪れるようになった。1913年、ハドソン湾会社 Hudson's Bay Co. がここに交易所をつくる。そして1938年から1953年のあいだには、教会が2軒と学校、家などが建てられた。1950年なかごろには、イヌイットが定住居をここにつくるようになった。このことが彼らの生活様式に大きな変化をもたらした。今日では中央政府の影響が強くなっている。

1947年、南から物資を運んできたノス

43　ケープ・ドーセット Cape Dorset

コピー号Nascopieはドーセット島を離れた。この船は沈没したが、イヌイットたちはしたたかにも積んであった物資をはじめ燃料、木材さえも引き揚げた。彼らは拾った木材をケープ・ドーセットやドーセット島沿岸に家を建てるのに使った。

　今日では、現地のイヌイットのほとんどがカナダのほかの村々とおなじような生活を営んでいる。事業をおこす者もいれば、会社で働いたり、学校へ行ったりする者もいる。町の端から端まで約1.2キロメートルを歩いてみると、現代と古来のイヌイット文化が混在しているのがわかる。家のわきにスノーモービルやサンド・バギー（ATVs）が停められていたり、ときにカリブーやホッキョクグマが垣根の陰に隠れていたり、チャー（ホッキョクイワナ）の切り身がほされていたり、アザラシが寒そうに戸口で寝転がっていたりする。子どもたちは道ばたではしゃぎながらあそび、軽やかなイヌイット語でおしゃべりしている。

風土と野生生物

　ケープ・ドーセットやマリクユアク諸島の地図や旅の情報は、『マリクユアク歴史公園Mallikjuaq Historic Parkのコース・ガイド』に入っている。このガイドの入手は、**役場**Hamlet Office｜1｜の地域開発局Hamlet's Community Development Departmentかヌナブト・ツーリズムNunavut Tourismで。キンガイト・インのとなりにあるマリクユアク・ビジターズ・センターでは遺跡や小道についての展示や、くわしい情報が見られる（549ページの『マリクユアク準州歴史公園 Mallikjuaq Territorial Historic Park』の項参照）。マリクユアク諸島へはボートで行けるが、干潮時には歩いていくこともできる。潮の干満についての情報や、ライセンスを持ったツアー・オペレーターによるボートの運行については地域開発局に問いあわせてみよう。ガイド（旅行準備業者）を雇う費用は場合によってまちまちだ。ボートでの日帰り旅行はひとり75ドルから150ドルかかる。

　ガイドのついたサービスには、ほかに冬のイヌゾリ・ツアーもある。イヌゾリ・ツアーはひとり1日150ドルから200ドルくらいだ。あるいは、特別に予約をとればひとり1日200ドルから300ドルくらいで3日から7日の旅行に出ることも可能だ。ガイドつきでスノーモービルで出かけるならば、ひとり120ドルから200ドルくらいになる。**アイビク猟師・罠猟師組合** Aiviq Hunters and Trappers Organization｜2｜ではスポーツ・ハンティングや釣り、自然散策などへのガイドも用意している。例をあげれば、ホッキョクグマ狩りがひとり5,000ドルから1万ドルくらい（ガイドとイヌゾリつき）、カリブー狩りがふたりで3,500ドル、通常の観光はひとり100ドルとなる。

　ドーセット島でハイキングがしたければ、いくつかのコースを選ぶことができる。たとえば「滝コース」では、町の南端から小さな滝を通って海岸へたどりつく。そして「パイプライン・コース」はケープ・ドーセットの飲み水の源であるT字型の池を経由し、ドーセット島南端や遠くの

43 ケープ・ドーセット Cape Dorset

島々、ハドソン海峡の景色を見おろせる丘までとなっている。ほかに、ケープ・ドーセットに運ばれる石油が蓄えられている人家ほどの大きさのタンクが立ち並ぶ一帯からツンドラ、砂利道、アパルクートゥク・ポイント Apalooktook Point の海岸までというコースもある。ガイドがついていれば、チューレ人の家跡や貯蔵庫跡、墓地跡などの遺跡の案内もしてもらえる。この島にはキャンプ場やピクニック・コースはないが、地域開発局に聞けばキャンプに適した場所を教えてくれる。薪にする木がないので、キャンプ用のストーブを忘れずに。

ドーセット島には丘や岩地が多いが、だいたいの場所には道が通じている。普段から運動している人にとっては問題ないが、ハイキングにはスタミナを要する。地面がやわらかく湿ったツンドラを歩くならば、丈夫な防水性のブーツを用意するといい。天気は変化しやすいので、念のため雨や寒さに耐えうる服装をしていこう。夏には虫よけが必須だ。

3月から5月にかけて日が長くなるが、気温はさほどあがらない。また日光が雪に強く反射するようになるので、日焼け止めとサングラスがあったほうが望ましい。5月下旬から8月のはじめまでのあいた、日は長くなりつづけ、6月から7月にかけて日の出ている時間が20時間に達する。しかし夏の気温は全体として高くはなく、平均は7.2度、夜には零下に達する。10月から2月のあいだは日がどんどん短くなっていき、12月のいちばん短いときでは昼が5時間くらいだ。冬の気温は－25度～－35度くらいまでさがり、それ以上に寒いときもある。12月から翌年の下旬までのあいだには海に氷が張るので、人びとはスノーモービルやイヌゾリでその上を移動する。氷が張っている途中の10月から11月、そして氷がとける6月には海の上を移動することはできない。ぎりぎりでも7月はじめが限界である。

ドーセット島の多くの場所で、カリブーやセイウチ、アザラシや極北の海鳥や渡り鳥を見ることができる。春や秋には、町の付近で海を移動するシロイルカ（ベールガ）やめずらしいホッキョククジラを見られることもある。野生生物を観察するのにいちばんいいシーズンを見つけていこう。ホッキョクグマが春や秋に島の周辺に出没するということにも注意しておこう。ホッキョクグマは近づくと危険なので、散策に出かけるときはライセンスを持ったガイドと一緒にいこう。野生生物や狩猟・釣りの許可などに関する情報は、**ヌナブト準州政府資源開発省 Department of Sustainable Development, Government of Nunavut |3|** やアイビク猟師・罠猟師組合に問いあわせてみるといい。

ツアー

ウィット・ウィット・ツアーズ Huit Huit Tours |4| では、好みにあわせたいろいろなツアーを計画してくれる。町内ツアーでは、石版画などがつくられている西バフィン・エスキモー生協などを訪れる。町でおこなわれる文化の夕べでは、年長者による口頭の物語、イヌイット伝統の喉歌が披露されたり、工芸家たちとお茶を飲んだりできる。ウィット・ウィット・ツアー

43　ケープ・ドーセット Cape Dorset

ズではアザラシ狩りや氷にジグで穴をあける釣りなど、現地のイヌイットによる季節ごとの活動を見にいくツアーも用意できる。さらに、ほかにもいろいろな独自のツアーを計画することもできる。例をあげれば、イグルーやテントでのキャンプ、釣りや狩猟、浮氷の限界までを歩くツアー、遺跡めぐり、あるいは案内人の家を訪れるツアーなどがある。費用は人数や活動内容によって異なる。グループ内のメンバーで別々に払うこともできる。

　夏にバフィン島沿岸を行くボート・トリップのアレンジは、**シク・アウトフィッティング Siku Outfitting |5|** がやってくれる。訪問客はキャンプをしたり、「ご当地料理」を楽しんだり遺跡や野生生物、氷山などを見学したりする。ケープ・ドーセットでのツアーでは、現地の工芸家たちと会ったり、西バフィン・エスキモー生協を訪れたりできる。シクのツアーガイドのジミー・マニング Jimmy Manning さんに聞けば、ボート・トリップについて親切に教えてくれるだろう。7月・8月にクルーズ船が来るようになると、ケープ・ドーセット地方政府が町や西バフィン・エスキモー生協、マリクユアク島の遺跡を訪れるツアーを企画する。このとき年長者たちは伝統衣装に身をつつみ、多くの世代にわたって家族たちを養ってきた狩猟とそれを中心としたライフ・スタイルを見せてくれる。こうした催し物の際はお茶やバノックが出され、通訳もつけられる。さらにくわしい情報は、地域開発局 Community Development Department に問いあわせてみよう。

ショッピング

　西バフィン・エスキモー生協版画店 West Baffin Eskimo Co-op Print Shop |6| は石版画や石版印刷、銅版画、イヌイット彫刻の流通の中心である。ここの工芸家たちの多くは世界の芸術界でも知られており、カナダや他国の公私を含めたさまざまなギャラリーで作品を展示してきた。伝統的には、元来イヌイットはイッカククジラやセイウチの牙や動物の骨、木などで小さな彫刻をつくっていた。今見るような現代イヌイット工芸は、1948年のあるできごとが始まりだった。この年、美術学校を卒業したジェームズ・ヒューストン James Houston は極北を旅し、イヌイットの小彫刻に大きな感銘を受ける。そして彼は、有能なイヌイットのつくる彫刻はかならず売れるだろうとカナダ政府に申し出た。のちにヒューストンはケープ・ドーセットで政府の役人として働くようになり、イヌイットの工芸家オスイトク Osuitok とともに版画の工芸を広め、版画もイヌイットにつくれるということを世に知らしめた。1961年には生協が法人化し、地域の財源となる工房を建てたり商用工芸品の生産を進めた。

　生協の直売店は石彫刻の工房にあり、1年中あいている。そこでは滑石（ソープストーン）、骨や大理石でつくられた彫刻や、銅版画、石版画や絵はがきが買える。版画の工芸家たちは9月から6月ごろまで工房で働き、夏には休みをとる。生協では、工芸品の梱包や輸送もしてくれる。工芸品を見るツアーに関しては、下にあげる組合やガイドに問いあわせてみよ

43　ケープ・ドーセット Cape Dorset

う。

　家の外や、私用の小屋で作品制作にとりかかる彫刻家たちもいる。彼らは作品に興味を持ってもらえれば喜ぶが、写真を撮りたいときはかならず本人に許可を求めるように心がけよう。また、イヌイットのなかにはイヌイット語しか話せない人もいるので、通訳をかねたガイドをつけることをおすすめする。

　ナツィク・ソーイング・センター Natsiq Sewing Centre |7| では皮服の裁縫などの教室が開かれている。ここではアザラシ皮のブーツや、カリブーやホッキョクグマの毛皮でできた衣服をあつらえることもできる。

　ポーラー・サプライ・ストア Polar Supply Store |8| ではイヌイットの彫刻を売っており、軽食や食糧品も多少ある。また、スノーモービルやトラックの修理や貸し出しもおこなっている。

　西バフィン・エスキモー生協ストア West Baffin Eskimo Co-op Store |9| では食糧品を売っており、ヤマハ製品や家庭用品の販売、ガソリンの給油などをおこなっている。イヌイットの版画や彫刻は道の反対側にある版画店で売っている。

　ノーザン・ストア Northem Store |10| では、店主によればツマヨウジからスノーモービルまでいろいろなものを扱っている。もちろん食糧品や乾燥食品、家庭用品も含む。

　シクシラク・ストア Sikusilak Store |11| はいわゆるコンビニ店で、スナック、食糧品や服などを売っている。

店の果物類の品揃えは充実している

宿泊と食事

　1995年に建てられた**キンガイト・イン** Kinngait Inn |12| には17室あり、すべてにシングル・ベッドがふたつずつとテレビ、トイレ、洗面台がついている。そのうち8つの部屋にはシャワーがついており、ほかの部屋についてはシャワーは共用。ひとりで部屋をとることもできるが、ホテルが混んでいる場合は共同部屋になることもある。宿泊客の洗濯サービスは午後5時から。ロビーには公衆電話もある。料金はひとり1泊食事つきで200ドル、食事なしで150ドル。食堂は毎日午前7時から午後8時まであいている。宿泊客は決められた時間に食事をとるようになっており、メニューはアラカルトだ。また、弁当は12ドルから15ドルで買えるが、前日の夜までにコックにたのんでおこう。空港 |13| への出迎えもある。

　ポーラー・ロッジ Polar Lodge |14| には部屋が8つあり、それぞれにシングル・ベッドがふたつずつと、電話とテレビがついている。バスルームとシャワーは共同だ。たのめば、空港への迎えも出してもらえる。文化活動やスポーツ活動がある

547

43　ケープ・ドーセット Cape Dorset

ときは、ロッジの人が現地のガイドを呼んでくれる。料金はひとり1泊食事つきで175ドル、食事なしで150ドル。食堂は毎日午前7時から午後7時までで、食事はアラカルト。

ウィット・ウィット・ツアーズではホーム・スタイルの施設を貸してもらえる。個人や8人までのグループならば、ビーチ・ハウスかゲスト・ハウスを予約できる。それぞれ家具つきで、台所施設、シーツやタオルも用意されている。ハウスにはキッチン、リビング、ダイニング、寝室、バスルーム、テレビ、電話、洗濯機がついている。食事は宿泊客が自分で準備する。ふたつとも町の中心にあり、海の景色を見わたせる。料金はひとり1泊135ドル。空港への出迎えは無料。

ウクシビク・コーヒー・ショップ Uksivik Coffee Shop |15| ではコーヒーや軽食、ランチや軽い夕食などを出している。

サービス

健康管理センター Health Centre |16| は月曜から金曜までの午前8時半から午後5時まであいている。緊急の場合をのぞいて、休日や週末は閉まっている。

ケープ・ドーセット連絡先　(本文掲載順)

|1| 役場 Hamlet Office　Tel 867-897-8419あるいは867-897-8943　Fax 867-897-8030

|2| アイビク猟師・罠猟師組合 Aiviq Hunters and Trappers Organization
　Tel 867-897-8978　Fax 867-897-8214

|3| ヌナブト準州政府資源開発省 Department of Sustainable Development, Government of Nunavut　Tel 867-897-8932　Fax 867-897-8475

|4| ウィット・ウィット・ツアーズ Huit Huit Tours (トラベラーズ・チェック使用可)
　Tel 867-897-8806　Fax 867-897-8434

|5| シク・アウトフィッティング Siku Outfitting　Tel 867-897-8198　Fax 867-897-8186

|6| 西バフィン・エスキモー生協版画店 West Baffin Eskimo Co-op Print Shop (VISA、Interac、トラベラーズ・チェック使用可)　午前9時～午後5時 (月～金)
　Tel 867-897-8944　Fax 867-897-8000

|7| ナツィク・ソーイング・センター Natsiq Sewing Centre (夏は休業)　Tel 867-897-8212

|8| ポーラー・サプライ・ストア Polar Supply Store (VISA、MasterCard、Interac使用可)
　Tel 867-897-8969　Fax 867-897-8055

|9| 西バフィン・エスキモー生協ストア West Baffin Eskimo Co-op Store (VISA、Interac使用可)
　　Tel 867-897-8997　Fax 867-897-8000

|10| ノーザン・ストア Northern Store (VISA、MasterCard、Interac使用可)
　Tel 867-897-8811　Fax 867-897-8832

|11| シクシラク・ストア Sikusilak Store (現金のみ)　Tel 867-897-8009　Fax 867-897-8907

|12| キンガイト・イン Kingnait Inn (トラベラーズ・チェック使用可)
　Tel 867-897-8863　Fax 867-897-8907

|13| 空港 (ファースト・エアー First Air)　Tel 867-897-8938　Fax 867-897-8180

|14| ポーラー・ロッジ Polar Lodge (VISA、MasterCard、Interac使用可)
　Tel 867-897-8335　Fax 867-897-8055

|15| ウクシビク・コーヒー・ショップ Uksivik Coffee Shop (現金のみ)　Tel 867-897-8548

|16| 健康管理センター Health Centre　Tel 867-897-8820　Fax 867-897-8194

そのほかの連絡先

連邦警察（RCMP）　Tel 867-897-8855　Fax 867-897-8324
郵便局（ノーザン・ストアのなかにある）　午前10時半～午後1時　午後2時15分～5時半（月～金）Tel 867-897-8811
アルコール教育委員会 Alcohol Education Comittee　Tel 867-897-8826　Fax 867-897-8495
ヌナブト・アークティック・カレッジ Nunavut Arctic College　Tel 867-897-8825　Fax 867-897-8144

マリクユアク・ビジターズ・センター Mallikjuaq Visitors Centre　Tel 867-897-8996　Fax 867-897-8475
タククルク・タクシー Takukuluk Taxi　Tel 867-897-8280

ラジオ局（FM 105.1）　Tel 867-897-8875
気象情報　午前9時～午後6時（月）　正午～午後7時（火）　午前9時～午後6時（水）　午前8時～午後1時（木）　午前8時～午後6時（金）　週末定休　Tel 867-897-8330　天気予報のWeb site: www.infonorth.org

44　マリクユアク準州歴史公園
Mallikjuaq Territorial Historic Park

ジョン・レアード　　　　　　　　　　　　　　　　　John Laird

マリクユアクとはイヌイット語で「大きな波」の意で、それはこの地独特の地形である丸い丘とツンドラの谷のつくりだす巨大なうねりを見事にいいあらわしている。マリクユアク準州歴史公園の名はその地形に由来しているが、この地には人の歴史が刻まれている。

ここはケープ・ドーセット Cape Dorset の町から歩いて45分ほどのところにあり、3000年あまり昔の遺跡や石造物が見られる。

歴史

1000年ほどまえ、チューレ文化 Thule culture の人びとは、マリクユアクに家を建てて住んでいた。彼らの家は枠がクジラの骨でできていて、動物の毛皮や芝土などでおおわれていた。島の東部には、現在も冬用の小屋の石の土台が9つ残っている。この一帯にはチューレ人 Thule Inuit の貴重な生活資源であったクジラやアザラシ、セイウチなどの骨がところどころに散らばっている。遺跡のなかにはドーセット Dorset の人びと（チューレ人以前の集団）もこの地に住んでいたことを示しているものもある。家の遺跡群には、マリクユアク島 Mallikjuaq Island の南東岸から行ける。浜辺からツンドラを通って遺跡のある池のほとりまで行こう。

44　マリクユアク準州歴史公園 Mallikjuaq Territorial Historic Park

マリクユアク島の北東岸には、南の遺跡に負けず興味深いより最近の石造物が残されている。ここにあるテント跡、暖炉や肉の貯蔵庫などは50年まえから200年まえのものだ。極寒の地に生きる人びとの工夫は、カヤック（小舟）の台やイヌクシュク（人型をした石塚。イヌイットがツンドラに多くつくった伝統的な陸標・道しるべ）などの石造物からも見てとれる。ほかに残っている石造物はキツネをとらえる罠や墓石などだ。現地のイヌイットの年配者たちは遺跡を大切にするよう訪問者にいつも呼びかけている。ここの遺跡は政府からも保護を受けている。

ツアー

マリクユアクの遺跡までは比較的行きやすく、すべてをまわっても2時間程度だ。島の東端のゆるやかに傾いた一帯では、なだらかに波打った地面やハドソン海峡 Hudson Strait のつくりだす見事な景色を見ることができる。一方島の南西角にある急な岩壁は登るにもひと苦労がいる。海岸は荒めの砂利や岩場ばかりだが、砂浜もところどころにあり、キャンプには最適だ。入り江や島をカヤックでめぐることもできる。

夏にはカリブーやホッキョクウサギ、ハヤブサ、ユキフクロウ、ライチョウやカモなど野生動物も多く見られる。春や秋には、見ることができたらうれしいが少々危険なホッキョクグマが海岸に出てくることもある。危険な遭遇を避けるために、経験のあるライセンスを持ったガイドと一緒に歩こう。アザラシはいつでも見ることができる。10月と4月にはシロイルカ（ベルーガ）が付近の海を移動する。よほど運がよければ、めったに姿を見せない巨大なホッキョククジラが見られることもある。近くの海岸ではチャー（ホッキョクイワナ）釣りもよくおこなわれる。

マリクユアクを訪れるのにいちばんいい時期は7月から8月にかけてだ。この時期には温度があがり、日光がたくさん当たるためツンドラに野花が咲く。大きく広がるツンドラの大地——そこは色とりどりの、地面にへばりつくように生える植物でいろどられる。秋は8月の終わりころから始まり、ツンドラの模様はあざやかな赤や黄色へとかわる。『マリクユアク・ヒストリック・パーク・トレイル・ガイド Mallikjuaq Historic Park Trail Guide』には島までのくわしい行き方や公園のたくさんの見どころの解説がのっている。

このガイドはマリクユアク・ビジターズ・センター Mallikjuaq Visitors Centre｜1｜かヌナブト・ツーリズム Nunavut Tourism｜2｜で手に入れることができる。

旅の計画

夏のあいだ、現地の旅行準備業者がボートで入り江をまわるツアーを出している。10分ほどの短時間のツアーである。定員は3人で、料金は75ドルほどだ。さらに75ドルほど追加すれば、島の遺跡や野生動植物の見学、それにお茶とバノックもつく。ガイドに頼めばカリブー、イワナやアザラシなどの《ご当地料理》も出してもらえることもある。ケープ・ドーセットに行くまえに、あらかじめガイドとツ

44　マリクユアク準州歴史公園 Mallikjuaq Territorial Historic Park

ヌナブト中どこでも　こんな小さなボートが大活躍

アーをしっかりとアレンジしておこう。短期間でよいガイドを見つけるのはなかなかむずかしい。ここでの理想的なガイドは島の歴史をよく知っているというだけでなく、イヌイット文化について積極的に話してくれるような人だろう。

　マリクユアクまで歩いて行くこともできる。これはケープ・ドーセットからドーセット島の北西端を通り、テリク・インレット Tellik Inlet の潮汐平底をわたるという45分ほどのハイキングになる。干潮時のみ可能で、藻の貼りつめた泥たらけのすべりやすい岩場を歩けるような準備も必要だ。もし歩いて行くと決めたら、潮の干満の時間帯はしっかり確認しておこう。でないと島で食糧・宿なしでひと晩越すことになってしまう。潮に関する情報やマリクユアクへの徒歩での行き方については、マリクユアク・ビジターズ・センターのスタッフに聞こう。もしガイドなしで行く場合は、連邦警察（RCMP）の派出所や宿泊しているホテルなどに行くということを伝えておこう。徒歩のガイドつきツアーは75ドルから100ドルくらい。くわしい情報は役場 Hamlet Office か**アイビソ猟師・罠猟師組合 Aiviq Hunters and Trappers Organization [3]** に問いあわせてみよう。

551

44　マリクユアク準州歴史公園 Mallikjuaq Territorial Historic Park

　冬になると、岩山につもった雪がさまざまな模様を描き、マリクユアクの景色はがらっとかわる。遺跡や植物は雪で隠されてしまうが、運がよければカリブーやホッキョクウサギを見ることができる。ケープ・ドーセットの住人は島にときどきイグルーをつくったりもする。

　この時期は氷の上を歩いてマリクユアクまで行くこともでき、120ドルから200ドル程度でガイドつきのスノーモービルも出ている。また、道中を楽しみたいのであれば、カムティック qamutiik（イヌゾリ）で行くのも楽しいだろう。カリブーの毛皮がかぶさったソリに乗って、雪のすれる静かな音を聴きながら滑るのもなかなかおつなもの。カムティックでの日帰り往復はひとり150ドルから200ドルくらいだ。6月の解氷期から10月まではテリク・インレットを横断することはできない。解氷は遅いときで7月上旬に始まる。

　夏には太陽が1日20時間ほど出ているときもあるが、平均気温は7.2度ほどで、いつでも零下までさがる恐れがある。12月から3月のあいだの気温は－40度まで急落することもある。12月の日がもっとも短いあいだは、昼は5時間ほどしかない。

　どの季節に行くにしても、予想外の天候の変化には備えておこう。天気は1日中、いつでもかわりうる。夏でも防水処理がしてあるあたたかい服、帽子、手袋などが必要になる。ボートをおりて海岸を歩くときにはゴムの長靴が便利だ。また、湿っていたり水浸しだったりするツンドラには、防水のハイキング・ブーツがいい。天気のいい日には虫が多いので、虫よけは持って行くことをおすすめする。冬にはパーカ、スノー・パンツ、手袋、ブーツなどの断熱性の衣服が必要だ。また、どのシーズンでもサングラスと日焼け止めは持っていこう。とくに夏には、長時間にわたって照りつける日光から肌を守ってくれる。冬や春にも、雪からの強い照り返しを防ぐことが必要だ。

　マリクユアクは準州公園だが、とくに管理施設はなく、島には来客用のサービスや施設もない。現地の人びとは島の川や池から飲み水をとったりするが、訪問者にはミネラル・ウォーターや、いちど沸かした水を持っていくことをおすすめする。公園の自然を守るためにゴミは持ち帰り、来たときのままの状態にして帰ろう。食糧品やキャンプ用具などはケープ・ドーセットの生協やノーザン・ストアで買える。キンガイト・インでは15ドルで弁当を売っている。

マリクユアク準州歴史公園保護区連絡先　(本文掲載順)

|1|マリクユアク・ビジターズ・センター Mallikjuaq Visitors Centre
　　　Tel 867-897-8996　Fax 867-897-8475
|2|ヌナブト・ツーリズム Nunavut Tourism
　　　Tel 1-800-491-7910（アメリカとカナダのみ）　Tel 867-979-6551　Fax 867-979-1261
　　　E-mail: nunatour@nunanet.com　Web site: www.nunatour.net.ca
|3|アイビク猟師・罠猟師組合 Aiviq Hunters and Trappers Organization
　　　Tel 867-897-8978　Fax 867-897-8214

ハドソン湾の
ベルチャー諸島 Belcher Islands

45　サニキルアク　　　　　　　　　　　　Sanikiluaq
ミリアム・フレミング　　　　　　　　　　Miriam Fleming

ヌナブト最南端の町サニキルアクはハドソン湾Hudson Bay南東に位置するベルチャー諸島のなか、ケベックの海岸から150キロメートルほどのところにある。

人口	631人（イヌイット94％、イヌイット以外6％）
市外局番	867
標準時間帯	東部標準時
郵便番号	X0A 0W0
現地までの道のり（可能なルート）	・モントリオール-～クーユーアラピクKuujuuarapik～ウミウヤクUmiujaq～-サニキルアク（モントリオールからサニキルアクまで、北におよそ1,500キロメートル）
銀行	なし。現金かトラベラーズ・チェックあるいは郵便為替が必要。クレジット・カードは特定の業種だけで使用可能。
酒類	酒類の持ちこみ・販売は禁止されている。
タクシー	アマウリクかイン・ノースの宿泊客は空港送迎あり。

（人口は1996年のカナダ国勢調査のデータによる）

　北極圏から1,100キロメートル以上も南に位置しているにもかかわらず、ベルチャー諸島の自然は完全に北極のものだ。樹木は谷以外では育たず、地面には薄い土の層がかぶさっているだけである。諸島の最高峰は海抜155メートルほどで、50メートルから70メートルの崖もある。

　天気のいい日にケベックからウミウヤク経由でサニキルアクまで飛行機で飛ぶと、ベルチャー諸島の大規模な景色が見える。3,000平方キロメートルほどの面積のなかに1,500もの小さな島々があり、ハドソン湾最大の島群を構成している。島群のメインはS字型に集まっており、それぞれについた細長い半島が無数の小さな海峡で隔てられしている。

　サニキルアクはベルチャー諸島で唯一の人びとが定住するコミュニティーだが、

45 サニキルアク Sanikiluaq

春や夏のあいだは多くのイヌイットが諸島中を移動する。

サニキルアクという名は、ベルチャー諸島に住んでいたイヌイットの男の名にちなんでつけられた。サニキルアクは島群の中心にあり、北にエスキモー・ハーバー Eskimo Harbour、南にサニキルアク湖 Sanikiluaq Lake をのぞむフラハーティー島 Flaherty Island の北端に位置している。

産業・工業化が進むなかで、サニキルアクの人びとは彼らの伝統的な知恵が現代の環境問題に関して役立つということを証明してきた。

最近地域でおこなわれた研究で、ハドソン湾、ジェームズ湾、ハドソン海峡 Hudson Strait 周辺の28のイヌイットやクリーのコミュニティーから、伝統的な自然に関する生活の知恵などの情報が集められた。この研究で得られた情報は、環境アセスメントにおいて先住民の伝統的な知恵が役立つということを示し、北ケベックのグレート・ホエール水力発電プロジェクトに役立てられた。この研究調査は『小湾からの声——ハドソン湾生態域におけるイヌイットおよびクリーの環境に関する伝統的知識 Voices from the Bay: Traditional Ecological Knowledge of Inuit and Cree in the Hudson Bay Bioregion』(Ottawa: Canadian Arctic Resources Committee and the Environmental Committee of Sanikiluaq) にまとめられている。またサニキルアクは1995年に、世界で50の一致団結した模範的なコミュニティーのひとつとして国連から選ばれた。こうしたコミュニティー研究の本部はサニキルアクのハドソン・ベイ・オフィス Hudson Bay Office [1] にある。

歴史

イヌイットは何百年も昔からベルチャー諸島に居住してきた。現在居住している人びとの祖先にはケベック北部からうつってきた人びともいるが、そのほかの多くは西暦1200年から1400年のあいだにチューレ文化 Thule culture が衰退した時期に移住してきた人びとだ。それ以前の紀元前500年から紀元1000年にも、ドーセット人 Dorset Inuit が居住していたことをここに残された遺跡が示している。

ベルチャー諸島が外にも注目され始めたのは、ヘンリー・ハドソン Henry Hudson が1610年にこの地を訪れてからのことだった。その約230年後、ハドソン湾会社 Hudson's Bay Co. の社員だったトーマス・ウィーガンド Thomas Wiegand がフォート・ジョージ Fort George (ケベック州チサシビ Chisasibi) からベルチャー諸島へ探検隊を送り出した。そしてその60年後、ロバート・フラハティー Robert Flaherty とその隊員がここで冬を越した最初のカルナート qallunaat (白人) となった。1915年、フラハティーたちは船に使われた木材を燃料として使うことで冬を生き抜いたという。

ベルチャー諸島のイヌイットは、そのすぐれた創意工夫できびしい環境を生きぬく。1800年代の終わりごろ、カリブーが気候変化によって諸島から姿を次第に消すようになると、イヌイットの女性たち

45　サニキルアク Sanikiluaq

はケワタガモの皮で冬用のパーカを縫った。この地域の男性たちも氷の上で生き抜く知恵に関してはすぐれており、1年ごとに大陸へわたるときには道中でイヌを物々交換に用いた。また男性たちはカヤックを操る技術にもたけていて、彼らはおもにふたり乗りカヤックで島のあいだや海を自由に移動した。

　1928年に創業したハドソン湾会社は、1950年代まで不定期でときどき事業をおこなっていた。その後1961年、ハドソン湾会社はトゥカラク島 Tukarak Island からエスキモー・ハーバーへ移転し、おなじ年に連邦政府がフラハティー島 Flaherty Island 南部に学校を建てた。そして1960年代、ベルチャー諸島にあるコミュニティーは、ハドソン湾会社のあるノース・キャンプと学校のあるサウス・キャンプのふたつとなった。

　サニキルアクの集落は1971年、連邦政府がサウス・キャンプの住民や施設をノース・キャンプにうつし、機能を集中させてはじめて形成された。今日、サニキルアクは現代化された集落となって発展しつづけており、狩猟、漁労、観光や滑石（ソープストーン）彫刻などでその収入を得ている。

風土と野生生物

　島群のほとんどの島では、カモやガンなどの生き物の育つ土壌がある。夏のあいだには岩の割れ目、湖や池などに渡り鳥が集まる。ベルチャー諸島に移動して来たり生息している鳥はおもに水鳥で、もっとも多いケワタガモ（1年中島群に住む）に加えてアビ、のどの赤いアビ、ホッキョクアビ、カナダガチョウ、コクガン、ウミアイサ、クロウミガラス、ホッキョクアジサシ、カモメなどがいる。また陸鳥も何種類か見られ、イワライチョウ、アメリカケアシノスリ、ハヤブサ、ユキフクロウ、ハマヒバリ、ツメナガホオジロやユキホオジロもたまに姿を見せる。

　川や湖、沖あいにはチャー（ホッキョクイワナ）が泳いでおり、サケ科の魚は湖のなかに生息している。沿岸ではタラ、シシャモ、ダンゴウオ、カジカが見られる。また沿岸にはワモンアザラシやアゴヒゲアザラシ、ゴマフアザラシ、シロイルカ（ベルーガ）、セイウチやホッキョクグマが姿を見せることもある。ツンドラではキツネ、トナカイ、ホッキョクウサギやレミングも見られる。トナカイは、カリブーが消滅した約100年後の1978年に外部から持ちこまれた。

　ハドソン湾にどかりと腰をおろしている感じのサニキルアクの天候は、かわりやすい。吹雪の多い予想がつかない天候である。ベルチャー諸島はまわりを海に囲まれ、上昇気流や嵐が急に発生したりもする。日ごとの気温や風の動きについては空港 | 2 | の観測台の広報係に聞くとよい。

ツアー

　サニキルアクには、歩くにもサンド・バギー（ATVs）で走るにもいいような小道がたくさん整備されている。サニキルアクでふたつの大きな店のうちのひとつ、ミティク生協 Mitiq Co-op から見える小道

45　サニキルアク Sanikiluaq

は、3キロメートル離れた小湾まで行くのにいい散歩道だ。

　この小道はまず2キロメートルほどつづき、川にかかる橋へとつながる。その後ゆるやかな谷の斜面を登り、カタク Kattak（入り口）をのぞむ地点まで行こう。7月や8月には、このコースはピクニックにとてもいい。ここのツンドラは北極性の草花におおわれていて、エスキモー・ハーバー、トゥカラク島、ベーカーズ・ダーズン群島 Baker's Dozen Islands をのぞむ景色は絶景のパノラマだ。

　集落から8キロメートル離れたところのエスキモー・ハーバーの西にキンガールク Kingaaluk（大きな山）とカタピク Katapik（小さな入り口）があり、その付近にドーセット文化 Cape Dorset culture やチューレ文化の遺跡がある。

　カタピクもピクニックをするにはいい場所で、サンド・バギー（ATVs）かボート、もしくはスノーモービルで簡単に行くことができる。また、カタピクは貝やウニ、ナマコなどをとるにもいいスポットだ。天気のいい週末には、現地の人びともここへピクニックをしに来る。

　サニキルアクでもっともキャンプにいい場所は港の北、ボート場の東にある砂利の海岸だろう。海岸からの景色はいいが、少々風が強い。頑丈なテントが必要だ。キャンピングカーやスノーモービル、サンド・バギー（ATVs）などを借りるにはキキクタイト・ツアー・アンド・アウトフィッティング会社 Qikiqtait Tour and Outfitting Co. │3│か猟師・罠猟師組合 Hunters and Trappers Organization (HTO)│4│にまえもって連絡しておこう。

　サニキルアクに旅人が来るようになってからまだ間もないので、旅人がガイドなしで海や山に繰り出すのは現地の人びとにも気がかりなようだ。みんなの安心と安全のために、どこかへ行くときはかならず連邦警察（RCMP）│5│に一言ことづけておこう（目印となる緊急用の信号灯も役場 Hamlet Office│6│で貸し出している）。

　キキクタイト・ツアー・アンド・アウトフィッティング・カンパニーはサニキルアクで唯一の免許を持った旅行準備業者で、季節ごとのグループ・ツアーやイヌイットのガイドつきツアー、ウィーガンド島 Wiegand Island（トゥンガシティク Tungasitik）へのボート・トリップ、40キロメートル離れたトゥカラク島への滑石（ソープストーン）採鉱場をめぐるツアーなどを出している。

　ベルチャー諸島で狩りや釣りをするにはライセンスが必要で、その関係の情報はサニキルアクの猟師・罠猟師組合が提供している。ヌナブト土地協定はいくつかのイヌイット所有地に入場制限を設けており、もし私用の土地で狩りや釣りをするならばイヌイット土地管理局 Inuit Land Administration Office に問いあわせ、入場許可を得なければならない（さらにくわしい情報は253ページの『冒険旅行』の項参照）。準州内の野生生物の持ち出し許可については、役場にある地域連絡 liaison office に連絡をとろう。

　コミュニティーの南にあるサニキルアク湖は集落の飲み水の源だ。釣りやカヤック

556

45　サニキルアク Sanikiluaq

を含むすべての活動は、ここではつつしむようにしよう。

ショッピング

　世界のあちこちで見かけるサニキルアクの滑石（ソープストーン）彫刻は、もともとベルチャー諸島に住む動物や鳥を写実的にかたどったものだ。彫刻は**ミティク生協** Mitiq Co-op | 7 | で買うことができる。ここでは食糧品や生活用品、乾燥食品なども売っている。

　サニキルアクにはほかに**サニート生協** Sanniit Co-op Ltd. | 8 | と**ノーザン・ストア** Northern Store | 9 | のふたつの店がある。サニートでは北極圏でのキャンプに便利なケワタガモの毛でつくった上着や羽毛ぶとんを売っている。ノーザン・ストアではさまざまな食糧品や衣服、生活用品などを売っている。

宿泊と食事

　アマウリク・ホテルにかわり、1998年の春にホテルが新しくできた。ホテルの名前は**アマウリク/インズ・ノース** Amaulik/Inns North | 10 | で、ミティク生協が経営しており、8部屋に最大16人が宿泊できる。それぞれの部屋にはケーブル・テレビとバスルームがついている。アマウリク/インズ・ノースには16人収容可能な会議室もある。ホテルのレストランは宿泊客だけでなく一般にも開放されており、まえもって予約すれば弁当もつくってもらえる。料金はひとり1泊150ドル＋GST（食事は含まない）。食事のおおよその料金は朝食が10ドル、昼食が15ドル、夕食が25ドル程度。

サービス

　健康管理センター Health Centre | 11 | は平日の午前8時から正午、午後1時から4時半まであいていて、登録された看護師がふたりと、おもな医療活動をする地域の保健担当がひとりいる。看護師は急患も受けつけており、健康管理センターに電話して呼ぶことができる。サニキルアクではインターネットへのアクセスはできないが、ミティク生協やアマウリク/インズ・ノースから有料でファックスが送れる。サニキルアクの地図は、役場で手に入れることができる。

　ヌイヤク・スクール Nuiyak School | 12 | では、歴史や文化の授業を外来者にも開放している。参加については学校の担当者に問いあわせてみよう。

　町について本で知りたければ、**ハドソン・ベイ・オフィス** Hudson Bay Office を訪ねてみよう。ハドソン湾やジェームズ湾、ハドソン海峡の沿岸部や河川地域についての本が置いてある。

　もし現地でボランティア活動に参加したければ、まえもって役場の地域経済開発担当者 Community Economic Development Officer に連絡し、機会の有無を聞いてみよう。もし参加することができれば、貴重な経験ができるはずだ。

45　サニキルアク Sanikiluaq

サニキルアク連絡先 （本文掲載順）

| 1 | ハドソン・ベイ・オフィス Hudson Bay Office　電話なし　Fax 867-266-8837
| 2 | 空港　午前8時〜午後6時（月〜金）　Tel 867-266-8824
| 3 | キキクタイト・ツアー・アンド・アウトフィッティング会社 Qikiqtait Tour and Outfitting Co. Tel 867-266-8623　Fax 867-266-8844
| 4 | 猟師・罠猟師組合 Hunters and Trappers Organization (HTO) Tel 867-266-8709　Fax 867-266-8131
| 5 | 連邦警察（RCMP）　Tel 867-266-8812　Fax 867-266-8952
| 6 | 役場 Hamlet Office（地域経済開発担当・地域連絡担当）Tel 867-266-8874　Fax 867-266-8903
| 7 | ミティク生協 Mitiq Co-op（VISA、MasterCard、American Espress、Diners Club/enRoute、Interac、トラベラーズ・チェック使用可）　Tel 867-266-8909あるいは867-266-8821　Fax 867-266-8844あるいは867-266-8727
| 8 | サニート生協 Sanniit Co-op Ltd.（トラベラーズ・チェック使用可）　予約制 Tel 867-266-8866あるいは867-266-8920　Fax 867-266-8920
| 9 | ノーザン・ストア Northern Store（VISA、MasterCard、Interac、トラベラーズ・チェック使用可）Tel 867-266-8836　Fax 867-266-8840
| 10 | アマウリク/インズ・ノース Amaulik/Inns North（レストランは月〜土の午前7時〜午後6時開店。日曜は宿泊客のみが利用できる）　Tel 867-266-8821あるいは867-266-8909　Fax 867-266-8844あるいは867-266-8727
| 11 | 健康管理センター　Tel 867-266-8965　Fax 867-266-8802
| 12 | ヌイヤク・スクール Nuiyak School Tel 867-266-8816あるいは867-266-8817　Fax 867-266-8843

そのほかの連絡先

郵便局（ノーザン・ストアのなかにある）　平日午前10時〜正午　午後1時半〜5時半 Tel 867-266-8945

ヌナブト州政府・資源開発省 Department of Sustainable Development, Government of Nunavut（役場経由で連絡可能）　Tel 867-266-8874

ヌナブト・アークティック・カレッジ Nunavut Arctic College　Tel 867-266-8885

ラジオ局（Radio Station、FM106.1）　Tel 867-266-8893あるいは867-266-8833
気象情報　Tel 867-266-8824　Fax 867-266-8947
天気予報のWeb site: www.infonorth.org

用語集

サンド・バギー（ATVs）
　全地形車。all-terrain vehiclesの略。

アマウティ amauti
　子どもを背負う袋のついた女性用のパーカ。アマウティは普通純白で色とりどりの飾りがついている。

バフィン地方 Baffin Region
　サーキルアク Sanikiluaq、イカルイト Iqaluit、キンミルト Kimmirut、ケープ・ドーセット Cape Dorset、キキクタリュアク Qikiqtarjuaq（ブロートン島 Broughton Island）、パングニルトゥング Pangnirtung、ナニシビク Nanisivik、クライド・リバー Clyde River、ポンド・インレット Pond Inlet、アークティック・ベイ Arctic Bay、グリス・フィヨルド Grise Fiord、レゾリュート Resolute、イグルーリク Igloolik、ホール・ビーチ Hall Beachを含む地域。（辺境のキャンプに住む270人を含む）全人口は1万3,218人（1996年カナダ国勢調査より）。

遠距離早期警戒網 DEW Line
　アメリカとカナダ空軍のあと押しでカナダ政府が冷戦の最中に建設した遠距離早期警報レーダー網。1953年に22の遠距離早期警報網の建設が始まった。アラスカからバフィン島 Baffin Islandまでの海岸沿いに広がっている。

ドーセット Dorset
　ドーセット文化 Dorset cultureは、約2700年まえにヌナブトの気温がさがり、古代エスキモーの生活様式が大きく変化した時期に始まった。ドーセット人 Dorset Inuitは豊かな工芸文化の伝統を持ち、動物の牙や角でつくったミニチュアの彫刻が儀礼（儀式）用・装飾用に使われていた。

用語集

エスキモー Eskimo
北米先住民(ファースト・ネーション=昔はインディアンと呼ばれていた人たち)のクリーの言葉で「生肉を食う人」の意。「エスキモー」という言葉はカナダでは蔑称とされており、ヌナブトのイヌイットを指す言葉としては使われない。

北西準州政府 GNWT
北西準州政府。Government of the Northwest Territoriesの略。

GPS
Global Positioning Systemの略。人工衛星を利用した位置表示のシステム。手に持てる大きさのレシーバーに現在地が表示される。

GST
Goods and Services Taxの略。連邦で定められた価格の7%の消費税。1か月以下の滞在であれば、非カナダ居住者は払い戻しを請求できる。パッケージ・ツアーでは税金を半分にすることも可能。

HF無線 HF radio
HFはhigh frequencyの略。HF無線は緊急事態のときに使われ、とくに極北の猟師や居住者が使うことが多い。もっとも一般的な型はSpillsbury SBX-11。

HTOs
猟師・罠猟師組合。Hunters and Trappers Organizationsの略。ヌナブトのほとんどのコミュニティーにある猟師・罠猟師組合は、現地の猟師のための機関だ。旅人にとっては、地域の野生動物や地形についてのいい情報源である。

フードゥー hoodoos
かたい石のまわりの砂岩が侵食されてできる、奇妙な形の天然の石柱。高さは10メートルから15メートルくらい。バフィン島以北のバイロット島Byolt Islandで見られる。

用語集

イグルー iglu
氷雪塊でつくったイヌイットの伝統的なドーム型の家。

イヌック Inuk
「イヌイット」は「イヌック」の複数形。ふたりだと双数形で「イヌーク Inuuk」、3人以上だと「イヌイット Inuit」となる。複数形でも語尾にsをつけて「Inuits」とはならない。

イヌクシュク inuksuk
しばしば人間をかたどった石でできた道標。イヌイットが旅した道程に立てられている。複数形は「イヌクシュイト inuksuit」で、もとは「人間のようなもの」という意味。

イヌクティトゥット Inuktitut
イヌイットの言語。イヌイット語。

カミック kamiit
アザラシの毛皮でつくったブーツ。

キーワティン地方 Keewatin Region
キバリク地方 Kivalliq Region のもとの名前。地域がキバリク Kivalliq と呼ばれるようになってからまだあまりたっていないため、今も「キーワティン」という人は多い。

キティクミウト地方 Kitikmeot Region
ペリー・ベイ Pelly Bay、バサースト・インレット Bathurst Inlet、タロヨアク Taloyoak、クグルクトゥク Kugluktuk、ジョア・ヘブン Gjoa Haven、ケンブリッジ・ベイ Cambridge Bay、ウミングマクトゥークを含む地域。全人口は4644人（1996年カナダ国勢調査より）。付近のコミュニティーのホルマン Holman はキティクミウト地方の一部だが、1999年にヌナブト準州ができたとき、領域には入らないことが決まった。

キバリク地方 Kivalliq Region
リパルス・ベイ Repulse Bay、アルビアト Arviat、コーラル・ハーバー Coral Harbour、

用語集

ホエール・コーブ Whale Cove、ランキン・インレット Rankin Inlet、ベーカー・レイク Baker Lake、チェスターフィールド・インレット Chesterfield Inlet を含む地域。全人口は 6,868 人（1996 年カナダ国勢調査より）。

マクターク maktaaq

クジラ（シロイルカ［ベルーガ］、ホッキョククジラ、イッカククジラ）の皮部。イヌイットにとってのごちそう。

NWT

北西準州。The Northwest Territories の略。1999 年 4 月 1 日に中部・東部北極圏のヌナブトと、まだ名前のついていない西部に分割された。

ナヌク nanuq

ホッキョクグマ

ヌナブト Nunavut

「私たちの土地」の意。

ヌナブト居住区 Nunavut Settlement Area

ヌナブト土地権利協定で定められた地域。

アウトポスト・キャンプ outpost camp

狩猟、漁などで伝統的な自給自足の衣食生活をおこなっているイヌイットの、村から離れた辺境地にある小キャンプ。

ポリーニヤ polynyas

氷がまったく、もしくはほとんど張らない海域。風や海水の湧昇などの条件が複合してできる。ポリーニヤは野生動物が生きていくのに重要である。

カヤック qajaq

用語集

漕ぎ手の乗るところ以外を皮でおおったイヌイットのカヌー。

カルナート qallunaat（カルナーク qallunaaq と書かれたりカブルーナ qabloona と書かれる場合もある）
　白人。「白い人」の意。

カムティック／カムティーク qamutik / qamutiik
　板のわたしてある長い木製のソリ。イヌやスノーモービルで引く。複数形はカムティート qamutiit。

クリク qulliq
　滑石（ソープストーン）でできたランプ。半球形で、彫られたくぼみには油と灯心が入っている。

連邦警察 RCMP
　The Royal Canadian Mounted Police の略。カナダの国家警察。

スノーマシン snow machine
　スノーモービルにおなじ。（原書では筆者によってこの言葉を使っている人もいたが、訳書ではスノーモービルに統一した＝日本語版編者注）

タイマ taima
　「これで全部です」の意のイヌイット語。

チューレ Thule
　約1000年まえにアラスカ北部から現在のヌナブトに移動してきた人びと。ふたつのネオエスキモーのグループのうち、こちらが古いはうであると考古学者のあいだでは考えられている。

トゥニート Tuniit
　トゥニートはイヌイットの先祖が来るまでヌナブトに居住していた人びとのこと。ふたつの集団のあいだで混血はあったものの争いも絶えず、チューレ人 Thule Inuit の支配した地域から徐々にいなくなった。のちにトゥニートは滅びたといわれている。

執筆・協力者 (本書に登場順)

■オタワの**マリオン・スブリエール** Marion Soublière は、ビバリー・アンド・カマニリュアク・カリブー・マネージメント会議やヌナブト・トゥンガビク・インコーポレーティッドなどで働いて以来、極北の諸問題に積極的にかかわってきた。ヌナブト・ハンドブックの主任編集者（監修者）を務めた彼女は、この機会にさらにカナダ極北の人びとについて知ることとなった。

■イカルイト Iqaluit の**ジョン・アマゴアリク** John Amagoalik は、ヌナブト準州政府の行政計画におおいに貢献したヌナブト施行委員会 Nunavut Implementation Commission で最高責任者を務めている。

■ペンシルバニア州ピッツバーグに住む**スー・ロウリー** Sue Rowley は考古学者・民族歴史学者であり、ヌナブト・リサーチ・インスティテュートの会員も務める。

■イカルイトの**ケン・ハーパー** Kenn Harper は歴史家・言語学者・実業家の3足のわらじを履き、極北に30年ほど住んでいる。『Give Me My Father's Body : The Life of Minik, the New York Eskimo』(『父さんのからだを返して』鈴木主税・小田切勝子訳　早川書房2001年）の著者である。

■ヌナブト・アークティック・カレッジのジャーナリズム科を卒業したイカルイト出身のフリー・ライター、**アン・ミーキトュク・ハンソン** Ann Meekitjuk Hanson は極北の大地で、イヌイットの伝統的な生活様式のなかで育った。彼女はその後トロントの学校に行ってカナダ放送協会で働き、イヌイット語の文化番組や時事問題、歴史やライフ・スタイルに関する番組をつくった。

■ランキン・インレット Rankin Inlet のもと住民**ピーター・アーナーク** Peter Ernerk はヌナブト新政府の文化・言語・老人・青少年部門の議長を務める。現在イカルイトに住むアーナークは長らく文化活動をおこなっており、イヌイット文化と極北の政治発展を専門にしたフリー・ライターとして働いてきた。彼は1975年から1979年まで北西準州（NWT）の社会開発/経済開発/自然文化局で代表を務めており、ヌナブト・トゥンガビク・インコーポレーティッドのもと理事でもある。

■ケンブリッジ・ベイのフリーの翻訳家、そして現在はライターも務める**ジョー・オトキ**

執筆・協力者（本書に登場順）

アク Joe Otokiak は、人生のほとんどをヌナブトのキティクミウト地方 Kitikmeot Region ですごしており、現在は結婚して5人の子どもとひとりの孫がいる。彼は人生をできるだけ楽しく、つねに積極的に生きるように心がけているという。

■**コリーン・デュプイ** Colleen Dupuis はコンサルタントを務め、地域団体や多くの顧客とのかかわりも多く、ヌナブトの経済やそのほかの問題にくわしい。デュプイはイカルイトに5年間住んでおり、バフィン地方商工会議所 Baffin Regional Chamber of Commerce で活動し、ヌナブトの政界で活躍している。

■**トレシー・ウォレス** Tracy Wallace はチェスターフィールド・インレット Chesterfield Inlet、ランキン・インレット、ウィニペグとその周辺地域、スコットランド、オタワに住んだ。彼女は、どの場所もみな同等の故郷だという。2児の母となったウォレスは現在ランキン・インレットに住み、北西準州政府（GNWT）交通局で商業開発の仕事にたずさわっている。

■**ランディー・エイムズ** Randy Ames は過去24年あまり、極北カナダ各地の社会、経済、政治、環境や先住民問題などについての執筆活動をおこなってきた。彼はヌナブト施行委員会、ヌナブト・トゥンガビク・インコーポレーティッド、ヌナブト組織フォーラム、イヌイット・タピリサット・オブ・カナダやそのほかの機関ともかかわりがある。現在オタワに住むエイムズは外国を旅行中だ。

■オタワの**テリー・ラデン** Terry Rudden はコンサルティング会社・コンシリウムの社員として働いている。イカルイトに住んでいたこともあるラデンは、音楽バンドのパディーズ・オン・ザ・トゥンドラ Paddies on the Tundra のギタリストでもある。

■イカルイトのフォト・ジャーナリスト、**テリー・ピアース** Terry Pearce は僻地でのスキーの経験も長く、ヌナブト中の各地域を旅してまわっている。

■イエローナイフ Yellowknife の**デーブ・スーザーランド** Dave Sutherland は、北西準州政府とともにイヌイット工芸品の分野で25年あまり活躍し、芸術・工芸品部門の代表となった。彼は1986年から自営でコンサルタントを務めている。

■イカルイト出身の**アロートーク・イヘリー** Alootook Ipellie はフリー・ライター兼イラストレーターで、現在はオタワに住む。

執筆・協力者（本書に登場順）

■イカルイトの**デビッド・セルコアク** David Serkoak は1978年に北西準州のフォート・スミスで教育学を修めたのち、アルビアト Arviat で1989年まで教職を務めた。セルコアクはイギリス・ロンドンの人類博物館で開かれた展示『生きている北極 Living Arctic』の責任者を務めたのちイカルイトにうつり住み、ヌナブト・アークティック・カレッジ、イヌクスク・ハイスクールで教鞭をとり、そして現在はジョアミー・スクール Joamie school で教師を務めている。妻レスリーとのあいだに3人の娘がいる。セルコアクはイヌイット・ドラムを趣味としていて、いちばん下の娘のカーラとともにドラム・ダンスを楽しむ。

■イグルーリク Igloolik 出身のイヌイット、**シメオニー・クヌク** Simeonie Kunnuk は1980年代からオタワに移住した。彼は極北で育ち、若いときには狩猟生活を経験した。現在彼はカナダにあるウィリス・カレッジ・オブ・ビジネス・アンド・テクノロジーでコンピューターと経営学を勉強している。彼はときどきオタワの文化行事、とくにイヌイット狩猟のデモンストレーションに参加している。

■**オラブ・ローケン** Olav Loken はノルウェーおよびカナダで自然地理学を研究した。25年ものあいだ彼は連邦政府でいくつかの役職を務めあげ、そのすべてにおいて極北とかかわってきた。現在彼は、オタワで南極問題を専門としたコンサルタントを務める。

■**ジュディ・ファロー** Judy Farrow は1971年から北西準州に住み、15年間イカルイトに住んだ。彼女はカナダ評議会の支援でイヌイット語の名前と北極の植物の伝統的使用法についての調査をおこなった。ファローは現在イエローナイフに住み、先住民のメティス・ネーション Mètis Nation のために働いている。

■**マリアン・ファーガソン** Marian Ferguson はイカルイトに7年間住んだのち、1988年からポンド・インレット Pond Inlet に移住した。フリーのライターでありながら、彼女は極北を訪れる人びとのための旅行コンサルタントも務める。

■野生生物学者の**マイク・ファーガソン** Mike Ferguson は過去16年のあいだにバフィン島 Baffin Island の奥地のほとんどを旅し、バフィン・カリブーについていくつかの科学論文を著わしている。

■過去6年間のほとんどを極北ですごした野外活動愛好家で自然愛好家でもあり、ライター兼編集者の**マイク・ブラサイズ** Mike Vlessides は、現在アルバータ州のロッキー・マウンテンで静かに暮らしている。彼の育った大都会ニューヨークにはしばしば行くが、極北の旅の愛好家である。

執筆・協力者（本書に登場順）

■エドモントンの**ロビン・ジョンストーン** Robin Johnstoneは野生生物学者でエコツアーのガイドを務め、さらにフリーのフォト・ジャーナリストを務める。彼は出身地のニュージーランドからランキン・インレットにうつり、博士号取得にむけてハヤブサの研究をおこなっている。

■狩りや釣りに関する14の著書を出した**ジェロム・ナップ** Jerome Knapはオンタリオのアルモンテ出身で、1970年代後半からオンタリオ州北部のオジブワ族や北西準州のイヌイットとともに働き、狩猟・漁の観光産業を発展させる努力をしてきた。

■**マイク・ビーデル** Mike Beedellは国際的に活躍する写真家・冒険家で、ガイドさえもつとめる北極の熱狂的なファンだ。彼は『魅力ある北極 The Magnetic North』という著作も出していて、彼の書く記事は世界のさまざまな雑誌によくのせられている。ビーデルの会社、オー・カナダ・エクスペディションズ O! Canada Expeditionsは北緯60度以北の各地域へツアーを出しており、ドキュメント映画制作を援助したりしている。

■**キャロル・リグビー** Carol Rigbyは、夫のブルースのあとを追って、幼い子どもたちを連れてイカルイトへやって来た。その後、ヌナブト・アークティック・カレッジでビジネス・コミュニケーションを教え、また、ノーテキスト・マルチメディアでは編集者兼フリーのライターとして働いた。そのかたわら、バフィン地方 Baffin Region、イカルイトのツアー・ガイドを養成し、バフィン・ハンドブックの作成に大きく貢献した。92年から97年までバフィン地方図書館で働いたのち、一時的に教職に戻り、1999年イカルイトへ帰った。

■イカルイトの**ブルース・リグビー** Bruce Rigbyは1978年にカナダ地理調査隊の一員として極北に来た。以来彼はガイド、旅行準備業者、ツアー・インストラクター、そしてヌナブト・アークティック・カレッジの環境技術科の主任、カナダ公園局のすぐれた管理局長としてバフィン島の観光産業に積極的にかかわってきた。現在彼は北極大陸棚プロジェクトの科学調査委員会の議長、ノーザン・サイエンス・アンド・トレーニング奨学金委員、ヌナブト・リリ・ア・インスティテュートの代表理事を務める。

■**レネ・ウィッシンク** Renee Wissinkは、まえはニューファンドランド東岸のテラ・ノバ国立公園に駐在していたが、ヌナブトに15年間住み、教師、コンサルタント、国立公園の管理人などを務めた。彼は1986年におこなわれたキッドラース・スアーク遠征を指揮し、19世紀にシャーマンのキラク Qillaq（グリーンランド方言でキトドラク Qitdlaq）が導いたといわれるバフィン島からグリーンランドへのイヌイットの大移住の道を逆にたどった。キラクはのちに「偉大なるキトドラク Qitdlaq」を意味する「キトドラース・スアーク」として

執筆・協力者（本書に登場順）

知られるようになった。

■アークティック・ベイの猟師、**アンドリュー・タクトゥ** Andrew Taqtu はポンド・インレットの近くで生まれた。彼はいくつかの職についたのち13年間旅行準備業者として働き、訪問客がやってくると、どんなことでもつきあうようになった。「客がダイバーだったら、私も一緒にダイブしに行きますよ」と彼はいう。タクトゥはツアー・ガイドのライセンスをレベル3までとっている。

■**ジェニファー・バーニアス** Jennifer Bernius はオタワに住む作家兼編集者だ。1970年代、彼女はイヌイット・タピリサット・オブ・カナダで働き、ITCから出ている雑誌『イヌイット・トゥデイ Inuit Today』の執筆・編集をおこなっていた。

■イカルイトの**ジェームズ・デムチェソン（トゥンガールク）** James Demcheson (Tunngaaluk) は北西準州政府の交通局で自動車担当を務める。デムケソンは優秀な陸上選手でもあり、1989年から1993年までは準州大会や全国大会で短距離やリレーに出場し、1999年からは選手兼コーチとしてスポーツ界に復帰した。イヌイット・スコットランド人・ウクライナ人の血を引くデムケソンは、「全世界に通用するビジョンを持て」という信条をつねに持っている。彼は空き時間には言語を学び、残りの人生で全世界を旅する計画を立てている。

■**シャーリー・タガリク** Shirley Tagalik は1976年からアルビアトに住んでいる。彼女は教育者を務めながら狩りや釣りを楽しみ、夫と3人の娘とともに地域の多様な文化に触れる毎日を送っている。

■**ジミ・オナリク** Jimi Onalik はランキン・インレットで育ち、現在はイカルイトに住みながらも故郷を忘れていない。ヌナブトを愛するオナリクは小事業のオーナーで、ときには執筆活動もおこない、各地を旅行し観光産業でも長らく働いてきた。

■**カレン・レグレズリー・ハムレ** Karen LeGresley Hamre は1983年からイエローナイフを拠点にして活動している造園建築家だ。彼女は極北の多くの公園や山道、観光名所のデザインをしており、そのなかにはイーラリク（メリアディン）、リバー準州歴史公園、シルビア・グリンネル準州公園 Sylvia Grinnell Territorial Park やマウント・ペリーなどがある。

■**ウルリケ・コマクシウティクサク** Ulrike Komaksiutiksak は11年まえ北西準州の水泳

執筆・協力者（本書に登場順）

プール建設のために極北にうつり、最初の夏をノーマン・ウェルズですごし、地方政府の支援でその後2回の夏をランキン・インレットですごした。アルリクはここで、彼女いわく「北極のくれたプレゼント」である夫のジェリーに出会った。結婚してから彼らはイエローナイフにうつり住み、つづいてフォート・スミス、イカルイト、ホエール・コーブ Whale Cove、ランキン・インレットへとうつり、現在は4人の子どもがいる。

■イエローナイフに住む**ダレン・ケイス** Darren Keith はしばしばツンドラで休暇をすごす。アルバータ大学の先住民研究科を卒業した彼は極北やそこに住む人びとへの思いも熱く、ボートやスノーモービルでヌナブトのキバリク地方 Kivalliq Region を幾度となく旅してまわった。キースはライター兼研究家で、現在はマクギル大学の修士課程に在学中である。

■コーラル・ハーバー Coral Harbour の**ケン・ベアードザル** Ken Beardsall は教師でもあり、旅行準備業者でもある。彼はおなじくコーラル・ハーバー出身の妻エミリーとともに、現在4人の男の子を育てている。ベアードザルは現在博物館を建設中のサザンプトン島 Southampton Island 歴史学会の一員でもある。

■**ジョン・マクドナルド** John MacDonald はヌナブト・リサーチ・インスティテュートのイグルーリク研究所でコーディネーターを務める。過去40年間、彼は数回にわたってヌナブトとヌナビク（極北ケベック）のイヌイット集落に住み、働いてきた。彼はイヌイットの占星術、天文学や伝説についての有名な著書『北極の空 The Arctic Sky』を書いた。

■イグルーリク出身の猟師、**ジョージ・クラウト** George Qulaut はイグルーリク研究所で長いあいだ働いており、現在も進行中のイグルリンミウトの伝統的知識を記録する「イグルーリク口承伝統調査プロジェクト」を補助してきた。彼は1993年から1998年のあいだヌナブト施行委員会で理事を務め、現在はヌナブト準州政府の文化・言語・老人・青少年部門で議長補佐を務める。

■**ルイス・タパルデュク** Louis Tapardjuk はイグルーリク出身で、地域の年配者と積極的にかかわりながらイヌイットの伝統技能やその意義を広く紹介する数多くのプログラムに参加している。1996年、彼はヌナブト社会開発評議会の代表理事に指名された。

■フリー・ライターの**リン・ハンコック** Lyn Hancock は北西準州に10年間定住、そのあとの20年間は一時定住を繰り返しており、ヌナブトのほとんどの地域をまわって雑誌・新聞に多くの体験談をのせている。カナダ極北に関する本も出版しており、代表作は『There's

執筆・協力者（本書に登場順）

a Seal in my Sleeping Bag』、最新作は『Winging It In the North』である。

■ペリー・ベイのもと教師、**スティーブン・W・メトジャー** Steven W. Metzgerは現在調査・執筆活動をおこなっている。開発、教育、文化問題に関心のあるメトジャーは、極北の大地やその景色を愛するひとりでもある。彼のモットーは「一生懸命、でも急がずに」だという。

■**ジョージ・ボーレンダー** George Bohlenderは1985年にトロントから北西準州に移住し、現在はイカルイトとパングニルトゥングの小売店の管理・コンサルティングをおこなっている。またアークティック・ベイの北西準州政府で経済開発担当を務めていた。彼は現在妻マドレーヌ、娘のジナと息子のエリックとともにタロヨアクに住んでいる。ボーレンダーは1995年7月にキティクミウト経済開発委員会 Kitikmeot Economic Development Commissionで働き始め、以来彼はキティクミウト周辺のタロヨアクおよびペリー・ベイで地域経済開発役員を務めている。

■**マイケル・P・エルスワース** Michael P. Ellsworthはジョア・ヘブン Gjoa Havenのキキルタク・イリハクビク・ハイスクールで教師を務めている。教師としての職を持ちながら、彼は自分こそ勉強しつづけねばならない立場だという。エルズワースは1996年8月に、おなじ教師の妻ジャンとともにジョア・ヘブンにうつった。彼はプリンスエドワード島出身だが、カナダのすばらしい島のひとつ、キングウィリアム島にもよく訪れるという。

■クグルクトゥク Kugluktukの**ミリー・クリクタナ** Millie Kuliktanaは教育者でキティクミウト教育評議会 Kitikmeot Board of Educationのコンサルタントを務め、おもに文化・言語の保護にかかわっている。彼女は4児の母でもあり、多くの時間を地域のボランティアとしてすごす。

■**ジョン・レアード** John Lairdはイカルイトとイエローナイフに事務所を持つレアード＆アソシエイツの理事を務め、開発計画や環境に関する応諾などのために働いている。過去9年のあいだ、彼はヌナブトや北西準州のさまざまなプロジェクトにかかわってきた。

■**テリー・ジェスダソン** Terry Jesudasonはハイ・アークティック・インターナショナル・エクスプローラー・サービス株式会社を経営しており、レゾリュート Resoluteのカウスイットック・インズ・ノースのオーナーでもある。彼女はハイ・アークティック（高緯度極北地域）の観光産業で25年あまりの経験があり、ゲスト・ハウスや極北遠征などのサポートをおこなっている。

執筆・協力者（本書に登場順）

■グリス・フィヨルド Grise Fiord の**ラリー・アウドラルク** Larry Audlaluk はキキクタニ・イヌイット連合の代表を務め、ヌナブト・トゥンガビク・インコーポレーティッドの役員でもありグリス・フィヨルド・イヌイット生協の社主でもある。アウドラルクは「ヌナブト土地権利協定」の実施に向けた活動を積極的におこなっており、ヌナブトの政治的発展を興味を持って見守っていて、1999年の新準州成立を非常に喜んでいる。アウドラルクは1953年にケベックのイヌクユアクからグリス・フィヨルドへ移住したうちのひとりで、以来極北の移住問題にかかわることとなった。

■グリス・フィヨルドのもと住民**ライサ・アウドラルク** Laisa Audlaluk は現在パングニルトゥングに住む。親の仕事を継いでカナダ公園局で顧客サービス役員を務めている。彼女はバフィン地方（地域）青少年審議会 Baffin Regional Youth Council にも参加している。

■**ビバリー・イラウク** Beverly Illauq は1983年からクライド・リバー Clyde River で1年間教師を務め、現地の猟師と結婚した。彼女は地域の教育や開発に長らくかかわっており、クリック・ガイズ・アンド・アウトフィッターズ（旅行案内と旅行準備をする会社）を経営している。

■キキクターリュアクの**ドン・ピックル** Don Pickle は1994年に極北へ移住してキティクミウト地方やバフィン地方で働き、タロヨアクとキキクターリュアク（昔のブラウトン島）の役場で役人を務める。彼は極北での生活をおおいに楽しんでいるという。ピックルは、極北でよく迷うことはあってもレインジャー隊のおかげで安心できると話す。

■**ロバート・ジャフレー** Robert Jaffray と妻のジョディは1989年に極北にうつり、まずパングニルトゥングに住み、つぎにケープ・ドーセット Cape Dorset へうつり、そして現在はキンミルト Kimmirut に住んでいる。極北に移住したときに、はじめての子どもを授かったジャフレー家には現在5人の子ども（うち3人が嫡出児、ふたりが養子）がいる。ジャフレーはより多くの時間を家族と一緒にキャンプしてすごしたいといっている。

■**ミリアム・フレミング** Miriam Fleming は1986年、夫のブライアンとともにサニキルアク Sanikiluaq に移住し、サニキルアクの自治の仕事をしている。彼女はイヌイットの自然環境に関する知識の重要性について興味を持って調べている。

日本語版スタッフ

監修者
■岸上伸啓（きしがみ・のぶひろ）　1958年高知市に生まれる。カナダ・マクギル大学人類学科博士課程中退。早稲田大学・助手、北海道教育大学・助教授を経て1996年より国立民族学博物館・助教授。1997年より総合研究大学院大学文化科学研究科・助教授を併任。専門は文化人類学で、1984年よりカナダ・ケベック州アクリビク村やヌナブト準州ペリー・ベイ村、モントリオールをおもな調査地としてイヌイットの社会変化や都市在住のイヌイットを研究してきた。現在は、イヌイットによる海洋資源の利用と管理について研究を進めている。主著・編著に『極北の民カナダ・イヌイット』(1998) や『紛争の海』(2002) がある。清水弘文堂書房とアサヒビールがプロジェクトを組んで出版しているアサヒ・エコブックス・シリーズの『北極の環境』を目下執筆中（2005年度出版予定）。

編者
■礒貝日月（いそがい・ひづき）　1980年生まれ。東京都立晴海総合高校卒（1期生）。「1999年に新たにできたカナダのヌナブト準州の研究」を謳って2000年に慶應義塾大学総合政策学部のAO試験に合格。それ以後、2002年夏までにヌナブト準州各地を4回彷徨。2001年には、その体験を『ヌナブト ── イヌイットの国その日その日　テーマ探しの旅』（清水弘文堂書房刊）として発表。2002年度慶應大学塾長奨励賞受賞。2003年7月現在、同学部4年生。少年期の体験も含めると5回にわたる北極彷徨を学生時代の総決算として記録しておきたいと思い『不透明な北極圏』（仮題）を執筆中。

訳者（ドリーム・チェイサーズ・サルーン・ジュニア同人）
■加藤真沙美（かとう・まさみ）　慶應義塾大学を卒業し、現在は同大学院の修士課程に在籍中。アメリカとオーストラリアで暮らした経験が原体験となり、英語と日本語の翻訳論に興味を持つ。現在の研究テーマは映画の字幕分析（担当章：『人びと（言語の項をのぞく）』『美術、音楽、レクリエーション』『旅のまえ準備』『さあ、出発！』『ホエール・コーブ Whale Cove』『チェスターフィールド・インレット Chesterfield Inlet』『ベーカー・レイク Baker Lake』『テーロン野生生物保護区域 Thelon Wildlife Sanctuary』）

■桜井典子（さくらい・のりこ）　1975年生まれ。国際基督教大学国際関係学科にて開発経済学専攻。卒業後、システムエンジニアとしてソフト開発に携わるが転職。現在は、環境問題に関する調査研究や環境保全に関する政策提言をおこなう財団法人に研究員として勤務。（担当項：『活動 ── 狩猟と釣りから海氷上の旅まで』『イジラリク（メリアディン）川

日本語版スタッフ

準州歴史公園 Ijiraliq (Meliadine) River Territorial Historic Park』『アルビアト Arviat』)

■齋藤厚美（さいとう・ひろみ）1974年生れ。国際基督教大学国際関係学科にて国際経済専攻。アジア、とくにインドについて学ぶうち、なぜかアラスカ・ネイティブの文化とアラスカの自然に興味を持ち、卒業後、アラスカ大学生物学部へ留学。その後イギリスへわたり、ヨーク大学大学院環境学部環境経済・環境マネジメント学科にて MSc を取得。帰国し、現在は経済関係の財団法人に研究員として勤務。（担当章：『風土と野生生物』『活動――登山からダンスまで』『北極への「入り口」案内』『ヌーク Nuuk』）

■秋山知之（あきやま・ともゆき）慶應大学環境情報学部卒。2002年から米国サウスカロライナ大学の言語学修士課程に在学中。東京生まれ、フランス・イギリス育ち。（担当章：『人びと――言語』『イカルイト Iqaluit』『ノウマールビート準州立歴史公園 Qaummaarviit Territorial Historic Park 付』『シルビア・グリンネル準州公園 Sylvia Grinnell Territorial Park』『キンミルト Kimmirut』『カタニリク準州公園保護区 Katannilik Territorial Park Reserve』『ケープ・ドーセット Cape Dorset』『マリクユアク準州歴史公園 Mallikjuaq Territorial Historic Park』『サニキルアク Sanikiluaq』『執筆者一覧』『用語解説集』）

■二川ゆみ（ふたかわ・ゆみ）1996年、ワシントン州立大学社会学部卒業。大学卒業後帰国して一般企業に就職をしたが、以前より環境問題に関心を持ち、アメリカの環境 NPO でのボランティアを希望していたため、2000年6月に退社し、渡米。滞在先のカリフォルニア州バークレーにて地元環境 NPO 団体エコロジー・センターでファーマーズ・マーケットなどのボランティアをし、オーガニック食品への関心を深める。その後別の環境保護団体シエラ・クラブでも短期間のボランティアを経験し、2001年10月帰国。以後オーガニック食品、加工品を扱う流通会社にてアルバイトとして勤務し、現在にいたる。（担当章：『コーラル・ハーバー Coral Harbour』『イグルーリク Igloolik』『ホール・ビーチ Hall Beach』『リパルス・ベイ Repulse Bay』『ペリー・ベイ Pelly Bay』『タロヨアク Taloyoak』『ジョア・ヘブン Gjoa Haven』『北西航路準州歴史公園 Northwest Passage Territorial Historic Park』『ウミングマクトゥーク Umingmaktok』『バサースト・インレット Bathurst Inlet』『クグルクトゥク Kugluktuk』『ケンブリッジ・ベイ Cambridge Bay』『ブラディー・フォールズ準州歴史公園 Bloody Falls Territorial Historic』）

■吉原希和子（よしはら・きわこ）1977年生まれ。駒沢大学文学部英米文学科卒業。卒業後1年間アメリカ・カリフォルニア州のオークランドに拠点を置く日本太平洋資料ネットワークのインターン・プログラムに参加。同時に子ども教育に関する現地のNPOである「Nihonmachi Little Friends」、「Berkeley Youth Alternatives」でのインターンも経験。

日本語版スタッフ

帰国後、現在は新聞社に勤務。(担当章:『ウルティマ・チューレ、北極Ultima Thule, and the North Pole』『エレスミア島国立公園Ellesmere Island National Park』『レゾリュートResolute』『ビーチー島Beechey Island』『グリス・フィヨルドGrise Fiord』『アークティック・ベイArctic Bay』『ナニシビクNanisivik』『ポンド・インレットPond Inlet』『シルミリク国立公園Sirmilik National Park』『クライド・リバーClyde River』『アウユイトゥク国立公園Auyuittuq National Park』『ケケーテン準州歴史公園Kekerten Territorial Historic Park』『パングニルトゥングPangnirtung』『キキクタリュアクQikiqtarjuaq（ブロートン島Broughton Island）』/素訳)

●

■深澤雅子（ふかざわ・まさこ）　上智大学文学部卒業。大学卒業後、自然で美しい日本語が書ける翻訳者を目指し、翻訳の専門学校および通信教育で翻訳の研鑽を積みながら、翻訳を手がける。1990年、日常生活で気軽に文化と自然を楽しむ機会をつくることを目的に、有限会社スピカを設立し、翻訳をつづけながら、仲間とともに野外活動とコンサートの企画・主催活動をスタートする。訳書:『ターニャのティータイム』（平凡社・共訳）、『モスクワ市民200人との対話』（平凡社）、『ゴルバチョフ』（平凡社・共訳）、『アメリカ式若返り法』（清水弘文堂書房・共訳）『水のリスクマネージメント』（清水弘文堂書房）ほか（音楽プロデューサーであると同時に、プロの翻訳家でもあるこの人が、はじめこの本の翻訳をすべて手がける予定であったが、多忙のため果たせず、本書の『PART 3』の一部の翻訳と、再チェックが必要な部分の監訳者としてこのプロジェクトに参加した＝日本語版編者注)。(担当章:『ヌーク』『イエローナイフYellowknife』『チャーチルChurchill』『ランキン・インレットRankin Inlet』『クグルトゥク（クルグトゥク）』『ケンブリッジ・ベイ』『ウルティマ、チューレ、北極』『エレスミア島国立公園』『レゾリュート』『アークティック・ベイ』『ナニシビク』『ポンド・インレット』『シルミリク国立公園』『クライド・リバー』『アウユイトゥク国立公園』『ケケーテン準州歴史公園』『パングニルトゥング』『キキクタリュアク（ブロートン島）』『イカルイト』/以上の各章のうち翻訳した章と監訳した章あり)

日本語版編者最後のメモ

＊この本の翻訳は完訳（直訳）ではなく、項目によってはところどころ抄訳、意訳、超訳の部分があることをおことわりしておきます。なお、日本語版の項目の並べ方も、日本語版編者の独断で勝手に変えており原著のママではありません。

＊地名、人名、イヌイット語など横文字を必要以上に併記したことで、わずらわしいとお思いの方も多数いらっしゃると思います。が、現地にいったときに、現地表記のない日本のガイドブックの使い勝手がわるかったこれまでのささやかな世界旅行の経験から、「現場主義」の日本語版編者としては、あえて、実験的にこのような編集方針をとってみました。

一次産業の『生産現場』と都会の『消費現場』と山の森から川、そして海までを
エコ・リンクス思考でとらえ環境問題を考えることを提唱する

MBS（マガジン・スタイル・ブック）

http.//www.eco-ing info
2002 vol.1 no.1

Editorial top interview
梅棹忠夫、環境を語る

Forest special issue
森を守る
アサヒビールの森人たち

定価 1050円
（税・送料込み）
読者カードで
ご注文
ください。

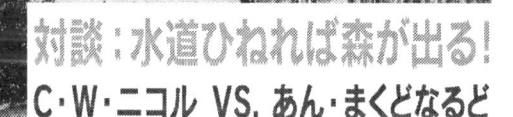

対談：水道ひねれば森が出る！
C・W・ニコル VS. あん・まくどなるど

eco-book digest
水のリスクマネジメント 都市圏の水問題
国際連合大学プロジェクト

eco-ing opinion
環境を考えるヒント
水野 理

北の国へ!! NUNAVUT HANDBOOK	
発行	二〇〇三年七月十八日　第一刷
著者	マリオン・スブリエール／ジョン・アマゴアリクほか
監修者	岸上伸啓（日本語版）
編者	礒貝　日月（日本語版）
訳者	ドリーム・チェイサーズ・サルーン・ジュニア同人
発行者	あん・まくどなるど
発行所	株式会社　清水弘文堂書房
郵便番号	一五三―〇〇四四
住所	東京都目黒区大橋一―三―七　大橋スカイハイツ二〇七
電話番号	〇三―三七七〇―一九二三　FAX〇三―三七七〇―一九二三
郵便振替	〇〇一八〇―一―八〇二三二
Eメール	simizukobundo@nyc.odn.ne.jp
編集室	清水弘文堂書房ITセンター
郵便番号	二二二―〇〇一一
住所	横浜市港北区菊名三―二―一四　KIKUNA N HOUSE 3F
電話番号	〇四五―四三二―三五六六　FAX〇四五―四三二―三五六六
郵便振替	〇〇二六〇―三―五九九三九
印刷所	プリンテックス株式会社
	□乱丁・落丁本はおとりかえいたします□

英語版©Nortext Multimedia Inc.,Iqaluit,1998.
日本語版©Shimizukobundo 2003
ISBN4－87950－562－5 C0026